国家文化产业资金支持媒体融合重大项目

U0648754

应用型智能会计系列教材

Introduction to the Application of Yonyou ERP Supply Chain Management System

用友ERP供应链管理系统应用教程

(用友 ERP-U8 V10.1 版)

第四版

宋红尔　宋鹤年　彭文如　主编

东北财经大学出版社
Dongbei University of Finance & Economics Press
大连

图书在版编目（CIP）数据

用友ERP供应链管理系统应用教程 / 宋红尔，宋鹤年，彭文如主编．—4版．—大连：东北财经大学出版社，2025.7．—（应用型智能会计系列教材）．—ISBN 978-7-5654-5676-3

Ⅰ．F274-39

中国国家版本馆CIP数据核字第2025L9Q681号

用友ERP供应链管理系统应用教程

YONGYOU ERP GONGYINGLIAN GUANLI XITONG YINGYONG JIAOCHENG

东北财经大学出版社出版

（大连市黑石礁尖山街217号　邮政编码　116025）

网　　址：http://www.dufep.cn

读者信箱：dufep@dufe.edu.cn

大连金华光彩色印刷有限公司印刷　东北财经大学出版社发行

幅面尺寸：185mm×260mm　字数：483千字　印张：20　插页：1

2025年7月第4版　2025年7月第1次印刷

责任编辑：包利华　责任校对：刘贤恩

封面设计：原　皓　版式设计：原　皓

书号：ISBN 978-7-5654-5676-3　定价：49.80元

教学支持　售后服务　联系电话：（0411）84710309

第四版前言

2021年12月30日，财政部印发了《会计信息化发展规划（2021—2025年）》（财会〔2021〕36号）。该规划明确提出：“各单位要加强复合型会计信息化人才培养，高等院校要适当增加会计信息化课程内容的比重，加大会计信息化人才培养力度。”党的二十大报告明确提出“加快建设数字中国”的重大战略部署。2024年6月28日，第十四届全国人民代表大会常务委员会第十次会议通过修订后的《中华人民共和国会计法》，首次将“会计信息化”写入法律。新法第八条明确要求“国家加强会计信息化建设，鼓励依法采用现代信息技术开展会计工作”。企业会计工作应顺应时代潮流，向信息化、数字化方向转型。在此背景下，我们编写了这套会计信息化教材。

本套会计信息化教材由四部教材构成。按照应用能力层次，第一部为财务篇（书名：《会计信息化——财务篇》）；第二部为供应链篇（书名：《用友ERP供应链管理系统应用教程》），即本教材；第三部为业财一体信息化应用（书名：《会计信息系统应用——基于业财融合》）；第四部为综合实训（书名：《会计信息化综合实训》）。

与同类教材相比，本教材更加注重应用性，具有如下鲜明特色：

1.以一个商业企业完整案例贯通全书。本教材以用友U8 V10.1版软件为蓝本，以虚拟的辽宁恒通商贸有限公司2025年1月份的48笔经济业务为背景，较为详细地介绍了该公司系统实施、供应链管理以及系统期末处理等信息化工作内容。

2.业财一体信息化应用。一方面，通过阅读本教材，读者基本能够掌握总账、应收款管理、应付款管理、采购管理、销售管理、库存管理及存货核算等七个子系统，实现财务系统与业务系统的一体化应用。另一方面，本教材全部实验资料按照账套主管、财务经理、会计、出纳、销售员、采购员、库管员等七个岗位分工设计，通过阅读本教材，读者基本能够实现多岗位一体化应用。

3.教学做一体化。教材中所有的知识点均设计了相应的实验资料。读者根据实验资料在会计信息系统中进行操作处理，可掌握会计信息系统的基本功能和基本流程。

4.紧跟时代步伐。一方面，根据最新的财税政策及会计准则编写教材实验资料；另一方面，将会计信息系统在实际应用中的最新研究成果纳入教材，以更好地解决会计信息系统滞后于国家财税政策和会计实务的问题。

5.融入课程思政。本教材提供了“课程思政”教学设计表供任课教师授课时参考，任课教师可以用手机扫描右方二维码获取，或登录东北财经大学出版社网站（www.dufep.cn）下载使用。同时，在教材每章的最后设置了“课程思政点睛”模块，供读者参考。

“课程思政”教学设计表

6.教学资源丰富。本教材配套资源包括：①教案、电子课件等教学文件；②全部实验的操作过程微视频（读者可通过微信扫描教材中的二维码收看学习）；③教材正文的初始账套、结果账套。

限于篇幅，本教材业务编排紧凑，建议读者严格按照经济业务发生日期进行处理。

本教材由宋红尔、宋鹤年、彭文如任主编，冉祥梅、王敏、吴爽任副主编，参与编写的还有左继男、王宏阁、吴育才三位老师。宋红尔负责拟定全书大纲及所有原始凭证的制作，并对全书进行总纂、修改和定稿。

本教材在编写过程中参考了国内相关著述、教材和论文，在此对有关作者表示衷心的感谢。作为校企合作单位，本教材的编写得到了辽宁华瑞会计师事务所的大力支持，在此也一并表示感谢。

虽然编者对会计信息系统应用一直在关注、追踪、学习，但因水平有限，对某些问题的认识和理解也不一定完全准确，书中难免有错误和不当之处，竭诚欢迎广大读者不吝指正。您的批评和建议将是本教材再次修订的重要依据。联系方式：

E-mail：songhonger@163.com

教师QQ群：233163238（会计信息化教学与研究）

宋红尔

2025年7月于辽宁锦州

目录

项目1 系统实施

任务1 了解企业概况

1. 企业基本情况

（1）公司注册资料

公司注册名称：辽宁恒通商贸有限公司（简称辽宁恒通）

公司统一社会信用代码：91210105206917583A

公司注册地址及电话：辽宁省沈阳市皇姑区人民路369号；024-82681359

公司邮箱地址：hengtong@163.com

公司注册资本：人民币1 500万元

公司法定代表人：李成喜（兼任公司总经理）

公司经营范围：主要从事服装、手表、皮具等的批发和零售

（2）公司银行资料

①基本存款账户

中国工商银行沈阳皇姑支行，账号：2107024015890035666

②一般存款账户

中国银行沈阳皇姑支行（人民币户），账号：2107381765323431951

中国银行沈阳皇姑支行（美元户），账号：2107381765323431982

（3）公司税务资料

主管税务机关：国家税务总局沈阳市皇姑区税务局；纳税人识别号同公司统一社会信用代码；缴款账户：国家金库沈阳市皇姑区支库；账号：2107924538127058769。

2. 会计信息系统

公司于2025年1月启用用友U8 V10.1版的会计信息系统，具体包括以下子系统：总账、应收款管理、应付款管理、销售管理、采购管理、库存管理以及存货核算系统。

3. 会计核算要求

（1）会计凭证基本规定

录入或生成“记账凭证”均由指定的会计人员操作，含有“库存现金”和“银行存款”科目的记账凭证均需出纳签字。记账凭证采用单一的复式记账凭证格式。对已记账凭证的修改，采用红字冲销法。为保证财务与业务数据的一致性，能在业务系统生成的记账凭证不得在总账系统直接录入。根据原始单据生成记账凭证时，除收付款核销及特别规定外不采用合并制单。出库单与入库单原始凭证以软件系统生成的为准。如无特别要求，在业务发生当日，收到发票并支付款项的业务使用现付功能处理，开出发票同时收到款项的业务使用现结功能处理。

（2）非往来科目辅助核算要求

日记账：库存现金、银行存款。

银行账：银行存款。

个人往来：其他应收款/职工个人往来。

项目核算：交易性金融资产、债权投资和其他权益工具投资，以及这三个总账科目的明细科目。

（3）往来科目辅助核算要求

往来科目的辅助账类型及受控系统见表1-1。

表1-1 往来科目辅助核算一览表

科目编码	科目名称	辅助账类型	受控系统	备注
112101	应收票据/人民币	客户往来	应收系统	
112102	应收票据/美元	客户往来	应收系统	
112201	应收账款/人民币	客户往来	应收系统	
112202	应收账款/美元	客户往来	应收系统	
112203	应收账款/资产处置应收款	客户往来		固定资产处置业务
1123	预付账款	供应商往来	应付系统	
1531	长期应收款	客户往来		具有融资性质的分期收款业务
2201	应付票据	供应商往来	应付系统	
220201	应付账款/一般应付账款	供应商往来	应付系统	
220202	应付账款/暂估应付账款	供应商往来		
220203	应付账款/受托代销	供应商往来		收取手续费方式的受托代销业务
220301	预收账款/一般人民币预收账款	客户往来	应收系统	
220302	预收账款/一般美元预收账款	客户往来	应收系统	
220303	预收账款/销售定金	客户往来		销售定金业务
220304	预收账款/附条件销售款	客户往来		无法估计退货率的附退回条件销售业务
224105	其他应付款/应付售后回购款	供应商往来		售后回购业务
2314	受托代销商品款	供应商往来		受托代销业务

（4）货币资金业务的处理

公司采用的结算方式包括现金结算、支票、托收承付、委托收款、银行汇票、商业汇票、电汇等。收、付款业务由财务部门根据有关凭证进行处理，在系统中没有对应结算方式时，其结算方式为“其他”。

（5）坏账损失的处理

公司除应收账款外，其他预付及应收款项不计提坏账准备。期末按应收账款余额的0.5%计提坏账准备。

（6）存货业务的处理

公司存货主要包括服装、手表、皮具及应税劳务等，按存货分类进行存放及核算。各类存货按照实际成本核算，采用永续盘存制；发出存货成本采用“先进先出法”按仓库进行核算，采购入库存货对方科目全部使用“在途物资”科目，受托代销入库存货对方科目使用“受托代销商品款”科目，委托代销成本核算方式按发出商品核算。同一批出库或入库业务生成一张凭证；采购、销售必有订单，订单号为合同编号，到货必有到货单，发货必有发货单，存货按业务发生日期逐笔记账并制单，暂估业务除外。

除发生非合理损耗的采购业务外，存货核算系统制单时不允许勾选“已结算采购入库单自动选择全部结算单上单据（包括入库单、发票、付款单），非本月采购入库单按蓝字报销单制单”选项。

（7）税费的处理

公司为增值税一般纳税人，增值税税率为13%，按月缴纳，按当期应交增值税的7%计算城市维护建设税、3%计算教育费附加、2%计算地方教育附加；企业所得税采用资产负债表债务法，企业所得税的计税依据为应纳税所得额，税率为25%，按月预计，按季预缴，全年汇算清缴。交纳税费按银行开具的原始凭证编制记账凭证。

（8）财产清查的处理

公司每月月末对存货进行清查，每年年末对固定资产进行清查。根据盘点结果编制“盘点单”，并与账面数据进行比较，由库存管理员审核后进行处理。

（9）利润分配

根据《中华人民共和国公司法》及公司章程，公司税后利润按以下顺序分配：①弥补亏损；②按10%提取法定盈余公积；③按30%向投资者分配利润。

（10）损益类账户的结转

每月月末将各损益类账户余额转入“本年利润”账户，结转时按收入和支出分别生成记账凭证。

任务2　系统管理

1. 增加用户

【实验资料】

辽宁恒通的U8系统共有7位用户，见表1-2。

表1-2　软件用户（操作员）

编号	姓名	用户类型	认证方式	口令	所属部门	角色	职务
A01	李成喜	普通用户	用户+口令（传统）		行政部	账套主管	总经理
W01	王钰茹	普通用户	用户+口令（传统）		财务部	普通员工	财务经理
W02	赵凯杰	普通用户	用户+口令（传统）		财务部	普通员工	会计
W03	贺青春	普通用户	用户+口令（传统）		财务部	普通员工	出纳
X01	刘晓洺	普通用户	用户+口令（传统）		销售部	普通员工	销售员
G01	张宏亮	普通用户	用户+口令（传统）		采购部	普通员工	采购员
C01	李泽伟	普通用户	用户+口令（传统）		仓储部	普通员工	库管员

【实验过程】

增加用户

（1）由系统管理员（admin）登录系统管理。执行“开始→所有程序→用友U8 V10.1→系统服务→系统管理”命令，打开“用友U8［系统管理］”窗口。在该窗口，选择“系统→注册”命令，打开“登录”窗口，如图1-1所示，单击“登录”，打开系统管理窗口。

提示

如果系统桌面存在“系统管理”图标，双击该图标也可登录系统管理。

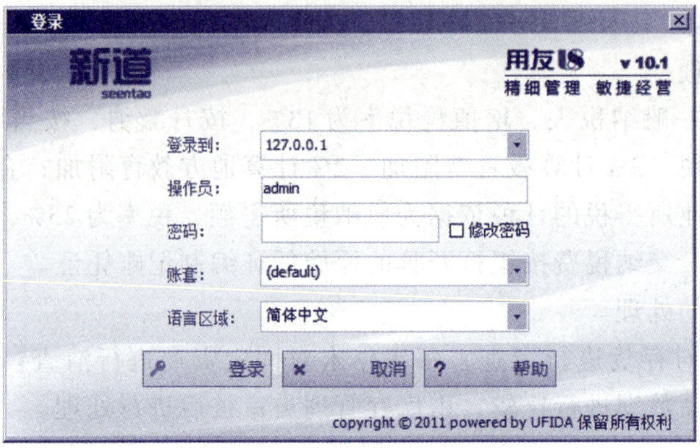

图1-1　系统管理登录窗口

（2）增加操作员。在系统管理窗口，选择“权限”菜单下的“用户”命令，打开“用户管理”窗口，单击“增加”，根据表1-2增加7位用户，结果如图1-2所示。

用户编码	用户全名	部门	Email地址	手机号	用户类型	认证方式	状态	创建时间
A01	李成喜	行政部			普通用户	用户+口令(传统)	启用	2025-01-01 09:53:25
admin	admin				管理员用户	用户+口令(传统)	启用	
C01	李泽伟	仓储部			普通用户	用户+口令(传统)	启用	2025-01-01 09:54:56
demo	demo				普通用户	用户+口令(传统)	启用	
G01	张宏亮	采购部			普通用户	用户+口令(传统)	启用	2025-01-01 09:54:47
SYSTEM	SYSTEM				普通用户	用户+口令(传统)	启用	
UFSOFT	UFSOFT				普通用户	用户+口令(传统)	启用	
W01	王钰茹	财务部			普通用户	用户+口令(传统)	启用	2025-01-01 09:53:38
W02	赵凯杰	财务部			普通用户	用户+口令(传统)	启用	2025-01-01 09:53:57
W03	贺青春	财务部			普通用户	用户+口令(传统)	启用	2025-01-01 09:54:11
X01	刘晓泓	销售部			普通用户	用户+口令(传统)	启用	2025-01-01 09:54:31

图1-2　用户管理窗口

2. 建立账套

【实验资料】

根据表1-3建立辽宁恒通商贸有限公司的账套。

表 1-3　　建账向导

建账向导	参数设置
账套信息	账套号：001；账套名称：辽宁恒通商贸有限公司；启用会计期：2025年1月
单位信息	单位名称：辽宁恒通商贸有限公司；单位简称：辽宁恒通；单位地址：辽宁省沈阳市皇姑区人民路369号；法定代表人：李成喜；邮政编码：110000；联系电话/传真：024-82681359；电子邮件：hengtong@163.com；税号：91210105206917583A
核算类型	本币代码：RMB；本币名称：人民币；企业类型：商业；行业性质：2007年新会计制度科目；账套主管：李成喜
基础信息	该企业进行经济业务处理时，需要对存货、客户、供应商进行分类，有外币核算
编码方案	科目编码级次：4-2-2-2-2；客户分类编码级次：2-2-2；供应商分类编码级次：2-2-2；存货分类编码级次：2-2-2；部门编码级次：2-2；收发类别编码级次：1-2-2。其他项默认
数据精度	采用系统默认精度
系统启用	总账、应收款管理、应付款管理、销售管理、采购管理、库存管理、存货核算

【实验过程】

建立账套

（1）在“用友U8［系统管理］”窗口，选择“账套→建立”命令，打开“建账方式”对话框，如图1-3所示。

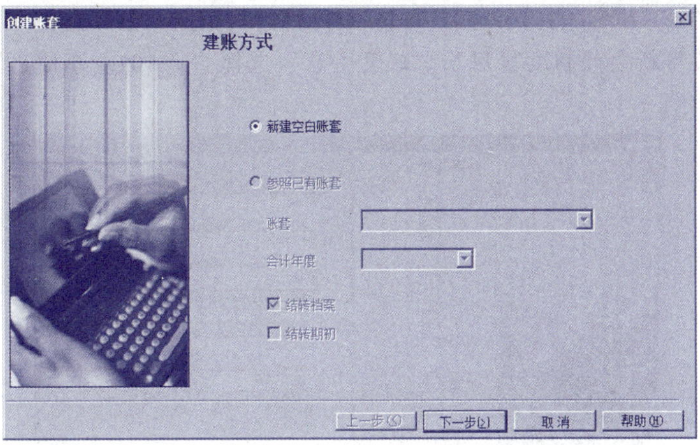

图1-3　建账方式

（2）单击“下一步”，打开“账套信息”对话框，“账套名称”输入“辽宁恒通商贸有限公司”，“启用会计期”设置为2025年1月，结果如图1-4所示。

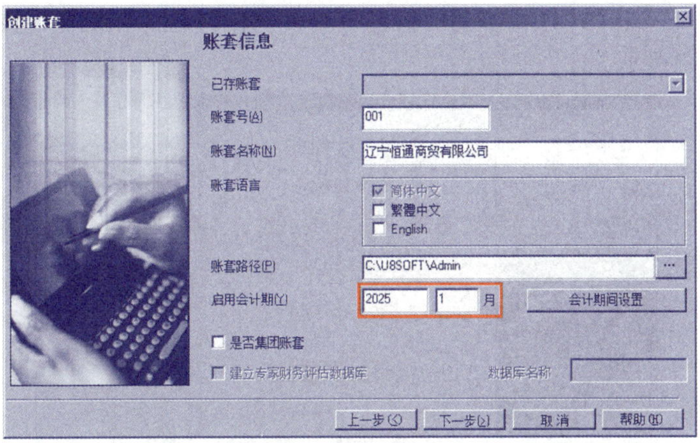

图1-4　账套信息

（3）单击“下一步”，打开“单位信息”对话框，根据资料输入相关信息，结果如图1-5所示。

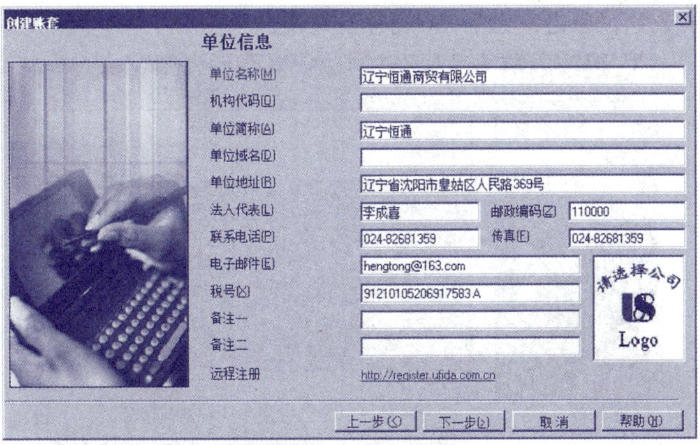

图1-5　单位信息

（4）单击“下一步”，打开“核算类型”对话框，“企业类型”选择“商业”，“行业性质”选择“2007年新会计制度科目”，“账套主管”选择“［A01］李成喜”，其他项默认，结果如图1-6所示。

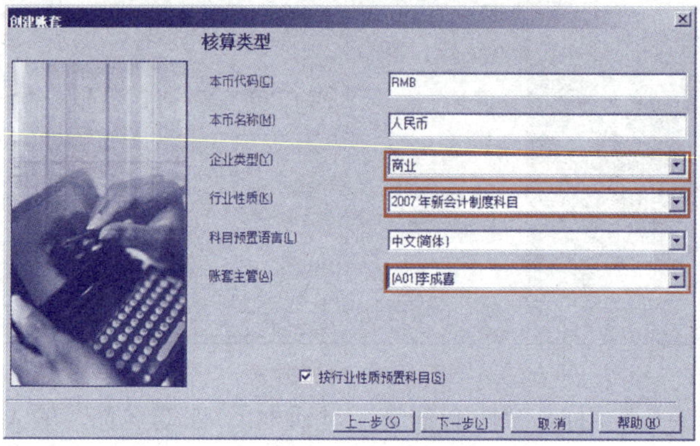

图1-6　核算类型

（5）单击“下一步”，打开“基础信息”对话框，勾选“有无外币核算”，其他项默认，结果如图1-7所示。

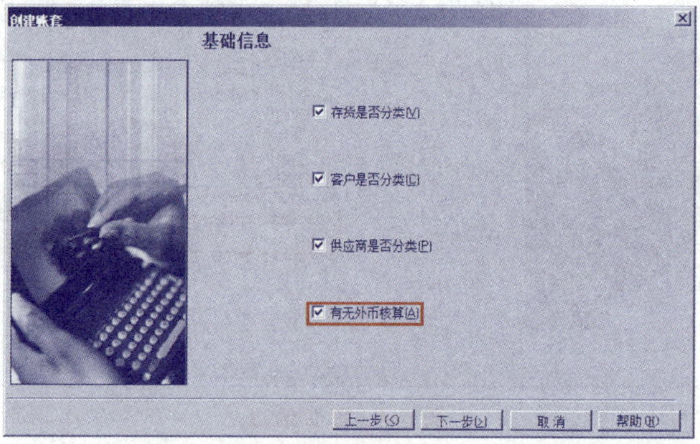

图1-7　基础信息

（6）单击“下一步”，打开“开始”对话框，如图1-8所示，单击“完成”，系统提示“可以创建账套了么?”，单击“是”，系统开始建账。

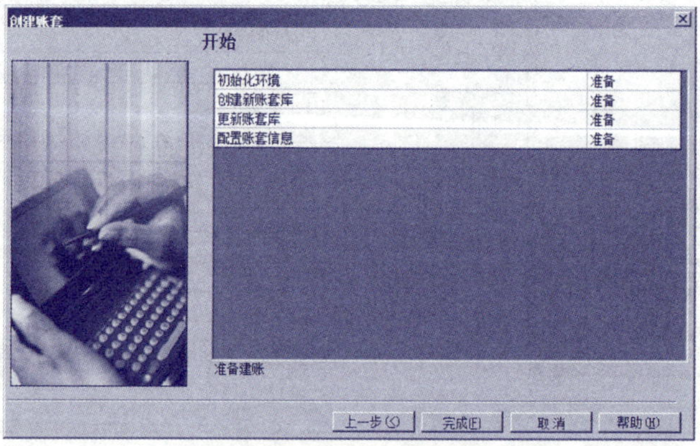

图1-8　开始建账

（7）建账结束，系统弹出“编码方案”对话框，根据资料对相关编码级次进行调整，其他项默认，结果如图 1-9 所示。单击“确定”，再单击“取消”，系统弹出“数据精度”对话框，如图 1-10 所示，单击“确定”。

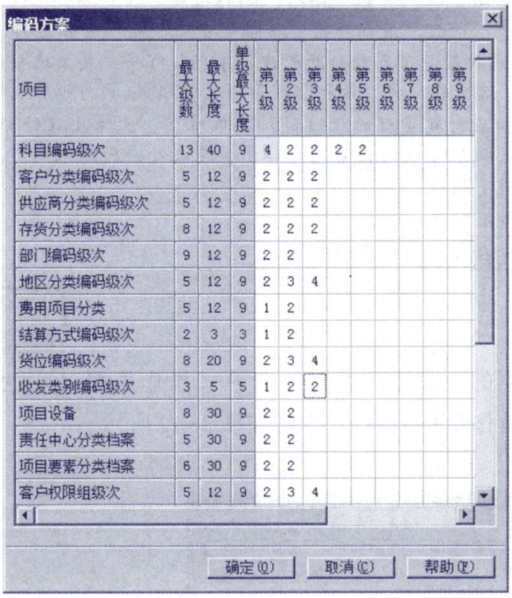

项目	最大级数	最大长度	单级最大长度	第1级	第2级	第3级	第4级	第5级	第6级	第7级	第8级	第9级
科目编码级次	13	40	9	4	2	2	2	2				
客户分类编码级次	5	12	9	2	2	2						
供应商分类编码级次	5	12	9	2	2	2						
存货分类编码级次	8	12	9	2	2	2						
部门编码级次	9	12	9	2	2							
地区分类编码级次	5	12	9	2	3	4						
费用项目分类	5	12	9	1	2							
结算方式编码级次	2	3	3	1	2							
货位编码级次	8	20	9	2	3	4						
收发类别编码级次	3	5	5	1	2	2						
项目设备	8	30	9	2	2							
责任中心分类档案	5	30	9	2	2							
项目要素分类档案	6	30	9	2	2							
客户权限组级次	5	12	9	2	3	4						

图1-9　编码方案

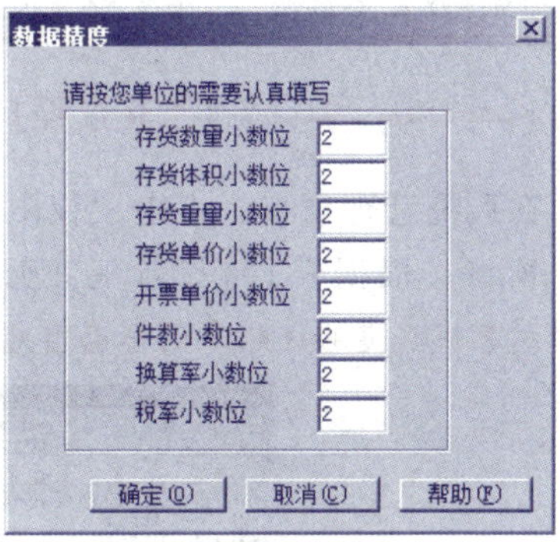

图1-10　数据精度

（8）数据精度设置完毕，系统弹出“创建账套”对话框，单击“是”，打开“系统启用”窗口。根据表 1-3 启用总账等 7 个子系统，结果如图 1-11 所示。退出该窗口。

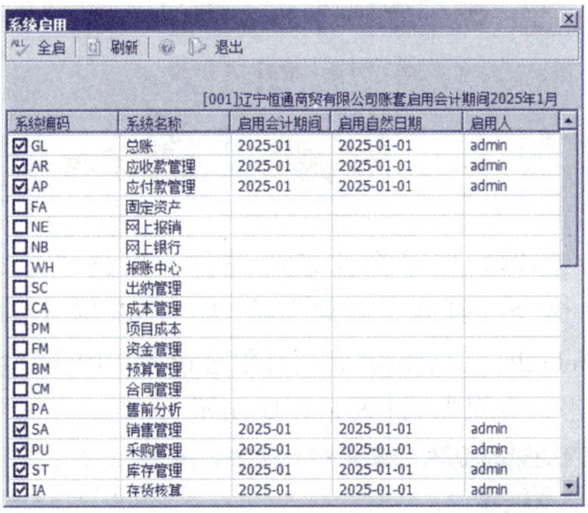

系统编码	系统名称	启用会计期间	启用自然日期	启用人
☑GL	总账	2025-01	2025-01-01	admin
☑AR	应收款管理	2025-01	2025-01-01	admin
☑AP	应付款管理	2025-01	2025-01-01	admin
☐FA	固定资产			
☐NE	网上报销			
☐NB	网上银行			
☐WH	报账中心			
☐SC	出纳管理			
☐CA	成本管理			
☐PM	项目成本			
☐FM	资金管理			
☐BM	预算管理			
☐CM	合同管理			
☐PA	售前分析			
☑SA	销售管理	2025-01	2025-01-01	admin
☑PU	采购管理	2025-01	2025-01-01	admin
☑ST	库存管理	2025-01	2025-01-01	admin
☑IA	存货核算	2025-01	2025-01-01	admin

图1-11　系统启用

提示

启用系统有两种方法：一种是由系统管理员（admin）在建立账套时直接启用；另一种是由账套主管在企业应用平台的基本信息中启用。

3. 设置用户功能权限

【实验资料】

根据表 1-4 设置用户权限。

表 1-4 软件用户（操作员）及权限分工

编码	姓名	隶属部门	职务	权限分工
A01	李成喜	行政部	总经理	账套主管
W01	王钰茹	财务部	财务经理	审核凭证、查询凭证、对账、结账、UFO报表
W02	赵凯杰	财务部	会计	公用目录设置、总账（填制凭证、查询凭证、记账、常用凭证、账表、期末）、应收款管理和应付款管理［不含收（付）款单填制、销售定金转出、选择收（付）款和票据管理］、存货核算的所有权限
W03	贺青春	财务部	出纳	应收款管理和应付款管理的收（付）款单填制、选择收（付）款、票据管理；应收款管理的销售定金转出、应收冲应付权限
X01	刘晓洺	销售部	销售员	销售管理的所有权限
G01	张宏亮	采购部	采购员	采购管理的所有权限
C01	李泽伟	仓储部	库管员	公共单据、库存管理的所有权限

【实验过程】

设置用户功能权限

在系统管理窗口，点击“权限”菜单下的“权限”命令，打开“操作员权限”窗口，根据表1-4设置王钰茹等6位操作员的权限，结果如图1-12所示。

注意：李成喜是001账套的账套主管，拥有该账套的所有功能权限，无须再为其设置权限。

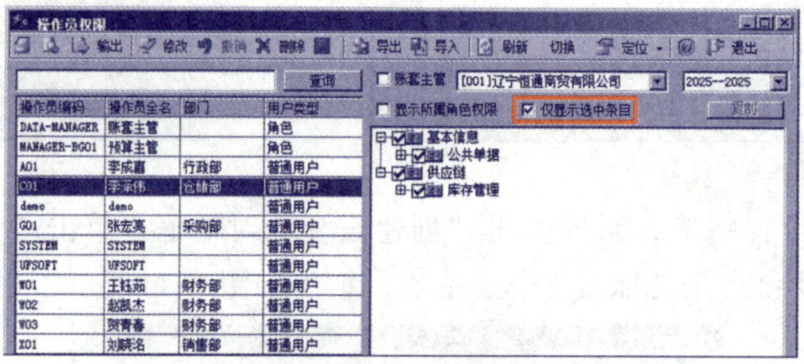

图1-12 操作员权限

任务3 基础设置

由账套主管李成喜（A01）登录企业应用平台。执行“开始→所有程序→用友U8 V10.1→企业应用平台”命令，打开“登录”窗口。在该窗口，“操作员”输入“A01”，“账套”选择“［001］(default）辽宁恒通商贸有限公司”，“操作日期”选择“2025-01-01”，结果如图1-13所示。单击“登录”，进入企业应用平台。

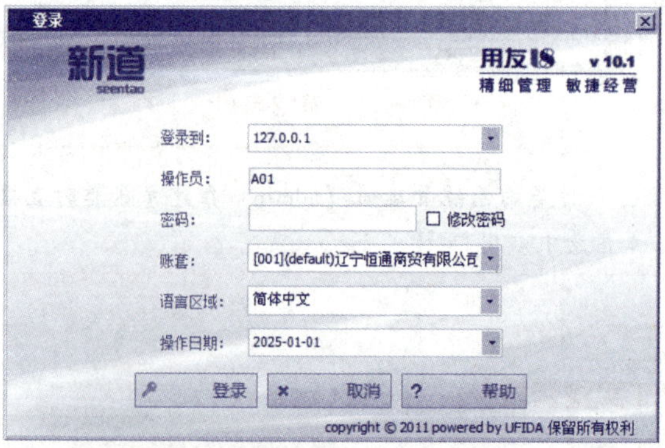

图1-13 企业应用平台登录窗口

提示

如果系统桌面存在“企业应用平台”图标，双击该图标也可打开登录窗口。

1. 机构人员

【实验资料】

（1）设置部门档案

部门档案见表1-5。

表 1-5　部门档案

部门编码	部门名称
01	行政部
02	财务部
03	销售部
04	采购部
05	仓储部

【实验过程】

设置部门档案

依次双击“基础设置”页签中的“基础档案→机构人员→部门档案”菜单，打开“部门档案”窗口，单击“增加”，根据表1-5逐个添加部门档案信息，添加完毕单击“刷新”，结果如图1-14所示。关闭该窗口。

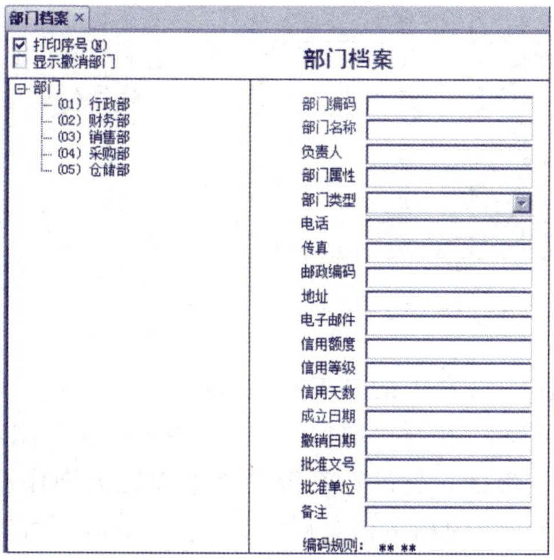

图1-14　部门档案

（2）设置人员类别

【实验资料】

正式工的人员类别见表1-6。

表 1-6　正式工的人员类别

档案编码	档案名称
1011	企业管理人员
1012	销售人员
1013	采购人员

【实验过程】

设置人员类别

依次双击“基础设置”页签中的“基础档案→机构人员→人员类别”菜单，打开“人员类别”窗口，单击“正式工”，再单击“增加”，根据表1-6逐个添加正式工的人员类别信息，结果如图1-15所示。退出该窗口。

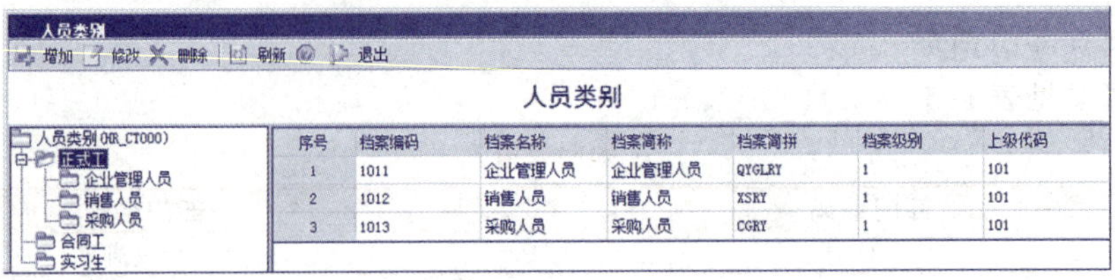

图1-15　人员类别

（3）设置人员档案

【实验资料】

人员档案见表1-7。

表 1-7　人员档案

部门编码和名称	人员编码和姓名	性别	雇佣状态	人员类别	是否操作员	是否业务员
01 行政部	A01 李成喜	男	在职	企业管理人员	是	是
02 财务部	W01 王钰茹	女	在职	企业管理人员	是	是
	W02 赵凯杰	男	在职	企业管理人员	是	是
	W03 贺青春	女	在职	企业管理人员	是	是
03 销售部	X01 刘晓洺	男	在职	销售人员	是	是
	X02 何丽平	女	在职	销售人员		是
04 采购部	G01 张宏亮	男	在职	采购人员	是	是
	G02 徐晓辉	男	在职	采购人员		是
05 仓储部	C01 李泽伟	女	在职	企业管理人员	是	是

【实验过程】

设置人员档案

依次双击“基础设置”页签中的“基础档案→机构人员→人员档案”菜单，打开“人员档案”窗口，单击“增加”，根据表1-7逐个添加人员档案信息，结果如图1-16所示。若该人员已在系统管理中设置为操作员，则系统弹出“人员信息已改，是否同步修改操作员的相关信息？”提示框，单击“否”按钮，系统保存该人员信息。退出该窗口。

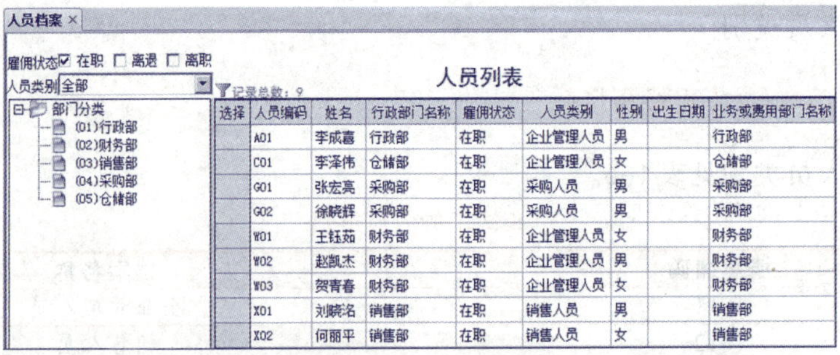

图1-16　人员档案

2. 客商信息

（1）设置地区分类

【实验资料】

地区分类见表1-8。

表 1-8　　地区分类

分类编码	分类名称
01	华东地区
02	华南地区
03	华中地区
04	华北地区
05	东北地区
06	西南地区
07	西北地区

【实验过程】

设置地区分类

依次双击“基础设置”页签中的“基础档案→客商信息→地区分类”菜单，打开“地区分类”窗口，单击“增加”，根据表1-8逐个添加地区分类信息，结果如图1-17所示。退出该窗口。

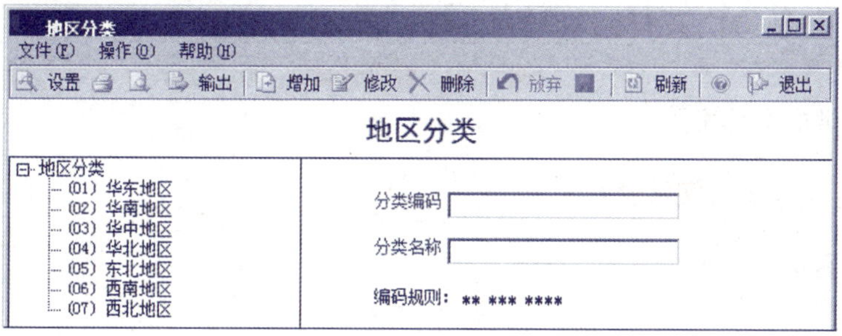

图1-17　地区分类

（2）设置供应商分类、客户分类

【实验资料】

供应商分类及客户分类见表1-9。

表 1-9　　供应商分类及客户分类

类别名称	类别编码	名称
供应商分类	01	服装商
	02	手表商
	03	皮具商
	08	综合类
	09	共同类
客户分类	01	一般类
	09	共同类

【实验过程】

依次双击“基础设置”页签中的“基础档案→客商信息→供应商分类”菜单，打开“供应商分类”窗口，单击“增加”，根据表1-9逐个添加供应商分类信息，结果如图1-18所示。

设置供应商分类、客户分类

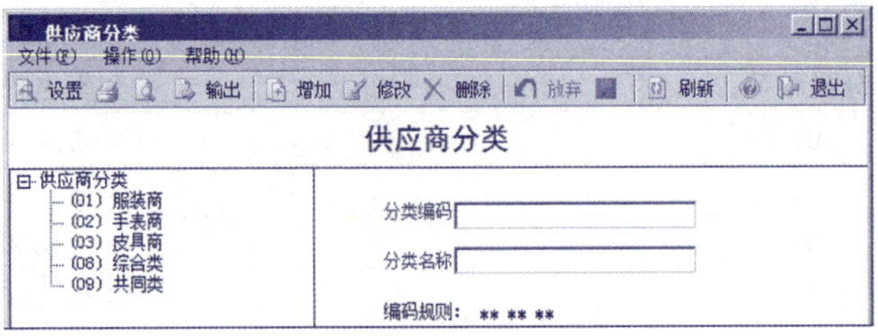

图1-18 供应商分类

退出该窗口。按此方法，双击“客商信息→客户分类”菜单，打开“客户分类”窗口，根据表1-9逐个添加客户分类信息，结果如图1-19所示。

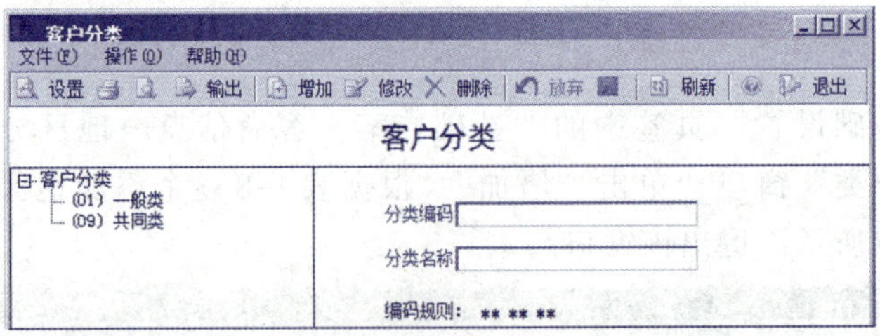

图1-19 客户分类

（3）设置供应商档案

【实验资料】

供应商档案见表1-10。

表 1-10 供应商档案

供应商名称、编码及简称	所属地区	所属分类	地址、电话及税号	开户银行及账号
湖南百盛服装有限公司 编码：101 简称：湖南百盛	03	01	长沙市开福区林夕路100号 0731-8266319 91430105276531895L	中国银行长沙开福支行 1012093710651047815
北京嘉伟服装有限公司 编码：102 简称：北京嘉伟	04	01	北京市宣武区长丰路六段5号 010-30453221 91110104759695583N	招商银行北京宣武分行 2590739805061504276
上海恒久表业有限公司 编码：201 简称：上海恒久	01	02	上海市静安区花园路甲7号 021-28386699 91310106896543287T	中国银行上海静安支行 9517205720902010400
大连博伦表业有限公司 编码：202 简称：大连博伦	05	02	大连市西岗区古塔路1029号 0411-87691203 91210203821392076S	交通银行大连西岗支行 3041309299285602525
山东顺达皮具有限公司 编码：301 简称：山东顺达	01	03	青岛市崂山区李沧路90号 0536-5328912 91370212386932857P	招商银行青岛崂山支行 6800328250237723819
润家贸易（中国）有限公司 编码：801 简称：润家贸易	05	08	沈阳市皇姑区东风路113号 024-87921576 91210105380972316W	交通银行沈阳皇姑支行 3602025308746041967

续表

供应商名称、编码及简称	所属地区	所属分类	地址、电话及税号	开户银行及账号
沈阳通达物流有限公司 编码：809 简称：沈阳通达	05	08	沈阳市皇姑区振兴路968号 024-82961537 91210105357948262A	中国银行沈阳皇姑支行 820114163108091001
沈阳喜来商贸有限公司 编码：901 简称：沈阳喜来	05	09	沈阳市沈河区万春路66号 024-65507283 91210103282819034X	华夏银行沈阳万春支行 583062692006266215
沈阳金泰商贸有限公司 编码：902 简称：沈阳金泰	05	09	沈阳市铁西区百花路2号 024-65308833 91210103291938726E	中国银行沈阳百花支行 583061158062692762
天津惠阳商贸有限公司 编码：903 简称：天津惠阳	04	09	天津市南开区中华路88号 022-81329367 91120104572036908U	华夏银行天津南开支行 280672504620867093
广西玉宝商贸有限公司 编码：904 简称：广西玉宝	02	09	广西玉林市成文路7号 0775-3890622 91450904342576849K	兴业银行玉林市东门支行 211170201042200926

【实验过程】

设置供应商档案

依次双击“基础设置”页签中的“基础档案→客商信息→供应商档案”菜单，打开“供应商档案”窗口，单击“增加”，根据表1-10逐个添加供应商档案，结果如图1-20所示。

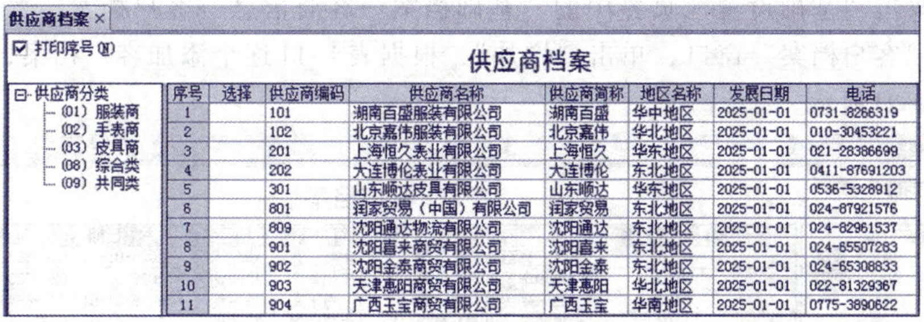

供应商档案×

☑ 打印序号(N)

供应商档案

供应商分类：(01) 服装商；(02) 手表商；(03) 皮具商；(08) 综合类；(09) 共同类

序号	选择	供应商编码	供应商名称	供应商简称	地区名称	发展日期	电话
1		101	湖南百盛服装有限公司	湖南百盛	华中地区	2025-01-01	0731-8266319
2		102	北京嘉伟服装有限公司	北京嘉伟	华北地区	2025-01-01	010-30453221
3		201	上海恒久表业有限公司	上海恒久	华东地区	2025-01-01	021-28386699
4		202	大连博伦表业有限公司	大连博伦	东北地区	2025-01-01	0411-87691203
5		301	山东顺达皮具有限公司	山东顺达	华东地区	2025-01-01	0536-5328912
6		801	润家贸易（中国）有限公司	润家贸易	东北地区	2025-01-01	024-87921576
7		809	沈阳通达物流有限公司	沈阳通达	东北地区	2025-01-01	024-82961537
8		901	沈阳喜来商贸有限公司	沈阳喜来	东北地区	2025-01-01	024-65507283
9		902	沈阳金泰商贸有限公司	沈阳金泰	东北地区	2025-01-01	024-65308833
10		903	天津惠阳商贸有限公司	天津惠阳	华北地区	2025-01-01	022-81329367
11		904	广西玉宝商贸有限公司	广西玉宝	华南地区	2025-01-01	0775-3890622

图1-20　供应商档案

（4）设置客户档案

【实验资料】

客户档案见表1-11。

表1-11　客户档案

客户名称、编码及简称	所属地区	所属分类	地址、电话及税号	开户银行及账号
北京汇鑫百货有限公司 编码：101 简称：北京汇鑫	04	01	北京市顺义区常庄路992号 010-86218025 91110113578732690F	中国银行北京顺义常庄支行 270032259891453639
广州华丰超市有限公司 编码：102 简称：广州华丰	02	01	广州市北市区向阳路7号 020-52396012 91440100613815327V	中国工商银行广州向阳支行 269200608302556233
上海乐淘贸易有限公司 编码：103 简称：上海乐淘	01	01	上海市闵行区北京路1号 021-65431789 91310112203203919R	交通银行闵行区北京路支行 805920937502316806

续表

客户名称、编码及简称	所属地区	所属分类	地址、电话及税号	开户银行及账号
大福贸易（中国）有限公司 编码：104 简称：大福贸易	05	01	长春市绿园区大顺路6号 0431-38193955 91220106558728329N	中国建设银行长春绿园支行 2798372568980102952
零散客户 编码：109	05	01		
沈阳喜来商贸有限公司 编码：901 简称：沈阳喜来	05	09	沈阳市沈河区万春路66号 024-65507283 91210103282819034X	华夏银行沈阳万春支行 5830626920062662115
沈阳金泰商贸有限公司 编码：902 简称：沈阳金泰	05	09	沈阳市铁西区百花路2号 024-65308833 91210103291938726E	中国银行沈阳百花支行 5830611580626927622
天津惠阳商贸有限公司 编码：903 简称：天津惠阳	04	09	天津市南开区中华路88号 022-81329367 91120104572036908U	华夏银行天津南开支行 2806725046208670931
广西玉宝商贸有限公司 编码：904 简称：广西玉宝	02	09	广西玉林市成文路7号 0775-3890622 91450904342576849K	兴业银行玉林市东门支行 2111702010422009265

【实验过程】

设置客户档案

依次双击“基础设置”页签中的“基础档案→客商信息→客户档案”菜单，打开“客户档案”窗口，单击“增加”，根据表1-11逐个添加客户档案，结果如图1-21所示。

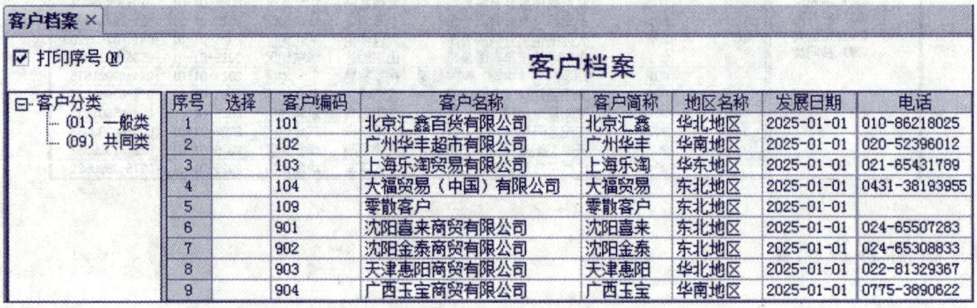

序号	选择	客户编码	客户名称	客户简称	地区名称	发展日期	电话
1		101	北京汇鑫百货有限公司	北京汇鑫	华北地区	2025-01-01	010-86218025
2		102	广州华丰超市有限公司	广州华丰	华南地区	2025-01-01	020-52396012
3		103	上海乐淘贸易有限公司	上海乐淘	华东地区	2025-01-01	021-65431789
4		104	大福贸易（中国）有限公司	大福贸易	东北地区	2025-01-01	0431-38193955
5		109	零散客户	零散客户	东北地区	2025-01-01	
6		901	沈阳喜来商贸有限公司	沈阳喜来	东北地区	2025-01-01	024-65507283
7		902	沈阳金泰商贸有限公司	沈阳金泰	东北地区	2025-01-01	024-65308833
8		903	天津惠阳商贸有限公司	天津惠阳	华北地区	2025-01-01	022-81329367
9		904	广西玉宝商贸有限公司	广西玉宝	华南地区	2025-01-01	0775-3890622

图1-21　客户档案

3. 存货

（1）设置存货分类

【实验资料】

存货分类见表1-12。

表1-12　**存货分类**

一级分类		二级分类	
编码	名称	编码	名称
01	商品	0101	服装
		0102	手表
		0103	皮具
02	应税劳务		

【实验过程】

设置存货分类

依次双击“基础设置”页签中的“基础档案→存货→存货分类”菜单，打开“存货分类”窗口，单击“增加”，根据表1-12逐个添加存货分类信息，结果如图1-22所示。

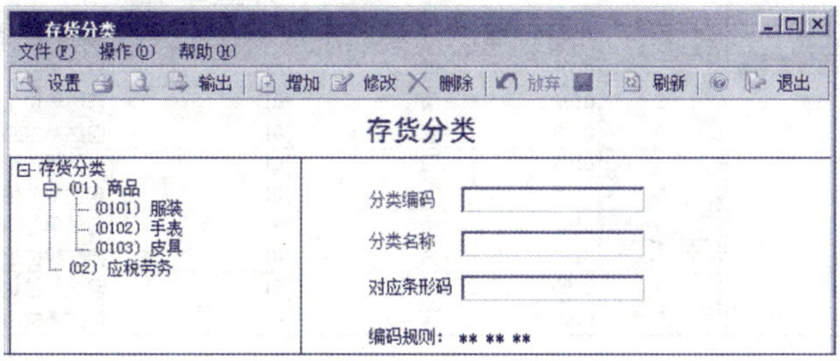

图1-22 存货分类

（2）设置计量单位

【实验资料】

计量单位见表1-13。

表1-13 计量单位

计量单位组			计量单位		
编码	名称	类别	编码	名称	备注
01	自然单位组	无换算率	0101	件	
			0102	条	
			0103	套	
			0104	只	
			0105	对	
			0106	个	
			0107	台	
			0108	千米	
			0109	次	

【实验过程】

设置计量单位

依次双击“基础设置”页签中的“基础档案→存货→计量单位”菜单，打开“计量单位-计量单位组”窗口，单击“分组”，打开“计量单位组”窗口，根据表1-13添加计量单位组，结果如图1-23所示。退出该窗口。

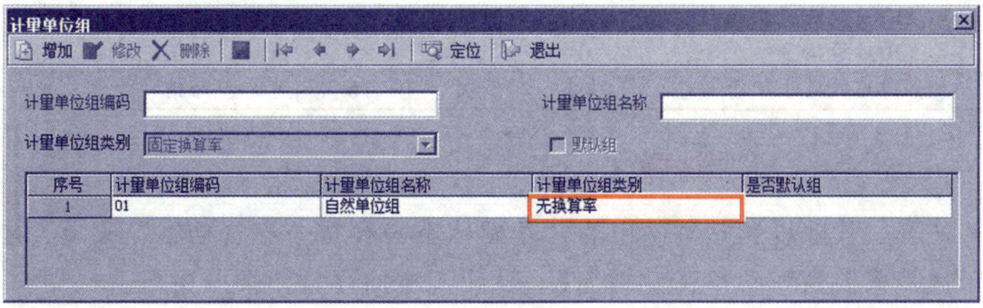

图1-23 计量单位组

单击“单位”，打开“计量单位”窗口，根据表1-13添加计量单位信息，添加完毕退出“计量单位”窗口，结果如图1-24所示。退出该窗口。

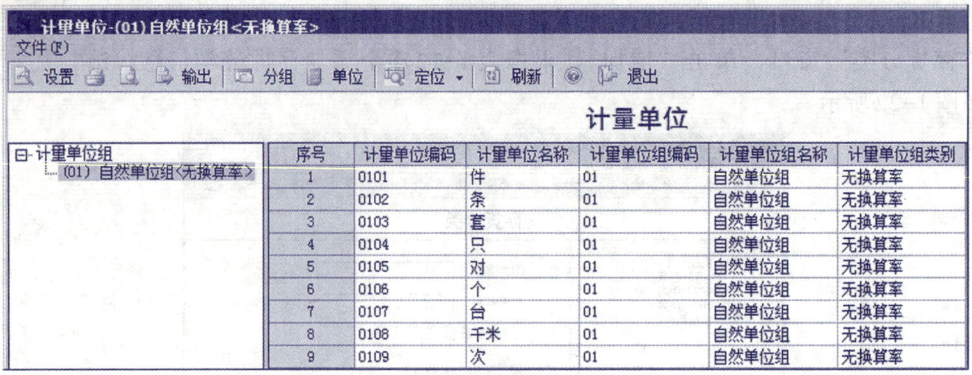

序号	计量单位编码	计量单位名称	计量单位组编码	计量单位组名称	计量单位组类别
1	0101	件	01	自然单位组	无换算率
2	0102	条	01	自然单位组	无换算率
3	0103	套	01	自然单位组	无换算率
4	0104	只	01	自然单位组	无换算率
5	0105	对	01	自然单位组	无换算率
6	0106	个	01	自然单位组	无换算率
7	0107	台	01	自然单位组	无换算率
8	0108	千米	01	自然单位组	无换算率
9	0109	次	01	自然单位组	无换算率

图1-24 计量单位

（3）设置存货档案

【实验资料】

存货档案见表1-14。

表 1-14 存货档案

存货分类	存货编码及名称	计量单位组	计量单位	税率（%）	存货属性
服装	1101百盛男夹克	01	件	13	内销、外销、外购
	1102百盛休闲裤	01	条	13	内销、外销、外购
	1103百盛牛仔裤	01	条	13	内销、外销、外购
	1104百盛男套装	01	套	13	内销、外销、外购
	1151嘉伟女风衣	01	件	13	内销、外销、外购
	1152嘉伟男风衣	01	件	13	内销、外销、外购
	1153嘉伟羽绒服	01	件	13	内销、外销、外购
	1154嘉伟儿童套装	01	套	13	内销、外销、外购
手表	1201博伦女表	01	只	13	内销、外销、外购
	1202博伦男表	01	只	13	内销、外销、外购
	1203博伦情侣表	01	对	13	内销、外销、外购
	1251恒久女表	01	只	13	内销、外销、外购
	1252恒久男表	01	只	13	内销、外销、外购
	1253恒久情侣表	01	对	13	内销、外销、外购
皮具	1301顺达女士箱包	01	个	13	内销、外销、外购、受托代销
	1302顺达男士箱包	01	个	13	内销、外销、外购、受托代销
	1303顺达情侣箱包	01	对	13	内销、外销、外购、受托代销
应税劳务	2001运输费	01	千米	9	内销、外销、外购、应税劳务
	2002代销手续费	01	次	6	内销、外销、外购、应税劳务

【实验过程】

设置存货档案

依次双击“基础设置”页签中的“基础档案→存货→存货档案”菜单，打开“存货档案”窗口，单击“增加”，打开“增加存货档案”窗口，根据表1-14添加存货档案信息，结果如图1-25所示。退出该窗口。

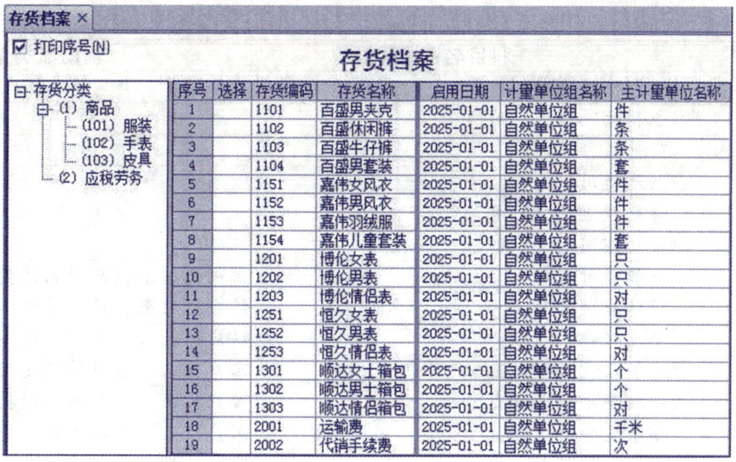

存货档案 ×

☑ 打印序号(N)

存货档案

日 存货分类
- (1) 商品
  - (101) 服装
  - (102) 手表
  - (103) 皮具
- (2) 应税劳务

序号	选择	存货编码	存货名称	启用日期	计量单位组名称	主计量单位名称
1		1101	百盛男夹克	2025-01-01	自然单位组	件
2		1102	百盛休闲裤	2025-01-01	自然单位组	条
3		1103	百盛牛仔裤	2025-01-01	自然单位组	条
4		1104	百盛男套装	2025-01-01	自然单位组	套
5		1151	嘉伟女风衣	2025-01-01	自然单位组	件
6		1152	嘉伟男风衣	2025-01-01	自然单位组	件
7		1153	嘉伟羽绒服	2025-01-01	自然单位组	件
8		1154	嘉伟儿童套装	2025-01-01	自然单位组	套
9		1201	博伦女表	2025-01-01	自然单位组	只
10		1202	博伦男表	2025-01-01	自然单位组	只
11		1203	博伦情侣表	2025-01-01	自然单位组	对
12		1251	恒久女表	2025-01-01	自然单位组	只
13		1252	恒久男表	2025-01-01	自然单位组	只
14		1253	恒久情侣表	2025-01-01	自然单位组	对
15		1301	顺达女士箱包	2025-01-01	自然单位组	个
16		1302	顺达男士箱包	2025-01-01	自然单位组	个
17		1303	顺达情侣箱包	2025-01-01	自然单位组	对
18		2001	运输费	2025-01-01	自然单位组	千米
19		2002	代销手续费	2025-01-01	自然单位组	次

图1-25 存货档案

提示

存货属性中的“受托代销”，须在采购管理系统选项中勾选“启用受托代销”后，该属性才可用。

4. 财务

（1）维护会计科目

【实验资料】

①指定会计科目。

指定“1001库存现金”为现金科目、“1002银行存款”为银行科目。

②增加会计科目。

会计科目表见表1-15。

表1-15 会计科目表

科目编码	科目名称	辅助账类型
100201	中国工商银行	日记账 银行账
10020101	沈阳皇姑支行	日记账 银行账
100202	中国银行	日记账 银行账
10020201	沈阳皇姑支行	日记账 银行账
1002020101	人民币	日记账 银行账
1002020102	美元	日记账 银行账
101201	银行汇票存款	
101202	存出投资款	
110101	成本	项目核算，数量核算：股（份）
110102	公允价值变动	项目核算
112101	人民币	客户往来，应收系统受控
112102	美元	客户往来，应收系统受控
112201	人民币	客户往来，应收系统受控
112202	美元	客户往来，应收系统受控
112203	资产处置应收款	客户往来，应收系统不受控
122101	职工个人往来	个人往来
150101	成本	项目核算，数量核算：份
150102	利息调整	项目核算
150301	成本	项目核算，数量核算：股（份）

续表

科目编码	科目名称	辅助账类型
150302	公允价值变动	项目核算
170101	专利权	
170102	商标权	
170103	土地使用权	
190101	待处理流动资产损溢	
190102	待处理固定资产损溢	
220201	一般应付账款	供应商往来，应付系统受控
220202	暂估应付账款	供应商往来，应付系统不受控
220203	受托代销	供应商往来，应付系统不受控
220301	一般人民币预收账款	客户往来，应收系统受控
220302	一般美元预收账款	客户往来，应收系统受控
220303	销售定金	客户往来，应收系统不受控
220304	附条件销售款	客户往来，应收系统不受控
221101	工资	
221102	社会保险费	
22110201	基本医疗保险费	
22110202	工伤保险费	
22110203	生育保险费	
221103	设定提存计划	
22110301	基本养老保险费	
22110302	失业保险费	
221104	住房公积金	
221105	工会经费	
221106	职工教育经费	
221107	职工福利费	
221108	非货币性福利	
222101	应交增值税	
22210101	进项税额（注：借方）	
22210105	转出未交增值税（注：借方）	
22210106	销项税额	
22210108	进项税额转出	
22210109	转出多交增值税	
222102	未交增值税	
222103	待抵扣进项税额	
222104	应交企业所得税	
222105	应交个人所得税	
222106	应交城市维护建设税	
222107	应交教育费附加	
222108	应交地方教育附加	
224101	代扣医疗保险	
224102	代扣养老保险	
224103	代扣失业保险	
224104	代扣住房公积金	
224105	应付售后回购款	供应商往来，应付系统不受控
410401	提取法定盈余公积	
410402	提取任意盈余公积	
410409	未分配利润	
605101	受托代销手续费	
660101	折旧费	部门核算

续表

科目编码	科目名称	辅助账类型
660102	职工薪酬	部门核算
660103	水电费	部门核算
660104	差旅费	部门核算
660105	办公费	部门核算
660106	业务招待费	部门核算
660107	运输费	
660108	广告宣传费	
660109	委托代销手续费	
660201	折旧费	部门核算
660202	职工薪酬	部门核算
660203	水电费	部门核算
660204	差旅费	部门核算
660205	办公费	部门核算
660206	业务招待费	部门核算
660207	修理费	
660208	无形资产摊销	
660209	存货盘点	
660301	利息支出	
660302	汇兑损益	
660303	手续费及工本费	
660304	现金折扣	
6702	信用减值损失（注：支出）	
680101	当期所得税费用	
680102	递延所得税费用	

③修改会计科目。

修改会计科目“应收票据”的辅助核算为“客户往来”，受控于“应收系统”；

修改会计科目“长期应收款”的辅助核算为“客户往来”，不受控于“应收系统”；

修改会计科目“应付票据”和“预付账款”的辅助核算为“供应商往来”，受控于“应付系统”；

将“1501持有至到期投资”和“1503可供出售金融资产”的科目名称分别改为“债权投资”和“其他权益工具投资”；

将“交易性金融资产”、“债权投资”和“其他权益工具投资”设置为项目核算；

将“1321代理业务资产”的科目名称改为“受托代销商品”；

将“2314代理业务负债”的科目名称改为“受托代销商品款”，辅助核算类型为“供应商往来”且应付系统不受控；

将“6403营业税金及附加”的科目名称改为“税金及附加”。

【实验过程】

维护会计科目

①指定科目。依次双击“基础设置”页签中的“基础档案→财务→会计科目”菜单，打开“会计科目”窗口，点击“编辑”菜单的“指定科目”，打开“指定科目”窗口。根据实验资料，单击“ ”按钮将“1001库存现金”添加到已选科目区，如图1-26所示。

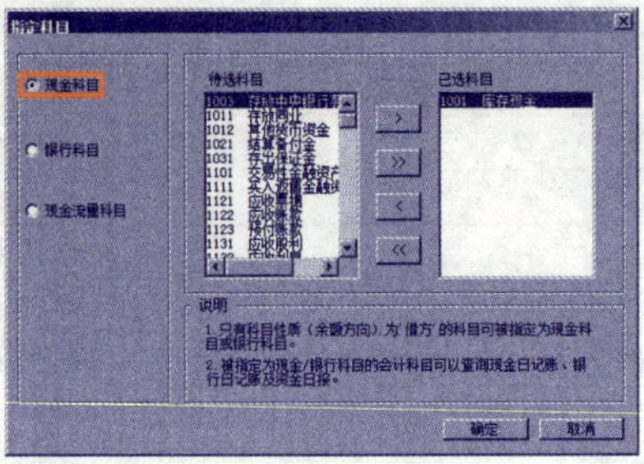

图1-26　指定科目

单击该窗口左侧的“银行科目”，再单击“>”按钮将“1002 银行存款”添加到已选科目区。单击“确定”按钮完成指定科目并返回“会计科目”窗口。

②增加会计科目。在“会计科目”窗口，单击“增加”，根据表1-15添加会计科目。

③修改会计科目。在“会计科目”窗口，双击要修改的会计科目，单击“修改”，根据资料修改相关会计科目。

（2）设置项目目录

【实验资料】

项目目录资料见表1-16。

表 1-16　　项目目录

实验步骤	实验内容	
①项目大类	金融资产（注：普通项目）	
②核算科目	1101 交易性金融资产、110101 成本、110102 公允价值变动	
	1501 债权投资、150101 成本、150102 利息调整	
	1503 其他权益工具投资、150301 成本、150302 公允价值变动	
③项目分类	1 股票	2 债券
④项目目录	11 东旭光电	
	12 京东方 A	

【实验过程】

设置项目目录

①新增项目大类。依次双击“基础设置”页签中的“基础档案→财务→项目目录”菜单，打开“项目档案”窗口。单击“增加”，系统打开“项目大类定义_增加”窗口，在“新项目大类名称”处输入“金融资产”，单击两次“下一步”，再单击“完成”，系统返回“项目档案”窗口。在该窗口的“项目大类”栏选择“金融资产”，如图1-27所示。

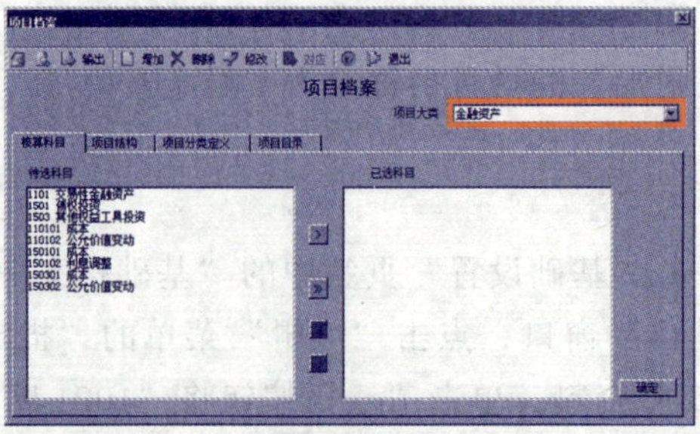

图1-27　增加项目大类

②指定核算科目。单击“»”，将“交易性金融资产”等科目由“待选科目”区移动到“已选科目”区，如图1-28所示，单击“确定”。

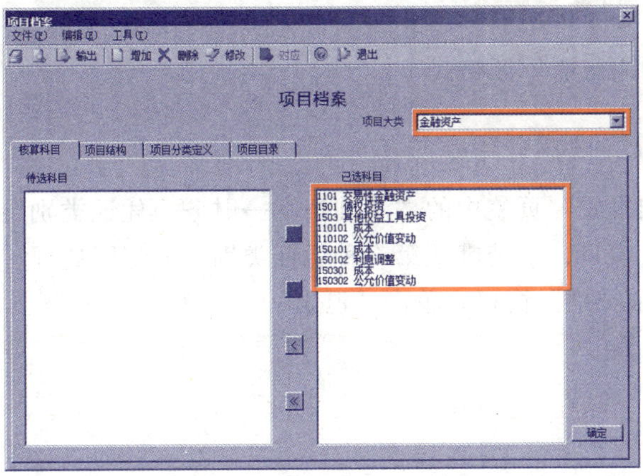

图1-28　指定核算科目

③增加项目分类。单击“项目分类定义”选项卡，单击窗口右下角的“增加”，根据表1-16添加项目分类，结果如图1-29所示。

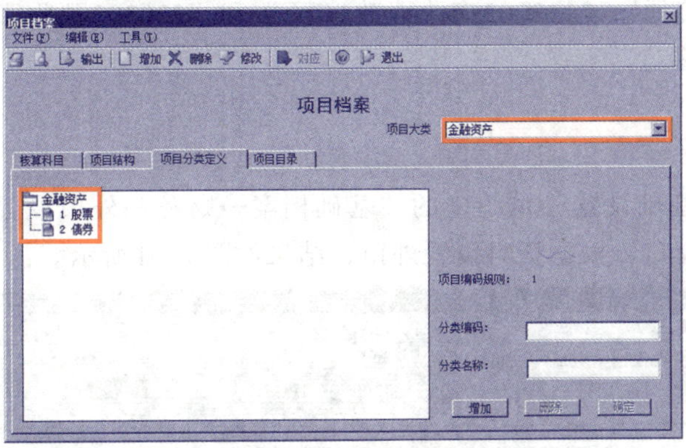

图1-29　增加项目分类

④增加项目目录。单击“项目目录”选项卡，单击窗口右下方的“维护”按钮，打开“项目目录维护”窗口，单击“增加”，根据表1-16添加项目目录，添加完毕退出该窗口，结果如图1-30所示。退出该窗口。

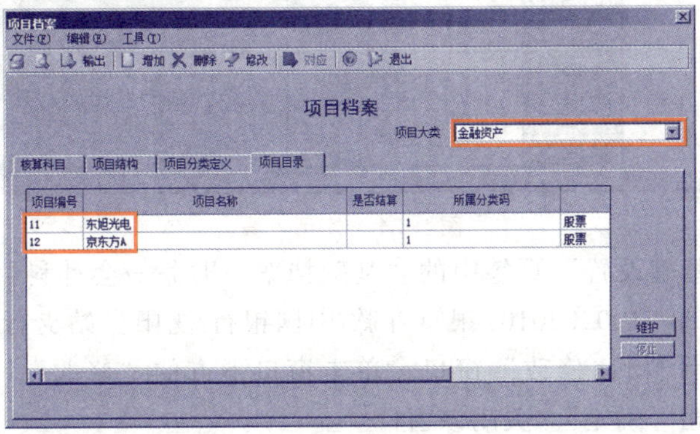

图1-30　增加项目目录

（3）设置凭证类别

【实验资料】

辽宁恒通采用通用记账凭证格式。

【实验过程】

设置凭证类别

依次双击“基础设置”页签中的“基础档案→财务→凭证类别”菜单，打开“凭证类别预置”窗口，系统默认第一种凭证类别——记账凭证，单击“确定”，系统打开“凭证类别”窗口，单击“退出”。

（4）设置外币核算

【实验资料】

① 定义外币。币符：USD；币名：美元；汇率小数位：4位；浮动汇率；假定2025年1月1日的记账汇率为7.0800，其他项默认。

② 修改会计科目。设置“1002020102银行存款/中国银行/沈阳皇姑支行/美元”、“112102应收票据/美元”、“112202应收账款/美元”和“220302预收账款/一般美元预收账款”有美元外币核算。

【实验过程】

设置外币核算

①依次双击“基础设置”页签中的“基础档案→财务→外币设置”菜单，打开“外币设置”窗口，根据资料设置外币，结果如图1-31所示。

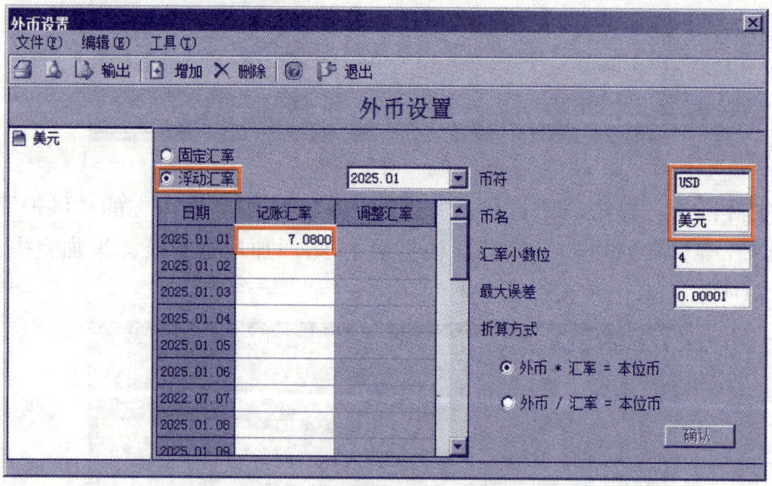

图1-31 外币设置

②依次双击“基础设置”页签中的“基础档案→财务→会计科目”菜单，打开“会计科目”窗口，找到“1002020102银行存款/中国银行/沈阳皇姑支行/美元”科目，双击该科目，打开“会计科目_修改”窗口，单击窗口下方的“修改”，勾选“外币核算”，如图1-32所示，单击“确定”。关闭该窗口。

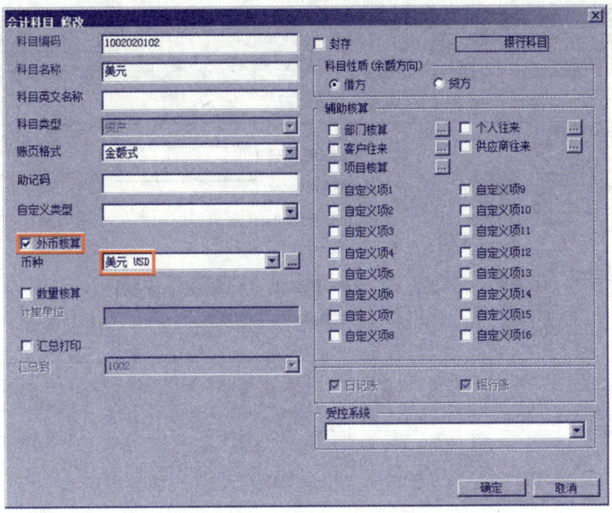

图1-32 会计科目_修改

按此方法依次为“112102应收票据/美元”、“112202应收账款/美元”和“220302预收账款/一般美元预收账款”设置美元外币核算。

5. 收付结算

（1）设置结算方式

【实验资料】

常用结算方式见表1-17。

表1-17 常用结算方式

结算方式编码	结算方式名称
1	现金
2	支票
201	现金支票
202	转账支票
3	汇票
301	银行汇票
302	商业承兑汇票
303	银行承兑汇票
4	汇兑
401	电汇
402	信汇
5	委托收款
6	托收承付
9	其他

【实验过程】

设置结算方式

依次双击“基础设置”页签中的“基础档案→收付结算→结算方式”菜单，打开“结算方式”窗口，单击“增加”，根据表1-17添加结算方式信息，结果如图1-33所示。关闭该窗口。

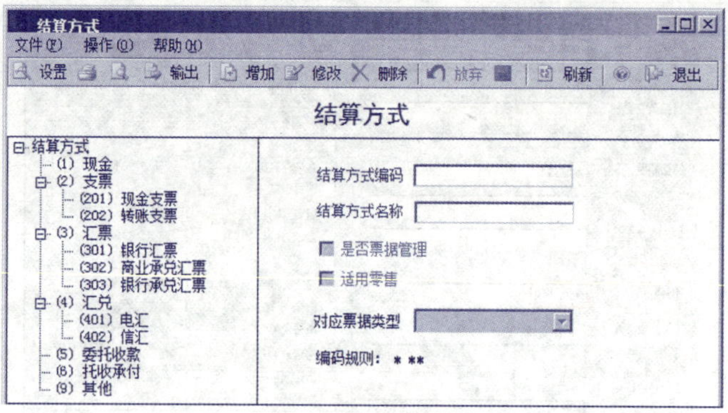

图1-33 结算方式

（2）设置付款条件

【实验资料】

付款条件见表1-18。

表 1-18 付款条件

付款条件编码	信用天数	优惠天数1	优惠率1	优惠天数2	优惠率2	优惠天数3	优惠率3
01	30	10	4	20	2	30	0
02	30	10	3	20	1.5	30	0

【实验过程】

依次双击“基础设置”页签中的“基础档案→收付结算→付款条件”菜单，打开“付款条件”窗口，单击“增加”，根据表1-18添加付款条件信息，结果如图1-34所示。关闭该窗口。

设置付款条件

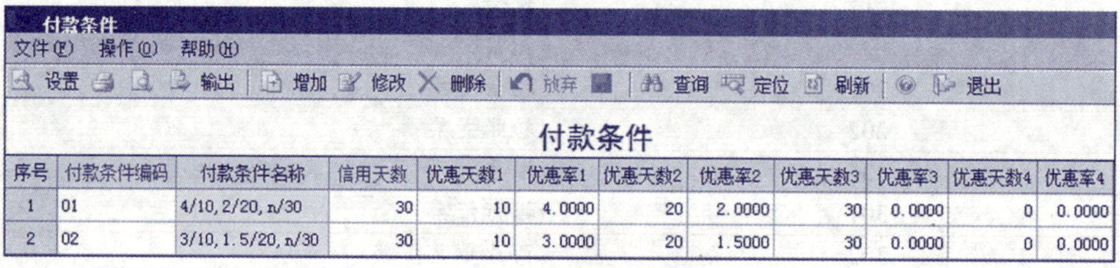

图1-34 付款条件

（3）设置银行档案

【实验资料】

① 增加银行档案：银行编码为“05”，银行名称为“锦州银行”，账号（企业账户、个人账户）长度为19位（均定长），录入时自动带出的长度为15位。

② 修改银行档案：将“01中国工商银行”的企业账户设为定长，账号长度为19。

【实验过程】

设置银行档案

①依次双击“基础设置”页签中的“基础档案→收付结算→银行档案”菜单，打开“银行档案”窗口，单击“增加”，根据资料添加银行档案信息，结

果如图1-35所示，保存后退出该窗口。

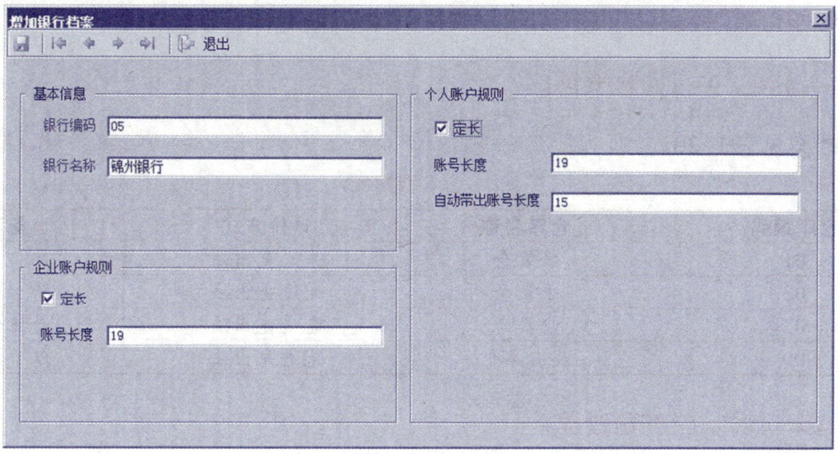

图1-35　增加银行档案

②在“银行档案”窗口，双击中国工商银行那一行，将企业账号长度改为“19”，保存后退出该窗口。

（4）设置本单位开户银行

【实验资料】

根据表1-19设置辽宁恒通的开户银行信息。

表1-19　　本单位开户银行

编码	银行账号	开户银行	币种	所属银行
01	2107024015890035666	中国工商银行沈阳皇姑支行	人民币	01
02	2107381765323431951	中国银行沈阳皇姑支行 机构号：10422 联行号：104221012516	人民币	00002
03	2107381765323431982	中国银行沈阳皇姑支行 机构号：10422 联行号：104221012516	美元	00002

【实验过程】

依次双击“基础设置”页签中的“基础档案→收付结算→本单位开户银行”菜单，打开“本单位开户银行”窗口，单击“增加”，根据表1-19添加开户银行信息，结果如图1-36所示。退出该窗口。

设置本单位开户银行

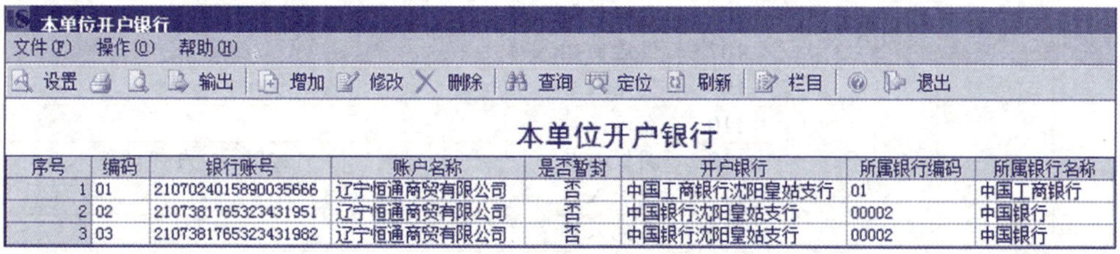

图1-36　本单位开户银行

6. 业务档案

（1）仓库档案

【实验资料】

仓库档案见表1-20。

表 1-20　　仓库档案

仓库编码	仓库名称	计价方式	备注
01	服装仓	先进先出法	
02	手表仓	先进先出法	
03	皮具仓	先进先出法	受托代销
09	废旧品仓	先进先出法	以旧换新

【实验过程】

依次双击“基础设置”页签中的“基础档案→业务→仓库档案”菜单，打开“仓库档案”窗口，单击“增加”，根据表1-20添加仓库档案，其他项默认，结果如图1-37所示。关闭该窗口。

仓库档案

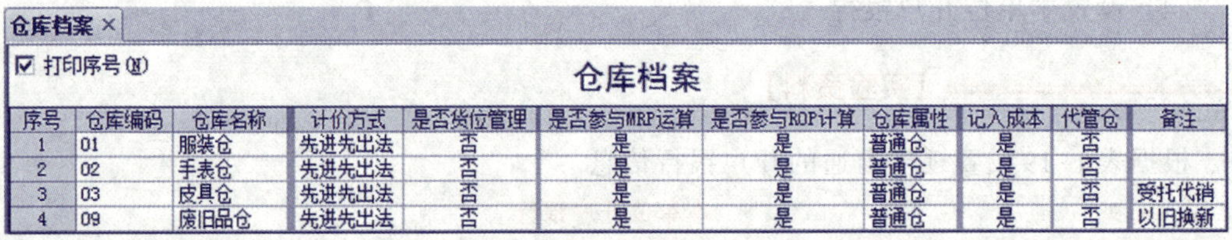

仓库档案 ×

☑ 打印序号(N)

仓库档案

序号	仓库编码	仓库名称	计价方式	是否货位管理	是否参与MRP运算	是否参与ROP计算	仓库属性	记入成本	代管仓	备注
1	01	服装仓	先进先出法	否	是	是	普通仓	是	否	
2	02	手表仓	先进先出法	否	是	是	普通仓	是	否	
3	03	皮具仓	先进先出法	否	是	是	普通仓	是	否	受托代销
4	09	废旧品仓	先进先出法	否	是	是	普通仓	是	否	以旧换新

图1-37　仓库档案

（2）收发类别

【实验资料】

收发类别见表1-21。

表 1-21　　收发类别

一级类别		收发标志	二级类别		三级类别	
编码	名称		编码	名称	编码	名称
1	入库	收	101	采购入库		
			102	受托代销入库	10201	视同买断
					10202	收取手续费
			104	非货币性资产交换入库		
			105	债务重组入库		
			106	以旧换新入库		
			107	售后回购入库		
			109	盘盈入库		
			110	直运采购		
			112	调拨入库	11202	内部调拨入库
			113	代管入库		
			119	其他入库		
2	出库	发	201	销售出库		
			202	委托代销出库		
			203	受托代销出库	20301	视同买断

续表

一级类别		收发	二级类别		三级类别	
编码	名称	标志	编码	名称	编码	名称
2	出库	发	203	受托代销出库	20302	收取手续费
			204	非货币性资产交换出库		
			205	债务重组出库		
			206	以旧换新出库		
			207	售后回购出库		
			208	附退回条件销售出库	20801	可以估计退货率
					20802	无法估计退货率
			209	盘亏出库		
			210	直运销售		
			211	分期收款销售出库	21101	具有融资性质
					21102	不具有融资性质
			212	调拨出库	21201	销售调拨出库
					21202	内部调拨出库
			213	代管出库		
			219	其他出库		

【实验过程】

收发类别

依次双击“基础设置”页签中的“基础档案→业务→收发类别”菜单，打开“收发类别”窗口，单击“增加”，根据表1-21添加收发类别信息，结果如图1-38所示。退出该窗口。

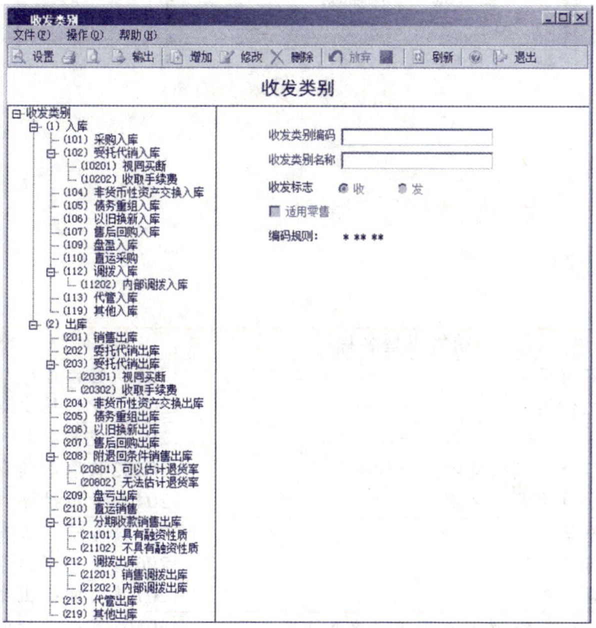

图1-38 收发类别

（3）采购类型

【实验资料】

采购类型见表1-22。

表 1-22 采购类型

采购类型编码	采购类型名称	入库类别
01	正常采购	101 采购入库
02	受托代销（买断）	10201 视同买断
03	受托代销（手续费）	10202 收取手续费
05	非货币性资产交换	104 非货币性资产交换入库
06	债务重组	105 债务重组入库
07	以旧换新	106 以旧换新入库
08	售后回购	107 售后回购入库
12	直运采购	110 直运采购
13	代管采购	113 代管入库

【实验过程】

采购类型

依次双击“基础设置”页签中的“基础档案→业务→采购类型”菜单，打开“采购类型”窗口，单击“增加”，根据表1-22添加采购类型信息，结果如图1-39所示。退出该窗口。

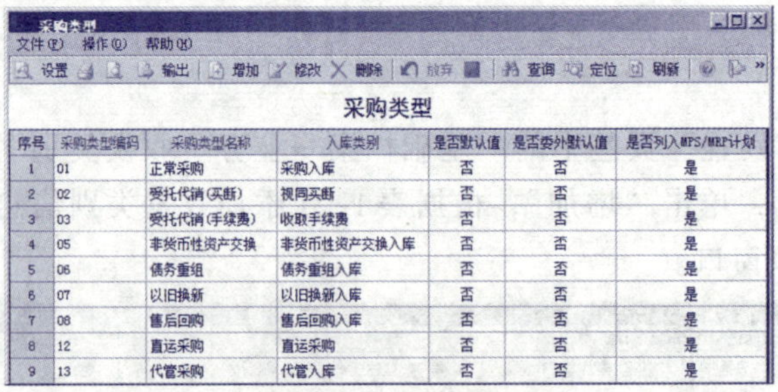

采购类型

序号	采购类型编码	采购类型名称	入库类别	是否默认值	是否委外默认值	是否列入MPS/MRP计划
1	01	正常采购	采购入库	否	否	是
2	02	受托代销(买断)	视同买断	否	否	是
3	03	受托代销(手续费)	收取手续费	否	否	是
4	05	非货币性资产交换	非货币性资产交换入库	否	否	是
5	06	债务重组	债务重组入库	否	否	是
6	07	以旧换新	以旧换新入库	否	否	是
7	08	售后回购	售后回购入库	否	否	是
8	12	直运采购	直运采购	否	否	是
9	13	代管采购	代管入库	否	否	是

图1-39 采购类型

（4）销售类型

【实验资料】

销售类型见表1-23。

表 1-23 销售类型

销售类型编码	销售类型名称	出库类别
01	正常销售	201 销售出库
02	委托代销	202 委托代销出库
03	销售受托代销货物（买断）	20301 视同买断
04	销售受托代销货物（手续费）	20302 收取手续费
05	非货币性资产交换	204 非货币性资产交换出库
06	债务重组	205 债务重组出库
07	以旧换新	206 以旧换新出库
08	售后回购	207 售后回购出库
09	附退回条件销售（可以估计退货率）	20801 可以估计退货率
10	附退回条件销售（无法估计退货率）	20802 无法估计退货率
11	分期收款（具有融资性质）	21101 具有融资性质
12	分期收款（不具有融资性质）	21102 不具有融资性质
13	直运销售	210 直运销售
14	销售调拨	21201 销售调拨出库
15	销售代管货物	213 代管出库

【实验过程】

依次双击“基础设置”页签中的“基础档案→业务→销售类型”菜单，打开“销售类型”窗口，单击“增加”，根据表1-23添加销售类型信息，结果如图1-40所示。添加完毕退出该窗口。

销售类型

销售类型

序号	销售类型编码	销售类型名称	出库类别	是否默认值	是否列入MPS/MRP计划
1	01	正常销售	销售出库	否	是
2	02	委托代销	委托代销出库	否	是
3	03	销售受托代销货物(买断)	视同买断	否	是
4	04	销售受托代销货物(手续费)	收取手续费	否	是
5	05	非货币性资产交换	非货币性资产交换出库	否	是
6	06	债务重组	债务重组出库	否	是
7	07	以旧换新	以旧换新出库	否	是
8	08	售后回购	售后回购出库	否	是
9	09	附退回条件销售(可以估计退货率)	可以估计退货率	否	是
10	10	附退回条件销售(无法估计退货率)	无法估计退货率	否	是
11	11	分期收款(具有融资性质)	具有融资性质	否	是
12	12	分期收款(不具有融资性质)	不具有融资性质	否	是
13	13	直运销售	直运销售	否	是
14	14	销售调拨	销售调拨出库	否	是
15	15	销售代管货物	代管出库	否	是

图1-40　销售类型

（5）费用项目

【实验资料】

费用项目见表1-24。

表1-24　　费用项目

费用项目编码	费用项目名称	费用项目分类编码	费用项目分类名称
01	代销手续费	1	日常费用
02	运输费	1	日常费用

【实验过程】

费用项目

①依次双击“基础设置”页签中的“基础档案→业务→费用项目分类”菜单，打开“费用项目分类”窗口，单击“增加”，根据表1-24添加费用项目分类信息。添加完毕退出该窗口。

②依次双击“基础设置”页签中的“基础档案→业务→费用项目”菜单，打开“费用项目”窗口，单击“增加”，根据表1-24添加费用项目信息，结果如图1-41所示。添加完毕退出该窗口。

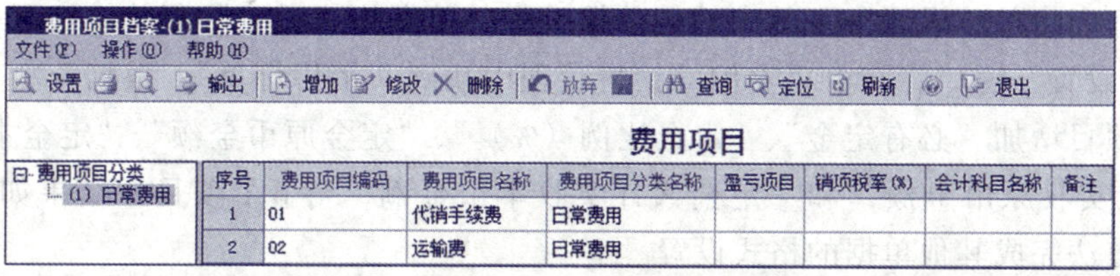

费用项目

序号	费用项目编码	费用项目名称	费用项目分类名称	盈亏项目	销项税率(%)	会计科目名称	备注
1	01	代销手续费	日常费用				
2	02	运输费	日常费用				

图1-41　费用项目

（6）非合理损耗类型

【实验资料】

非合理损耗类型见表1-25。

表1-25 非合理损耗类型

非合理损耗类型编码	非合理损耗类型名称	是否默认值
01	运输部门责任	否
02	保险公司责任	否
03	员工个人责任	否

【实验过程】

非合理损耗类型

依次双击“基础设置”页签中的“基础档案→业务→非合理损耗类型”菜单，打开“非合理损耗类型”窗口，单击“增加”，根据表1-25添加非合理损耗类型信息，结果如图1-42所示。添加完毕退出该窗口。

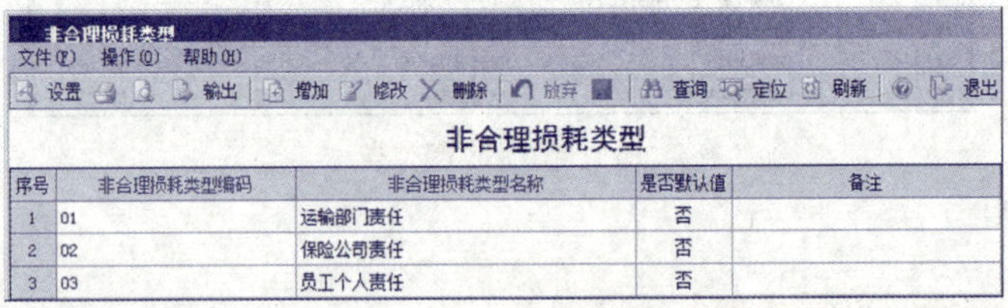

序号	非合理损耗类型编码	非合理损耗类型名称	是否默认值	备注
1	01	运输部门责任	否	
2	02	保险公司责任	否	
3	03	员工个人责任	否	

图1-42　非合理损耗类型

7. 单据设置

（1）单据格式设置

【实验资料】

① 为销售订单表头增加“必有定金”、“定金比例（%）”、“定金原币金额”、“定金本币金额”、“定金累计实收原币金额”和“定金累计实收本币金额”项目；

② 为应收收款单表头增加“订单号”项目；

③ 为委托代销结算单表头增加“发票号”项目；

④ 为到货单表体增加“拒收数量”和“已拒收数量”项目；

⑤ 为销售专用发票表体增加“退补标志”项目，将其表体“数量”项目改为非必输项；

⑥ 修改销售订单、发货单、销售专用发票表头的“汇率”项目，取消勾选“禁止编辑”。

【实验过程】

单据格式设置

依次双击“基础设置”页签中的“单据设置→单据格式设置”菜单，打开“单据格式设置”窗口，在窗口左侧的销售管理中找到“销售订单”，根据资料为其表头项目增加“必有定金”、“定金比例（%）”、“定金原币金额”、“定金本币金额”、“定金累计实收原币金额”和“定金累计实收本币金额”等6个项目，结果如图1-43所示。按此方法完成其他单据的格式设置。

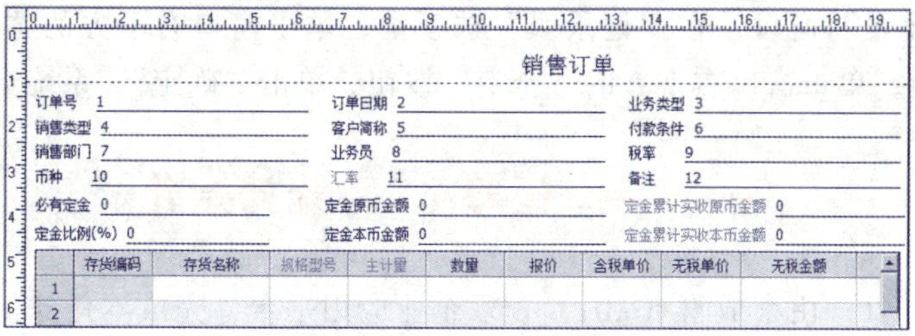

图1-43　单据格式设置

（2）单据编号设置

【实验资料】

①将销售专用发票、销售普通发票、销售零售日报、采购专用发票、采购普通发票的编号方式设置为“完全手工编号”；

②将销售发货单、委托结算单、委托发货单、销售订单、采购到货单、采购订单、其他入库单、其他出库单、销售出库单、调拨单、采购入库单的编号方式设置为“手工改动，重号时自动重取”。

【实验过程】

单据编号设置

依次双击“基础设置”页签中的“单据设置→单据编号设置”菜单，打开“单据编号设置”窗口，在窗口左侧的销售管理中找到销售专用发票，单击“”按钮，勾选“完全手工编号”，单击“”（保存按钮），结果如图1-44所示。按此方法完成其他单据的编号设置。

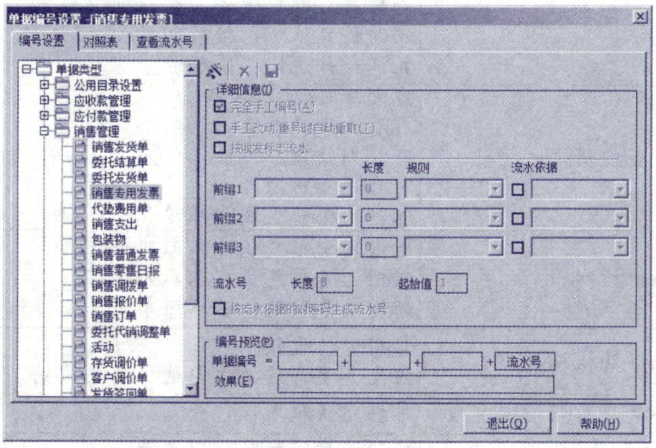

图1-44　单据编号设置

8. 数据权限控制设置

【实验资料】

取消对所有“记录级”“字段级”业务对象的权限控制。

【实验过程】

数据权限控制设置

依次双击“系统服务”页签中的“权限→数据权限控制设置”菜单，打开

“数据权限控制设置”窗口，在“记录级”选项卡，单击窗口右下方的“全消”按钮。在“字段级”选项卡，单击窗口右下方的“全消”按钮。单击“确定”，系统自动关闭该窗口。

任务4 系统初始化

2025年1月1日，由李成喜（A01）登录企业应用平台，完成本任务。

1. 设置系统参数

【实验资料】

各系统参数见表1-26。

表1-26 系统参数表

系统	选项卡	参数设置
总账	凭证	取消“制单序时控制”
	权限	出纳凭证必须经由出纳签字
	其他	部门、个人及项目的排序方式均为“按编码排序” 外币核算的汇率方式：浮动汇率
应收款管理	常规	单据审核日期依据：单据日期 坏账处理方式：应收余额百分比法 自动计算现金折扣
	凭证	受控科目制单方式：明细到单据 销售科目依据：按销售类型 凭证合并规则：票据号
应付款管理	常规	单据审核日期依据：单据日期 自动计算现金折扣
	凭证	受控科目制单方式：明细到单据 采购科目依据：按采购类型 凭证合并规则：票据号
销售管理	业务控制	有零售日报业务 有委托代销业务 有分期收款业务 有直运销售业务 取消“销售生成出库单”
	其他控制	新增发货单默认：不参照单据 新增退货单默认：不参照单据 新增发票默认：不参照单据
采购管理	业务及权限控制	启用受托代销 为皮具类存货档案勾选“受托代销”存货属性
	公共及参照控制	单据默认税率：13
库存管理	通用设置	采购入库审核时改现存量 销售出库审核时改现存量 其他出入库审核时改现存量
	专用设置	允许超发货单出库 允许超采购到货单入库 自动带出单价的单据：其他出库单、盘点单
存货核算	核算方式	暂估方式：单到回冲 销售成本核算方式：销售发票 委托代销成本核算方式：按发出商品核算
	控制方式	单据审核后才能记账 进项税转出科目：22210108 勾选“结算单价与暂估单价不一致是否调整出库成本”

【实验过程】

设置系统参数

①依次双击“基础设置”页签中的“业务参数→财务会计→总账”菜单，打开“选项”窗口，单击窗口下方的“编辑”按钮，根据表1-26进行总账系统选项设置，如图1-45所示。设置完毕关闭该窗口。按此方法完成其他系统的参数设置。

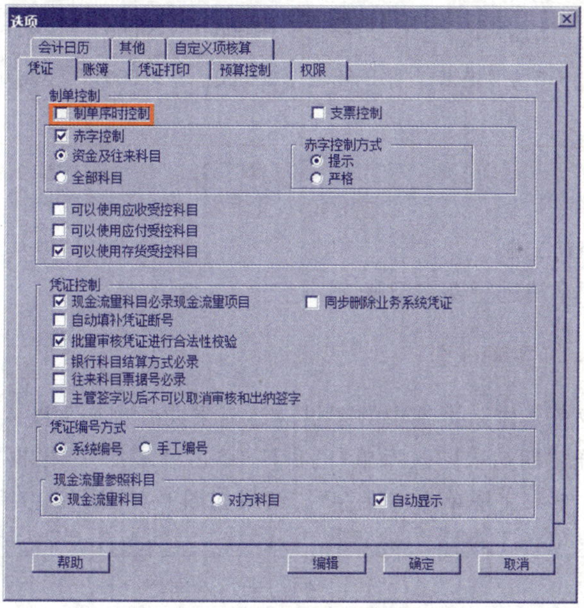

图1-45　总账系统选项设置

②根据表1-14，到存货档案为受托代销的存货（顺达女士箱包、顺达男士箱包、顺达情侣箱包）勾选“受托代销”存货属性。

提示

关于销售管理系统的“销售生成出库单”参数与库存管理系统的“库存生成销售出库单”参数：

①两者的设置是互斥关系。即当勾选销售管理系统的“销售生成出库单”参数时，库存管理系统的“库存生成销售出库单”参数自动取消勾选。反之，当勾选库存管理系统的“库存生成销售出库单”参数时，销售管理系统的“销售生成出库单”参数自动取消勾选。

②两者生成销售出库单的方式不同。当勾选销售管理系统的“销售生成出库单”参数时，销售出库单根据已审核的发货单自动生成。该销售出库单处于未审核状态，但出库数量不可修改。当勾选库存管理系统的“库存生成销售出库单”参数时，销售出库单须手工参照已审核的发货单生成。此时，出库数量可以修改，常见于分批出库业务。

2. 采购管理系统初始化

【实验资料】

（1）录入期初采购入库单

2024年12月27日，采购部张宏亮从湖南百盛购入百盛男夹克等商品，如图1-46所示，商品全部验收合格并已入库，合同约定2025年1月15日开具增值税专用发票。采购类型为“正常采购”。

入库单

金额单位：元

供应商：湖南百盛　　2024 年 12 月 27 日　　单号：RK12089

验收仓库	存货编码	存货名称	计量单位	数量		单价	金额
				应收	实收		
服装仓	1101	百盛男夹克	件	10 000	10 000	298.00	2 980 000.00
服装仓	1102	百盛休闲裤	条	15 000	15 000	199.00	2 985 000.00
服装仓	1104	百盛男套装	套	20 000	20 000	328.00	6 560 000.00
合 计							12 525 000.00

部门经理：略　　会计：略　　仓库：略　　经办人：略

图1-46　入库单

（2）采购系统期初记账

对存货采购管理系统进行期初记账。

【实验过程】

采购管理系统初始化

①依次双击“业务工作”页签中的“供应链→采购管理→采购入库→采购入库单”菜单，打开“期初采购入库单”窗口。单击“增加”，根据图1-46填制期初采购入库单，录入完毕单击“保存”，结果如图1-47所示。关闭该窗口。

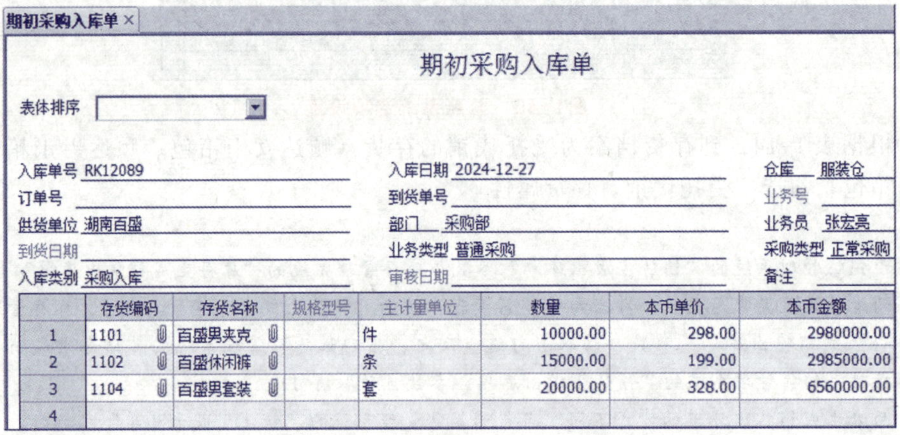

期初采购入库单 ×

期初采购入库单

表体排序

入库单号 RK12089　　入库日期 2024-12-27　　仓库 服装仓

订单号　　到货单号　　业务号

供货单位 湖南百盛　　部门 采购部　　业务员 张宏亮

到货日期　　业务类型 普通采购　　采购类型 正常采购

入库类别 采购入库　　审核日期　　备注

	存货编码	存货名称	规格型号	主计量单位	数量	本币单价	本币金额
1	1101	百盛男夹克		件	10000.00	298.00	2980000.00
2	1102	百盛休闲裤		条	15000.00	199.00	2985000.00
3	1104	百盛男套装		套	20000.00	328.00	6560000.00
4							

图1-47　期初采购入库单

②依次双击“业务工作”页签中的“供应链→采购管理→设置→采购期初记账”菜单，打开“期初记账”窗口，如图1-48所示。单击“记账”，系统提示“期初记账完毕!”，单击“确定”。退出该窗口。

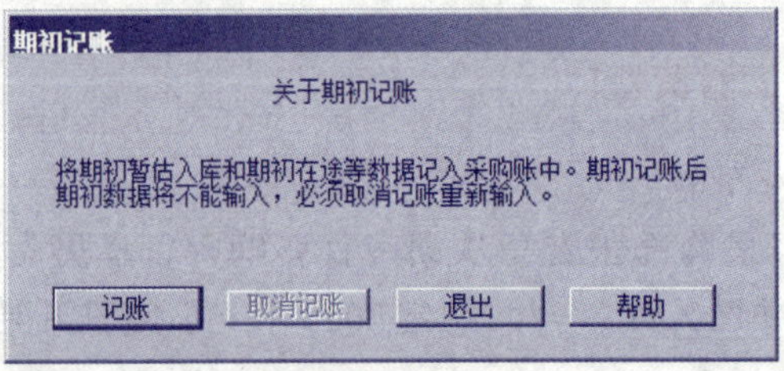

图1-48　采购系统期初记账

3. 库存管理系统初始化

【实验资料】

根据表1-27录入库存管理系统期初数据，入库类别为“采购入库”，部门为“采购部”。

表1-27　　库存商品期初结存

仓库名称	存货编码及名称	数量	计量单位	单价（元）	金额（元）	存货科目
服装仓	1101 百盛男夹克	10 000	件	298.00	2 980 000.00	1405 库存商品
	1102 百盛休闲裤	15 000	条	199.00	2 985 000.00	1405 库存商品
	1103 百盛牛仔裤	8 000	条	120.00	960 000.00	1405 库存商品
	1104 百盛男套装	20 000	套	328.00	6 560 000.00	1405 库存商品
	1151 嘉伟女风衣	16 000	件	498.00	7 968 000.00	1405 库存商品
	1152 嘉伟男风衣	20 000	件	648.00	12 960 000.00	1405 库存商品
	1153 嘉伟羽绒服	9 000	件	590.00	5 310 000.00	1405 库存商品
小　计		98 000			39 723 000.00	
手表仓	1201 博伦女表	17 000	只	3 450.00	58 650 000.00	1405 库存商品
	1202 博伦男表	10 000	只	2 835.00	28 350 000.00	1405 库存商品
	1203 博伦情侣表	5 000	对	6 666.00	33 330 000.00	1405 库存商品
	1251 恒久女表	6 300	只	2 900.00	18 270 000.00	1405 库存商品
	1252 恒久男表	3 000	只	5 555.00	16 665 000.00	1405 库存商品
	1253 恒久情侣表	12 000	对	8 888.00	106 656 000.00	1405 库存商品
小　计		53 300			261 921 000.00	
合　计		151 300			301 644 000.00	

【实验过程】

库存管理系统初始化

①依次双击“业务工作”页签中的“供应链→库存管理→初始设置→期初结存”菜单，打开“库存期初数据录入”窗口。在窗口右上方选择“服装仓”，单击工具栏的“修改”按钮，根据表1-27录入服装仓的期初库存，录入完毕单击“保存”，再单击“批审”，结果如图1-49所示。

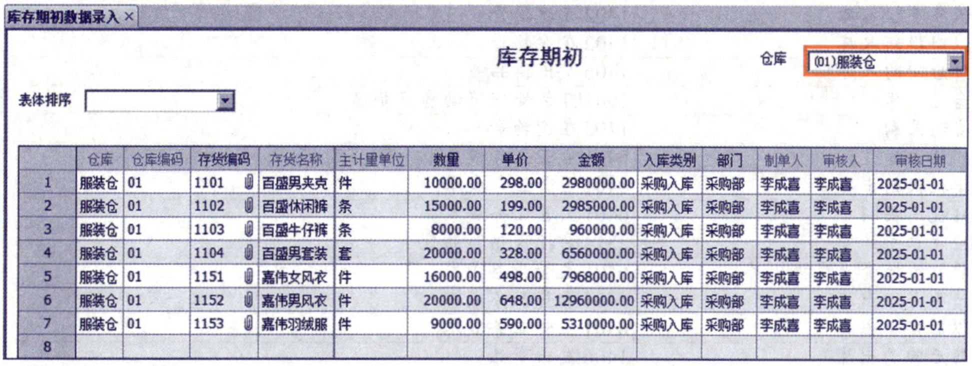

	仓库	仓库编码	存货编码	存货名称	主计量单位	数量	单价	金额	入库类别	部门	制单人	审核人	审核日期
1	服装仓	01	1101	百盛男夹克	件	10000.00	298.00	2980000.00	采购入库	采购部	李成喜	李成喜	2025-01-01
2	服装仓	01	1102	百盛休闲裤	条	15000.00	199.00	2985000.00	采购入库	采购部	李成喜	李成喜	2025-01-01
3	服装仓	01	1103	百盛牛仔裤	条	8000.00	120.00	960000.00	采购入库	采购部	李成喜	李成喜	2025-01-01
4	服装仓	01	1104	百盛男套装	套	20000.00	328.00	6560000.00	采购入库	采购部	李成喜	李成喜	2025-01-01
5	服装仓	01	1151	嘉伟女风衣	件	16000.00	498.00	7968000.00	采购入库	采购部	李成喜	李成喜	2025-01-01
6	服装仓	01	1152	嘉伟男风衣	件	20000.00	648.00	12960000.00	采购入库	采购部	李成喜	李成喜	2025-01-01
7	服装仓	01	1153	嘉伟羽绒服	件	9000.00	590.00	5310000.00	采购入库	采购部	李成喜	李成喜	2025-01-01
8													

图1-49　服装仓期初库存

②将“库存期初数据录入”窗口右上角的仓库改为“手表仓”，单击工具栏的“修改”按钮，根据表1-27录入手表仓的期初库存，录入完毕保存并批审，结果如图1-50所示。

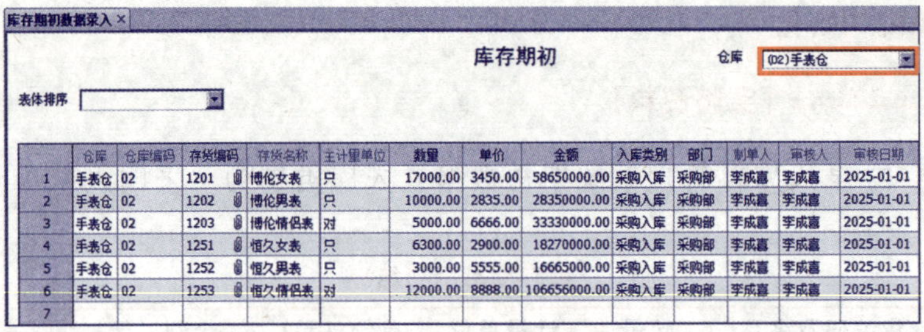
库存期初数据录入 ×

库存期初

仓库 (02)手表仓

表体排序

	仓库	仓库编码	存货编码	存货名称	主计量单位	数量	单价	金额	入库类别	部门	制单人	审核人	审核日期
1	手表仓	02	1201	博伦女表	只	17000.00	3450.00	58650000.00	采购入库	采购部	李成喜	李成喜	2025-01-01
2	手表仓	02	1202	博伦男表	只	10000.00	2835.00	28350000.00	采购入库	采购部	李成喜	李成喜	2025-01-01
3	手表仓	02	1203	博伦情侣表	对	5000.00	6666.00	33330000.00	采购入库	采购部	李成喜	李成喜	2025-01-01
4	手表仓	02	1251	恒久女表	只	6300.00	2900.00	18270000.00	采购入库	采购部	李成喜	李成喜	2025-01-01
5	手表仓	02	1252	恒久男表	只	3000.00	5555.00	16665000.00	采购入库	采购部	李成喜	李成喜	2025-01-01
6	手表仓	02	1253	恒久情侣表	对	12000.00	8888.00	106656000.00	采购入库	采购部	李成喜	李成喜	2025-01-01
7													

图1-50 手表仓期初库存

提示

库存管理系统的期初结存数据也可以从存货核算系统取数。

4. 存货核算系统初始化

（1）设置科目

【实验资料】

①存货科目设置。

存货科目见表1-28。

表1-28 存货科目

存货分类	存货科目	分期收款发出商品科目	委托代销发出商品科目	直运科目
0101服装	1405库存商品	1406发出商品	1406发出商品	1402在途物资
0102手表	1405库存商品	1406发出商品	1406发出商品	1402在途物资
0103皮具	1321受托代销商品			

②对方科目设置。

对方科目见表1-29。

表1-29 对方科目

收发类别	对方科目	暂估科目
101采购入库	1402在途物资	220202暂估应付账款
10201视同买断	2314受托代销商品款	2314受托代销商品款
10202收取手续费	2314受托代销商品款	2314受托代销商品款
104非货币性资产交换入库	1402在途物资	
105债务重组入库	1402在途物资	
106以旧换新入库	1402在途物资	
107售后回购入库	1406发出商品	
109盘盈入库	190101待处理流动资产损溢	
110直运采购	1402在途物资	
201销售出库	6401主营业务成本	
202委托代销出库	6401主营业务成本	
20301视同买断	6401主营业务成本	
20302收取手续费	2314受托代销商品款	
204非货币性资产交换出库	6401主营业务成本	
205债务重组出库	6401主营业务成本	
206以旧换新出库	6401主营业务成本	
207售后回购出库	1406发出商品	
20801可以估计退货率	6401主营业务成本	
20802无法估计退货率	1406发出商品	
209盘亏出库	190101待处理流动资产损溢	
210直运销售	6401主营业务成本	
21102不具有融资性质	6401主营业务成本	

存货核算系统科目设置

【实验过程】

①依次双击“业务工作”页签中的“供应链→存货核算→初始设置→科目设置→存货科目”菜单，打开“存货科目”窗口。单击“增加”，根据表1-28录入存货科目，录入完毕单击“保存”，结果如图1-51所示。

存货科目

输出 增加 插行 删除 栏目 定位 退出

存货科目

存货分类编码	存货分类名称	存货科目编码	存货科目名称	分期收款发出商品科目编码	委托代销发出商品科目编码	直运科目编码
0101	服装	1405	库存商品	1406	1406	1402
0102	手表	1405	库存商品	1406	1406	1402
0103	皮具	1321	受托代销商品			

图1-51　存货科目

②在存货核算系统，执行“初始设置→科目设置→对方科目”菜单，打开“对方科目”窗口。单击“增加”，根据表1-29录入对方科目，录入完毕单击“保存”，结果如图1-52所示。

对方科目

输出 增加 插行 删除 栏目 定位 退出

对方科目

收发类别编码	收发类别名称	对方科目编码	对方科目名称	暂估科目编码	暂估科目名称
101	采购入库	1402	在途物资	220202	暂估应付账款
10201	视同买断	2314	受托代销商品款	2314	受托代销商品款
10202	收取手续费	2314	受托代销商品款	2314	受托代销商品款
104	非货币性资产交换入库	1402	在途物资		
105	债务重组入库	1402	在途物资		
106	以旧换新入库	1402	在途物资		
107	售后回购入库	1406	发出商品		
109	盘盈入库	190101	待处理流动资产损溢		
110	直运采购	1402	在途物资		
201	销售出库	6401	主营业务成本		
202	委托代销出库	6401	主营业务成本		
20301	视同买断	6401	主营业务成本		
20302	收取手续费	2314	受托代销商品款		
204	非货币性资产交换出库	6401	主营业务成本		
205	债务重组出库	6401	主营业务成本		
206	以旧换新出库	6401	主营业务成本		
207	售后回购出库	1406	发出商品		
20801	可以估计退货率	6401	主营业务成本		
20802	无法估计退货率	1406	发出商品		
209	盘亏出库	190101	待处理流动资产损溢		
210	直运销售	6401	主营业务成本		
21102	不具有融资性质	6401	主营业务成本		

图1-52　对方科目

提示

此功能用于设置本系统中生成凭证所需要的存货对方科目（即收发类别）所对应的会计科目，因此用户在制单之前应先在本系统中将存货对方科目设置正确、完整，否则无法生成科目完整的凭证。

直运采购发票制单时，借方科目取用户在存货科目设置中设置的直运科目。

直运销售发票制单时，贷方科目取用户在存货科目设置中设置的直运科目。

发出商品发货单制单时，借方科目取发出商品对应的科目，贷方取存货对应的科目。

发出商品发票制单时，借方科目取收发类别对应的科目，贷方取发出商品对应的科目。

（2）录入期初余额并记账

【实验资料】

期初余额与库存管理系统期初结存数据一致，从库存管理系统取数至存货核算系统并记账。

【实验过程】

录入期初余额并记账

①依次双击“业务工作”页签中的“供应链→存货核算→初始设置→期初数据→期初余额”菜单，打开“期初余额”窗口。仓库选择“服装仓”，单击“取数”，从库存管理系统取期初库存至存货核算系统，结果如图1-53所示。

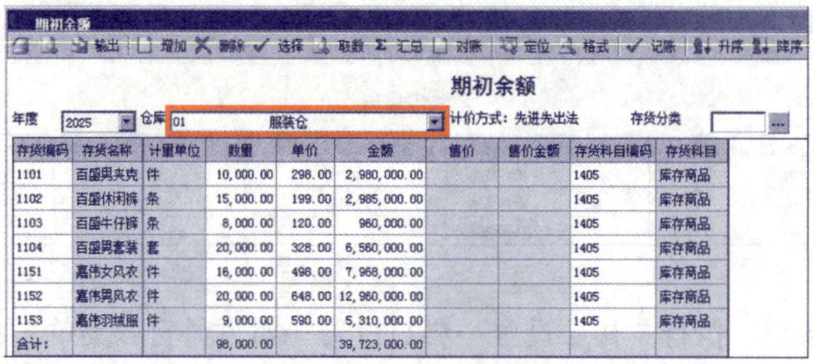

存货编码	存货名称	计量单位	数量	单价	金额	售价	售价金额	存货科目编码	存货科目
1101	百盛男夹克	件	10,000.00	298.00	2,980,000.00			1405	库存商品
1102	百盛休闲裤	条	15,000.00	199.00	2,985,000.00			1405	库存商品
1103	百盛牛仔裤	条	8,000.00	120.00	960,000.00			1405	库存商品
1104	百盛男套装	套	20,000.00	328.00	6,560,000.00			1405	库存商品
1151	嘉伟女风衣	件	16,000.00	498.00	7,968,000.00			1405	库存商品
1152	嘉伟男风衣	件	20,000.00	648.00	12,960,000.00			1405	库存商品
1153	嘉伟羽绒服	件	9,000.00	590.00	5,310,000.00			1405	库存商品
合计：			98,000.00		39,723,000.00				

图1-53　服装仓期初余额

②仓库选择“手表仓”，单击“取数”，从库存管理系统取期初库存至存货核算系统，结果如图1-54所示。单击“记账”，系统提示“期初记账成功!”，单击“确定”。

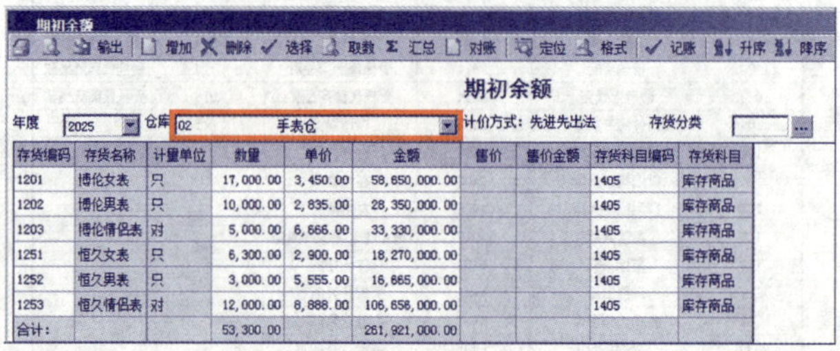

存货编码	存货名称	计量单位	数量	单价	金额	售价	售价金额	存货科目编码	存货科目
1201	博伦女表	只	17,000.00	3,450.00	58,650,000.00			1405	库存商品
1202	博伦男表	只	10,000.00	2,835.00	28,350,000.00			1405	库存商品
1203	博伦情侣表	对	5,000.00	6,666.00	33,330,000.00			1405	库存商品
1251	恒久女表	只	6,300.00	2,900.00	18,270,000.00			1405	库存商品
1252	恒久男表	只	3,000.00	5,555.00	16,665,000.00			1405	库存商品
1253	恒久情侣表	对	12,000.00	8,888.00	106,656,000.00			1405	库存商品
合计：			53,300.00		261,921,000.00				

图1-54　手表仓期初余额

（3）跌价准备设置

【实验资料】

根据表1-30进行跌价准备设置。

表 1-30　跌价准备设置

存货分类	跌价准备科目	计提费用科目
01 商品	1471 存货跌价准备	6701 资产减值损失

【实验过程】

在存货核算系统，执行“跌价准备→跌价准备设置”菜单，打开“跌价准备设置”窗口。单击“增加”，设置第一大类存货的跌价准备科目和计提费用科目，结果如图1-55所示。

跌价准备设置

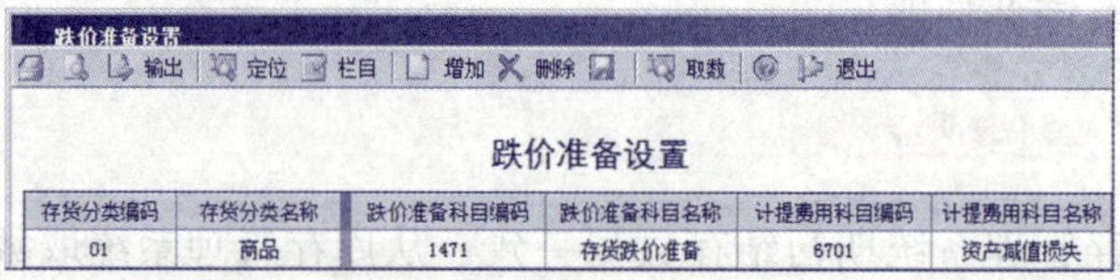

存货分类编码	存货分类名称	跌价准备科目编码	跌价准备科目名称	计提费用科目编码	计提费用科目名称
01	商品	1471	存货跌价准备	6701	资产减值损失

图1-55　跌价准备设置

5. 应收款管理系统初始化

（1）初始设置

【实验资料】

①基本科目设置。

基本科目见表1-31。

表1-31 基本科目

基础科目种类	科目	币种
应收科目	112201 应收账款/人民币	人民币
应收科目	112202 应收账款/美元	美元
预收科目	220301 预收账款/一般人民币预收账款	人民币
预收科目	220302 预收账款/一般美元预收账款	美元
出口销售收入科目	6001 主营业务收入	人民币
汇兑损益科目	660302 财务费用/汇兑损益	人民币
商业承兑科目	112101 应收票据/人民币	人民币
商业承兑科目	112102 应收票据/美元	美元
银行承兑科目	112101 应收票据/人民币	人民币
银行承兑科目	112102 应收票据/美元	美元
票据利息科目	660301 财务费用/利息支出	人民币
票据费用科目	660301 财务费用/利息支出	人民币
收支费用科目	660105 销售费用/办公费	人民币
现金折扣科目	6001 主营业务收入	人民币
税金科目	22210106 应交税费/应交增值税/销项税额	人民币
销售收入科目	6001 主营业务收入	人民币
销售退回科目	6001 主营业务收入	人民币
销售定金科目	220303 预收账款/销售定金	人民币

②产品科目设置。

产品科目见表1-32。

表1-32 产品科目

业务类型编码	业务类型名称	销售收入科目
04	销售受托代销货物（手续费）	220203 应付账款/受托代销
08	售后回购	224105 其他应付款/应付售后回购款
10	附退回条件销售（无法估计退货率）	220304 预收账款/附条件销售款

③结算方式科目设置。

结算方式科目见表1-33。

表1-33 结算方式科目

结算方式	币种	本单位账号	科目
现金	人民币	2107024015890035666	1001 库存现金
现金支票	人民币	2107024015890035666	10020101 沈阳皇姑支行
转账支票	人民币	2107024015890035666	10020101 沈阳皇姑支行
转账支票	美元	2107381765323431982	1002020102 美元
银行汇票	人民币	2107024015890035666	10020101 沈阳皇姑支行
电汇	人民币	2107024015890035666	10020101 沈阳皇姑支行
电汇	美元	2107381765323431982	1002020102 美元
信汇	人民币	2107024015890035666	10020101 沈阳皇姑支行
委托收款	人民币	2107024015890035666	10020101 沈阳皇姑支行
托收承付	人民币	2107024015890035666	10020101 沈阳皇姑支行
其他	人民币	2107024015890035666	10020101 沈阳皇姑支行

④坏账准备设置。

根据表1-34进行坏账准备设置。

表1-34　　坏账准备设置

提取比率	坏账准备期初余额	坏账准备科目	对方科目
0.500%	3 390	1231（坏账准备）	6702（信用减值损失）

【实验过程】

应收系统初始设置

①依次双击“业务工作”页签中的“财务会计→应收款管理→设置→初始设置”菜单，打开“初始设置”窗口，单击窗口左侧的“基本科目设置”，单击工具栏的“增加”，根据表1-31进行基本科目设置，结果如图1-56所示。

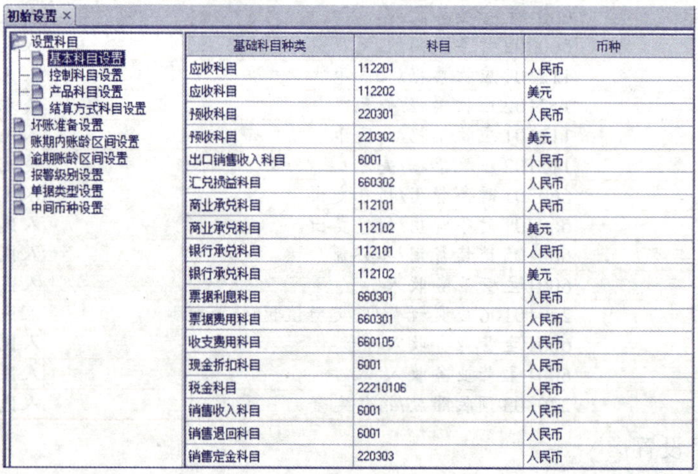

基础科目种类	科目	币种
应收科目	112201	人民币
应收科目	112202	美元
预收科目	220301	人民币
预收科目	220302	美元
出口销售收入科目	6001	人民币
汇兑损益科目	660302	人民币
商业承兑科目	112101	人民币
商业承兑科目	112102	美元
银行承兑科目	112101	人民币
银行承兑科目	112102	美元
票据利息科目	660301	人民币
票据费用科目	660301	人民币
收支费用科目	660105	人民币
现金折扣科目	6001	人民币
税金科目	22210106	人民币
销售收入科目	6001	人民币
销售退回科目	6001	人民币
销售定金科目	220303	人民币

图1-56　基本科目设置

②在“初始设置”窗口，单击窗口左侧的“产品科目设置”，根据表1-32进行产品科目设置，结果如图1-57所示。

业务类型编码	业务类型名称	销售收入科目	应交增值税科目	销售退回科目
01	正常销售			
02	委托代销			
03	销售受托代销货物(买断)			
04	销售受托代销货物(手续费)	220203		
05	非货币性资产交换			
06	债务重组			
07	以旧换新			
08	售后回购	224105		
09	附退回条件销售(可以估计退货率)			
10	附退回条件销售(无法估计退货率)	220304		
11	分期收款(具有融资性质)			
12	分期收款(不具有融资性质)			
13	直运销售			
14	销售调拨			
15	销售代管货物			

图1-57　产品科目设置

③在“初始设置”窗口，单击窗口左侧的“结算方式科目设置”，根据表1-33进行结算方式科目设置，结果如图1-58所示。

④在“初始设置”窗口，单击窗口左侧的“坏账准备设置”，根据资料进行坏账准备设置，结果如图1-59所示。

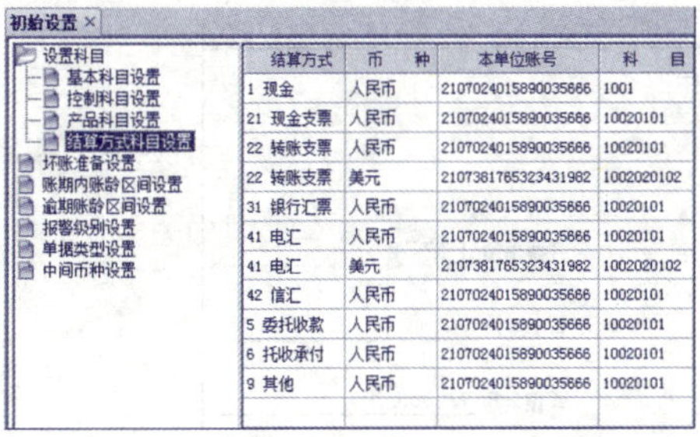

图1-58　结算方式科目设置

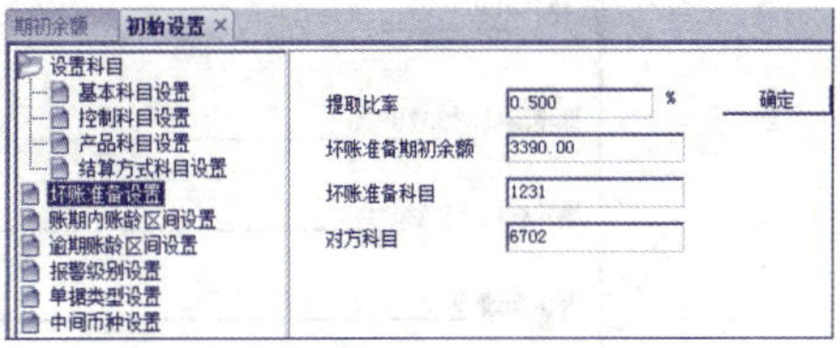

图1-59　坏账准备设置

提示

关于"基本科目设置"、"控制科目设置"及"产品科目设置"的关系：对销售发票制单时，系统首先判断"控制科目依据"参数，根据该参数取"控制科目设置"中对应的科目。同时，系统判断"销售科目依据"参数，根据该参数取"产品科目设置"中对应的科目。若"控制科目设置""产品科目设置"均未设置科目，则取"基本科目设置"中设置的应收科目、销售收入科目以及税金科目。若"基本科目设置"也未设置科目，则制单处理时系统弹出记账凭证的"科目名称"栏为空，需手工输入会计科目，否则记账凭证不能保存。

（2）期初余额

【实验资料】

①根据表1-35录入期初应收账款对应的销售专用发票，业务员为销售部刘晓洺。

表1-35　　应收账款期初余额

开票日期	发票号	客户	科目	存货编码	数量（条）	无税单价（元）	价税合计（元）
2024-12-17	21323501	广西玉宝	112201	1103	1 200	500.00	678 000.00

②根据表1-36录入期初应收票据，承兑银行为交通银行，业务员为销售部刘晓洺。

表1-36　　应收票据期初余额

单据类型	票据编号	开票单位	票据面值	科目	签发日期	收到日期	到期日
银行承兑汇票	35978808	上海乐淘	97 000.00	112101	2024-12-20	2024-12-23	2025-06-20

【实验过程】

录入应收系统期初余额

依次双击"业务工作"页签中的"财务会计→应收款管理→设置→期初余额"菜单，系统弹出"期初余额-查询"对话框，单击"确定"，打开"期初余额"窗口，单击工具栏的"增加"，根据表1-35填制期初销售专用发票，根据表1-36填制期初应收票据，结果如图1-60、图1-61所示。

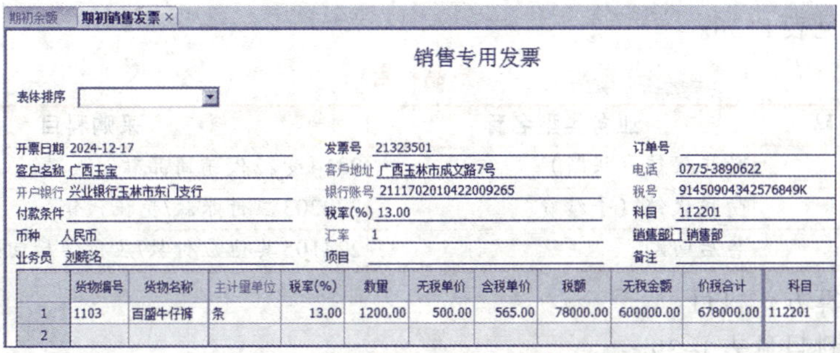

图1-60　期初销售专用发票

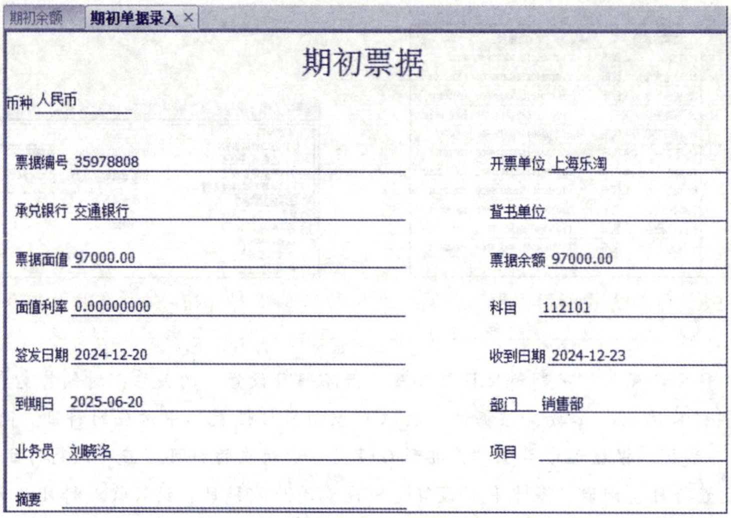
期初余额 | 期初单据录入 ×

期初票据

币种 人民币

票据编号 35978808 | 开票单位 上海乐淘

承兑银行 交通银行 | 背书单位

票据面值 97000.00 | 票据余额 97000.00

面值利率 0.00000000 | 科目 112101

签发日期 2024-12-20 | 收到日期 2024-12-23

到期日 2025-06-20 | 部门 销售部

业务员 刘晓名 | 项目

摘要

图1-61　期初应收票据

6. 应付款管理系统初始化

（1）初始设置

【实验资料】

①设置基本科目。

基本科目见表1-37。

表1-37　基本科目

基础科目种类	科目	币种
应付科目	220201应付账款/一般应付账款	人民币
预付科目	1123预付账款	人民币
采购科目	1402在途物资	人民币
税金科目	22210101应交税费/应交增值税/进项税额	人民币
汇兑损益科目	660302财务费用/汇兑损益	人民币
商业承兑科目	2201应付票据	人民币
银行承兑科目	2201应付票据	人民币
票据利息科目	660301财务费用/利息支出	人民币
现金折扣科目	660304财务费用/现金折扣	人民币
固定资产采购科目	1601固定资产	人民币

②产品科目设置。

产品科目见表1-38。

表1-38　产品科目

业务类型编码	业务类型名称	采购科目
02	受托代销（买断）	2314受托代销商品款
03	受托代销（手续费）	220203应付账款/受托代销
08	售后回购	224105其他应付款/应付售后回购款

③设置结算方式科目。

结算方式科目见表1-39。

表 1-39　　　　　　　　　　结算方式科目

结算方式	币种	本单位账号	科目
现金	人民币	2107024015890035666	1001 库存现金
现金支票	人民币	2107024015890035666	10020101 沈阳皇姑支行
转账支票	人民币	2107024015890035666	10020101 沈阳皇姑支行
转账支票	美元	2107381765323431982	1002020102 美元
银行汇票	人民币	2107024015890035666	101201 银行汇票存款
电汇	人民币	2107024015890035666	10020101 沈阳皇姑支行
电汇	美元	2107381765323431982	1002020102 美元
信汇	人民币	2107024015890035666	10020101 沈阳皇姑支行
委托收款	人民币	2107024015890035666	10020101 沈阳皇姑支行
托收承付	人民币	2107024015890035666	10020101 沈阳皇姑支行
其他	人民币	2107024015890035666	10020101 沈阳皇姑支行

【实验过程】

应付系统初始设置

①依次双击“业务工作”页签中的“财务会计→应付款管理→设置→初始设置”菜单，打开“初始设置”窗口，单击窗口左侧的“基本科目设置”，单击工具栏的“增加”，根据表1-37进行基本科目设置，结果如图1-62所示。

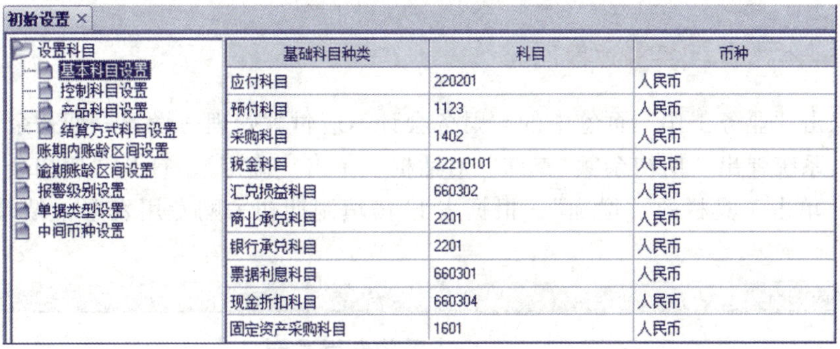

基础科目种类	科目	币种
应付科目	220201	人民币
预付科目	1123	人民币
采购科目	1402	人民币
税金科目	22210101	人民币
汇兑损益科目	660302	人民币
商业承兑科目	2201	人民币
银行承兑科目	2201	人民币
票据利息科目	660301	人民币
现金折扣科目	660304	人民币
固定资产采购科目	1601	人民币

图1-62　基本科目设置

②在“初始设置”窗口，单击窗口左侧的“产品科目设置”，根据表1-38进行产品科目设置，结果如图1-63所示。

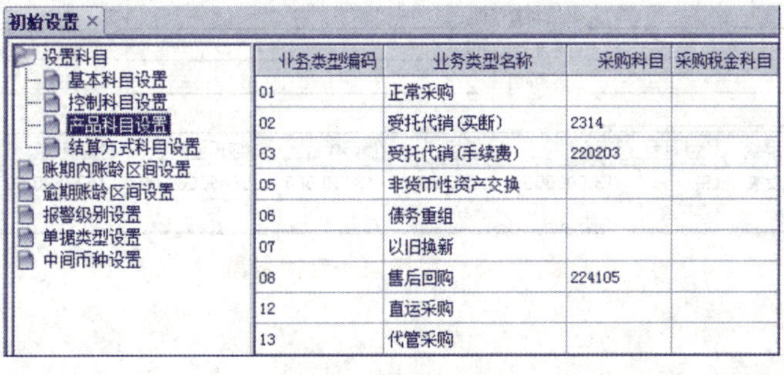

业务类型编码	业务类型名称	采购科目	采购税金科目
01	正常采购		
02	受托代销(买断)	2314	
03	受托代销(手续费)	220203	
05	非货币性资产交换		
06	债务重组		
07	以旧换新		
08	售后回购	224105	
12	直运采购		
13	代管采购		

图1-63　产品科目设置

③在“初始设置”窗口，单击窗口左侧的“结算方式科目设置”，根据表1-39进行结算方式科目设置，结果如图1-64所示。

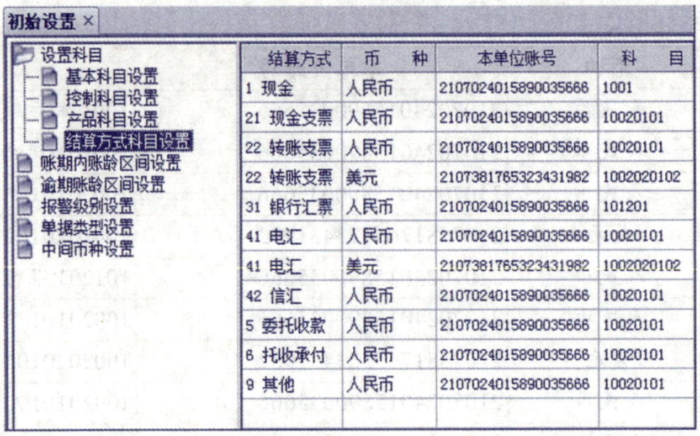

结算方式	币 种	本单位账号	科 目
1 现金	人民币	2107024015890035666	1001
21 现金支票	人民币	2107024015890035666	10020101
22 转账支票	人民币	2107024015890035666	10020101
22 转账支票	美元	2107381765323431982	1002020102
31 银行汇票	人民币	2107024015890035666	101201
41 电汇	人民币	2107024015890035666	10020101
41 电汇	美元	2107381765323431982	1002020102
42 信汇	人民币	2107024015890035666	10020101
5 委托收款	人民币	2107024015890035666	10020101
6 托收承付	人民币	2107024015890035666	10020101
9 其他	人民币	2107024015890035666	10020101

图1-64　结算方式科目设置

（2）录入应付账款期初余额

【实验资料】

根据表1-40录入期初应付账款对应的采购专用发票，业务员为采购部张宏亮。

表1-40　应付账款期初余额

发票号	开票日期	供应商	科目	存货编码	数量（只）	原币单价（元）	价税合计（元）
14035890	2024-12-15	天津惠阳	220201	1201	17 000	3 450.00	66 274 500.00

【实验过程】

录入应付账款期初余额

依次双击“业务工作”页签中的“财务会计→应付款管理→设置→期初余额”菜单，系统弹出“期初余额-查询”对话框，单击“确定”，打开“期初余额”窗口，单击工具栏的“增加”，根据表1-40填制期初采购专用发票，结果如图1-65所示。

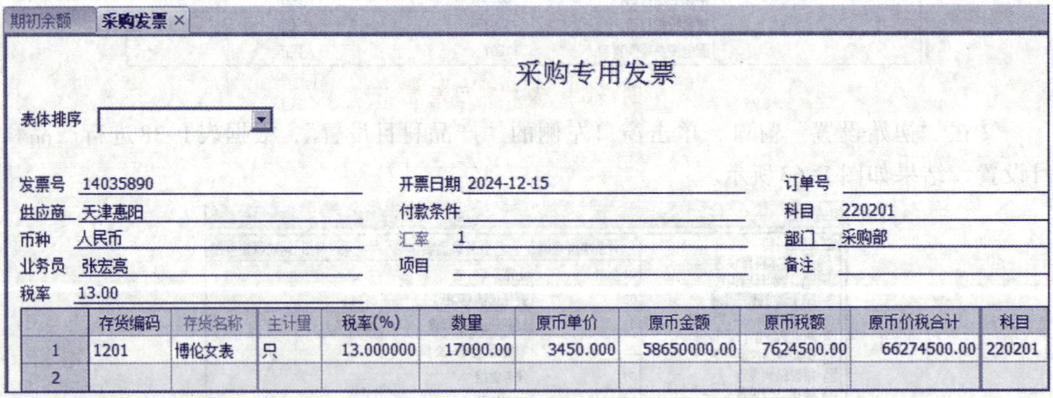

	存货编码	存货名称	主计量	税率(%)	数量	原币单价	原币金额	原币税额	原币价税合计	科目
1	1201	博伦文表	只	13.000000	17000.00	3450.000	58650000.00	7624500.00	66274500.00	220201
2										

图1-65　期初采购专用发票

7. 总账系统初始化

【实验资料】

根据表1-41录入总账系统期初余额。

表 1-41　　总账系统期初余额

科目	方向	受控系统	金额（元）
库存现金	借		8 532.00
银行存款/中国工商银行/沈阳皇姑支行	借		86 080 345.00
银行存款/中国银行/沈阳皇姑支行/人民币	借		69 613 501.00
银行存款/中国银行/沈阳皇姑支行/美元	借		6 018 000.00 USD 850 000.00
交易性金融资产/成本	借		230 000.00 东旭光电，20 000 股
应收票据/人民币	借	应收系统	97 000.00
应收账款/人民币	借	应收系统	678 000.00
坏账准备	贷		3 390.00
库存商品	借		301 644 000.00
其他权益工具投资/成本	借		240 000.00 京东方 A，80 000 股
固定资产	借		21 890 300.00
累计折旧	贷		1 785 153.68
短期借款	贷		5 000 000.00
应付账款/一般应付账款	贷	应付系统	66 274 500.00
应付账款/暂估应付账款	贷		12 525 000.00 2024-12-27，湖南百盛采购部张宏亮
应付职工薪酬/工资	贷		38 952.69
应付职工薪酬/社会保险费/基本医疗保险费	贷		1 641.60
应付职工薪酬/社会保险费/工伤保险费	贷		102.60
应付职工薪酬/社会保险费/生育保险费	贷		174.42
应付职工薪酬/设定提存计划/基本养老保险费	贷		2 462.40
应付职工薪酬/设定提存计划/失业保险费	贷		410.40
应付职工薪酬/住房公积金	贷		2 052.00
应付职工薪酬/工会经费	贷		867.99
应交税费/未交增值税	贷		461 502.40
应交税费/应交企业所得税	贷		363 128.50
应交税费/应交个人所得税	贷		137.56
应交税费/应交城市维护建设税	贷		32 305.17
应交税费/应交教育费附加	贷		13 845.07
应交税费/应交地方教育附加	贷		9 230.05
其他应付款/代扣医疗保险	贷		410.40
其他应付款/代扣养老保险	贷		1 641.60
其他应付款/代扣失业保险	贷		205.20
其他应付款/代扣住房公积金	贷		2 052.00
长期借款	贷		50 000 000.00
实收资本	贷		15 000 000.00
盈余公积	贷		2 341 905.00
利润分配/未分配利润	贷		332 638 607.27

【实验过程】

录入总账系统期初余额

①引入受控系统科目期初余额。依次双击“业务工作”页签中的“财务会计→总账→设置→期初余额”菜单，打开“期初余额录入”窗口。找到“应收票据/人民币”科目，双击该科目，系统打开“辅助期初余额”窗口，单击“往来明细”，打开“期初往来明细”窗口。单击“引入”，系统提示“确定要引入期初吗？”，单击“是”，系统从应收系统引入上海乐淘的期初往来明细，结果如图 1-66 所示。单击“汇

总”，系统弹出如图1-67所示的对话框，单击“是”，单击“确定”。依次退出“期初往来明细”窗口、“辅助期初余额”窗口。

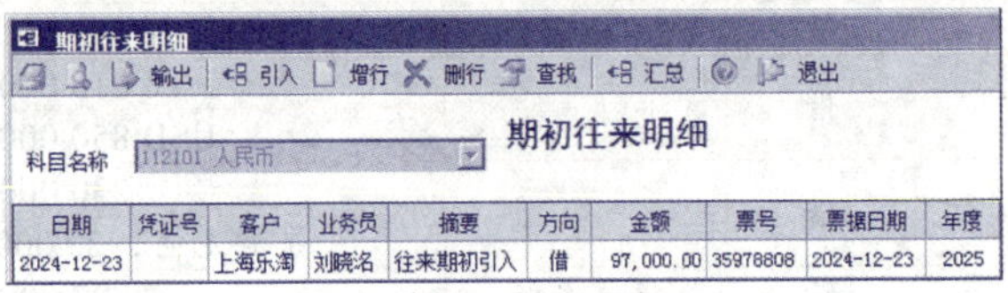

图1-66　期初往来明细

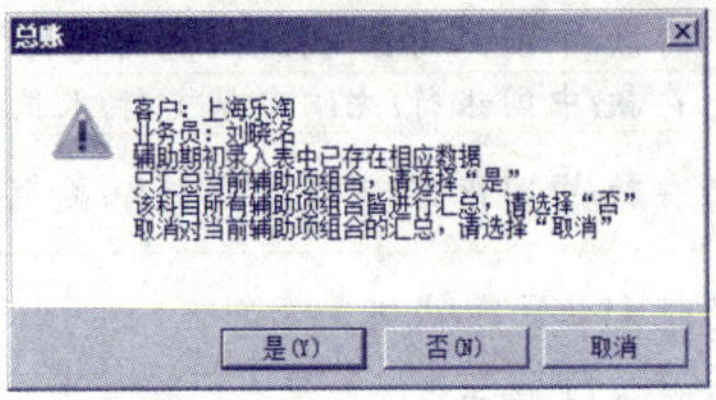

图1-67　总账汇总提示

按此方法引入“应收账款/人民币”和“应付账款/一般应付账款”的期初余额。

②直接录入总账系统期初余额。在“期初余额录入”窗口，双击每个末级会计科目的“期初余额”栏，根据表1-41手工录入该科目的期初余额。

提示

灰色单元格对应会计科目的期初余额无须录入。部分设置辅助核算但不受控于应收或应付系统的会计科目，双击该科目到“辅助期初余额”窗口或“期初往来明细”窗口录入期初余额。

录入完毕，单击工具栏的“试算”按钮，结果如图1-68所示。单击“确定”，退出“期初余额录入”窗口。

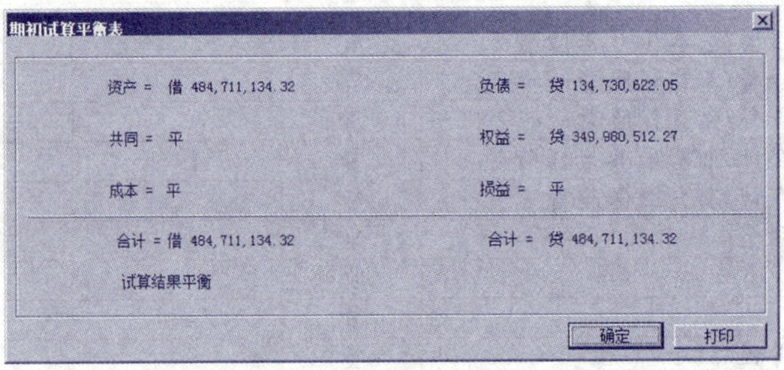

图1-68　试算结果

【课程思政点睛】

【复习思考题】

1. 简述账套主管与系统管理员的区别与联系。
2. 举例说明系统参数对后续日常业务处理的重要影响。
3. 试述应收系统、应付系统与存货核算系统中科目设置的关系。
4. 简述存货核算系统期初记账的作用。
5. 简述收发类别、采购类型与销售类型在供应链管理系统中的重要作用。
6. 简述单据格式设置的重要性。
7. 简述总账系统与供应链管理系统集成使用时的对账关系。
8. 简述库存管理系统与存货核算系统的关系。

2 项目 2 一般采购业务

任务1　普通采购业务

业务1　典型采购业务

【实验资料】

2025年1月1日，采购部张宏亮与北京嘉伟服装有限公司（简称北京嘉伟）签订购销合同。

相关凭证如图2-1至图2-4所示。

购销合同

合同编号：CG01001

卖方：北京嘉伟服装有限公司
买方：辽宁恒通商贸有限公司

为保护买卖双方的合法权益，根据《中华人民共和国民法典》的有关规定，买卖双方经友好协商，一致同意签订本合同，并共同遵守合同约定。

一、货物的名称、数量及金额：

货物名称	规格型号	计量单位	数量	单价（不含税）	金额（不含税）	税率	税额
嘉伟女风衣		件	1 000	518.00	518 000.00	13%	67 340.00
嘉伟羽绒服		件	1 200	668.00	801 600.00	13%	104 208.00
嘉伟男风衣		件	1 300	580.00	754 000.00	13%	98 020.00
合　计					¥2 073 600.00		¥269 568.00

二、合同总金额：人民币贰佰叁拾肆万叁仟壹佰陆拾捌元整（¥2 343 168.00）。

三、签订合同当日，卖方交付货物并开具增值税专用发票，买方以电汇方式支付全部货款。

四、交货地点：辽宁恒通商贸有限公司。

五、发运方式与运输费用承担方式：由卖方发货，运输费用由卖方承担。

卖　　方：北京嘉伟服装有限公司　　　　买　　方：辽宁恒通商贸有限公司
授权代表：赵　芳　　　　　　　　　　　授权代表：张宏亮
日　　期：2025年1月1日　　　　　　　　日　　期：2025年1月1日

图2-1　购销合同

入库单

供应商：北京嘉伟　　　　2025 年 01 月 01 日　　　　单号：RK01001

验收仓库	存货编码	存货名称	计量单位	数量 应收	数量 实收	单价	金额
服装仓	1151	嘉伟女风衣	件	1 000	1 000		
服装仓	1153	嘉伟羽绒服	件	1 200	1 200		
服装仓	1152	嘉伟男风衣	件	1 300	1 300		
合　计							

部门经理：略　　会计：略　　仓库：略　　经办人：略

图2-2　入库单

电子发票（增值税专用发票）　　发票号码：25112000000069861152

全国统一发票监制章 国家税务总局 北京市税务局

开票日期：2025年01月01日

购买方信息	名称：辽宁恒通商贸有限公司 统一社会信用代码/纳税人识别号：91210105206917583A	销售方信息	名称：北京嘉伟服装有限公司 统一社会信用代码/纳税人识别号：91110104759695583N

项目名称	规格型号	单位	数量	单价	金额	税率/征收率	税额
*服装*嘉伟女风衣		件	1 000	518.00	518 000.00	13%	67 340.00
*服装*嘉伟羽绒服		件	1 200	668.00	801 600.00	13%	104 208.00
*服装*嘉伟男风衣		件	1 300	580.00	754 000.00	13%	98 020.00
合　计					¥2 073 600.00		¥269 568.00
价税合计（大写）	⊗贰佰叁拾肆万叁仟壹佰陆拾捌元整					（小写）	¥2 343 168.00
备注	购买方开户银行：中国工商银行沈阳皇姑支行				银行账号：2107024015890035666		
	销售方开户银行：招商银行北京宣武分行				银行账号：25907398050615O4276		

开票人：岂俏

图2-3　增值税专用发票

中国工商银行　电汇凭证（回单）　1　　36257058

☑普通　□加急　　委托日期 2025年01月01日

汇款人	全　称	辽宁恒通商贸有限公司	收款人	全　称	北京嘉伟服装有限公司
	账　号	2107024015890035666		账　号	25907398050615O4276
	开户银行	中国工商银行沈阳皇姑支行		开户银行	招商银行北京宣武分行
金额	人民币（大写）	贰佰叁拾肆万叁仟壹佰陆拾捌元整		亿 千 百 十 万 千 百 十 元 角 分	¥ 2 3 4 3 1 6 8 0 0
				支付密码	
				附加信息及用途：货款	
				复核　　记账	

此联为汇出行给汇款人的回单

中国工商银行 沈阳皇姑支行 2025.01.01 转讫 (7)

图2-4　电汇付款凭证

【实验过程概览】

本业务的实验过程概览见表2-1。

表2-1　　实验过程概览

序号	操作日期	操作员	系统	操作内容
1	2025-01-01	G01张宏亮	采购管理	填制采购订单
2	2025-01-01	G01张宏亮	采购管理	参照采购订单生成到货单
3	2025-01-01	C01李泽伟	库存管理	参照到货单生成采购入库单
4	2025-01-01	G01张宏亮	采购管理	参照采购入库单生成采购专用发票（现付）
5	2025-01-01	W02赵凯杰	应付款管理	应付单据审核并制单处理
6	2025-01-01	W02赵凯杰	存货核算	正常单据记账，生成凭证

【实验过程】

典型采购业务

1. 填制采购订单

2025年1月1日，由张宏亮（G01）登录企业应用平台。

（1）依次双击“业务工作”页签中的“供应链→采购管理→采购订货→采购订单”菜单，打开“采购订单”窗口。单击工具栏的“增加”按钮，根据图2-1填制采购订单。

①填制表头信息。修改表头的“订单编号”（即合同编号）为“CG01001”，“采购类型”为“正常采购”，“供应商”为“北京嘉伟”，“业务员”为“张宏亮”，其他项默认。

提示

当一张单据需要同时选择“部门”和“业务员”信息时，可直接选择“业务员”，则系统自动将该业务员所在“部门”的信息带出。

②填制表体信息。在第1行，选择“存货编码”为“1151”（嘉伟女风衣），输入“数量”为“1000”，“原币单价”为“518”，“计划到货日期”为当日；按此方法录入第2行、第3行的货物信息。

（2）单击工具栏的“保存”按钮，保存该单据。单击工具栏的“审核”按钮，审核该订单，结果如图2-5所示。关闭并退出“采购订单”窗口。

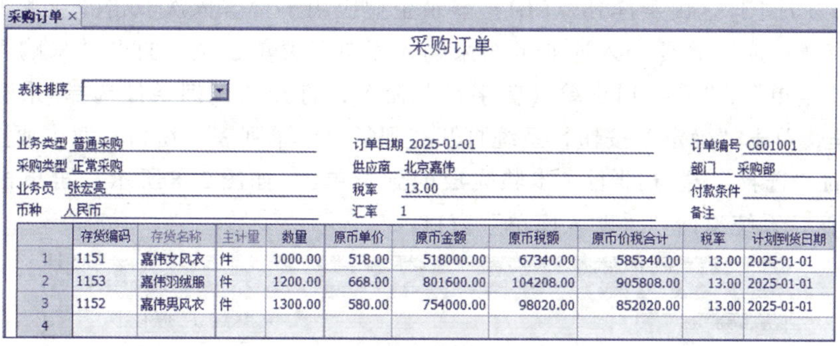
采购订单 ×

采购订单

表体排序

业务类型 普通采购　订单日期 2025-01-01　订单编号 CG01001
采购类型 正常采购　供应商 北京嘉伟　部门 采购部
业务员 张宏亮　税率 13.00　付款条件
币种 人民币　汇率 1　备注

	存货编码	存货名称	主计量	数量	原币单价	原币金额	原币税额	原币价税合计	税率	计划到货日期
1	1151	嘉伟女风衣	件	1000.00	518.00	518000.00	67340.00	585340.00	13.00	2025-01-01
2	1153	嘉伟羽绒服	件	1200.00	668.00	801600.00	104208.00	905808.00	13.00	2025-01-01
3	1152	嘉伟男风衣	件	1300.00	580.00	754000.00	98020.00	852020.00	13.00	2025-01-01
4										

图2-5　采购订单

说明：为了完整显示关键信息，本教材对部分单据或窗口的单元格所在列进行了隐藏。下同。

2. 参照采购订单生成到货单

说明：若无特别提示，本步骤无须重新登录，仍由上一步操作员完成。下同。

在“采购管理”子系统，双击“采购到货→到货单”菜单，打开“到货单”窗口。单击工具栏的“增加”按钮，再执行工具栏的“生单”|“采购订单”命令，打开“查询条件选择-采购订单列表过滤”对话框，单击“确定”按钮，系统弹出“拷贝并执行”窗口。双击“到货单拷贝订单表头列表”中CG01001号订单最左侧的“选择”单元格，选中该订单，如图2-6所示。单击“确定”按钮，系统返回“到货单”窗口，生成一张到货单。

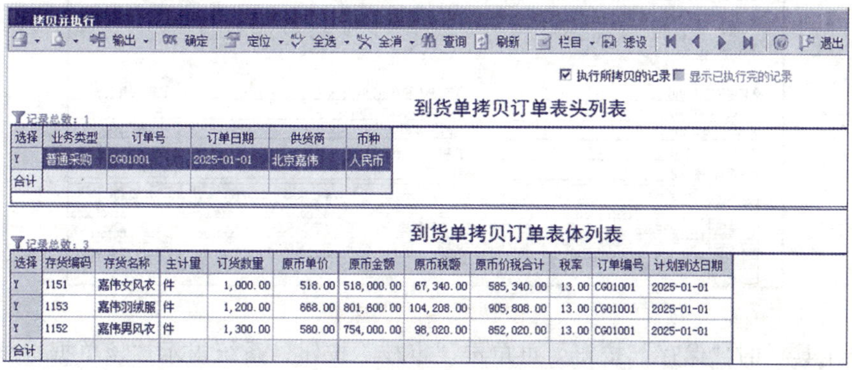
拷贝并执行

输出　确定　定位　全选　全消　查询　刷新　栏目　滤设　退出

执行所拷贝的记录　显示已执行完的记录

到货单拷贝订单表头列表

记录总数：1

选择	业务类型	订单号	订单日期	供货商	币种
Y	普通采购	CG01001	2025-01-01	北京嘉伟	人民币
合计					

到货单拷贝订单表体列表

记录总数：3

选择	存货编码	存货名称	主计量	订货数量	原币单价	原币金额	原币税额	原币价税合计	税率	订单编号	计划到达日期
Y	1151	嘉伟女风衣	件	1,000.00	518.00	518,000.00	67,340.00	585,340.00	13.00	CG01001	2025-01-01
Y	1153	嘉伟羽绒服	件	1,200.00	668.00	801,600.00	104,208.00	905,808.00	13.00	CG01001	2025-01-01
Y	1152	嘉伟男风衣	件	1,300.00	580.00	754,000.00	98,020.00	852,020.00	13.00	CG01001	2025-01-01
合计											

图2-6　“拷贝并执行”窗口

单击工具栏的“保存”按钮，保存该单据。单击工具栏的“审核”按钮，审核该单据，结果如图2-7所示。关闭并退出该窗口。

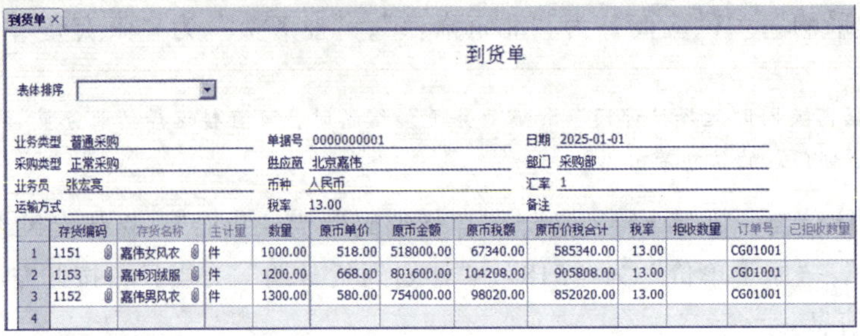

到货单 ×

到货单

表体排序

业务类型 普通采购　单据号 0000000001　日期 2025-01-01
采购类型 正常采购　供应商 北京嘉伟　部门 采购部
业务员 张宏亮　币种 人民币　汇率 1
运输方式　税率 13.00　备注

	存货编码	存货名称	主计量	数量	原币单价	原币金额	原币税额	原币价税合计	税率	拒收数量	订单号	已拒收数量
1	1151	嘉伟女风衣	件	1000.00	518.00	518000.00	67340.00	585340.00	13.00		CG01001	
2	1153	嘉伟羽绒服	件	1200.00	668.00	801600.00	104208.00	905808.00	13.00		CG01001	
3	1152	嘉伟男风衣	件	1300.00	580.00	754000.00	98020.00	852020.00	13.00		CG01001	
4												

图2-7　到货单

3. 参照到货单生成采购入库单

2025年1月1日，由李泽伟（C01）登录企业应用平台。依次双击“业务工作”页签中的“供应链→库存管理→入库业务→采购入库单”菜单，系统打开“采购入库单”窗口。执行“生单”|“采购到货单（蓝字）”命令，打开“查询条件选择-采购到货单列表”对话框，单击“确定”按钮，系统打开“到货单生单列表”窗口。双击要选择的到货单所对应的“选择”栏（即上一步骤完成的到货单），如图2-8所示，再单击工具栏的“确定”按钮，系统返回“采购入库单”窗口。

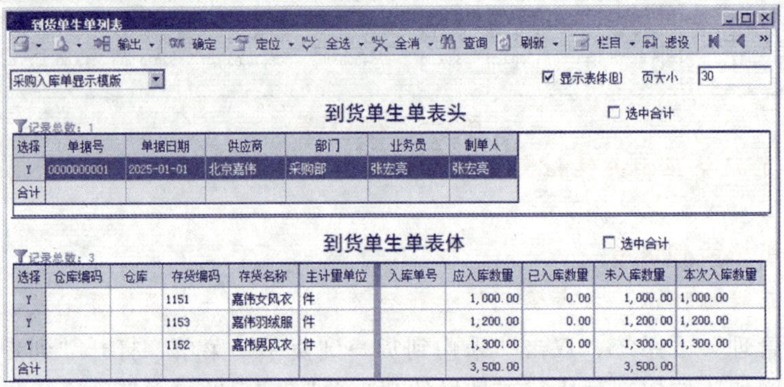

到货单生单列表

输出　确定　定位　全选　全消　查询　刷新　栏目　滤设

采购入库单显示模版　☑ 显示表体(B)　页大小 30

到货单生单表头　☐ 选中合计

记录总数：1

选择	单据号	单据日期	供应商	部门	业务员	制单人
Y	0000000001	2025-01-01	北京嘉伟	采购部	张宏亮	张宏亮
合计						

到货单生单表体　☐ 选中合计

记录总数：3

选择	仓库编码	仓库	存货编码	存货名称	主计量单位	入库单号	应入库数量	已入库数量	未入库数量	本次入库数量
Y			1151	嘉伟女风衣	件		1,000.00	0.00	1,000.00	1,000.00
Y			1153	嘉伟羽绒服	件		1,200.00	0.00	1,200.00	1,200.00
Y			1152	嘉伟男风衣	件		1,300.00	0.00	1,300.00	1,300.00
合计							3,500.00		3,500.00	

图2-8　“到货单生单列表”窗口

根据图2-2修改采购入库单表头中的“入库单号”为“RK01001”，“仓库”选择“服装仓”，其他项默认，结果如图2-9所示。

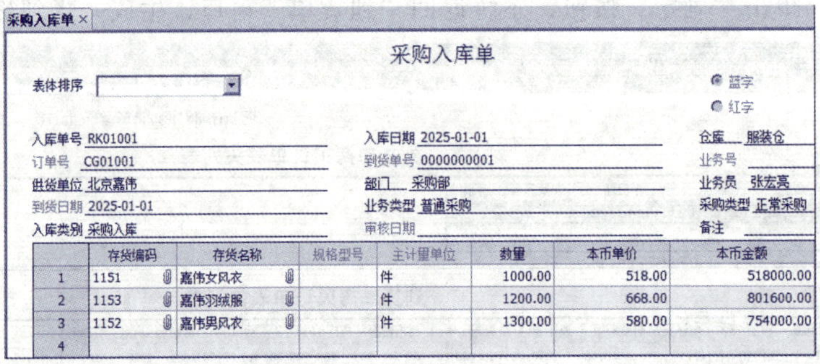

采购入库单 ×

采购入库单

表体排序　◉ 蓝字　◉ 红字

入库单号 RK01001　入库日期 2025-01-01　仓库 服装仓
订单号 CG01001　到货单号 0000000001　业务号
供货单位 北京嘉伟　部门 采购部　业务员 张宏亮
到货日期 2025-01-01　业务类型 普通采购　采购类型 正常采购
入库类别 采购入库　审核日期　备注

	存货编码	存货名称	规格型号	主计量单位	数量	本币单价	本币金额
1	1151	嘉伟女风衣		件	1000.00	518.00	518000.00
2	1153	嘉伟羽绒服		件	1200.00	668.00	801600.00
3	1152	嘉伟男风衣		件	1300.00	580.00	754000.00
4							

图2-9　采购入库单

单击工具栏的“保存”按钮，再单击“审核”按钮，系统提示“该单据审核成功!”，单击“确定”按钮。关闭并退出该窗口。

4. 参照采购入库单生成采购专用发票（现付）

2025年1月1日，由张宏亮（G01）登录企业应用平台。

（1）生成采购专用发票。依次双击“业务工作”页签中的“供应链→采购管理→采购发票→专用采购发票”菜单，打开“专用发票”窗口。单击工具栏的“增加”按钮，再执行工具栏的“生单”|“入库单”命令，打开“查询条件选择-采购入库单列表过滤”对话框，单击“确定”按钮。在“拷贝并执行”窗口，双击选择RK01001号采购入库单对应的“选择”栏，如图2-10所示，然后单击工具栏的“确定”按钮，返回“专用发票”窗口。根据图2-3修改表头项目“发票号”为“69861152”（为了提高工作效率，本教材所有电子发票的发票号仅输入其后8位。下同），其他项默认。单击工具栏的“保存”按钮。

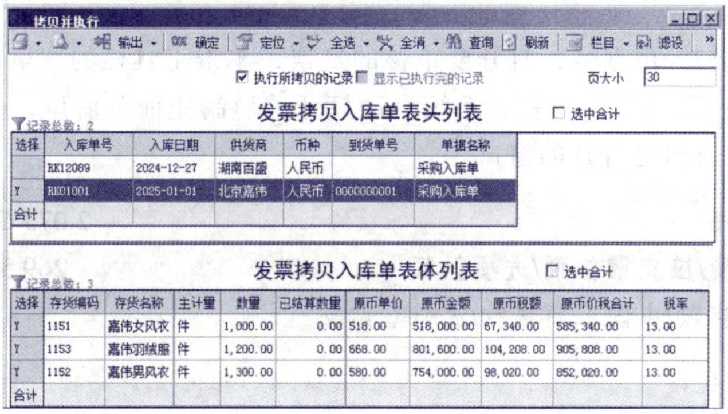
拷贝并执行

输出 确定 定位 全选 全消 查询 刷新 栏目 滤设

☑执行所拷贝的记录 ☐显示已执行完的记录　页大小 30

发票拷贝入库单表头列表　☐选中合计

记录总数：2

选择	入库单号	入库日期	供货商	币种	到货单号	单据名称
	RK12089	2024-12-27	湖南百盛	人民币		采购入库单
Y	RK01001	2025-01-01	北京嘉伟	人民币	0000000001	采购入库单
合计						

发票拷贝入库单表体列表　☐选中合计

记录总数：3

选择	存货编码	存货名称	主计量	数量	已结算数量	原币单价	原币金额	原币税额	原币价税合计	税率
Y	1151	嘉伟女风衣	件	1,000.00	0.00	518.00	518,000.00	67,340.00	585,340.00	13.00
Y	1153	嘉伟羽绒服	件	1,200.00	0.00	668.00	801,600.00	104,208.00	905,808.00	13.00
Y	1152	嘉伟男风衣	件	1,300.00	0.00	580.00	754,000.00	98,020.00	852,020.00	13.00
合计										

图2-10　“拷贝并执行”窗口

（2）现付。单击工具栏的“现付”按钮，打开“采购现付”窗口。根据图2-4的电汇凭证回单，“结算方式”选择“电汇”，“原币金额”输入“2343168”，“票据号”输入“36257058”，结果如图2-11所示。单击“确定”按钮。

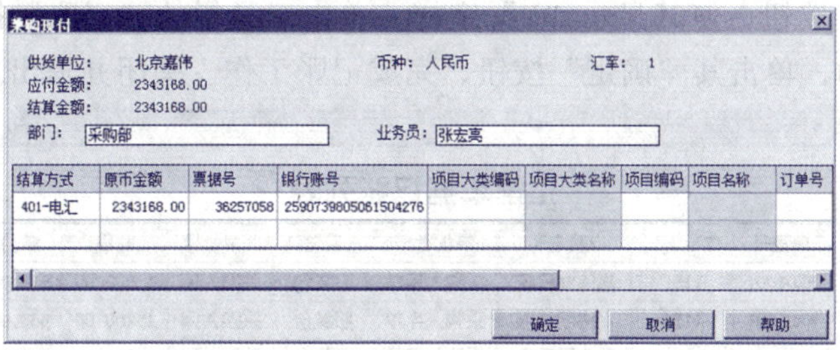
采购现付

供货单位：北京嘉伟　币种：人民币　汇率：1

应付金额：2343168.00

结算金额：2343168.00

部门：采购部　业务员：张宏亮

结算方式	原币金额	票据号	银行账号	项目大类编码	项目大类名称	项目编码	项目名称	订单号
401-电汇	2343168.00	36257058	2590739805061504276					

确定　取消　帮助

图2-11　“采购现付”窗口

单击工具栏的“结算”按钮，完成采购专用发票结算处理。结果如图2-12所示。关闭并退出该窗口。

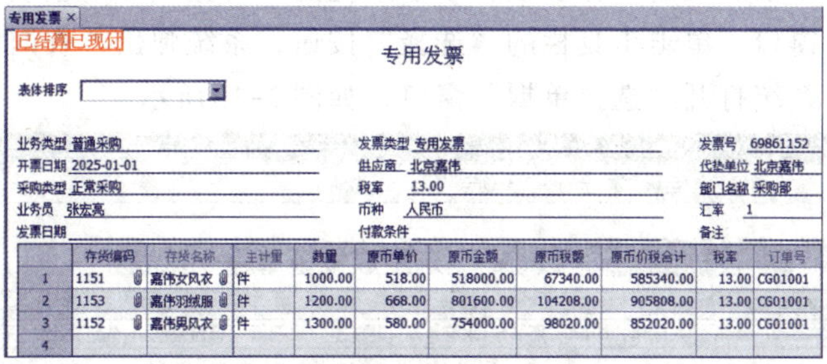
专用发票

已结算已现付

专用发票

表体排序

业务类型 普通采购　发票类型 专用发票　发票号 69861152

开票日期 2025-01-01　供应商 北京嘉伟　代垫单位 北京嘉伟

采购类型 正常采购　税率 13.00　部门名称 采购部

业务员 张宏亮　币种 人民币　汇率 1

发票日期　付款条件　备注

	存货编码	存货名称	主计量	数量	原币单价	原币金额	原币税额	原币价税合计	税率	订单号
1	1151	嘉伟女风衣	件	1000.00	518.00	518000.00	67340.00	585340.00	13.00	CG01001
2	1153	嘉伟羽绒服	件	1200.00	668.00	801600.00	104208.00	905808.00	13.00	CG01001
3	1152	嘉伟男风衣	件	1300.00	580.00	754000.00	98020.00	852020.00	13.00	CG01001
4										

图2-12　采购专用发票

5. 应付单据审核并制单处理

2025年1月1日，由赵凯杰（W02）登录企业应用平台。依次双击“业务工作”页签中的“财务会计→应付款管理→应付单据处理→应付单据审核”菜单，系统打开“应付单查询条件”窗口。勾选“包含已现结发票”，单击“确定”按钮，打开“单据处理”窗口，如图2-13所示。

单据处理 ×

应付单据列表

记录总数：1

选择	审核人	单据日期	单据类型	单据号	供应商名称	部门	业务员	制单人	币种	汇率	原币金额	本币金额
		2025-01-01	采购专用发票	69861152	北京嘉伟服装有限公司	采购部	张宏亮	张宏亮	人民币	1.00000000	2,343,168.00	2,343,168.00
合计											2,343,168.00	2,343,168.00

图2-13　应付单据列表

双击“69861152”单据号，打开要审核的发票，单击工具栏的“审核”按钮，系统提示“是否立即制单?”，单击“是”，系统自动打开“填制凭证”窗口，单击工具栏的“保存”按钮。关闭并退出已打开的窗口。

借：在途物资　　2 073 600.00

　　应交税费/应交增值税/进项税额　　269 568.00

　贷：银行存款/中国工商银行/沈阳皇姑支行　　2 343 168.00

说明：为了节省篇幅，系统自动生成或手工填制的记账凭证均以会计分录的形式呈现。

6. 正常单据记账，生成凭证

（1）正常单据记账。在供应链的“存货核算”子系统，依次执行“业务核算→正常单据记账”命令，系统打开“查询条件选择”窗口，直接单击其“确定”按钮，系统打开“未记账单据一览表”窗口，如图2-14所示。双击入库单RK01001的“选择”栏或者单击工具栏的“全选”按钮，使其显示“Y”字样。单击工具栏的“记账”按钮，系统弹出信息框提示记账成功，单击其“确定”按钮，完成记账工作。关闭并退出当前窗口。

未记账单据一览表 ×

正常单据记账列表

记录总数：3

选择	日期	单据号	存货编码	存货名称	单据类型	仓库名称	收发类别	数量	单价	金额
	2025-01-01	RK01001	1151	嘉伟女风衣	采购入库单	服装仓	采购入库	1,000.00	518.00	518,000.00
	2025-01-01	RK01001	1153	嘉伟羽绒服	采购入库单	服装仓	采购入库	1,200.00	668.00	801,600.00
	2025-01-01	RK01001	1152	嘉伟男风衣	采购入库单	服装仓	采购入库	1,300.00	580.00	754,000.00
小计								3,500.00		2,073,600.00

图2-14　未记账单据一览表

（2）生成凭证。依次双击“存货核算”子系统的“财务核算→生成凭证”菜单，系统打开“生成凭证”窗口。单击工具栏的“选择”按钮，系统弹出“查询条件”对话框，单击“确定”按钮，系统打开“选择单据”窗口，如图2-15所示。

选择单据

输出　单据　全选　全消　确定　取消

☐ 已结算采购入库单自动选择全部结算单上单据(包括入库单、发票、付款单)，非本月采购入库单按蓝字报销单制单

未生成凭证单据一览表

选择	记账日期	单据日期	单据类型	单据号	仓库	收发类别	记账人	部门	业务类型	计价方式	摘要	供应商
	2025-01-01	2025-01-01	采购入库单	RK01001	服装仓	采购入库	赵凯杰	采购部	普通采购	先进先出法	采购入库单	北京嘉伟

图2-15　“选择单据”窗口

单击工具栏的“全选”按钮，选中已记账的采购入库单，再单击工具栏的“确定”按钮，系统自动关闭“选择单据”窗口返回“生成凭证”窗口，如图2-16所示。单击工具栏的“生成”按钮，系统打开“填制凭证”窗口并自动生成凭证。单击工具栏的“保存”按钮，保存此记账凭证。关闭并退出窗口。

生成凭证 ×

凭证类别 记 记账凭证

选择	单据类型	单据号	摘要	科目类型	科目编码	科目名称	借方金额	贷方金额	借方数量	贷方数量	科目方向	存货编码
1	采购入库单	RK01001	采购入库单	存货	1405	库存商品	518,000.00		1,000.00		1	1151
				对方	1402	在途物资		518,000.00		1,000.00	2	1151
				存货	1405	库存商品	801,600.00		1,200.00		1	1153
				对方	1402	在途物资		801,600.00		1,200.00	2	1153
				存货	1405	库存商品	754,000.00		1,300.00		1	1152
				对方	1402	在途物资		754,000.00		1,300.00	2	1152
合计							2,073,600.00	2,073,600.00				

图2-16 “生成凭证”窗口

借：库存商品 2 073 600.00

  贷：在途物资 2 073 600.00

提示

关于本业务中使用的“现付”和“结算”功能的说明。

1.若收到发票的同时支付货款（除“商业汇票”外），则可以直接单击发票上的“现付”按钮，完成款项支付；若不同时，付款业务到应付款管理系统的“付款单据处理”或“选择付款”中处理。通过“商业汇票”付款的，到应付款管理系统或应收款管理系统的“票据管理”中去处理。该功能支持全额现付和部分现付。“现付”自动生成未审核、未核销的付款单，现付的发票审核后自动核销。

2.结算，即采购结算，也称采购报账，是指采购核算人员根据采购发票、采购入库单核算采购入库成本的过程。若采购发票是参照“入库单”生成的，且发票数量等于入库单数量，同时没有费用单据，则可以直接单击采购发票上的“结算”按钮，完成“采购结算”。否则到采购管理系统“采购结算”下进行手工结算或自动结算。采购结算的结果是生成采购结算单。

3.普通采购业务中“现付”与“采购结算”之间没有先后顺序。但是，在受托代销业务中必须先“受托代销结算”才可以“现付”。普通销售业务中必须先“现结”后“复核”。

业务2 卖方垫付运费的采购业务

【实验资料】

2025年1月1日，采购部徐晓辉与大连博伦表业有限公司（简称大连博伦）签订购销合同。

2025年1月2日，收到大连博伦发来的货物及增值税专用发票，全部验收合格并办理入库。（按数量分摊）

2025年1月3日，支付大连博伦货款及代垫运费。（付款单）

相关凭证如图2-17至图2-21所示。

购销合同

合同编号：CG01002

卖方：大连博伦表业有限公司

买方：辽宁恒通商贸有限公司

为保护买卖双方的合法权益，根据《中华人民共和国民法典》的有关规定，买卖双方经友好协商，一致同意签订本合同，并共同遵守合同约定。

一、货物的名称、数量及金额：

货物名称	规格型号	计量单位	数量	单价（不含税）	金额（不含税）	税率	税额
博伦男表		只	500	2 850.00	1 425 000.00	13%	185 250.00
博伦情侣表		对	450	6 688.00	3 009 600.00	13%	391 248.00
合 计					¥4 434 600.00		¥576 498.00

二、合同总金额：人民币伍佰零壹万壹仟零玖拾捌元整（¥5 011 098.00）。

三、卖方于1月2日交付货物并开具增值税专用发票，买方于1月3日以转账支票方式支付全部货款。

四、交货地点：大连博伦表业有限公司。

五、发运方式与运输费用承担方式：由卖方发货，运输费用由买方承担，卖方先行垫付。

卖　　方：大连博伦表业有限公司　　　　买　　方：辽宁恒通商贸有限公司

授权代表：李昌达　　　　授权代表：徐晓辉

日　　期：2025年01月01日　　　　日　　期：2025年01月01日

图2-17　购销合同

入库单

供应商：大连博伦　　　　2025 年 01 月 02 日　　　　单号：RK01002

验收仓库	存货编码	存货名称	计量单位	数量		单价	金额
				应收	实收		
手表仓	1202	博伦男表	只	500	500		
手表仓	1203	博伦情侣表	对	450	450		
合 计							

部门经理：略　　会计：略　　仓库：略　　经办人：略

图2-18　入库单

电子发票（增值税专用发票）

发票号码：25212000000062163891

开票日期：2025 年 01 月 02 日

购买方信息	销售方信息
名称：辽宁恒通商贸有限公司 统一社会信用代码/纳税人识别号：91210105206917583A	名称：大连博伦表业有限公司 统一社会信用代码/纳税人识别号：91210203821392076S

项目名称	规格型号	单位	数量	单价	金额	税率/征收率	税额
*手表*博伦男表		只	500	2 850.00	1 425 000.00	13%	185 250.00
*手表*博伦情侣表		对	450	6 688.00	3 009 600.00	13%	391 248.00
合　　计					¥4 434 600.00		¥576 498.00
价税合计（大写）	⊗伍佰零壹万壹仟零玖拾捌元整				（小写）¥5 011 098.00		

备注：
购买方开户银行：中国工商银行沈阳皇姑支行　　银行账号：2107024015890035666
销售方开户银行：交通银行大连西岗支行　　银行账号：3041309299285602525

开票人：巴春鹏

图2-19　增值税专用发票

货物运输服务

电子发票（增值税专用发票）

发票号码：25212000000017208220

开票日期：2025年01月02日

购买方信息	名称：辽宁恒通商贸有限公司 统一社会信用代码/纳税人识别号：91210105206917583A	销售方信息	名称：沈阳通达物流有限公司 统一社会信用代码/纳税人识别号：91210105357948262A

项目名称	规格型号	单位	数量	单价	金额	税率/征收率	税额
*运输服务*运输费		千米	500	2.00	1 000.00	9%	90.00
合　计					¥1 000.00		¥90.00

运输工具种类	运输工具牌号	起运地	到达地	运输货物名称
公路运输	辽A53688	大连	沈阳	手表

价税合计（大写）　⊗壹仟零玖拾元整　（小写）¥1 090.00

备注：购买方开户银行：中国工商银行沈阳皇姑支行　银行账号：2107024015890035666
销售方开户银行：中国银行沈阳皇姑支行　银行账号：820114163108091001

开票人：解冰

图2-20　运费增值税专用发票

西安西钞证券印制有限公司·2025年印制

中国工商银行
转账支票存根
21003365
21562381

附加信息

出票日期：**2025年01月03日**

收款人：**大连博伦表业有限公司**

金　额：**¥5 012 188.00**

用　途：**货款及代垫运费**

单位主管 **李成喜**　　会计 **赵凯杰**

图2-21　转账支票存根

【实验过程概览】

本业务的实验过程概览见表2-2。

表2-2　实验过程概览

序号	操作日期	操作员	系统	操作内容
1	2025-01-01	G01张宏亮	采购管理	填制采购订单
2	2025-01-02	G01张宏亮	采购管理	参照采购订单生成到货单
3	2025-01-02	C01李泽伟	库存管理	参照到货单生成采购入库单
4	2025-01-02	G01张宏亮	采购管理	参照采购入库单生成采购专用发票
5	2025-01-02	G01张宏亮	采购管理	填制采购专用发票
6	2025-01-02	G01张宏亮	采购管理	手工结算
7	2025-01-02	W02赵凯杰	应付款管理	应付单据审核，制单处理
8	2025-01-02	W02赵凯杰	存货核算	正常单据记账，生成凭证
9	2025-01-03	W03贺青春	应付款管理	付款单据录入
10	2025-01-03	W02赵凯杰	应付款管理	付款单据审核、手工核销和制单处理

【实验过程】

卖方垫付运费的采购业务

1. 填制采购订单

2025年1月1日，由张宏亮（G01）登录企业应用平台。

（1）依次双击“业务工作”页签中的“供应链→采购管理→采购订货→采购订单”菜单，打开“采购订单”窗口。单击工具栏的“增加”按钮，根据图2-17填制采购订单。

① 填制表头信息。修改表头的“订单编号”为“CG01002”，“供应商”为“大连博伦”，“业务员”为“徐晓辉”，“采购类型”为“正常采购”，其他项默认。

② 填制表体信息。在第1行，选择“存货编码”为1202（博伦男表），输入“数量”为“500”，“原币单价”为“2850”，“计划到货日期”为“2025-01-02”。按此方法录入第2行的货物信息。

（2）单击工具栏的“保存”按钮，保存该单据。单击工具栏的“审核”按钮，审核该订单，结果如图2-22所示。关闭并退出“采购订单”窗口。

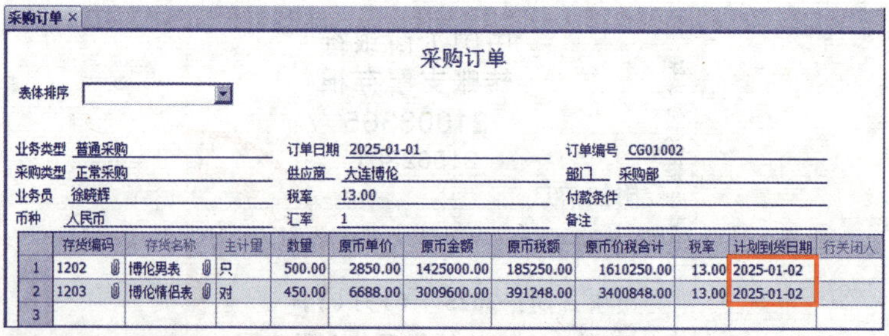
采购订单 ×

采购订单

表体排序

业务类型 普通采购　订单日期 2025-01-01　订单编号 CG01002
采购类型 正常采购　供应商 大连博伦　部门 采购部
业务员 徐晓辉　税率 13.00　付款条件
币种 人民币　汇率 1　备注

	存货编码	存货名称	主计量	数量	原币单价	原币金额	原币税额	原币价税合计	税率	计划到货日期	行关闭人
1	1202	博伦男表	只	500.00	2850.00	1425000.00	185250.00	1610250.00	13.00	2025-01-02	
2	1203	博伦情侣表	对	450.00	6688.00	3009600.00	391248.00	3400848.00	13.00	2025-01-02	
3											

图2-22　采购订单

2. 参照采购订单生成到货单

2025年1月2日，由张宏亮（G01）登录企业应用平台。在“采购管理”子系统，双击“采购到货→到货单”菜单，打开“到货单”窗口。单击工具栏的“增加”按钮，再执行工具栏的“生单”|“采购订单”命令，打开“查询条件选择-采购订单列表过滤”对话框，单击“确定”按钮，系统弹出“拷贝并执行”窗口。双击“到货单拷贝订单表头列表”中CG01002号订单最左侧的“选择”单元格，选中该订单，单击“确定”按钮。系统返回“到货单”窗口，生成一张到货单。单击工具栏的“保存”按钮，保存该单据。单击工具栏的“审核”按钮，审核该单据，结果如图2-23所示。关闭并退出该窗口。

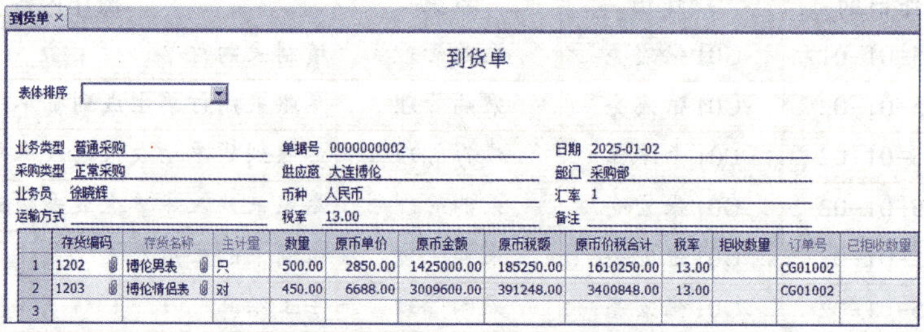
到货单 ×

到货单

表体排序

业务类型 普通采购　单据号 0000000002　日期 2025-01-02
采购类型 正常采购　供应商 大连博伦　部门 采购部
业务员 徐晓辉　币种 人民币　汇率 1
运输方式　税率 13.00　备注

	存货编码	存货名称	主计量	数量	原币单价	原币金额	原币税额	原币价税合计	税率	拒收数量	订单号	已拒收数量
1	1202	博伦男表	只	500.00	2850.00	1425000.00	185250.00	1610250.00	13.00		CG01002	
2	1203	博伦情侣表	对	450.00	6688.00	3009600.00	391248.00	3400848.00	13.00		CG01002	
3												

图2-23　到货单

3. 参照到货单生成采购入库单

2025年1月2日，由李泽伟（C01）登录企业应用平台。依次双击“业务工作”页签中的“供应链→库存管理→入库业务→采购入库单”菜单，系统打开“采购入库单”窗

口。执行“生单”|“采购到货单（蓝字）”命令，打开“查询条件选择-采购到货单列表”对话框，单击“确定”按钮，系统打开“到货单生单列表”窗口。双击要选择的到货单所对应的“选择”栏（即上一步骤完成的到货单），如图2-24所示，再单击工具栏的“确定”按钮，系统返回“采购入库单”窗口。

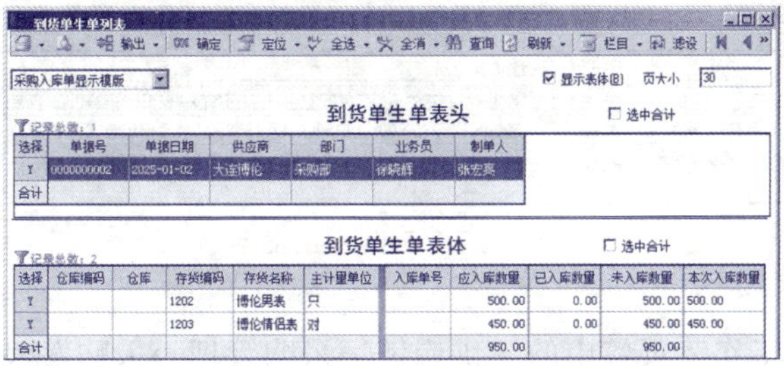

图2-24 “到货单生单列表”窗口

根据图2-18修改采购入库单表头中的“入库单号”为“RK01002”，“仓库”选择“手表仓”，其他项默认，结果如图2-25所示。

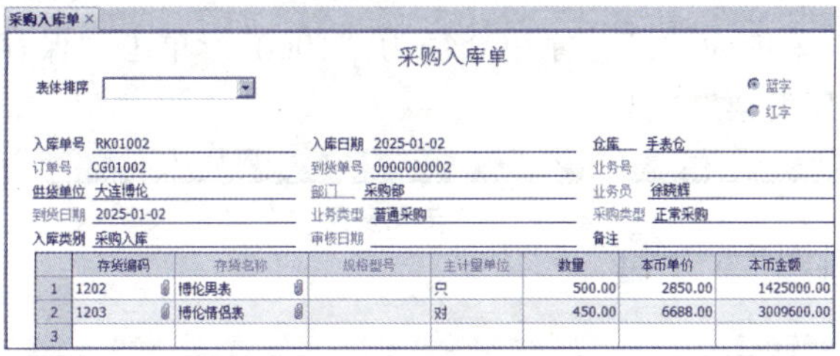

图2-25 采购入库单

单击工具栏的“保存”按钮，保存该单据。再单击工具栏的“审核”按钮，系统提示“该单据审核成功！”，单击“确定”按钮，该单据审核通过。关闭并退出该窗口。

4. 参照采购入库单生成采购专用发票

2025年1月2日，由张宏亮（G01）登录企业应用平台。依次双击“业务工作”页签中的“供应链→采购管理→采购发票→专用采购发票”菜单，打开“专用发票”窗口。单击工具栏的“增加”按钮，再执行工具栏的“生单”|“入库单”命令，打开“查询条件选择-采购入库单列表过滤”对话框，单击“确定”按钮。在“拷贝并执行”窗口，双击选择RK01002号采购入库单对应的“选择”栏，如图2-26所示，然后单击工具栏的“确定”按钮，返回“专用发票”窗口。根据图2-19，修改表头项目“发票号”为“62163891”，其他项默认。单击工具栏的“保存”按钮，如图2-27所示。

图2-26 “拷贝并执行”窗口

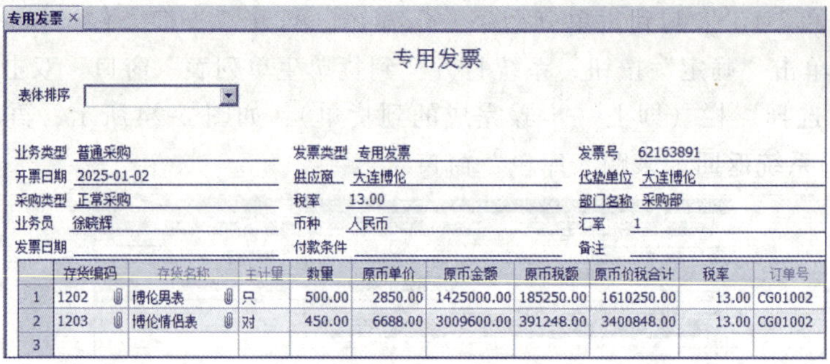

专用发票

业务类型	普通采购	发票类型	专用发票	发票号	62163891
开票日期	2025-01-02	供应商	大连博伦	代垫单位	大连博伦
采购类型	正常采购	税率	13.00	部门名称	采购部
业务员	徐晓辉	币种	人民币	汇率	1
发票日期		付款条件		备注	

	存货编码	存货名称	主计量	数量	原币单价	原币金额	原币税额	原币价税合计	税率	订单号
1	1202	博伦男表	只	500.00	2850.00	1425000.00	185250.00	1610250.00	13.00	CG01002
2	1203	博伦情侣表	对	450.00	6688.00	3009600.00	391248.00	3400848.00	13.00	CG01002
3										

图2-27　采购专用发票

5. 填制采购专用发票

依次双击“业务工作”页签中的“供应链→采购管理→采购发票→专用采购发票”菜单，打开“专用发票”窗口。单击工具栏的“增加”按钮，根据图2-20输入发票号为“17208220”，供应商为“沈阳通达”，代垫单位为“大连博伦”，采购类型为“正常采购”，部门为“采购部”，业务员为“徐晓辉”，税率为“9%”。表体的存货名称为“运输费”，数量为“500”，单价为“2”，原币金额为“1000”。单击“保存”，结果如图2-28所示。关闭并退出“专用发票”窗口。

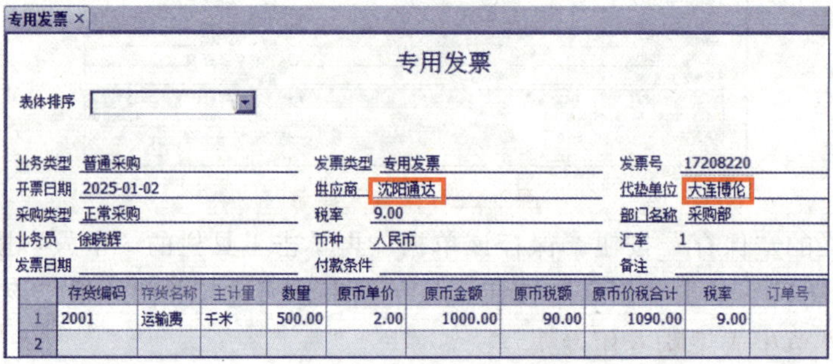

专用发票

业务类型	普通采购	发票类型	专用发票	发票号	17208220
开票日期	2025-01-02	供应商	沈阳通达	代垫单位	大连博伦
采购类型	正常采购	税率	9.00	部门名称	采购部
业务员	徐晓辉	币种	人民币	汇率	1
发票日期		付款条件		备注	

	存货编码	存货名称	主计量	数量	原币单价	原币金额	原币税额	原币价税合计	税率	订单号
1	2001	运输费	千米	500.00	2.00	1000.00	90.00	1090.00	9.00	
2										

图2-28　采购专用发票

6. 手工结算

双击“采购管理→采购结算→手工结算”，打开“手工结算”窗口，如图2-29所示。

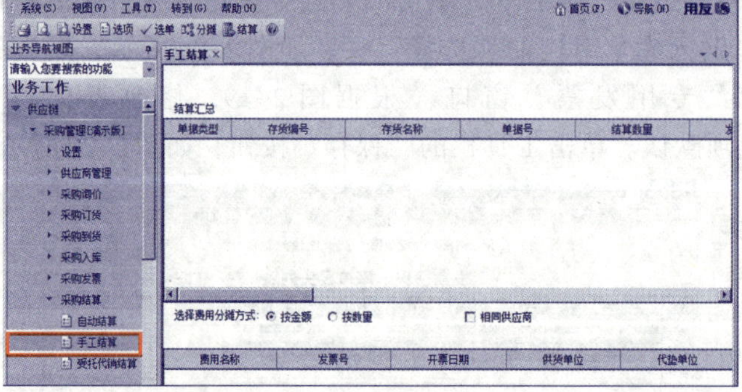

图2-29　“手工结算”窗口

单击工具栏的“选单”按钮，打开“结算选单”窗口。单击“查询”按钮，打开“查询条件选择-采购手工结算”对话框，点击“确定”，选择相应的“采购发票”和“入库单”，如图2-30所示，单击“确定”按钮。

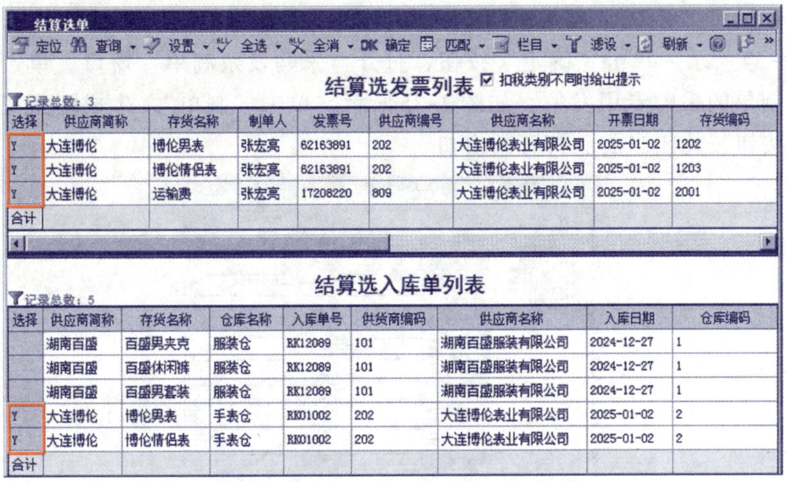

图2-30 “结算选单”窗口

系统回到“手工结算”窗口，如图2-31所示，费用分摊方式选择“按数量”，单击“分摊”按钮，再单击“结算”按钮，系统显示“完成结算”，如图2-32所示。

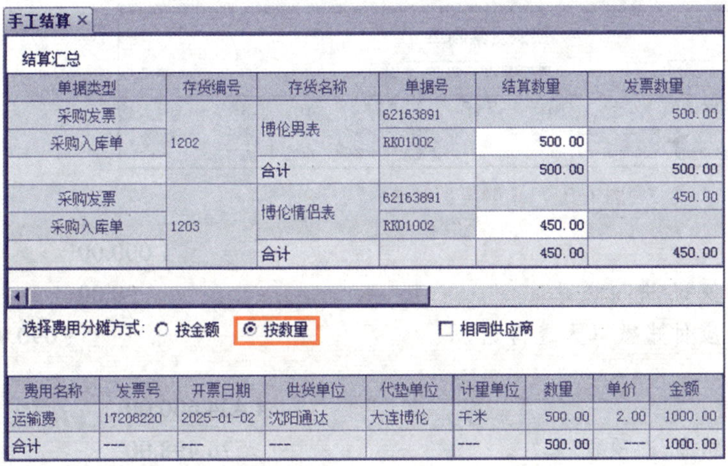

图2-31 “手工结算”窗口

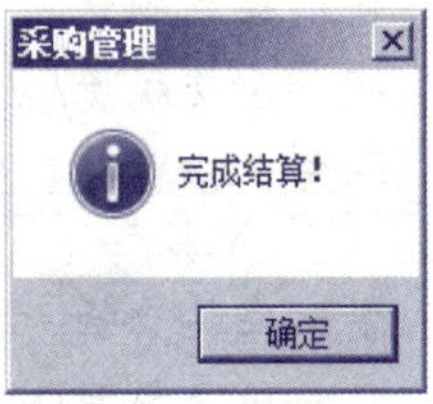

图2-32 完成结算

7. 应付单据审核，制单处理

2025年1月2日，由赵凯杰（W02）登录企业应用平台。

（1）应付单据审核。依次双击“业务工作”页签中的“财务会计→应付款管理→应付单据处理→应付单据审核”菜单，系统打开“应付单查询条件”窗口，单击“确定”按钮，打开“单据处理”窗口，如图2-33所示。双击“选择”栏，或单击“全选”按钮，再单击“审核”按钮，系统完成审核并给出审核报告，单击“确定”按钮后退出。

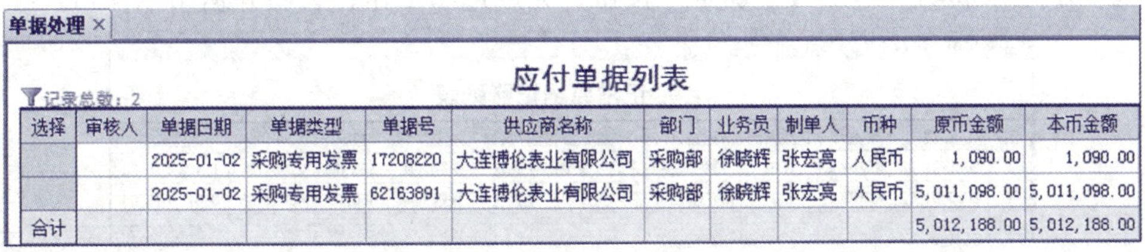

图2-33 “单据处理”窗口

（2）制单处理。双击“制单处理”菜单，打开“制单查询”对话框，选择“发票制单”，如图2-34所示。单击“确定”按钮，打开“采购发票制单”窗口。单击“全选”按钮，选中要制单的采购专用发票，如图2-35所示。单击“制单”，生成两张记账凭证，单击“保存”按钮。关闭当前已打开的窗口。

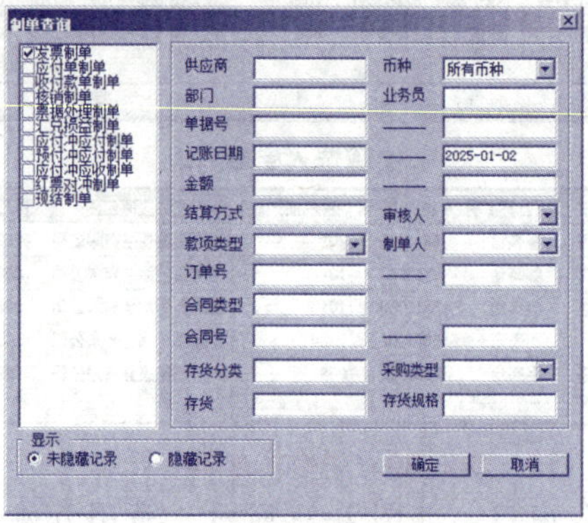

图2-34　制单查询

制单

采购发票制单

凭证类别 记账凭证　　制单日期 2025-01-02　　共 2 条

选择标志	凭证类别	单据类型	单据号	日期	供应商编码	供应商名称	部门	业务员	金额
1	记账凭证	采购专用发票	17208220	2025-01-02	202	大连博伦表业有限公司	采购部	徐晓辉	1,090.00
2	记账凭证	采购专用发票	62163891	2025-01-02	202	大连博伦表业有限公司	采购部	徐晓辉	5,011,098.00

图2-35　采购发票制单

借：在途物资　　1 000.00

　　应交税费/应交增值税/进项税额　　90.00

　贷：应付账款/一般应付账款（大连博伦）　　1 090.00

借：在途物资　　4 434 600.00

　　应交税费/应交增值税/进项税额　　576 498.00

　贷：应付账款/一般应付账款（大连博伦）　　5 011 098.00

8. 正常单据记账，生成凭证

（1）正常单据记账。在供应链的“存货核算”子系统，依次双击“业务核算→正常单据记账”菜单，系统打开“查询条件选择”窗口，直接单击其“确定”按钮，系统打开“未记账单据一览表”窗口，双击入库单RK01002的“选择”栏，或单击工具栏的“全选”按钮，使其显示“Y”字样，如图2-36所示。单击工具栏的“记账”按钮，系统弹出信息框提示记账成功，单击其“确定”按钮，完成记账工作，关闭并退出该窗口。

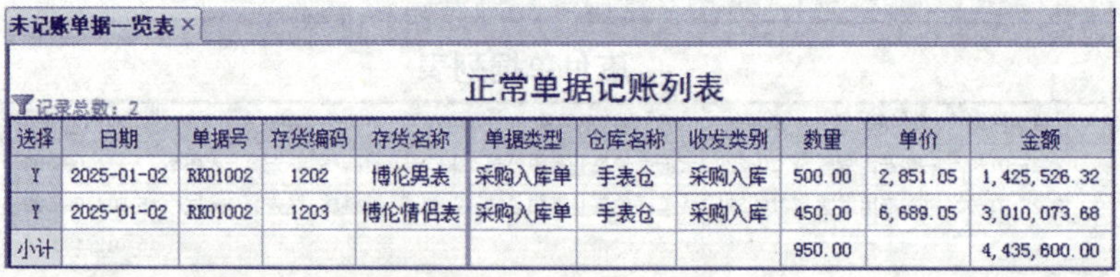

未记账单据一览表

正常单据记账列表

记录总数：2

选择	日期	单据号	存货编码	存货名称	单据类型	仓库名称	收发类别	数量	单价	金额
Y	2025-01-02	RK01002	1202	博伦男表	采购入库单	手表仓	采购入库	500.00	2,851.05	1,425,526.32
Y	2025-01-02	RK01002	1203	博伦情侣表	采购入库单	手表仓	采购入库	450.00	6,689.05	3,010,073.68
小计								950.00		4,435,600.00

图2-36　未记账单据一览表

（2）生成凭证。依次双击“存货核算”子系统的“财务核算→生成凭证”菜单，系统打开“生成凭证”窗口。单击工具栏的“选择”按钮，系统弹出“查询条件”对话框，单击“确定”按钮，系统打开“选择单据”窗口。单击工具栏的“全选”按钮，选中已记账的采购入库单，再单击工具栏的“确定”按钮，系统自动关闭“选择单据”窗口返回“生成凭证”窗口，如图2-37所示。

生成凭证 ×

凭证类别 记 记账凭证

选择	单据类型	单据号	摘要	科目类型	科目编码	科目名称	借方金额	贷方金额	借方数量	贷方数量	科目方向	存货编码
1	采购入库单	RK01002	采购入库单	存货	1405	库存商品	1, 425, 526. 32		500.00		1	1202
				对方	1402	在途物资		1, 425, 526. 32		500.00	2	1202
				存货	1405	库存商品	3, 010, 073. 68		450.00		1	1203
				对方	1402	在途物资		3, 010, 073. 68		450.00	2	1203
合计							4, 435, 600. 00	4, 435, 600. 00				

图2-37 “生成凭证”窗口

单击工具栏的“生成”按钮，系统打开“填制凭证”窗口并自动生成凭证。单击工具栏的“保存”按钮，保存此记账凭证。关闭并退出窗口。

借：库存商品	4 435 600.00	
贷：在途物资		4 435 600.00

9. 付款单据录入

2025年1月3日，由贺青春（W03）登录企业应用平台。依次双击“业务工作”页签中的“财务会计→应付款管理→付款单据处理→付款单据录入”菜单，根据图2-21填制付款单，填制完毕单击“保存”按钮，结果如图2-38所示。

收付款单录入 ×

付款单

表体排序

单据编号	0000000002	日期	2025-01-03	供应商	大连博伦
结算方式	转账支票	结算科目	10020101	币种	人民币
汇率	1.00000000	金额	5012188.00	本币金额	5012188.00
供应商银行	交通银行大连西岗支行	供应商账号	3041309299285602525	票据号	21562381
部门	采购部	业务员	徐晓辉	项目	
摘要					

	款项类型	供应商	科目	金额	本币金额	部门	业务员
1	应付款	大连博伦	220201	5012188.00	5012188.00	采购部	徐晓辉
2							

图2-38 付款单

10. 付款单据审核、手工核销和制单处理

2025年1月3日，由赵凯杰（W02）登录企业应用平台。

（1）付款单据审核。依次双击“业务工作”页签中的“财务会计→应付款管理→付款单据处理→付款单据审核”菜单，打开“付款单查询条件”窗口，单击“确定”，选中需审核的付款单，单击“审核”，退出，如图2-39所示。关闭该窗口。

收付款单列表 ×

收付款单列表

记录总数：1

选择	审核人	单据日期	单据类型	单据编号	供应商	部门	业务员	结算方式	票据号	币种	汇率	原币金额	本币金额
	赵凯杰	2025-01-03	付款单	0000000002	大连博伦表业有限公司	采购部	徐晓辉	转账支票	21562381	人民币	1.00000000	5, 012, 188. 00	5, 012, 188. 00
合计												5, 012, 188. 00	5, 012, 188. 00

图2-39 收付款单列表

（2）手工核销。双击“核销处理→手工核销”菜单，打开“核销条件”窗口，选择供应商“大连博伦表业有限公司”，即供应商编码202，如图2-40所示。单击“确定”，打开“单据核销”窗口，采购专用发票的本次结算金额分别输入“1090”“5011098”，如图2-41所示，单击“保存”，退出。

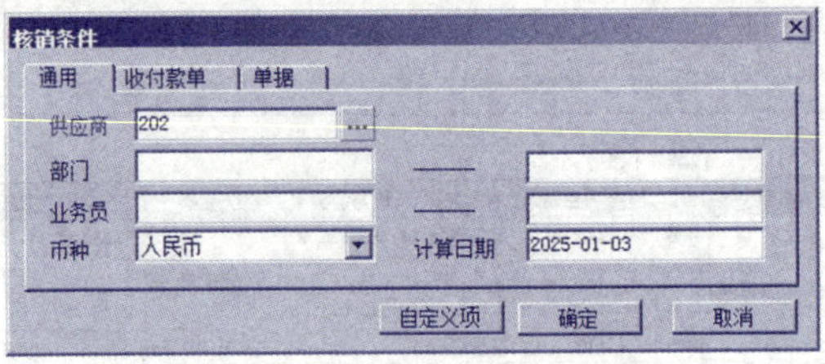

图2-40 “核销条件”窗口

单据核销 ×

单据日期	单据类型	单据编号	供应商	款项类型	结算方式	币种	汇率	原币金额	原币余额	本次结算	订单号
2025-01-03	付款单	0000000002	大连博伦	应付款	转账支票	人民币	1.00000000	5,012,188.00	5,012,188.00	5,012,188.00	
合计								5,012,188.00	5,012,188.00	5,012,188.00	

单据日期	单据类型	单据编号	到期日	供应商	币种	原币金额	原币余额	可享受折扣	本次折扣	本次结算	订单号	凭证号
2025-01-02	采购专用发票	17208220	2025-01-02	大连博伦	人民币	1,090.00	1,090.00	0.00	0.00	1,090.00		记-0003
2025-01-02	采购专用发票	62163891	2025-01-02	大连博伦	人民币	5,011,098.00	5,011,098.00	0.00	0.00	5,011,098.00	CG01002	记-0004
合计						5,012,188.00	5,012,188.00	0.00		5,012,188.00		

图2-41 “单据核销”窗口

（3）制单处理。双击“制单处理”菜单，打开“制单查询”对话框，选中“收付款单制单”“核销制单”，如图2-42所示，单击“确定”，打开“应付制单”窗口，如图2-43所示。单击“全选”“合并”“制单”，生成一张记账凭证，单击“保存”按钮。

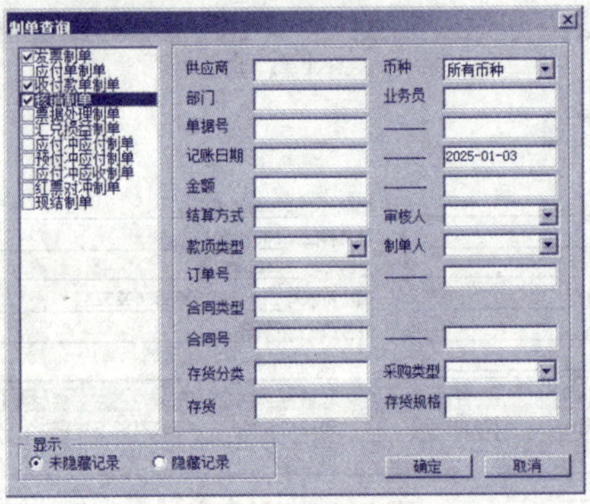

图2-42 制单查询

制单 ×

应付制单

凭证类别 记账凭证　　制单日期 2025-01-03

选择标志	凭证类别	单据类型	单据号	日期	供应商编码	供应商名称	部门	业务员	金额
	记账凭证	付款单	0000000002	2025-01-03	202	大连博伦表业有限公司	采购部	徐晓辉	5,012,188.00
	记账凭证	核销	0000000002	2025-01-03	202	大连博伦表业有限公司	采购部	徐晓辉	5,012,188.00

图2-43 应付制单

借：应付账款/一般应付账款（大连博伦）　　1 090.00
　　应付账款/一般应付账款（大连博伦）　　5 011 098.00
　贷：银行存款/中国工商银行/沈阳皇姑支行　　5 012 188.00

提示

1.关于采购结算的进一步说明。

通过删除采购结算单能够实现取消采购结算的操作，但是以下两种情况不允许取消结算：①结算的采购入库单已被存货核算系统记账；②先暂估再结算的入库单，已在存货核算系统做暂估处理。

采购如果没有期初记账，则不能进行采购结算。只有进行期初记账后，才能进行采购结算。本月已做月末结账后，不能再做本月的采购结算，只能在下个月做。如果采购结算确实应核算在已结账的会计月内，那么可以先取消该月的月末结账后再做采购结算。

采购结算不限制业务发生日期，可以进行跨月采购结算。

2.购货过程中发生的代垫运费。

对于运费发票，由货物供应单位（本例中“大连博伦”）先代垫运输费用，然后再收到运输单位（本例中“沈阳通达”）开具的运费发票，在填制发票时，“供应商”填运输单位“沈阳通达”，“代垫单位”填货物供应单位“大连博伦”。发票制单时贷方应付账款的辅助明细就是代垫单位。

业务3　分批入库的采购业务

【实验资料】

2025年1月3日，采购部张宏亮与湖南百盛服装有限公司（简称湖南百盛）签订购销合同。当日，我公司收到第一批货物，并通过银行承兑背书方式支付97 000元。

2025年1月4日，收到第二批货物，全部办理入库，取得对方开具的增值税专用发票。我公司通过电汇方式支付剩余货款。

相关凭证如图2-44至图2-50所示。

购销合同

合同编号：CG01003

卖方：湖南百盛服装有限公司

买方：辽宁恒通商贸有限公司

为保护买卖双方的合法权益，根据《中华人民共和国民法典》的有关规定，买卖双方经友好协商，一致同意签订本合同，并共同遵守合同约定。

一、货物的名称、数量及金额：

货物名称	规格型号	计量单位	数量	单价（不含税）	金额（不含税）	税率	税额
百盛牛仔裤		条	500	138.00	69 000.00	13%	8 970.00
百盛休闲裤		条	500	218.00	109 000.00	13%	14 170.00
合　计					¥178 000.00		¥23 140.00

二、合同总金额：人民币贰拾万零壹仟壹佰肆拾元整（¥201 140.00）。

三、签订合同当日，卖方发出两种商品的50%，买方以银行承兑汇票支付97 000元。1月4日，卖方发出剩余商品，买方以电汇方式支付全部尾款。

四、交货地点：湖南百盛服装有限公司。

五、发运方式与运输费用承担方式：由卖方发货，运输费用由买方承担。

卖　　方：湖南百盛服装有限公司　　　　买　　方：辽宁恒通商贸有限公司

授权代表：王志广　　　　授权代表：张宏亮

日　　期：2025年01月03日　　　　日　　期：2025年01月03日

（印章：湖南百盛服装有限公司 合同专用章；李盛百章；辽宁恒通商贸有限公司 合同专用章；李喜成印）

图2-44　购销合同

入库单

供应商：湖南百盛　　　　2025 年 01 月 03 日　　　　单号：RK01003

验收仓库	存货编码	存货名称	计量单位	数量		单价	金额
				应收	实收		
服装仓	1103	百盛牛仔裤	条	250	250		
服装仓	1102	百盛休闲裤	条	250	250		
合 计							

部门经理：略　　会计：略　　仓库：略　　经办人：略

图2-45　入库单

银行承兑汇票　2

26003895
35978808

出票日期（大写）　贰零贰肆年壹拾贰月零贰拾日

出票人全称	上海乐淘贸易有限公司	收款人	全　称	辽宁恒通商贸有限公司
出票人账号	8059209375023168063		账　号	2107024015890035666
开户银行	交通银行闵行区北京路支行		开户银行	中国工商银行沈阳皇姑支行
出票金额	人民币（大写）玖万柒仟元整		亿 千 百 十 万 千 百 十 元 角 分	¥ 9 7 0 0 0 0 0
汇票到期日（大写）	贰零贰伍年零陆月零贰拾日	付款行	行号	
承兑协议编号	246733060777403		地址	
本汇票请你行承兑，到期无条件付款。 上海乐淘贸易有限公司 财务专用章　王乐章 出票人签章		本汇票已经承兑，到期日由本行付款。 交通银行闵行区北京路支行 汇票专用章 3658037892 承兑行签章 承兑日期 2024年12月20日 备注：		密押 复核　记账

此联收款人开户行随托收凭证寄付款行作借方凭证附件

图2-46　银行承兑汇票正面

被背书人　湖南百盛服装有限公司	被背书人
辽宁恒通商贸有限公司 财务专用章　李喜成印 背书人签章 2025年01月03日	背书人签章 年　月　日

（粘贴单处）

图2-47　银行承兑汇票背面

入库单

供应商：湖南百盛　　　　2025 年 01 月 04 日　　　　单号：RK01004

验收仓库	存货编码	存货名称	计量单位	数量		单价	金额
				应收	实收		
服装仓	1103	百盛牛仔裤	条	250	250		
服装仓	1102	百盛休闲裤	条	250	250		
合 计							

部门经理：略　　会计：略　　仓库：略　　经办人：略

图2-48　入库单

电子发票（增值税专用发票）

发票号码：25432000000083051433

开票日期：2025年01月04日

购买方信息 名称：辽宁恒通商贸有限公司 统一社会信用代码/纳税人识别号：91210105206917583A	销售方信息 名称：湖南百盛服装有限公司 统一社会信用代码/纳税人识别号：91430105276531895L

项目名称	规格型号	单位	数量	单价	金额	税率/征收率	税额
*服装*百盛牛仔裤		条	500	138.00	69 000.00	13%	8 970.00
*服装*百盛休闲裤		条	500	218.00	109 000.00	13%	14 170.00
合　计					¥178 000.00		¥23 140.00
价税合计（大写）	⊗贰拾万零壹仟壹佰肆拾元整					（小写）	¥201 140.00

备注：

购买方开户银行：中国工商银行沈阳皇姑支行　银行账号：2107024015890035666

销售方开户银行：中国银行长沙开福支行　银行账号：1012093710651047815

开票人：温艳

图2-49　增值税专用发票

中国工商银行　电汇凭证（回单）　1

36257059

☑普通　□加急　委托日期　2025年01月04日

汇款人	全称	辽宁恒通商贸有限公司	收款人 全称	湖南百盛服装有限公司
	账号	2107024015890035666	账号	1012093710651047815
	开户银行	中国工商银行沈阳皇姑支行	开户银行	中国银行长沙开福支行
金额	人民币（大写）	壹拾万零肆仟壹佰肆拾元整	亿千百十万千百十元角分	¥10414000
			支付密码	
			附加信息及用途：货款	复核　记账

中国工商银行 沈阳皇姑支行 2025.01.04 转讫 (7)

此联为汇出行给汇款人的回单

图2-50　电汇付款凭证

【实验过程概览】

本业务的实验过程概览见表2-3。

表2-3　实验过程概览

序号	操作日期	操作员	系统	操作内容
1	2025-01-03	G01 张宏亮	采购管理	填制采购订单
2	2025-01-03	G01 张宏亮	采购管理	参照采购订单生成第一批货物的到货单
3	2025-01-03	C01 李泽伟	库存管理	参照到货单生成第一批货物的采购入库单
4	2025-01-03	W03 贺青春	应收款管理	票据管理（背书）
5	2025-01-03	W02 赵凯杰	应收款管理	制单处理
6	2025-01-04	G01 张宏亮	采购管理	参照采购订单生成第二批货物的到货单
7	2025-01-04	C01 李泽伟	库存管理	参照到货单生成第二批货物的采购入库单
8	2025-01-04	G01 张宏亮	采购管理	参照采购入库单生成采购专用发票（部分现付）
9	2025-01-04	W02 赵凯杰	应付款管理	应付单据审核，制单处理
10	2025-01-04	W02 赵凯杰	应付款管理	预付冲应付并制单处理
11	2025-01-04	W02 赵凯杰	存货核算	正常单据记账，生成凭证

分批入库的采购业务

【实验过程】

1. 填制采购订单

2025年1月3日，由张宏亮（G01）登录企业应用平台。

（1）依次双击“业务工作”页签中的“供应链→采购管理→采购订货→采购订单”菜单，打开“采购订单”窗口。单击工具栏的“增加”按钮，根据图2-44填制采购订单。

① 填制表头信息。修改表头的“订单编号”（即合同编号）为CG01003，“供应商”为“湖南百盛”，“业务员”为“张宏亮”，“采购类型”为“正常采购”，其他项默认。

② 填制表体信息。在第1行，选择“存货编码”为“1103”（百盛牛仔裤），输入“数量”为“250”，“原币单价”为“138”，“计划到货日期”为当日；按此方法录入第2行、第3行、第4行的货物信息（第3行和第4行的“计划到货日期”为2025年1月4日）。

（2）单击工具栏的“保存”按钮，保存该单据。单击工具栏的“审核”按钮，审核该订单，结果如图2-51所示。关闭并退出该窗口。

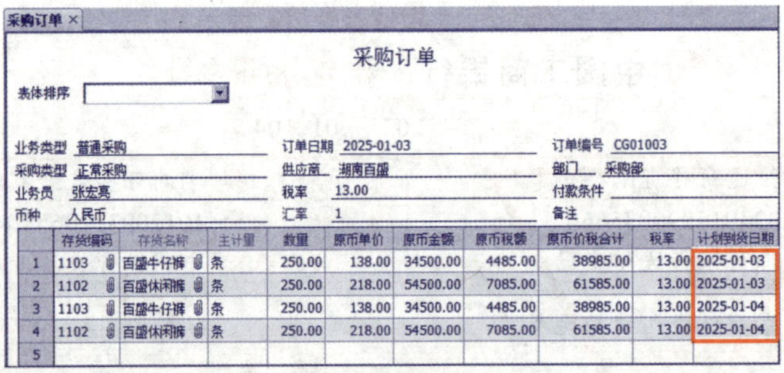

	存货编码	存货名称	主计量	数量	原币单价	原币金额	原币税额	原币价税合计	税率	计划到货日期
1	1103	百盛牛仔裤	条	250.00	138.00	34500.00	4485.00	38985.00	13.00	2025-01-03
2	1102	百盛休闲裤	条	250.00	218.00	54500.00	7085.00	61585.00	13.00	2025-01-03
3	1103	百盛牛仔裤	条	250.00	138.00	34500.00	4485.00	38985.00	13.00	2025-01-04
4	1102	百盛休闲裤	条	250.00	218.00	54500.00	7085.00	61585.00	13.00	2025-01-04
5										

图2-51　采购订单

2. 参照采购订单生成第一批货物的到货单

在“采购管理”子系统，双击“采购到货→到货单”菜单，打开“到货单”窗口。单击工具栏的“增加”按钮，再执行工具栏的“生单”|“采购订单”命令，打开“查询条件选择-采购订单列表过滤”对话框，单击“确定”按钮，系统弹出“拷贝并执行”窗口。双击“到货单拷贝订单表头列表”中订单号“CG01003”最左侧的“选择”单元格，然后选中“到货单拷贝订单表体列表”中的前两行，如图2-52所示。单击“确定”按钮，系统返回“到货单”窗口，生成一张到货单。单击工具栏的“保存”按钮，保存该单据。单击工具栏的“审核”按钮，审核该单据，结果如图2-53所示，关闭并退出该窗口。

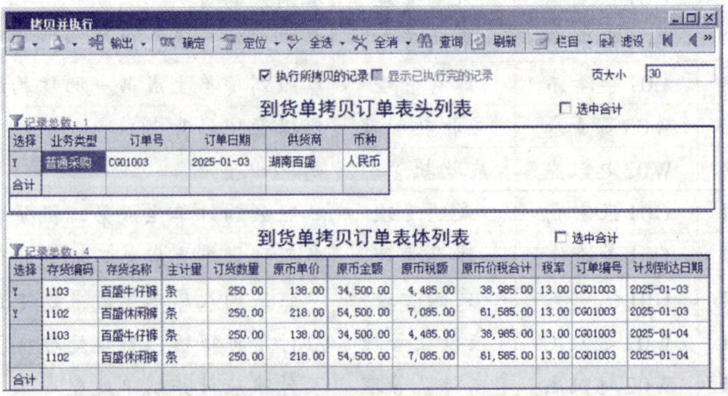

选择	业务类型	订单号	订单日期	供货商	币种
Y	普通采购	CG01003	2025-01-03	湖南百盛	人民币
合计					

选择	存货编码	存货名称	主计量	订货数量	原币单价	原币金额	原币税额	原币价税合计	税率	订单编号	计划到达日期
Y	1103	百盛牛仔裤	条	250.00	138.00	34,500.00	4,485.00	38,985.00	13.00	CG01003	2025-01-03
Y	1102	百盛休闲裤	条	250.00	218.00	54,500.00	7,085.00	61,585.00	13.00	CG01003	2025-01-03
	1103	百盛牛仔裤	条	250.00	138.00	34,500.00	4,485.00	38,985.00	13.00	CG01003	2025-01-04
	1102	百盛休闲裤	条	250.00	218.00	54,500.00	7,085.00	61,585.00	13.00	CG01003	2025-01-04
合计											

图2-52　“拷贝并执行”窗口

到货单 ×

到货单

表体排序

业务类型	普通采购	单据号	0000000003	日期	2025-01-03
采购类型	正常采购	供应商	湖南百盛	部门	采购部
业务员	张宏亮	币种	人民币	汇率	1
运输方式		税率	13.00	备注	

	存货编码	存货名称	主计量	数量	原币单价	原币金额	原币税额	原币价税合计	税率	订单号
1	1103	百盛牛仔裤	条	250.00	138.00	34500.00	4485.00	38985.00	13.00	CG01003
2	1102	百盛休闲裤	条	250.00	218.00	54500.00	7085.00	61585.00	13.00	CG01003
3										

图2-53　到货单

3. 参照到货单生成第一批货物的采购入库单

2025年1月3日，由李泽伟（C01）登录企业应用平台。依次双击“业务工作”页签中的“供应链→库存管理→入库业务→采购入库单”菜单，系统打开“采购入库单”窗口。执行“生单”|“采购到货单（蓝字）”命令，打开“查询条件选择-采购到货单列表”对话框，单击“确定”按钮，系统打开“到货单生单列表”窗口。双击要选择的到货单所对应的“选择”栏（即上一步骤完成的到货单），如图2-54所示，再单击工具栏的“确定”按钮，系统返回“采购入库单”窗口。

到货单生单列表

输出 确定 定位 全选 全消 查询 刷新 栏目 滤设

采购入库单显示模版　☑ 显示表体(B)　页大小 30

到货单生单表头　☐ 选中合计

记录总数：1

选择	单据号	单据日期	供应商	部门	业务员	制单人
Y	0000000003	2025-01-03	湖南百盛	采购部	张宏亮	张宏亮
合计						

到货单生单表体　☐ 选中合计

记录总数：2

选择	仓库编码	仓库	存货编码	存货名称	主计量单位	入库单号	应入库数量	已入库数量	未入库数量	本次入库数量
Y			1103	百盛牛仔裤	条		250.00	0.00	250.00	250.00
Y			1102	百盛休闲裤	条		250.00	0.00	250.00	250.00
合计							500.00		500.00	

图2-54　“到货单生单列表”窗口

根据图2-45修改采购入库单表头中的“入库单号”为“RK01003”，“仓库”选择“服装仓”，其他项默认。单击工具栏的“保存”按钮，保存该单据。再单击工具栏的“审核”按钮，系统提示“该单据审核成功!”，单击“确定”按钮，该单据审核通过，结果如图2-55所示。关闭并退出该窗口。

采购入库单 ×

采购入库单

表体排序　◉ 蓝字　○ 红字

入库单号	RK01003	入库日期	2025-01-03	仓库	服装仓
订单号	CG01003	到货单号	0000000003	业务号	
供货单位	湖南百盛	部门	采购部	业务员	张宏亮
到货日期	2025-01-03	业务类型	普通采购	采购类型	正常采购
入库类别	采购入库	审核日期	2025-01-03	备注	

	存货编码	存货名称	规格型号	主计量单位	数量	本币单价	本币金额
1	1103	百盛牛仔裤		条	250.00	138.00	34500.00
2	1102	百盛休闲裤		条	250.00	218.00	54500.00
3							

图2-55　采购入库单

4. 票据管理（背书）

2025年1月3日，由贺青春（W03）登录企业应用平台。依次双击“业务工作”页签中的“财务会计→应收款管理→票据管理”菜单，打开“票据管理”窗口，双击“35978808”号银行承兑汇票最左侧的“选择”栏，如图2-56所示。单击工具栏的“背书”按钮，打开“票据背书”窗口，被背书人选择“101”（湖南百盛），如图2-57所示，单击“确定”，提示“是否将背书金额作为预付款处理”，单击“是”，提示“是否立即制单”，单击“否”，退出。

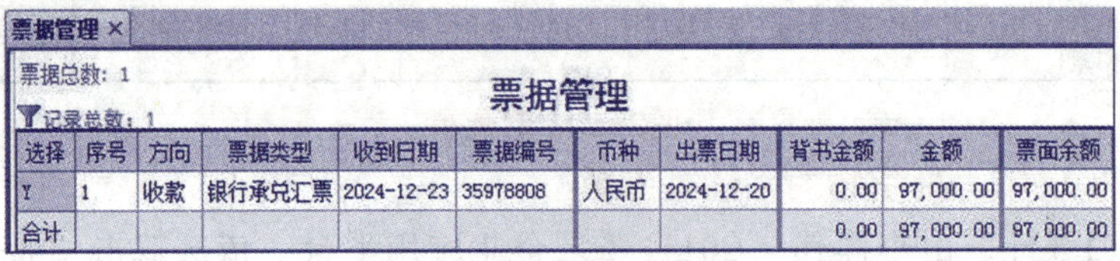
票据管理 ×
票据总数：1
票据管理
记录总数：1

选择	序号	方向	票据类型	收到日期	票据编号	币种	出票日期	背书金额	金额	票面余额
Y	1	收款	银行承兑汇票	2024-12-23	35978808	人民币	2024-12-20	0.00	97,000.00	97,000.00
合计								0.00	97,000.00	97,000.00

图2-56　票据管理

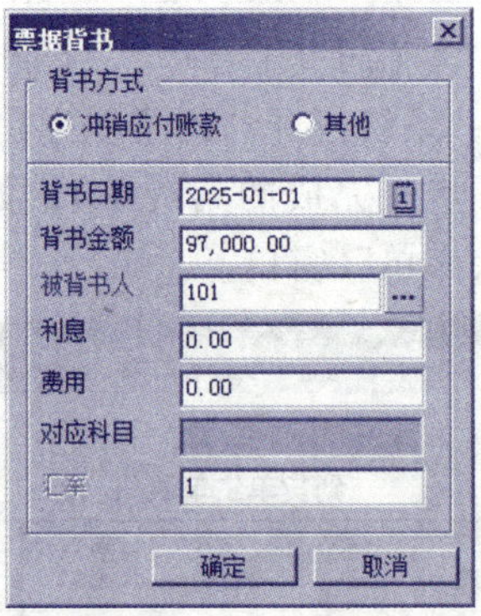

图2-57　票据背书

5. 制单处理

2025年1月3日，由赵凯杰（W02）登录企业应用平台。依次双击“业务工作”页签中的“财务会计→应收款管理→制单处理”菜单，打开“制单查询”对话框，选择“票据处理制单”，如图2-58所示，单击“确定”，打开“制单”窗口，如图2-59所示，单击“全选”，单击“制单”，生成一张记账凭证，单击“保存”按钮。

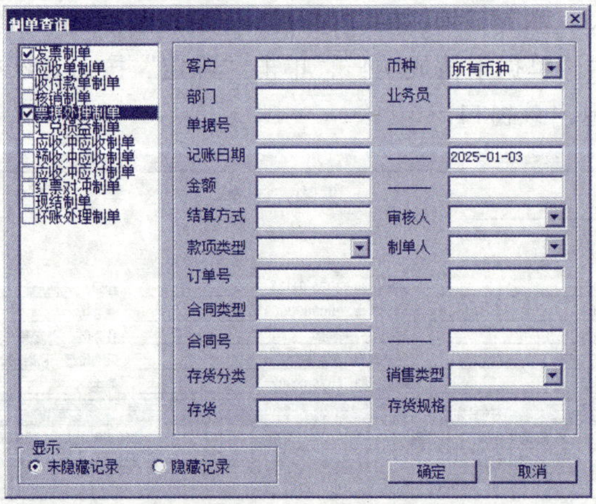

图2-58　制单查询

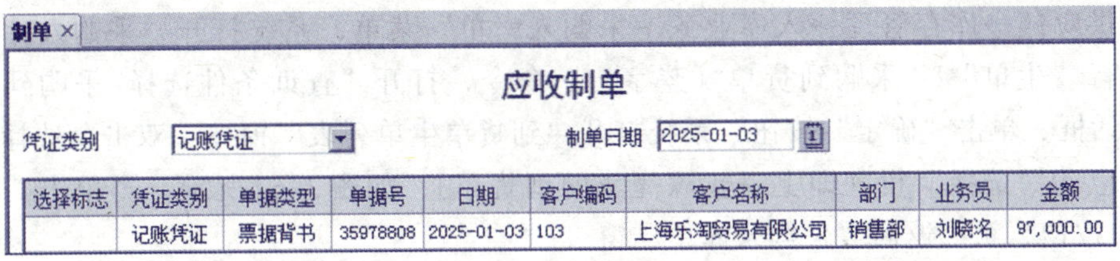

应收制单

凭证类别 记账凭证　　制单日期 2025-01-03

选择标志	凭证类别	单据类型	单据号	日期	客户编码	客户名称	部门	业务员	金额
	记账凭证	票据背书	35978808	2025-01-03	103	上海乐淘贸易有限公司	销售部	刘晓洺	97,000.00

图2-59　应收制单

借：预付账款（湖南百盛）　　97 000.00

　贷：应收票据/人民币（上海乐淘）　　97 000.00

6. 参照采购订单生成第二批货物的到货单

2025年1月4日，由采购部张宏亮（G01）登录企业应用平台。在“采购管理”子系统，双击“采购到货→到货单”菜单，打开“到货单”窗口。单击工具栏的“增加”按钮，再执行工具栏的“生单”|“采购订单”命令，打开“查询条件选择-采购订单列表过滤”对话框，单击“确定”按钮，系统弹出“拷贝并执行”窗口。双击“到货单拷贝订单表头列表”中订单号“CG01003”最左侧的“选择”单元格，选中该订单，如图2-60所示，单击“确定”按钮，系统返回“到货单”窗口，生成一张到货单。单击“保存”按钮，保存该单据。单击“审核”按钮，审核该单据，结果如图2-61所示，关闭并退出该窗口。

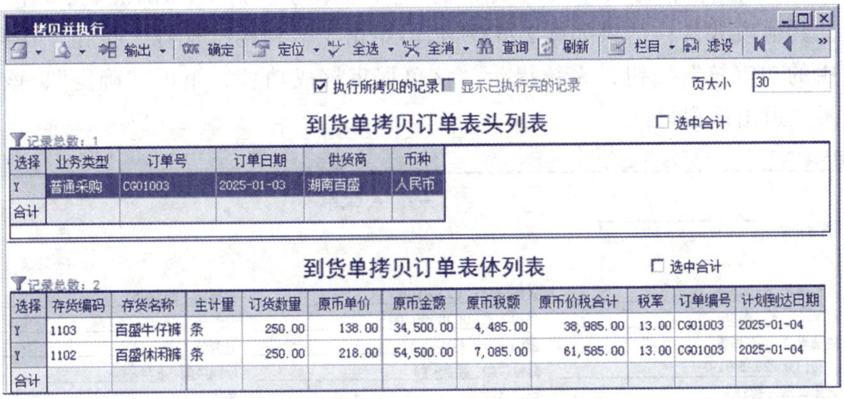

拷贝并执行

执行所拷贝的记录　显示已执行完的记录　　页大小 30

到货单拷贝订单表头列表　　选中合计

记录总数：1

选择	业务类型	订单号	订单日期	供货商	币种
Y	普通采购	CG01003	2025-01-03	湖南百盛	人民币
合计					

到货单拷贝订单表体列表　　选中合计

记录总数：2

选择	存货编码	存货名称	主计量	订货数量	原币单价	原币金额	原币税额	原币价税合计	税率	订单编号	计划到达日期
Y	1103	百盛牛仔裤	条	250.00	138.00	34,500.00	4,485.00	38,985.00	13.00	CG01003	2025-01-04
Y	1102	百盛休闲裤	条	250.00	218.00	54,500.00	7,085.00	61,585.00	13.00	CG01003	2025-01-04
合计											

图2-60　“拷贝并执行”窗口

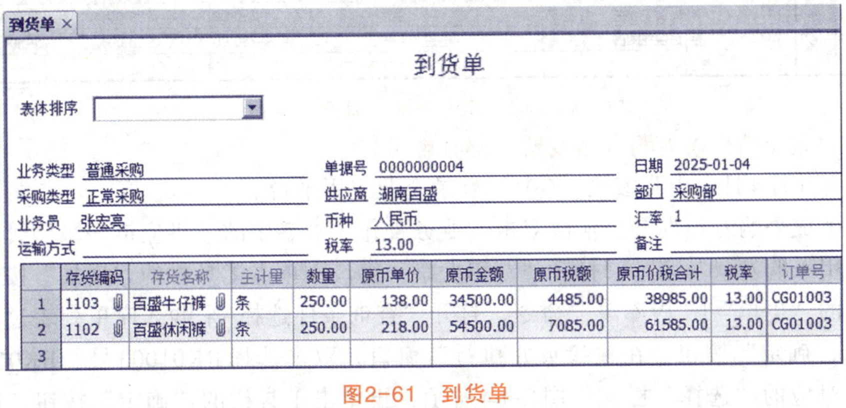

到货单

表体排序

业务类型 普通采购　　单据号 0000000004　　日期 2025-01-04

采购类型 正常采购　　供应商 湖南百盛　　部门 采购部

业务员 张宏亮　　币种 人民币　　汇率 1

运输方式　　税率 13.00　　备注

	存货编码	存货名称	主计量	数量	原币单价	原币金额	原币税额	原币价税合计	税率	订单号
1	1103	百盛牛仔裤	条	250.00	138.00	34500.00	4485.00	38985.00	13.00	CG01003
2	1102	百盛休闲裤	条	250.00	218.00	54500.00	7085.00	61585.00	13.00	CG01003
3										

图2-61　到货单

7. 参照到货单生成第二批货物的采购入库单

2025年1月4日，由李泽伟（C01）登录企业应用平台。依次双击“业务工作”页签

中的“供应链→库存管理→入库业务→采购入库单”菜单，系统打开“采购入库单”窗口。执行“生单”|“采购到货单（蓝字）”命令，打开“查询条件选择-采购到货单列表”对话框，单击“确定”按钮，系统打开“到货单生单列表”窗口。双击要选择的到货单所对应的“选择”栏（即上一步骤完成的到货单），如图2-62所示，再单击工具栏的“确定”按钮，系统返回“采购入库单”窗口。

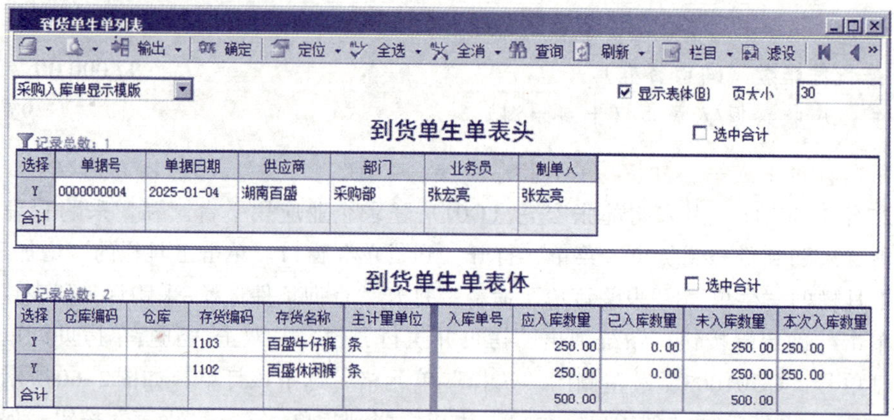

图2-62 “到货单生单列表”窗口

根据图2-48修改采购入库单表头中的“入库单号”为“RK01004”，“仓库”选择“服装仓”，其他项默认，结果如图2-63所示。单击工具栏的“保存”按钮，保存该单据。单击工具栏的“审核”按钮，系统提示“该单据审核成功!”，单击“确定”，该单据审核通过。关闭并退出该窗口。

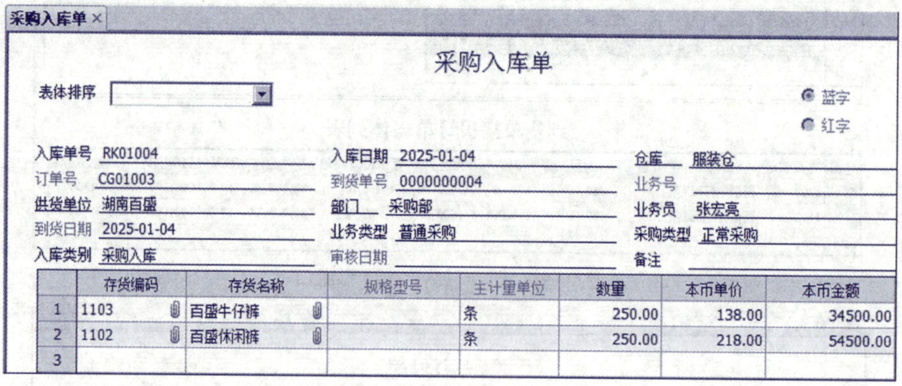

图2-63 采购入库单

8. 参照采购入库单生成采购专用发票（部分现付）

2025年1月4日，由张宏亮（G01）登录企业应用平台。

（1）生成采购专用发票。依次双击“业务工作”页签中的“供应链→采购管理→采购发票→专用采购发票”菜单，打开“专用发票”窗口。单击工具栏的“增加”按钮，再执行工具栏的“生单”|“入库单”命令，打开“查询条件选择-采购入库单列表过滤”对话框，单击“确定”按钮。在“拷贝并执行”窗口，双击选择RK01003号、RK01004号采购入库单对应的“选择”栏，如图2-64所示，再单击工具栏的“确定”按钮，返回“专用发票”窗口，修改表头项目“发票号”为“83051433”，其他项默认。单击工具栏的“保存”“结算”，结果如图2-65所示。

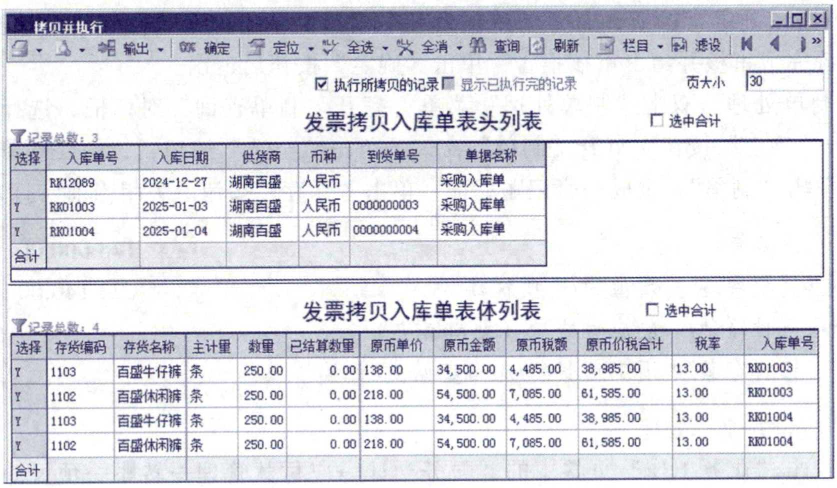

拷贝并执行

☑ 执行所拷贝的记录 ■ 显示已执行完的记录　页大小 30

发票拷贝入库单表头列表　☐ 选中合计

记录总数：3

选择	入库单号	入库日期	供货商	币种	到货单号	单据名称
	RK12089	2024-12-27	湖南百盛	人民币		采购入库单
Y	RK01003	2025-01-03	湖南百盛	人民币	0000000003	采购入库单
Y	RK01004	2025-01-04	湖南百盛	人民币	0000000004	采购入库单
合计						

发票拷贝入库单表体列表　☐ 选中合计

记录总数：4

选择	存货编码	存货名称	主计量	数量	已结算数量	原币单价	原币金额	原币税额	原币价税合计	税率	入库单号
Y	1103	百盛牛仔裤	条	250.00	0.00	138.00	34,500.00	4,485.00	38,985.00	13.00	RK01003
Y	1102	百盛休闲裤	条	250.00	0.00	218.00	54,500.00	7,085.00	61,585.00	13.00	RK01003
Y	1103	百盛牛仔裤	条	250.00	0.00	138.00	34,500.00	4,485.00	38,985.00	13.00	RK01004
Y	1102	百盛休闲裤	条	250.00	0.00	218.00	54,500.00	7,085.00	61,585.00	13.00	RK01004
合计											

图2-64　“拷贝并执行”窗口

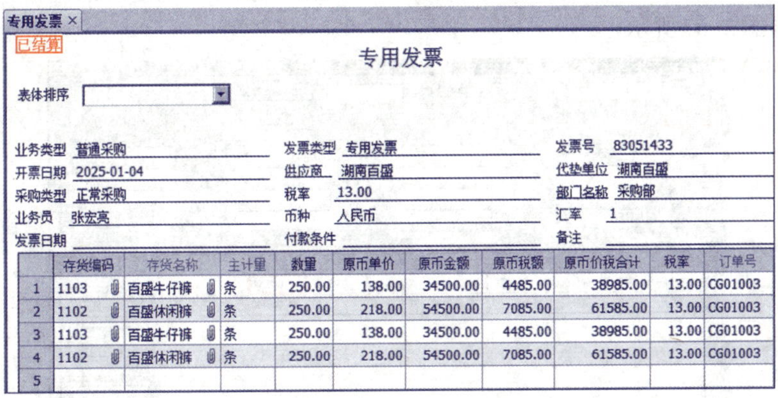

专用发票

已结算

表体排序

业务类型 普通采购　发票类型 专用发票　发票号 83051433

开票日期 2025-01-04　供应商 湖南百盛　代垫单位 湖南百盛

采购类型 正常采购　税率 13.00　部门名称 采购部

业务员 张宏亮　币种 人民币　汇率 1

发票日期　付款条件　备注

	存货编码	存货名称	主计量	数量	原币单价	原币金额	原币税额	原币价税合计	税率	订单号
1	1103	百盛牛仔裤	条	250.00	138.00	34500.00	4485.00	38985.00	13.00	CG01003
2	1102	百盛休闲裤	条	250.00	218.00	54500.00	7085.00	61585.00	13.00	CG01003
3	1103	百盛牛仔裤	条	250.00	138.00	34500.00	4485.00	38985.00	13.00	CG01003
4	1102	百盛休闲裤	条	250.00	218.00	54500.00	7085.00	61585.00	13.00	CG01003
5										

图2-65　采购专用发票

（2）现结。单击工具栏的“现付”按钮，打开“采购现付”窗口。根据图2-50，“结算方式”选择“电汇”，“原币金额”输入“104140”，“票据号”输入“36257059”，结果如图2-66所示。单击“确定”按钮，返回“专用发票”窗口。关闭该窗口。

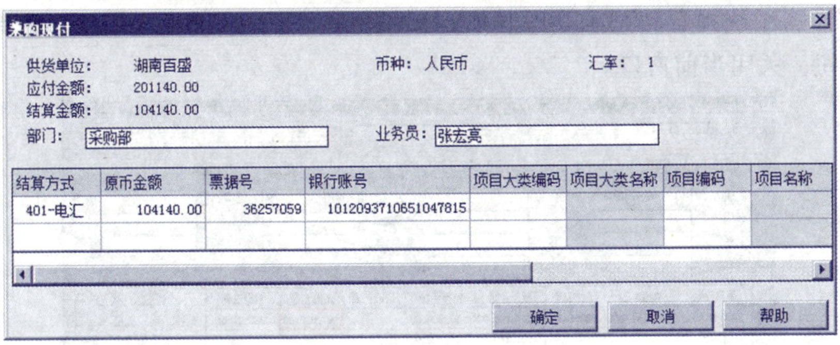

采购现付

供货单位：湖南百盛　币种：人民币　汇率：1

应付金额：201140.00

结算金额：104140.00

部门：采购部　业务员：张宏亮

结算方式	原币金额	票据号	银行账号	项目大类编码	项目大类名称	项目编码	项目名称
401-电汇	104140.00	36257059	1012093710651047815				

确定　取消　帮助

图2-66　“采购现付”窗口

9. 应付单据审核，制单处理

2025年1月4日，由赵凯杰（W02）登录企业应用平台。

（1）应付单据审核。依次双击“业务工作”页签中的“财务会计→应付款管理→应付单据处理→应付单据审核”菜单，系统打开“应付单查询条件”窗口。选中“包含已现结发票”，单击“确定”按钮，打开“单据处理”窗口。单击“全选”按钮，单击“审核”按钮，系统完成审核并给出审核报告，单击“确定”按钮后退出。

（2）制单处理。双击“制单处理”菜单，打开“制单查询”对话框，选择“现结制单”，单击“确定”按钮，打开“制单”窗口。单击“全选”按钮，选中要制单的采购专用发票，单击“制单”，生成一张记账凭证，单击“保存”按钮。关闭当前已打开的窗口。

借：在途物资	178 000.00	
应交税费/应交增值税/进项税额	23 140.00	
贷：应付账款/一般应付账款（湖南百盛）		97 000.00
银行存款/中国工商银行/沈阳皇姑支行		104 140.00

10. 预付冲应付并制单处理

依次双击“业务工作”页签中的“财务会计→应付款管理→转账→预付冲应付”菜单，打开“预付冲应付”对话框，供应商选择“湖南百盛”，单击“过滤”，转账金额输入“97000”，如图2-67所示。

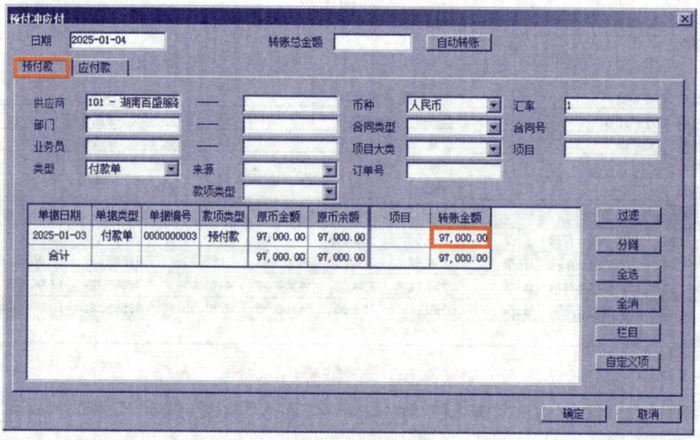

图2-67 预付冲应付——预付款

再单击“应付款”选项卡，单击“过滤”，转账金额输入“97000”，如图2-68所示，单击“确定”，系统提示“是否立即制单？”，单击“是”，系统生成一张记账凭证，单击“保存”按钮。关闭当前窗口。

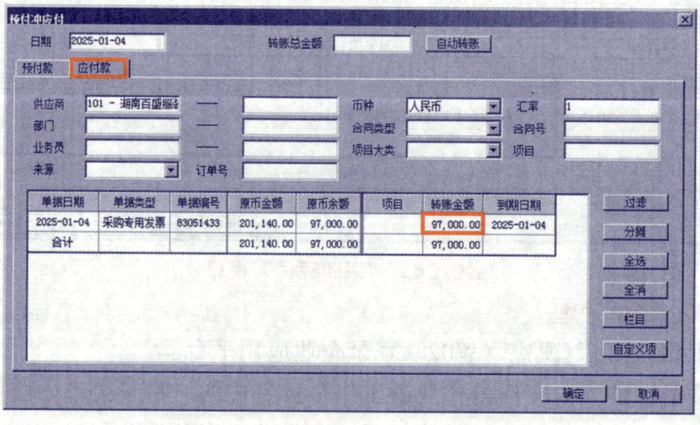

图2-68 预付冲应付——应付款

借：预付账款（湖南百盛）　　　　　　　　　　　　　　　　　　　　−97 000.00
借：应付账款/一般应付账款（湖南百盛）　　　　　　　　　　　　　　97 000.00

11. 正常单据记账，生成凭证

（1）正常单据记账。在供应链的“存货核算”子系统，依次双击“业务核算→正常单据记账”菜单，系统打开“查询条件选择”窗口，直接单击其“确定”按钮，系统打开“未记账单据一览表”窗口。双击RK01003号、RK01004号采购入库单的“选择”栏，使其显示“Y”字样，如图2-69所示。单击工具栏的“记账”按钮，系统弹出信息框提示记账成功，单击其“确定”按钮，完成记账工作，退出该窗口。

未记账单据一览表 ×

正常单据记账列表

记录总数：4

选择	日期	单据号	存货编码	存货名称	单据类型	仓库名称	收发类别	数量	单价	金额
Y	2025-01-03	RK01003	1103	百盛牛仔裤	采购入库单	服装仓	采购入库	250.00	138.00	34,500.00
Y	2025-01-03	RK01003	1102	百盛休闲裤	采购入库单	服装仓	采购入库	250.00	218.00	54,500.00
Y	2025-01-04	RK01004	1103	百盛牛仔裤	采购入库单	服装仓	采购入库	250.00	138.00	34,500.00
Y	2025-01-04	RK01004	1102	百盛休闲裤	采购入库单	服装仓	采购入库	250.00	218.00	54,500.00
小计								1,000.00		178,000.00

图2-69　未记账单据一览表

（2）生成凭证。依次双击“存货核算”子系统的“财务核算→生成凭证”菜单，系统打开“生成凭证”窗口。单击工具栏的“选择”按钮，系统弹出“查询条件”对话框，单击“确定”按钮，系统打开“选择单据”窗口，单击工具栏的“全选”按钮，选中已记账的采购入库单，再单击工具栏的“确定”按钮，系统自动关闭“选择单据”窗口返回“生成凭证”窗口，如图2-70所示。

生成凭证 ×

凭证类别　记 记账凭证

选择	单据类型	单据号	摘要	科目类型	科目编码	科目名称	借方金额	贷方金额	借方数量	贷方数量	科目方向	存货编码
1	采购入库单	RK01003	采购入库单	存货	1405	库存商品	34,500.00		250.00		1	1103
				对方	1402	在途物资		34,500.00		250.00	2	1103
				存货	1405	库存商品	54,500.00		250.00		1	1102
				对方	1402	在途物资		54,500.00		250.00	2	1102
		RK01004		存货	1405	库存商品	34,500.00		250.00		1	1103
				对方	1402	在途物资		34,500.00		250.00	2	1103
				存货	1405	库存商品	54,500.00		250.00		1	1102
				对方	1402	在途物资		54,500.00		250.00	2	1102
合计							178,000.00	178,000.00				

图2-70　“生成凭证”窗口

单击工具栏的“合成”按钮，系统打开“填制凭证”窗口并自动生成凭证。单击工具栏的“保存”按钮，生成一张记账凭证，保存该记账凭证。

借：库存商品　　　　　　　　　　　　　　　　178 000.00
　贷：在途物资　　　　　　　　　　　　　　　　　　　　178 000.00

提示

关于票据背书操作的说明。系统提供“冲销应付账款”和“其他”两种背书方式，默认值为前者。当背书方式为“冲销应付账款”时，如果背书金额大于应付账款，则将剩余金额记为供应商的预付款，并结清该张票据。本例就是这种情况，背书时辽宁恒通没有湖南百盛的应付账款。当背书方式为“其他”时，对应科目为应付系统不受控的相关科目。票据背书后，将不能再对其进行其他处理。

业务4 分仓库入库的现金折扣业务

【实验资料】

2025年1月4日，采购部徐晓辉与天津惠阳商贸有限公司（简称天津惠阳）签订购销合同。当日，收到对方发来的全部商品及增值税专用发票，货物均已办理入库。

2025年1月5日，支付天津惠阳货款。（付款单）

相关凭证如图2-71至图2-75所示。

购销合同

合同编号：CG01004

卖方：天津惠阳商贸有限公司

买方：辽宁恒通商贸有限公司

为保护买卖双方的合法权益，根据《中华人民共和国民法典》的有关规定，买卖双方经友好协商，一致同意签订本合同，并共同遵守合同约定。

一、货物的名称、数量及金额：

货物名称	规格型号	计量单位	数量	单价（不含税）	金额（不含税）	税率	税额
嘉伟羽绒服		件	200	600.00	120 000.00	13%	15 600.00
恒久情侣表		对	100	8 000.00	800 000.00	13%	104 000.00
合计					¥920 000.00		¥119 600.00

二、合同总金额：人民币壹佰零叁万玖仟陆佰元整（¥1 039 600.00）。

三、签订合同当日，卖方发出全部商品并开具增值税专用发票。信用条件：3/10，1.5/20，n/30（按不含税价款计算）。结算方式：电汇。

四、交货地点：辽宁恒通商贸有限公司。

五、发运方式与运输费用承担方式：由卖方发货并承担运输费用。

卖　　方：天津惠阳商贸有限公司　　　　买　　方：辽宁恒通商贸有限公司

授权代表：张　进　　　　授权代表：徐晓辉

日　　期：2025年01月04日　　　　日　　期：2025年01月04日

图2-71　购销合同

入库单

供应商：天津惠阳　　　　2025年01月04日　　　　单号：RK01005

验收仓库	存货编码	存货名称	计量单位	数量		单价	金额
				应收	实收		
服装仓	1153	嘉伟羽绒服	件	200	200		
合计							

部门经理：略　　会计：略　　仓库：略　　经办人：略

图2-72　入库单

入库单

供应商：天津惠阳　　2025 年 01 月 04 日　　单号：RK01006

验收仓库	存货编码	存货名称	计量单位	数量		单价	金额
				应收	实收		
手表仓	1253	恒久情侣表	对	100	100		
合计							

部门经理：略　　会计：略　　仓库：略　　经办人：略

图2-73　入库单

电子发票（增值税专用发票）

发票号码：25122000000032307931
开票日期：2025 年 01 月 04 日

（全国统一发票监制章 国家税务总局 天津市税务局）

购买方信息	名称：辽宁恒通商贸有限公司 统一社会信用代码/纳税人识别号：91210105206917583A	销售方信息	名称：天津惠阳商贸有限公司 统一社会信用代码/纳税人识别号：91120104572036908U

项目名称	规格型号	单位	数量	单价	金额	税率/征收率	税额
*服装*嘉伟羽绒服		件	200	600.00	120 000.00	13%	15 600.00
*手表*恒久情侣表		对	100	8 000.00	800 000.00	13%	104 000.00
合　计					¥920 000.00		¥119 600.00
价税合计（大写）	⊗ 壹佰零叁万玖仟陆佰元整					（小写）	¥1 039 600.00
备注	购买方开户银行：中国工商银行沈阳皇姑支行　　银行账号：2107024015890035666 销售方开户银行：华夏银行天津南开支行　　银行账号：2806725046208670931						

开票人：李丹

图2-74　增值税专用发票

中国工商银行　电汇凭证（回单）　1　　36257060

☑普通　☐加急　　委托日期 2025年01月05日

汇款人	全　称	辽宁恒通商贸有限公司	收款人	全　称	天津惠阳商贸有限公司
	账　号	2107024015890035666		账　号	2806725046208670931
	开户银行	中国工商银行沈阳皇姑支行		开户银行	华夏银行天津南开支行
金额	人民币（大写）	壹佰零壹万贰仟元整		亿千百十万千百十元角分	¥ 1 0 1 2 0 0 0 0 0
				支付密码	
				附加信息及用途：货款	
				复核	记账

（中国工商银行 沈阳皇姑支行 2025.01.05 转讫 (7)）

此联为汇出行给汇款人的回单

图2-75　电汇付款凭证

【实验过程概览】

本业务的实验过程概览见表2-4。

表 2-4　实验过程概览

序号	操作日期	操作员	系统	操作内容
1	2025-01-04	G01 张宏亮	采购管理	填制采购订单
2	2025-01-04	G01 张宏亮	采购管理	参照采购订单生成到货单
3	2025-01-04	C01 李泽伟	库存管理	参照到货单批量生成采购入库单
4	2025-01-04	G01 张宏亮	采购管理	参照采购入库单生成采购专用发票
5	2025-01-04	W02 赵凯杰	应付款管理	应付单据审核，制单处理
6	2025-01-04	W02 赵凯杰	存货核算	正常单据记账，生成凭证
7	2025-01-05	W03 贺青春	应付款管理	付款单据录入
8	2025-01-05	W02 赵凯杰	应付款管理	付款单据审核、手工核销和制单处理

分仓库入库的现金折扣业务

【实验过程】

1. 填制采购订单

2025年1月4日，由张宏亮（G01）登录企业应用平台。

（1）依次双击“业务工作”页签中的“供应链→采购管理→采购订货→采购订单”菜单，打开“采购订单”窗口。单击工具栏的“增加”按钮，根据图2-71填制采购订单。

① 填制表头信息。修改表头的“订单编号”（即合同编号）为“CG01004”，“供应商”为“天津惠阳”，“业务员”为“徐晓辉”，付款条件为“3/10，1.5/20，n/30”，“采购类型”为“正常采购”，其他项默认。

② 填制表体信息。在第1行，选择“存货编码”为“1153”（嘉伟羽绒服），输入“数量”为“200”，“原币单价”为“600”，“计划到货日期”为当日；按此方法录入第2行的货物信息。

（2）单击工具栏的“保存”按钮，保存该单据。单击工具栏的“审核”按钮，审核该订单，结果如图2-76所示。关闭并退出该窗口。

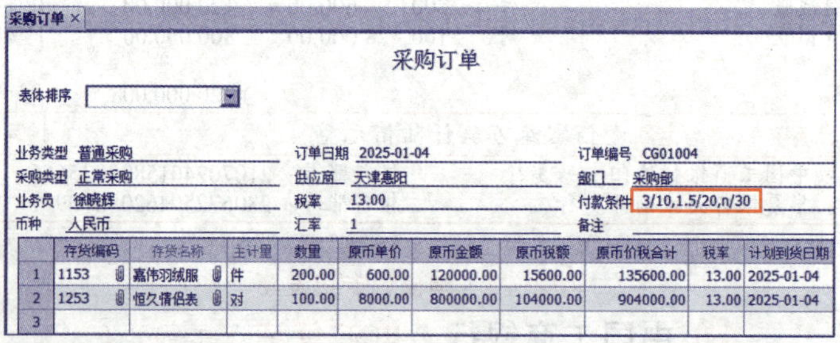
采购订单 ×

采购订单

表体排序

业务类型 普通采购　订单日期 2025-01-04　订单编号 CG01004
采购类型 正常采购　供应商 天津惠阳　部门 采购部
业务员 徐晓辉　税率 13.00　付款条件 3/10,1.5/20,n/30
币种 人民币　汇率 1　备注

	存货编码	存货名称	主计量	数量	原币单价	原币金额	原币税额	原币价税合计	税率	计划到货日期
1	1153	嘉伟羽绒服	件	200.00	600.00	120000.00	15600.00	135600.00	13.00	2025-01-04
2	1253	恒久情侣表	对	100.00	8000.00	800000.00	104000.00	904000.00	13.00	2025-01-04
3										

图2-76　采购订单

2. 参照采购订单生成到货单

在“采购管理”子系统，双击“采购到货→到货单”菜单，打开“到货单”窗口。单击工具栏的“增加”按钮，再执行工具栏的“生单”|“采购订单”命令，打开“查询条件选择-采购订单列表过滤”对话框，单击“确定”按钮，系统弹出“拷贝并执行”窗口。双击“到货单拷贝订单表头列表”中订单号“CG01004”最左侧的“选择”单元格，选中该订单，单击“确定”按钮，系统返回“到货单”窗口，生成一张到货单。单击工具栏的“保存”按钮，保存该单据。单击工具栏的“审核”按钮，审核该单据，结果如图2-77所示，关闭并退出该窗口。

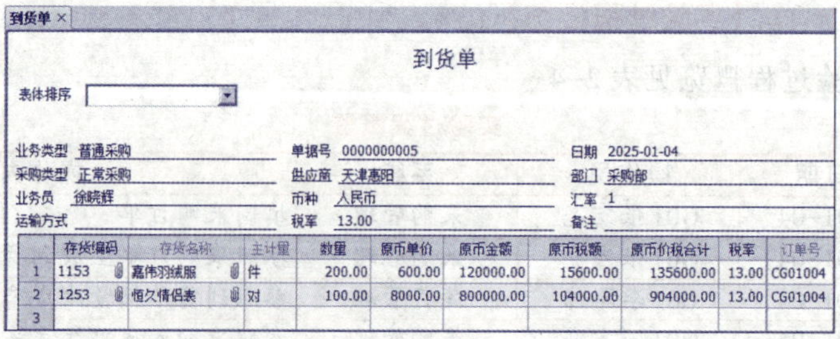
到货单 ×

到货单

表体排序

业务类型 普通采购　单据号 0000000005　日期 2025-01-04
采购类型 正常采购　供应商 天津惠阳　部门 采购部
业务员 徐晓辉　币种 人民币　汇率 1
运输方式　税率 13.00　备注

	存货编码	存货名称	主计量	数量	原币单价	原币金额	原币税额	原币价税合计	税率	订单号
1	1153	嘉伟羽绒服	件	200.00	600.00	120000.00	15600.00	135600.00	13.00	CG01004
2	1253	恒久情侣表	对	100.00	8000.00	800000.00	104000.00	904000.00	13.00	CG01004
3										

图2-77　到货单

3. 参照到货单批量生成采购入库单

2025年1月4日，由李泽伟（C01）登录企业应用平台。依次双击“业务工作”页签中的“供应链→库存管理→入库业务→采购入库单”菜单，系统打开“采购入库单”窗

口。执行“生单”|“采购到货单（批量）”命令，打开“查询条件选择-采购到货单列表”对话框，单击“确定”按钮，系统打开“到货单生单列表”窗口。双击要选择的到货单所对应的“选择”栏（即上一步骤完成的到货单）。窗口下方嘉伟羽绒服那一行的仓库选择“服装仓”，恒久情侣表那一行的仓库选择“手表仓”，如图2-78所示。再单击工具栏的“确定”按钮，系统返回“采购入库单”窗口。

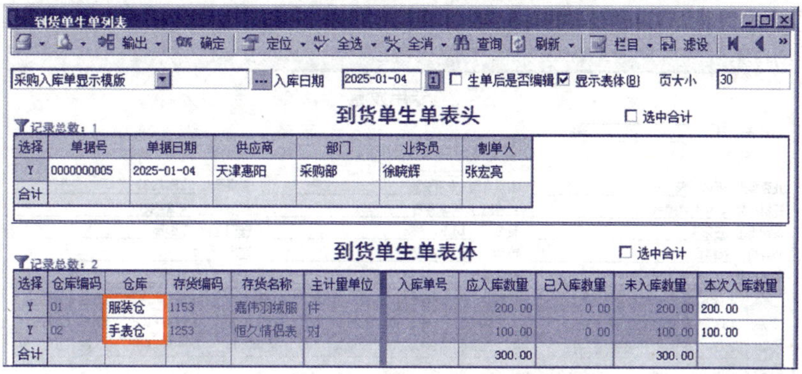

图2-78　“到货单生单列表”窗口

根据图2-73，单击“修改”按钮，将手表仓采购入库单表头中的“入库单号”改为“RK01006”，保存并审核该采购入库单，结果如图2-79所示。

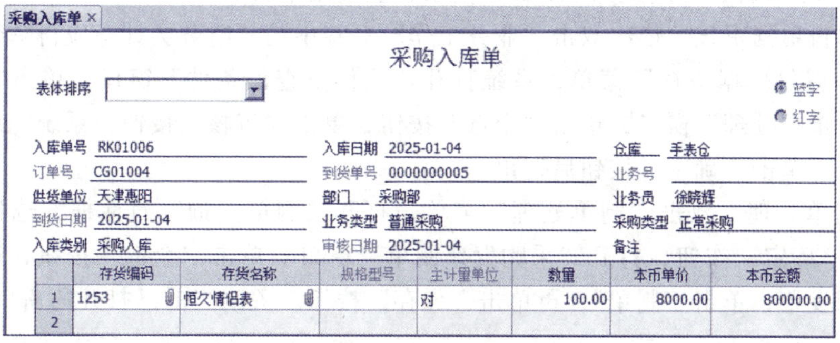

图2-79　采购入库单（1）

单击工具栏的“”（上张）按钮，根据图2-72，单击“修改”，将服装仓采购入库单表头中的“入库单号”改为“RK01005”，保存并审核该采购入库单，结果如图2-80所示。

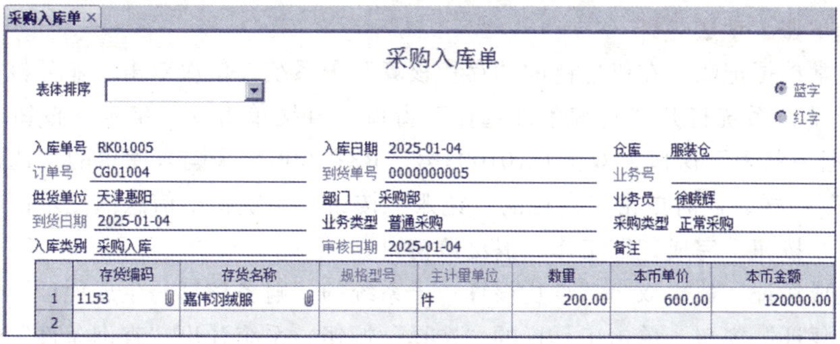

图2-80　采购入库单（2）

4. 参照采购入库单生成采购专用发票

2025年1月4日，由张宏亮（G01）登录企业应用平台。依次双击“业务工作”页签

中的“供应链→采购管理→采购发票→专用采购发票”菜单，打开“专用发票”窗口。单击工具栏的“增加”按钮，再执行工具栏的“生单”|“入库单”命令，打开“查询条件选择-采购入库单列表过滤”对话框，单击“确定”按钮。在“拷贝并执行”窗口，双击选择RK01005号、RK01006号采购入库单对应的“选择”栏，再单击工具栏的“确定”按钮，返回“专用发票”窗口，修改表头项目“发票号”为“32307931”，其他项默认。单击工具栏的“保存”按钮，再单击“结算”，如图2-81所示。

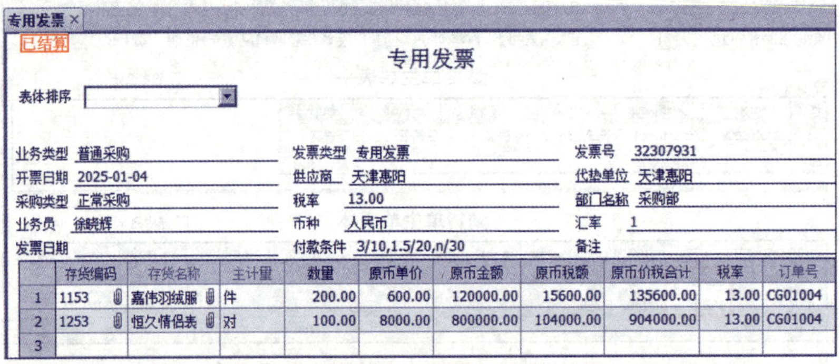
专用发票 ×

已结算

专用发票

表体排序

业务类型 普通采购　发票类型 专用发票　发票号 32307931

开票日期 2025-01-04　供应商 天津惠阳　代垫单位 天津惠阳

采购类型 正常采购　税率 13.00　部门名称 采购部

业务员 徐晓辉　币种 人民币　汇率 1

发票日期　付款条件 3/10,1.5/20,n/30　备注

	存货编码	存货名称	主计量	数量	原币单价	原币金额	原币税额	原币价税合计	税率	订单号
1	1153	嘉伟羽绒服	件	200.00	600.00	120000.00	15600.00	135600.00	13.00	CG01004
2	1253	恒久情侣表	对	100.00	8000.00	800000.00	104000.00	904000.00	13.00	CG01004
3										

图2-81　采购专用发票

5. 应付单据审核，制单处理

2025年1月4日，由赵凯杰（W02）登录企业应用平台。

（1）应付单据审核。依次双击“业务工作”页签中的“财务会计→应付款管理→应付单据处理→应付单据审核”菜单，系统打开“应付单查询条件”窗口，单击“确定”按钮，打开“单据处理”窗口，单击“全选”按钮，单击“审核”按钮，系统完成审核并给出审核报告，单击“确定”按钮后退出。

（2）制单处理。双击“制单处理”菜单，打开“制单查询”对话框，选择“发票制单”，单击“确定”按钮，打开“采购发票制单”窗口。单击“全选”按钮，选中要制单的采购专用发票，单击“制单”，再单击“保存”按钮。关闭当前已打开的窗口。

借：在途物资	920 000.00	
应交税费/应交增值税/进项税额	119 600.00	
贷：应付账款/一般应付账款（天津惠阳）		1 039 600.00

6. 正常单据记账，生成凭证

（1）正常单据记账。在供应链的“存货核算”子系统，依次双击“业务核算→正常单据记账”菜单，系统打开“查询条件选择”窗口，直接单击其“确定”按钮，系统打开“未记账单据一览表”窗口，双击RK01005号、RK01006号采购入库单的“选择”栏，使其显示“Y”字样，此时单击工具栏的“记账”按钮，系统弹出信息框提示记账成功，单击其“确定”按钮，完成记账工作，退出该窗口。

（2）生成凭证。依次双击“存货核算”子系统的“财务核算→生成凭证”菜单，系统打开“生成凭证”窗口。单击工具栏的“选择”按钮，系统弹出“查询条件”对话框，单击“确定”按钮，系统打开“选择单据”窗口，单击工具栏的“全选”按钮，选中已记账的采购入库单，再单击工具栏的“确定”按钮，系统自动关闭“选择单据”窗口返回“生成凭证”窗口，如图2-82所示。

生成凭证 ×

凭证类别　记 记账凭证

选择	单据类型	单据号	摘要	科目类型	科目编码	科目名称	借方金额	贷方金额	借方数量	贷方数量	科目方向	存货编码
1	采购入库单	RK01005	采购入库单	存货	1405	库存商品	120,000.00		200.00		1	1153
				对方	1402	在途物资		120,000.00		200.00	2	1153
		RK01006		存货	1405	库存商品	800,000.00		100.00		1	1253
				对方	1402	在途物资		800,000.00		100.00	2	1253
合计							920,000.00	920,000.00				

图2-82　“生成凭证”窗口

单击工具栏的“合成”按钮，系统打开“填制凭证”窗口并自动生成凭证。单击工具栏的“保存”按钮，生成一张记账凭证，保存该记账凭证。关闭并退出窗口。

借：库存商品　　920 000.00
　贷：在途物资　　920 000.00

7. 付款单据录入

2025年1月5日，由贺青春（W03）登录企业应用平台。依次双击“业务工作”页签中的“财务会计→应付款管理→付款单据处理→付款单据录入”菜单，打开“收付款单录入”窗口，根据图2-75填制一张付款单，填制完毕单击“保存”按钮，结果如图2-83所示。

收付款单录入 ×

付款单

表体排序

单据编号 0000000005　日期 2025-01-05　供应商 天津惠阳
结算方式 电汇　结算科目 10020101　币种 人民币
汇率 1.00000000　金额 1012000.00　本币金额 1012000.00
供应商银行 华夏银行天津南开支行　供应商账号 2806725046208670931　票据号 36257060
部门 采购部　业务员 徐晓辉　项目
摘要

	款项类型	供应商	科目	金额	本币金额	部门	业务员	项目
1	应付款	天津惠阳	220201	1012000.00	1012000.00	采购部	徐晓辉	
2								

图2-83　付款单

8. 付款单据审核、手工核销和制单处理

2025年1月5日，由赵凯杰（W02）登录企业应用平台。

（1）付款单据审核。依次双击“业务工作”页签中的“财务会计→应付款管理→付款单据处理→付款单据审核”菜单，打开“付款单查询条件”窗口，单击“确定”，打开“收付款单列表”窗口，如图2-84所示。选中并审核该付款单。关闭当前窗口。

收付款单列表 ×

收付款单列表

记录总数：1

选择	审核人	单据日期	单据类型	单据编号	供应商	部门	业务员	结算方式	票据号	币种	汇率	原币金额
	赵凯杰	2025-01-05	付款单	0000000005	天津惠阳商贸有限公司	采购部	徐晓辉	电汇	36257060	人民币	1.00000000	1,012,000.00
合计												1,012,000.00

图2-84　收付款单列表

（2）手工核销。双击“核销处理→手工核销”菜单，打开“核销条件”窗口，供应商选择“天津惠阳”，单击“确定”，打开“单据核销”窗口，在采购专用发票的“本次折扣”栏输入“27600”，“本次结算”栏输入“1012000”，如图2-85所示，单击“保存”，退出。

（3）制单处理。双击“制单处理”菜单，打开“单据查询”窗口，选中“收付款单制单”“核销制单”，单击“确定”，打开“制单”窗口，单击“全选”“合并”“制单”，生成

一张记账凭证，将“财务费用/现金折扣”的金额改成借方红字，单击“保存”按钮。

单据核销 ×

单据日期	单据类型	单据编号	供应商	款项类型	结算方式	币种	汇率	原币金额	原币余额	本次结算	订单号
2025-01-05	付款单	0000000005	天津惠阳	应付款	电汇	人民币	1.00000000	1,012,000.00	1,012,000.00	1,012,000.00	
合计								1,012,000.00	1,012,000.00	1,012,000.00	

单据日期	单据类型	单据编号	到期日	供应商	币种	原币金额	原币余额	可享受折扣	本次折扣	本次结算	订单号	凭证号
2024-06-15	采购专用发票	14035890	2024-06-15	天津惠阳	人民币	66,274,500.00	66,274,500.00	0.00				
2024-01-04	采购专用发票	32307931	2022-02-04	天津惠阳	人民币	1,039,600.00	1,039,600.00	31,188.00	27,600.00	1,012,000.00	CG01004	记-0011
合计						67,314,100.00	67,314,100.00	31,188.00	27,600.00	1,012,000.00		

图2-85 “单据核销”窗口

借：应付账款/一般应付账款（天津惠阳） 1 039 600.00

　　财务费用/现金折扣 −27 600.00

　贷：银行存款/中国工商银行/沈阳皇姑支行 1 012 000.00

业务5 先开票的采购业务

【实验资料】

2025年1月5日，采购部张宏亮与上海恒久表业有限公司（简称上海恒久）签订购销合同。当日取得对方开具的增值税专用发票。

2025年1月6日，收到上海恒久发来的货物，均已办理入库，我公司支付全部货款。（选择付款）

相关凭证如图2-86至图2-89所示。

购销合同

合同编号：CG01005

卖方：上海恒久表业有限公司

买方：辽宁恒通商贸有限公司

为保护买卖双方的合法权益，根据《中华人民共和国民法典》的有关规定，买卖双方经友好协商，一致同意签订本合同，并共同遵守合同约定。

一、货物的名称、数量及金额：

货物名称	规格型号	计量单位	数量	单价（不含税）	金额（不含税）	税率	税额
恒久男表		只	100	5 188.00	518 800.00	13%	67 444.00
恒久女表		只	150	2 880.00	432 000.00	13%	56 160.00
合　计					¥950 800.00		¥123 604.00

二、合同总金额：人民币壹佰零柒万肆仟肆佰零肆元整（¥1 074 404.00）。

三、签订合同当日，卖方开具增值税专用发票。1月6日，卖方发出全部商品，买方支付货款。

四、交货地点：辽宁恒通商贸有限公司。

五、发运方式与运输费用承担方式：由卖方发货并承担运输费用。

卖　　方：上海恒久表业有限公司（上海恒久表业有限公司 合同专用章）（赵之恒印）

授权代表：张远久

日　　期：2025年01月05日

买　　方：辽宁恒通商贸有限公司（辽宁恒通商贸有限公司 合同专用章）（李喜成印）

授权代表：张宏亮

日　　期：2025年01月05日

图2-86 购销合同

电子发票（增值税专用发票）　　发票号码：25312000000023108941

开票日期：2025 年 01 月 05 日

（印章：全国统一发票监制章 国家税务总局 上海市税务局）

购买方信息	名称：辽宁恒通商贸有限公司 统一社会信用代码/纳税人识别号：91210105206917583A	销售方信息	名称：上海恒久表业有限公司 统一社会信用代码/纳税人识别号：91310106896543287T

项目名称	规格型号	单位	数量	单价	金额	税率/征收率	税额
*手表*恒久男表		只	100	5 188.00	518 800.00	13%	67 444.00
*手表*恒久女表		只	150	2 880.00	432 000.00	13%	56 160.00
合　　计					¥950 800.00		¥123 604.00
价税合计（大写）	⊗ 壹佰零柒万肆仟肆佰零肆元整					（小写）	¥1 074 404.00

备注	购买方开户银行：中国工商银行沈阳皇姑支行	银行账号：2107024015890035666
	销售方开户银行：中国银行上海静安支行	银行账号：9517205720902010400

开票人：张茜钰

图2-87　增值税专用发票

入库单

供应商：上海恒久　　2025 年 01 月 06 日　　单号：RK01007

验收仓库	存货编码	存货名称	计量单位	数量		单价	金额
				应收	实收		
手表仓	1252	恒久男表	只	100	100		
手表仓	1251	恒久女表	只	150	150		
合　计							

部门经理：略　　会计：略　　仓库：略　　经办人：略

图2-88　入库单

中国工商银行　电汇凭证（回单）　1　　36257061

☑普通　□加急　　委托日期 2025年01月06日

汇款人	全　称	辽宁恒通商贸有限公司	收款人	全　称	上海恒久表业有限公司
	账　号	2107024015890035666		账　号	9517205720902010400
	开户银行	中国工商银行沈阳皇姑支行		开户银行	中国银行上海静安支行

金额	人民币（大写）	壹佰零柒万肆仟肆佰零肆元整	亿	千	百	十	万	千	百	十	元	角	分
				¥	1	0	7	4	4	0	4	0	0

（印章：中国工商银行 沈阳皇姑支行 2025.01.06 转讫 (7)）

支付密码

附加信息及用途：货款

复核　　记账

此联为汇出行给汇款人的回单

图2-89　电汇付款凭证

【实验过程概览】

本业务的实验过程概览见表2-5。

表 2-5　　　　　　　　　　　　　　实验过程概览

序号	操作日期	操作员	系统	操作内容
1	2025-01-05	G01 张宏亮	采购管理	填制采购订单
2	2025-01-05	G01 张宏亮	采购管理	参照采购订单生成采购专用发票
3	2025-01-05	W02 赵凯杰	应付款管理	应付单据审核，制单处理
4	2025-01-06	G01 张宏亮	采购管理	参照采购订单生成到货单
5	2025-01-06	C01 李泽伟	库存管理	参照到货单生成采购入库单
6	2025-01-06	G01 张宏亮	采购管理	手工结算
7	2025-01-06	W03 贺青春	应付款管理	选择付款
8	2025-01-06	W02 赵凯杰	应付款管理	制单处理
9	2025-01-06	W02 赵凯杰	存货核算	正常单据记账，生成凭证

【实验过程】

先开票的采购业务

1. 填制采购订单

2025 年 1 月 5 日，由张宏亮（G01）登录企业应用平台。依次双击“业务工作”页签中的“供应链→采购管理→采购订货→采购订单”菜单，打开“采购订单”窗口。在“采购订单”窗口，单击工具栏的“增加”按钮，根据图 2-86 填制采购订单，结果如图 2-90 所示。单击工具栏的“保存”按钮，单击“审核”按钮。关闭并退出该窗口。

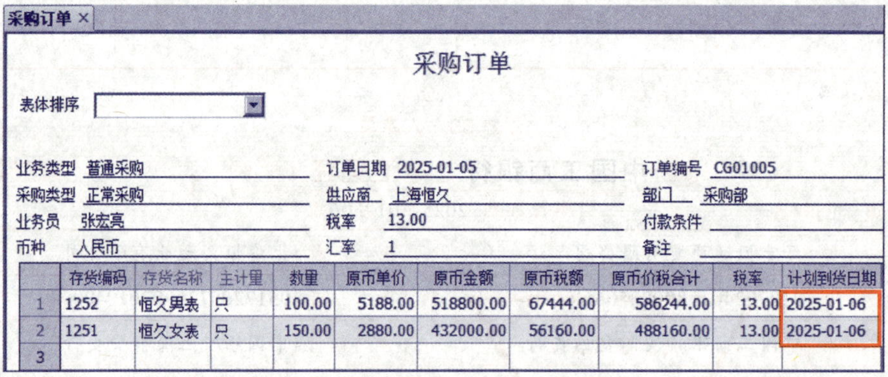
采购订单 ×

采购订单

表体排序

业务类型 普通采购　　订单日期 2025-01-05　　订单编号 CG01005
采购类型 正常采购　　供应商 上海恒久　　部门 采购部
业务员 张宏亮　　税率 13.00　　付款条件
币种 人民币　　汇率 1　　备注

	存货编码	存货名称	主计量	数量	原币单价	原币金额	原币税额	原币价税合计	税率	计划到货日期
1	1252	恒久男表	只	100.00	5188.00	518800.00	67444.00	586244.00	13.00	2025-01-06
2	1251	恒久女表	只	150.00	2880.00	432000.00	56160.00	488160.00	13.00	2025-01-06
3										

图2-90　采购订单

2. 参照采购订单生成采购专用发票

依次双击“业务工作”页签中的“供应链→采购管理→采购发票→专用采购发票”菜单，打开“专用发票”窗口。单击工具栏的“增加”按钮，再执行工具栏的“生单”|“采购订单”命令，打开“查询条件选择-采购订单列表过滤”对话框，单击“确定”按钮。在“拷贝并执行”窗口，双击选择 CG01005 号采购订单对应的“选择”栏，再单击工具栏的“确定”按钮，返回“专用发票”窗口。根据图 2-87，修改表头项目“发票号”为“23108941”，其他项默认。单击工具栏的“保存”按钮，结果如图 2-91 所示。

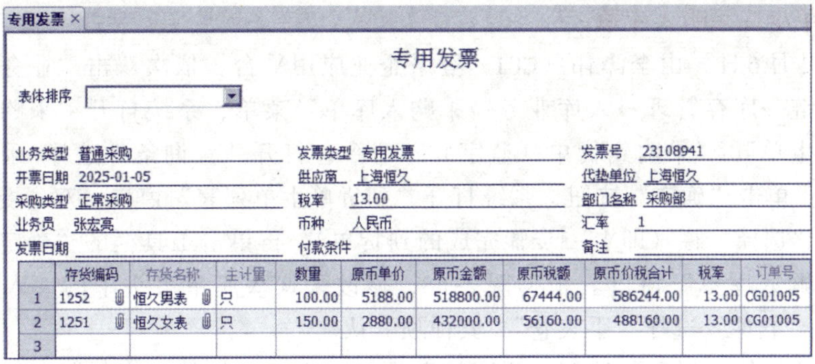

专用发票 ×

专用发票

表体排序

业务类型	普通采购	发票类型	专用发票	发票号	23108941
开票日期	2025-01-05	供应商	上海恒久	代垫单位	上海恒久
采购类型	正常采购	税率	13.00	部门名称	采购部
业务员	张宏亮	币种	人民币	汇率	1
发票日期		付款条件		备注	

	存货编码	存货名称	主计量	数量	原币单价	原币金额	原币税额	原币价税合计	税率	订单号
1	1252	恒久男表	只	100.00	5188.00	518800.00	67444.00	586244.00	13.00	CG01005
2	1251	恒久女表	只	150.00	2880.00	432000.00	56160.00	488160.00	13.00	CG01005
3										

图2-91　采购专用发票

3. 应付单据审核，制单处理

2025年1月5日，由赵凯杰（W02）登录企业应用平台。

（1）应付单据审核。依次双击“业务工作”页签中的“财务会计→应付款管理→应付单据处理→应付单据审核”菜单，系统打开“应付单查询条件”窗口，勾选“未完全报销”，单击“确定”按钮，打开“单据处理”窗口，单击“全选”按钮，单击“审核”按钮，系统完成审核并给出审核报告，单击“确定”按钮后退出。关闭当前窗口。

（2）制单处理。双击“制单处理”菜单，打开“制单查询”对话框，选择“发票制单”，单击“确定”按钮，打开“制单”窗口。单击“全选”按钮，选中要制单的采购专用发票，单击“制单”，生成一张记账凭证，单击“保存”按钮。

借：在途物资	950 800.00	
应交税费/应交增值税/进项税额	123 604.00	
贷：应付账款/一般应付账款（上海恒久）		1 074 404.00

4. 参照采购订单生成到货单

2025年1月6日，由张宏亮（G01）登录企业应用平台。在“采购管理”子系统，双击“采购到货→到货单”菜单，打开“到货单”窗口。单击工具栏的“增加”按钮，再执行工具栏的“生单”|“采购订单”命令，打开“查询条件选择-采购订单列表过滤”对话框，单击“确定”按钮，系统弹出“拷贝并执行”窗口。双击“到货单拷贝订单表头列表”中订单号“CG01005”最左侧的“选择”单元格，选中该订单，单击“确定”按钮，系统返回“到货单”窗口，生成一张到货单。单击工具栏的“保存”按钮，保存该单据。单击工具栏的“审核”按钮，审核该单据，结果如图2-92所示，关闭并退出该窗口。

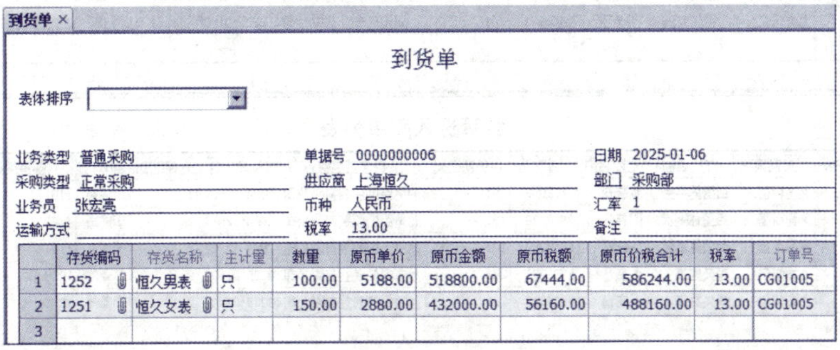

到货单 ×

到货单

表体排序

业务类型	普通采购	单据号	0000000006	日期	2025-01-06
采购类型	正常采购	供应商	上海恒久	部门	采购部
业务员	张宏亮	币种	人民币	汇率	1
运输方式		税率	13.00	备注	

	存货编码	存货名称	主计量	数量	原币单价	原币金额	原币税额	原币价税合计	税率	订单号
1	1252	恒久男表	只	100.00	5188.00	518800.00	67444.00	586244.00	13.00	CG01005
2	1251	恒久女表	只	150.00	2880.00	432000.00	56160.00	488160.00	13.00	CG01005
3										

图2-92　到货单

5. 参照到货单生成采购入库单

2025年1月6日，由李泽伟（C01）登录企业应用平台。依次双击“业务工作”页签中的“供应链→库存管理→入库业务→采购入库单”菜单，系统打开“采购入库单”窗口。执行“生单”|“采购到货单（蓝字）”命令，打开“查询条件选择-采购到货单列表”对话框，单击“确定”按钮，系统打开“到货单生单列表”窗口。双击要选择的到货单所对应的“选择”栏（即上一步骤完成的到货单），再单击工具栏的“确定”按钮，系统返回“采购入库单”窗口。根据图2-88，修改采购入库单表头中的“入库单号”为“RK01007”，“仓库”选择“手表仓”，其他项默认。

单击工具栏的“保存”按钮，保存该单据。单击工具栏的“审核”按钮，系统提示“该单据审核成功!”，单击“确定”按钮，该单据审核通过，结果如图2-93所示。关闭并退出该窗口。

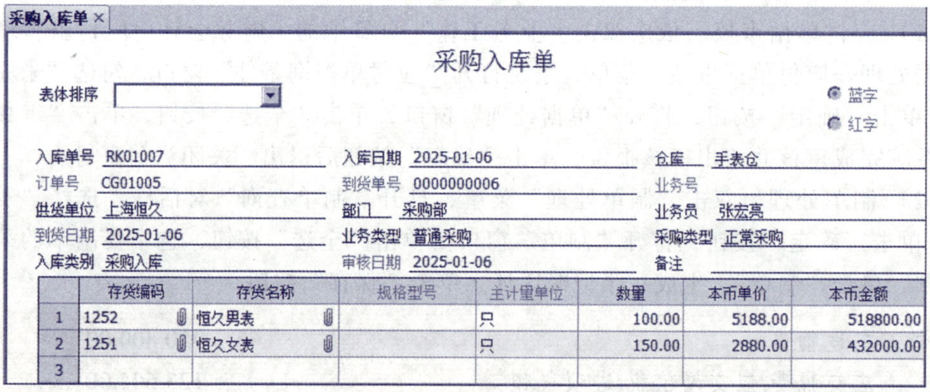
采购入库单×

采购入库单

表体排序

蓝字
红字

入库单号 RK01007　入库日期 2025-01-06　仓库 手表仓
订单号 CG01005　到货单号 0000000006　业务号
供货单位 上海恒久　部门 采购部　业务员 张宏亮
到货日期 2025-01-06　业务类型 普通采购　采购类型 正常采购
入库类别 采购入库　审核日期 2025-01-06　备注

	存货编码	存货名称	规格型号	主计量单位	数量	本币单价	本币金额
1	1252	恒久男表		只	100.00	5188.00	518800.00
2	1251	恒久女表		只	150.00	2880.00	432000.00
3							

图2-93　采购入库单

6. 手工结算

2025年1月6日，由张宏亮（G01）登录企业应用平台。双击“采购管理→采购结算→手工结算”菜单，打开“手工结算”窗口。单击“选单”按钮，打开“结算选单”窗口。

单击“查询”按钮，打开“查询条件选择-采购手工结算”对话框，点击“确定”，选择相应的“采购发票”和“入库单”，如图2-94所示，单击“确定”按钮。

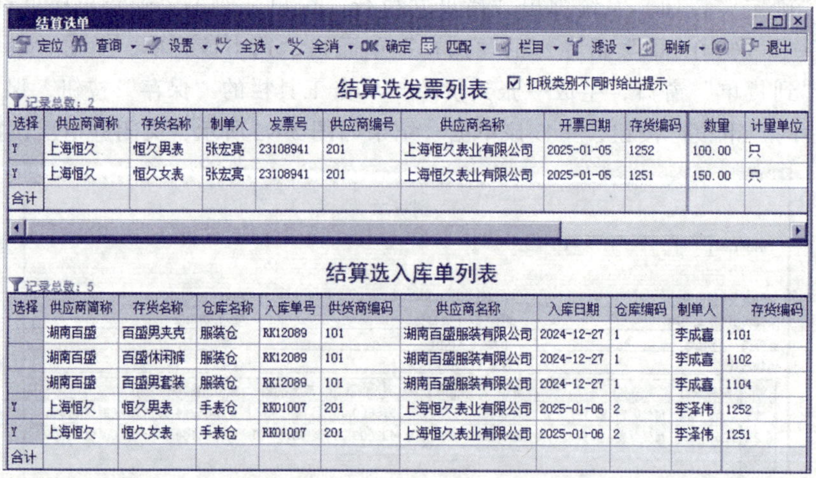
结算选单

定位 查询 设置 全选 全消 确定 匹配 栏目 滤设 刷新 退出

结算选发票列表　☑ 扣税类别不同时给出提示

记录总数：2

选择	供应商简称	存货名称	制单人	发票号	供应商编号	供应商名称	开票日期	存货编码	数量	计量单位
Y	上海恒久	恒久男表	张宏亮	23108941	201	上海恒久表业有限公司	2025-01-05	1252	100.00	只
Y	上海恒久	恒久女表	张宏亮	23108941	201	上海恒久表业有限公司	2025-01-05	1251	150.00	只
合计										

结算选入库单列表

记录总数：5

选择	供应商简称	存货名称	仓库名称	入库单号	供货商编码	供应商名称	入库日期	仓库编码	制单人	存货编码
	湖南百盛	百盛男夹克	服装仓	RK12089	101	湖南百盛服装有限公司	2024-12-27	1	李成喜	1101
	湖南百盛	百盛休闲裤	服装仓	RK12089	101	湖南百盛服装有限公司	2024-12-27	1	李成喜	1102
	湖南百盛	百盛男套装	服装仓	RK12089	101	湖南百盛服装有限公司	2024-12-27	1	李成喜	1104
Y	上海恒久	恒久男表	手表仓	RK01007	201	上海恒久表业有限公司	2025-01-06	2	李泽伟	1252
Y	上海恒久	恒久女表	手表仓	RK01007	201	上海恒久表业有限公司	2025-01-06	2	李泽伟	1251
合计										

图2-94　“结算选单”窗口

系统返回“手工结算”窗口，如图2-95所示，单击“结算”按钮，系统显示“完成结算!”，关闭该窗口。

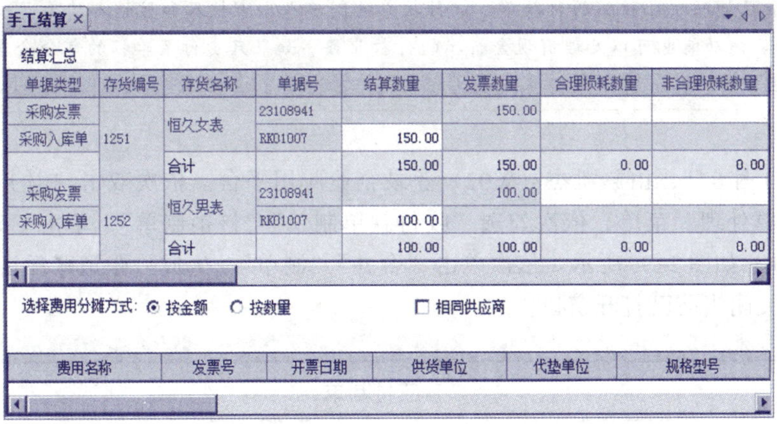

图2-95 “手工结算”窗口

7. 选择付款

2025年1月6日，由贺青春（W03）登录企业应用平台。依次双击“财务会计→应付款管理→选择付款”菜单，打开“选择付款-条件”窗口，供应商选择“上海恒久”，如图2-96所示，单击“确定”，打开“选择付款-单据”窗口，如图2-97所示。

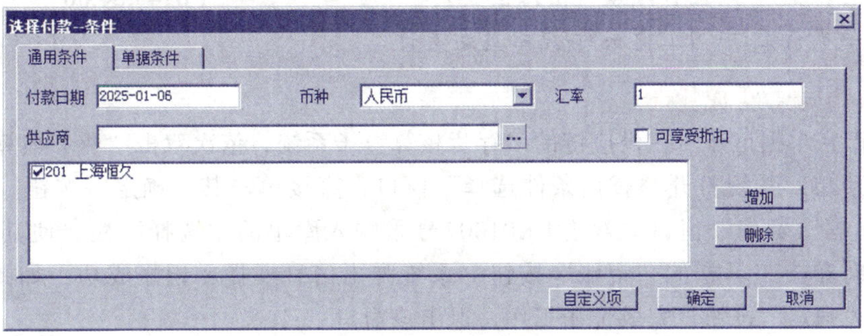

图2-96 “选择付款-条件”窗口

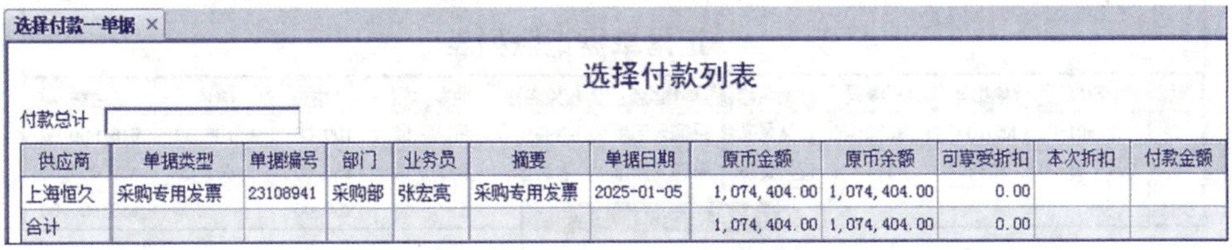

图2-97 “选择付款-单据”窗口

单击“全选”，再单击“确认”，打开“选择付款-付款单”窗口，根据图2-89，结算方式选择“电汇”，“票据号”输入“36257061”，如图2-98所示，单击“确定”，退出。

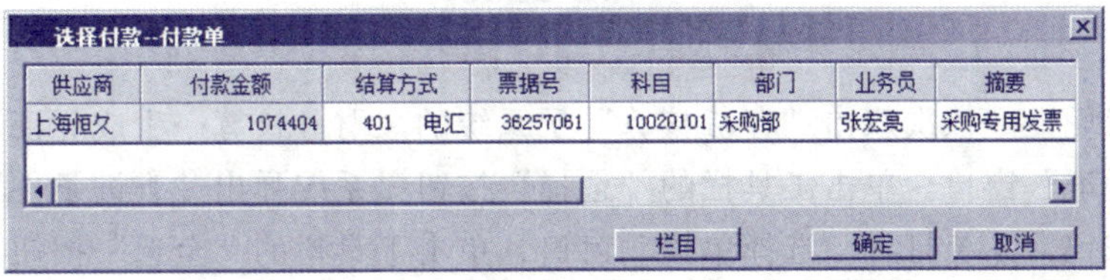

图2-98 “选择付款-付款单”窗口

提示

选择付款功能可以实现一次对单个或多个供应商的单笔或多笔款项的付款核销处理。选择付款后系统自动生成已审核、已核销的付款单，该付款单的制单人、审核人和核销人均为同一人（本例为W03贺青春）。该功能也可以处理有现金折扣的付款业务。如果只支付某单据的部分金额，可手工输入“付款金额”。

8. 制单处理

2025年1月6日，由赵凯杰（W02）登录企业应用平台。依次双击“财务会计→应付款管理→制单处理”菜单，依次勾选“收付款单制单”“核销制单”，单击“确定”，打开“制单”窗口，如图2-99所示。依次单击“合并”“制单”，生成一张记账凭证，单击“保存”按钮。关闭当前已打开窗口。

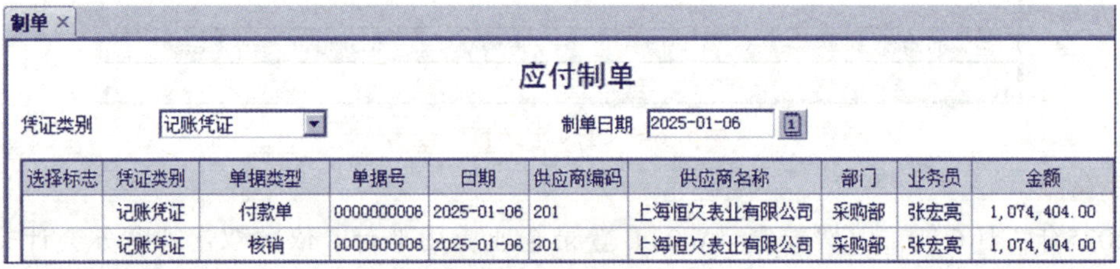

选择标志	凭证类别	单据类型	单据号	日期	供应商编码	供应商名称	部门	业务员	金额
	记账凭证	付款单	0000000006	2025-01-06	201	上海恒久表业有限公司	采购部	张宏亮	1,074,404.00
	记账凭证	核销	0000000006	2025-01-06	201	上海恒久表业有限公司	采购部	张宏亮	1,074,404.00

图2-99 应付制单

借：应付账款/一般应付账款（上海恒久） 1 074 404.00

贷：银行存款/中国工商银行/沈阳皇姑支行 1 074 404.00

9. 正常单据记账，生成凭证

（1）正常单据记账。在供应链的“存货核算”子系统，依次双击“业务核算→正常单据记账”菜单，系统打开“查询条件选择”窗口，直接单击其“确定”按钮，系统打开“未记账单据一览表”窗口。双击RK01007号采购入库单的“选择”栏，使其显示“Y”字样，此时单击工具栏的“记账”按钮，系统弹出信息框提示记账成功，如图2-100所示，单击“确定”按钮，完成记账工作，退出该窗口。

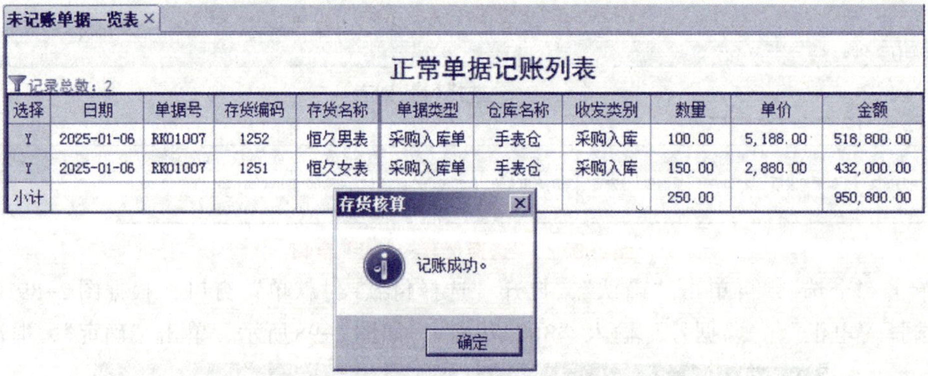

选择	日期	单据号	存货编码	存货名称	单据类型	仓库名称	收发类别	数量	单价	金额
Y	2025-01-06	RK01007	1252	恒久男表	采购入库单	手表仓	采购入库	100.00	5,188.00	518,800.00
Y	2025-01-06	RK01007	1251	恒久女表	采购入库单	手表仓	采购入库	150.00	2,880.00	432,000.00
小计								250.00		950,800.00

图2-100 未记账单据一览表

（2）生成凭证。依次双击“存货核算”子系统的“财务核算→生成凭证”菜单，系统打开“生成凭证”窗口。单击工具栏的“选择”按钮，系统弹出“查询条件”对话框，单击“确定”按钮，系统打开“选择单据”窗口，单击工具栏的“全选”按钮，选中已记账的采购入库单，再单击工具栏的“确定”按钮，系统自动关闭“选择单据”窗口返回“生成凭证”窗口，单击工具栏的“生成”按钮，系统打开“填制凭证”窗口并自动生成凭证。单击工具栏的“保存”按钮，保存该记账凭证。关闭并退出窗口。

借：库存商品　　950 800.00
　贷：在途物资　　950 800.00

业务 6　外币采购业务

【实验资料】

2025年1月6日，采购部张宏亮与润家贸易（中国）有限公司（简称润家贸易）签订购销合同。当日收到对方发来的货物及发票，均已办理入库，我公司支付全部货款。假定当日美元汇率为1∶7.1680。暂不考虑关税。

相关凭证如图2-101至图2-104所示。

购销合同

合同编号：CG01006

卖方：润家贸易（中国）有限公司

买方：辽宁恒通商贸有限公司

为保护买卖双方的合法权益，根据《中华人民共和国民法典》的有关规定，买卖双方经友好协商，一致同意签订本合同，并共同遵守合同约定。

一、货物的名称、数量及金额：

货物名称	规格型号	计量单位	数量	单价（不含税）	金额（不含税）	税率	税额
百盛男套装		套	100	$50.00	$5 000.00	13%	$650.00
嘉伟羽绒服		件	140	$90.00	$12 600.00	13%	$1 638.00
合　计					$17 600.00		$2 288.00

二、合同总金额：美元壹万玖仟捌佰捌拾捌元整（$19 888.00）。

三、签订合同当日，卖方发出全部货物并开具增值税专用发票，买方以电汇方式支付全部货款。

四、交货地点：辽宁恒通商贸有限公司。

五、发运方式与运输费用承担方式：由卖方发货并承担运输费用。

卖　　方：润家贸易（中国）有限公司　　　　买　　方：辽宁恒通商贸有限公司

授权代表：孙润　　　　授权代表：张宏亮

日　　期：2025年01月06日　　　　日　　期：2025年01月06日

（印章：润家贸易（中国）有限公司 合同专用章；王家润印；辽宁恒通商贸有限公司 合同专用章；李喜成印）

图2-101　购销合同

入库单

供应商：润家贸易　　2025 年 01 月 06 日　　单号：RK01008

验收仓库	存货编码	存货名称	计量单位	数量 应收	数量 实收	单价	金额
服装仓	1104	百盛男套装	套	100	100		
服装仓	1153	嘉伟羽绒服	件	140	140		
合　计							

部门经理：略　　会计：略　　仓库：略　　经办人：略

图2-102　入库单

电子发票（增值税专用发票）

发票号码：25212000000038208395

开票日期：2025 年 01 月 06 日

购买方信息	名称：辽宁恒通商贸有限公司 统一社会信用代码/纳税人识别号：91210105206917583A	销售方信息	名称：润家贸易（中国）有限公司 统一社会信用代码/纳税人识别号：91210105380972316W

项目名称	规格型号	单位	数量	单价	金额	税率/征收率	税额
*服装*百盛男套装		套	100	358.40	35 840.00	13%	4 659.20
*服装*嘉伟羽绒服		件	140	645.12	90 316.80	13%	11 741.18
合　计					¥126 156.80		¥16 400.38
价税合计（大写）	⊗ 壹拾肆万贰仟伍佰伍拾柒元壹角捌分					（小写）	¥142 557.18

备注	
购买方开户银行：中国银行沈阳皇姑支行	银行账号：2107381765323431982　结算金额：$19 888.00
销售方开户银行：交通银行沈阳皇姑支行	银行账号：3602025308746041967　汇率 1：7.1680

开票人：张晓坤

图2-103　增值税专用发票

中国银行　电汇凭证（回单）　1　　56320782

☑普通　☐加急　　委托日期　2025年01月06日

汇款人		收款人	
全　称	辽宁恒通商贸有限公司	全　称	润家贸易（中国）有限公司
账　号	2107381765323431982	账　号	3602025308746041967
开户银行	中国银行沈阳皇姑支行	开户银行	交通银行沈阳皇姑支行

金额	美元（大写）	亿	千	百	十	万	千	百	十	元	角	分
	壹万玖仟捌佰捌拾捌元整				$	1	9	8	8	8	0	0

中国银行 沈阳皇姑支行 2025.01.06 转讫 (7)	支付密码
	附加信息及用途：货款
	复核　　记账

此联为汇出行给汇款人的回单

图2-104　电汇付款凭证

【实验过程概览】

本业务的实验过程概览见表2-6。

表 2-6　　实验过程概览

序号	操作日期	操作员	系统	操作内容
1	2025-01-06	G01 张宏亮	采购管理	填制采购订单
2	2025-01-06	G01 张宏亮	采购管理	参照采购订单生成到货单
3	2025-01-06	C01 李泽伟	库存管理	参照到货单生成采购入库单
4	2025-01-06	G01 张宏亮	采购管理	参照采购入库单生成采购专用发票（现付）
5	2025-01-06	W02 赵凯杰	应付款管理	应付单据审核，制单处理
6	2025-01-06	W02 赵凯杰	存货核算	正常单据记账，生成凭证

【实验过程】

外币采购业务

1. 填制采购订单

2025年1月6日，由张宏亮（G01）登录企业应用平台。依次双击“业务工作”页签中的“供应链→采购管理→采购订货→采购订单”菜单，打开“采购订单”窗口。单击工具栏的“增加”按钮，根据图2-101填制采购订单。填制完毕单击工具栏的“保存”按钮，再单击“审核”按钮，结果如图2-105所示。关闭并退出该窗口。

采购订单 ×

采购订单

表体排序

业务类型 普通采购　　订单日期 2025-01-06　　订单编号 CG01006
采购类型 正常采购　　供应商 润家贸易　　部门 采购部
业务员 张宏亮　　税率 13.00　　付款条件
币种 美元　　汇率 7.1680　　备注

	存货编码	存货名称	主计量	数量	原币单价	原币金额	原币税额	原币价税合计	税率	计划到货日期
1	1104	百盛男套装	套	100.00	50.00	5000.00	650.00	5650.00	13.00	2025-01-06
2	1153	嘉伟羽绒服	件	140.00	90.00	12600.00	1638.00	14238.00	13.00	2025-01-06
3										

图2-105　采购订单

2. 参照采购订单生成到货单

在“采购管理”子系统，双击“采购到货→到货单”菜单，打开“到货单”窗口。单击工具栏的“增加”按钮，再执行工具栏的“生单”|“采购订单”命令，打开“查询条件选择-采购订单列表过滤”对话框，单击“确定”按钮，系统弹出“拷贝并执行”窗口。双击“到货单拷贝订单表头列表”中订单号“CG01006”最左侧的“选择”单元格，选中该订单，单击“确定”按钮，系统返回“到货单”窗口，生成一张到货单。单击工具栏的“保存”按钮，保存该单据。单击工具栏的“审核”按钮，审核该单据，结果如图2-106所示，关闭并退出该窗口。

到货单 ×

到货单

表体排序

业务类型 普通采购　　单据号 0000000007　　日期 2025-01-06
采购类型 正常采购　　供应商 润家贸易　　部门 采购部
业务员 张宏亮　　币种 美元　　汇率 7.1680
运输方式　　税率 13.00　　备注

	存货编码	存货名称	主计量	数量	原币单价	原币金额	原币税额	原币价税合计	税率	订单号
1	1104	百盛男套装	套	100.00	50.00	5000.00	650.00	5650.00	13.00	CG01006
2	1153	嘉伟羽绒服	件	140.00	90.00	12600.00	1638.00	14238.00	13.00	CG01006
3										

图2-106　到货单

3. 参照到货单生成采购入库单

2025年1月6日，由李泽伟（C01）登录企业应用平台。依次双击“业务工作”页签中的“供应链→库存管理→入库业务→采购入库单”菜单，系统打开“采购入库单”窗口。执行“生单”|“采购到货单（蓝字）”命令，打开“查询条件选择-采购到货单列表”对话框，单击“确定”按钮，系统打开“到货单生单列表”窗口。双击要选择的到货单所对应的“选择”栏（即上一步骤完成的到货单），再单击工具栏的“确定”按钮，系统返回“采购入库单”窗口。

根据图2-102，修改采购入库单表头项目“入库单号”为“RK01008”，“仓库”选择“服装仓”，其他项默认。保存并审核该采购入库单，结果如图2-107所示。关闭并退出该窗口。

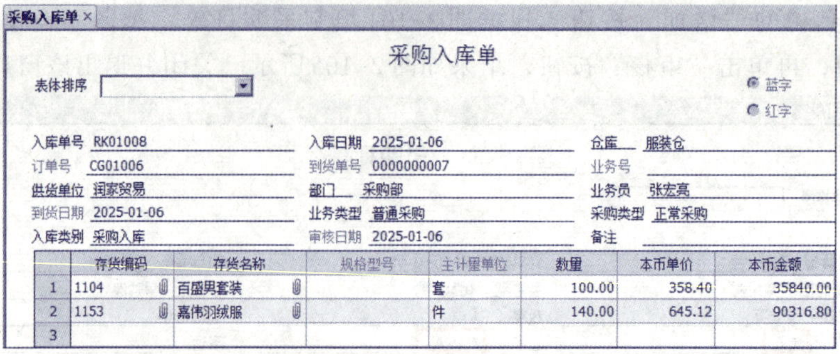

采购入库单

表体排序 ○蓝字 ○红字

入库单号 RK01008　入库日期 2025-01-06　仓库 服装仓
订单号 CG01006　到货单号 0000000007　业务号
供货单位 润家贸易　部门 采购部　业务员 张宏亮
到货日期 2025-01-06　业务类型 普通采购　采购类型 正常采购
入库类别 采购入库　审核日期 2025-01-06　备注

	存货编码	存货名称	规格型号	主计量单位	数量	本币单价	本币金额
1	1104	百盛男套装		套	100.00	358.40	35840.00
2	1153	嘉伟羽绒服		件	140.00	645.12	90316.80
3							

图2-107　采购入库单

4. 参照采购入库单生成采购专用发票（现付）

2025年1月6日，由张宏亮（G01）登录企业应用平台。

（1）生成采购专用发票。依次双击“业务工作”页签中的“供应链→采购管理→采购发票→专用采购发票”菜单，打开“专用发票”窗口。单击工具栏的“增加”按钮，再执行工具栏的“生单”|“入库单”命令，打开“查询条件选择-采购入库单列表过滤”对话框，单击“确定”按钮。在“拷贝并执行”窗口，双击选择RK01008号采购入库单对应的“选择”栏，然后单击工具栏的“确定”按钮，返回“专用发票”窗口。

根据图2-103，修改表头项目“发票号”为“38208395”，汇率为“7.168”，其他项默认。单击工具栏的“保存”按钮，再单击“结算”，结果如图2-108所示。

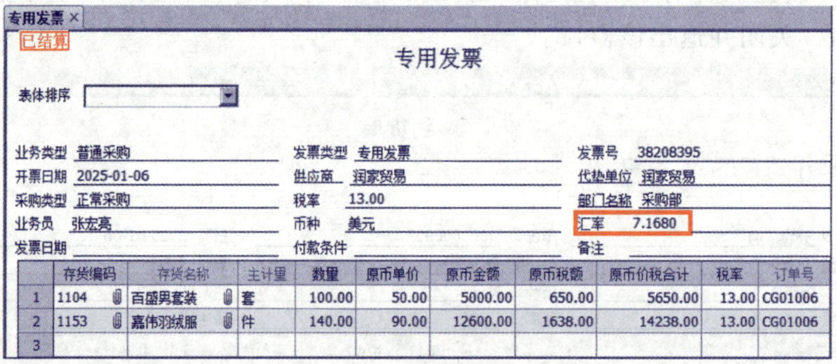

已结算

专用发票

表体排序

业务类型 普通采购　发票类型 专用发票　发票号 38208395
开票日期 2025-01-06　供应商 润家贸易　代垫单位 润家贸易
采购类型 正常采购　税率 13.00　部门名称 采购部
业务员 张宏亮　币种 美元　汇率 7.1680
发票日期　付款条件　备注

	存货编码	存货名称	主计量	数量	原币单价	原币金额	原币税额	原币价税合计	税率	订单号
1	1104	百盛男套装	套	100.00	50.00	5000.00	650.00	5650.00	13.00	CG01006
2	1153	嘉伟羽绒服	件	140.00	90.00	12600.00	1638.00	14238.00	13.00	CG01006
3										

图2-108　采购专用发票

（2）现付。单击工具栏的“现付”按钮，打开“采购现付”窗口。根据图2-104，“结算方式”选择“电汇”，“原币金额”输入“19888”，“票据号”输入“56320782”，结果如图2-109所示。单击“确定”按钮，返回“专用发票”窗口。关闭该窗口。

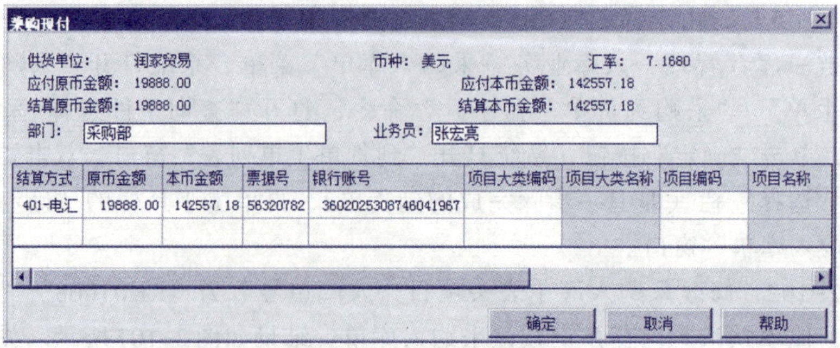

采购现付

供货单位: 润家贸易　币种: 美元　汇率: 7.1680
应付原币金额: 19888.00　应付本币金额: 142557.18
结算原币金额: 19888.00　结算本币金额: 142557.18
部门: 采购部　业务员: 张宏亮

结算方式	原币金额	本币金额	票据号	银行账号	项目大类编码	项目大类名称	项目编码	项目名称
401-电汇	19888.00	142557.18	56320782	3602025308746041967				

确定　取消　帮助

图2-109　“采购现付”窗口

5. 应付单据审核，制单处理

2025年1月6日，由赵凯杰（W02）登录企业应用平台。

（1）应付单据审核。依次双击“业务工作”页签中的“财务会计→应付款管理→应付单据处理→应付单据审核”菜单，系统打开“应付单查询条件”窗口，勾选“包含已现结发票”，单击“确定”按钮，打开“单据处理”窗口。单击“全选”按钮，单击“审核”按钮，系统完成审核并给出审核报告，单击“确定”按钮。关闭当前窗口。

（2）制单处理。双击“制单处理”菜单，打开“制单查询”对话框，选择“现结制单”，单击“确定”按钮，打开“制单”窗口。依次单击“全选”“制单”按钮，生成一张记账凭证，单击“保存”按钮。关闭当前已打开窗口。

借：在途物资	126 156.80	
应交税费/应交增值税/进项税额	16 400.38	
贷：银行存款/中国银行/沈阳皇姑支行/美元		142 557.18

6. 正常单据记账，生成凭证

（1）正常单据记账。在供应链的“存货核算”子系统，依次双击“业务核算→正常单据记账”菜单，系统打开“查询条件选择”窗口，单击“确定”按钮，系统打开“未记账单据一览表”窗口。双击RK01008号采购入库单的“选择”栏，使其显示“Y”字样，单击工具栏的“记账”按钮，系统弹出信息框提示记账成功，单击“确定”，完成记账工作，退出该窗口。

（2）生成凭证。依次双击“存货核算”子系统的“财务核算→生成凭证”菜单，系统打开“生成凭证”窗口。单击工具栏的“选择”按钮，系统弹出“查询条件”对话框，单击“确定”按钮，系统打开“选择单据”窗口，单击工具栏的“全选”按钮，选中已记账的采购入库单，再单击工具栏的“确定”按钮，系统自动关闭“选择单据”窗口返回“生成凭证”窗口，单击工具栏的“生成”按钮，系统打开“填制凭证”窗口并自动生成凭证。单击工具栏的“保存”按钮。关闭并退出窗口。

借：库存商品	126 156.80	
贷：在途物资		126 156.80

提示

外币采购业务的处理，在订单、发货单、发票、收款单的表头项目“外币”栏选相应外币，汇率根据业务资料输入当日汇率。其他处理与本币业务相同。原币指的是外币，本币指的是记账本位币。

业务7　已结算业务费用分摊

【实验资料】

2025年1月6日，收到CG01003号合同的运输费发票，当日支付该笔运费。（按数量分摊）

相关凭证如图2-110至图2-111所示。

货物运输服务

电子发票（增值税专用发票）

全国统一发票监制章 国家税务总局 辽宁省税务局

发票号码：25212000000017208223

开票日期：2025年01月06日

购买方信息：名称：辽宁恒通商贸有限公司 统一社会信用代码/纳税人识别号：91210105206917583A	销售方信息：名称：沈阳通达物流有限公司 统一社会信用代码/纳税人识别号：91210105357948262A

项目名称	规格型号	单位	数量	单价	金额	税率/征收率	税额
*运输服务*运输费		千米	600	2.00	1 200.00	9%	108.00
合　计					¥1 200.00		¥108.00

运输工具种类	运输工具牌号	起运地	到达地	运输货物名称
公路运输	湘A59622	长沙	沈阳	服装

价税合计（大写）　⊗壹仟叁佰零捌元整　（小写）¥1 308.00

备注：
购买方开户银行：中国工商银行沈阳皇姑支行　银行账号：2107024015890035666
销售方开户银行：中国银行沈阳皇姑支行　银行账号：820114163108091001

开票人：解冰

图2-110　增值税专用发票

中国工商银行
转账支票存根
21003365
21562382

附加信息

出票日期：2025年01月06日

收款人：	沈阳通达物流有限公司
金　额：	¥1 308.00
用　途：	运费

单位主管 李成喜　　会计 赵凯杰

西安西钞证券印制有限公司·2025年印制

辽宁恒通商贸有限公司 财务专用章

图2-111　转账支票存根

【实验过程概览】

本业务的实验过程概览见表2-7。

表2-7　实验过程概览

序号	操作日期	操作员	系统	操作内容
1	2025-01-06	G01张宏亮	采购管理	填制采购专用发票（现付）
2	2025-01-06	G01张宏亮	采购管理	费用折扣结算
3	2025-01-06	W02赵凯杰	应付款管理	应付单据审核，制单处理
4	2025-01-06	W02赵凯杰	存货核算	结算成本处理
5	2025-01-06	W02赵凯杰	存货核算	生成凭证

【实验过程】

已结算业务费用分摊

1. 填制采购专用发票（现付）

2025年1月6日，由张宏亮（G01）登录企业应用平台。

（1）填制采购专用发票。依次双击“业务工作”页签中的“供应链→采购管理→采购发票→专用采购发票”菜单，打开“专用发票”窗口。单击工具栏的“增加”按钮，根据图2-110填制采购专用发票。填制完毕保存该发票。

（2）现结。单击工具栏的“现付”按钮，打开“采购现付”窗口。根据图2-111，“结算方式”选择“转账支票”，“原币金额”输入“1308”，“票据号”输入“21562382”，单击“确定”按钮，返回专用发票窗口，结果如图2-112所示。关闭“专用发票”窗口。

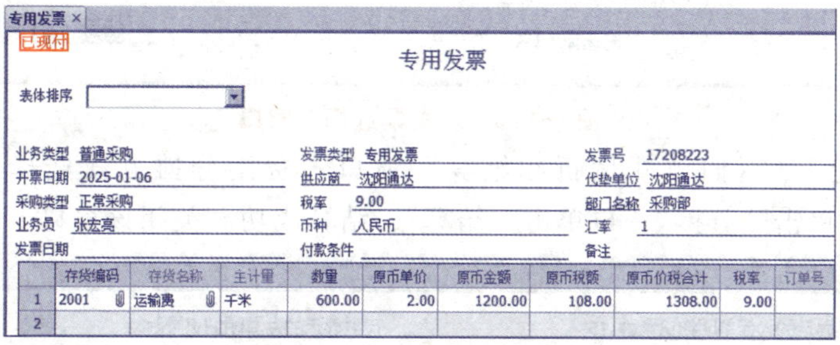

图2-112　采购专用发票

2. 费用折扣结算

在“采购管理”系统，双击“采购结算→费用折扣结算”菜单，打开“费用折扣结算”窗口。单击工具栏上的“查询”按钮，再单击“确定”，如图2-113所示。

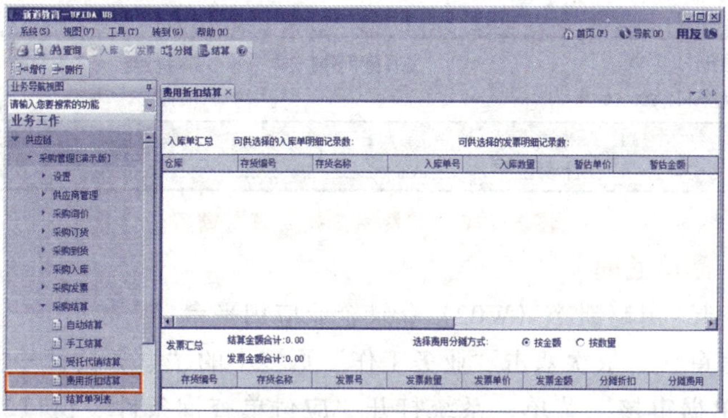

图2-113　“费用折扣结算”窗口

单击工具栏的“入库”按钮，打开“入库单选择”窗口。选中RK01003号、RK01004号采购入库单，如图2-114所示。单击“确定”按钮。再单击工具栏的“发票”按钮，打开“发票选择”窗口，选中17208223号发票，如图2-115所示。

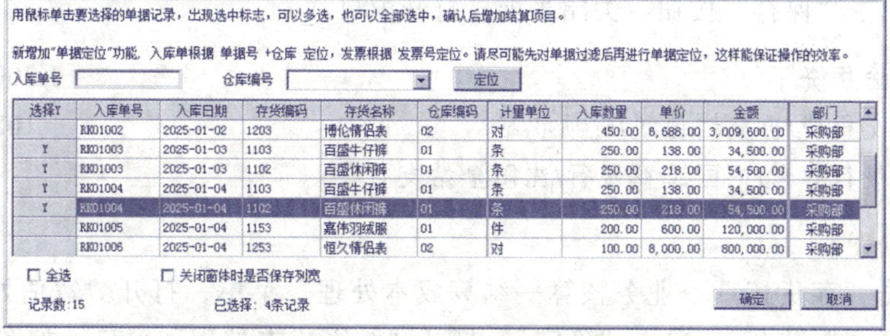

图2-114　“入库单选择”窗口

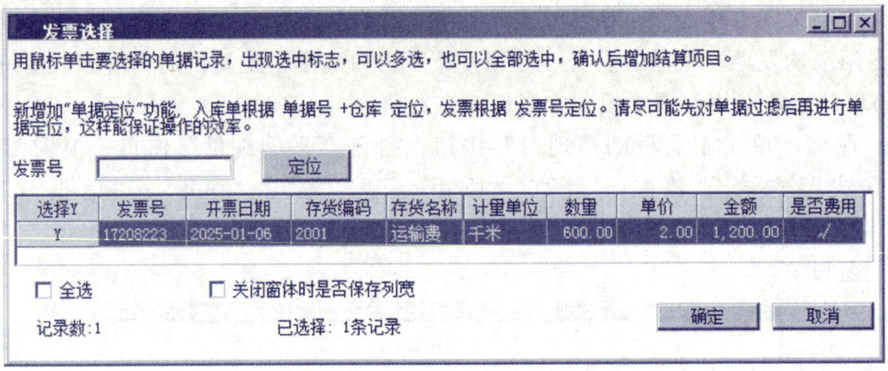

图2-115 “发票选择”窗口

单击“确定”，返回“费用折扣结算”窗口。费用分摊方式选择“按数量”，如图2-116所示，单击“分摊”，再单击“结算”，结算成功。关闭该窗口。

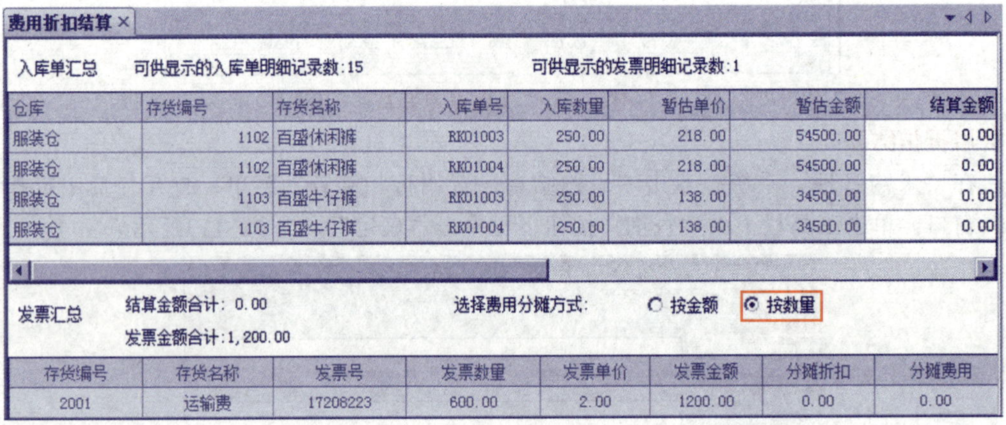

图2-116 “费用折扣结算”窗口

3. 应付单据审核，制单处理

2025年1月6日，由赵凯杰（W02）登录企业应用平台。

（1）应付单据审核。依次双击“业务工作”页签中的“财务会计→应付款管理→应付单据处理→应付单据审核”菜单，系统打开“应付单查询条件”窗口，单击“确定”按钮，打开“单据处理”窗口，单击“全选”按钮，单击“审核”按钮，系统完成审核并给出审核报告，单击“确定”按钮。关闭当前窗口。

（2）制单处理。双击“制单处理”菜单，打开“制单查询”对话框，选择“现结制单”，单击“确定”按钮，打开“制单”窗口。依次单击“全选”“制单”按钮，生成一张记账凭证，单击“保存”按钮。关闭当前已打开窗口。

借：在途物资	1 200.00	
应交税费/应交增值税/进项税额	108.00	
贷：银行存款/中国工商银行/沈阳皇姑支行		1 308.00

4. 结算成本处理

依次双击“存货核算→业务核算→结算成本处理”菜单，打开“暂估处理查询”窗口。仓库选择“服装仓”，单击“确定”，打开“结算成本处理”窗口，如图2-117所示。

单击“全选”，再单击“暂估”，系统提示“暂估处理完成”。单击“确定”。关闭该窗口。结算成本处理结束后，自动生成4张入库调整单。

结算成本处理 ×

结算成本处理

◉ 按数量分摊
○ 按金额分摊

选择	结算单号	仓库名称	存货编码	存货名称	计量单位	数量	暂估单价	结算数量	结算单价	结算金额	收发类别名称
	000000000000007	服装仓	1102	百盛休闲裤	条	0.00	0.00	0.00	0.00	300.00	采购入库
	000000000000007	服装仓	1102	百盛休闲裤	条	0.00	0.00	0.00	0.00	300.00	采购入库
	000000000000007	服装仓	1103	百盛牛仔裤	条	0.00	0.00	0.00	0.00	300.00	采购入库
	000000000000007	服装仓	1103	百盛牛仔裤	条	0.00	0.00	0.00	0.00	300.00	采购入库
合计										1,200.00	

图2-117　结算成本处理

5. 生成凭证

依次双击“存货核算”子系统的“财务核算→生成凭证”菜单，系统打开“生成凭证”窗口。单击工具栏的“选择”按钮，系统弹出“查询条件”对话框，单击“确定”按钮，系统打开“选择单据”窗口，单击工具栏的“全选”按钮，选中4张入库调整单，再单击工具栏的“确定”按钮，系统自动关闭“选择单据”窗口返回“生成凭证”窗口，单击工具栏的“合成”按钮，系统打开“填制凭证”窗口并自动生成凭证。单击工具栏的“保存”按钮。关闭并退出窗口。

借：库存商品	1 200.00
贷：在途物资	1 200.00

提示

费用包括专用发票、普通发票上的应税劳务存货记录、折扣存货记录，以及运费发票上的应税劳务存货记录。费用可以在手工结算时进行费用分摊（本任务的业务2），运费发票记录也可以单独进行费用结算（本业务）。

运费发票可以与已结算、未结算或部分结算的入库单同时结算，也可以与存货直接结算。

可以将一张或多张运费发票分摊到多个仓库多张采购入库单的多个存货上。一张采购入库单可以多次分摊费用。

任务2　采购溢缺业务

业务1　有合理损耗的采购业务

【实验资料】

2025年1月6日，采购部徐晓辉与北京嘉伟签订购销合同。

2025年1月7日，收到北京嘉伟发来的货物及增值税专用发票，验收过程中发现有2件嘉伟羽绒服毁损，属于合理损耗。

2025年1月8日，支付北京嘉伟货款。（选择付款）

相关凭证如图2-118至图2-121所示。

购销合同

合同编号：CG01007

卖方：北京嘉伟服装有限公司
买方：辽宁恒通商贸有限公司

为保护买卖双方的合法权益，根据《中华人民共和国民法典》的有关规定，买卖双方经友好协商，一致同意签订本合同，并共同遵守合同约定。

一、货物的名称、数量及金额：

货物名称	规格型号	计量单位	数量	单价（不含税）	金额（不含税）	税率	税额
嘉伟女风衣		件	250	518.00	129 500.00	13%	16 835.00
嘉伟羽绒服		件	150	550.00	82 500.00	13%	10 725.00
合计					¥212 000.00		¥27 560.00

二、合同总金额：人民币贰拾叁万玖仟伍佰陆拾元整（¥239 560.00）。

三、卖方于1月7日发出全部货物并开具增值税专用发票，买方于1月8日以电汇方式支付全部货款。

四、交货地点：辽宁恒通商贸有限公司。

五、发运方式与运输费用承担方式：由卖方发货并承担运输费用。

卖　　方：北京嘉伟服装有限公司　　　　买　　方：辽宁恒通商贸有限公司
授权代表：赵芳　　　　　　　　　　　　授权代表：徐晓辉
日　　期：2025年01月06日　　　　　　日　　期：2025年01月06日

图2-118　购销合同

入库单

供应商：北京嘉伟　　　　2025年01月07日　　　　单号：RK01009

验收仓库	存货编码	存货名称	计量单位	数量		单价	金额
				应收	实收		
服装仓	1151	嘉伟女风衣	件	250	250		
服装仓	1153	嘉伟羽绒服	件	150	148		
合计							

部门经理：略　　会计：略　　仓库：略　　经办人：略

图2-119　入库单

电子发票（增值税专用发票）

发票号码：25112000000069861157
开票日期：2025年01月07日

购买方信息	名称：辽宁恒通商贸有限公司 统一社会信用代码/纳税人识别号：91210105206917583A	销售方信息	名称：北京嘉伟服装有限公司 统一社会信用代码/纳税人识别号：91110104759695583N

项目名称	规格型号	单位	数量	单价	金额	税率/征收率	税额
*服装*嘉伟女风衣		件	250	518.00	129 500.00	13%	16 835.00
*服装*嘉伟羽绒服		件	150	550.00	82 500.00	13%	10 725.00
合计					¥212 000.00		¥27 560.00
价税合计（大写）	⊗贰拾叁万玖仟伍佰陆拾元整					（小写）	¥239 560.00

备注：
购买方开户银行：中国工商银行沈阳皇姑支行　　银行账号：2107024015890035666
销售方开户银行：招商银行北京宣武分行　　银行账号：2590739805061504276

开票人：岂俏

图2-120　增值税专用发票

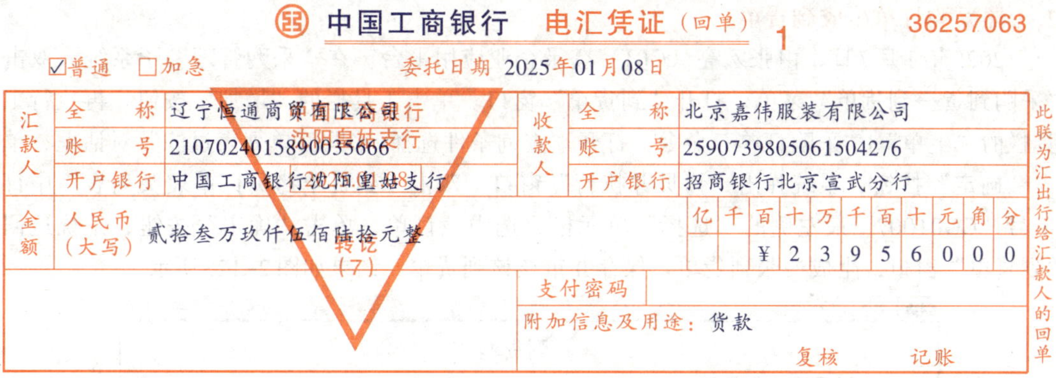

中国工商银行　电汇凭证（回单）　1　36257063

☑普通　☐加急　委托日期 2025年01月08日

汇款人	全　称	辽宁恒通商贸有限公司	收款人	全　称	北京嘉伟服装有限公司
	账　号	21070240158900035666		账　号	2590739805061504276
	开户银行	中国工商银行沈阳皇姑支行		开户银行	招商银行北京宣武分行
金额	人民币（大写）	贰拾叁万玖仟伍佰陆拾元整		亿千百十万千百十元角分	¥23956000
				支付密码	
				附加信息及用途：货款	
				复核　记账	

此联为汇出行给汇款人的回单

图2-121　电汇付款凭证

【实验过程概览】

本业务的实验过程概览见表2-8。

表 2-8　实验过程概览

序号	操作日期	操作员	系统	操作内容
1	2025-01-06	G01张宏亮	采购管理	填制采购订单
2	2025-01-07	G01张宏亮	采购管理	参照采购订单生成到货单
3	2025-01-07	C01李泽伟	库存管理	参照到货单生成采购入库单
4	2025-01-07	G01张宏亮	采购管理	参照采购订单生成采购专用发票
5	2025-01-07	G01张宏亮	采购管理	手工结算
6	2025-01-07	W02赵凯杰	应付款管理	应付单据审核，制单处理
7	2025-01-07	W02赵凯杰	存货核算	正常单据记账，生成凭证
8	2025-01-08	W03贺青春	应付款管理	选择付款
9	2025-01-08	W02赵凯杰	应付款管理	制单处理

【实验过程】

有合理损耗的采购业务

1. 填制采购订单

2025年1月6日，由张宏亮（G01）登录企业应用平台。依次双击“业务工作”页签中的“供应链→采购管理→采购订货→采购订单”菜单，打开“采购订单”窗口。单击工具栏的“增加”按钮，根据图2-118填制采购订单。填制完毕保存并审核该采购订单，结果如图2-122所示。

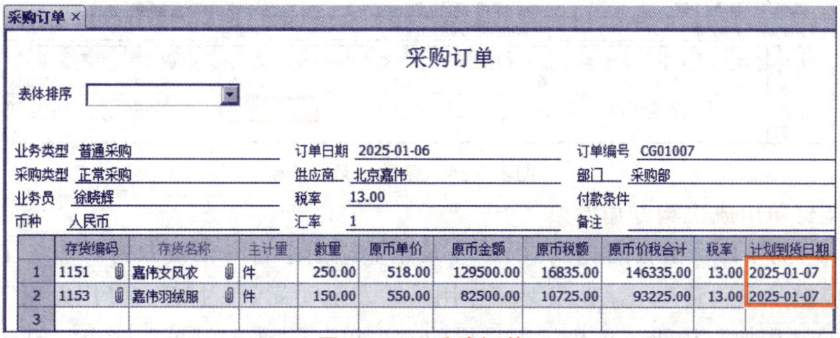

采购订单

表体排序

业务类型 普通采购　订单日期 2025-01-06　订单编号 CG01007
采购类型 正常采购　供应商 北京嘉伟　部门 采购部
业务员 徐晓辉　税率 13.00　付款条件
币种 人民币　汇率 1　备注

	存货编码	存货名称	主计量	数量	原币单价	原币金额	原币税额	原币价税合计	税率	计划到货日期
1	1151	嘉伟女风衣	件	250.00	518.00	129500.00	16835.00	146335.00	13.00	2025-01-07
2	1153	嘉伟羽绒服	件	150.00	550.00	82500.00	10725.00	93225.00	13.00	2025-01-07
3										

图2-122　采购订单

2. 参照采购订单生成到货单

2025年1月7日，由张宏亮（G01）登录企业应用平台。在“采购管理”子系统，双击“采购到货→到货单”菜单，打开“到货单”窗口。单击工具栏的“增加”按钮，再执行工具栏的“生单”|“采购订单”命令，打开“查询条件选择-采购订单列表过滤”对话框，单击“确定”按钮，系统弹出“拷贝并执行”窗口。双击“到货单拷贝订单表头列表”中订单号“CG01007”最左侧的“选择”单元格，选中该订单，单击“确定”按钮，系统返回“到货单”窗口，生成一张到货单。保存并审核该到货单，结果如图2-123所示。

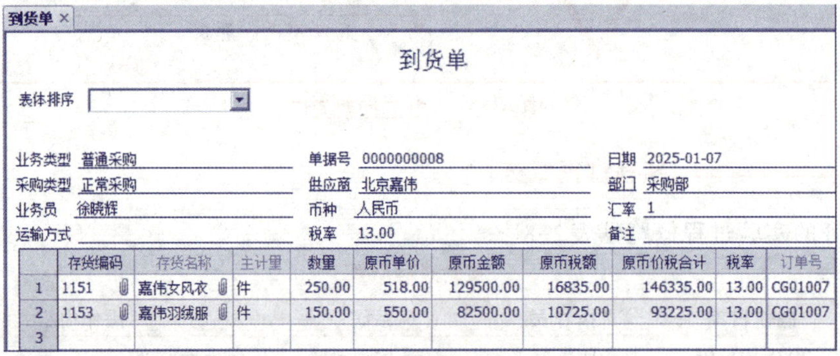

到货单 ×

到货单

表体排序

业务类型 普通采购　单据号 0000000008　日期 2025-01-07
采购类型 正常采购　供应商 北京嘉伟　部门 采购部
业务员 徐晓辉　币种 人民币　汇率 1
运输方式　税率 13.00　备注

	存货编码	存货名称	主计量	数量	原币单价	原币金额	原币税额	原币价税合计	税率	订单号
1	1151	嘉伟女风衣	件	250.00	518.00	129500.00	16835.00	146335.00	13.00	CG01007
2	1153	嘉伟羽绒服	件	150.00	550.00	82500.00	10725.00	93225.00	13.00	CG01007
3										

图2-123　到货单

3. 参照到货单生成采购入库单

2025年1月7日，由李泽伟（C01）登录企业应用平台。依次双击“业务工作”页签中的“供应链→库存管理→入库业务→采购入库单”菜单，系统打开“采购入库单”窗口。执行“生单”|“采购到货单（蓝字）”命令，打开“查询条件选择-采购到货单列表”对话框，单击“确定”按钮，系统打开“到货单生单列表”窗口。双击要选择的到货单所对应的“选择”栏（即上一步骤完成的到货单），系统自动选中窗口下方“到货单生单表体”中“嘉伟女风衣”“嘉伟羽绒服”那两行，再单击工具栏的“确定”按钮，系统返回“采购入库单”窗口。根据图2-119，修改采购入库单表头中的“入库单号”为“RK01009”，“仓库”选择“服装仓”。保存并审核该采购入库单，结果如图2-124所示。

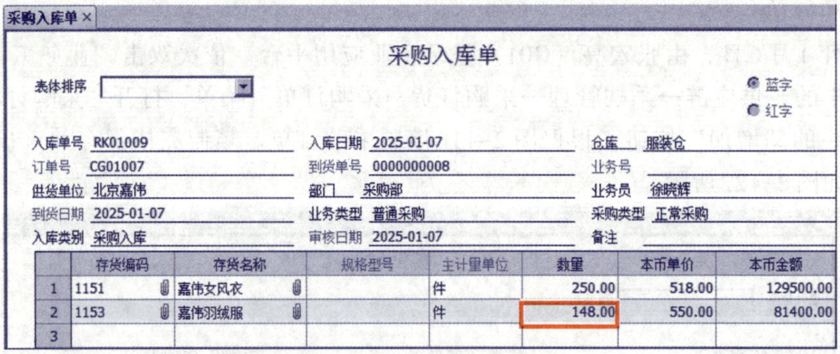

采购入库单 ×

采购入库单

表体排序　◉ 蓝字　◉ 红字

入库单号 RK01009　入库日期 2025-01-07　仓库 服装仓
订单号 CG01007　到货单号 0000000008　业务号
供货单位 北京嘉伟　部门 采购部　业务员 徐晓辉
到货日期 2025-01-07　业务类型 普通采购　采购类型 正常采购
入库类别 采购入库　审核日期 2025-01-07　备注

	存货编码	存货名称	规格型号	主计量单位	数量	本币单价	本币金额
1	1151	嘉伟女风衣		件	250.00	518.00	129500.00
2	1153	嘉伟羽绒服		件	148.00	550.00	81400.00
3							

图2-124　采购入库单

4. 参照采购订单生成采购专用发票

2025年1月7日，由张宏亮（G01）登录企业应用平台。依次双击“业务工作”页签中的“供应链→采购管理→采购发票→专用采购发票”菜单，打开“专用发票”窗口。单击工具栏的“增加”按钮，再执行工具栏的“生单”|“采购订单”命令，打开“查询条

件选择-采购订单列表过滤”对话框，单击“确定”按钮。在“拷贝并执行”窗口，双击选择CG01007号采购订单对应的“选择”栏，然后单击工具栏的“确定”按钮，返回“专用发票”窗口。根据图2-120，修改表头项目“发票号”为“69861157”，其他项默认。保存该发票，结果如图2-125所示。关闭“专用发票”窗口。

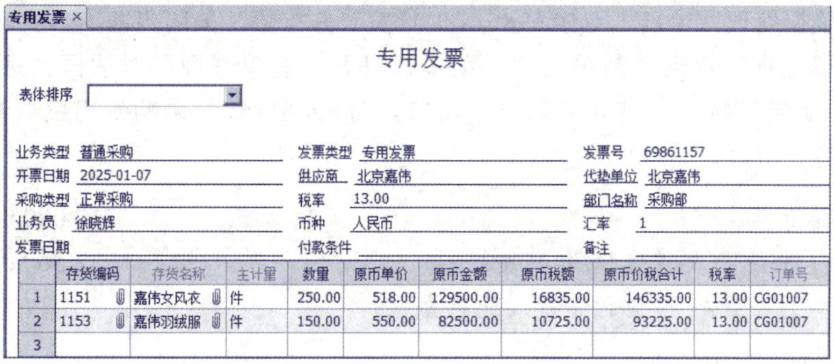

	存货编码	存货名称	主计量	数量	原币单价	原币金额	原币税额	原币价税合计	税率	订单号
1	1151	嘉伟女风衣	件	250.00	518.00	129500.00	16835.00	146335.00	13.00	CG01007
2	1153	嘉伟羽绒服	件	150.00	550.00	82500.00	10725.00	93225.00	13.00	CG01007
3										

图2-125 采购专用发票

5. 手工结算

双击“采购管理→采购结算→手工结算”菜单，打开“手工结算”窗口。单击“选单”按钮，打开“结算选单”窗口。

在“结算选单”窗口，单击“查询”按钮，打开“查询条件选择-采购手工结算”对话框，点击“确定”，选择相应的“采购发票”和“入库单”，如图2-126所示。

选择	供应商简称	存货名称	制单人	发票号	供应商名称	开票日期	存货编码	数量	计量单位	单价
Y	北京嘉伟	嘉伟女风衣	张宏亮	69861157	北京嘉伟服装有限公司	2025-01-07	1151	250.00	件	518.00
Y	北京嘉伟	嘉伟羽绒服	张宏亮	69861157	北京嘉伟服装有限公司	2025-01-07	1153	150.00	件	550.00
合计										

选择	供应商简称	存货名称	仓库名称	入库单号	供应商名称	入库日期	仓库编码	制单人	存货编码	入库数量
	湖南百盛	百盛男夹克	服装仓	RK12089	湖南百盛服装有限公司	2024-12-27	1	李成喜	1101	10,000.00
	湖南百盛	百盛休闲裤	服装仓	RK12089	湖南百盛服装有限公司	2024-12-27	1	李成喜	1102	15,000.00
	湖南百盛	百盛男套装	服装仓	RK12089	湖南百盛服装有限公司	2024-12-27	1	李成喜	1104	20,000.00
Y	北京嘉伟	嘉伟女风衣	服装仓	RK01009	北京嘉伟服装有限公司	2025-01-07	1	李泽伟	1151	250.00
Y	北京嘉伟	嘉伟羽绒服	服装仓	RK01009	北京嘉伟服装有限公司	2025-01-07	1	李泽伟	1153	148.00
合计										

图2-126 “结算选单”窗口

单击“确定”按钮，系统回到“手工结算”窗口，输入嘉伟羽绒服的“合理损耗数量”为“2”，如图2-127所示，单击“结算”按钮，系统显示“完成结算”。

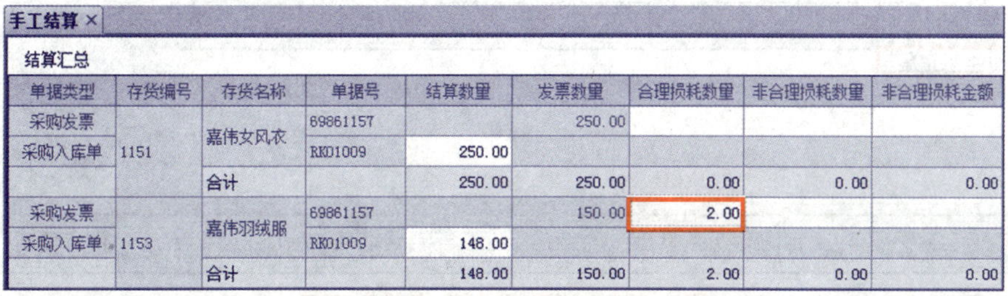

单据类型	存货编号	存货名称	单据号	结算数量	发票数量	合理损耗数量	非合理损耗数量	非合理损耗金额
采购发票	1151	嘉伟女风衣	69861157		250.00			
采购入库单			RK01009	250.00				
		合计		250.00	250.00	0.00	0.00	0.00
采购发票	1153	嘉伟羽绒服	69861157		150.00	2.00		
采购入库单			RK01009	148.00				
		合计		148.00	150.00	2.00	0.00	0.00

图2-127 “手工结算”窗口

6. 应付单据审核，制单处理

2025年1月7日，由赵凯杰（W02）登录企业应用平台。

（1）应付单据审核。依次双击“业务工作”页签中的“财务会计→应付款管理→应付单据处理→应付单据审核”菜单，系统打开“应付单查询条件”窗口，单击“确定”按钮，打开“单据处理”窗口。选中69861157号发票并审核。关闭当前窗口。

（2）制单处理。双击“制单处理”菜单，打开“制单查询”对话框，选择“发票制单”，单击“确定”按钮，打开“制单”窗口。对69861157号采购专用发票制单并保存。关闭当前已打开窗口。

借：在途物资	212 000.00	
应交税费/应交增值税/进项税额	27 560.00	
贷：应付账款/一般应付账款（北京嘉伟）		239 560.00

7. 正常单据记账，生成凭证

（1）正常单据记账。在供应链的“存货核算”子系统，依次双击“业务核算→正常单据记账”菜单，系统打开“查询条件选择”窗口，直接单击其“确定”按钮，系统打开“未记账单据一览表”窗口。选中RK01009号采购入库单并记账。记账完毕退出该窗口。

（2）生成凭证。依次双击“存货核算”子系统的“财务核算→生成凭证”菜单，系统打开“生成凭证”窗口。单击工具栏的“选择”按钮，系统弹出“查询条件”对话框，单击“确定”按钮，系统打开“选择单据”窗口，单击工具栏的“全选”按钮，以选中已记账的采购入库单，再单击工具栏的“确定”按钮，系统自动关闭“选择单据”窗口返回“生成凭证”窗口，单击工具栏的“合成”按钮，系统打开“填制凭证”窗口并自动生成凭证。单击工具栏的“保存”按钮，保存该记账凭证。关闭并退出窗口。

借：库存商品	212 000.00	
贷：在途物资		212 000.00

8. 选择付款

2025年1月8日，由贺青春（W03）登录企业应用平台。依次双击“业务工作→财务会计→应付款管理→选择付款”菜单，打开“选择付款-条件”窗口，供应商选择“北京嘉伟”，如图2-128所示。

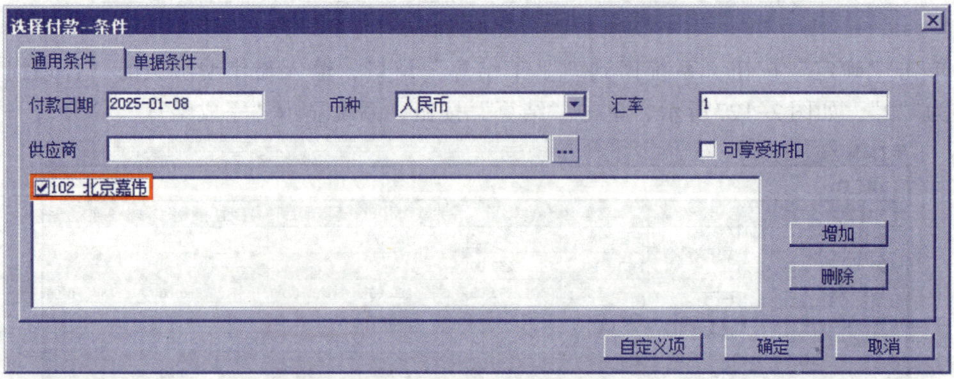

图2-128　“选择付款-条件”窗口

单击“确定”，打开“选择付款-单据”窗口，如图2-129所示。单击“全选”，再单击“确认”，系统弹出“选择付款-付款单”窗口。根据图2-121输入结算方式和票据号，结果如图2-130所示。单击“确定”，完成选择付款并退出该窗口。

选择付款—单据 ×

选择付款列表

付款总计

供应商	单据类型	单据编号	部门	业务员	摘要	单据日期	原币金额	原币余额	可享受折扣	本次折扣	付款金额
北京嘉伟	采购专用发票	69861157	采购部	徐晓辉	采购专用发票	2025-01-07	239,560.00	239,560.00	0.00		
合计							240,868.00	240,868.00	0.00		

图2-129　选择付款列表

选择付款--付款单

供应商	付款金额	结算方式	票据号	科目	部门	业务员	摘要
北京嘉伟	239560	401　电汇	36257063	10020101	采购部	徐晓辉	采购专用发票

栏目　确定　取消

图2-130　“选择付款-付款单”窗口

9. 制单处理

2025年1月8日，由赵凯杰（W02）登录企业应用平台。双击“业务工作→财务会计→应付款管理→制单处理”菜单，单击“确定”，打开“制单”窗口。单击工具栏的“全选”按钮，结果如图2-131所示。单击工具栏的“制单”，再单击“保存”按钮。

制单 ×

应付制单

凭证类别　记账凭证　　制单日期　2025-01-08　　共 2 条

选择标志	凭证类别	单据类型	单据号	日期	供应商编码	供应商名称	部门	业务员	金额
1	记账凭证	付款单	0000000009	2025-01-08	102	北京嘉伟服装有限公司	采购部	徐晓辉	239,560.00
1	记账凭证	核销	0000000009	2025-01-08	102	北京嘉伟服装有限公司	采购部	徐晓辉	239,560.00

图2-131　应付制单

借：应付账款/一般应付账款（北京嘉伟）　　239 560.00
　贷：银行存款/中国工商银行/沈阳皇姑支行　　239 560.00

提示

企业购进货物在运输途中发生的短缺或溢余，也要分别情况进行处理。发生的溢余按不含税的价款记入“待处理财产损溢”科目的贷方，查明原因后进行转销，待处理财产溢余的处理一般不考虑增值税的问题。采购材料在途中发生短缺和毁损，应根据造成短缺或毁损的原因分别处理，不能全部计入外购材料的采购成本。

1. 定额内合理的途中损耗，计入材料的采购成本。

2. 能确定由供应单位、运输单位、保险公司或其他过失人赔偿的，应向有关单位或责任人索赔，自“在途物资”科目转入“应付账款”或“其他应收款”科目。

3. 凡尚待查明原因和需要报经批准才能转销处理的损失，应将其损失从“在途物资”科目转入“待处理财产损溢”科目，查明原因后再分别处理：

①属于应由供货单位、运输单位、保险公司或其他过失人负责赔偿的，将其损失从“待处理财产损溢”科目转入“应付账款”或“其他应收款”科目；

②属于自然灾害造成的损失，应按扣除残料价值和保险公司赔偿后的净损失，从“待处理财产损

溢”科目转入“营业外支出——非常损失”科目；

③属于无法收回的其他损失，报经批准后，将其从“待处理财产损溢”科目转入“管理费用”科目。

4.在上述2和3两种情况下，短缺和毁损的材料所负担的增值税额自“应交税费——应交增值税（进项税额）”科目随同“在途物资”科目转入相对应科目。

此外，假如本例所购商品全部验收合格，供应商另赠予我公司2件嘉伟羽绒服。此时嘉伟女风衣入库250件，嘉伟羽绒服入库152件。手工采购结算时，嘉伟羽绒服的“合理损耗数量”填入“-2”，其他处理无变化。

业务2　有非合理损耗的采购业务

【实验资料】

2025年1月8日，采购部张宏亮与湖南百盛签订购销合同。

2025年1月9日，收到湖南百盛发来的牛仔裤和增值税专用发票。验收过程中发现5条牛仔裤毁损，属于非合理损耗，经批准由采购部张宏亮赔偿。

2025年1月10日，签发并承兑银行承兑汇票向湖南百盛支付货款。

相关凭证如图2-132至图2-135所示。

购销合同

合同编号：CG01008

卖方：湖南百盛服装有限公司
买方：辽宁恒通商贸有限公司

为保护买卖双方的合法权益，根据《中华人民共和国民法典》的有关规定，买卖双方经友好协商，一致同意签订本合同，并共同遵守合同约定。

一、货物的名称、数量及金额：

货物名称	规格型号	计量单位	数量	单价（不含税）	金额（不含税）	税率	税额
百盛牛仔裤		条	150	140.00	21 000.00	13%	2 730.00
合 计					¥21 000.00		¥2 730.00

二、合同总金额：人民币贰万叁仟柒佰叁拾元整（¥23 730.00）。

三、卖方于1月9日交付全部商品并开具增值税专用发票。买方于1月10日以银行承兑汇票支付全部货款。

四、交货地点：辽宁恒通商贸有限公司。

五、发运方式与运输费用承担方式：由卖方发货并承担运输费用。

卖　　方：湖南百盛服装有限公司　　　买　　方：辽宁恒通商贸有限公司
授权代表：王志庫　　　　　　　　　　授权代表：张宏亮
日　　期：2025年01月08日　　　　　日　　期：2025年01月08日

图2-132　购销合同

入库单

供应商：湖南百盛　　　2025年01月09日　　　单号：RK01010

验收仓库	存货编码	存货名称	计量单位	数量 应收	数量 实收	单价	金额
服装仓	1103	百盛牛仔裤	条	150	145		
合 计							

部门经理：略　　会计：略　　仓库：略　　经办人：略

图2-133　入库单

电子发票（增值税专用发票）

发票号码：25432000000083051437
开票日期：2025年01月09日

（全国统一发票监制章 国家税务总局 湖南省税务局）

购买方信息	名称：辽宁恒通商贸有限公司 统一社会信用代码/纳税人识别号：91210105206917583A	销售方信息	名称：湖南百盛服装有限公司 统一社会信用代码/纳税人识别号：91430105276531895L

项目名称	规格型号	单位	数量	单价	金额	税率/征收率	税额
*服装*百盛牛仔裤		条	150	140.00	21 000.00	13%	2 730.00
合　计					¥21 000.00		¥2 730.00
价税合计（大写）	⊗贰万叁仟柒佰叁拾元整					（小写）	¥23 730.00

备注：
购买方开户银行：中国工商银行沈阳皇姑支行　银行账号：2107024015890035666
销售方开户银行：中国银行长沙开福支行　银行账号：1012093710651047815

开票人：温艳

图2-134　增值税专用发票

银行承兑汇票　3

21003695
16489025

出票日期（大写）　贰零贰伍年零壹月零壹拾日

出票人全称	辽宁恒通商贸有限公司	收款人	全　称	湖南百盛服装有限公司
出票人账号	2107024015890035666		账　号	1012093710651047815
开户银行	中国工商银行沈阳皇姑支行		开户银行	中国银行长沙开福支行
出票金额	人民币（大写）贰万叁仟柒佰叁拾元整		亿 千 百 十 万 千 百 十 元 角 分	¥ 2 3 7 3 0 0 0
汇票到期日（大写）	贰零贰伍年零柒月零壹拾日	付款行	行号	
承兑协议编号	600996191611013		地址	
本汇票请你行承兑，到期无条件付款。 （辽宁恒通商贸有限公司 财务专用章）（李喜成印） 出票人签章	本汇票已经承兑，到期日由本行付款。 （中国工商银行沈阳皇姑支行 806304031303） 承兑行签章 承兑日期 2025年01月10日		密押	
	备注：		复核　记账	

此联由出票人存查

图2-135　银行承兑汇票

【实验过程概览】

本业务的实验过程概览见表2-9。

表2-9　实验过程概览

序号	操作日期	操作员	系统	操作内容
1	2025-01-08	G01张宏亮	采购管理	填制采购订单
2	2025-01-09	G01张宏亮	采购管理	参照采购订单生成到货单
3	2025-01-09	C01李泽伟	库存管理	参照到货单生成采购入库单
4	2025-01-09	G01张宏亮	采购管理	参照采购订单生成采购专用发票
5	2025-01-09	G01张宏亮	采购管理	手工结算
6	2025-01-09	W02赵凯杰	应付款管理	应付单据审核
7	2025-01-09	W02赵凯杰	存货核算	正常单据记账，生成凭证（采购结算单制单）
8	2025-01-09	W02赵凯杰	总账	填制凭证
9	2025-01-10	W03贺青春	应付款管理	票据管理（增加）
10	2025-01-10	W02赵凯杰	应付款管理	付款单据审核、手工核销和制单处理

【实验过程】

有非合理损耗的采购业务

1. 填制采购订单

2025年1月8日，由张宏亮（G01）登录企业应用平台。依次双击“业务工作”页签中的“供应链→采购管理→采购订货→采购订单”菜单，打开“采购订单”窗口。单击工具栏的“增加”按钮，根据图2-132填制采购订单。填制完毕保存并审核该采购订单，结果如图2-136所示。关闭并退出“采购订单”窗口。

采购订单 ×

采购订单

表体排序

业务类型 普通采购　订单日期 2025-01-08　订单编号 CG01008
采购类型 正常采购　供应商 湖南百盛　部门 采购部
业务员 张宏亮　税率 13.00　付款条件
币种 人民币　汇率 1　备注

	存货编码	存货名称	主计量	数量	原币单价	原币金额	原币税额	原币价税合计	税率	计划到货日期
1	1103	百盛牛仔裤	条	150.00	140.00	21000.00	2730.00	23730.00	13.00	2025-01-09
2										

图2-136　采购订单

2. 参照采购订单生成到货单

2025年1月9日，由张宏亮（G01）登录企业应用平台。在“采购管理”子系统，双击“采购到货→到货单”菜单，打开“到货单”窗口。单击工具栏的“增加”按钮，再执行工具栏的“生单”|“采购订单”命令，参照订单“CG01008”生成一张到货单。保存并审核该到货单，结果如图2-137所示。

到货单 ×

到货单

表体排序

业务类型 普通采购　单据号 0000000009　日期 2025-01-09
采购类型 正常采购　供应商 湖南百盛　部门 采购部
业务员 张宏亮　币种 人民币　汇率 1
运输方式　税率 13.00　备注

	存货编码	存货名称	主计量	数量	原币单价	原币金额	原币税额	原币价税合计	税率	订单号
1	1103	百盛牛仔裤	条	150.00	140.00	21000.00	2730.00	23730.00	13.00	CG01008
2										

图2-137　到货单

3. 参照到货单生成采购入库单

2025年1月9日，由李泽伟（C01）登录企业应用平台。依次双击“业务工作”页签中的“供应链→库存管理→入库业务→采购入库单”菜单，系统打开“采购入库单”窗口。执行“生单”|“采购到货单（蓝字）”命令，打开“查询条件选择-采购到货单列表”对话框，单击“确定”按钮，系统打开“到货单生单列表”窗口。双击湖南百盛的到货单所对应的“选择”栏（即上一步骤完成的到货单），再单击工具栏的“确定”按钮，系统返回“采购入库单”窗口。

根据图2-133，修改采购入库单表头项目“入库单号”为“RK01010”，“仓库”选择“服装仓”。修改表体百盛牛仔裤的“数量”为“145”，其他项默认，保存并审核该采购入库单，结果如图2-138所示。

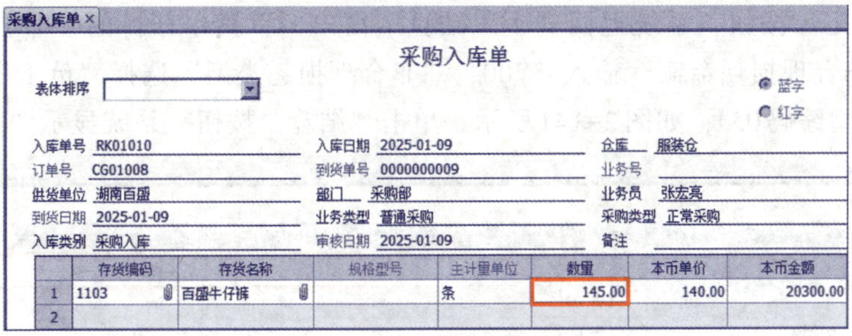

采购入库单 ×

采购入库单

表体排序　　● 蓝字　○ 红字

入库单号 RK01010　入库日期 2025-01-09　仓库 服装仓
订单号 CG01008　到货单号 0000000009　业务号
供货单位 湖南百盛　部门 采购部　业务员 张宏亮
到货日期 2025-01-09　业务类型 普通采购　采购类型 正常采购
入库类别 采购入库　审核日期 2025-01-09　备注

	存货编码	存货名称	规格型号	主计量单位	数量	本币单价	本币金额
1	1103	百盛牛仔裤		条	145.00	140.00	20300.00
2							

图2-138　采购入库单

4. 参照采购订单生成采购专用发票

2025年1月9日，由张宏亮（G01）登录企业应用平台。依次双击“业务工作”页签中的“供应链→采购管理→采购发票→专用采购发票”菜单，打开“专用发票”窗口。单击工具栏的“增加”按钮，再执行工具栏的“生单”|“采购订单”命令，打开“查询条件选择-采购订单列表过滤”对话框，单击“确定”按钮。在“拷贝并执行”窗口，双击选择CG01008号采购订单对应的“选择”栏，然后单击工具栏的“确定”按钮，返回“专用发票”窗口。根据图2-134，修改表头项目“发票号”为“83051437”，其他项默认。单击工具栏的“保存”按钮，结果如图2-139所示。关闭“专用发票”窗口。

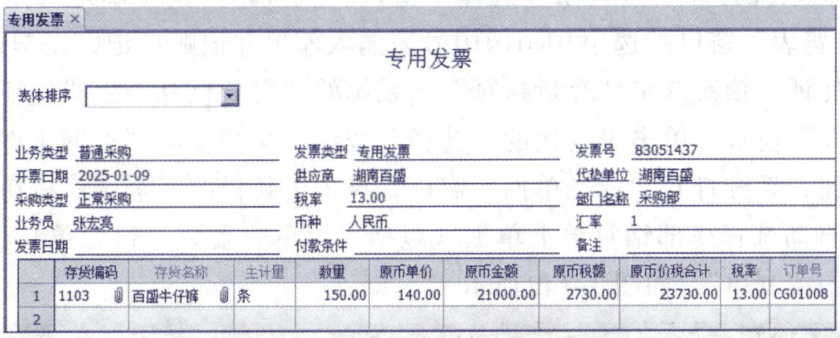

专用发票 ×

专用发票

表体排序

业务类型 普通采购　发票类型 专用发票　发票号 83051437
开票日期 2025-01-09　供应商 湖南百盛　代垫单位 湖南百盛
采购类型 正常采购　税率 13.00　部门名称 采购部
业务员 张宏亮　币种 人民币　汇率 1
发票日期　付款条件　备注

	存货编码	存货名称	主计量	数量	原币单价	原币金额	原币税额	原币价税合计	税率	订单号
1	1103	百盛牛仔裤	条	150.00	140.00	21000.00	2730.00	23730.00	13.00	CG01008
2										

图2-139　采购专用发票

5. 手工结算

双击“采购管理→采购结算→手工结算”菜单，打开“手工结算”窗口。单击“选单”，打开“结算选单”窗口。

在“结算选单”窗口，单击“查询”按钮，打开“查询条件选择-采购手工结算”对话框，点击“确定”，选择9日湖南百盛的“采购发票”和“入库单”，如图2-140所示。

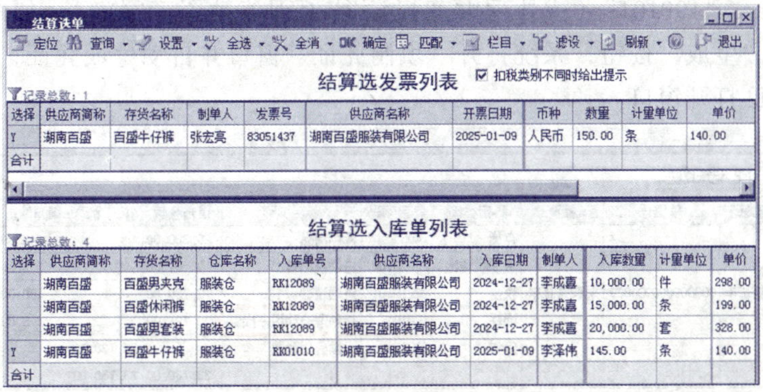

结算选单

定位　查询　设置　全选　全消　确定　匹配　栏目　滤设　刷新　退出

结算选发票列表　☑ 扣税类别不同时给出提示

记录总数：1

选择	供应商简称	存货名称	制单人	发票号	供应商名称	开票日期	币种	数量	计量单位	单价
Y	湖南百盛	百盛牛仔裤	张宏亮	83051437	湖南百盛服装有限公司	2025-01-09	人民币	150.00	条	140.00
合计										

结算选入库单列表

记录总数：4

选择	供应商简称	存货名称	仓库名称	入库单号	供应商名称	入库日期	制单人	入库数量	计量单位	单价
	湖南百盛	百盛男夹克	服装仓	RK12089	湖南百盛服装有限公司	2024-12-27	李成喜	10,000.00	件	298.00
	湖南百盛	百盛休闲裤	服装仓	RK12089	湖南百盛服装有限公司	2024-12-27	李成喜	15,000.00	条	199.00
	湖南百盛	百盛男套装	服装仓	RK12089	湖南百盛服装有限公司	2024-12-27	李成喜	20,000.00	套	328.00
Y	湖南百盛	百盛牛仔裤	服装仓	RK01010	湖南百盛服装有限公司	2025-01-09	李泽伟	145.00	条	140.00
合计										

图2-140　“结算选单”窗口

单击“确定”按钮，系统返回“手工结算”窗口，百盛牛仔裤的“非合理损耗数量”输入“5”，“非合理损耗金额”输入“700”，“非合理损耗类型”选择“员工个人责任”（即非合理损耗类型编码03），如图2-141所示，单击“结算”按钮，系统显示“完成结算”。

手工结算 ×

结算汇总

单据类型	存货编号	存货名称	单据号	结算数量	发票数量	合理损耗数量	非合理损耗数量	非合理损耗金额	非合理损耗类型	进项税转出金额
采购发票	1103	百盛牛仔裤	83051437		150.00		5.00	700.00	03	91.00
采购入库单			RK01010	145.00						
		合计		145.00	150.00	0.00	5.00	700.00		

图2-141 “手工结算”窗口

6. 应付单据审核

2025年1月9日，由赵凯杰（W02）登录企业应用平台。依次双击“业务工作”页签中的“财务会计→应付款管理→应付单据处理→应付单据审核”菜单，系统打开“应付单查询条件”窗口，单击“确定”按钮，打开“单据处理”窗口，审核83051437号发票。关闭该窗口。

7. 正常单据记账，生成凭证（采购结算单制单）

（1）正常单据记账。在供应链的“存货核算”子系统，依次双击“业务核算→正常单据记账”菜单，系统打开“查询条件选择”窗口，直接单击其“确定”按钮，系统打开“未记账单据一览表”窗口。选中RK01010号采购入库单并记账。记账完毕退出该窗口。

（2）生成凭证。依次双击“存货核算”子系统的“财务核算→生成凭证”菜单，系统打开“生成凭证”窗口。单击工具栏的“选择”按钮，系统弹出“查询条件”对话框，单击“确定”按钮，系统打开“选择单据”窗口。单击工具栏的“全选”按钮，勾选“已结算采购入库单自动选择全部结算单上单据（包括入库单、发票、付款单），非本月采购入库单按蓝字报销单制单”，如图2-142所示。

选择单据

输出 单据 全选 全消 确定 取消

☑ 已结算采购入库单自动选择全部结算单上单据(包括入库单、发票、付款单)，非本月采购入库单按蓝字报销单制单

未生成凭证单据一览表

选择	记账日期	单据日期	单据类型	单据号	仓库	收发类别	记账人	部门	业务类型	计价方式	摘要	供应商
1	2025-01-09	2025-01-09	采购入库单	RK01010	服装仓	采购入库	赵凯杰	采购部	普通采购	先进先出法	采购入库单	湖南百盛服装有限公司

图2-142 “选择单据”窗口

单击“确定”按钮，系统自动关闭“选择单据”窗口返回“生成凭证”窗口，第4行的科目编码输入“190101”（待处理财产损溢/待处理流动资产损溢），如图2-143所示。单击工具栏的“生成”按钮，系统打开“填制凭证”窗口并自动生成凭证，保存该记账凭证。关闭当前已打开窗口。

生成凭证 ×

凭证类别 记 记账凭证

选择	单据类型	单据号	摘要	科目类型	科目编码	科目名称	借方金额	贷方金额	借方数量	贷方数量
1	采购结算单	0000000000000009	采购结算单	存货	1405	库存商品	20,300.00		145.00	
				进项税转出	22210108	进项税额转出	-91.00		5.00	
				税金	22210101	进项税额	2,730.00		150.00	
				损耗	190101	待处理流动资产损溢	791.00		5.00	
				应付	220201	一般应付账款		23,730.00		150.00
合计							23,730.00	23,730.00		

图2-143 “生成凭证”窗口

借：库存商品	20 300.00
待处理财产损溢/待处理流动资产损溢	791.00
应交税费/应交增值税/进项税额	2 730.00
应交税费/应交增值税/进项税额转出	-91.00
贷：应付账款/一般应付账款（湖南百盛）	23 730.00

8. 填制凭证

依次双击“业务工作”页签中的“财务会计→总账→凭证→填制凭证”菜单，填制一张记账凭证。

借：其他应收款/职工个人往来（张宏亮）	791.00
贷：待处理财产损溢/待处理流动资产损溢	791.00

9. 票据管理（增加）

2025年1月10日，由贺青春（W03）登录企业应用平台。依次双击“业务工作”页签中的“财务会计→应付款管理→票据管理”菜单，打开“查询条件选择”窗口，单击“确定”，打开“票据管理”窗口。单击“增加”，打开“应付票据”窗口，根据图2-135填制银行承兑汇票并保存，结果如图2-144所示。商业汇票保存后，系统自动生成未审核的付款单。

票据管理 | 应付票据 ×

打印模版组 30657 商业汇票打印模版

商业汇票

银行名称		票据类型 银行承兑汇票
方向 付款	票据编号 16489025	结算方式 银行承兑汇票
收到日期 2025-01-10	出票日期 2025-01-10	到期日 2025-07-10
出票人 辽宁恒通商贸有限公司	出票人账号 2107024015890035666	付款人银行 中国工商银行沈阳皇姑支行
收款人 湖南百盛服装有限公司	收款人账号 1012093710651047815	收款人开户银行 中国银行长沙开福支行
币种 人民币	金额 23730.00	票面利率 0.00000000
汇率 1.000000	付款行行号	付款行地址
背书人	背书金额	备注
业务员 张宏亮	部门 采购部	票据摘要
交易合同号码	制单人 贺青春	

图2-144 商业汇票

10. 付款单据审核、手工核销和制单处理

2025年1月10日，由赵凯杰（W02）登录企业应用平台。

（1）付款单据审核。依次双击“业务工作”页签中的“财务会计→应付款管理→付款单据处理→付款单据审核”菜单，打开“付款单查询条件”窗口，单击“确定”按钮，系统打开“收付款单列表”窗口，如图2-145所示。选中16489025号商业汇票自动生成的付款单并审核，然后关闭该窗口。

收付款单列表 ×

收付款单列表

记录总数：1

选择	审核人	单据日期	单据类型	单据编号	供应商	部门	业务员	结算方式	票据号	币种	汇率	原币金额
		2025-01-10	付款单	0000000010	湖南百盛服装有限公司	采购部	张宏亮	银行承兑汇票	16489025	人民币	1.00000000	23,730.00
合计												23,730.00

图2-145　收付款单列表

（2）手工核销。依次双击“业务工作”页签中的“财务会计→应付款管理→核销处理→手工核销”菜单，打开“核销条件”窗口，供应商选择“湖南百盛”，单击“确定”按钮，打开“单据核销”窗口，在采购专用发票的“本次结算”栏输入“23730”，如图2-146所示，单击“保存”按钮。关闭“单据核销”窗口。

单据核销 ×

单据日期	单据类型	单据编号	供应商	款项类型	结算方式	币种	汇率	原币金额	原币余额	本次结算	订单号
2025-01-10	付款单	0000000010	湖南百盛	应付款	银行承兑汇票	人民币	1.00000000	23,730.00	23,730.00	23,730.00	
合计								23,730.00	23,730.00	23,730.00	

单据日期	单据类型	单据编号	到期日	供应商	币种	原币金额	原币余额	可享受折扣	本次折扣	本次结算	订单号	凭证号
2025-01-09	采购专用发票	83051437	2025-01-09	湖南百盛	人民币	23,730.00	23,730.00	0.00	0.00	23,730.00	CG01008	记-0025
合计						23,730.00	23,730.00	0.00		23,730.00		

图2-146　“单据核销”窗口

（3）制单处理。双击“制单处理”菜单，打开“制单查询”对话框，选择“收付款单制单”“核销制单”，单击“确定”，打开“制单”窗口，如图2-147所示，依次单击“全选”“合并”“制单”，生成一张记账凭证，单击“保存”按钮。

制单 ×

应付制单

凭证类别 记账凭证　　制单日期 2025-01-10

选择标志	凭证类别	单据类型	单据号	日期	供应商编码	供应商名称	部门	业务员	金额
	记账凭证	付款单	0000000010	2025-01-10	101	湖南百盛服装有限公司	采购部	张宏亮	23,730.00
	记账凭证	核销	0000000010	2025-01-10	101	湖南百盛服装有限公司	采购部	张宏亮	23,730.00

图2-147　应付制单

借：应付账款/一般应付账款（湖南百盛）　　23 730.00

　贷：应付票据（湖南百盛）　　23 730.00

业务3　卖方少发货的采购业务

【实验资料】

2025年1月10日，采购部张宏亮与天津惠阳签订购销合同。

2025年1月11日，收到天津惠阳发来的货物和增值税专用发票，同时支付了货款。货物在验收入库时发现恒久女表短缺2只，原因系对方少发，经协商对方承诺下月补发货物。

相关凭证如图2-148至图2-152所示。

购销合同

合同编号：CG01009

卖方：天津惠阳商贸有限公司

买方：辽宁恒通商贸有限公司

为保护买卖双方的合法权益，根据《中华人民共和国民法典》的有关规定，买卖双方经友好协商，一致同意签订本合同，并共同遵守合同约定。

一、货物的名称、数量及金额：

货物名称	规格型号	计量单位	数量	单价（不含税）	金额（不含税）	税率	税额
百盛牛仔裤		条	100	120.00	12 000.00	13%	1 560.00
恒久女表		只	100	2 800.00	280 000.00	13%	36 400.00
合 计					¥292 000.00		¥37 960.00

二、合同总金额：人民币叁拾贰万玖仟玖佰陆拾元整（¥329 960.00）。

三、卖方于1月11日交付全部商品并开具增值税专用发票，买方于当日以电汇方式支付全部货款。

四、交货地点：辽宁恒通商贸有限公司。

五、发运方式与运输费用承担方式：由卖方发货并承担运输费用。

卖　　方：天津惠阳商贸有限公司（印章：天津惠阳商贸有限公司 合同专用章）（印章：郑阳惠印）

授权代表：张用进

日　　期：2025年01月10日

买　　方：辽宁恒通商贸有限公司（印章：辽宁恒通商贸有限公司 合同专用章）（印章：李喜成印）

授权代表：张宏亮

日　　期：2025年01月10日

图2-148　购销合同

入库单

供应商：天津惠阳　　2025年01月11日　　单号：RK01011

验收仓库	存货编码	存货名称	计量单位	数量		单价	金额
				应收	实收		
服装仓	1103	百盛牛仔裤	条	100	100		
合 计							

部门经理：略　　会计：略　　仓库：略　　经办人：略

图2-149　入库单

入库单

供应商：天津惠阳　　2025年01月11日　　单号：RK01012

验收仓库	存货编码	存货名称	计量单位	数量		单价	金额
				应收	实收		
手表仓	1251	恒久女表	只	100	98		
合 计							

部门经理：略　　会计：略　　仓库：略　　经办人：略

图2-150　入库单

电子发票（增值税专用发票）　　发票号码：25122000000032307938

开票日期：2025年01月11日

购买方信息	名称：辽宁恒通商贸有限公司 统一社会信用代码/纳税人识别号：91210105206917583A	销售方信息	名称：天津惠阳商贸有限公司 统一社会信用代码/纳税人识别号：91120104572036908U

项目名称	规格型号	单位	数量	单价	金额	税率/征收率	税额
*服装*百盛牛仔裤		条	100	120.00	12 000.00	13%	1 560.00
*手表*恒久女表		只	100	2 800.00	280 000.00	13%	36 400.00
合　计					¥292 000.00		¥37 960.00
价税合计（大写）	⊗ 叁拾贰万玖仟玖佰陆拾元整					（小写）	¥329 960.00

备注	购买方开户银行：中国工商银行沈阳皇姑支行　　银行账号：2107024015890035666 销售方开户银行：华夏银行天津南开支行　　银行账号：2806725046208670931

开票人：李丹

图2-151　增值税专用发票

中国工商银行　电汇凭证（回单）　1　　36257064

☑普通　☐加急　　委托日期 2025年01月11日

汇款人	全　称	辽宁恒通商贸有限公司	收款人	全　称	天津惠阳商贸有限公司
	账　号	2107024015890035666		账　号	2806725046208670931
	开户银行	中国工商银行沈阳皇姑支行		开户银行	华夏银行天津南开支行
金额	人民币（大写）	叁拾贰万玖仟玖佰陆拾元整		亿千百十万千百十元角分	¥32996000
		中国工商银行 沈阳皇姑支行 2025.01.11 转讫（7）		支付密码	
				附加信息及用途：货款	
				复核　记账	

此联为汇出行给汇款人的回单

图2-152　电汇付款凭证

【实验过程概览】

本业务的实验过程概览见表2-10。

表 2-10　**实验过程概览**

序号	操作日期	操作员	系统	操作内容
1	2025-01-10	G01张宏亮	采购管理	填制采购订单
2	2025-01-11	G01张宏亮	采购管理	参照采购订单生成到货单
3	2025-01-11	G01张宏亮	采购管理	参照到货单生成到货拒收单
4	2025-01-11	C01李泽伟	库存管理	参照到货单批量生成采购入库单
5	2025-01-11	G01张宏亮	采购管理	参照采购订单生成采购专用发票（现付）
6	2025-01-11	G01张宏亮	采购管理	手工结算
7	2025-01-11	W02赵凯杰	应付款管理	应付单据审核，制单处理
8	2025-01-11	W02赵凯杰	存货核算	正常单据记账，生成凭证

卖方少发货的采购业务

【实验过程】

1. 填制采购订单

2025年1月10日，由张宏亮（G01）登录企业应用平台。依次双击“业务工作”页签中的“供应链→采购管理→采购订货→采购订单”菜单，打开“采购订单”窗口。单击工具栏的“增加”按钮，根据图2-148填制采购订单。填制完毕保存并审核该采购订单，结果如图2-153所示。关闭并退出该窗口。

采购订单 ×

采购订单

表体排序

业务类型 普通采购　订单日期 2025-01-10　订单编号 CG01009
采购类型 正常采购　供应商 天津惠阳　部门 采购部
业务员 张宏亮　税率 13.00　付款条件
币种 人民币　汇率 1　备注

	存货编码	存货名称	主计量	数量	原币单价	原币金额	原币税额	原币价税合计	税率	计划到货日期
1	1103	百盛牛仔裤	条	100.00	120.00	12000.00	1560.00	13560.00	13.00	2025-01-11
2	1251	恒久女表	只	100.00	2800.00	280000.00	36400.00	316400.00	13.00	2025-01-11
3										

图2-153　采购订单

2. 参照采购订单生成到货单

2025年1月11日，由张宏亮（G01）登录企业应用平台。在“采购管理”子系统，双击“采购到货→到货单”菜单，打开“到货单”窗口。单击工具栏的“增加”按钮，再执行工具栏的“生单”|“采购订单”命令，打开“查询条件选择-采购订单列表过滤”对话框，单击“确定”按钮，系统弹出“拷贝并执行”窗口。双击“到货单拷贝订单表头列表”中订单号“CG01009”最左侧的“选择”单元格，选中该订单，单击“确定”按钮，系统返回“到货单”窗口。

在到货单表体第2行的“拒收数量”栏输入“2”，其他项默认。保存并审核该到货单，结果如图2-154所示。关闭并退出“到货单”窗口。

到货单 ×

到货单

表体排序

业务类型 普通采购　单据号 0000000010　日期 2025-01-11
采购类型 正常采购　供应商 天津惠阳　部门 采购部
业务员 张宏亮　币种 人民币　汇率 1
运输方式　税率 13.00　备注

	存货编码	存货名称	主计量	数量	原币单价	原币金额	原币税额	原币价税合计	税率	拒收数量	订单号	已拒收数量
1	1103	百盛牛仔裤	条	100.00	120.00	12000.00	1560.00	13560.00	13.00		CG01009	
2	1251	恒久女表	只	100.00	2800.00	280000.00	36400.00	316400.00	13.00	2.00	CG01009	
3												

图2-154　到货单

3. 参照到货单生成到货拒收单

在“采购管理”子系统，双击“采购到货→到货拒收单”菜单，打开“到货拒收单”窗口。单击“增加”，执行“生单”|“到货单”命令，打开“查询条件选择-采购退货单

列表过滤”窗口，单击“确定”，打开“拷贝并执行”窗口。

在窗口上方选中“天津惠阳”的到货单，下方只选中“恒久女表”那一行，如图2-155所示，单击“确定”，生成到货拒收单，保存并审核该单据，结果如图2-156所示。

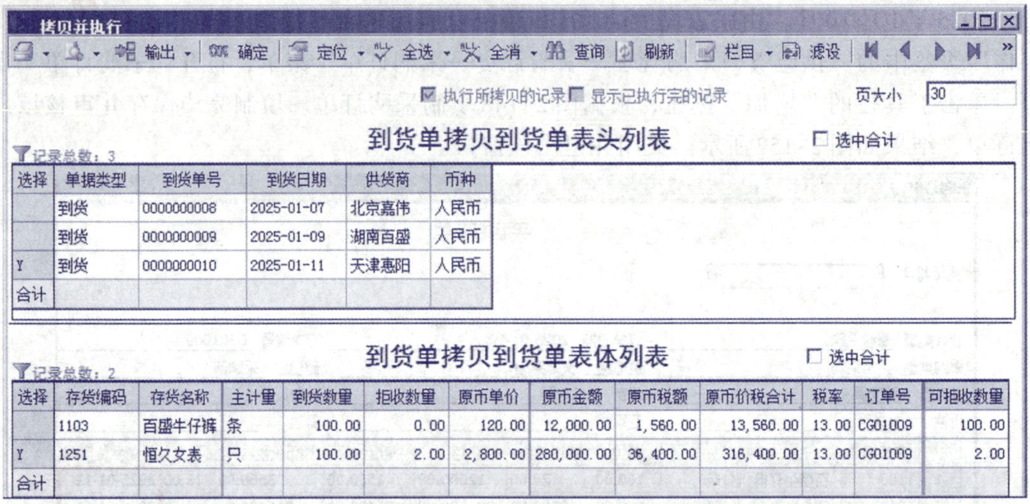

图2-155 “拷贝并执行”窗口

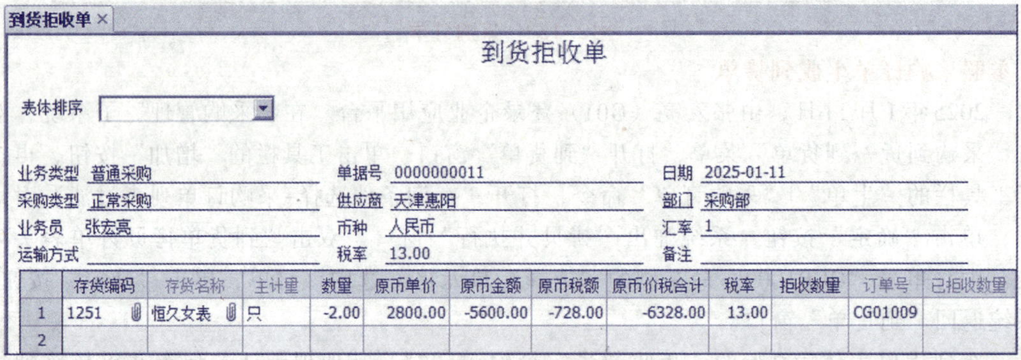

图2-156 到货拒收单

提示

采购到货拒收单只能参照到货单生成。到货拒收单保存时，向到货单填写“已拒收数量”。一张到货单允许多次进行拒收。在到货时如果能够直接确定是否拒收，将拒收数量填到到货单的“拒收数量”中，参照到货单的拒收数量生成到货拒收单；如果不能够确定是否拒收，则不录入拒收数量，参照到货单（到货数量-已入库数量）生成到货拒收单。

4. 参照到货单批量生成采购入库单

2025年1月11日，由李泽伟（C01）登录企业应用平台。依次双击“业务工作”页签中的“供应链→库存管理→入库业务→采购入库单”菜单，系统打开“采购入库单”窗口。执行“生单”|“采购到货单（批量）”命令，打开“查询条件选择-采购到货单列表”对话框，单击“确定”按钮，系统打开“到货单生单列表”窗口。双击天津惠阳的到货单所对应的“选择”栏（即上一步骤完成的到货单）。窗口下方百盛牛仔裤那一行的仓库选择“服装仓”，恒久女表那一行的仓库选择“手表仓”，如图2-157所示。再单击工具栏的“确定”按钮，系统返回“采购入库单”窗口。

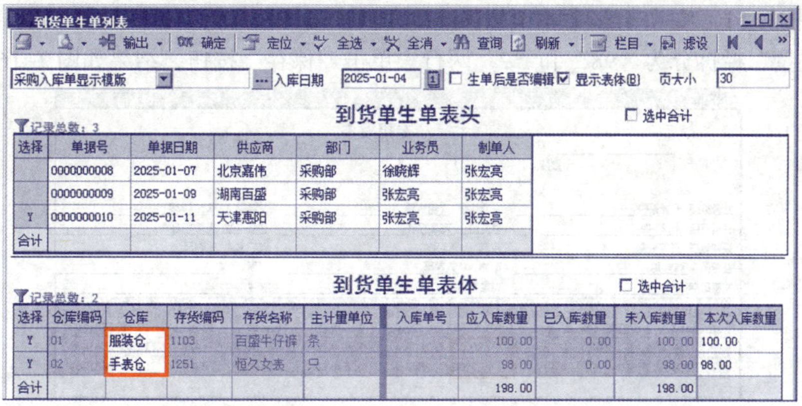

图2-157 “到货单生单列表”窗口

根据图2-150，单击工具栏的“修改”按钮，将手表仓采购入库单表头中的“入库单号”改为“RK01012”，保存并审核该采购入库单，结果如图2-158所示。

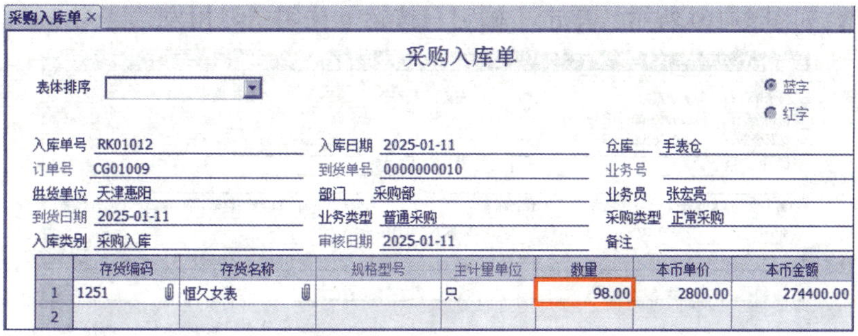

图2-158 采购入库单（1）

单击工具栏的“⬅”（上张）按钮，根据图2-149，单击“修改”，将服装仓采购入库单表头的“入库单号”改为“RK01011”，保存并审核该采购入库单，结果如图2-159所示。

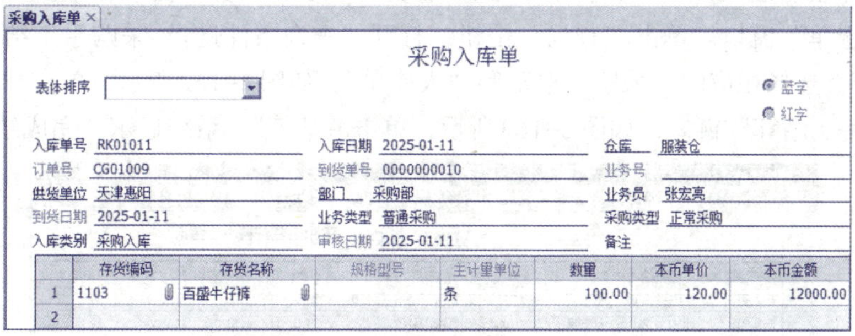

图2-159 采购入库单（2）

5. 参照采购订单生成采购专用发票（现付）

2025年1月11日，由张宏亮（G01）登录企业应用平台。

（1）生成采购专用发票。依次双击“业务工作”页签中的“供应链→采购管理→采购发票→专用采购发票”菜单，打开“专用发票”窗口。单击工具栏的“增加”按钮，再执行工具栏的“生单”|“采购订单”命令，打开“查询条件选择-采购订单列表过滤”对话框，单击“确定”按钮。在“拷贝并执行”窗口，双击选中CG01009号采购订单对应的“选择”栏，然后单击“确定”按钮，返回“专用发票”窗口。

根据图2-151，修改表头项目“发票号”为“32307938”，其他表头项默认。将表体恒久女表的“数量”栏拆分为“98”和“2”两行。单击“保存”按钮，结果如图2-160所示。

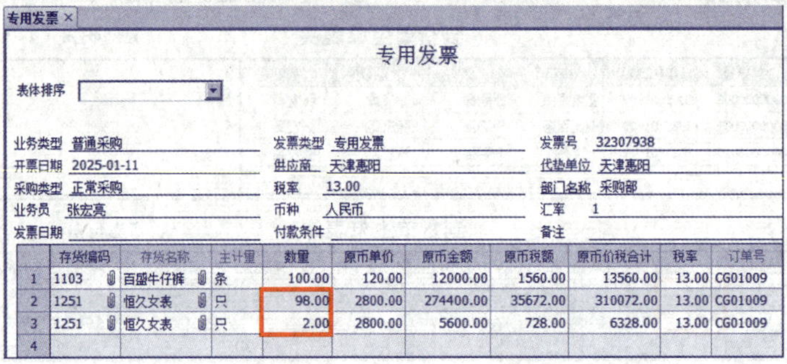
专用发票 ×

专用发票

表体排序

业务类型 普通采购　发票类型 专用发票　发票号 32307938
开票日期 2025-01-11　供应商 天津惠阳　代垫单位 天津惠阳
采购类型 正常采购　税率 13.00　部门名称 采购部
业务员 张宏亮　币种 人民币　汇率 1
发票日期　付款条件　备注

	存货编码	存货名称	主计量	数量	原币单价	原币金额	原币税额	原币价税合计	税率	订单号
1	1103	百盛牛仔裤	条	100.00	120.00	12000.00	1560.00	13560.00	13.00	CG01009
2	1251	恒久女表	只	98.00	2800.00	274400.00	35672.00	310072.00	13.00	CG01009
3	1251	恒久女表	只	2.00	2800.00	5600.00	728.00	6328.00	13.00	CG01009
4										

图2-160　采购专用发票

（2）现付。单击工具栏的“现付”按钮，打开“采购现付”窗口。根据图2-152电汇凭证，“结算方式”选择“电汇”，“原币金额”输入“329960”，“票据号”输入“36257064”，如图2-161所示。单击“确定”按钮。关闭“专用发票”窗口。

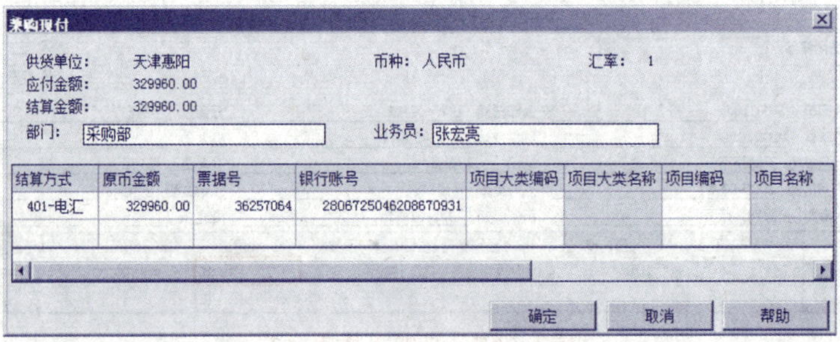
采购现付

供货单位：天津惠阳　币种：人民币　汇率：1
应付金额：329960.00
结算金额：329960.00
部门：采购部　业务员：张宏亮

结算方式	原币金额	票据号	银行账号	项目大类编码	项目大类名称	项目编码	项目名称
401-电汇	329960.00	36257064	2806725046208670931				

确定　取消　帮助

图2-161　“采购现付”窗口

6. 手工结算

双击“采购管理→采购结算→手工结算”，打开“手工结算”窗口，单击“选单”按钮，打开“结算选单”窗口。单击“查询”按钮，打开“查询条件选择-采购手工结算”对话框，点击“确定”。选择相应的“采购发票”和“入库单”，如图2-162所示，单击“确定”按钮，系统回到“手工结算”窗口，如图2-163所示，单击“结算”，系统显示“完成结算”。

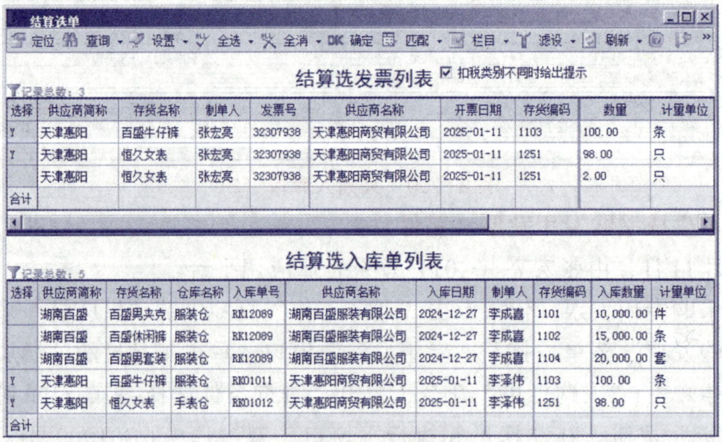
结算选单

定位　查询　设置　全选　全消　确定　匹配　栏目　滤设　刷新

结算选发票列表　☑ 扣税类别不同时给出提示

记录总数：3

选择	供应商简称	存货名称	制单人	发票号	供应商名称	开票日期	存货编码	数量	计量单位
Y	天津惠阳	百盛牛仔裤	张宏亮	32307938	天津惠阳商贸有限公司	2025-01-11	1103	100.00	条
Y	天津惠阳	恒久女表	张宏亮	32307938	天津惠阳商贸有限公司	2025-01-11	1251	98.00	只
	天津惠阳	恒久女表	张宏亮	32307938	天津惠阳商贸有限公司	2025-01-11	1251	2.00	只
合计									

结算选入库单列表

记录总数：5

选择	供应商简称	存货名称	仓库名称	入库单号	供应商名称	入库日期	制单人	存货编码	入库数量	计量单位
	湖南百盛	百盛男夹克	服装仓	RK12089	湖南百盛服装有限公司	2024-12-27	李成喜	1101	10,000.00	件
	湖南百盛	百盛休闲裤	服装仓	RK12089	湖南百盛服装有限公司	2024-12-27	李成喜	1102	15,000.00	条
	湖南百盛	百盛男套装	服装仓	RK12089	湖南百盛服装有限公司	2024-12-27	李成喜	1104	20,000.00	套
Y	天津惠阳	百盛牛仔裤	服装仓	RK01011	天津惠阳商贸有限公司	2025-01-11	李泽伟	1103	100.00	条
Y	天津惠阳	恒久女表	手表仓	RK01012	天津惠阳商贸有限公司	2025-01-11	李泽伟	1251	98.00	只
合计										

图2-162　“结算选单”窗口

手工结算 ×

结算汇总

单据类型	存货编号	存货名称	单据号	结算数量	发票数量	合理损耗数量	非合理损耗数量	非合理损耗金额
采购发票	1103	百盛牛仔裤	32307938		100.00			
采购入库单			RK01011	100.00				
		合计		100.00	100.00	0.00	0.00	0.00
采购发票	1251	恒久女表	32307938		98.00			
采购入库单			RK01012	98.00				
		合计		98.00	98.00	0.00	0.00	0.00

图2-163 “手工结算”窗口

7. 应付单据审核，制单处理

2025年1月11日，由赵凯杰（W02）登录企业应用平台。

（1）应付单据审核。依次双击“业务工作”页签中的“财务会计→应付款管理→应付单据处理→应付单据审核”菜单，系统打开“应付单查询条件”窗口，勾选“已包含现结发票”“未完全报销”，单击“确定”按钮，打开“单据处理”窗口。选中32307938号专用发票并对其进行审核。审核完毕关闭当前窗口。

（2）制单处理。双击“制单处理”菜单，打开“制单查询”对话框，勾选“现结制单”，单击“确定”按钮，打开“制单”窗口。依次单击“全选”“制单”按钮，生成一张记账凭证，单击“保存”按钮。关闭当前已打开窗口。

借：在途物资	292 000.00	
应交税费/应交增值税/进项税额	37 960.00	
贷：银行存款/中国工商银行/沈阳皇姑支行		329 960.00

8. 正常单据记账，生成凭证

（1）正常单据记账。在供应链的“存货核算”子系统，依次双击“业务核算→正常单据记账”菜单，系统打开“查询条件选择”窗口，直接单击其“确定”按钮，系统打开“未记账单据一览表”窗口。双击RK01011、RK01012号采购入库单的“选择”栏，使其显示“Y”字样，如图2-164所示，单击工具栏的“记账”按钮，系统弹出信息框提示记账成功，单击其“确定”按钮，完成记账工作。关闭当前窗口。

未记账单据一览表 ×

正常单据记账列表

记录总数：2

选择	日期	单据号	存货编码	存货名称	单据类型	仓库名称	收发类别	数量	单价	金额	供应商简称
Y	2025-01-11	RK01011	1103	百盛牛仔裤	采购入库单	服装仓	采购入库	100.00	120.00	12,000.00	天津惠阳
Y	2025-01-11	RK01012	1251	恒久女表	采购入库单	手表仓	采购入库	98.00	2,800.00	274,400.00	天津惠阳
小计								198.00		286,400.00	

图2-164 未记账单据一览表

（2）生成凭证。依次双击“存货核算”子系统的“财务核算→生成凭证”菜单，系统打开“生成凭证”窗口。单击工具栏的“选择”按钮，系统弹出“查询条件”对话框，单击“确定”按钮，系统打开“选择单据”窗口，单击工具栏的“全选”按钮，以选中RK01011、RK01012号采购入库单，再单击“确定”按钮，系统自动关闭“选择单据”窗口返回“生成凭证”窗口，如图2-165所示。单击工具栏的“合成”按钮，系统生成一张记账凭证，保存该记账凭证。

选择	单据类型	单据号	摘要	科目类型	科目编码	科目名称	借方金额	贷方金额	借方数量	贷方数量	存货名称
1	采购入库单	RK01011	采购入库单	存货	1405	库存商品	12,000.00		100.00		百盛牛仔裤
				对方	1402	在途物资		12,000.00		100.00	百盛牛仔裤
		RK01012		存货	1405	库存商品	274,400.00		98.00		恒久女表
				对方	1402	在途物资		274,400.00		98.00	恒久女表
合计							286,400.00	286,400.00			

生成凭证 ×

凭证类别　记 记账凭证

图2-165　“生成凭证”窗口

借：库存商品　　286 400.00

　贷：在途物资　　286 400.00

任务3　采购退货业务

业务1　入库前退货业务

【实验资料】

2025年1月11日，采购部徐晓辉与上海恒久签订购销合同。收到对方开具的增值税专用发票，我公司支付了全部货款。

2025年1月12日，收到上海恒久发来的货物，经检验有部分产品质量存在问题，上海恒久已按合同承担损失。

相关凭证如图2-166至图2-172所示。

购销合同

合同编号：CG01010

卖方：上海恒久表业有限公司

买方：辽宁恒通商贸有限公司

为保护买卖双方的合法权益，根据《中华人民共和国民法典》的有关规定，买卖双方经友好协商，一致同意签订本合同，并共同遵守合同约定。

一、货物的名称、数量及金额：

货物名称	规格型号	计量单位	数量	单价（不含税）	金额（不含税）	税率	税额
恒久情侣表		对	50	9 000.00	450 000.00	13%	58 500.00
合计					¥450 000.00		¥58 500.00

二、合同总金额：人民币伍拾万零捌仟伍佰元整（¥508 500.00）。

三、签订合同当日，卖方开具增值税专用发票，买方以电汇方式支付全部货款。卖方于1月12日发出全部货物。若货物出现质量问题，卖方应承担损失。

四、交货地点：辽宁恒通商贸有限公司。

五、发运方式与运输费用承担方式：由卖方发货并承担运输费用。

卖　　方：上海恒久表业有限公司　　　　买　　方：辽宁恒通商贸有限公司

授权代表：张运久　　　　　　　　　　授权代表：徐晓辉

日　　期：2025年01月11日　　　　　　日　　期：2025年01月11日

图2-166　购销合同

电子发票（增值税专用发票）

发票号码：25312000000023108959

开票日期：2025 年 01 月 11 日

购买方信息　名称：辽宁恒通商贸有限公司 统一社会信用代码/纳税人识别号：91210105206917583A	销售方信息　名称：上海恒久表业有限公司 统一社会信用代码/纳税人识别号：91310106896543287T

项目名称	规格型号	单位	数量	单价	金额	税率/征收率	税额
*手表*恒久情侣表		对	50	9 000.00	450 000.00	13%	58 500.00
合　计					¥450 000.00		¥58 500.00
价税合计（大写）	⊗ 伍拾万零捌仟伍佰元整					（小写）	¥508 500.00

备注：
购买方开户银行：中国工商银行沈阳皇姑支行　　银行账号：2107024015890035666
销售方开户银行：中国银行上海静安支行　　银行账号：9517205720902010400

开票人：张茜钰

图2-167　增值税专用发票

中国工商银行　电汇凭证（回单）　1　　36257065

☑普通　☐加急　　委托日期 2025年01月11日

汇款人	全　称	辽宁恒通商贸有限公司	收款人	全　称	上海恒久表业有限公司
	账　号	2107024015890035666		账　号	9517205720902010400
	开户银行	中国工商银行沈阳皇姑支行		开户银行	中国银行上海静安支行
金额	人民币（大写）	伍拾万零捌仟伍佰元整		亿千百十万千百十元角分	¥508500 00

支付密码

附加信息及用途：货款

复核　　记账

（中国工商银行 沈阳皇姑支行 2025.01.11 转讫（7））

此联为汇出行给汇款人的回单

图2-168　电汇付款凭证

商品（入库）验收报告单

供货单位：上海恒久表业有限公司

发票或送货号：25312000000023108959　　制单日期：2025 年 01 月 12 日　　第 1 号

收货单位：辽宁恒通商贸有限公司	仓库：手表仓	运输工具：汽车　车（船）号：辽 A35790
原发数量：50 对		实收数量：48 对
溢余数量：		短缺数量：
质检情况：2 对手表质量存在问题	负责人：李成喜	经办人：徐晓辉
公司：辽宁恒通商贸有限公司	处理意见：退货并收回退货款	负责人：李成喜　经办人：徐晓辉

验收：略　　审核：略　　制单：略

图2-169　商品（入库）验收报告单

入库单

供应商：上海恒久　　2025 年 01 月 12 日　　单号：RK01013

验收仓库	存货编码	存货名称	计量单位	数量		单价	金额
				应收	实收		
手表仓	1253	恒久情侣表	对	50	48		
		合　计					

部门经理：略　　会计：略　　仓库：略　　经办人：略

图2-170　入库单

电子发票（增值税专用发票）

全国统一发票监制章 国家税务总局 上海市税务局

发票号码：25312000000023108962

开票日期：2025年01月12日

购买方信息	名称：辽宁恒通商贸有限公司 统一社会信用代码/纳税人识别号：91210105206917583A	销售方信息	名称：上海恒久表业有限公司 统一社会信用代码/纳税人识别号：91310106896543287T

项目名称	规格型号	单位	数量	单价	金额	税率/征收率	税额
*手表*恒久情侣表		对	-2	9 000.00	-18 000.00	13%	-2 340.00
合　计					¥-18 000.00		¥-2 340.00
价税合计（大写）	⊗（负数）贰万零叁佰肆拾元整					（小写）	¥-20 340.00

备注：
购买方开户银行：中国工商银行沈阳皇姑支行　　银行账号：2107024015890035666
销售方开户银行：中国银行上海静安支行　　银行账号：9517205720902010400

开票人：张茜钰

图2-171　红字增值税专用发票

中国工商银行　电汇凭证（收账通知）　4　　11672832

☑普通　☐加急　　委托日期 2025年01月12日

汇款人	全称	上海恒久表业有限公司	收款人	全称	辽宁恒通商贸有限公司
	账号	9517205720902010400		账号	2107024015890035666
	开户银行	中国银行上海静安支行		开户银行	中国工商银行沈阳皇姑支行
金额	人民币（大写）	贰万零叁佰肆拾元整		亿千百十万千百十元角分	¥2034000 0

亿	千	百	十	万	千	百	十	元	角	分
			¥	2	0	3	4	0	0	0

此汇款已收入收款人账户。

中国工商银行 沈阳皇姑支行 2025.01.12 转讫 (8)

汇入行签章

支付密码

附加信息及用途：退货款

复核　　记账

此联为开户行给收款人的收账通知

图2-172　电汇收款凭证

【实验过程概览】

本业务的实验过程概览见表2-11。

表2-11　实验过程概览

序号	操作日期	操作员	系统	操作内容
1	2025-01-11	G01张宏亮	采购管理	填制采购订单
2	2025-01-11	G01张宏亮	采购管理	参照采购订单生成采购专用发票（现付）
3	2025-01-11	W02赵凯杰	应付款管理	应付单据审核，制单处理
4	2025-01-12	G01张宏亮	采购管理	参照采购订单生成到货单
5	2025-01-12	G01张宏亮	采购管理	参照到货单生成到货拒收单
6	2025-01-12	C01李泽伟	库存管理	参照到货单生成采购入库单
7	2025-01-12	G01张宏亮	采购管理	参照采购订单生成红字采购专用发票（现付）
8	2025-01-12	G01张宏亮	采购管理	手工结算
9	2025-01-12	W02赵凯杰	应付款管理	应付单据审核，制单处理
10	2025-01-12	W02赵凯杰	存货核算	正常单据记账，生成凭证

【实验过程】

入库前退货业务

1. 填制采购订单

2025年1月11日，由张宏亮（G01）登录企业应用平台。依次双击“业务工作”页签中的“供应链→采购管理→采购订货→采购订单”菜单，打开“采购订单”窗口。单击工具栏的“增加”按钮，根据图2-166填制采购订单。填制完毕保存并审核该采购订单，结果如图2-173所示。关闭并退出“采购订单”窗口。

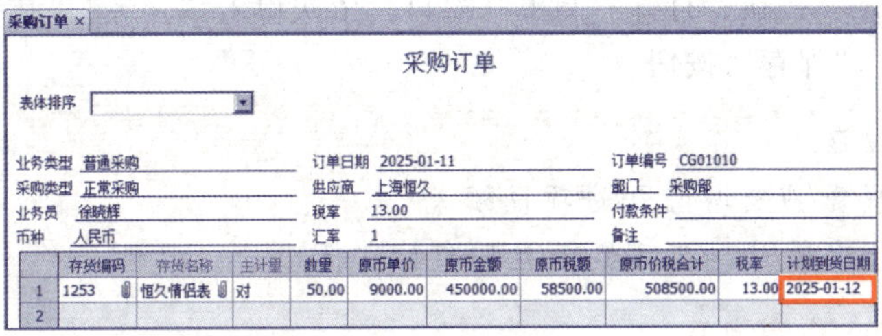

图2-173 采购订单

2. 参照采购订单生成采购专用发票（现付）

（1）生成采购专用发票。依次双击“业务工作”页签中的“供应链→采购管理→采购发票→专用采购发票”菜单，打开“专用发票”窗口。单击工具栏的“增加”按钮，再执行工具栏的“生单”|“采购订单”命令，打开“查询条件选择-采购订单列表过滤”对话框，单击“确定”按钮。在“拷贝并执行”窗口，双击CG01010号采购订单对应的“选择”栏，然后单击“确定”按钮，返回“专用发票”窗口。根据图2-167，修改表头项目“发票号”为“23108959”，其他项默认。保存该发票，结果如图2-174所示。

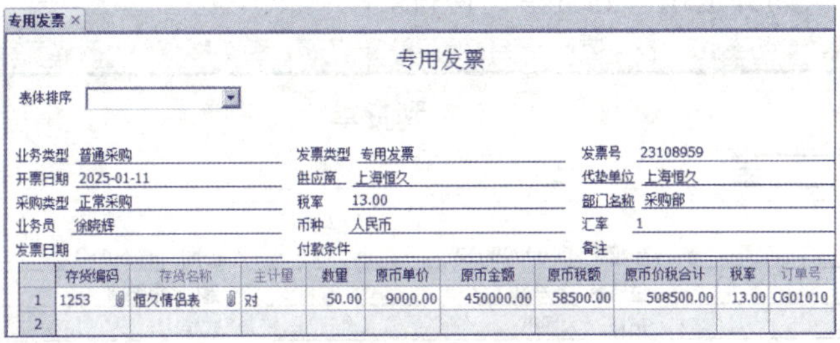

图2-174 采购专用发票

（2）现付。单击工具栏的“现付”按钮，打开“采购现付”窗口。根据图2-168，“结算方式”选择“电汇”，“原币金额”输入“508500”，“票据号”输入“36257065”，如图2-175所示。单击“确定”按钮。

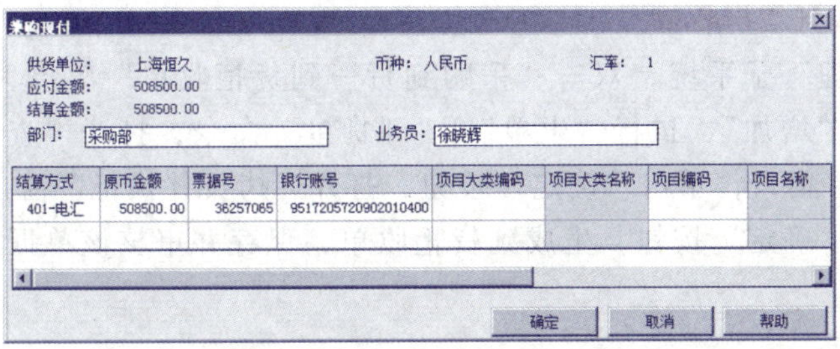

图2-175 “采购现付”窗口

3. 应付单据审核，制单处理

2025年1月11日，由赵凯杰（W02）登录企业应用平台。

（1）应付单据审核。依次双击“业务工作”页签中的“财务会计→应付款管理→应付单据处理→应付单据审核”菜单，系统打开“应付单查询条件”窗口，勾选“已包含现结发票”“未完全报销”，单击“确定”按钮，打开“单据处理”窗口。选中并审核23108959号发票。

（2）制单处理。双击“制单处理”菜单，打开“制单查询”对话框，勾选“现结制单”，单击“确定”按钮，打开“制单”窗口。依次单击“全选”“制单”按钮，生成一张记账凭证，单击“保存”按钮。

借：在途物资	450 000.00	
应交税费/应交增值税/进项税额	58 500.00	
贷：银行存款/中国工商银行/沈阳皇姑支行		508 500.00

4. 参照采购订单生成到货单

2025年1月12日，由张宏亮（G01）登录企业应用平台。在“采购管理”子系统，双击“采购到货→到货单”菜单，打开“到货单”窗口。单击工具栏的“增加”按钮，再执行工具栏的“生单”|“采购订单”命令，打开“查询条件选择-采购订单列表过滤”对话框，单击“确定”按钮，系统弹出“拷贝并执行”窗口。双击“到货单拷贝订单表头列表”中订单号“CG01010”最左侧的“选择”单元格，选中该订单，单击“确定”按钮，系统返回“到货单”窗口。

在到货单表体的“拒收数量”栏输入“2”，其他项默认。保存并审核该到货单，结果如图2-176所示。关闭并退出“到货单”窗口。

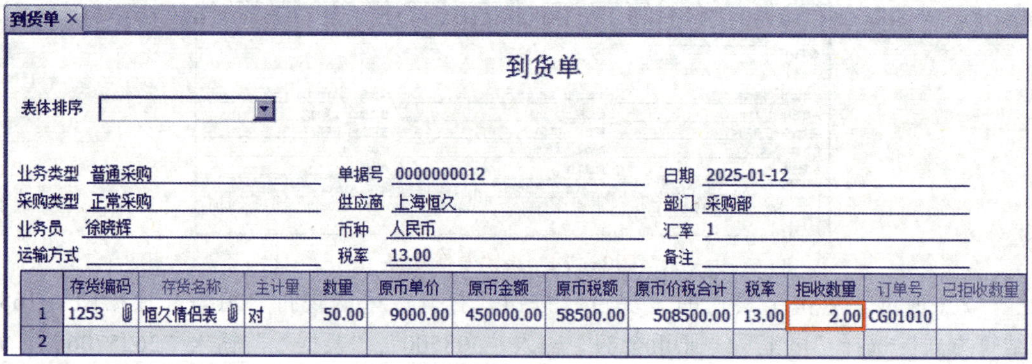
到货单 ×

到货单

表体排序

业务类型 普通采购　单据号 0000000012　日期 2025-01-12

采购类型 正常采购　供应商 上海恒久　部门 采购部

业务员 徐晓辉　币种 人民币　汇率 1

运输方式　税率 13.00　备注

	存货编码	存货名称	主计量	数量	原币单价	原币金额	原币税额	原币价税合计	税率	拒收数量	订单号	已拒收数量
1	1253	恒久情侣表	对	50.00	9000.00	450000.00	58500.00	508500.00	13.00	2.00	CG01010	
2												

图2-176　到货单

5. 参照到货单生成到货拒收单

在“采购管理”子系统，双击“采购到货→到货拒收单”菜单，打开“到货拒收单”窗口。单击“增加”，执行“生单”|“到货单”命令，打开“查询条件选择-采购退货单列表过滤”窗口，单击“确定”按钮，打开“拷贝并执行”窗口。选中上海恒久的到货单，单击“确定”按钮，生成到货拒收单，保存并审核该单据，结果如图2-177所示。

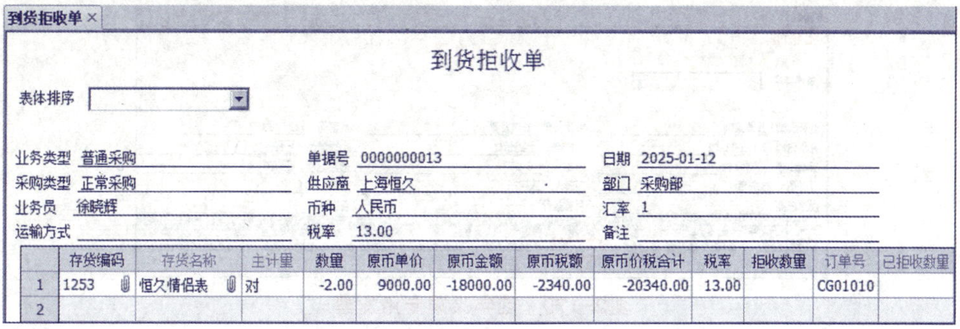

到货拒收单×

到货拒收单

表体排序

业务类型 普通采购　单据号 0000000013　日期 2025-01-12
采购类型 正常采购　供应商 上海恒久　部门 采购部
业务员 徐晓辉　币种 人民币　汇率 1
运输方式　税率 13.00　备注

	存货编码	存货名称	主计量	数量	原币单价	原币金额	原币税额	原币价税合计	税率	拒收数量	订单号	已拒收数量
1	1253	恒久情侣表	对	-2.00	9000.00	-18000.00	-2340.00	-20340.00	13.00		CG01010	
2												

图2-177　到货拒收单

6. 参照到货单生成采购入库单

2025年1月12日，由李泽伟（C01）登录企业应用平台。依次双击“业务工作”页签中的“供应链→库存管理→入库业务→采购入库单”菜单，系统打开“采购入库单”窗口。执行“生单”|“采购到货单（蓝字）”命令，打开“查询条件选择-采购到货单列表”对话框，单击“确定”按钮，系统打开“到货单生单列表”窗口。双击上海恒久的到货单所对应的“选择”栏（即上一步骤完成的到货单），再单击工具栏的“确定”按钮，系统返回“采购入库单”窗口。

根据图2-170，修改采购入库单表头中的“入库单号”为“RK01013”，“仓库”选择“手表仓”，其他项默认。保存并审核该单据，结果如图2-178所示。

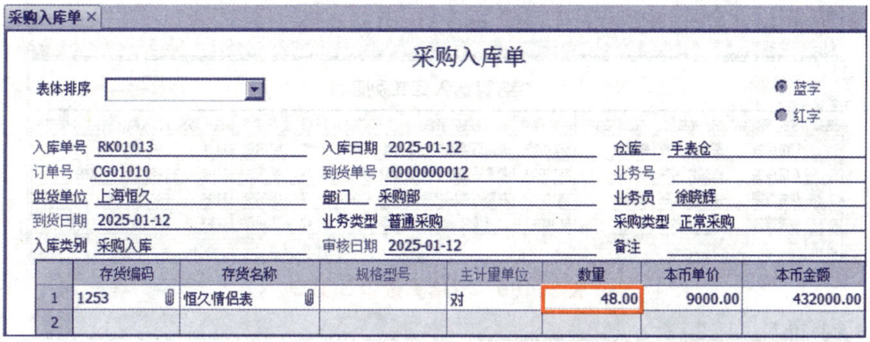

采购入库单×

采购入库单

表体排序　蓝字　红字

入库单号 RK01013　入库日期 2025-01-12　仓库 手表仓
订单号 CG01010　到货单号 0000000012　业务号
供货单位 上海恒久　部门 采购部　业务员 徐晓辉
到货日期 2025-01-12　业务类型 普通采购　采购类型 正常采购
入库类别 采购入库　审核日期 2025-01-12　备注

	存货编码	存货名称	规格型号	主计量单位	数量	本币单价	本币金额
1	1253	恒久情侣表		对	48.00	9000.00	432000.00
2							

图2-178　采购入库单

7. 参照采购订单生成红字采购专用发票（现付）

2025年1月12日，由张宏亮（G01）登录企业应用平台。

（1）生成红字采购专用发票。依次双击“业务工作”页签中的“供应链→采购管理→采购发票→红字专用采购发票”菜单，打开“专用发票”窗口。单击工具栏的“增加”按钮，再执行工具栏的“生单”|“采购订单”命令，打开“查询条件选择-采购订单列表过滤”对话框，单击“确定”按钮。在“拷贝并执行”窗口，双击选择CG01010号采购订单对应的“选择”栏，然后单击工具栏的“确定”按钮，返回“专用发票”窗口。修改表头项目“发票号”为“23108962”，将表体的“数量”改为“-2”，其他项默认。单击工具栏的“保存”按钮。

（2）现付。单击工具栏的“现付”按钮，打开“采购现付”窗口。根据图2-172，“结算方式”选择“电汇”，“原币金额”输入“-20340”，“票据号”输入“11672832”，单击“确定”按钮，返回“专用发票”窗口，结果如图2-179所示。关闭“专用发票”窗口。

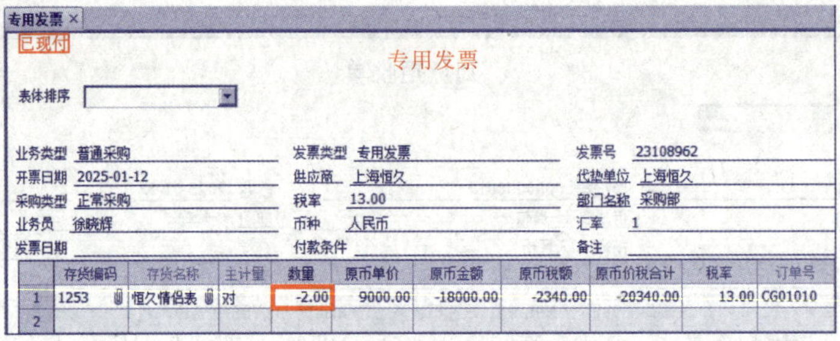

已现付

专用发票

表体排序

业务类型	普通采购	发票类型	专用发票	发票号	23108962
开票日期	2025-01-12	供应商	上海恒久	代垫单位	上海恒久
采购类型	正常采购	税率	13.00	部门名称	采购部
业务员	徐晓辉	币种	人民币	汇率	1
发票日期		付款条件		备注	

	存货编码	存货名称	主计量	数量	原币单价	原币金额	原币税额	原币价税合计	税率	订单号
1	1253	恒久情侣表	对	-2.00	9000.00	-18000.00	-2340.00	-20340.00	13.00	CG01010
2										

图2-179　红字采购专用发票

8. 手工结算

双击“采购管理→采购结算→手工结算”，打开“手工结算”窗口，单击“选单”按钮，打开“结算选单”窗口。单击“查询”按钮，打开“查询条件选择-采购手工结算”对话框，点击“确定”。选择相应的“采购发票”和“入库单”，如图2-180所示。单击“确定”按钮，系统回到“手工结算”窗口，如图2-181所示，单击“结算”，系统显示“完成结算”。

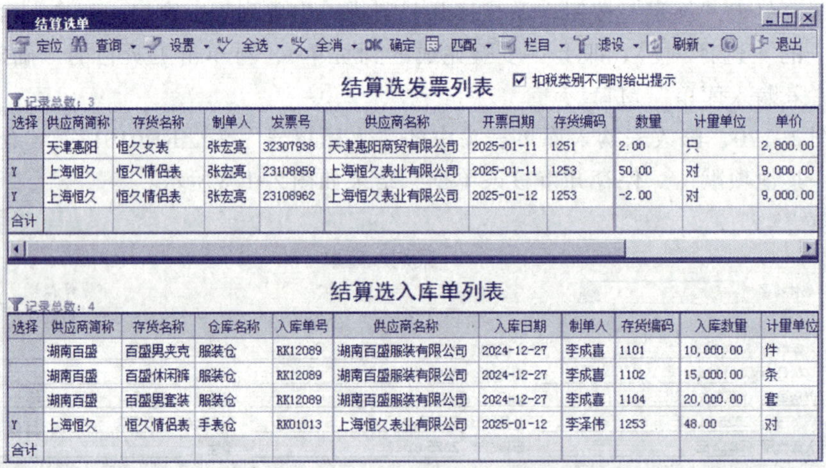

结算选发票列表

记录总数：3

选择	供应商简称	存货名称	制单人	发票号	供应商名称	开票日期	存货编码	数量	计量单位	单价
	天津惠阳	恒久女表	张宏亮	32307938	天津惠阳商贸有限公司	2025-01-11	1251	2.00	只	2,800.00
Y	上海恒久	恒久情侣表	张宏亮	23108959	上海恒久表业有限公司	2025-01-11	1253	50.00	对	9,000.00
Y	上海恒久	恒久情侣表	张宏亮	23108962	上海恒久表业有限公司	2025-01-12	1253	-2.00	对	9,000.00
合计										

结算选入库单列表

记录总数：4

选择	供应商简称	存货名称	仓库名称	入库单号	供应商名称	入库日期	制单人	存货编码	入库数量	计量单位
	湖南百盛	百盛男夹克	服装仓	RK12089	湖南百盛服装有限公司	2024-12-27	李成喜	1101	10,000.00	件
	湖南百盛	百盛休闲裤	服装仓	RK12089	湖南百盛服装有限公司	2024-12-27	李成喜	1102	15,000.00	条
	湖南百盛	百盛男套装	服装仓	RK12089	湖南百盛服装有限公司	2024-12-27	李成喜	1104	20,000.00	套
Y	上海恒久	恒久情侣表	手表仓	RK01013	上海恒久表业有限公司	2025-01-12	李泽伟	1253	48.00	对
合计										

图2-180　“结算选单”窗口

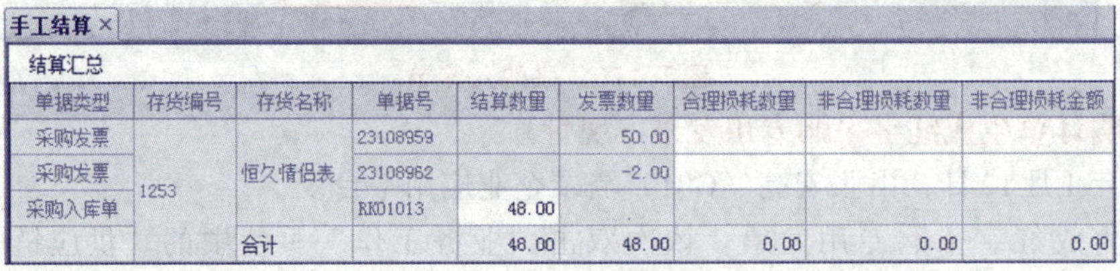

单据类型	存货编号	存货名称	单据号	结算数量	发票数量	合理损耗数量	非合理损耗数量	非合理损耗金额
采购发票	1253	恒久情侣表	23108959		50.00			
采购发票			23108962		-2.00			
采购入库单			RK01013	48.00				
		合计		48.00	48.00	0.00	0.00	0.00

图2-181　“手工结算”窗口

9. 应付单据审核，制单处理

2025年1月12日，由赵凯杰（W02）登录企业应用平台。

（1）应付单据审核。依次双击“业务工作”页签中的“财务会计→应付款管理→应付单据处理→应付单据审核”菜单，系统打开“应付单查询条件”窗口，选择“已包含现结发票”，单击“确定”按钮，打开“单据处理”窗口。选中并审核23108962号发票。关闭该窗口。

（2）制单处理。双击“制单处理”菜单，打开“制单查询”对话框，选择“现结制单”，单击“确定”按钮，打开“制单”窗口。依次单击“全选”“制单”按钮，自动生成一张记账凭证，单击“保存”按钮。

借：在途物资　　-18 000.00
　　应交税费/应交增值税/进项税额　　-2 340.00
　贷：银行存款/中国工商银行/沈阳皇姑支行　　-20 340.00

10. 正常单据记账，生成凭证

（1）正常单据记账。在供应链的“存货核算”子系统，依次双击“业务核算→正常单据记账”菜单，系统打开“查询条件选择”窗口，直接单击其“确定”按钮，系统打开“未记账单据一览表”窗口。选中RK01013号采购入库单并记账。记账完毕关闭当前窗口。

（2）生成凭证。依次双击“存货核算”子系统的“财务核算→生成凭证”菜单，系统打开“生成凭证”窗口。单击工具栏的“选择”按钮，系统弹出“查询条件”对话框，单击“确定”按钮，系统打开“选择单据”窗口，单击工具栏的“全选”按钮，以选中已记账的RK01013号采购入库单，再单击工具栏的“确定”按钮，系统自动关闭“选择单据”窗口返回“生成凭证”窗口。单击工具栏的“生成”按钮，系统打开“填制凭证”窗口并自动生成凭证，保存该记账凭证。

借：库存商品　　432 000.00
　贷：在途物资　　432 000.00

业务2　入库后退货业务

【实验资料】

2025年1月12日，采购部张宏亮与大连博伦签订购销合同。签订合同当日，收到大连博伦发来的商品，全部办理入库。

2025年1月13日，对CG01011号合同的货物进行复检，发现有5只博伦男表存在隐蔽瑕疵，经与对方协商当日办理退货。当日支付剩余货款。

相关凭证如图2-182至图2-186所示。

购销合同

合同编号：CG01011

卖方：大连博伦表业有限公司
买方：辽宁恒通商贸有限公司
为保护买卖双方的合法权益，根据《中华人民共和国民法典》的有关规定，买卖双方经友好协商，一致同意签订本合同，并共同遵守合同约定。
一、货物的名称、数量及金额：

货物名称	规格型号	计量单位	数量	单价（不含税）	金额（不含税）	税率	税额
博伦男表		只	100	2 880.00	288 000.00	13%	37 440.00
合　计					¥288 000.00		¥37 440.00

二、合同总金额：人民币叁拾贰万伍仟肆佰肆拾元整（¥325 440.00）。
三、签订合同当日卖方发出全部货物，买方验收合格后以电汇方式支付货款。
四、交货地点：辽宁恒通商贸有限公司。
五、发运方式与运输费用承担方式：由卖方发货并承担运输费用。

卖　　方：大连博伦表业有限公司　　买　　方：辽宁恒通商贸有限公司
授权代表：李昌达　　授权代表：张宏亮
日　　期：2025年01月12日　　日　　期：2025年01月12日

图2-182　购销合同

入库单

供应商：大连博伦　　2025 年 01 月 12 日　　单号：RK01014

验收仓库	存货编码	存货名称	计量单位	数量		单价	金额
				应收	实收		
手表仓	1202	博伦男表	只	100	100		
合计							

部门经理：略　　会计：略　　仓库：略　　经办人：略

图2-183　入库单

入库单

供应商：大连博伦　　2025 年 01 月 13 日　　单号：RK01015

验收仓库	存货编码	存货名称	计量单位	数量		单价	金额
				应收	实收		
手表仓	1202	博伦男表	只	−5	−5		
合计							

部门经理：略　　会计：略　　仓库：略　　经办人：略

图2-184　入库单

电子发票（增值税专用发票）

发票号码：25212000000062163899
开票日期：2025 年 01 月 13 日

（全国统一发票监制章 国家税务总局 辽宁省税务局）

购买方信息	名称：辽宁恒通商贸有限公司 统一社会信用代码/纳税人识别号：91210105206917583A	销售方信息	名称：大连博伦表业有限公司 统一社会信用代码/纳税人识别号：91210203821392076S

项目名称	规格型号	单位	数量	单价	金额	税率/征收率	税额
*手表*博伦男表		只	95	2 880.00	273 600.00	13%	35 568.00
合　计					¥273 600.00		¥35 568.00
价税合计（大写）	⊗ 叁拾万零玖仟壹佰陆拾捌元整					（小写）	¥309 168.00
备注	购买方开户银行：中国工商银行沈阳皇姑支行　　银行账号：2107024015890035666 销售方开户银行：交通银行大连西岗支行　　银行账号：3041309299285602525						

开票人：巴春鹏

图2-185　增值税专用发票

中国工商银行　电汇凭证（回单）　1　　36257066

☑普通　☐加急　　委托日期　2025年01月13日

汇款人	全　称	辽宁恒通商贸有限公司	收款人	全　称	大连博伦表业有限公司
	账　号	2107024015890035666		账　号	3041309299285602525
	开户银行	中国工商银行沈阳皇姑支行		开户银行	交通银行大连西岗支行
金额	人民币（大写）	叁拾万零玖仟壹佰陆拾捌元整		亿千百十万千百十元角分	¥ 3 0 9 1 6 8 0 0
（中国工商银行 沈阳皇姑支行 转讫 (7)）				支付密码 附加信息及用途：货款 复核　记账	

此联为汇出行给汇款人的回单

图2-186　电汇付款凭证

【实验过程概览】

本业务的实验过程概览见表2-12。

表2-12　实验过程概览

序号	操作日期	操作员	系统	操作内容
1	2025-01-12	G01张宏亮	采购管理	填制采购订单
2	2025-01-12	G01张宏亮	采购管理	参照采购订单生成到货单
3	2025-01-12	C01李泽伟	库存管理	参照到货单生成采购入库单
4	2025-01-13	G01张宏亮	采购管理	参照采购订单生成采购退货单
5	2025-01-13	C01李泽伟	库存管理	参照采购退货单生成负数采购入库单
6	2025-01-13	G01张宏亮	采购管理	参照采购入库单生成采购专用发票（现付）
7	2025-01-13	G01张宏亮	采购管理	手工结算
8	2025-01-13	W02赵凯杰	应付款管理	应付单据审核，制单处理
9	2025-01-13	W02赵凯杰	存货核算	正常单据记账，生成凭证

【实验过程】

入库后退货业务

1. 填制采购订单

2025年1月12日，由张宏亮（G01）登录企业应用平台。依次双击"业务工作"页签中的"供应链→采购管理→采购订货→采购订单"菜单，打开"采购订单"窗口。单击工具栏的"增加"按钮，根据图2-182购销合同填制采购订单。填制完毕保存并审核该采购订单，结果如图2-187所示。关闭并退出"采购订单"窗口。

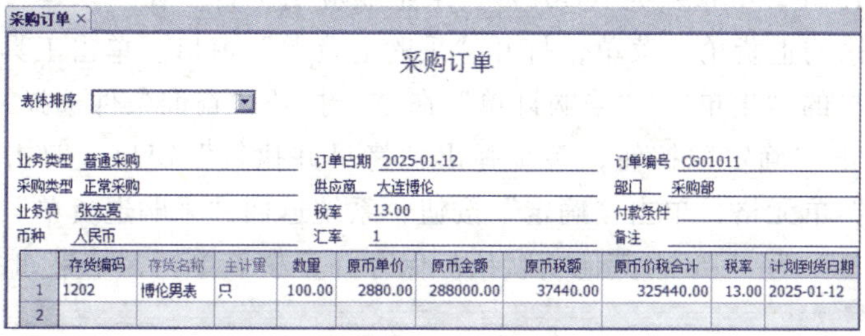

图2-187　采购订单

2. 参照采购订单生成到货单

在"采购管理"子系统，双击"采购到货→到货单"菜单，打开"到货单"窗口。单击工具栏的"增加"按钮，再执行"生单"|"采购订单"命令，打开"查询条件选择-采购订单列表过滤"对话框，单击"确定"按钮，系统弹出"拷贝并执行"窗口。双击CG01011号订单最左侧的"选择"单元格，单击"确定"按钮，系统返回"到货单"窗口，生成一张到货单。保存并审核该到货单，结果如图2-188所示。

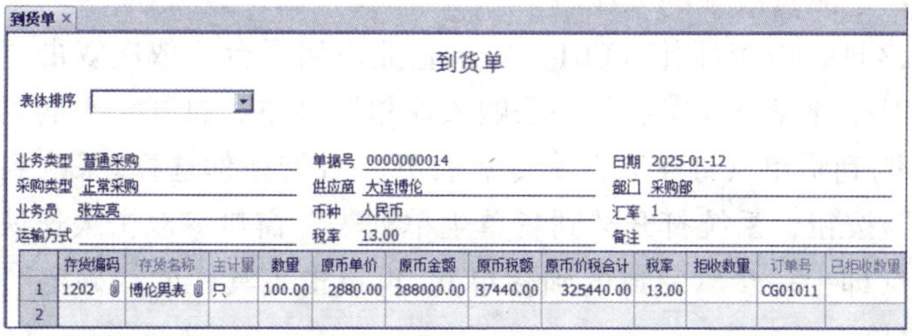

图2-188　到货单

3. 参照到货单生成采购入库单

2025年1月12日，由李泽伟（C01）登录企业应用平台。依次双击“业务工作”页签中的“供应链→库存管理→入库业务→采购入库单”菜单，系统打开“采购入库单”窗口。执行“生单”|“采购到货单（蓝字）”命令，打开“查询条件选择-采购到货单列表”对话框，单击“确定”按钮，系统打开“到货单生单列表”窗口。双击大连博伦的到货单所对应的“选择”栏（即上一步骤完成的到货单），再单击工具栏的“确定”按钮，系统返回“采购入库单”窗口。

根据图2-183，修改采购入库单表头项目“入库单号”为“RK01014”，“仓库”选择“手表仓”，其他项默认。保存并审核该采购入库单，结果如图2-189所示。

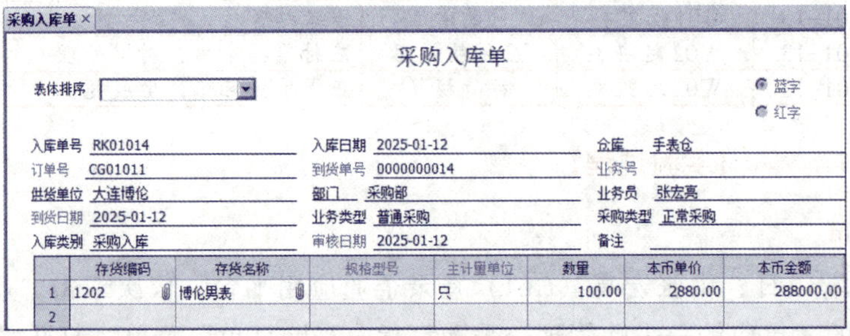

采购入库单 ×

采购入库单

表体排序

蓝字 红字

入库单号 RK01014　入库日期 2025-01-12　仓库 手表仓
订单号 CG01011　到货单号 0000000014　业务号
供货单位 大连博伦　部门 采购部　业务员 张宏亮
到货日期 2025-01-12　业务类型 普通采购　采购类型 正常采购
入库类别 采购入库　审核日期 2025-01-12　备注

	存货编码	存货名称	规格型号	主计量单位	数量	本币单价	本币金额
1	1202	博伦男表		只	100.00	2880.00	288000.00
2							

图2-189　采购入库单

4. 参照采购订单生成采购退货单

2025年1月13日，由张宏亮（G01）登录企业应用平台。在“采购管理”子系统，双击“采购到货→采购退货单”菜单，打开“采购退货单”窗口。单击工具栏的“增加”按钮，再执行工具栏的“生单”|“采购订单”命令，打开“查询条件选择-采购订单列表过滤”对话框，单击“确定”按钮，系统弹出“拷贝并执行”窗口。双击CG01011号订单最左侧的“选择”单元格，单击“确定”按钮，系统返回“采购退货单”窗口。修改采购退货单表体“数量”为“-5”，其他项默认。保存并审核该单据，结果如图2-190所示。

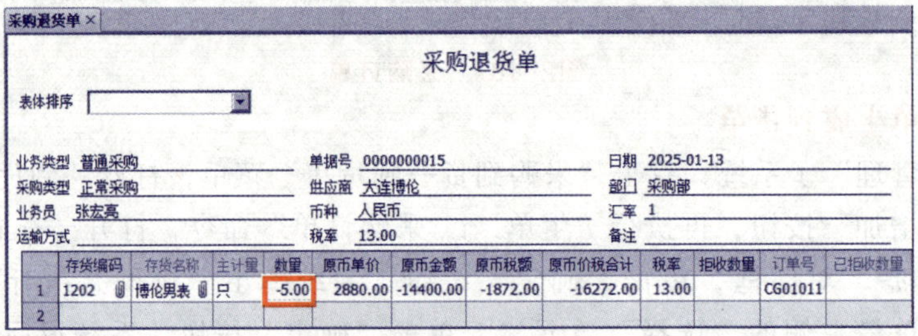

采购退货单 ×

采购退货单

表体排序

业务类型 普通采购　单据号 0000000015　日期 2025-01-13
采购类型 正常采购　供应商 大连博伦　部门 采购部
业务员 张宏亮　币种 人民币　汇率 1
运输方式　税率 13.00　备注

	存货编码	存货名称	主计量	数量	原币单价	原币金额	原币税额	原币价税合计	税率	拒收数量	订单号	已拒收数量
1	1202	博伦男表	只	-5.00	2880.00	-14400.00	-1872.00	-16272.00	13.00		CG01011	
2												

图2-190　采购退货单

5. 参照采购退货单生成负数采购入库单

2025年1月13日，由李泽伟（C01）登录企业应用平台。依次双击“业务工作”页签中的“供应链→库存管理→入库业务→采购入库单”菜单，打开“采购入库单”窗口。执行“生单”|“采购到货单（红字）”命令，打开“查询条件选择-采购到货单列表”对话框，单击“确定”按钮，系统打开“到货单生单列表”窗口。双击大连博伦的退货单所对应的“选择”栏（即上一步骤完成的到货单），再单击工具栏的“确定”按钮，系统返回“采购入库单”窗口。

根据图2-184，修改采购入库单表头项目“入库单号”为“RK01015”，“仓库”选择“手表仓”，其他项默认，保存并审核该采购入库单，结果如图2-191所示。

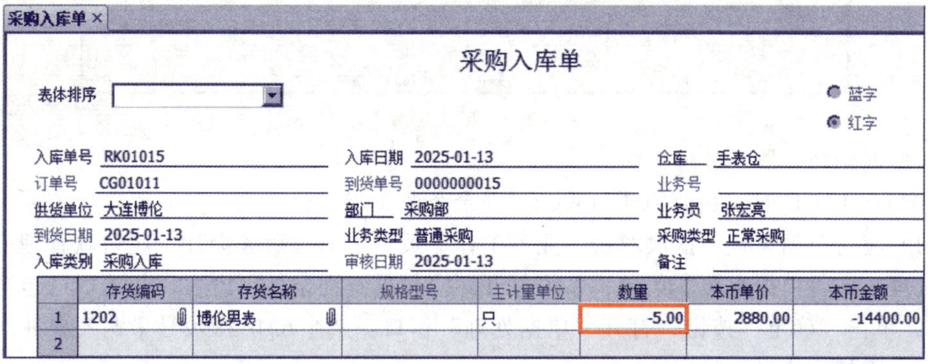
采购入库单 ×

采购入库单

表体排序

蓝字
红字

入库单号 RK01015 入库日期 2025-01-13 仓库 手表仓
订单号 CG01011 到货单号 0000000015 业务号
供货单位 大连博伦 部门 采购部 业务员 张宏亮
到货日期 2025-01-13 业务类型 普通采购 采购类型 正常采购
入库类别 采购入库 审核日期 2025-01-13 备注

	存货编码	存货名称	规格型号	主计量单位	数量	本币单价	本币金额
1	1202	博伦男表		只	-5.00	2880.00	-14400.00
2							

图2-191 （负数）采购入库单

6. 参照采购入库单生成采购专用发票（现付）

2025年1月13日，由张宏亮（G01）登录企业应用平台。

（1）生成采购专用发票。依次双击“业务工作”页签中的“供应链→采购管理→采购发票→专用采购发票”菜单，打开“专用发票”窗口。单击工具栏的“增加”按钮，再执行“生单”|“采购入库单”命令，打开“查询条件选择-采购入库单列表过滤”对话框，单击“确定”按钮。在“拷贝并执行”窗口，双击RK01014号采购入库单对应的“选择”栏，然后单击“确定”按钮，返回“专用发票”窗口。根据图2-185，修改表头项目“发票号”为“62163899”，将采购专用发票表体的“数量”改为“95”，其他项默认。保存该发票。

（2）现付。单击工具栏的“现付”按钮，打开“采购现付”窗口。根据图2-186，“结算方式”选择“电汇”，“原币金额”输入“309168”，“票据号”输入“36257066”，单击“确定”按钮，返回“专用发票”窗口，结果如图2-192所示。关闭“专用发票”窗口。

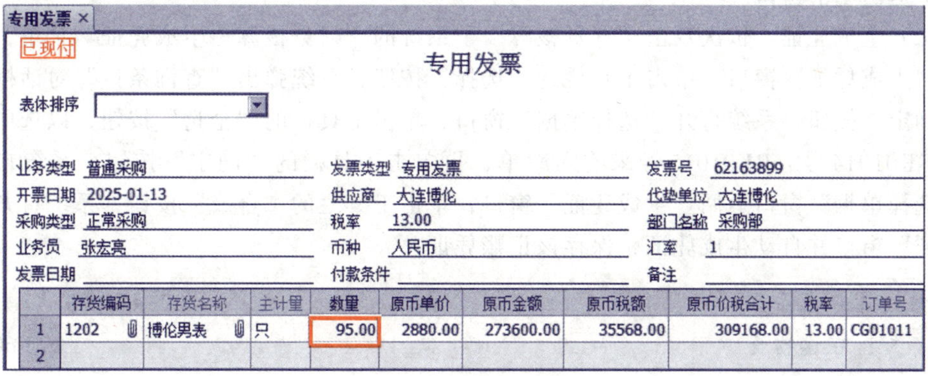
专用发票 ×

已现付

专用发票

表体排序

业务类型 普通采购 发票类型 专用发票 发票号 62163899
开票日期 2025-01-13 供应商 大连博伦 代垫单位 大连博伦
采购类型 正常采购 税率 13.00 部门名称 采购部
业务员 张宏亮 币种 人民币 汇率 1
发票日期 付款条件 备注

	存货编码	存货名称	主计量	数量	原币单价	原币金额	原币税额	原币价税合计	税率	订单号
1	1202	博伦男表	只	95.00	2880.00	273600.00	35568.00	309168.00	13.00	CG01011
2										

图2-192 采购专用发票

7. 手工结算

双击“采购管理→采购结算→手工结算”，打开“手工结算”窗口，单击“选单”按钮，打开“结算选单”窗口。单击“查询”按钮，打开“查询条件选择-采购手工结算”对话框，点击“确定”，选中62163899号采购发票和RK01014号、RK01015号采购入库单，单击“确定”按钮。系统回到“手工结算”窗口，如图2-193所示，单击“结算”，系统显示“完成结算”。

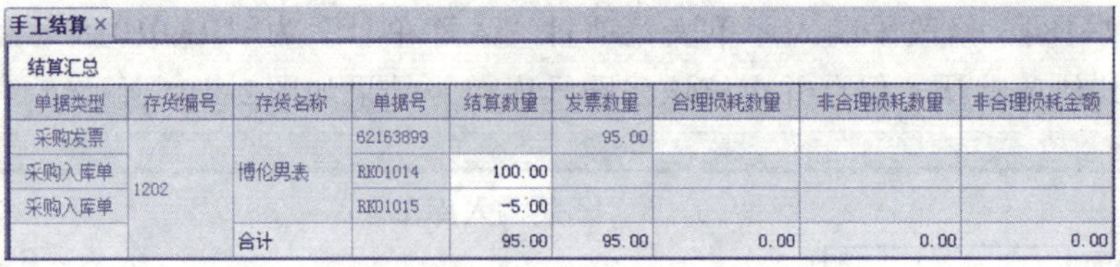

手工结算 ×

结算汇总

单据类型	存货编号	存货名称	单据号	结算数量	发票数量	合理损耗数量	非合理损耗数量	非合理损耗金额
采购发票	1202	博伦男表	62163899		95.00			
采购入库单			RK01014	100.00				
采购入库单			RK01015	-5.00				
		合计		95.00	95.00	0.00	0.00	0.00

图2-193 “手工结算”窗口

8. 应付单据审核，制单处理

2025年1月13日，由赵凯杰（W02）登录企业应用平台。

（1）应付单据审核。依次双击“业务工作”页签中的“财务会计→应付款管理→应付单据处理→应付单据审核”菜单，系统打开“应付单查询条件”窗口，勾选“已包含现结发票”，单击“确定”按钮，打开“单据处理”窗口。选中62163899号采购发票并对其进行审核。审核完毕退出该窗口。

（2）制单处理。双击“制单处理”菜单，打开“制单查询”对话框，选择“现结制单”，单击“确定”按钮，打开“制单”窗口。依次单击“全选”“制单”按钮，生成一张记账凭证，单击“保存”按钮。关闭当前已打开窗口。

借：在途物资	273 600.00	
应交税费/应交增值税/进项税额	35 568.00	
贷：银行存款/中国工商银行/沈阳皇姑支行		309 168.00

9. 正常单据记账，生成凭证

（1）正常单据记账。在供应链的“存货核算”子系统，依次双击“业务核算→正常单据记账”菜单，系统打开“查询条件选择”窗口，单击“确定”按钮，系统打开“未记账单据一览表”窗口。双击选中RK01014号、RK01015号采购入库单并对其进行记账。记账完毕退出当前窗口。

（2）生成凭证。依次双击“存货核算”子系统的“财务核算→生成凭证”菜单，系统打开“生成凭证”窗口。单击工具栏的“选择”按钮，系统弹出“查询条件”对话框，单击“确定”按钮，系统打开“选择单据”窗口，单击工具栏的“全选”按钮，以选中已记账的RK01014号、RK01015号采购入库单，再单击工具栏的“确定”按钮，系统自动关闭“选择单据”窗口返回“生成凭证”窗口，单击工具栏的“合成”按钮，系统打开“填制凭证”窗口并自动生成凭证，保存该记账凭证。

借：库存商品	273 600.00	
贷：在途物资		273 600.00

业务3　结算前折让业务

【实验资料】

2025年1月13日，采购部张宏亮与北京嘉伟签订购销合同，当日收到对方开具的增值税专用发票。

2025年1月14日，收到北京嘉伟发来的货物，质检时发现该批货物质量存在瑕疵，经协商对方给予我方销售折让。

相关凭证如图2-194至图2-199所示。

购销合同

合同编号：CG01012

卖方：北京嘉伟服装有限公司

买方：辽宁恒通商贸有限公司

为保护买卖双方的合法权益，根据《中华人民共和国民法典》的有关规定，买卖双方经友好协商，一致同意签订本合同，并共同遵守合同约定。

一、货物的名称、数量及金额：

货物名称	规格型号	计量单位	数量	单价（不含税）	金额（不含税）	税率	税额
嘉伟女风衣		件	100	500.00	50 000.00	13%	6 500.00
嘉伟男风衣		件	200	650.00	130 000.00	13%	16 900.00
合　计					¥180 000.00		¥23 400.00

二、合同总金额：人民币贰拾万零叁仟肆佰元整（¥203 400.00）。

三、签订合同当日卖方开具增值税专用发票，并于1月14日发出全部货物，买方验收合格后以电汇方式支付货款。

四、交货地点：辽宁恒通商贸有限公司。

五、发运方式与运输费用承担方式：由卖方发货并承担运输费用。

卖　　方：北京嘉伟服装有限公司　　　　买　　方：辽宁恒通商贸有限公司

授权代表：李昌述　　　　授权代表：张宏亮

日　　期：2025年01月13日　　　　日　　期：2025年01月13日

图2-194　购销合同

电子发票（增值税专用发票）

发票号码：25112000000069861162

开票日期：2025年01月13日

购买方信息		销售方信息	
名称：辽宁恒通商贸有限公司		名称：北京嘉伟服装有限公司	
统一社会信用代码/纳税人识别号：91210105206917583A		统一社会信用代码/纳税人识别号：91110104759695583N	

项目名称	规格型号	单位	数量	单价	金额	税率/征收率	税额
*服装*嘉伟女风衣		件	100	500.00	50 000.00	13%	6 500.00
*服装*嘉伟男风衣		件	200	650.00	130 000.00	13%	16 900.00
合　计					¥180 000.00		¥23 400.00
价税合计（大写）	⊗ 贰拾万零叁仟肆佰元整					（小写）¥203 400.00	

备注：
购买方开户银行：中国工商银行沈阳皇姑支行　　银行账号：2107024015890035666
销售方开户银行：招商银行北京宣武分行　　银行账号：2590739805061504276

开票人：岂俏

图2-195　增值税专用发票

入库单

供应商：北京嘉伟　　　　2025年01月14日　　　　单号：RK01016

验收仓库	存货编码	存货名称	计量单位	数量		单价	金额
				应收	实收		
服装仓	1151	嘉伟女风衣	件	100	100		
服装仓	1152	嘉伟男风衣	件	200	200		
合　计							

部门经理：略　　会计：略　　仓库：略　　经办人：略

图2-196　入库单

产品质量问题处理协议书

甲方：北京嘉伟服装有限公司

乙方：辽宁恒通商贸有限公司

甲方于2025年1月13日销售产品（嘉伟女风衣、嘉伟男风衣）至乙方，乙方于2025年1月14日收到全部货物后进行质检，认为该批货物质量存在瑕疵。经协商，双方达成如下协议：

1. 乙方质检部经检验认为该批服装存在包装破损问题，影响销售。
2. 甲方给予乙方总货款10%的销售折让。
3. 乙方向当地税务机关申请开具红字增值税专用发票通知单，经税务机关审核后，甲方填开红字增值税专用发票。

甲　　方（盖章）：北京嘉伟服装有限公司　　　　乙　　方（盖章）：辽宁恒通商贸有限公司

授权代表（签字）：赵　芳　　　　授权代表（签字）：张宏亮

日　　　　期：2025年01月14日　　　　日　　　　期：2025年01月14日

图2-197　产品质量问题处理协议书

电子发票（增值税专用发票）

发票号码：25112000000069861167

开票日期：2025年01月14日

购买方信息　名称：辽宁恒通商贸有限公司 统一社会信用代码/纳税人识别号：91210105206917583A	销售方信息　名称：北京嘉伟服装有限公司 统一社会信用代码/纳税人识别号：91110104759695583N

项目名称	规格型号	单位	数量	单价	金额	税率/征收率	税额
*服装*嘉伟女风衣		件			−5 000.00	13%	−650.00
*服装*嘉伟男风衣		件			−13 000.00	13%	−1 690.00
合　计					¥−18 000.00		¥−2 340.00
价税合计（大写）	⊗（负数）贰万零叁佰肆拾元整				（小写）¥−20 340.00		

备注：购买方开户银行：中国工商银行沈阳皇姑支行　　银行账号：2107024015890035666

销售方开户银行：招商银行北京宣武分行　　银行账号：2590739805061504276

开票人：岂俏

图2-198　红字增值税专用发票

中国工商银行　电汇凭证（回单）　1　　36257067

☑普通　☐加急

委托日期 2025年01月14日

汇款人	全　称	辽宁恒通商贸有限公司	收款人	全　称	北京嘉伟服装有限公司
	账　号	2107024015890035666		账　号	2590739805061504276
	开户银行	中国工商银行沈阳皇姑支行		开户银行	招商银行北京宣武分行
金额	人民币（大写）	壹拾捌万叁仟零陆拾元整		亿千百十万千百十元角分	¥ 1 8 3 0 6 0 0 0
				支付密码	
				附加信息及用途：货款	
				复核　　记账	

中国工商银行沈阳皇姑支行 2025.01.14 转讫 (7)

此联为汇出行给汇款人的回单

图2-199　电汇付款凭证

【实验过程概览】

本业务的实验过程概览见表2-13。

表 2-13　实验过程概览

序号	操作日期	操作员	系统	操作内容
1	2025-01-13	G01张宏亮	采购管理	填制采购订单
2	2025-01-13	G01张宏亮	采购管理	参照采购订单生成采购专用发票
3	2025-01-13	W02赵凯杰	应付款管理	应付单据审核，制单处理
4	2025-01-14	G01张宏亮	采购管理	参照采购订单生成到货单
5	2025-01-14	C01李泽伟	库存管理	参照到货单生成采购入库单
6	2025-01-14	G01张宏亮	采购管理	参照采购订单生成红字专用发票
7	2025-01-14	G01张宏亮	采购管理	手工结算
8	2025-01-14	W02赵凯杰	应付款管理	应付单据审核，制单处理
9	2025-01-14	W02赵凯杰	应付款管理	红票对冲并制单处理
10	2025-01-14	W02赵凯杰	存货核算	正常单据记账，生成凭证
11	2025-01-14	W03贺青春	应付款管理	付款单据录入
12	2025-01-14	W02赵凯杰	应付款管理	付款单据审核、手工核销和制单处理

【实验过程】

结算前折让业务

1. 填制采购订单

2025年1月13日，由张宏亮（G01）登录企业应用平台。依次双击“业务工作”页签中的“供应链→采购管理→采购订货→采购订单”菜单，打开“采购订单”窗口。单击工具栏的“增加”按钮，根据图2-194填制采购订单。填制完毕保存并审核该采购订单，结果如图2-200所示。关闭并退出“采购订单”窗口。

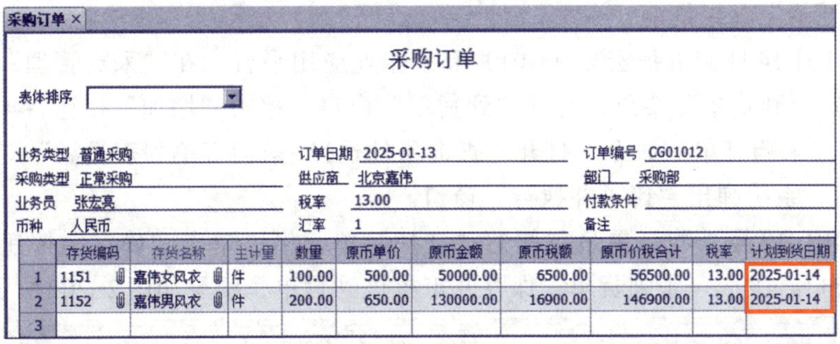
采购订单 ×

采购订单

表体排序

业务类型	普通采购	订单日期	2025-01-13	订单编号	CG01012
采购类型	正常采购	供应商	北京嘉伟	部门	采购部
业务员	张宏亮	税率	13.00	付款条件	
币种	人民币	汇率	1	备注	

	存货编码	存货名称	主计量	数量	原币单价	原币金额	原币税额	原币价税合计	税率	计划到货日期
1	1151	嘉伟女风衣	件	100.00	500.00	50000.00	6500.00	56500.00	13.00	2025-01-14
2	1152	嘉伟男风衣	件	200.00	650.00	130000.00	16900.00	146900.00	13.00	2025-01-14
3										

图2-200　采购订单

2. 参照采购订单生成采购专用发票

依次双击“业务工作”页签中的“供应链→采购管理→采购发票→专用采购发票”菜单，打开“专用发票”窗口。单击工具栏的“增加”按钮，再执行工具栏的“生单”|“采购订单”命令，打开“查询条件选择-采购订单列表过滤”对话框，单击“确定”按钮。在“拷贝并执行”窗口，双击选择CG01012号采购订单对应的“选择”栏，然后单击工具栏的“确定”按钮，返回“专用发票”窗口。根据图2-195，修改表头项目“发票号”为“69861162”，其他项默认。单击工具栏的“保存”按钮，结果如图2-201所示。

专用发票 ×

专用发票

表体排序

业务类型	普通采购	发票类型	专用发票	发票号	69861162
开票日期	2025-01-13	供应商	北京嘉伟	代垫单位	北京嘉伟
采购类型	正常采购	税率	13.00	部门名称	采购部
业务员	张宏亮	币种	人民币	汇率	1
发票日期		付款条件		备注	

	存货编码	存货名称	主计量	数量	原币单价	原币金额	原币税额	原币价税合计	税率	订单号
1	1151	嘉伟女风衣	件	100.00	500.00	50000.00	6500.00	56500.00	13.00	CG01012
2	1152	嘉伟男风衣	件	200.00	650.00	130000.00	16900.00	146900.00	13.00	CG01012
3										

图2-201　采购专用发票

3. 应付单据审核，制单处理

2025年1月13日，由赵凯杰（W02）登录企业应用平台。

（1）应付单据审核。依次双击“业务工作”页签中的“财务会计→应付款管理→应付单据处理→应付单据审核”菜单，系统打开“应付单查询条件”窗口，勾选“未完全报销”，单击“确定”按钮，打开“单据处理”窗口。选中69861162号采购发票并对其进行审核，审核完毕关闭该窗口。

（2）制单处理。双击“制单处理”菜单，打开“制单查询”对话框，选择“发票制单”，单击“确定”按钮，打开“制单”窗口。依次单击“全选”“制单”按钮，生成一张记账凭证，单击“保存”按钮。

借：在途物资	180 000.00	
应交税费/应交增值税/进项税额	23 400.00	
贷：应付账款/一般应付账款（北京嘉伟）		203 400.00

4. 参照采购订单生成到货单

2025年1月14日，由张宏亮（G01）登录企业应用平台。在“采购管理”子系统，双击“采购到货→到货单”菜单，打开“到货单”窗口。单击“增加”按钮，再执行工具栏的“生单”|“采购订单”命令，打开“查询条件选择-采购订单列表过滤”对话框，单击“确定”按钮，系统弹出“拷贝并执行”窗口。

双击CG01012号采购订单最左侧的“选择”单元格，单击“确定”按钮，系统返回“到货单”窗口，生成一张到货单，保存并审核该到货单，结果如图2-202所示。

到货单 ×

到货单

表体排序

业务类型	普通采购	单据号	0000000016	日期	2025-01-14
采购类型	正常采购	供应商	北京嘉伟	部门	采购部
业务员	张宏亮	币种	人民币	汇率	1
运输方式		税率	13.00	备注	

	存货编码	存货名称	主计量	数量	原币单价	原币金额	原币税额	原币价税合计	税率	拒收数量	订单号	已拒收数量
1	1151	嘉伟女风衣	件	100.00	500.00	50000.00	6500.00	56500.00	13.00		CG01012	
2	1152	嘉伟男风衣	件	200.00	650.00	130000.00	16900.00	146900.00	13.00		CG01012	
3												

图2-202　到货单

5. 参照到货单生成采购入库单

2025年1月14日，由李泽伟（C01）登录企业应用平台。依次双击“业务工作”页签中的“供应链→库存管理→入库业务→采购入库单”菜单，系统打开“采购入库单”窗口。执行“生单”|“采购到货单（蓝字）”命令，打开“查询条件选择-采购到货单列表”对话框，单击“确定”按钮，系统打开“到货单生单列表”窗口。双击14日北京嘉伟的到货单所对应的“选择”栏（即上一步骤完成的到货单），再单击“确定”按钮，系统返回“采购入库单”窗口。

根据图2-196，修改采购入库单表头项目“入库单号”为“RK01016”，“仓库”选择“服装仓”，其他项默认。保存并审核该采购入库单，结果如图2-203所示。

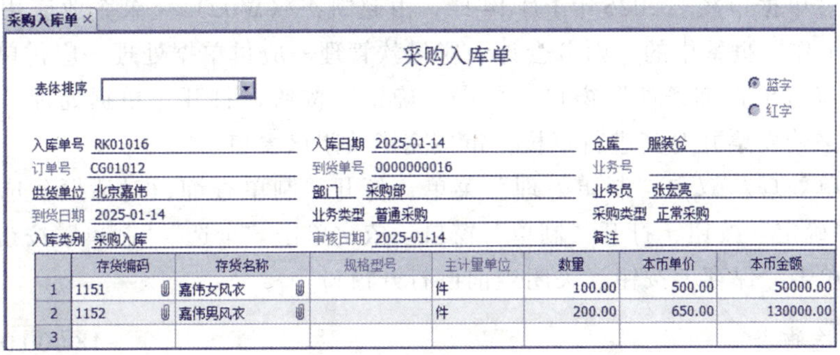

图2-203　采购入库单

6. 参照采购订单生成红字专用发票

2025年1月14日，由张宏亮（G01）登录企业应用平台。依次双击“业务工作”页签中的“供应链→采购管理→采购发票→红字专用采购发票”菜单，打开“专用发票”窗口。单击“增加”按钮，参照CG01012号采购订单生成红字专用发票，根据图2-198，修改表头项目“发票号”为“69861167”，保存该发票，结果如图2-204所示。关闭“专用发票”窗口。

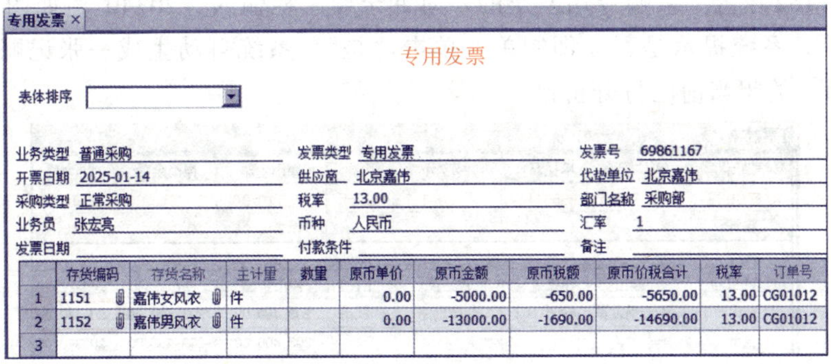

图2-204　红字采购专用发票

7. 手工结算

双击“采购管理→采购结算→手工结算”，打开“手工结算”窗口，单击“选单”按钮，打开“结算选单”窗口。单击“查询”按钮，打开“查询条件选择-采购手工结算”对话框，点击“确定”。

选中69861162、69861167号采购发票和RK01016号采购入库单，单击“确定”按钮，系统回到“手工结算”窗口，如图2-205所示，单击“结算”按钮，系统显示“完成结算”。

手工结算 ×

结算汇总

单据类型	存货编号	存货名称	单据号	结算数量	发票数量	合理损耗数量	非合理损耗数量	非合理损耗金额	发票单价	发票金额
采购发票	1151	嘉伟女风衣	69861162		100.00				500.00	50000.00
采购发票			69861167						0.00	-5000.00
采购入库单			RK01016	100.00						
		合计		100.00	100.00	0.00	0.00	0.00		45000.00
采购发票	1152	嘉伟男风衣	69861162		200.00				650.00	130000.00
采购发票			69861167						0.00	-13000.00
采购入库单			RK01016	200.00						
		合计		200.00	200.00	0.00	0.00	0.00		117000.00

图2-205 “手工结算”窗口

8. 应付单据审核，制单处理

（1）应付单据审核。2025年1月14日，由赵凯杰（W02）登录企业应用平台。依次双击“业务工作”页签中的“财务会计→应付款管理→应付单据处理→应付单据审核”菜单，打开“应付单查询条件”窗口，单击“确定”按钮，打开“单据处理”窗口。选中69861167号采购发票并对其进行审核，审核完毕关闭该窗口。

（2）制单处理。双击“制单处理”菜单，打开“制单查询”对话框，选择“发票制单”，单击“确定”按钮，打开“制单”窗口。依次单击“全选”“制单”按钮，生成一张记账凭证，单击“保存”按钮。关闭当前已打开窗口。

借：在途物资	-18 000.00	
应交税费/应交增值税/进项税额	-2 340.00	
贷：应付账款/一般应付账款（北京嘉伟）		-20 340.00

9. 红票对冲并制单处理

依次双击“业务工作”页签中的“财务会计→应付款管理→转账→红票对冲→手工对冲”菜单，系统打开“红票对冲条件”窗口，供应商选择“北京嘉伟”，单击“确定”，打开“红票对冲”窗口。

在69861162号蓝字采购专用发票的“对冲金额”栏输入“20340”，如图2-206所示。单击“保存”，系统提示是否立即制单？单击“是”，系统自动生成一张记账凭证，单击“保存”按钮。关闭当前已打开窗口。

红票对冲 ×

单据日期	单据类型	单据编号	供应商	币种	原币金额	原币余额	对冲金额
2025-01-13	采购专用发票	69861167	北京嘉伟	人民币	20,340.00	20,340.00	20,340.00
合计					20,340.00	20,340.00	20,340.00

单据日期	单据类型	单据编号	供应商	币种	原币金额	原币余额	对冲金额
2025-01-13	采购专用发票	69861162	北京嘉伟	人民币	203,400.00	203,400.00	20,340.00
合计					203,400.00	203,400.00	20,340.00

图2-206 “红票对冲”窗口

贷：应付账款/一般应付账款（北京嘉伟）	-20 340.00
贷：应付账款/一般应付账款（北京嘉伟）	20 340.00

10. 正常单据记账，生成凭证

（1）正常单据记账。在供应链的“存货核算”子系统，依次双击“业务核算→正常单据记账”菜单，系统打开“查询条件选择”窗口，单击“确定”按钮，系统打开“未记账单据一览表”窗口。选中RK01016号采购入库单并对其进行记账。记账完毕关闭该窗口。

（2）生成凭证。依次双击“存货核算”子系统的“财务核算→生成凭证”菜单，系统打开“生成凭证”窗口。单击“选择”，系统弹出“查询条件”对话框，单击“确定”，系统打开“选择单据”窗口，选中已记账的RK01016号采购入库单，再单击“确定”，系统自动关闭“选择单据”窗口返回“生成凭证”窗口，单击“生成”，系统打开“填制凭证”窗口并自动生成凭证，保存该记账凭证。

借：库存商品	162 000.00	
贷：在途物资		162 000.00

11. 付款单据录入

2025年1月14日，由贺青春（W03）登录企业应用平台。依次双击“业务工作”页签中的“财务会计→应付款管理→付款单据处理→付款单据录入”菜单，打开“收付款单录入”窗口。单击“增加”，根据图2-199填制并保存一张付款单，结果如图2-207所示。

收付款单录入 ×

付款单

表体排序

单据编号	0000000014	日期	2025-01-14	供应商	北京嘉伟
结算方式	电汇	结算科目	10020101	币种	人民币
汇率	1	金额	183060.00	本币金额	183060.00
供应商银行	招商银行北京宣武分行	供应商账号	2590739805061504276	票据号	36257067
部门	采购部	业务员	张宏亮	项目	
摘要					

	款项类型	供应商	科目	金额	本币金额	部门	业务员	项目
1	应付款	北京嘉伟	220201	183060.00	183060.00	采购部	张宏亮	
2								

图2-207　付款单

12. 付款单据审核、手工核销和制单处理

2025年1月14日，由赵凯杰（W02）登录企业应用平台。

（1）付款单据审核。在应付款管理系统，双击“付款单据处理→付款单据审核”菜单，打开“付款单查询条件”窗口，单击“确定”，系统弹出“收付款单列表”窗口。选中14日支付北京嘉伟货款的付款单并审核，审核完毕关闭该窗口。

（2）手工核销。双击“核销处理→手工核销”菜单，打开“核销条件”窗口，供应商选择“北京嘉伟”，单击“确定”按钮，打开“单据核销”窗口。在69861162号采购专用发票的“本次结算”栏输入“183060”，如图2-208所示，单击“保存”。退出该窗口。

单据核销 ×

单据日期	单据类型	单据编号	供应商	款项类型	结算方式	币种	汇率	原币金额	原币余额	本次结算	订单号
2025-01-14	付款单	0000000014	北京嘉伟	应付款	电汇	人民币	1.00000000	183,060.00	183,060.00	183,060.00	
合计								183,060.00	183,060.00	183,060.00	

单据日期	单据类型	单据编号	到期日	供应商	币种	原币金额	原币余额	可享受折扣	本次折扣	本次结算	订单号	凭证号
2025-01-13	采购专用发票	69861162	2025-01-13	北京嘉伟	人民币	203,400.00	183,060.00	0.00	0.00	183,060.00	CG01012	记-0035
合计						203,400.00	183,060.00	0.00		183,060.00		

图2-208　“单据核销”窗口

（3）制单处理。双击“制单处理”菜单，打开“制单查询”对话框，勾选“收付款单制单”“核销制单”，单击“确定”，打开“制单”窗口。依次单击“全选”“合并”“制单”，生成一张记账凭证，单击“保存”按钮。

借：应付账款/一般应付账款（北京嘉伟）　183 060.00

　贷：银行存款/中国工商银行/沈阳皇姑支行　183 060.00

业务4　结算后退货业务

【实验资料】

2025年1月14日，对合同编号为CG01001的货物进行抽检，发现15件嘉伟羽绒服存在隐蔽瑕疵。经与对方协商后即日办理退货，当日收到对方开具的负数增值税专用发票及货款。

相关凭证如图2-209至图2-211所示。

入库单

供应商：北京嘉伟　　2025 年 01 月 14 日　　单号：RK01017

验收仓库	存货编码	存货名称	计量单位	数量		单价	金额
				应收	实收		
服装仓	1153	嘉伟羽绒服	件	−15	−15		
合　计							

部门经理：略　　会计：略　　仓库：略　　经办人：略

图2-209　入库单

电子发票（增值税专用发票）

发票号码：25112000000069861173

开票日期：2025 年 01 月 14 日

购买方信息	销售方信息
名称：辽宁恒通商贸有限公司	名称：北京嘉伟服装有限公司
统一社会信用代码/纳税人识别号：91210105206917583A	统一社会信用代码/纳税人识别号：91110104759695583N

项目名称	规格型号	单位	数量	单价	金额	税率/征收率	税额
*服装*嘉伟羽绒服		件	−15	668.00	−10 020.00	13%	−1 302.60
合　计					¥−10 020.00		¥−1 302.60
价税合计（大写）	⊗（负数）壹万壹仟叁佰贰拾贰元陆角整					（小写）	¥−11 322.60

备注：

购买方开户银行：中国工商银行沈阳皇姑支行　银行账号：2107024015890035666

销售方开户银行：招商银行北京宣武分行　银行账号：2590739805061504276

开票人：岂俏

图2-210　红字增值税专用发票

中国工商银行　电汇凭证（收账通知）　4　　64601125

☑普通　☐加急　　委托日期 2025年01月14日

汇款人		收款人	
全　称	北京嘉伟服装有限公司	全　称	辽宁恒通商贸有限公司
账　号	2590739805061504276	账　号	2107024015890035666
开户银行	招商银行北京宣武分行	开户银行	中国工商银行沈阳皇姑支行

金额	人民币（大写）	壹万壹仟叁佰贰拾贰元陆角整	亿	千	百	十	万	千	百	十	元	角	分
							¥	1	1	3	2	2	6	0

此汇款已收入收款人账户。　　汇入行签章

支付密码

附加信息及用途：退货款

复核　　记账

此联为开户行给收款人的收账通知

（印章：中国工商银行沈阳皇姑支行 转讫 (8)）

图2-211　电汇收款凭证

【实验过程概览】

本业务的实验过程概览见表2-14。

表 2-14　　实验过程概览

序号	操作日期	操作员	系统	操作内容
1	2025-01-14	G01张宏亮	采购管理	参照采购订单生成采购退货单
2	2025-01-14	C01李泽伟	库存管理	参照采购退货单生成（负数）采购入库单
3	2025-01-14	G01张宏亮	采购管理	参照（负数）采购入库单生成红字采购专用发票（现付）
4	2025-01-14	W02赵凯杰	应付款管理	应付单据审核，制单处理
5	2025-01-14	W02赵凯杰	存货核算	正常单据记账，生成凭证

【实验过程】

结算后退货业务

1. 参照采购订单生成采购退货单

2025年1月14日，由张宏亮（G01）登录企业应用平台。在“采购管理”子系统，双击“采购到货→采购退货单”菜单，打开“采购退货单”窗口。单击“增加”，再执行工具栏的“生单”|“采购订单”命令，打开“查询条件选择-采购订单列表过滤”对话框，“订单号”栏选择“CG01001”，单击“确定”按钮，系统弹出“拷贝并执行”窗口。窗口上方选中CG01001号采购订单最左侧的“选择”单元格，选中该订单，窗口下方只选中嘉伟羽绒服，如图2-212所示，单击“确定”按钮，系统返回“采购退货单”窗口。将表体嘉伟羽绒服的“数量”改为“-15”，保存并审核该退货单，结果如图2-213所示。

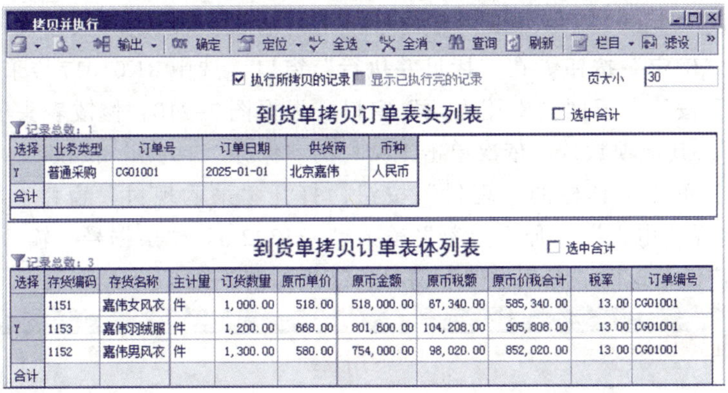

图2-212　“拷贝并执行”窗口

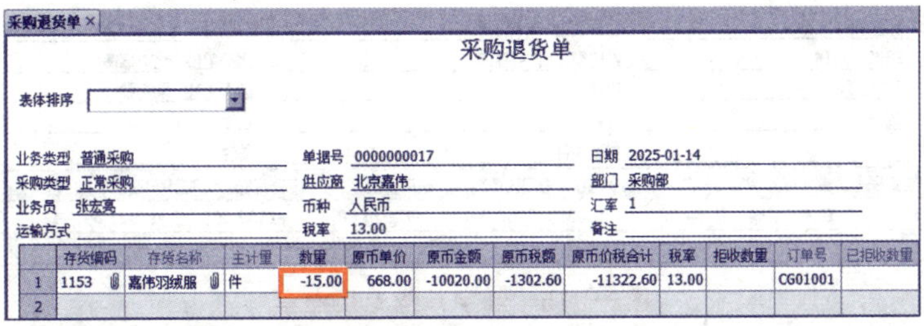

图2-213　采购退货单

2. 参照采购退货单生成（负数）采购入库单

2025年1月14日，由李泽伟（C01）登录企业应用平台。依次双击“业务工作”页签

中的“供应链→库存管理→入库业务→采购入库单”菜单，系统打开“采购入库单”窗口。执行“生单”|“采购到货单（红字）”命令，打开“查询条件选择-采购到货单列表”对话框，单击“确定”按钮，系统打开“到货单生单列表”窗口。选中14日北京嘉伟的退货单，再单击“确定”按钮，系统返回“采购入库单”窗口。

根据图2-209，修改采购入库单表头项目“入库单号”为“RK01017”，“仓库”选择“服装仓”，其他项默认。保存并审核该采购入库单，结果如图2-214所示。

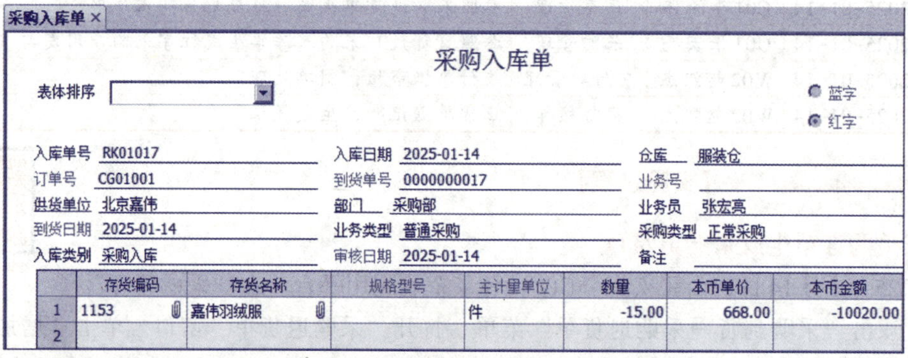
采购入库单 ×

采购入库单

表体排序

蓝字 红字

入库单号 RK01017　入库日期 2025-01-14　仓库 服装仓
订单号 CG01001　到货单号 0000000017　业务号
供货单位 北京嘉伟　部门 采购部　业务员 张宏亮
到货日期 2025-01-14　业务类型 普通采购　采购类型 正常采购
入库类别 采购入库　审核日期 2025-01-14　备注

	存货编码	存货名称	规格型号	主计量单位	数量	本币单价	本币金额
1	1153	嘉伟羽绒服		件	-15.00	668.00	-10020.00
2							

图2-214 （负数）采购入库单

3. 参照（负数）采购入库单生成红字采购专用发票（现付）

2025年1月14日，由张宏亮（G01）登录企业应用平台。

（1）生成红字采购专用发票。依次双击“业务工作”页签中的“供应链→采购管理→采购发票→红字专用采购发票”菜单，打开“专用发票”窗口。单击“增加”按钮，再执行工具栏的“生单”|“入库单”命令，打开“查询条件选择-采购入库单列表过滤”对话框，单击“确定”按钮。在“拷贝并执行”窗口，选中RK01017号采购入库单，然后单击“确定”按钮，返回“专用发票”窗口。根据图2-210，修改表头项目“发票号”为“69861173”，其他项默认。依次单击工具栏的“保存”“结算”按钮。

（2）现付。单击工具栏的“现付”按钮，打开“采购现付”窗口。根据图2-211，“结算方式”选择“电汇”，“原币金额”输入“-11322.6”，“票据号”输入“64601125”，单击“确定”按钮，返回“专用发票”窗口，结果如图2-215所示。

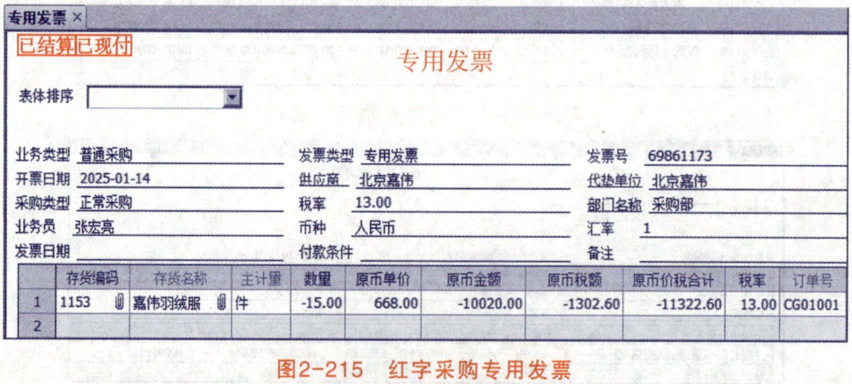
专用发票 ×

已结算已现付

专用发票

表体排序

业务类型 普通采购　发票类型 专用发票　发票号 69861173
开票日期 2025-01-14　供应商 北京嘉伟　代垫单位 北京嘉伟
采购类型 正常采购　税率 13.00　部门名称 采购部
业务员 张宏亮　币种 人民币　汇率 1
发票日期　付款条件　备注

	存货编码	存货名称	主计量	数量	原币单价	原币金额	原币税额	原币价税合计	税率	订单号
1	1153	嘉伟羽绒服	件	-15.00	668.00	-10020.00	-1302.60	-11322.60	13.00	CG01001
2										

图2-215 红字采购专用发票

4. 应付单据审核，制单处理

2025年1月14日，由赵凯杰（W02）登录企业应用平台。

（1）应付单据审核。依次双击“业务工作”页签中的“财务会计→应付款管理→应付单据处理→应付单据审核”菜单，系统打开“应付单查询条件”窗口，勾选“包含已现结发票”，单击“确定”按钮，打开“单据处理”窗口。选中69861173号采购发票并对其进行审核。审核完毕退出该窗口。

（2）制单处理。双击“制单处理”菜单，打开“制单查询”对话框，勾选“现结制单”，单击“确定”按钮，打开“制单”窗口。依次单击“全选”“制单”，生成一张记账凭证，单击“保存”按钮。关闭当前已打开窗口。

借：在途物资	-10 020.00	
应交税费/应交增值税/进项税额	-1 302.60	
贷：银行存款/中国工商银行/沈阳皇姑支行		-11 322.60

5. 正常单据记账，生成凭证

（1）正常单据记账。在供应链的“存货核算”子系统，依次双击“业务核算→正常单据记账”菜单，系统打开“查询条件选择”窗口，单击“确定”按钮，系统打开“未记账单据一览表”窗口。选中RK01017号采购入库单并对其进行记账。记账完毕退出该窗口。

（2）生成凭证。依次双击“存货核算”子系统的“财务核算→生成凭证”菜单，系统打开“生成凭证”窗口。单击“选择”按钮，系统弹出“查询条件”对话框，单击“确定”按钮，系统打开“选择单据”窗口，单击工具栏的“全选”按钮，以选中已记账的RK01017号采购入库单，再单击“确定”按钮，系统自动关闭“选择单据”窗口返回“生成凭证”窗口，单击工具栏的“生成”按钮，系统打开“填制凭证”窗口并自动生成凭证，保存该记账凭证。

借：库存商品	-10 020.00	
贷：在途物资		-10 020.00

业务5　带信用条件的退货业务

【实验资料】

2025年1月14日，对合同编号为CG01004的货物进行复检，发现有20件嘉伟羽绒服存在隐蔽瑕疵。经与对方协商后即日办理退货，当日收到天津惠阳开具的负数增值税专用发票及货款。(退货款要求通过应付系统收款单处理)

相关凭证如图2-216至图2-218所示。

入库单

供应商：天津惠阳　　2025 年 01 月 14 日　　单号：RK01018

验收仓库	存货编码	存货名称	计量单位	数量		单价	金额
				应收	实收		
服装仓	1153	嘉伟羽绒服	件	-20	-20		
合计							

部门经理：略　　会计：略　　仓库：略　　经办人：略

图2-216　入库单

电子发票（增值税专用发票）

发票号码：25122000000032307946
开票日期：2025 年 01 月 14 日

（全国统一发票监制章 国家税务总局 天津市税务局）

购买方信息 名称：辽宁恒通商贸有限公司 统一社会信用代码/纳税人识别号：91210105206917583A	销售方信息 名称：天津惠阳商贸有限公司 统一社会信用代码/纳税人识别号：91120104572036908U

项目名称	规格型号	单位	数量	单价	金额	税率/征收率	税额
*服装*嘉伟羽绒服		件	-20	600.00	-12 000.00	13%	-1 560.00
合　计					¥-12 000.00		¥-1 560.00
价税合计（大写）	⊗（负数）壹万叁仟伍佰陆拾元整					（小写）	¥-13 560.00

备注：
购买方开户银行：中国工商银行沈阳皇姑支行　银行账号：2107024015890035666
销售方开户银行：华夏银行天津南开支行　银行账号：2806725046208670931

开票人：李丹

图2-217　红字增值税专用发票

中国工商银行　电汇凭证（收账通知）　52966921

4

☑普通　□加急　　委托日期 2025年01月14日

汇款人	全　称	天津惠阳商贸有限公司	收款人	全　称	辽宁恒通商贸有限公司
	账　号	2806725046208670931		账　号	2107024015890035666
	开户银行	华夏银行天津南开支行		开户银行	中国工商银行沈阳皇姑支行
金额	人民币（大写）	壹万叁仟贰佰元整		亿千百十万千百十元角分	¥1320000
此汇款已收入收款人账户。 汇入行签章			支付密码		
			附加信息及用途：退货款	复核　记账	

（中国工商银行 沈阳皇姑支行 2025.01.14 转讫 (8)）

此联为开户行给收款人的收账通知

图2-218　电汇收款凭证

【实验过程概览】

本业务的实验过程概览见表2-15。

表 2-15　　实验过程概览

序号	操作日期	操作员	系统	操作内容
1	2025-01-14	G01张宏亮	采购管理	参照采购订单生成采购退货单
2	2025-01-14	C01李泽伟	库存管理	参照采购退货单生成（负数）采购入库单
3	2025-01-14	G01张宏亮	采购管理	参照（负数）采购入库单生成红字采购专用发票
4	2025-01-14	W02赵凯杰	应付款管理	应付单据审核，制单处理
5	2025-01-14	W02赵凯杰	存货核算	正常单据记账，生成凭证
6	2025-01-14	W03贺青春	应付款管理	付款单据录入（收款单）
7	2025-01-14	W02赵凯杰	应付款管理	付款单据审核、手工核销和制单处理

【实验过程】

带信用条件的退货业务

1. 参照采购订单生成采购退货单

2025年1月14日，由张宏亮（G01）登录企业应用平台。在“采购管理”子系统，双击“采购到货→采购退货单”菜单，打开“采购退货单”窗口。单击“增加”，再执行工具栏的“生单”|“采购订单”命令，打开“查询条件选择-采购订单列表过滤”对话框，单击“确定”按钮，系统弹出“拷贝并执行”窗口。窗口上方选中CG01004号采购订单最左侧的“选择”单元格，窗口下方只选中嘉伟羽绒服，单击“确定”，系统返回“采购退货单”窗口。将嘉伟羽绒服的“数量”改为“-20”，保存并审核该采购退货单，结果如图2-219所示。

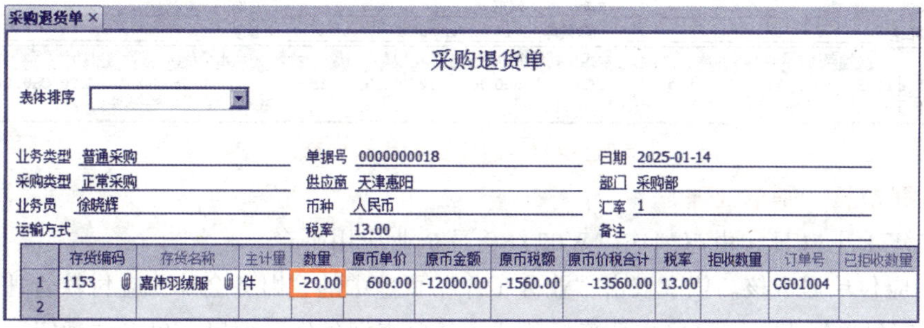
采购退货单 ×

采购退货单

表体排序

业务类型 普通采购　单据号 0000000018　日期 2025-01-14

采购类型 正常采购　供应商 天津惠阳　部门 采购部

业务员 徐晓辉　币种 人民币　汇率 1

运输方式　税率 13.00　备注

	存货编码	存货名称	主计量	数量	原币单价	原币金额	原币税额	原币价税合计	税率	拒收数量	订单号	已拒收数量
1	1153	嘉伟羽绒服	件	-20.00	600.00	-12000.00	-1560.00	-13560.00	13.00		CG01004	
2												

图2-219　采购退货单

2. 参照采购退货单生成（负数）采购入库单

2025年1月14日，由李泽伟（C01）登录企业应用平台。依次双击“业务工作”页签中的“供应链→库存管理→入库业务→采购入库单”菜单，系统打开“采购入库单”窗口。执行“生单”|“采购到货单（红字）”命令，打开“查询条件选择-采购到货单列表”对话框，单击“确定”按钮，系统打开“到货单生单列表”窗口。选中14日天津惠阳的退货单，再单击“确定”按钮，系统返回“采购入库单”窗口。

根据图2-216，修改采购入库单表头项目“入库单号”为“RK01018”，“仓库”选择“服装仓”，其他项默认。保存并审核该采购入库单，结果如图2-220所示。

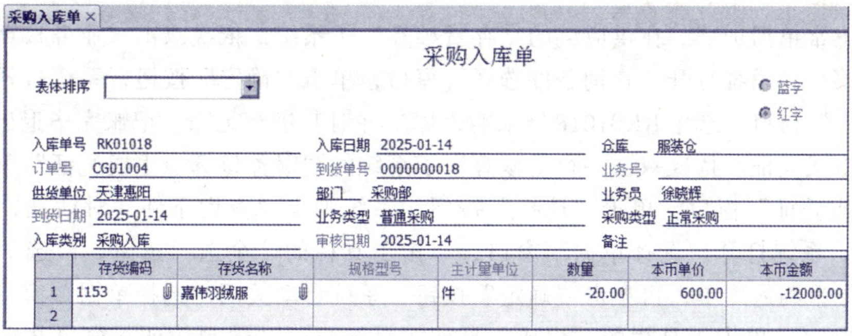
采购入库单 ×

采购入库单

表体排序　蓝字　红字

入库单号 RK01018　入库日期 2025-01-14　仓库 服装仓

订单号 CG01004　到货单号 0000000018　业务号

供货单位 天津惠阳　部门 采购部　业务员 徐晓辉

到货日期 2025-01-14　业务类型 普通采购　采购类型 正常采购

入库类别 采购入库　审核日期 2025-01-14　备注

	存货编码	存货名称	规格型号	主计量单位	数量	本币单价	本币金额
1	1153	嘉伟羽绒服		件	-20.00	600.00	-12000.00
2							

图2-220　（负数）采购入库单

3. 参照（负数）采购入库单生成红字采购专用发票

2025年1月14日，由张宏亮（G01）登录企业应用平台。依次双击“业务工作”页签中的“供应链→采购管理→采购发票→红字专用采购发票”菜单，打开“专用发票”窗口。单击“增加”按钮，再执行工具栏的“生单”|“入库单”命令，打开“查

询条件选择-采购入库单列表过滤”对话框，单击“确定”按钮。在“拷贝并执行”窗口，选中RK01018号采购入库单，然后单击“确定”按钮，返回“红字专用采购发票”窗口。

根据图2-217，修改表头项目“发票号”为“32307946”，其他项默认。依次单击工具栏的“保存”“结算”按钮，结果如图2-221所示。

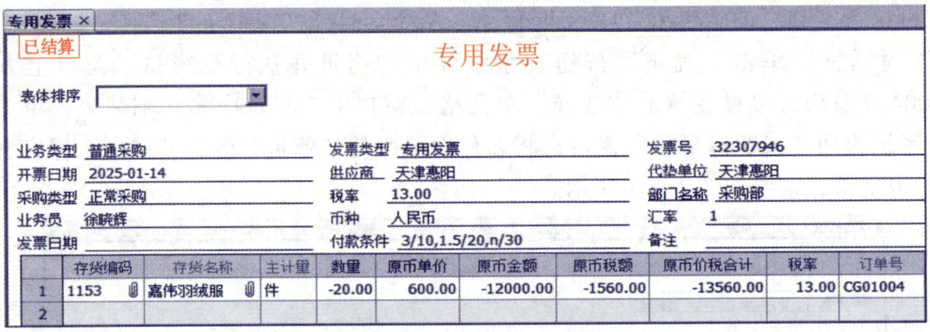
专用发票 ×

已结算

专用发票

表体排序

业务类型 普通采购　　发票类型 专用发票　　发票号 32307946

开票日期 2025-01-14　　供应商 天津惠阳　　代垫单位 天津惠阳

采购类型 正常采购　　税率 13.00　　部门名称 采购部

业务员 徐晓辉　　币种 人民币　　汇率 1

发票日期　　付款条件 3/10,1.5/20,n/30　　备注

	存货编码	存货名称	主计量	数量	原币单价	原币金额	原币税额	原币价税合计	税率	订单号
1	1153	嘉伟羽绒服	件	-20.00	600.00	-12000.00	-1560.00	-13560.00	13.00	CG01004
2										

图2-221　红字采购专用发票

4. 应付单据审核，制单处理

2025年1月14日，由赵凯杰（W02）登录企业应用平台。

（1）应付单据审核。依次双击“业务工作”页签中的“财务会计→应付款管理→应付单据处理→应付单据审核”菜单，系统打开“应付单查询条件”窗口，单击“确定”按钮，打开“单据处理”窗口。选中32307946号采购发票并对其进行审核。审核完毕退出该窗口。

（2）制单处理。双击“制单处理”菜单，打开“制单查询”对话框，单击“确定”按钮，打开“制单”窗口。依次单击“全选”“制单”按钮，生成一张记账凭证，单击“保存”按钮。关闭当前已打开窗口。

借：在途物资	-12 000.00
应交税费/应交增值税/进项税额	-1 560.00
贷：应付账款/一般应付账款（天津惠阳）	-13 560.00

5. 正常单据记账，生成凭证

（1）正常单据记账。在供应链的“存货核算”子系统，依次双击“业务核算→正常单据记账”菜单，系统打开“查询条件选择”窗口，单击“确定”按钮，系统打开“未记账单据一览表”窗口。选中RK01018号采购入库单并对其进行记账。记账完毕退出该窗口。

（2）生成凭证。依次双击“存货核算”子系统的“财务核算→生成凭证”菜单，系统打开“生成凭证”窗口。单击“选择”按钮，系统弹出“查询条件”对话框，单击“确定”按钮，系统打开“选择单据”窗口，单击工具栏的“全选”按钮，以选中已记账的RK01018号采购入库单，再单击“确定”按钮，系统自动关闭“选择单据”窗口返回“生成凭证”窗口，单击工具栏的“生成”按钮，系统打开“填制凭证”窗口并自动生成凭证，保存该记账凭证。

借：库存商品	-12 000.00
贷：在途物资	-12 000.00

6. 付款单据录入（收款单）

2025年1月14日，由贺青春（W03）登录企业应用平台。依次双击“业务工作”页签中的“财务会计→应付款管理→付款单据处理→付款单据录入”菜单，打开“收付款单录入”窗口。单击“切换”，再单击“增加”，根据图2-218填制一张收款单并保存，结果如图2-222所示。

收付款单录入 ×

收款单

表体排序

单据编号 0000000003　日期 2025-01-14　供应商 天津惠阳
结算方式 电汇　结算科目 10020101　币种 人民币
汇率 1　金额 13200.00　本币金额 13200.00
供应商银行 华夏银行天津南开支行　供应商账号 2806725046208670931　票据号 52966921
部门 采购部　业务员 徐晓辉　项目
摘要

	款项类型	供应商	科目	金额	本币金额	部门	业务员	项目
1	应付款	天津惠阳	220201	13200.00	13200.00	采购部	徐辉	
2								

图2-222　应付系统收款单

7. 付款单据审核、手工核销和制单处理

2025年1月14日，由赵凯杰（W02）登录企业应用平台。

（1）付款单据审核。在应付款管理系统，双击“付款单据处理→付款单据审核”菜单，打开“付款单查询条件”窗口，单击“确定”，系统弹出“收付款单列表”窗口。选中1月14日收取天津惠阳退货款的收款单并审核，审核完毕关闭该窗口。

（2）手工核销。双击“核销处理→手工核销”菜单，打开“核销条件”窗口，供应商选择“天津惠阳”，单击“收付款单”选项卡，单据类型选择“收款单”，单击“确定”按钮，打开“单据核销”窗口。在采购专用发票的“本次折扣”栏输入“360”，“本次结算”栏输入“13200”，如图2-223所示，单击“保存”。退出该窗口。

单据核销 ×

单据日期	单据类型	单据编号	供应商	款项类型	结算方式	币种	汇率	原币金额	原币余额	本次结算	订单号
2025-01-14	收款单	0000000003	天津惠阳	应付款	电汇	人民币	1.00000000	13,200.00	13,200.00	13,200.00	
合计								13,200.00	13,200.00	13,200.00	

单据日期	单据类型	单据编号	到期日	供应商	币种	原币金额	原币余额	可享受折扣	本次折扣	本次结算	订单号	凭证号
2025-01-14	采购专用发票	32307946	2025-02-14	天津惠阳	人民币	13,560.00	13,560.00	406.80	360.00	13,200.00	CG01004	记-0042
合计						13,560.00	13,560.00	406.80	360.00	13,200.00		

图2-223　“单据核销”窗口

（3）制单处理。双击“制单处理”，打开“制单查询”对话框，勾选“收付款单制单”“核销制单”，单击“确定”，打开“制单”窗口，依次单击“全选”“合并”“制单”，生成一张记账凭证，将“财务费用/现金折扣”科目的方向改为借方蓝字，单击“保存”按钮。

借：应付账款/一般应付账款（天津惠阳）	-13 560.00	
财务费用/现金折扣	360.00	
贷：银行存款/中国工商银行/沈阳皇姑支行		-13 200.00

任务4　暂估业务

业务1　暂估入库

【实验资料】

2025年1月14日，采购部张宏亮与上海恒久签订购销合同，当日预付40%订金。

2025年1月15日，收到上海恒久发来的货物，全部验收合格并入库。

2025年1月15日（视同月末），处理本月暂估入库业务。

相关凭证如图2-224至图2-226所示。

购销合同

合同编号：CG01013

卖方：上海恒久表业有限公司

买方：辽宁恒通商贸有限公司

为保护买卖双方的合法权益，根据《中华人民共和国民法典》的有关规定，买卖双方经友好协商，一致同意签订本合同，并共同遵守合同约定。

一、货物的名称、数量及金额：

货物名称	规格型号	计量单位	数量	单价（不含税）	金额（不含税）	税率	税额
恒久情侣表		对	100	9 000.00	900 000.00	13%	117 000.00
合计					¥900 000.00		¥117 000.00

二、合同总金额：人民币壹佰零壹万柒仟元整（¥1 017 000.00）。

三、签订合同当日买方预付40%订金。卖方于1月15日发出全部货物。2月15日卖方开具增值税专用发票，买方以银行承兑汇票方式支付剩余款项。

四、交货地点：辽宁恒通商贸有限公司。

五、发运方式与运输费用承担方式：由卖方发货并承担运输费用。

卖　　方：上海恒久表业有限公司　　　　买　　方：辽宁恒通商贸有限公司

授权代表：张运久　　　　　　　　　　　授权代表：张宏亮

日　　期：2025年01月14日　　　　　　日　　期：2025年01月14日

图2-224　购销合同

中国工商银行　**电汇凭证**（回单）　1　　36257068

☑普通　☐加急　　委托日期 2025年01月14日

汇款人	全　称	辽宁恒通商贸有限公司	收款人	全　称	上海恒久表业有限公司
	账　号	21070240158900035666		账　号	9517205720902010400
	开户银行	中国工商银行沈阳皇姑支行		开户银行	中国银行上海静安支行
金额	人民币（大写）	肆拾万零陆仟捌佰元整		亿千百十万千百十元角分	¥ 4 0 6 8 0 0 0 0
			支付密码		
			附加信息及用途：订金		
			复核　　记账		

此联为汇出行给汇款人的回单

图2-225　电汇付款凭证

入库单

供应商：上海恒久　　2025年01月15日　　单号：RK01019

验收仓库	存货编码	存货名称	计量单位	数量		单价	金额
				应收	实收		
手表仓	1253	恒久情侣表	对	100	100		
合计							

部门经理：略　　会计：略　　仓库：略　　经办人：略

图2-226　入库单

【实验过程概览】

本业务的实验过程概览见表2-16。

表2-16　实验过程概览

序号	操作日期	操作员	系统	操作内容
1	2025-01-14	G01张宏亮	采购管理	填制采购订单
2	2025-01-14	W03贺青春	应付款管理	付款单据录入（预付款）
3	2025-01-14	W02赵凯杰	应付款管理	付款单据审核并制单处理
4	2025-01-15	G01张宏亮	采购管理	参照采购订单生成到货单
5	2025-01-15	C01李泽伟	库存管理	参照到货单生成采购入库单
6	2025-01-15	W02赵凯杰	存货核算	正常单据记账，生成凭证

【实验过程】

1. 填制采购订单

暂估入库

2025年1月14日，由张宏亮（G01）登录企业应用平台。依次双击“业务工作”页签中的“供应链→采购管理→采购订货→采购订单”菜单，打开“采购订单”窗口。单击工具栏的“增加”按钮，根据图2-224填制采购订单。填制完毕保存并审核该采购订单，如图2-227所示。

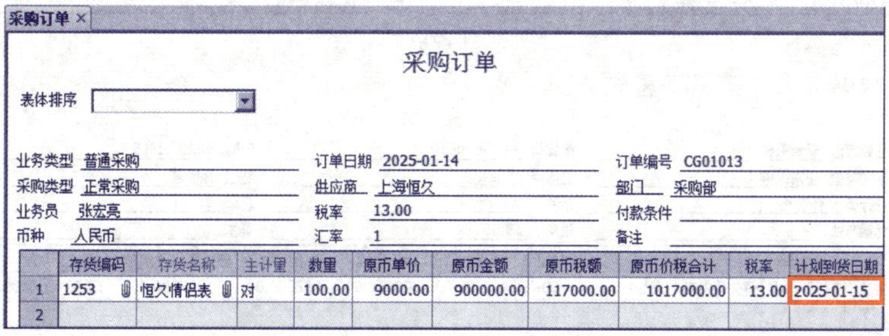
采购订单 ×

采购订单

表体排序

业务类型 普通采购　订单日期 2025-01-14　订单编号 CG01013
采购类型 正常采购　供应商 上海恒久　部门 采购部
业务员 张宏亮　税率 13.00　付款条件
币种 人民币　汇率 1　备注

	存货编码	存货名称	主计量	数量	原币单价	原币金额	原币税额	原币价税合计	税率	计划到货日期
1	1253	恒久情侣表	对	100.00	9000.00	900000.00	117000.00	1017000.00	13.00	2025-01-15
2										

图2-227　采购订单

2. 付款单据录入（预付款）

2025年1月14日，由贺青春（W03）登录企业应用平台。依次双击“业务工作”页签中的“财务会计→应付款管理→付款单据处理→付款单据录入”菜单，打开“收付款单录入”窗口。单击“增加”，根据图2-225填制付款单，并将表体第1行的“款项类型”改为“预付款”。单击“保存”，结果如图2-228所示。

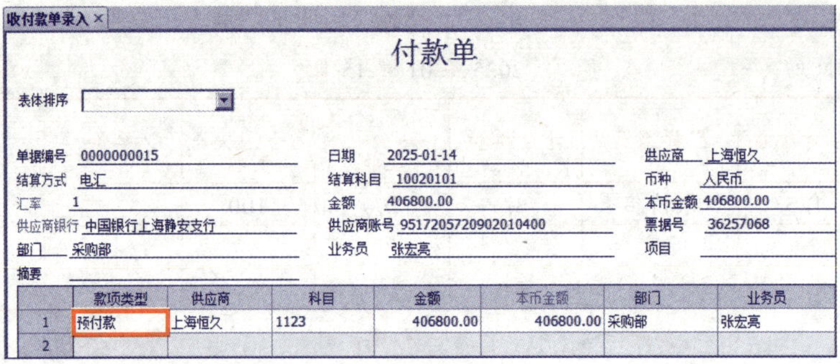

收付款单录入 ×

付款单

表体排序

单据编号 0000000015　日期 2025-01-14　供应商 上海恒久
结算方式 电汇　结算科目 10020101　币种 人民币
汇率 1　金额 406800.00　本币金额 406800.00
供应商银行 中国银行上海静安支行　供应商账号 9517205720902010400　票据号 36257068
部门 采购部　业务员 张宏亮　项目
摘要

	款项类型	供应商	科目	金额	本币金额	部门	业务员
1	预付款	上海恒久	1123	406800.00	406800.00	采购部	张宏亮
2							

图2-228　付款单

3. 付款单据审核并制单处理

2025年1月14日，由赵凯杰（W02）登录企业应用平台。依次双击“业务工作”页签中的“财务会计→应付款管理→付款单据处理→付款单据审核”菜单，打开“付款单查询条件”窗口，单击“确定”按钮，系统弹出“收付款单列表”窗口。

双击上海恒久那一行“选择”栏右侧任意单元格，打开“收付款单录入”窗口，单击工具栏的“审核”按钮，系统提示“是否立即制单?”，单击“是”，生成一张记账凭证，单击“保存”按钮。

借：预付账款（上海恒久）	406 800.00	
贷：银行存款/中国工商银行/沈阳皇姑支行		406 800.00

4. 参照采购订单生成到货单

2025年1月15日，由张宏亮（G01）登录企业应用平台。在“采购管理”子系统，双击“采购到货→到货单”菜单，打开“到货单”窗口。单击工具栏的“增加”按钮，再执行工具栏的“生单”|“采购订单”命令，打开“查询条件选择-采购订单列表过滤”对话框，单击“确定”按钮，系统弹出“拷贝并执行”窗口。双击选中CG01013号订单最左侧的“选择”单元格，单击“确定”按钮，系统返回“到货单”窗口，生成一张到货单。保存并审核该到货单，结果如图2-229所示。

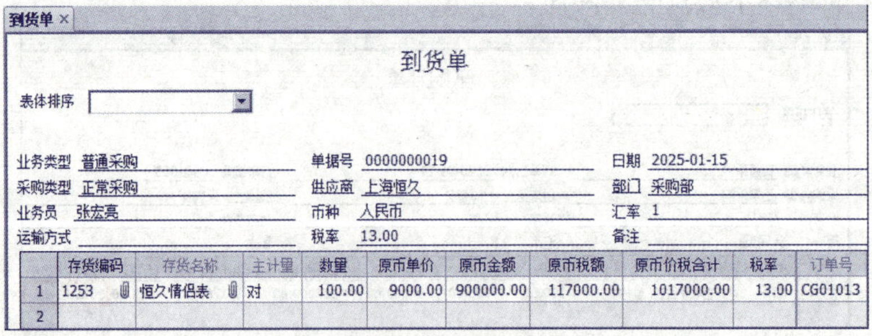

到货单 ×

到货单

表体排序

业务类型 普通采购　单据号 0000000019　日期 2025-01-15
采购类型 正常采购　供应商 上海恒久　部门 采购部
业务员 张宏亮　币种 人民币　汇率 1
运输方式　税率 13.00　备注

	存货编码	存货名称	主计量	数量	原币单价	原币金额	原币税额	原币价税合计	税率	订单号
1	1253	恒久情侣表	对	100.00	9000.00	900000.00	117000.00	1017000.00	13.00	CG01013
2										

图2-229　到货单

5. 参照到货单生成采购入库单

2025年1月15日，由李泽伟（C01）登录企业应用平台。依次双击“业务工作”页签中的“供应链→库存管理→入库业务→采购入库单”菜单，打开“采购入库单”窗口。执行“生单”|“采购到货单（蓝字）”命令，打开“查询条件选择-采购到货单列表”对话框，单击“确定”按钮，系统打开“到货单生成列表”窗口。双击上海恒久的到货单所对应的“选

择”栏（即上一步骤完成的到货单），再单击“确定”按钮，系统返回“采购入库单”窗口。

根据图2-226，修改采购入库单表头项目“入库单号”为“RK01019”，“仓库”选择“手表仓”，其他项默认，保存并审核该采购入库单，结果如图2-230所示。

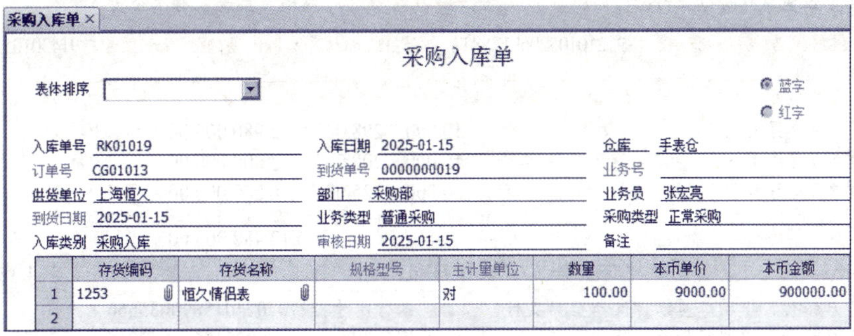
采购入库单 ×

采购入库单

表体排序 　　◉ 蓝字 ◯ 红字

入库单号 RK01019　入库日期 2025-01-15　仓库 手表仓
订单号 CG01013　到货单号 0000000019　业务号
供货单位 上海恒久　部门 采购部　业务员 张宏亮
到货日期 2025-01-15　业务类型 普通采购　采购类型 正常采购
入库类别 采购入库　审核日期 2025-01-15　备注

	存货编码	存货名称	规格型号	主计量单位	数量	本币单价	本币金额
1	1253	恒久情侣表		对	100.00	9000.00	900000.00
2							

图2-230　采购入库单

6. 正常单据记账，生成凭证

2025年1月15日，由操作员赵凯杰（W02）登录企业应用平台。

（1）正常单据记账。在供应链的“存货核算”子系统，依次双击“业务核算→正常单据记账”菜单，系统打开“查询条件选择”窗口，直接单击其“确定”按钮，系统打开“未记账单据一览表”窗口，双击选中RK01019号采购入库单并对其进行记账。记账完毕关闭该窗口。

（2）生成凭证。依次双击“存货核算”子系统的“财务核算→生成凭证”菜单，系统打开“生成凭证”窗口。单击“选择”按钮，系统弹出“查询条件”对话框，单击“确定”按钮，系统打开“选择单据”窗口，单击工具栏的“全选”按钮，以选中已记账的RK01019号采购入库单，再单击“确定”按钮，系统自动关闭“选择单据”窗口返回“生成凭证”窗口，单击工具栏的“生成”按钮，系统打开“填制凭证”窗口并自动生成记账凭证，保存该记账凭证。

借：库存商品　　900 000.00
　贷：应付账款/暂估应付账款（上海恒久）　　900 000.00

提示

对于没有成本价或成本价与合同价不一致的采购入库单，可以在“存货核算”子系统的“业务核算→暂估成本录入”中或“日常业务→采购入库单”中录入、修改成本价。

业务2　单到回冲

【实验资料】

2025年1月15日，收到上月27日从湖南百盛购买商品的增值税专用发票，当日以电汇方式支付全部货款。因合同变更，百盛休闲裤的价格调整为200元/条，百盛男套装的价格调整为325元/套。（红字回冲单、蓝字回冲单各生成一张记账凭证）

相关凭证如图2-231至图2-232所示。

电子发票（增值税专用发票）

发票号码：25432000000083051459

开票日期：2025年01月15日

购买方信息	名称：辽宁恒通商贸有限公司 统一社会信用代码/纳税人识别号：91210105206917583A	销售方信息	名称：湖南百盛服装有限公司 统一社会信用代码/纳税人识别号：91430105276531895L

项目名称	规格型号	单位	数量	单价	金额	税率/征收率	税额
*服装*百盛男夹克		件	10 000	298.00	2 980 000.00	13%	387 400.00
*服装*百盛休闲裤		条	15 000	200.00	3 000 000.00	13%	390 000.00
*服装*百盛男套装		套	20 000	325.00	6 500 000.00	13%	845 000.00
合　计					¥12 480 000.00		¥1 622 400.00
价税合计（大写）	⊗壹仟肆佰壹拾万零贰仟肆佰元整				（小写）¥14 102 400.00		

备注：
购买方开户银行：中国工商银行沈阳皇姑支行　　银行账号：2107024015890035666
销售方开户银行：中国银行长沙开福支行　　银行账号：1012093710651047815

开票人：温艳

图2-231　增值税专用发票

中国工商银行　电汇凭证（回单）　1　36257069

☑普通　☐加急

委托日期　2025年01月15日

汇款人		收款人	
全称	辽宁恒通商贸有限公司	全称	湖南百盛服装有限公司
账号	2107024015890035666	账号	1012093710651047815
开户银行	中国工商银行沈阳皇姑支行	开户银行	中国银行长沙开福支行

金额	人民币（大写）	亿	千	百	十	万	千	百	十	元	角	分
	壹仟肆佰壹拾万零贰仟肆佰元整	¥	1	4	1	0	2	4	0	0	0	0

支付密码

附加信息及用途：货款

复核　　记账

此联为汇出行给汇款人的回单

图2-232　电汇付款凭证

【实验过程概览】

本业务的实验过程概览见表2-17。

表2-17　实验过程概览

序号	操作日期	操作员	系统	操作内容
1	2025-01-15	G01张宏亮	采购管理	参照期初入库单生成采购专用发票（现付）
2	2025-01-15	W02赵凯杰	应付款管理	应付单据审核并制单处理
3	2025-01-15	W02赵凯杰	存货核算	结算成本处理
4	2025-01-15	W02赵凯杰	存货核算	生成凭证

【实验过程】

单到回冲

1. 参照期初采购入库单生成采购专用发票（现付）

2025年1月15日，由张宏亮（G01）登录企业应用平台。

（1）生成采购专用发票。依次双击“业务工作”页签中的“供应链→采购管理→采购发票→专用采购发票”菜单，打开“专用发票”窗口。单击工具栏的“增加”按钮，再执行工具栏的“生单”|“入库单”命令，打开“查询条件选择-采购入库单列表过滤”对话框，单击“确定”按钮。在“拷贝并执行”窗口，双击选择RK12089号采购入库单对应

的“选择”栏，再单击“确定”按钮，返回“专用发票”窗口。

根据图2-231，修改表头项目“发票号”为“83051459”，将百盛休闲裤的单价改为“200”，将百盛男套装的单价改为“325”，其他项默认。依次单击工具栏的“保存”“结算”按钮。

（2）现付。单击工具栏的“现付”按钮，打开“采购现付”窗口。根据图2-232，“结算方式”选择“电汇”，“原币金额”输入“14102400”，“票据号”输入“36257069”，单击“确定”，返回“专用发票”商品，结果如图2-233所示。

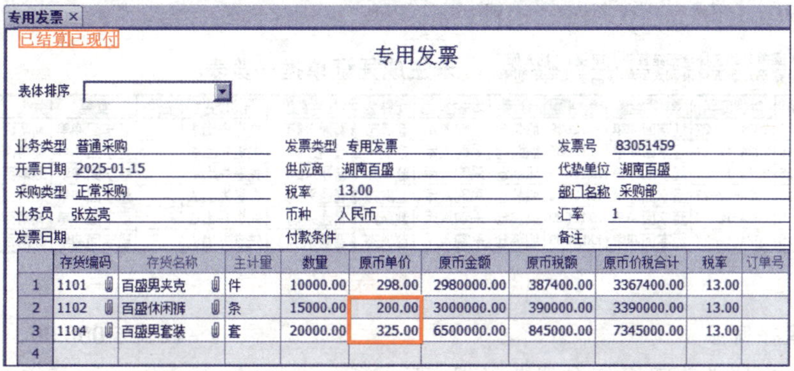
专用发票 ×

已结算已现付

专用发票

表体排序

业务类型 普通采购　发票类型 专用发票　发票号 83051459

开票日期 2025-01-15　供应商 湖南百盛　代垫单位 湖南百盛

采购类型 正常采购　税率 13.00　部门名称 采购部

业务员 张宏亮　币种 人民币　汇率 1

发票日期　付款条件　备注

	存货编码	存货名称	主计量	数量	原币单价	原币金额	原币税额	原币价税合计	税率	订单号
1	1101	百盛男夹克	件	10000.00	298.00	2980000.00	387400.00	3367400.00	13.00	
2	1102	百盛休闲裤	条	15000.00	200.00	3000000.00	390000.00	3390000.00	13.00	
3	1104	百盛男套装	套	20000.00	325.00	6500000.00	845000.00	7345000.00	13.00	
4										

图2-233　采购专用发票

2. 应付单据审核并制单处理

2025年1月15日，由赵凯杰（W02）登录企业应用平台。依次双击“业务工作”页签中的“财务会计→应付款管理→应付单据处理→应付单据审核”菜单，打开“应付单查询条件”窗口，勾选“包含已现结发票”，单击“确定”按钮，系统打开“单据处理”窗口。

双击“83051459”单据号，打开要审核的发票，单击工具栏的“审核”按钮，系统提示“是否立即制单?”，单击“是”，生成一张记账凭证，单击“保存”按钮。关闭当前已打开窗口。

借：在途物资	12 480 000.00	
应交税费/应交增值税/进项税额	1 622 400.00	
贷：银行存款/中国工商银行/沈阳皇姑支行		14 102 400.00

3. 结算成本处理

依次双击“业务工作”页签中的“供应链→存货核算→业务核算→结算成本处理”菜单，系统打开“暂估处理查询”界面，仓库勾选“服装仓”，单击“确定”，打开“结算成本处理”窗口，如图2-234所示。单击“全选”，再单击“暂估”，完成暂估处理。关闭当前窗口。

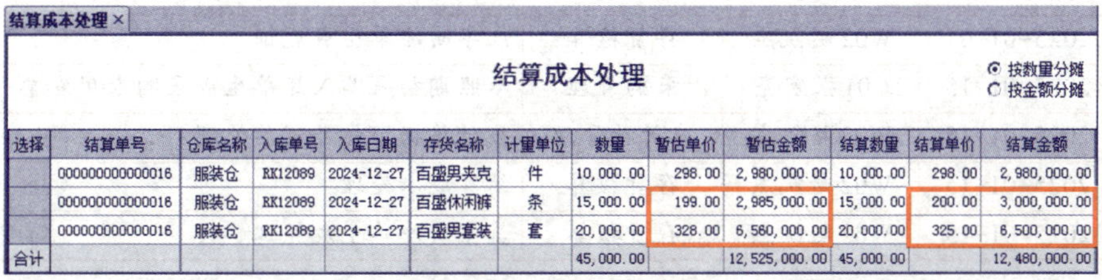
结算成本处理 ×

结算成本处理

按数量分摊
按金额分摊

选择	结算单号	仓库名称	入库单号	入库日期	存货名称	计量单位	数量	暂估单价	暂估金额	结算数量	结算单价	结算金额
	00000000000016	服装仓	RK12089	2024-12-27	百盛男夹克	件	10,000.00	298.00	2,980,000.00	10,000.00	298.00	2,980,000.00
	00000000000016	服装仓	RK12089	2024-12-27	百盛休闲裤	条	15,000.00	199.00	2,985,000.00	15,000.00	200.00	3,000,000.00
	00000000000016	服装仓	RK12089	2024-12-27	百盛男套装	套	20,000.00	328.00	6,560,000.00	20,000.00	325.00	6,500,000.00
合计							45,000.00		12,525,000.00	45,000.00		12,480,000.00

图2-234　结算成本处理

4. 生成凭证

依次双击“业务工作”页签中的“供应链→存货核算→财务核算→生成凭证”菜单，打开“生成凭证”窗口。单击“选择”，打开“查询条件”窗口，再单击“确定”，打开“选择单据”窗口。分别选中红字回冲单、蓝字回冲单左侧的“选择”栏，如图2-235所示，单击“确定”，系统自动返回“生成凭证”窗口，单击“合成”，系统自动生成两张记账凭证，保存这两张记账凭证。

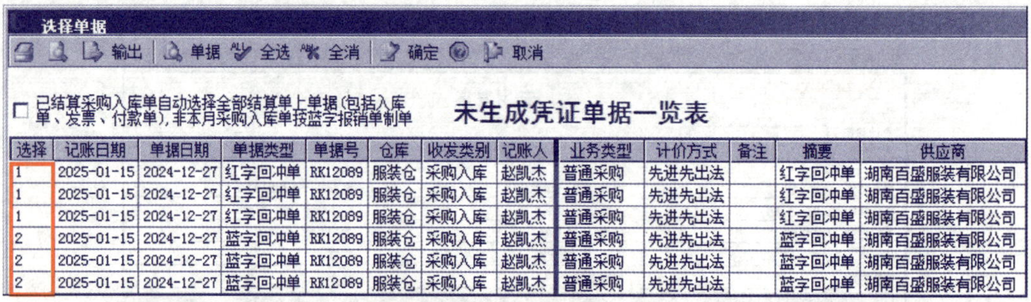

选择	记账日期	单据日期	单据类型	单据号	仓库	收发类别	记账人	业务类型	计价方式	备注	摘要	供应商
1	2025-01-15	2024-12-27	红字回冲单	RK12089	服装仓	采购入库	赵凯杰	普通采购	先进先出法		红字回冲单	湖南百盛服装有限公司
1	2025-01-15	2024-12-27	红字回冲单	RK12089	服装仓	采购入库	赵凯杰	普通采购	先进先出法		红字回冲单	湖南百盛服装有限公司
1	2025-01-15	2024-12-27	红字回冲单	RK12089	服装仓	采购入库	赵凯杰	普通采购	先进先出法		红字回冲单	湖南百盛服装有限公司
2	2025-01-15	2024-12-27	蓝字回冲单	RK12089	服装仓	采购入库	赵凯杰	普通采购	先进先出法		蓝字回冲单	湖南百盛服装有限公司
2	2025-01-15	2024-12-27	蓝字回冲单	RK12089	服装仓	采购入库	赵凯杰	普通采购	先进先出法		蓝字回冲单	湖南百盛服装有限公司
2	2025-01-15	2024-12-27	蓝字回冲单	RK12089	服装仓	采购入库	赵凯杰	普通采购	先进先出法		蓝字回冲单	湖南百盛服装有限公司

图2-235 “单据选择”窗口

借：库存商品	−12 525 000.00	
贷：应付账款/暂估应付账款（湖南百盛）		−12 525 000.00
借：库存商品	12 480 000.00	
贷：在途物资		12 480 000.00

业务3 月初回冲

【实验资料】

2025年1月1日，将上月暂估入账的采购业务红冲。

2025年1月15日，收到上月27日从湖南百盛购买商品的增值税专用发票，当日以电汇方式支付全部货款。因合同变更，百盛休闲裤的价格调整为200元/条，百盛男套装的价格调整为325元/套。相关原始凭证与业务2相同（如图2-231、图2-232所示）。

注：使用教材配套的“业务3 月初回冲初始账套”完成本业务。

【实验过程概览】

本业务的实验过程概览见表2-18。

表2-18 实验过程概览

序号	操作日期	操作员	系统	操作内容
1	2025-01-01	W02赵凯杰	存货核算	红字回冲单生成凭证
2	2025-01-15	G01张宏亮	采购管理	参照期初采购入库单生成采购专用发票（现付）
3	2025-01-15	W02赵凯杰	应付款管理	应付单据审核并制单处理
4	2025-01-15	W02赵凯杰	存货核算	结算成本处理
5	2025-01-15	W02赵凯杰	存货核算	蓝字回冲单生成凭证

【实验过程】

月初回冲

1. 红字回冲单生成凭证

2025年1月1日，由赵凯杰（W02）登录企业应用平台。依次双击“存货核算”子系统的“财务核算→生成凭证”菜单，系统打开“生成凭证”窗口。单击工具栏的“选择”按钮，系统弹出“查询条件”对话框，单击“确定”按钮，系统打开“选择单据”窗口，如图2-236所示。单击工具栏的“全选”按钮，再单击“确定”按钮，系统自动关闭“选择单据”窗口返回“生成凭证”窗口。单击工具栏的“合成”按钮，系统打开“填制凭证”窗口并自动生成凭证，保存该记账凭证。

选择单据

输出 单据 全选 全消 确定 取消

□ 已结算采购入库单自动选择全部结算单上单据(包括入库单、发票、付款单)，非本月采购入库单按蓝字报销单制单

未生成凭证单据一览表

选择	记账日期	单据日期	单据类型	单据号	仓库	收发类别	记账人	业务类型	计价方式	摘要	供应商
	2025-01-01	2024-12-27	红字回冲单	RK12089	服装仓	采购入库	李成喜	普通采购	先进先出法	红字回冲单	湖南百盛服装有限公司
	2025-01-01	2024-12-27	红字回冲单	RK12089	服装仓	采购入库	李成喜	普通采购	先进先出法	红字回冲单	湖南百盛服装有限公司
	2025-01-01	2024-12-27	红字回冲单	RK12089	服装仓	采购入库	李成喜	普通采购	先进先出法	红字回冲单	湖南百盛服装有限公司

图2-236 “选择单据”窗口

借：库存商品　　　　　　　　　　　　　　　　　　　　　　　　–12 525 000.00

　　贷：应付账款/暂估应付账款（湖南百盛）　　　　　　　　　　　　　–12 525 000.00

2. 参照期初采购入库单生成采购专用发票（现付）

2025年1月15日，由张宏亮（G01）登录企业应用平台。

（1）生成采购专用发票。依次双击“业务工作”页签中的“供应链→采购管理→采购发票→专用采购发票”菜单，打开“专用发票”窗口。单击工具栏的“增加”按钮，再执行工具栏的“生单”|“入库单”命令，打开“查询条件选择–采购入库单列表过滤”对话框，单击“确定”按钮。在“拷贝并执行”窗口，双击选择RK12089号采购入库单对应的“选择”栏，再单击工具栏的“确定”按钮，返回“专用发票”窗口。根据图2-231修改表头项目“发票号”为“83051459”，将百盛休闲裤的单价改为“200”，将百盛男套装的单价改为“325”，其他项默认。依次单击工具栏的“保存”“结算”按钮。

（2）现付。单击工具栏的“现付”按钮，打开“采购现付”窗口。根据图2-232，“结算方式”选择“电汇”，“原币金额”输入“14102400”，“票据号”输入“36257069”，单击“确定”，返回“专用发票”窗口，结果如图2-237所示。

专用发票 ×

已结算已现付

专用发票

表体排序

业务类型	普通采购	发票类型	专用发票	发票号	83051459
开票日期	2025-01-15	供应商	湖南百盛	代垫单位	湖南百盛
采购类型	正常采购	税率	13.00	部门名称	采购部
业务员	张宏亮	币种	人民币	汇率	1
发票日期		付款条件		备注	

	存货编码	存货名称	主计量	数量	原币单价	原币金额	原币税额	原币价税合计	税率	订单号
1	1101	百盛男夹克	件	10000.00	298.00	2980000.00	387400.00	3367400.00	13.00	
2	1102	百盛休闲裤	条	15000.00	200.00	3000000.00	390000.00	3390000.00	13.00	
3	1104	百盛男套装	套	20000.00	325.00	6500000.00	845000.00	7345000.00	13.00	
4										

图2-237 采购专用发票

3. 应付单据审核并制单处理

2025年1月15日，由赵凯杰（W02）登录企业应用平台。依次双击“业务工作”页签中的“财务会计→应付款管理→应付单据处理→应付单据审核”菜单，打开“应付单查询条件”窗口，勾选“包含已现结发票”，单击“确定”按钮，系统打开“单据处理”窗口。

双击“83051459”单据号，打开要审核的发票，单击工具栏的“审核”按钮，系统提示“是否立即制单?”，单击“是”，生成一张记账凭证，单击“保存”按钮。关闭当前已打开窗口。

借：在途物资	12 480 000.00	
应交税费/应交增值税/进项税额	1 622 400.00	
贷：银行存款/中国工商银行/沈阳皇姑支行		14 102 400.00

4. 结算成本处理

依次双击“业务工作”页签中的“供应链→存货核算→业务核算→结算成本处理”菜单，系统打开“暂估处理查询”界面，仓库勾选“服装仓”，单击“确定”，打开“结算成本处理”窗口，如图2-238所示。单击“全选”，再单击“暂估”，完成暂估处理。关闭当前窗口。

结算成本处理×

结算成本处理

◉ 按数量分摊
○ 按金额分摊

选择	结算单号	仓库名称	入库单号	入库日期	存货名称	计量单位	数量	暂估单价	暂估金额	结算数量	结算单价	结算金额
	000000000000001	服装仓	RK12089	2024-12-27	百盛男夹克	件	10,000.00	298.00	2,980,000.00	10,000.00	298.00	2,980,000.00
	000000000000001	服装仓	RK12089	2024-12-27	百盛休闲裤	条	15,000.00	199.00	2,985,000.00	15,000.00	200.00	3,000,000.00
	000000000000001	服装仓	RK12089	2024-12-27	百盛男套装	套	20,000.00	328.00	6,560,000.00	20,000.00	325.00	6,500,000.00
合计							45,000.00		12,525,000.00	45,000.00		12,480,000.00

图2-238　结算成本处理

5. 蓝字回冲单生成凭证

依次双击“存货核算”子系统的“财务核算→生成凭证”菜单，系统打开“生成凭证”窗口。单击工具栏的“选择”按钮，系统弹出“查询条件”对话框，单击“确定”按钮，系统打开“选择单据”窗口，如图2-239所示。单击工具栏的“全选”按钮，再单击“确定”按钮，系统自动关闭“选择单据”窗口返回“生成凭证”窗口。单击工具栏的“合成”按钮，系统打开“填制凭证”窗口并自动生成凭证，保存该记账凭证。

选择单据

输出　单据　全选　全消　确定　取消

□ 已结算采购入库单自动选择全部结算单上单据(包括入库单、发票、付款单)，非本月采购入库单按蓝字报销单制单　　未生成凭证单据一览表

选择	记账日期	单据日期	单据类型	单据号	仓库	收发类别	记账人	业务类型	计价方式	摘要	供应商
	2025-01-15	2024-12-27	蓝字回冲单	RK12089	服装仓	采购入库	赵凯杰	普通采购	先进先出法	蓝字回冲单	湖南百盛服装有限公司
	2025-01-15	2024-12-27	蓝字回冲单	RK12089	服装仓	采购入库	赵凯杰	普通采购	先进先出法	蓝字回冲单	湖南百盛服装有限公司
	2025-01-15	2024-12-27	蓝字回冲单	RK12089	服装仓	采购入库	赵凯杰	普通采购	先进先出法	蓝字回冲单	湖南百盛服装有限公司

图2-239　“选择单据”窗口

借：库存商品	12 480 000.00	
贷：在途物资		12 480 000.00

业务4　单到补差

【实验资料】

2025年1月15日，收到上月27日从湖南百盛购买商品的增值税专用发票，当日以电汇方式支付全部货款。因合同变更，百盛休闲裤的价格调整为200元/条，百盛男套装的价格调整为325元/套。相关原始凭证与业务2相同（如图2-231、图2-232所示）。

注：使用教材配套的“业务4 单到补差初始账套”完成本业务。

【实验过程概览】

本业务的实验过程概览见表2-19。

表2-19　实验过程概览

序号	操作日期	操作员	系统	操作内容
1	2025-01-15	G01张宏亮	采购管理	参照期初采购入库单生成采购专用发票（现付）
2	2025-01-15	W02赵凯杰	应付款管理	应付单据审核并制单处理
3	2025-01-15	W02赵凯杰	存货核算	结算成本处理
4	2025-01-15	W02赵凯杰	存货核算	入库调整单生成凭证

【实验过程】

单到补差

1. 参照期初采购入库单生成采购专用发票（现付）

2025年1月15日，由张宏亮（G01）登录企业应用平台。

（1）生成采购专用发票。依次双击“业务工作”页签中的“供应链→采购管理→采购发票→专用采购发票”菜单，打开“专用发票”窗口。单击工具栏的“增加”按钮，再执行工具栏的“生单”|“入库单”命令，打开“查询条件选择-采购入库单列表过滤”对话框，单击“确定”按钮。在“拷贝并执行”窗口，双击选择RK12089号采购入库单对应的“选择”栏，再单击工具栏的“确定”按钮，返回“专用发票”窗口。根据图2-231，修改表头项目“发票号”为“83051459”，将百盛休闲裤的单价改为“200”，将百盛男套装的单价改为“325”，其他项默认。依次单击工具栏的“保存”“结算”按钮。

（2）现付。单击工具栏的“现付”按钮，打开“采购现付”窗口。根据图2-232，“结算方式”选择“电汇”，“原币金额”输入“14102400”，“票据号”输入“36257069”，单击“确定”，返回“专用发票”窗口，结果如图2-240所示。

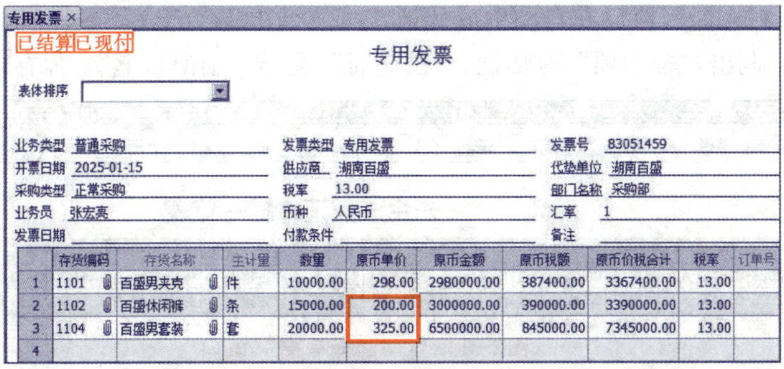

	存货编码	存货名称	主计量	数量	原币单价	原币金额	原币税额	原币价税合计	税率	订单号
1	1101	百盛男夹克	件	10000.00	298.00	2980000.00	387400.00	3367400.00	13.00	
2	1102	百盛休闲裤	条	15000.00	200.00	3000000.00	390000.00	3390000.00	13.00	
3	1104	百盛男套装	套	20000.00	325.00	6500000.00	845000.00	7345000.00	13.00	
4										

图2-240　采购专用发票

2. 应付单据审核并制单处理

2025年1月15日，由赵凯杰（W02）登录企业应用平台。依次双击“业务工作”页签中的“财务会计→应付款管理→应付单据处理→应付单据审核”菜单，打开“应付单查询条件”窗口，勾选“包含已现结发票”，单击“确定”按钮，系统打开“单据处理”窗口。

双击“83051459”单据号，打开要审核的发票，单击工具栏的“审核”按钮，系统提示“是否立即制单?”，单击“是”，生成一张记账凭证，将凭证第1行的会计科目改为“应付账款/暂估应付账款”，单击回车键，调出“辅助项”对话框，“供应商”选择“湖南百盛”，单击“保存”按钮。关闭当前已打开窗口。

借：应付账款/暂估应付账款（湖南百盛）	12 480 000.00	
应交税费/应交增值税/进项税额	1 622 400.00	
贷：银行存款/中国工商银行/沈阳皇姑支行		14 102 400.00

3. 结算成本处理

依次双击“业务工作”页签中的“供应链→存货核算→业务核算→结算成本处理”菜单，系统打开“暂估处理查询”界面，仓库勾选“服装仓”，单击“确定”，打开“结算成本处理”窗口，如图2-241所示。单击“全选”，再单击“暂估”，完成暂估处理。关闭当前窗口。在“单到补差”暂估方式下，结算成本处理后系统自动生成入库调整单。

结算成本处理×

结算成本处理

◉ 按数量分摊
○ 按金额分摊

选择	结算单号	仓库名称	入库单号	入库日期	存货名称	计量单位	数量	暂估单价	暂估金额	结算数量	结算单价	结算金额
	000000000000001	服装仓	RK12089	2024-12-27	百盛男夹克	件	10,000.00	298.00	2,980,000.00	10,000.00	298.00	2,980,000.00
	000000000000001	服装仓	RK12089	2024-12-27	百盛休闲裤	条	15,000.00	199.00	2,985,000.00	15,000.00	200.00	3,000,000.00
	000000000000001	服装仓	RK12089	2024-12-27	百盛男套装	套	20,000.00	328.00	6,560,000.00	20,000.00	325.00	6,500,000.00
合计							45,000.00		12,525,000.00	45,000.00		12,480,000.00

图2-241　结算成本处理

4. 入库调整单生成凭证

依次双击“存货核算”子系统的“财务核算→生成凭证”菜单，系统打开“生成凭证”窗口。单击工具栏的“选择”按钮，系统弹出“查询条件”对话框，单击“确定”按钮，系统打开“选择单据”窗口，如图2-242所示。单击工具栏的“全选”按钮，再单击“确定”按钮，系统自动关闭“选择单据”窗口返回“生成凭证”窗口。单击工具栏的“合成”按钮，系统打开“填制凭证”窗口并自动生成凭证，将凭证第2行的会计科目修改为“应付账款/暂估应付账款”，调出“辅助项”对话框，“供应商”选择“湖南百盛”，保存该记账凭证。

选择单据

输出　单据　全选　全消　确定　取消

未生成凭证单据一览表

选择	记账日期	单据日期	单据类型	单据号	仓库	收发类别	记账人	业务类型	计价方式	摘要	供应商
	2025-01-15	2025-01-15	入库调整单	0000000002	服装仓	采购入库	赵凯杰	暂估报销	先进先出法	000000000000001	湖南百盛服装有限公司
	2025-01-15	2025-01-15	入库调整单	0000000003	服装仓	采购入库	赵凯杰	暂估报销	先进先出法	000000000000001	湖南百盛服装有限公司

图2-242　“选择单据”窗口

借：库存商品　　-45 000.00

　贷：应付账款/暂估应付账款（湖南百盛）　　-45 000.00

【课程思政点睛】

【复习思考题】

1. 简述采购结算的重要作用。
2. 如何正确理解多次结算与跨期结算？
3. 试述采购结算、结算成本处理与暂估成本录入的关系。
4. 试比较三种暂估方式。
5. 请问采购订单有几种生成方式？
6. 请问采购付款时有几种处理方式，各有什么不同？
7. 简述采购过程中发生运输费的处理思路。
8. 结合本项目任务2的业务3，下月收到对方补发的货物，应如何处理？
9. 结合本项目任务2的业务3，如果对方同意退回少发货物的款项，应如何处理？

3 项目3 一般销售业务

任务1 普通销售业务

业务1 先发货后开票业务

【实验资料】

2025年1月14日，销售部刘晓洺与上海乐淘贸易有限公司（简称上海乐淘）签订购销合同，发出货物。

2025年1月15日，收到上海乐淘货款，我公司全额开具增值税专用发票。

相关凭证如图3-1至图3-4所示。

购销合同

合同编号：XS01001

卖方：辽宁恒通商贸有限公司

买方：上海乐淘贸易有限公司

为保护买卖双方的合法权益，根据《中华人民共和国民法典》的有关规定，买卖双方经友好协商，一致同意签订本合同，并共同遵守合同约定。

一、货物的名称、数量及金额：

货物名称	规格型号	计量单位	数量	单价（不含税）	金额（不含税）	税率	税额
博伦女表		只	300	3 880.00	1 164 000.00	13%	151 320.00
博伦男表		只	200	2 980.00	596 000.00	13%	77 480.00
合　计					¥1 760 000.00		¥228 800.00

二、合同总金额：人民币壹佰玖拾捌万捌仟捌佰元整（¥1 988 800.00）。

三、签订合同当日卖方发出全部货物。1月15日卖方开具增值税专用发票，买方以电汇方式支付全部货款。

四、交货地点：辽宁恒通商贸有限公司。

五、发运方式与运输费用承担方式：由卖方发货，买方承担运输费用。

卖　　方：辽宁恒通商贸有限公司　　买　　方：上海乐淘贸易有限公司

授权代表：刘晓洺　　授权代表：刘乐乐

日　　期：2025年01月14日　　日　　期：2025年01月14日

图3-1　购销合同

出库单

客户：上海乐淘　　2025年01月14日　　单号：CK01001

发货仓库	存货编码	存货名称	计量单位	数量 应发	数量 实发	单价	金额
手表仓	1201	博伦女表	只	300	300		
手表仓	1202	博伦男表	只	200	200		
合　计							

部门经理：略　　会计：略　　仓库：略　　经办人：略

图3-2　出库单

电子发票（增值税专用发票）

发票号码：25212000000021327501

开票日期：2025年01月15日

购买方信息	名称：上海乐淘贸易有限公司 统一社会信用代码/纳税人识别号：91310112203203919R	销售方信息	名称：辽宁恒通商贸有限公司 统一社会信用代码/纳税人识别号：91210105206917583A

项目名称	规格型号	单位	数量	单价	金额	税率/征收率	税额
*手表*博伦女表		只	300	3 880.00	1 164 000.00	13%	151 320.00
*手表*博伦男表		只	200	2 980.00	596 000.00	13%	77 480.00
合　计					¥1 760 000.00		¥228 800.00
价税合计（大写）	⊗壹佰玖拾捌万捌仟捌佰元整					（小写）	¥1 988 800.00

备注：
购买方开户银行：交通银行闵行区北京路支行　银行账号：8059209375023168063
销售方开户银行：中国工商银行沈阳皇姑支行　银行账号：2107024015890035666

开票人：赵凯杰

图3-3　增值税专用发票

中国工商银行　电汇凭证（收账通知）　4　　56136752

☑普通　□加急　　委托日期　2025年01月15日

汇款人		收款人	
全　称	上海乐淘贸易有限公司	全　称	辽宁恒通商贸有限公司
账　号	8059209375023168063	账　号	2107024015890035666
开户银行	交通银行闵行区北京路支行	开户银行	中国工商银行沈阳皇姑支行

金额 人民币（大写）	壹佰玖拾捌万捌仟捌佰元整	亿	千	百	十	万	千	百	十	元	角	分
			¥	1	9	8	8	8	0	0	0	0

此汇款已收入收款人账户。

（中国工商银行 沈阳皇姑支行 2025.01.15 转讫 (8)）

汇入行签章

支付密码

附加信息及用途：货款

复核　记账

此联为开户行给收款人的收账通知

图3-4　电汇收款凭证

【实验过程概览】

本业务的实验过程概览见表3-1。

表3-1　**实验过程概览**

序号	操作日期	操作员	系统	操作内容
1	2025-01-14	X01 刘晓洺	销售管理	填制销售订单
2	2025-01-14	X01 刘晓洺	销售管理	参照销售订单生成发货单
3	2025-01-14	C01 李泽伟	库存管理	参照发货单生成销售出库单
4	2025-01-15	X01 刘晓洺	销售管理	参照发货单生成销售专用发票（现结）
5	2025-01-15	W02 赵凯杰	应收款管理	应收单据审核并制单处理
6	2025-01-15	W02 赵凯杰	存货核算	正常单据记账，生成凭证

【实验过程】

1. 填制销售订单

（1）2025年1月14日，由刘晓洺（X01）登录企业应用平台。依次双击

先发货后开票业务

“业务工作”页签中的“供应链→销售管理→销售订货→销售订单”菜单，打开“销售订单”窗口。单击工具栏的“增加”按钮，根据图3-1填制销售订单。

① 填制表头信息。修改表头的“订单号”（即合同编号）为“XS01001”，“销售类型”为“正常销售”，“客户简称”为“上海乐淘”，“业务员”为“刘晓洺”，其他项默认。

② 填制表体信息。在第1行，选择“存货编码”为“1201”（博伦女表），输入“数量”为“300”，“无税单价”为“3880”，“预发货日期”为当日；在第2行，选择“存货编码”为“1202”（博伦男表），输入“数量”为“200”，“原币单价”为“2980”，“预发货日期”为当日，其他项默认。

（2）单击工具栏的“保存”按钮，保存该单据。单击工具栏的“审核”按钮，审核该订单。结果如图3-5所示。关闭并退出“销售订单”窗口。

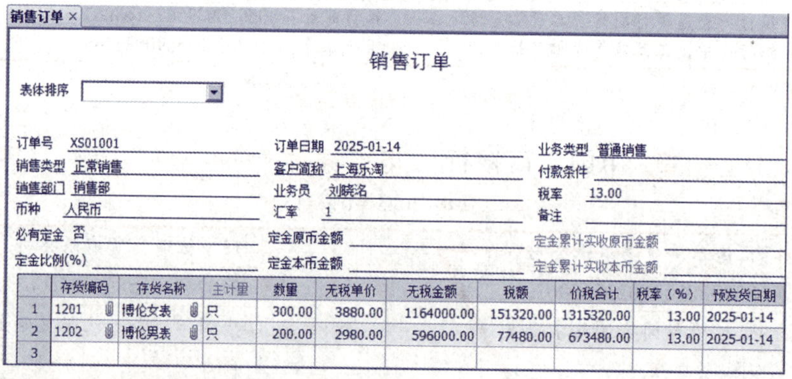
销售订单 ×

销售订单

表体排序

订单号 XS01001　订单日期 2025-01-14　业务类型 普通销售
销售类型 正常销售　客户简称 上海乐淘　付款条件
销售部门 销售部　业务员 刘晓洺　税率 13.00
币种 人民币　汇率 1　备注
必有定金 否　定金原币金额　定金累计实收原币金额
定金比例(%)　定金本币金额　定金累计实收本币金额

	存货编码	存货名称	主计量	数量	无税单价	无税金额	税额	价税合计	税率（%）	预发货日期
1	1201	博伦女表	只	300.00	3880.00	1164000.00	151320.00	1315320.00	13.00	2025-01-14
2	1202	博伦男表	只	200.00	2980.00	596000.00	77480.00	673480.00	13.00	2025-01-14
3										

图3-5　销售订单

2. 参照销售订单生成发货单

在“销售管理”子系统，依次双击“销售发货→发货单”菜单，打开“发货单”窗口。单击工具栏的“增加”按钮，单击“订单”按钮，打开“查询条件选择-参照订单”窗口，单击“确定”按钮。在“参照生单”窗口，双击上窗格中“订单号”为“XS01001”的销售订单所在行的“选择”单元格，如图3-6所示，再单击工具栏的“确定”按钮，系统返回“发货单”窗口。发货单表体第1行、第2行的“仓库名称”选择“手表仓”。

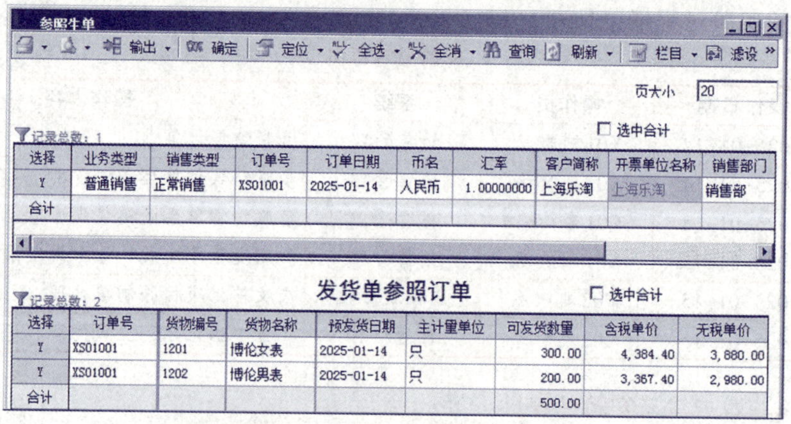

选择	业务类型	销售类型	订单号	订单日期	币名	汇率	客户简称	开票单位名称	销售部门
Y	普通销售	正常销售	XS01001	2025-01-14	人民币	1.00000000	上海乐淘	上海乐淘	销售部
合计									

选择	订单号	货物编号	货物名称	预发货日期	主计量单位	可发货数量	含税单价	无税单价
Y	XS01001	1201	博伦女表	2025-01-14	只	300.00	4,384.40	3,880.00
Y	XS01001	1202	博伦男表	2025-01-14	只	200.00	3,367.40	2,980.00
合计						500.00		

图3-6　“参照生单”窗口

单击工具栏的“保存”按钮，保存该单据。单击工具栏的“审核”按钮，审核该单据，结果如图3-7所示。关闭并退出该窗口。

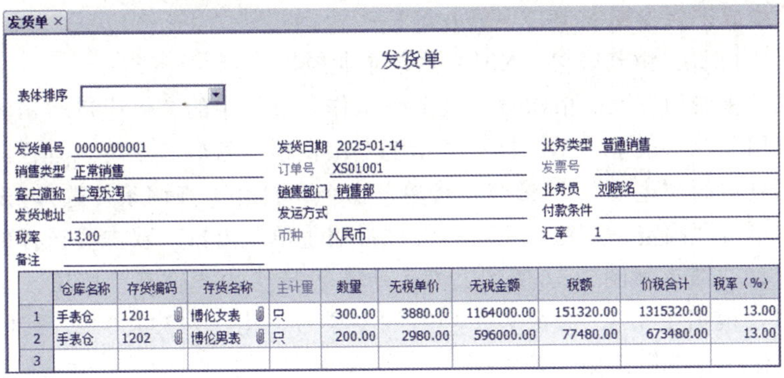

发货单

表体排序

发货单号	0000000001		发货日期	2025-01-14		业务类型	普通销售			
销售类型	正常销售		订单号	XS01001		发票号				
客户简称	上海乐淘		销售部门	销售部		业务员	刘晓名			
发货地址			发运方式			付款条件				
税率	13.00		币种	人民币		汇率	1			
备注										

	仓库名称	存货编码	存货名称	主计量	数量	无税单价	无税金额	税额	价税合计	税率（%）
1	手表仓	1201	博伦女表	只	300.00	3880.00	1164000.00	151320.00	1315320.00	13.00
2	手表仓	1202	博伦男表	只	200.00	2980.00	596000.00	77480.00	673480.00	13.00
3										

图3-7　发货单

3. 参照发货单生成销售出库单

2025年1月14日，由李泽伟（C01）登录企业应用平台。依次双击“业务工作”页签中的“供应链→库存管理→出库业务→销售出库单”菜单，系统打开“销售出库单”窗口。执行“生单”|“销售生单”命令，打开“查询条件选择-销售发货单列表”对话框，单击“确定”按钮，系统打开“销售生单”窗口。双击要选择的发货单所对应的“选择”栏（即上一步骤完成的发货单），如图3-8所示，再单击工具栏的“确定”按钮，系统返回“销售出库单”窗口。

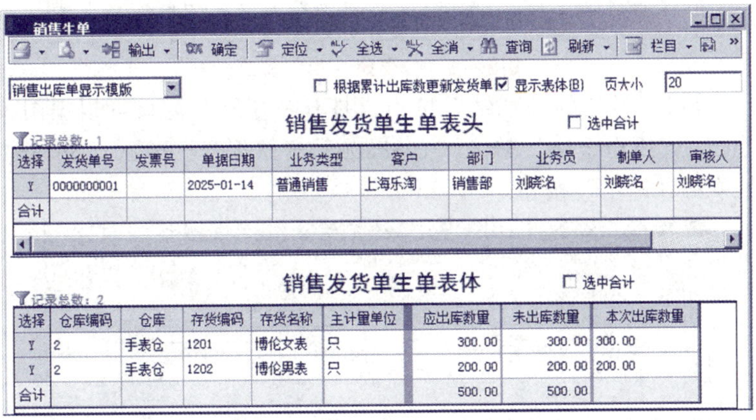

销售发货单生单表头

选择	发货单号	发票号	单据日期	业务类型	客户	部门	业务员	制单人	审核人
Y	0000000001		2025-01-14	普通销售	上海乐淘	销售部	刘晓名	刘晓名	刘晓名
合计									

销售发货单生单表体

选择	仓库编码	仓库	存货编码	存货名称	主计量单位	应出库数量	未出库数量	本次出库数量
Y	2	手表仓	1201	博伦女表	只	300.00	300.00	300.00
Y	2	手表仓	1202	博伦男表	只	200.00	200.00	200.00
合计						500.00	500.00	

图3-8　“销售生单”窗口

根据图3-2，修改表头出库单号为“CK01001”，其他项默认。单击工具栏的“保存”按钮，保存该出库单。单击工具栏的“审核”按钮，审核该出库单，结果如图3-9所示。关闭并退出该窗口。

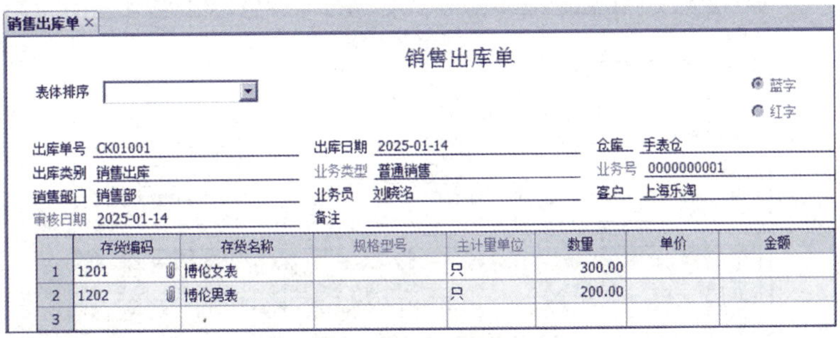

销售出库单

表体排序　　蓝字　红字

出库单号	CK01001	出库日期	2025-01-14	仓库	手表仓
出库类别	销售出库	业务类型	普通销售	业务号	0000000001
销售部门	销售部	业务员	刘晓名	客户	上海乐淘
审核日期	2025-01-14	备注			

	存货编码	存货名称	规格型号	主计量单位	数量	单价	金额
1	1201	博伦女表		只	300.00		
2	1202	博伦男表		只	200.00		
3							

图3-9　销售出库单

4. 参照发货单生成销售专用发票（现结）

2025年1月15日，由刘晓洺（X01）登录企业应用平台。

（1）生成销售专用发票。依次双击“业务工作”页签中的“供应链→销售管理→销售发票→销售专用发票”菜单，系统打开“销售专用发票”窗口。单击工具栏的“增加”按钮，再执行工具栏的“生单”|“参照发货单”命令，打开“查询条件选择-发票参照发货单”对话框，单击“确定”按钮，系统打开“参照生单”窗口。双击要选择的发货单所对应的“选择”栏，结果如图3-10所示，然后单击工具栏的“确定”按钮，返回“销售专用发票”窗口。根据图3-3，修改表头项目“发票号”为“21327501”，其他项默认。单击工具栏的“保存”按钮，保存该单据。

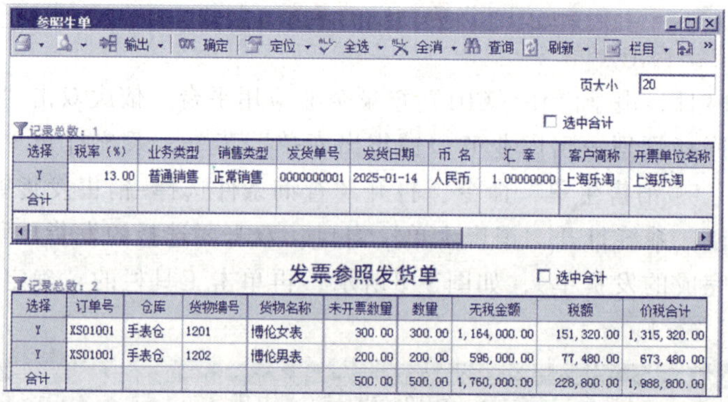

图3-10 “参照生单”窗口

（2）现结。单击工具栏的“现结”按钮，打开“现结”窗口。根据图3-4，“结算方式”选择“电汇”，“原币金额”输入“1988800”，“票据号”输入“56136752”，结果如图3-11所示。单击“确定”按钮。

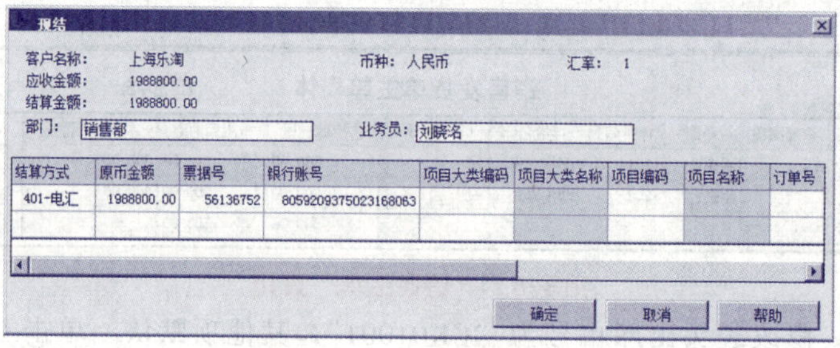

图3-11 “现结”窗口

（3）复核。单击工具栏的“复核”按钮，完成销售专用发票处理，结果如图3-12所示。

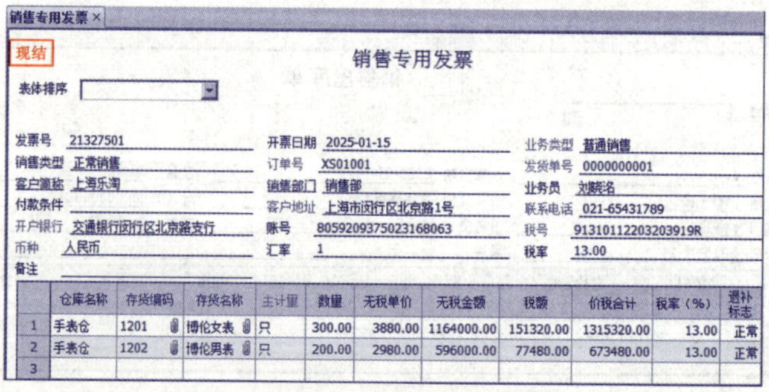

图3-12 销售专用发票

5. 应收单据审核并制单处理

2025年1月15日，由赵凯杰（W02）登录企业应用平台。依次双击“业务工作”页签中的“财务会计→应收款管理→应收单据处理→应收单据审核”菜单，打开“应收单查询条件”窗口，勾选“包含已现结发票”，单击“确定”按钮，系统打开“单据处理”窗口，如图3-13所示。

单据处理 ×

应收单据列表

记录总数：1

选择	审核人	单据日期	单据类型	单据号	客户名称	部门	业务员	制单人	币种	原币金额	本币金额
		2025-01-15	销售专用发票	21327501	上海乐淘贸易有限公司	销售部	刘晓洺	刘晓洺	人民币	1,988,800.00	1,988,800.00
合计										1,988,800.00	1,988,800.00

图3-13　应收单据列表

双击“21327501”单据号，打开要审核的发票，单击工具栏的“审核”按钮，系统提示“是否立即制单?”，单击“是”，生成一张记账凭证，单击“保存”按钮。关闭当前已打开窗口。

借：银行存款/中国工商银行/沈阳皇姑支行　　1 988 800.00
　贷：主营业务收入　　1 760 000.00
　　应交税费/应交增值税/销项税额　　228 800.00

6. 正常单据记账，生成凭证

（1）正常单据记账。在供应链的“存货核算”子系统，依次双击“业务核算→正常单据记账”菜单，系统打开“查询条件选择”窗口，直接单击其“确定”按钮，系统打开“未记账单据一览表”窗口，如图3-14所示。单击工具栏的“全选”按钮，使其显示“Y”字样，再单击工具栏的“记账”按钮，系统弹出信息框提示记账成功，单击其“确定”按钮，完成记账工作。关闭当前窗口。

未记账单据一览表 ×

正常单据记账列表

记录总数：2

选择	日期	单据号	存货编码	存货名称	单据类型	仓库名称	收发类别	数量	单价	金额
	2025-01-15	21327501	1201	博伦女表	专用发票	手表仓	销售出库	300.00		
	2025-01-15	21327501	1202	博伦男表	专用发票	手表仓	销售出库	200.00		
小计								500.00		

图3-14　未记账单据一览表

（2）生成凭证。依次双击“存货核算”子系统的“财务核算→生成凭证”菜单，系统打开“生成凭证”窗口。单击工具栏的“选择”按钮，系统弹出“查询条件”对话框，单击“确定”按钮，系统打开“选择单据”窗口，如图3-15所示。

选择单据

输出　单据　全选　全消　确定　取消

□ 已结算采购入库单自动选择全部结算单上单据(包括入库单、发票、付款单)，非本月采购入库单按蓝字报销单制单

未生成凭证单据一览表

选择	记账日期	单据日期	单据类型	单据号	仓库	收发类别	记账人	部门	业务类型	计价方式	摘要	客户
	2025-01-15	2025-01-15	专用发票	21327501	手表仓	销售出库	赵凯杰	销售部	普通销售	先进先出法	专用发票	上海乐淘贸易有限公司

图3-15　“选择单据”窗口

单击工具栏的“全选”按钮，再单击工具栏的“确定”按钮，系统自动关闭“选择单据”窗口返回“生成凭证”窗口，如图3-16所示。单击工具栏的“生成”按钮，打开“填制凭证”窗口并自动生成凭证。单击工具栏的“保存”按钮。

生成凭证

凭证类别：记 记账凭证

选择	单据类型	单据号	摘要	科目类型	科目编码	科目名称	借方金额	贷方金额	借方数量	贷方数量	存货名称
1	专用发票	21327501	专用发票	对方	6401	主营业务成本	1,035,000.00		300.00		博伦女表
				存货	1405	库存商品		1,035,000.00		300.00	博伦女表
				对方	6401	主营业务成本	567,000.00		200.00		博伦男表
				存货	1405	库存商品		567,000.00		200.00	博伦男表
合计							1,602,000.00	1,602,000.00			

图3-16 “生成凭证”窗口

借：主营业务成本　　　　1 602 000.00

　贷：库存商品　　　　1 602 000.00

提示

在用友U8供应链管理系统的普通销售业务中，并存两种处理流程不同的业务模式，即先发货后开票模式和开票直接发货模式。先发货后开票模式，是根据销售订单或其他销售合同，向客户发出货物，发货之后根据发货单开票并结算。该模式除了适用于普通销售业务外，还适用于分期收款业务、委托代销业务。

处理销售发票使用“现结”功能的前提条件：①开具发票（销售专用发票、销售普通发票、零售日报等）的同时收取款项；②所收款项为商业汇票以外的其他结算方式。

库存管理系统中销售出库单的审核与存货核算系统中的“正常单据记账”无先后顺序。

发货单参照订单，一张订单可多次发货，多张订单也可一次发货。发票参照发货单，多张发货单可以汇总开票，一张发货单也可拆单生成多张销售发票。一张发票可以多次收款，同时多张发票也可以一次收款。发货单生成出库单，一张发货单可以分仓库生成多张销售出库单。

业务2　开票直接发货业务

【实验资料】

2025年1月15日，销售部何丽平与北京汇鑫百货有限公司（简称北京汇鑫）签订购销合同。当日，我公司开具增值税专用发票并发出全部货物，同时收到货款。

相关凭证如图3-17至图3-21所示。

购销合同

合同编号：XS01002

卖方：辽宁恒通商贸有限公司

买方：北京汇鑫百货有限公司

为保护买卖双方的合法权益，根据《中华人民共和国民法典》的有关规定，买卖双方经友好协商，一致同意签订本合同，并共同遵守合同约定。

一、货物的名称、数量及金额：

货物名称	规格型号	计量单位	数量	单价（不含税）	金额（不含税）	税率	税额
百盛休闲裤		条	500	399.00	199 500.00	13%	25 935.00
博伦情侣表		对	300	6 888.00	2 066 400.00	13%	268 632.00
合　计					¥2 265 900.00		¥294 567.00

二、合同总金额：人民币贰佰伍拾陆万零肆佰陆拾柒元整（¥2 560 467.00）。

三、签订合同当日卖方开具增值税专用发票并发出全部货物，买方以电汇方式支付全部货款。

四、交货地点：辽宁恒通商贸有限公司。

五、发运方式与运输费用承担方式：由卖方发货，买方承担运输费用。

卖　　方：辽宁恒通商贸有限公司　　　　买　　方：北京汇鑫百货有限公司

授权代表：何丽平　　　　授权代表：王三金

日　　期：2025年01月15日　　　　日　　期：2025年01月15日

图3-17 购销合同

电子发票（增值税专用发票）

（印章：全国统一发票监制章 国家税务总局 辽宁省税务局）

发票号码：25212000000021327502

开票日期：2025年01月15日

购买方信息 名称：北京汇鑫百货有限公司 统一社会信用代码/纳税人识别号：91110113578732690F	销售方信息 名称：辽宁恒通商贸有限公司 统一社会信用代码/纳税人识别号：91210105206917583A

项目名称	规格型号	单位	数量	单价	金额	税率/征收率	税额
*服装*百盛休闲裤		条	500	399.00	199 500.00	13%	25 935.00
*手表*博伦情侣表		对	300	6 888.00	2 066 400.00	13%	268 632.00
合　计					¥2 265 900.00		¥294 567.00
价税合计（大写）	⊗ 贰佰伍拾陆万零肆佰陆拾柒元整				（小写）¥2 560 467.00		

备注：
购买方开户银行：中国银行北京顺义常庄支行　　银行账号：2700322598914536398
销售方开户银行：中国工商银行沈阳皇姑支行　　银行账号：2107024015890035666

开票人：赵凯杰

图3-18　增值税专用发票

中国工商银行　电汇凭证（收账通知）　4　　16381730

☑普通　□加急　　委托日期 2025年01月15日

汇款人	全称	北京汇鑫百货有限公司	收款人	全称	辽宁恒通商贸有限公司
	账号	2700322598914536398		账号	2107024015890035666
	开户银行	中国银行北京顺义常庄支行		开户银行	中国工商银行沈阳皇姑支行

金额	人民币（大写）	亿	千	百	十	万	千	百	十	元	角	分
	贰佰伍拾陆万零肆佰陆拾柒元整		¥	2	5	6	0	4	6	7	0	0

此汇款已收入收款人账户。

（印章：中国工商银行 沈阳皇姑支行 2025.01.15 转讫 (8)）

汇入行签章

支付密码

附加信息及用途：货款

复核　　记账

此联为开户行给收款人的收账通知

图3-19　电汇收款凭证

出库单

客户：北京汇鑫　　2025年01月15日　　单号：CK01002

发货仓库	存货编码	存货名称	计量单位	数量		单价	金额
				应发	实发		
服装仓	1102	百盛休闲裤	条	500	500		
合　计							

部门经理：略　　会计：略　　仓库：略　　经办人：略

图3-20　出库单

出库单

客户：北京汇鑫　　2025年01月15日　　单号：CK01003

发货仓库	存货编码	存货名称	计量单位	数量		单价	金额
				应发	实发		
手表仓	1203	博伦情侣表	对	300	300		
合　计							

部门经理：略　　会计：略　　仓库：略　　经办人：略

图3-21　出库单

【实验过程概览】

本业务的实验过程概览见表3-2。

表3-2 实验过程概览

序号	操作日期	操作员	系统	操作内容
1	2025-01-15	X01刘晓洺	销售管理	填制销售订单
2	2025-01-15	X01刘晓洺	销售管理	参照销售订单生成销售专用发票（现结）
3	2025-01-15	X01刘晓洺	销售管理	查看发货单
4	2025-01-15	C01李泽伟	库存管理	参照发货单批量生成销售出库单
5	2025-01-15	W02赵凯杰	应收款管理	应收单据审核并制单处理
6	2025-01-15	W02赵凯杰	存货核算	正常单据记账，生成凭证

【实验过程】

开票直接发货业务

1. 填制销售订单

2025年1月15日，由刘晓洺（X01）登录企业应用平台。

（1）依次双击“业务工作”页签中的“供应链→销售管理→销售订货→销售订单”菜单，打开“销售订单”窗口。单击工具栏的“增加”按钮，根据图3-17填制销售订单。

① 填制表头信息。修改表头的“订单号”（即合同编号）为“XS01002”，“销售类型”为“正常销售”，“客户简称”为“北京汇鑫”，“业务员”为“何丽平”，其他项默认。

② 填制表体信息。在第1行，选择“存货编码”为“1102”（百盛休闲裤），输入“数量”为“500”，“原币单价”为“399”，“预发货日期”为当日；在第2行，选择“存货编码”为“1203”，输入“数量”为“300”，“无税单价”为“6888”，“预发货日期”为当日，其他项默认。结果如图3-22所示。

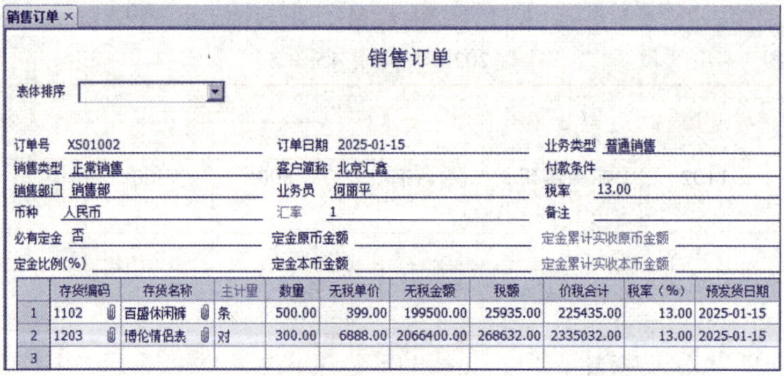
销售订单 ×

销售订单

表体排序

订单号 XS01002　订单日期 2025-01-15　业务类型 普通销售
销售类型 正常销售　客户简称 北京汇鑫　付款条件
销售部门 销售部　业务员 何丽平　税率 13.00
币种 人民币　汇率 1　备注
必有定金 否　定金原币金额　定金累计实收原币金额
定金比例(%)　定金本币金额　定金累计实收本币金额

	存货编码	存货名称	主计量	数量	无税单价	无税金额	税额	价税合计	税率（%）	预发货日期
1	1102	百盛休闲裤	条	500.00	399.00	199500.00	25935.00	225435.00	13.00	2025-01-15
2	1203	博伦情侣表	对	300.00	6888.00	2066400.00	268632.00	2335032.00	13.00	2025-01-15
3										

图3-22　销售订单

（2）单击工具栏的“保存”按钮，保存该单据。单击工具栏的“审核”按钮，审核该订单。关闭并退出“销售订单”窗口。

2. 参照销售订单生成销售专用发票（现结）

（1）生成销售专用发票。在“销售管理”子系统，依次双击“销售开票→销售专用发票”菜单，打开“销售专用发票”窗口。单击工具栏的“增加”按钮，执行“生单”|“销售订单”命令，打开“查询条件选择-参照订单”窗口，单击“确定”按钮。在“参照生单”窗口，双击上窗格中“订单号”为“XS01002”的销售订单所在行的“选择”单元格，如

图3-23所示，再单击工具栏的“确定”按钮。根据图3-18修改“发票号”为“21327502”，修改表体“仓库名称”第1行为“服装仓”，第2行为“手表仓”，单击“保存”按钮。

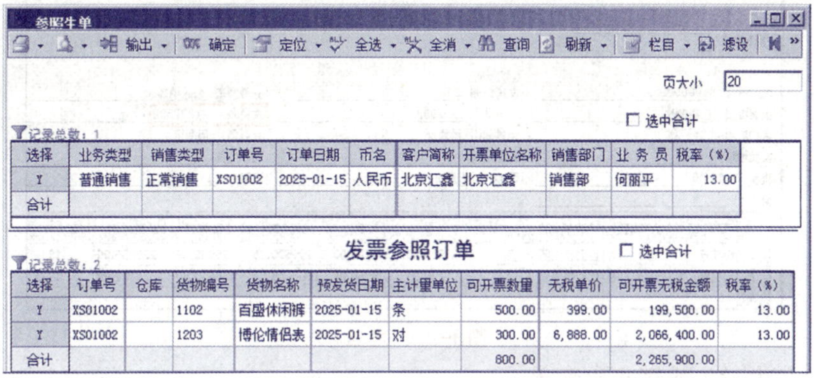

图3-23 “参照生单”窗口

（2）现结。单击“现结”按钮，打开“现结”窗口。根据图3-19录入“结算方式”“原币金额”“票据号”等信息，如图3-24所示。单击“确定”按钮，结果如图3-25所示。

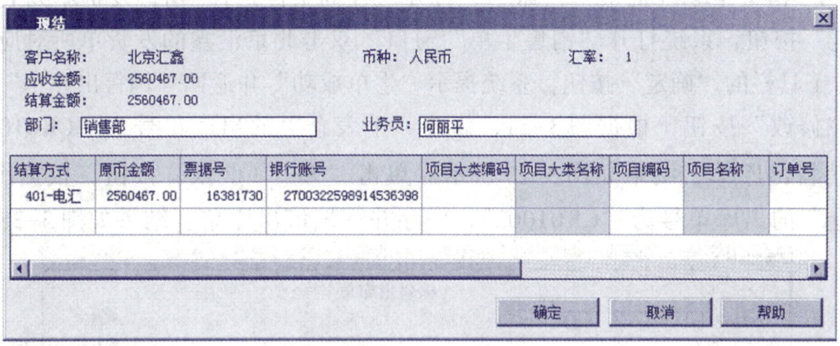

图3-24 “现结”窗口

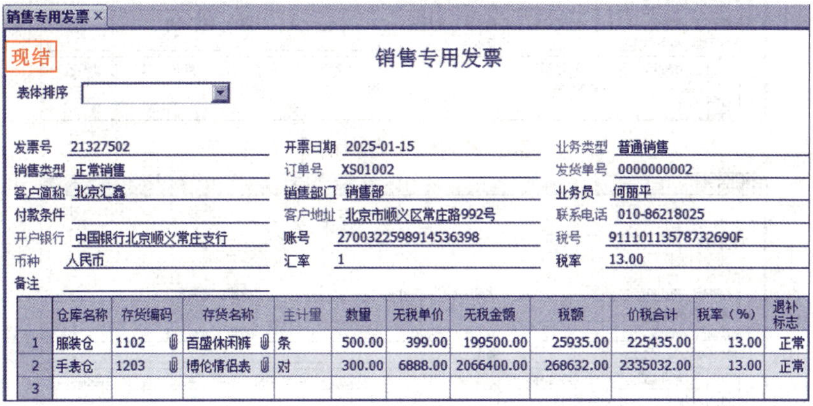

图3-25 销售专用发票

（3）复核。单击“复核”按钮，复核已现结的销售专用发票。关闭“销售专用发票”窗口。在开票直接发货模式下，销售发票复核后系统自动生成已审核的发货单。

3. 查看发货单

双击“业务工作→供应链→销售管理→销售发货→发货单”菜单，打开“发货单”窗口。单击“![末张]”（末张）按钮，可以查看系统根据销售专用发票自动生成且已审核的发货单，如图3-26所示。

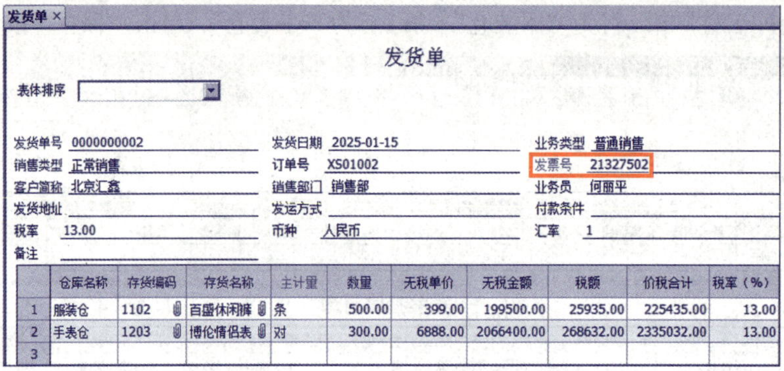
发货单 ×

发货单

表体排序

发货单号 0000000002 发货日期 2025-01-15 业务类型 普通销售
销售类型 正常销售 订单号 XS01002 发票号 21327502
客户简称 北京汇鑫 销售部门 销售部 业务员 何丽平
发货地址 发运方式 付款条件
税率 13.00 币种 人民币 汇率 1
备注

	仓库名称	存货编码	存货名称	主计量	数量	无税单价	无税金额	税额	价税合计	税率（%）
1	服装仓	1102	百盛休闲裤	条	500.00	399.00	199500.00	25935.00	225435.00	13.00
2	手表仓	1203	博伦情侣表	对	300.00	6888.00	2066400.00	268632.00	2335032.00	13.00
3										

图3-26 发货单

4. 参照发货单批量生成销售出库单

2025年1月15日，由李泽伟（C01）登录企业应用平台。依次双击“业务工作”页签中的“供应链→库存管理→出库业务→销售出库单”菜单，系统打开“销售出库单”窗口。执行“生单”|“销售生单（批量）”命令，打开“查询条件选择-销售发货单列表”对话框，单击“确定”按钮，系统打开“销售生单”窗口。双击北京汇鑫的发货单所对应的“选择”栏，再单击工具栏的“确定”按钮，系统提示“生单成功”并返回“销售出库单”窗口。

单击“修改”按钮，根据图3-21，修改“手表仓”的出库单号为“CK01003”，保存并审核该销售出库单，结果如图3-27所示。单击“⬅”（上张）按钮，根据图3-20，修改“服装仓”的出库单号为“CK01002”，保存并审核该出库单，结果如图3-28所示。

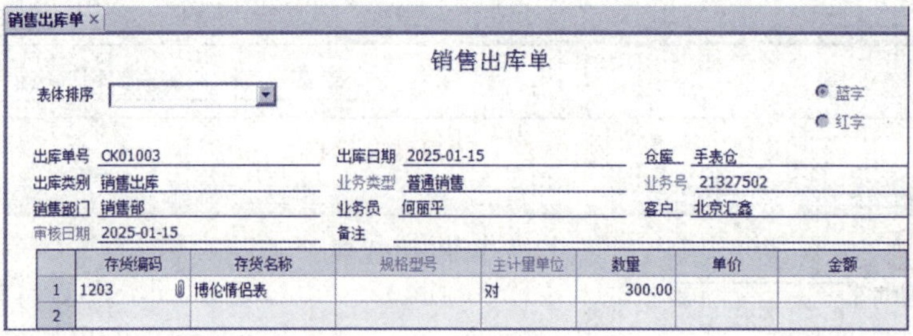
销售出库单 ×

销售出库单

表体排序

蓝字
红字

出库单号 CK01003 出库日期 2025-01-15 仓库 手表仓
出库类别 销售出库 业务类型 普通销售 业务号 21327502
销售部门 销售部 业务员 何丽平 客户 北京汇鑫
审核日期 2025-01-15 备注

	存货编码	存货名称	规格型号	主计量单位	数量	单价	金额
1	1203	博伦情侣表		对	300.00		
2							

图3-27 销售出库单（1）

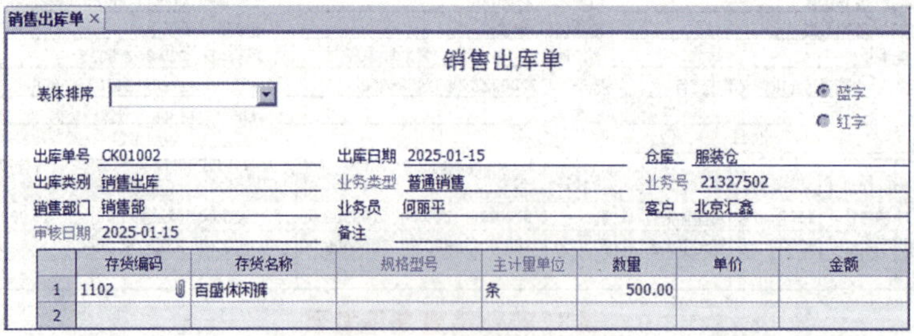
销售出库单 ×

销售出库单

表体排序

蓝字
红字

出库单号 CK01002 出库日期 2025-01-15 仓库 服装仓
出库类别 销售出库 业务类型 普通销售 业务号 21327502
销售部门 销售部 业务员 何丽平 客户 北京汇鑫
审核日期 2025-01-15 备注

	存货编码	存货名称	规格型号	主计量单位	数量	单价	金额
1	1102	百盛休闲裤		条	500.00		
2							

图3-28 销售出库单（2）

5. 应收单据审核并制单处理

2025年1月15日，由赵凯杰（W02）登录企业应用平台。依次双击“业务工作”页签中的“财务会计→应收款管理→应收单据处理→应收单据审核”菜单，打开“应收单查询条件”窗口，勾选“包含已现结发票”，单击“确定”按钮，系统打开“单据处理”窗口。

双击“21327502”单据号，打开要审核的发票，单击工具栏的“审核”按钮，系统提示“是否立即制单?”，单击“是”，生成一张记账凭证，单击“保存”按钮。关闭当前已打开窗口。

借：银行存款/中国工商银行/沈阳皇姑支行	2 560 467.00	
贷：主营业务收入		2 265 900.00
应交税费/应交增值税/销项税额		294 567.00

6. 正常单据记账，生成凭证

（1）正常单据记账。在供应链的“存货核算”子系统，依次双击“业务核算→正常单据记账”菜单，系统打开“查询条件选择”窗口，直接单击其“确定”按钮，系统打开“未记账单据一览表”窗口。单击工具栏的“全选”按钮，以选中21327502号发票的两行记录，使其显示“Y”字样，再单击工具栏的“记账”按钮，系统弹出信息框提示记账成功，单击其“确定”按钮，完成记账工作。退出该窗口。

（2）生成凭证。依次双击“存货核算”子系统的“财务核算→生成凭证”菜单，系统打开“生成凭证”窗口。单击工具栏的“选择”按钮，系统弹出“查询条件”对话框，单击“确定”按钮，系统打开“选择单据”窗口。单击工具栏的“全选”按钮，以选中21327502号发票的两行记录，再单击工具栏的“确定”按钮，系统自动关闭“选择单据”窗口返回“生成凭证”窗口，如图3-29所示。

生成凭证 ×

凭证类别 记 记账凭证

选择	单据类型	单据号	摘要	科目类型	科目编码	科目名称	借方金额	贷方金额	借方数量	贷方数量	存货名称
1	专用发票	21327502	专用发票	对方	6401	主营业务成本	99,500.00		500.00		百盛休闲裤
				存货	1405	库存商品		99,500.00		500.00	百盛休闲裤
				对方	6401	主营业务成本	1,999,800.00		300.00		博伦情侣表
				存货	1405	库存商品		1,999,800.00		300.00	博伦情侣表
合计							2,099,300.00	2,099,300.00			

图3-29 “生成凭证”窗口

单击工具栏的“合成”按钮，系统打开“填制凭证”窗口并自动生成凭证。单击工具栏的“保存”按钮，保存此记账凭证。

借：主营业务成本	2 099 300.00	
贷：库存商品		2 099 300.00

提示

开票直接发货模式，是根据销售订单或其他销售合同，向客户开具销售发票，客户根据发票到指定仓库提货。该模式只适用于普通销售业务。虽然销售系统存在开票直接发货模式，但是采购系统并没有“开票直接到货模式”，也就是说参照采购订单生成采购发票，并不能自动生成到货单。

一张订单可多次开票。一张发票生成一张与之对应的发货单。一张发货单可以分仓库生成多张销售出库单。一张发票可以多次收款，同时多张发票可以一次收款。

先发货后开票模式与开票直接发货模式比较见表3-3。

表3-3 先发货后开票模式与开票直接发货模式比较

选项	模式	发货单	发票	销售出库单
销售生成出库单	先发货后开票	参照生成，未审核	参照（发货单）生成	自动生成，未审核
	开票直接发货	自动生成，已审核	参照（订单）生成	自动生成，未审核
库存生成销售出库单	先发货后开票	参照生成，未审核	参照（发货单）生成	销售生单，未审核
	开票直接发货	自动生成，已审核	参照（订单）生成	销售生单，未审核

总结

先发货后开票模式与开票直接发货模式的关键区别是先生成发货单还是先生成销售发票。销售出库单是自动生成还是手工参照生成由销售系统或库存系统参数设置决定。

业务3 卖方垫付运费且有销售定金的销售业务

【实验资料】

2025年1月15日，销售部刘晓洺与广州华丰签订购销合同。当日收取20%销售定金。

2025年1月16日，我公司开具增值税专用发票并发出货物，发生代垫运费一笔。

2025年1月17日，收到广州华丰的货款及代垫运费。（选择收款）

相关凭证如图3-30至图3-35所示。

购销合同

合同编号：XS01003

卖方：辽宁恒通商贸有限公司

买方：广州华丰超市有限公司

为保护买卖双方的合法权益，根据《中华人民共和国民法典》的有关规定，买卖双方经友好协商，一致同意签订本合同，并共同遵守合同约定。

一、货物的名称、数量及金额：

货物名称	规格型号	计量单位	数量	单价（不含税）	金额（不含税）	税率	税额
嘉伟男风衣		件	750	698.00	523 500.00	13%	68 055.00
百盛男夹克		件	600	368.00	220 800.00	13%	28 704.00
合计					¥744 300.00		¥96 759.00

二、合同总金额：人民币捌拾肆万壹仟零伍拾玖元整（¥841 059.00）。

三、签订合同当日买方以电汇方式支付20%定金（¥168 211.80），卖方收到定金3日内开具增值税专用发票并发出货物，买方验收合格后以电汇方式支付全部剩余货款及代垫运输费用。

四、交货地点：辽宁恒通商贸有限公司。

五、发运方式与运输费用承担方式：由卖方发货并垫付运输费用。

卖　　方：辽宁恒通商贸有限公司　　　　买　　方：广州华丰超市有限公司

授权代表：刘晓洺　　　　授权代表：李　桐

日　　期：2025年01月15日　　　　日　　期：2025年01月15日

（印章：辽宁恒通商贸有限公司 合同专用章；李喜印；广州华丰超市有限公司 合同专用章；华之印）

图3-30　购销合同

中国工商银行　电汇凭证（收账通知）　4　　96707293

☑普通　□加急　　委托日期 2025年01月15日

汇款人	全　称	广州华丰超市有限公司	收款人 全　称	辽宁恒通商贸有限公司
	账　号	2692006083025562331	账　号	2107024015890035666
	开户银行	中国工商银行广州向阳支行	开户银行	中国工商银行沈阳皇姑支行
金额	人民币（大写）	壹拾陆万捌仟贰佰壹拾壹元捌角整	亿千百十万千百十元角分	¥ 1 6 8 2 1 1 8 0
此汇款已收入收款人账户。			支付密码	
			附加信息及用途：定金	
汇入行签章			复核　记账	

此联为开户行给收款人的收账通知

（印章：中国工商银行 沈阳皇姑支行 2025.01.15 转讫 (8)）

图3-31　电汇收款凭证

出库单

客户：广州华丰　　2025 年 01 月 16 日　　单号：CK01004

发货仓库	存货编码	存货名称	计量单位	数量		单价	金额
				应发	实发		
服装仓	1152	嘉伟男风衣	件	750	750		
服装仓	1101	百盛男夹克	件	600	600		
合　计							

部门经理：略　　会计：略　　仓库：略　　经办人：略

图3-32　出库单

电子发票（增值税专用发票）

发票号码：25212000000021327503
开票日期：2025 年 01 月 16 日

购买方信息	销售方信息
名称：广州华丰超市有限公司	名称：辽宁恒通商贸有限公司
统一社会信用代码/纳税人识别号：91440100613815327V	统一社会信用代码/纳税人识别号：91210105206917583A

项目名称	规格型号	单位	数量	单价	金额	税率/征收率	税额
*服装*嘉伟男风衣		件	750	698.00	523 500.00	13%	68 055.00
*服装*百盛男夹克		件	600	368.00	220 800.00	13%	28 704.00
合　计					¥744 300.00		¥96 759.00
价税合计（大写）	⊗捌拾肆万壹仟零伍拾玖元整					（小写）	¥841 059.00

备注：购买方开户银行：中国工商银行广州向阳支行　　银行账号：2692006083025562331
销售方开户银行：中国工商银行沈阳皇姑支行　　银行账号：2107024015890035666

开票人：赵凯杰

（印章：全国统一发票监制章 国家税务总局 辽宁省税务局）

图3-33　增值税专用发票

中国工商银行
转账支票存根
21003365
21562385

附加信息

出票日期：2025 年 01 月 16 日

收款人：	沈阳通达物流有限公司
金　额：	¥3 270.00
用　途：	代垫运费

单位主管 李成喜　　会计 赵凯杰

西安西钞证券印制有限公司·2025年印制

（印章：辽宁恒通商……财务专……）

图3-34　转账支票存根

中国工商银行　电汇凭证（收账通知）4　　96707296

☑普通　□加急　　委托日期 2025年01月17日

汇款人		收款人	
全　称	广州华丰超市有限公司	全　称	辽宁恒通商贸有限公司
账　号	2692006083025562331	账　号	2107024015890035666
开户银行	中国工商银行广州向阳支行	开户银行	中国工商银行沈阳皇姑支行

金额 人民币（大写）	亿	千	百	十	万	千	百	十	元	角	分
陆拾柒万陆仟壹佰壹拾柒元贰角整			¥	6	7	6	1	1	7	2	0

此汇款已收入收款人账户。　　汇入行签章

支付密码

附加信息及用途：货款

复核　　记账

此联为开户行给收款人的收账通知

（印章：中国工商银行 沈阳皇姑支行 2025.01.17 转讫 (8)）

图3-35　电汇收款凭证

【实验过程概览】

本业务的实验过程概览见表3-4。

表3-4　　实验过程概览

序号	操作日期	操作员	系统	操作内容
1	2025-01-15	X01刘晓洺	销售管理	填制销售订单
2	2025-01-15	W03贺青春	应收款管理	参照销售订单生成（销售定金）收款单
3	2025-01-15	W02赵凯杰	应收款管理	收款单据审核并制单处理
4	2025-01-15	X01刘晓洺	销售管理	审核销售订单
5	2025-01-16	X01刘晓洺	销售管理	参照销售订单生成发货单
6	2025-01-16	C01李泽伟	库存管理	参照发货单生成销售出库单
7	2025-01-16	X01刘晓洺	销售管理	参照发货单生成销售专用发票并代垫处理
8	2025-01-16	W02赵凯杰	应收款管理	其他应收单修改、审核并制单处理
9	2025-01-16	W02赵凯杰	应收款管理	应收单据审核并制单处理
10	2025-01-16	W03贺青春	应收款管理	定金转货款
11	2025-01-16	W02赵凯杰	应收款管理	收款单据审核、手工核销和制单处理
12	2025-01-16	W02赵凯杰	存货核算	正常单据记账，生成凭证
13	2025-01-17	W03贺青春	应收款管理	选择收款
14	2025-01-17	W02赵凯杰	应收款管理	制单处理

【实验过程】

卖方垫付运费且有销售定金的销售业务

1. 填制销售订单

2025年1月15日，由刘晓洺（X01）登录企业应用平台。依次双击“业务工作”页签中的“供应链→销售管理→销售订货→销售订单”菜单，打开“销售订单”窗口。单击工具栏的“增加”按钮，根据图3-30填制销售订单，填制完毕保存该订单，结果如图3-36所示。

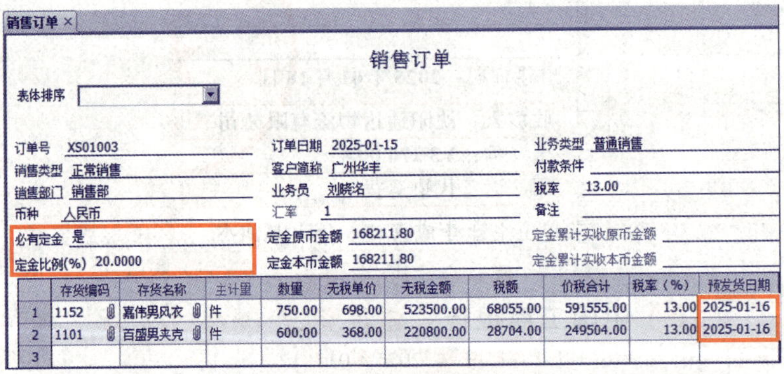
销售订单 ×

销售订单

表体排序

订单号 XS01003　订单日期 2025-01-15　业务类型 普通销售
销售类型 正常销售　客户简称 广州华丰　付款条件
销售部门 销售部　业务员 刘晓洺　税率 13.00
币种 人民币　汇率 1　备注
必有定金 是　定金原币金额 168211.80　定金累计实收原币金额
定金比例(%) 20.0000　定金本币金额 168211.80　定金累计实收本币金额

	存货编码	存货名称	主计量	数量	无税单价	无税金额	税额	价税合计	税率（%）	预发货日期
1	1152	嘉伟男风衣	件	750.00	698.00	523500.00	68055.00	591555.00	13.00	2025-01-16
2	1101	百盛男夹克	件	600.00	368.00	220800.00	28704.00	249504.00	13.00	2025-01-16
3										

图3-36　销售订单

提示

如果订单表头项目“定金累计实收原币金额”小于销售订单上的“定金原币金额”，系统在审核时给予提示：定金收款不足，不允许审核。

2. 参照销售订单生成（销售定金）收款单

2025年1月15日，由贺青春（W03）登录企业应用平台。执行“业务工作→财务会计→应收款管理→收款单据处理→收款单据录入”命令，打开“收款单据录入”窗口，执

行“增加”|“销售定金”命令，如图3-37所示。系统弹出“查询条件选择-参照订单”对话框，单击“确定”按钮，打开“拷贝并执行”窗口，如图3-38所示。双击选中XS01003号订单最左侧的“选择”栏，单击“确定”，返回“收付款单录入”窗口。

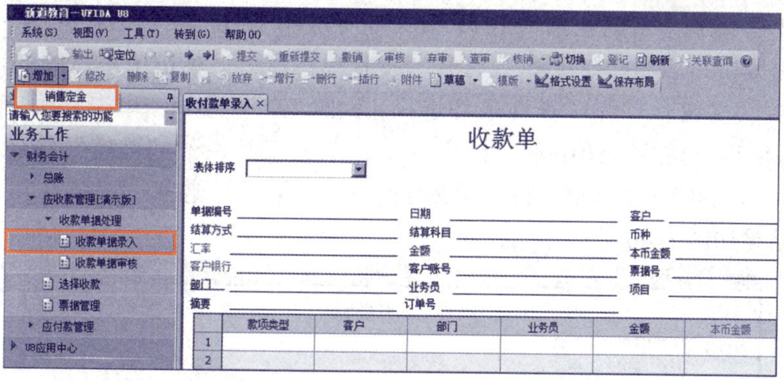

图3-37 “收付款单录入”窗口

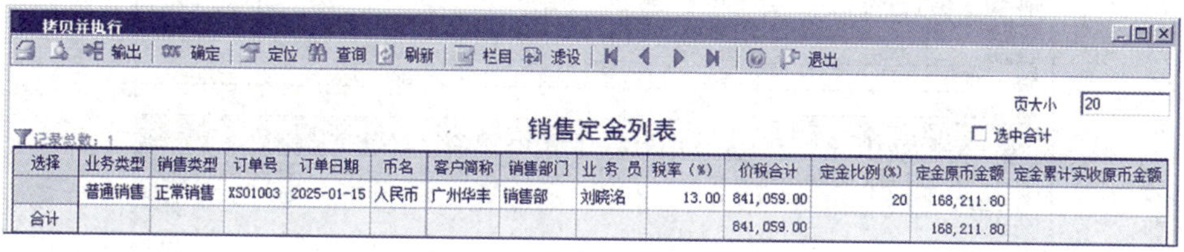

图3-38 “拷贝并执行”窗口

根据图3-31，补充收款单表头项目“结算方式”为“电汇”，“票据号”为“96707293”，单击“保存”，结果如图3-39所示。

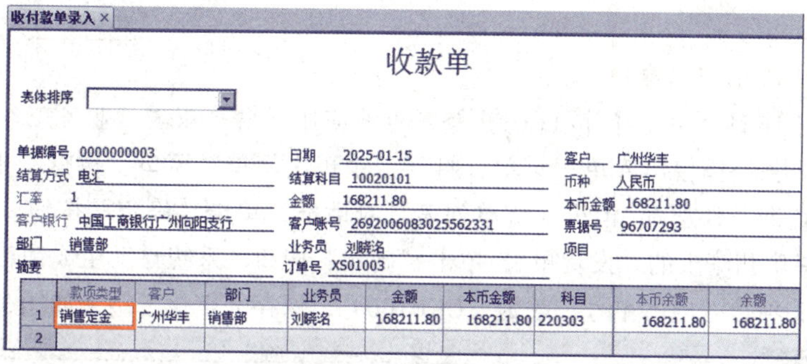

图3-39 款项类型为“销售定金”的收款单

3. 收款单据审核并制单处理

2025年1月15日，由赵凯杰（W02）登录企业应用平台。双击“业务工作→财务会计→应收款管理→收款单据处理→收款单据审核”菜单，打开“收付款单列表”窗口。

双击广州华丰那一行的“选择”栏右侧任意单元格，打开“收付款单录入”窗口，单击“审核”按钮，提示“是否立即制单?”，点击“是”，生成一张记账凭证，保存该记账凭证。

借：银行存款/中国工商银行/沈阳皇姑支行	168 211.80	
贷：预收账款/销售定金（广州华丰）		168 211.80

4. 审核销售订单

2025年1月15日，由刘晓洺（X01）登录企业应用平台。依次双击“业务工作”页签中

的“供应链→销售管理→销售订货→销售订单”菜单，打开“销售订单”窗口，单击“➡|”（末张）按钮，找到“XS01003”号订单，单击“审核”按钮。关闭“销售订单”窗口。

5. 参照销售订单生成发货单

2025年1月16日，由刘晓洺（X01）登录企业应用平台。在“销售管理”子系统，依次双击“销售发货→发货单”菜单，打开“发货单”窗口。单击工具栏的“增加”按钮，再单击“订单”按钮，打开“查询条件选择-参照订单”窗口，单击“确定”按钮。在“参照生单”窗口，选中XS01003号销售订单，单击工具栏的“确定”按钮，系统返回“发货单”窗口。发货单表体第1行、第2行的“仓库名称”选择“服装仓”。保存并审核该发货单，结果如图3-40所示。

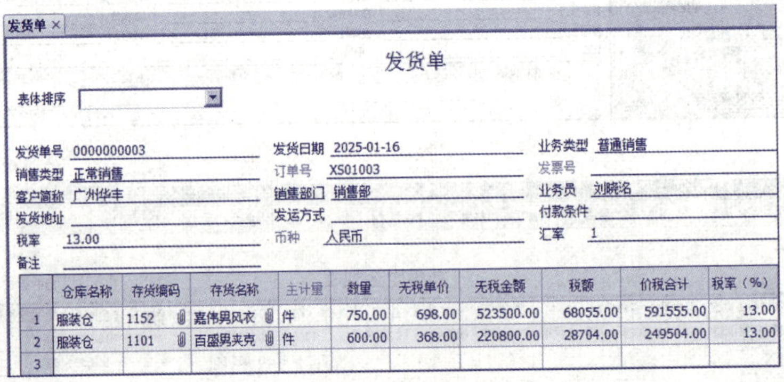
发货单 ×

发货单

表体排序

发货单号 0000000003　发货日期 2025-01-16　业务类型 普通销售
销售类型 正常销售　订单号 XS01003　发票号
客户简称 广州华丰　销售部门 销售部　业务员 刘晓洺
发货地址　发运方式　付款条件
税率 13.00　币种 人民币　汇率 1
备注

	仓库名称	存货编码	存货名称	主计量	数量	无税单价	无税金额	税额	价税合计	税率（%）
1	服装仓	1152	嘉伟男风衣	件	750.00	698.00	523500.00	68055.00	591555.00	13.00
2	服装仓	1101	百盛男夹克	件	600.00	368.00	220800.00	28704.00	249504.00	13.00
3										

图3-40　发货单

提示

发货单在参照订单生单时，如果选择多张订单生单，则只能参照“必有定金”的值相同的订单生成一张发货单。

6. 参照发货单生成销售出库单

2025年1月16日，由李泽伟（C01）登录企业应用平台。双击“业务工作→供应链→库存管理→出库业务→销售出库单”菜单，打开“销售出库单”窗口。执行“生单|销售生单”命令，打开“查询条件选择-销售发货单列表”对话框，单击“确定”按钮。打开“销售生单”窗口，选择广州华丰的“发货单”，单击“确定”按钮，系统自动生成销售出库单，根据图3-32，将表头项目“出库单号”改为“CK01004”，保存并审核，结果如图3-41所示。

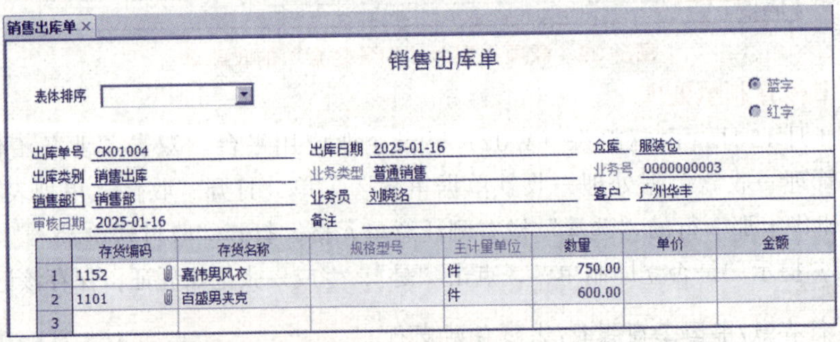
销售出库单 ×

销售出库单

表体排序　◉ 蓝字　○ 红字

出库单号 CK01004　出库日期 2025-01-16　仓库 服装仓
出库类别 销售出库　业务类型 普通销售　业务号 0000000003
销售部门 销售部　业务员 刘晓洺　客户 广州华丰
审核日期 2025-01-16　备注

	存货编码	存货名称	规格型号	主计量单位	数量	单价	金额
1	1152	嘉伟男风衣		件	750.00		
2	1101	百盛男夹克		件	600.00		
3							

图3-41　销售出库单

7. 参照发货单生成销售专用发票并代垫处理

2025年1月16日，由刘晓洺（X01）登录企业应用平台。

（1）生成销售专用发票。双击“业务工作→供应链→销售管理→销售开票→销售专用

发票”菜单，打开“销售专用发票”窗口。单击“增加”按钮，执行工具栏的“生单”|“参照发货单”命令，打开“查询条件选择-发票参照发货单”对话框，单击“确定”按钮，系统打开“参照生单”窗口。双击广州华丰的发货单所对应的“选择”栏，然后单击工具栏的“确定”按钮，返回“销售专用发票”窗口。根据图3-33修改“发票号”为“21327503”，其他项默认。保存该销售专用发票，结果如图3-42所示。

销售专用发票 ×

销售专用发票

表体排序

发票号 21327503　开票日期 2025-01-16　业务类型 普通销售
销售类型 正常销售　订单号 XS01003　发货单号 0000000003
客户简称 广州华丰　销售部门 销售部　业务员 刘晓名
付款条件　客户地址 广州市北市区向阳路7号　联系电话 020-52396012
开户银行 中国工商银行广州向阳支行　账号 2692006083025562331　税号 91440100613815327V
币种 人民币　汇率 1　税率 13.00
备注

	仓库名称	存货编码	存货名称	主计量	数量	无税单价	无税金额	税额	价税合计	税率（%）	退补标志
1	服装仓	1152	嘉伟男风衣	件	750.00	698.00	523500.00	68055.00	591555.00	13.00	正常
2	服装仓	1101	百盛男夹克	件	600.00	368.00	220800.00	28704.00	249504.00	13.00	正常
3											

图3-42　销售专用发票

（2）代垫。点击“代垫”按钮，根据图3-34在“代垫费用单”表体输入费用项目和金额，保存并审核该代垫费用单，结果如图3-43所示。关闭该窗口返回“销售专用发票”窗口，单击“复核”按钮。代垫费用单审核后自动生成其他应收单。

销售专用发票　代垫费用单 ×

代垫费用单

表体排序

代垫单号 0000000001　代垫日期 2025-01-16　发票号 21327503
客户简称 广州华丰　销售部门 销售部　业务员 刘晓名
币种 人民币　汇率 1　备注

	费用项目	代垫金额	存货编码	存货名称	规格型号
1	运输费	3270.00			
2					

图3-43　代垫费用单

8. 其他应收单修改、审核并制单处理

2025年1月16日，由赵凯杰（W02）登录企业应用平台。

（1）修改其他应收单。双击“业务工作→财务会计→应收款管理→应收单据处理→应收单据审核”菜单，打开“单据处理”窗口。双击“其他应收单”那一行“选择”栏右侧任意单元格，打开“应收单”窗口。单击“修改”按钮，在表体“科目”中输入会计科目“10020101”，单击“保存”按钮，如图3-44所示。

应收单 ×

应收单

表体排序

单据编号 0000000001　单据日期 2025-01-16　客户 广州华丰
科目 112201　币种 人民币　汇率 1.00000000
金额 3270.00　本币金额 3270.00　数量 0.00
部门 销售部　业务员 刘晓名　项目
付款条件　摘要

	方向	科目	币种	汇率	金额	本币金额	部门	业务员	项目	摘要
1	贷	10020101	人民币	1.00000000	3270.00	3270.00	销售部	刘晓名		
2										

图3-44　其他应收单

（2）审核其他应收单并制单处理。单击“审核”按钮，提示“是否立即制单？”，点击“是”，生成记账凭证。根据图3-34输入第2行银行存款的辅助项，单击“确定”按钮。保存该记账凭证。关闭当前已打开窗口。

借：应收账款/人民币（广州华丰）	3 270.00	
贷：银行存款/中国工商银行/沈阳皇姑支行		3 270.00

9. 应收单据审核并制单处理

依次双击“业务工作”页签中的“财务会计→应收款管理→应收单据处理→应收单据审核”菜单，系统打开“应收单查询条件”窗口，单击“确定”按钮，打开“单据处理”窗口。

双击“21327503”单据号，打开要审核的发票，单击工具栏的“审核”按钮，系统提示“是否立即制单？”，单击“是”，系统自动打开“填制凭证”窗口，单击工具栏的“保存”按钮。关闭当前已打开窗口。

借：应收账款/人民币（广州华丰）	841 059.00	
贷：主营业务收入		744 300.00
应交税费/应交增值税/销项税额		96 759.00

10. 定金转货款

2025年1月16日，由贺青春（W03）登录企业应用平台。双击“业务工作→财务会计→应收款管理→收款单处理→收款单据录入”菜单，打开“收付款单录入”窗口。单击“➔|”（末张）按钮，找到“广州华丰”的定金收款单。执行工具栏的“转出”|“转货款”命令，如图3-45所示，打开“销售定金转出”对话框，“款项类型”选择“应收款”，如图3-46所示。单击“确定”按钮，系统提示“转出成功生成1张收款单”，单击“确定”按钮。

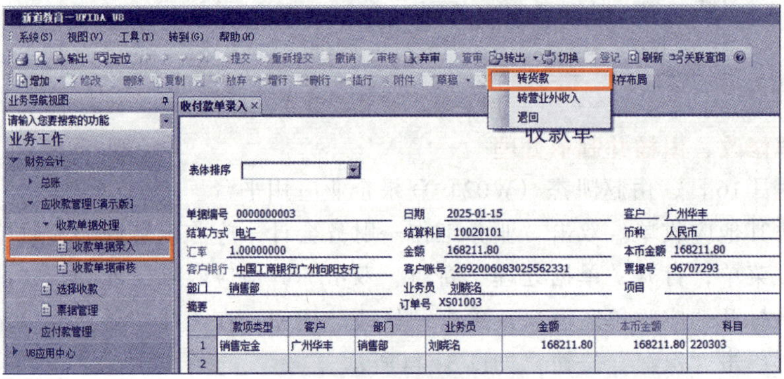

图3-45 “收付款单录入”窗口

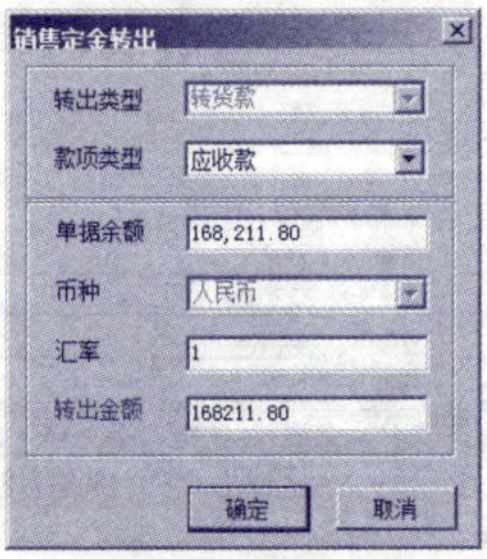

图3-46 销售定金转出

在“收付款单录入”窗口，单击“刷新”按钮，再单击“➡|”（末张）按钮，可查看已生成的款项类型为“应收款”的收款单，如图3-47所示。

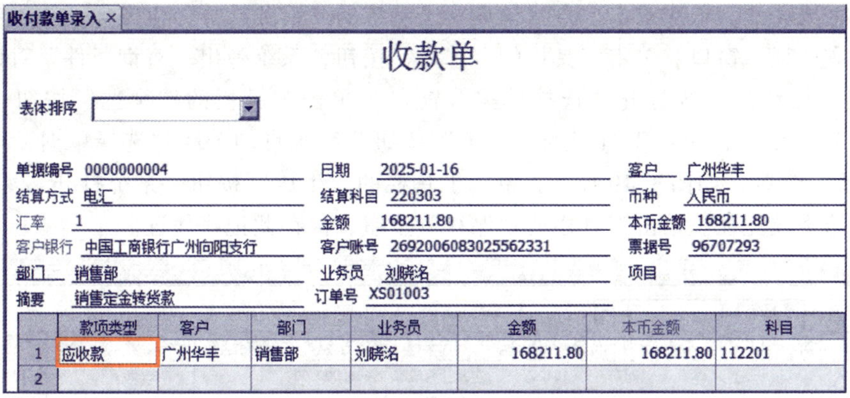

	款项类型	客户	部门	业务员	金额	本币金额	科目
1	应收款	广州华丰	销售部	刘晓名	168211.80	168211.80	112201
2							

图3-47　款项类型为“应收款”的收款单

11. 收款单据审核、手工核销和制单处理

2025年1月16日，由赵凯杰（W02）登录企业应用平台。

（1）收款单据审核。双击“业务工作→财务会计→应收款管理→收款单处理→收款单据审核”菜单，打开“收款单查询条件”对话框，单击“确定”按钮，打开“收付款单列表”窗口。选中广州华丰的收款单并对其审核，审核完毕关闭该窗口。

（2）手工核销。双击“业务工作→财务会计→应收款管理→核销处理→手工核销”菜单，弹出“核销条件”窗口，客户选择“广州华丰”，单击“确定”，打开“单据核销”窗口。输入本次结算金额，如图3-48所示，单击“保存”按钮。关闭“单据核销”窗口。

单据日期	单据类型	单据编号	客户	款项类型	结算方式	币种	原币金额	原币余额	本次结算金额	订单号
2025-01-16	收款单	0000000004	广州华丰	应收款	电汇	人民币	168,211.80	168,211.80	168,211.80	XS01003
合计							168,211.80	168,211.80	168,211.80	

单据日期	单据类型	单据编号	到期日	客户	币种	原币金额	原币余额	可享受折扣	本次折扣	本次结算	订单号	凭证号
2025-01-16	其他应收单	0000000001	2025-01-16	广州华丰	人民币	3,270.00	3,270.00	0.00				记-0055
2025-01-16	销售专用发票	21327503	2025-01-16	广州华丰	人民币	841,059.00	841,059.00	0.00	0.00	168,211.80	XS01003	记-0056
合计						844,329.00	844,329.00	0.00		168,211.80		

图3-48　“单据核销”窗口

（3）制单处理。双击“业务工作→财务会计→应收款管理→制单处理”菜单，选择“收付款单制单”和“核销制单”，单击“确定”，选择需要制单的记录，单击“合并”按钮，单击“制单”，系统生成记账凭证，单击“保存”按钮。关闭当前已打开窗口。

借：预收账款/销售定金（广州华丰）	168 211.80	
贷：应收账款/人民币（广州华丰）		168 211.80

12. 正常单据记账，生成凭证

（1）正常单据记账。在供应链的“存货核算”子系统，依次双击“业务核算→正常单据记账”菜单，系统打开“查询条件选择”窗口，直接单击其“确定”按钮，系统打开“未记账单据一览表”窗口。单击工具栏的“全选”按钮，以选中21327503号发票的两行记录，此时单击工具栏的“记账”按钮，系统弹出信息框提示记账成功，单击其“确定”按钮，完成记账工作。关闭当前窗口。

（2）生成凭证。依次双击“存货核算”子系统的“财务核算→生成凭证”菜单，系统打开“生成凭证”窗口。单击工具栏的“选择”按钮，系统弹出“查询条件”对话框，单击“确定”按钮，系统打开“选择单据”窗口。单击工具栏的“全选”按钮，以选中21327503号发票，再单击工具栏的“确定”按钮，系统自动关闭“选择单据”窗口返回“生成凭证”窗口，如图3-49所示。单击工具栏的“生成”按钮，系统打开“填制凭证”窗口并自动生成凭证。单击工具栏的“保存”按钮，保存此记账凭证。

生成凭证 ×

凭证类别　记 记账凭证

选择	单据类型	单据号	摘要	科目类型	科目编码	科目名称	借方金额	贷方金额	借方数量	贷方数量	存货名称
1	专用发票	21327503	专用发票	对方	6401	主营业务成本	486, 000. 00		750. 00		嘉伟男风衣
				存货	1405	库存商品		486, 000. 00		750. 00	嘉伟男风衣
				对方	6401	主营业务成本	178, 800. 00		600. 00		百盛男夹克
				存货	1405	库存商品		178, 800. 00		600. 00	百盛男夹克
合计							664, 800. 00	664, 800. 00			

图3-49　“生成凭证”窗口

借：主营业务成本　　664 800.00

　贷：库存商品　　664 800.00

13. 选择收款

2025年1月17日，由贺青春（W03）登录企业应用平台。双击“业务工作→财务会计→应收款管理→选择收款”菜单，打开“选择收款-条件”窗口，选择客户“广州华丰”，单击“确定”，打开“选择收款-单据”窗口。单击“全选”按钮，再单击“确认”按钮，弹出“选择收款-收款单”对话框。根据图3-35输入“结算方式”“票据号”，如图3-50所示，单击“确定”按钮。

选择收款—单据 ×

选择收款列表

收款总计　676117.20

客户	单据类型	单据编号	部门	业务员	摘要	单据日期	原币金额	原币余额	可享受折扣	本次折扣	收款金额
广州华丰	其他应收单	0000000001	销售部	刘晓溪	其他应收单	2025-01-16	3, 270. 00	3, 270. 00	0. 00	0. 00	3, 270. 00
广州华丰	销售专用发票	21327503	销售部	刘晓溪	销售专用发票	2025-01-16	841, 059. 00	841, 059. 00	0. 00	0. 00	672, 847. 20
合计											676, 117. 20

选择收款--收款单

客户	收款金额	结算方式	票据号	科目	部门	业务员	摘要
广州华丰	676117.2	401　电汇	96707296	10020101	销售部	刘晓溪	其他应收单

栏目　确定　取消

图3-50　选择收款列表

提示

选择收款功能可以实现一次对单个或多个客户的单笔或多笔款项的收款核销处理。选择收款后系统自动生成已审核、已核销的收款单，该收款单的制单人、审核人和核销人均为同一人（本例为W03贺青春）。该功能也可以处理有现金折扣的收款业务（详见本任务业务7）。如果只收取某单据的部分金额，可手工输入“收款金额”。

14. 制单处理

2025年1月17日，由赵凯杰（W02）登录企业应用平台。双击“业务工作→财务会计→应收款管理→制单处理”菜单，打开“制单查询”对话框，选择“收付款单制单”和“核销制单”，单击“确定”，打开“制单”窗口。依次单击“全选”“合并”“制单”按钮，系统生成相关的记账凭证，单击“保存”按钮。

借：银行存款/中国工商银行/沈阳皇姑支行	676 117.20	
贷：应收账款/人民币（广州华丰）		672 847.20
应收账款/人民币（广州华丰）		3 270.00

提示

必有定金的订单，暂不支持先开票后发货业务。销售定金不参与客户信用余额的计算，款项类型为定金的收款单记录，不参与信用计算。

业务4　分批且分仓库出库的销售业务

【实验资料】

2025年1月17日，预收广西玉宝商业汇票1 000 000元。

2025年1月18日，销售部何丽平与广西玉宝签订购销合同。签订合同当日，我公司发出第一批货物。

2025年1月19日，我公司发出第二批货物并开具全额增值税专用发票。当日收到对方用于支付尾款的银行承兑汇票。

相关凭证如图3-51至图3-58所示。

银行承兑汇票　　2　　35003826　52833952

出票日期（大写）　贰零贰伍年零壹月壹拾柒日

出票人全称	广西玉宝商贸有限公司	收款人	全　称	辽宁恒通商贸有限公司
出票人账号	2111702010422009265		账　号	2107024015890035666
开户银行	兴业银行玉林市东门支行		开户银行	中国工商银行沈阳皇姑支行
出票金额	人民币（大写）壹佰万元整		亿 千 百 十 万 千 百 十 元 角 分	¥ 1 0 0 0 0 0 0 0 0
汇票到期日（大写）	贰零贰伍年零柒月壹拾柒日	付款行	行号	
承兑协议编号	105307457513509		地址	
本汇票请你行承兑，到期无条件付款。 （广西玉宝商贸有限公司 财务专用章）（李宝玉印） 出票人签章		本汇票已经承兑，到期日由本行付款。 （兴业银行玉林市东门支行 6767312060 汇票专用章） 承兑行签章 承兑日期 2025年01月17日 备注：		密押 复核　记账

此联收款人开户行随托收凭证寄付款行作借方凭证附件

图3-51　银行承兑汇票

购销合同

合同编号：XS01004

卖方：辽宁恒通商贸有限公司

买方：广西玉宝商贸有限公司

为保护买卖双方的合法权益，根据《中华人民共和国民法典》的有关规定，买卖双方经友好协商，一致同意签订本合同，并共同遵守合同约定。

一、货物的名称、数量及金额：

货物名称	规格型号	计量单位	数量	单价（不含税）	金额（不含税）	税率	税额
百盛男夹克		件	500	368.00	184 000.00	13%	23 920.00
博伦女表		只	500	3 690.00	1 845 000.00	13%	239 850.00
合 计					¥2 029 000.00		¥263 770.00

二、合同总金额：人民币贰佰贰拾玖万贰仟柒佰柒拾元整（¥2 292 770.00）。

三、卖方于签订合同当日发出两种商品的60%，1月19日发出剩余商品。买方已于1月17日以银行承兑汇票预付100万元。买方收到第二批货物后以银行承兑汇票支付剩余款项。

四、交货地点：辽宁恒通商贸有限公司。

五、发运方式与运输费用承担方式：由卖方发货，买方承担运输费用。

卖　　方：辽宁恒通商贸有限公司　　　　买　　方：广西玉宝商贸有限公司

授权代表：何丽平　　　　授权代表：王　强

日　　期：2025年01月18日　　　　日　　期：2025年01月18日

图3-52　购销合同

出库单

客户：广西玉宝　　　　2025 年 01 月 18 日　　　　单号：CK01005

发货仓库	存货编码	存货名称	计量单位	数量		单价	金额
				应发	实发		
服装仓	1101	百盛男夹克	件	300	300		
合　计							

部门经理：略　　会计：略　　仓库：略　　经办人：略

图3-53　出库单

出库单

客户：广西玉宝　　　　2025 年 01 月 18 日　　　　单号：CK01006

发货仓库	存货编码	存货名称	计量单位	数量		单价	金额
				应发	实发		
手表仓	1201	博伦女表	只	300	300		
合　计							

部门经理：略　　会计：略　　仓库：略　　经办人：略

图3-54　出库单

出库单

客户：广西玉宝　　　　2025 年 01 月 19 日　　　　单号：CK01007

发货仓库	存货编码	存货名称	计量单位	数量		单价	金额
				应发	实发		
服装仓	1101	百盛男夹克	件	200	200		
合　计							

部门经理：略　　会计：略　　仓库：略　　经办人：略

图3-55　出库单

出库单

客户：广西玉宝　　　　2025 年 01 月 19 日　　　　单号：CK01008

发货仓库	存货编码	存货名称	计量单位	数量		单价	金额
				应发	实发		
手表仓	1201	博伦女表	只	200	200		
合计							

部门经理：略　　会计：略　　仓库：略　　经办人：略

图3-56　出库单

电子发票（增值税专用发票）

发票号码：25212000000021327504

开票日期：2025 年 01 月 19 日

购买方信息	销售方信息
名称：广西玉宝商贸有限公司	名称：辽宁恒通商贸有限公司
统一社会信用代码/纳税人识别号：91450904342576849K	统一社会信用代码/纳税人识别号：91210105206917583A

项目名称	规格型号	单位	数量	单价	金额	税率/征收率	税额
*服装*百盛男夹克		件	500	368.00	184 000.00	13%	23 920.00
*手表*博伦女表		只	500	3 690.00	1 845 000.00	13%	239 850.00
合　计					¥2 029 000.00		¥263 770.00
价税合计（大写）	⊗ 贰佰贰拾玖万贰仟柒佰柒拾元整				（小写）¥2 292 770.00		

备注：
购买方开户银行：兴业银行玉林市东门支行　　银行账号：2111702010422009265
销售方开户银行：中国工商银行沈阳皇姑支行　　银行账号：2107024015890035666

开票人：赵凯杰

图3-57　增值税专用发票

银行承兑汇票　2

35003826
52833953

出票日期（大写）：贰零贰伍年零壹月壹拾玖日

出票人全称	广西玉宝商贸有限公司	收款人	全　称	辽宁恒通商贸有限公司
出票人账号	2111702010422009265		账　号	2107024015890035666
开户银行	兴业银行玉林市东门支行		开户银行	中国工商银行沈阳皇姑支行
出票金额	人民币（大写）壹佰贰拾玖万贰仟柒佰柒拾元整		亿 千 百 十 万 千 百 十 元 角 分	¥ 1 2 9 2 7 7 0 0 0
汇票到期日（大写）	贰零贰伍年零柒月壹拾玖日	付款行	行号	
承兑协议编号	105307457513516		地址	
本汇票请你行承兑，到期无条件付款。 出票人签章	本汇票已经承兑，到期日由本行付款。 承兑行签章 承兑日期 2025年01月19日		密押 复核　记账	
	备注：			

此联收款人开户行随托收凭证寄付款行作借方凭证附件

图3-58　银行承兑汇票

【实验过程概览】

本业务的实验过程概览见表3-5。

表3-5　　　　实验过程概览

序号	操作日期	操作员	系统	操作内容
1	2025-01-17	W03贺青春	应收款管理	票据管理（增加）
2	2025-01-17	W02赵凯杰	应收款管理	收款单据审核并制单处理
3	2025-01-18	X01刘晓洺	销售管理	填制销售订单
4	2025-01-18	X01刘晓洺	销售管理	参照销售订单生成第一张发货单
5	2025-01-18	C01李泽伟	库存管理	参照发货单批量生成销售出库单
6	2025-01-19	X01刘晓洺	销售管理	参照销售订单生成第二张发货单
7	2025-01-19	C01李泽伟	库存管理	参照发货单批量生成销售出库单
8	2025-01-19	X01刘晓洺	销售管理	参照发货单生成销售专用发票
9	2025-01-19	W02赵凯杰	应收款管理	应收单据审核并制单处理
10	2025-01-19	W02赵凯杰	应收款管理	预收冲应收并制单处理
11	2025-01-19	W02赵凯杰	存货核算	正常单据记账，生成凭证
12	2025-01-19	W03贺青春	应收款管理	票据管理（增加）
13	2025-01-19	W02赵凯杰	应收款管理	收款单据审核、手工核销和制单处理

【实验过程】

分批且分仓库出库的销售业务

1. 票据管理（增加）

2025年1月17日，由贺青春（W03）登录企业应用平台。双击“业务工作→财务会计→应收款管理→票据管理”菜单，打开“查询条件选择”对话框，单击“确定”按钮，系统弹出“票据管理”窗口。单击“增加”按钮，系统打开“应收票据”窗口，根据图3-51填制银行承兑汇票，单击“保存”按钮，结果如图3-59所示。商业汇票保存后，系统自动生成未审核的收款单。

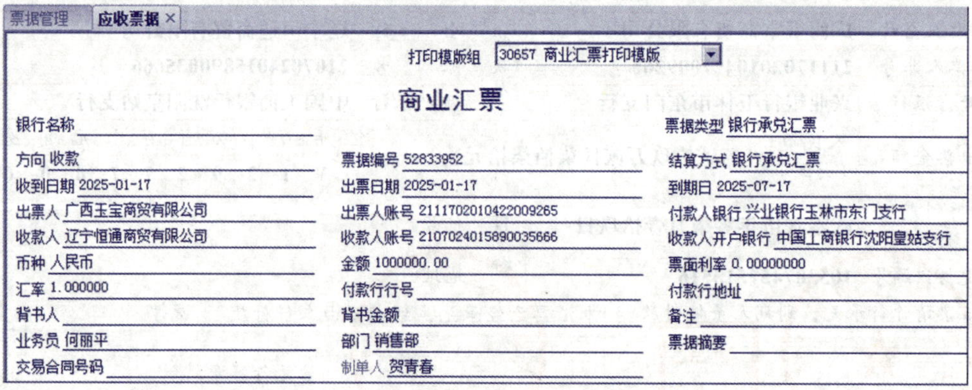

图3-59　商业汇票

修改收款单表体“款项类型”。双击“应收款管理→收款单据录入”菜单，打开“收付款单录入”窗口，单击工具栏的“→|”（末张）按钮，再单击“修改”按钮，将表体的“款项类型”修改为“预收款”，单击“保存”按钮，结果如图3-60所示。

收付款单录入 ×

收款单

表体排序

单据编号	0000000006	日期	2025-01-17	客户	广西玉宝
结算方式	银行承兑汇票	结算科目		币种	人民币
汇率	1	金额	1000000.00	本币金额	1000000.00
客户银行	兴业银行玉林市东门支行	客户账号	2111702010422009265	票据号	52833952
部门	销售部	业务员	何丽平	项目	
摘要		订单号			

	款项类型	客户	部门	业务员	金额	本币金额	科目
1	预收款	广西玉宝	销售部	何丽平	1000000.00	1000000.00	220301
2							

图3-60 款项类型为“预收款”的收款单

2. 收款单据审核并制单处理

2025年1月17日，由赵凯杰（W02）登录企业应用平台。双击“业务工作→财务会计→应收款管理→收款单据处理→收款单据审核”菜单，打开“收款单查询条件”对话框，单击“确定”按钮，打开“收款单列表”窗口。

双击广西玉宝那一行“选择”栏右侧任意单元格，打开“收付款单录入”窗口，单击“审核”按钮，系统提示“是否立即制单?”，点击“是”，生成记账凭证，单击“保存”按钮。

借：应收票据/人民币（广西玉宝）　　1 000 000.00

　贷：预收账款/一般人民币预收账款（广西玉宝）　　1 000 000.00

3. 填制销售订单

2025年1月18日，由刘晓洺（X01）登录企业应用平台。依次双击“业务工作”页签中的“供应链→销售管理→销售订货→销售订单”菜单，打开“销售订单”窗口。单击工具栏的“增加”按钮，根据图3-52填制销售订单，填制完毕保存并审核该销售订单，结果如图3-61所示。关闭并退出“销售订单”窗口。

销售订单 ×

销售订单

表体排序

订单号	XS01004	订单日期	2025-01-18	业务类型	普通销售
销售类型	正常销售	客户简称	广西玉宝	付款条件	
销售部门	销售部	业务员	何丽平	税率	13.00
币种	人民币	汇率	1	备注	
必有定金	否	定金原币金额		定金累计实收原币金额	
定金比例(%)		定金本币金额		定金累计实收本币金额	

	存货编码	存货名称	主计量	数量	无税单价	无税金额	税额	价税合计	税率（%）	预发货日期
1	1101	百盛男夹克	件	300.00	368.00	110400.00	14352.00	124752.00	13.00	2025-01-18
2	1201	博伦女表	只	300.00	3690.00	1107000.00	143910.00	1250910.00	13.00	2025-01-18
3	1101	百盛男夹克	件	200.00	368.00	73600.00	9568.00	83168.00	13.00	2025-01-19
4	1201	博伦女表	只	200.00	3690.00	738000.00	95940.00	833940.00	13.00	2025-01-19
5										

图3-61 销售订单

4. 参照销售订单生成第一张发货单

在“销售管理”子系统，依次双击“销售发货→发货单”菜单，打开“发货单”窗口。单击工具栏的“增加”按钮，再单击“订单”按钮，打开“查询条件选择-参照订单”窗口，单击“确定”按钮，打开“参照生单”窗口。选中上面的销售订单和下面窗口“发货单参照订单”中的预发货日期为2025年1月18日的两行记录，如图3-62所示。

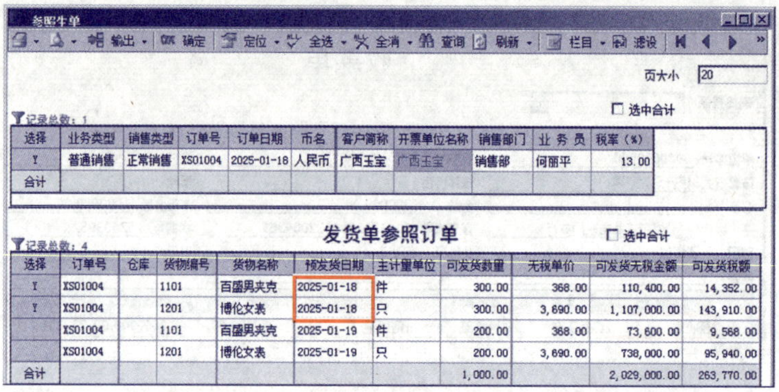
参照生单

输出 确定 定位 全选 全消 查询 刷新 栏目 滤设

页大小 20

☐ 选中合计

记录总数：1

选择	业务类型	销售类型	订单号	订单日期	币名	客户简称	开票单位名称	销售部门	业 务 员	税率（%）
Y	普通销售	正常销售	XS01004	2025-01-18	人民币	广西玉宝	广西玉宝	销售部	何丽平	13.00
合计										

发货单参照订单

☐ 选中合计

记录总数：4

选择	订单号	仓库	货物编号	货物名称	预发货日期	主计量单位	可发货数量	无税单价	可发货无税金额	可发货税额
Y	XS01004		1101	百盛男夹克	2025-01-18	件	300.00	368.00	110,400.00	14,352.00
Y	XS01004		1201	博伦女表	2025-01-18	只	300.00	3,690.00	1,107,000.00	143,910.00
	XS01004		1101	百盛男夹克	2025-01-19	件	200.00	368.00	73,600.00	9,568.00
	XS01004		1201	博伦女表	2025-01-19	只	200.00	3,690.00	738,000.00	95,940.00
合计							1,000.00		2,029,000.00	263,770.00

图3-62 “参照生单”窗口

单击工具栏的“确定”按钮，系统返回“发货单”窗口。发货单表体“仓库名称”第1行选择“服装仓”，第2行选择“手表仓”。保存并审核该发货单，如图3-63所示。

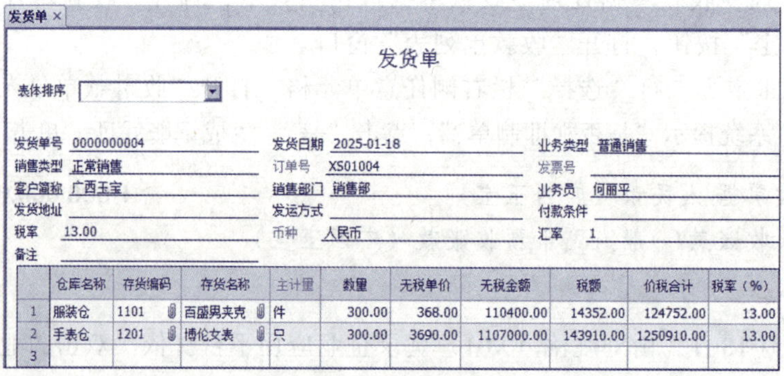
发货单

表体排序

发货单号 0000000004　发货日期 2025-01-18　业务类型 普通销售

销售类型 正常销售　订单号 XS01004　发票号

客户简称 广西玉宝　销售部门 销售部　业务员 何丽平

发货地址　发运方式　付款条件

税率 13.00　币种 人民币　汇率 1

备注

	仓库名称	存货编码	存货名称	主计量	数量	无税单价	无税金额	税额	价税合计	税率（%）
1	服装仓	1101	百盛男夹克	件	300.00	368.00	110400.00	14352.00	124752.00	13.00
2	手表仓	1201	博伦女表	只	300.00	3690.00	1107000.00	143910.00	1250910.00	13.00
3										

图3-63 发货单

5. 参照发货单批量生成销售出库单

2025年1月18日，由李泽伟（C01）登录企业应用平台。依次双击“业务工作”页签中的“供应链→库存管理→出库业务→销售出库单”菜单，系统打开“销售出库单”窗口。执行“生单”|“销售生单（批量）”命令，打开“查询条件选择-销售发货单列表”对话框，单击“确定”按钮，系统打开“销售生单”窗口。双击18日广西玉宝的发货单所对应的“选择”栏，再单击工具栏的“确定”按钮，系统提示“生单成功！”并返回“销售出库单”窗口。

单击“修改”按钮，根据图3-54，修改“手表仓”的出库单号为“CK01006”，保存并审核该销售出库单，结果如图3-64所示。单击“ ”（上张）按钮，再单击“修改”，根据图3-53，修改“服装仓”的出库单号为“CK01005”，保存并审核该销售出库单，结果如图3-65所示。

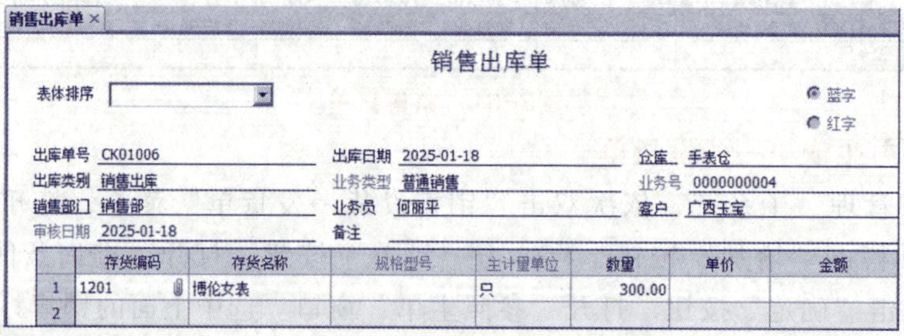
销售出库单

表体排序

◉ 蓝字
○ 红字

出库单号 CK01006　出库日期 2025-01-18　仓库 手表仓

出库类别 销售出库　业务类型 普通销售　业务号 0000000004

销售部门 销售部　业务员 何丽平　客户 广西玉宝

审核日期 2025-01-18　备注

	存货编码	存货名称	规格型号	主计量单位	数量	单价	金额
1	1201	博伦女表		只	300.00		
2							

图3-64 销售出库单

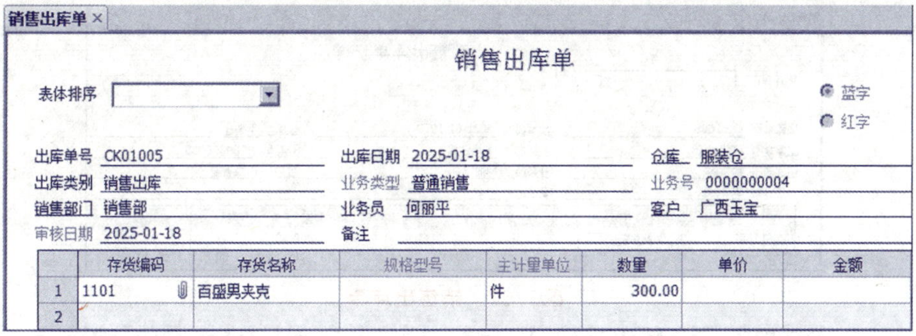
销售出库单 ×

销售出库单

表体排序

蓝字
红字

出库单号 CK01005　出库日期 2025-01-18　仓库 服装仓
出库类别 销售出库　业务类型 普通销售　业务号 0000000004
销售部门 销售部　业务员 何丽平　客户 广西玉宝
审核日期 2025-01-18　备注

	存货编码	存货名称	规格型号	主计量单位	数量	单价	金额
1	1101	百盛男夹克		件	300.00		
2							

图3-65　销售出库单

6. 参照销售订单生成第二张发货单

2025年1月19日，由刘晓洺（X01）登录企业应用平台。在“销售管理”子系统，依次双击“销售发货→发货单”菜单，打开“发货单”窗口。单击工具栏的“增加”按钮，再单击“订单”按钮，打开“查询条件选择-参照订单”窗口，单击“确定”按钮，打开“参照生单”窗口。单击“全选”，再单击“确定”按钮，系统返回“发货单”窗口。发货单表体第1行“仓库名称”选择“服装仓”，第2行选择“手表仓”。保存并审核该发货单，结果如图3-66所示。

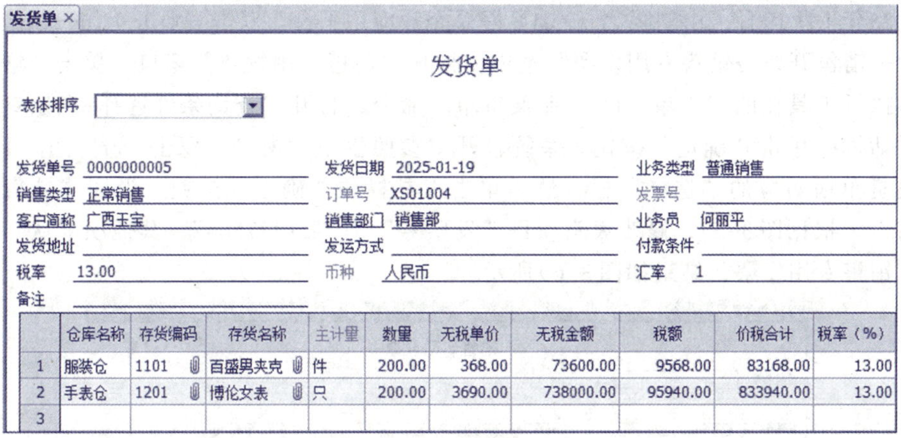
发货单 ×

发货单

表体排序

发货单号 0000000005　发货日期 2025-01-19　业务类型 普通销售
销售类型 正常销售　订单号 XS01004　发票号
客户简称 广西玉宝　销售部门 销售部　业务员 何丽平
发货地址　发运方式　付款条件
税率 13.00　币种 人民币　汇率 1
备注

	仓库名称	存货编码	存货名称	主计量	数量	无税单价	无税金额	税额	价税合计	税率（%）
1	服装仓	1101	百盛男夹克	件	200.00	368.00	73600.00	9568.00	83168.00	13.00
2	手表仓	1201	博伦女表	只	200.00	3690.00	738000.00	95940.00	833940.00	13.00
3										

图3-66　发货单

7. 参照发货单批量生成销售出库单

2025年1月19日，由李泽伟（C01）登录企业应用平台。依次双击“业务工作”页签中的“供应链→库存管理→出库业务→销售出库单”菜单，系统打开“销售出库单”窗口。执行“生单”|“销售生单（批量）”命令，打开“查询条件选择-销售发货单列表”对话框，单击“确定”按钮，系统打开“销售生单”窗口。双击19日广西玉宝的发货单所对应的“选择”栏，再单击工具栏的“确定”按钮，系统提示“生单成功！”并返回“销售出库单”窗口。

单击“修改”按钮，根据图3-56，修改“手表仓”的出库单号为“CK01008”，保存并审核该销售出库单，结果如图3-67所示。单击“⬅”（上张）按钮，再单击“修改”，根据图3-55，修改“服装仓”的出库单号为“CK01007”，保存并审核该销售出库单，结果如图3-68所示。

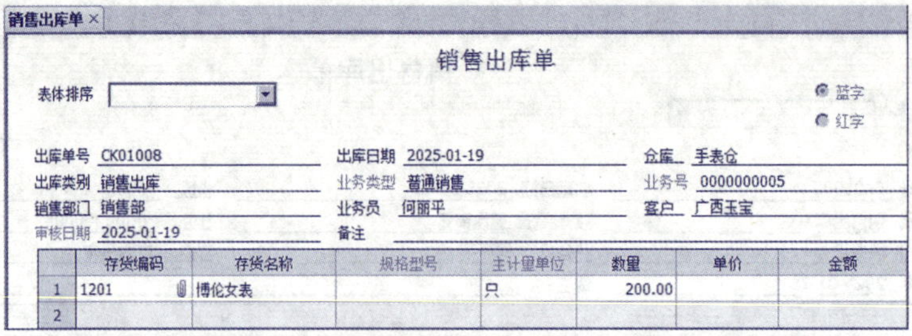

销售出库单 ×

销售出库单

表体排序

蓝字 红字

出库单号 CK01008　出库日期 2025-01-19　仓库 手表仓

出库类别 销售出库　业务类型 普通销售　业务号 0000000005

销售部门 销售部　业务员 何丽平　客户 广西玉宝

审核日期 2025-01-19　备注

	存货编码	存货名称	规格型号	主计量单位	数量	单价	金额
1	1201	博伦女表		只	200.00		
2							

图3-67　销售出库单

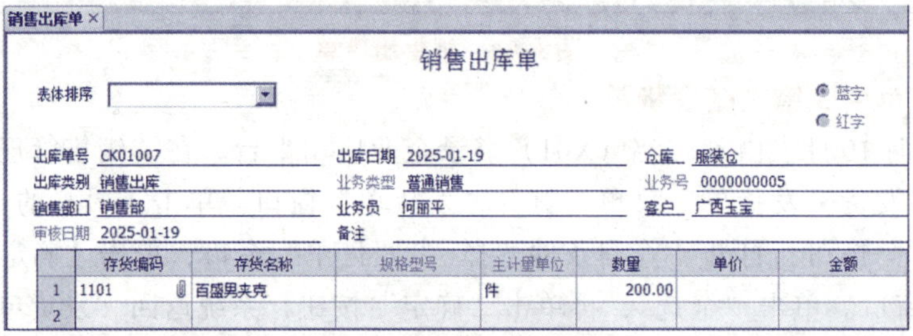

销售出库单 ×

销售出库单

表体排序

蓝字 红字

出库单号 CK01007　出库日期 2025-01-19　仓库 服装仓

出库类别 销售出库　业务类型 普通销售　业务号 0000000005

销售部门 销售部　业务员 何丽平　客户 广西玉宝

审核日期 2025-01-19　备注

	存货编码	存货名称	规格型号	主计量单位	数量	单价	金额
1	1101	百盛男夹克		件	200.00		
2							

图3-68　销售出库单

8. 参照发货单生成销售专用发票

2025年1月19日，由刘晓洺（X01）登录企业应用平台。双击“业务工作→供应链→销售管理→销售开票→销售专用发票”菜单，打开“销售专用发票”窗口。单击“增加”按钮，再执行工具栏的“生单”|“参照发货单”命令，打开“查询条件选择-发票参照发货单”对话框，单击“确定”按钮，系统打开“参照生单”窗口。双击18日、19日广西玉宝的发货单所对应的“选择”栏，然后单击工具栏的“确定”按钮，返回“销售专用发票”窗口。根据图3-57，修改表头项目“发票号”为“21327504”，其他项默认。保存并复核该销售专用发票，结果如图3-69所示。

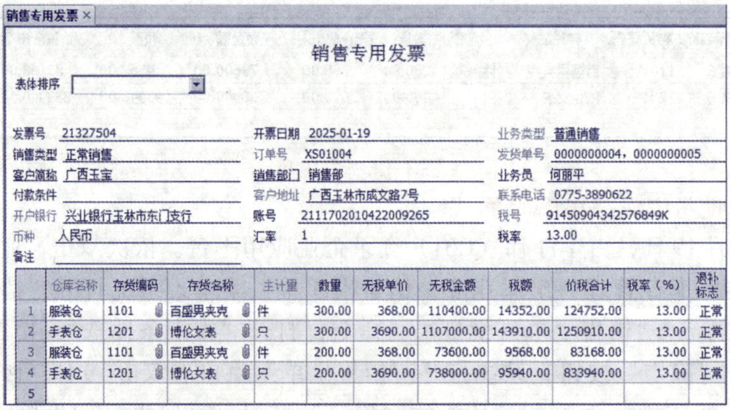

销售专用发票 ×

销售专用发票

表体排序

发票号 21327504　开票日期 2025-01-19　业务类型 普通销售

销售类型 正常销售　订单号 XS01004　发货单号 0000000004，0000000005

客户简称 广西玉宝　销售部门 销售部　业务员 何丽平

付款条件　客户地址 广西玉林市成文路7号　联系电话 0775-3890622

开户银行 兴业银行玉林市东门支行　账号 211170201042200926５　税号 91450904342576849K

币种 人民币　汇率 1　税率 13.00

备注

	仓库名称	存货编码	存货名称	主计量	数量	无税单价	无税金额	税额	价税合计	税率（%）	退补标志
1	服装仓	1101	百盛男夹克	件	300.00	368.00	110400.00	14352.00	124752.00	13.00	正常
2	手表仓	1201	博伦女表	只	300.00	3690.00	1107000.00	143910.00	1250910.00	13.00	正常
3	服装仓	1101	百盛男夹克	件	200.00	368.00	73600.00	9568.00	83168.00	13.00	正常
4	手表仓	1201	博伦女表	只	200.00	3690.00	738000.00	95940.00	833940.00	13.00	正常
5											

图3-69　销售专用发票

9. 应收单据审核并制单处理

2025年1月19日，由赵凯杰（W02）登录企业应用平台。双击“业务工作→财务会计→应收款管理→应收单据处理→应收单据审核”菜单，打开“应收单查询条件”对话框，单击“确定”按钮，打开“单据处理”窗口。

双击“21327504”单据号，打开要审核的发票，单击工具栏的“审核”按钮，系统提示“是否立即制单?”，点击“是”，生成记账凭证，单击“保存”按钮。关闭并退出当前已打开窗口。

借：应收账款/人民币（广西玉宝）	2 292 770.00
贷：主营业务收入	2 029 000.00
应交税费/应交增值税/销项税额	263 770.00

10. 预收冲应收并制单处理

双击“业务工作→财务会计→应收款管理→转账→预收冲应收”菜单，打开“预收冲应收”对话框，选择客户“广西玉宝”，单击“过滤”按钮，“转账金额”栏录入“1000000”，如图3-70所示。

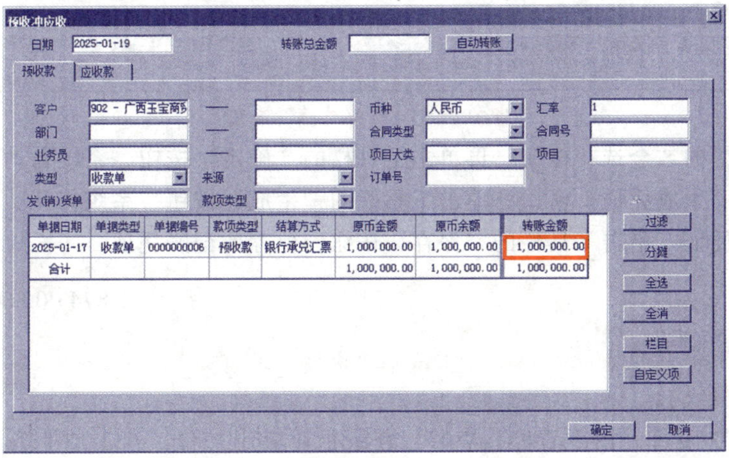

图3-70 预收冲应收——预收款

单击“应收款”选项卡，单击“过滤”按钮，在“转账金额”栏录入“1000000”，如图3-71所示。单击“确定”按钮，出现“是否立即制单”对话框，单击“是”，生成记账凭证。关闭当前窗口。

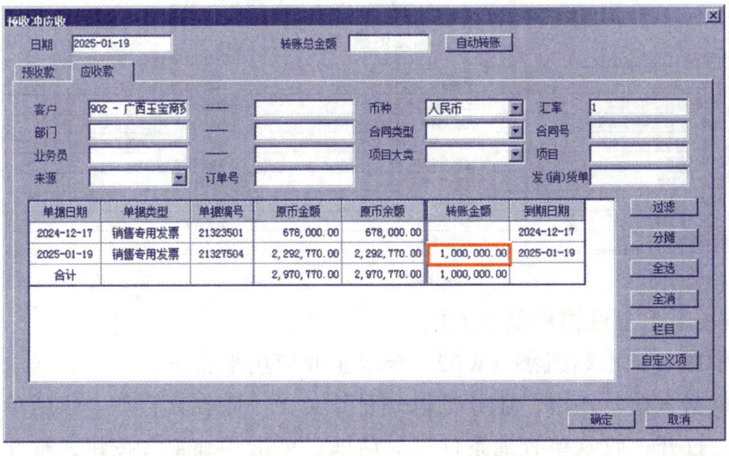

图3-71 预收冲应收——应收款

贷：预收账款/一般人民币预收账款（广西玉宝）	-1 000 000.00
贷：应收账款/人民币（广西玉宝）	1 000 000.00

11. 正常单据记账，生成凭证

（1）正常单据记账。在供应链的“存货核算”子系统，依次双击“业务核算→正常单据记账”菜单，系统打开“查询条件选择”窗口，直接单击其“确定”按钮，系统打开“未记账单据一览表”窗口。选中21327504号发票的4行记录，再单击工具栏的“记账”按钮，系统弹出信息框提示记账成功，单击“确定”按钮，完成记账工作。关闭当前窗口。

（2）生成凭证。依次双击“存货核算”子系统的“财务核算→生成凭证”菜单，系统打开“生成凭证”窗口。单击工具栏的“选择”按钮，系统弹出“查询条件”对话框，单击“确定”按钮，系统打开“选择单据”窗口，如图3-72所示。

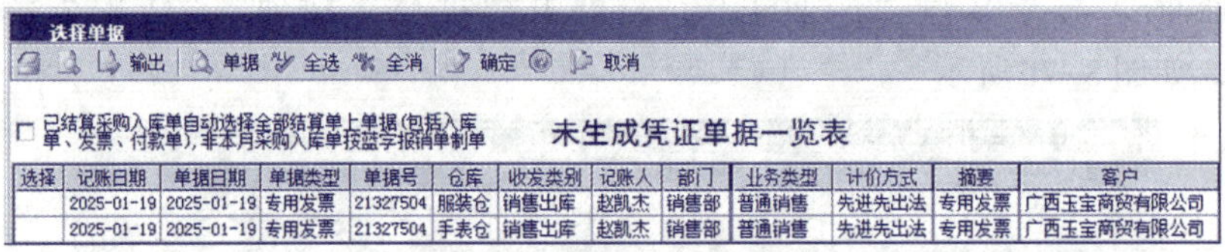

选择	记账日期	单据日期	单据类型	单据号	仓库	收发类别	记账人	部门	业务类型	计价方式	摘要	客户
	2025-01-19	2025-01-19	专用发票	21327504	服装仓	销售出库	赵凯杰	销售部	普通销售	先进先出法	专用发票	广西玉宝商贸有限公司
	2025-01-19	2025-01-19	专用发票	21327504	手表仓	销售出库	赵凯杰	销售部	普通销售	先进先出法	专用发票	广西玉宝商贸有限公司

图3-72 “选择单据”窗口

单击工具栏的“全选”按钮，再单击工具栏的“确定”按钮，系统自动关闭“选择单据”窗口返回“生成凭证”窗口。单击工具栏的“生成”按钮，系统打开“填制凭证”窗口并自动生成凭证。单击工具栏的“保存”按钮，保存此记账凭证。

借：主营业务成本	1 874 000.00	
贷：库存商品		1 874 000.00

12. 票据管理（增加）

2025年1月19日，由贺青春（W03）登录企业应用平台。双击“业务工作→财务会计→应收款管理→票据管理”菜单，打开“查询条件选择”对话框，单击“确定”按钮，系统弹出“票据管理”窗口。单击“增加”按钮，系统打开“应收票据”窗口，根据图3-58输入银行承兑汇票信息，录入完毕单击“保存”按钮，结果如图3-73所示。

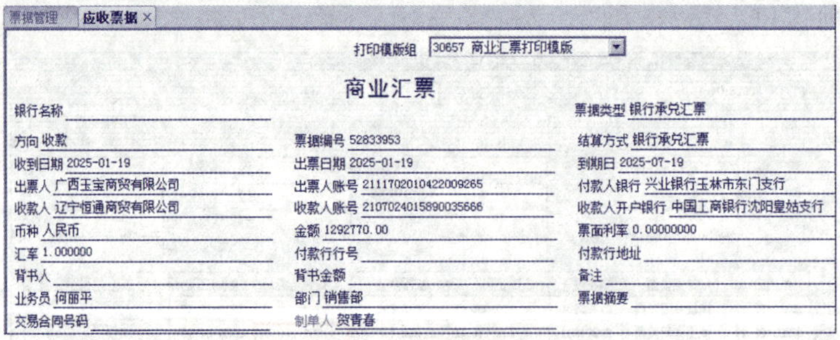

图3-73 商业汇票

13. 收款单据审核、手工核销和制单处理

2025年1月19日，由赵凯杰（W02）登录企业应用平台。

（1）收款单据审核。双击“业务工作→财务会计→应收款管理→收款单处理→收款单据审核”菜单，打开“收款单查询条件”对话框，单击“确定”按钮，打开“收付款单列表”窗口。单击“全选”按钮，单击“审核”按钮，单击“确定”按钮。关闭当前窗口。

（2）手工核销。双击“业务工作→财务会计→应收款管理→核销处理→手工核销”菜单，打开“核销条件”窗口，客户选择“广西玉宝”，单击“确定”按钮，打开“单据核销”窗口。输入本次结算金额，如图3-74所示，单击“保存”按钮。关闭当前窗口。

单据核销 ×

单据日期	单据类型	单据编号	客户	款项类型	结算方式	币种	原币金额	原币余额	本次结算金额	订单号
2025-01-19	收款单	0000000007	广西玉宝	应收款	银行承兑汇票	人民币	1,292,770.00	1,292,770.00	1,292,770.00	
合计							1,292,770.00	1,292,770.00	1,292,770.00	

单据日期	单据类型	单据编号	到期日	客户	币种	原币金额	原币余额	可享受折扣	本次折扣	本次结算	订单号	凭证号
2024-12-17	销售专用发票	21323501	2024-12-17	广西玉宝	人民币	678,000.00	678,000.00	0.00				
2025-01-19	销售专用发票	21327504	2025-01-19	广西玉宝	人民币	2,292,770.00	1,292,770.00	0.00	0.00	1,292,770.00	XS01004	记-0061
合计						2,970,770.00	1,970,770.00	0.00		1,292,770.00		

图3-74 “单据核销”窗口

（3）制单处理。双击“业务工作→财务会计→应收款管理→制单处理”菜单，在“制单查询”窗口勾选“收付款单制单”“核销制单”，单击“确定”，依次单击“全选”“合并”“制单”按钮，系统生成相关的记账凭证，单击“保存”按钮。

借：应收票据/人民币（广西玉宝） 1 292 770.00

　贷：应收账款/人民币（广西玉宝） 1 292 770.00

业务5 卖方承担运费的分次收款销售业务

【实验资料】

2025年1月19日，销售部何丽平与北京汇鑫签订购销合同。当日，我公司开具增值税专用发票并发出全部货物，同时收取货款100 000元。

2025年1月20日，收到北京汇鑫购货尾款（选择收款）。另支付一笔销货运费。

相关凭证如图3-75至图3-81所示。

购销合同

合同编号：XS01005

卖方：辽宁恒通商贸有限公司

买方：北京汇鑫百货有限公司

为保护买卖双方的合法权益，根据《中华人民共和国民法典》的有关规定，买卖双方经友好协商，一致同意签订本合同，并共同遵守合同约定。

一、货物的名称、数量及金额：

货物名称	规格型号	计量单位	数量	单价（不含税）	金额（不含税）	税率	税额
百盛男套装		套	500	398.00	199 000.00	13%	25 870.00
百盛男夹克		件	350	380.00	133 000.00	13%	17 290.00
合计					¥332 000.00		¥43 160.00

二、合同总金额：人民币叁拾柒万伍仟壹佰陆拾元整（¥375 160.00）。

三、签订合同当日，卖方开具增值税专用发票并发出全部货物，同时收取买方部分货款100 000元，在货物验收合格后，买方以电汇方式结算剩余货款275 160元。

四、交货地点：北京汇鑫百货有限公司。

五、发运方式与运输费用承担方式：由卖方发货并承担运输费用。

卖　方：辽宁恒通商贸有限公司　　买　方：北京汇鑫百货有限公司

授权代表：何丽平　　授权代表：王丽金

日　期：2025年01月19日　　日　期：2025年01月19日

图3-75 购销合同

电子发票（增值税专用发票）

发票号码：25212000000021327505

开票日期：2025年01月19日

（全国统一发票监制章 国家税务总局 辽宁省税务局）

购买方信息	名称：北京汇鑫百货有限公司 统一社会信用代码/纳税人识别号：91110113578732690F			销售方信息	名称：辽宁恒通商贸有限公司 统一社会信用代码/纳税人识别号：91210105206917583A		
项目名称	规格型号	单位	数量	单价	金额	税率/征收率	税额
*服装*百盛男套装		套	500	398.00	199 000.00	13%	25 870.00
*服装*百盛男夹克		件	350	380.00	133 000.00	13%	17 290.00
合　计					¥332 000.00		¥43 160.00
价税合计（大写）	⊗叁拾柒万伍仟壹佰陆拾元整					（小写）	¥375 160.00
备注	购买方开户银行：中国银行北京顺义常庄支行　　银行账号：2700322598914536398 销售方开户银行：中国工商银行沈阳皇姑支行　　银行账号：2107024015890035666						

开票人：赵凯杰

图3-76　增值税专用发票

中国工商银行　电汇凭证（收账通知）　4　　16381746

☑普通　☐加急　　委托日期　2025年01月19日

汇款人	全　称	北京汇鑫百货有限公司	收款人	全　称	辽宁恒通商贸有限公司
	账　号	2700322598914536398		账　号	2107024015890035666
	开户银行	中国银行北京顺义常庄支行		开户银行	中国工商银行沈阳皇姑支行
金额	人民币（大写）	壹拾万元整		亿千百十万千百十元角分	¥10000000
此汇款已收入收款人账户。		汇入行签章	支付密码		
			附加信息及用途：货款	复核	记账

（中国工商银行 沈阳皇姑支行 2025.01.19 转讫 (8)）

此联为开户行给收款人的收账通知

图3-77　电汇收款凭证

出库单

客户：北京汇鑫　　2025年01月19日　　单号：CK01009

发货仓库	存货编码	存货名称	计量单位	数量		单价	金额
				应发	实发		
服装仓	1104	百盛男套装	套	500	500		
服装仓	1101	百盛男夹克	件	350	350		
合　计							

部门经理：略　　会计：略　　仓库：略　　经办人：略

图3-78　出库单

中国工商银行　电汇凭证（收账通知）　4　　16381755

☑普通　☐加急　　委托日期　2025年01月20日

汇款人	全　称	北京汇鑫百货有限公司	收款人	全　称	辽宁恒通商贸有限公司
	账　号	2700322598914536398		账　号	2107024015890035666
	开户银行	中国银行北京顺义常庄支行		开户银行	中国工商银行沈阳皇姑支行
金额	人民币（大写）	贰拾柒万伍仟壹佰陆拾元整		亿千百十万千百十元角分	¥27516000
此汇款已收入收款人账户。		汇入行签章	支付密码		
			附加信息及用途：货款	复核	记账

（中国工商银行 沈阳皇姑支行 2025.01.20 转讫 (8)）

此联为开户行给收款人的收账通知

图3-79　电汇收款凭证

货物运输服务

电子发票（增值税专用发票）

发票号码：25212000000017208235

开票日期：2025年01月20日

购买方信息	名称：辽宁恒通商贸有限公司 统一社会信用代码/纳税人识别号：91210105206917583A			销售方信息	名称：沈阳通达物流有限公司 统一社会信用代码/纳税人识别号：91210105357948262A		
项目名称	规格型号	单位	数量	单价	金额	税率/征收率	税额
*运输服务*运输费		千米	700	5.00	3 500.00	9%	315.00
合　计					¥3 500.00		¥315.00
运输工具种类	运输工具牌号		起运地		到达地		运输货物名称
公路运输	辽A59655		沈阳		北京		服装
价税合计（大写）	⊗叁仟捌佰壹拾伍元整					（小写）¥3 815.00	
备注	购买方开户银行：中国工商银行沈阳皇姑支行　　银行账号：2107024015890035666 销售方开户银行：中国银行沈阳皇姑支行　　银行账号：82011416310809l001						

开票人：解冰

图3-80　增值税专用发票

中国工商银行
转账支票存根
21003365
21562391

附加信息

出票日期：**2025年01月20日**

收款人：**沈阳通达物流有限公司**

金　额：**¥3 815.00**

用　途：**运费**

单位主管 **李成喜**　　会计 **赵凯杰**

西安西钞证券印制有限公司·2025年印制

图3-81　转账支票存根

【实验过程概览】

本业务的实验过程概览见表3-6。

表3-6　实验过程概览

序号	操作日期	操作员	系统	操作内容
1	2025-01-19	X01刘晓洺	销售管理	填制销售订单
2	2025-01-19	X01刘晓洺	销售管理	参照销售订单生成销售专用发票（部分现结）
3	2025-01-19	C01李泽伟	库存管理	参照发货单生成销售出库单
4	2025-01-19	W02赵凯杰	应收款管理	应收单据审核并制单处理
5	2025-01-19	W02赵凯杰	存货核算	正常单据记账，生成凭证
6	2025-01-20	W03贺青春	应收款管理	选择收款
7	2025-01-20	W02赵凯杰	应收款管理	制单处理
8	2025-01-20	G01张宏亮	采购管理	填制采购专用发票（现付）
9	2025-01-20	W02赵凯杰	应付款管理	应付单据审核并制单处理

【实验过程】

卖方承担运费的分次收款销售业务

1. 填制销售订单

2025年1月19日，由刘晓洺（X01）登录企业应用平台。依次双击“业务工作”页签中的“供应链→销售管理→销售订货→销售订单”菜单，打开“销售订单”窗口。单击工具栏的“增加”按钮，根据图3-75填制销售订单，填制完毕保存并审核该销售订单，结果如图3-82所示。关闭“销售订单”窗口。

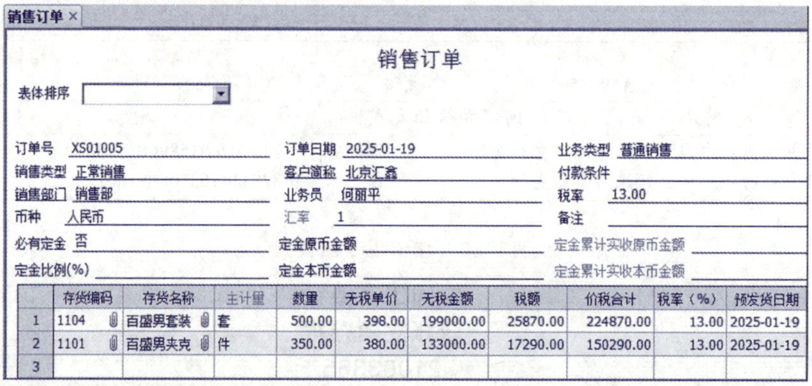

销售订单 ×

销售订单

表体排序

订单号 XS01005　订单日期 2025-01-19　业务类型 普通销售

销售类型 正常销售　客户简称 北京汇鑫　付款条件

销售部门 销售部　业务员 何丽平　税率 13.00

币种 人民币　汇率 1　备注

必有定金 否　定金原币金额　定金累计实收原币金额

定金比例(%)　定金本币金额　定金累计实收本币金额

	存货编码	存货名称	主计量	数量	无税单价	无税金额	税额	价税合计	税率（%）	预发货日期
1	1104	百盛男套装	套	500.00	398.00	199000.00	25870.00	224870.00	13.00	2025-01-19
2	1101	百盛男夹克	件	350.00	380.00	133000.00	17290.00	150290.00	13.00	2025-01-19
3										

图3-82　销售订单

2. 参照销售订单生成销售专用发票（部分现结）

（1）生成销售专用发票。在“销售管理”子系统，依次双击“销售开票→销售专用发票”菜单，打开“销售专用发票”窗口。单击工具栏的“增加”按钮，执行“生单”|“参照生单”命令，打开“查询条件选择-参照订单”窗口，单击“确定”，选择XS01005号订单，单击“确定”按钮，根据图3-76修改“发票号”为“21327505”，修改表体“仓库名称”为“服装仓”，单击“保存”按钮。

（2）现结。单击“现结”按钮，打开“现结”窗口。根据图3-77，“结算方式”选择“电汇”，“原币金额”输入“100000”，“票据号”输入“16381746”。输入完毕单击“确定”，返回“销售专用发票”窗口。单击“复核”按钮，复核已现结的销售专用发票，如图3-83所示。

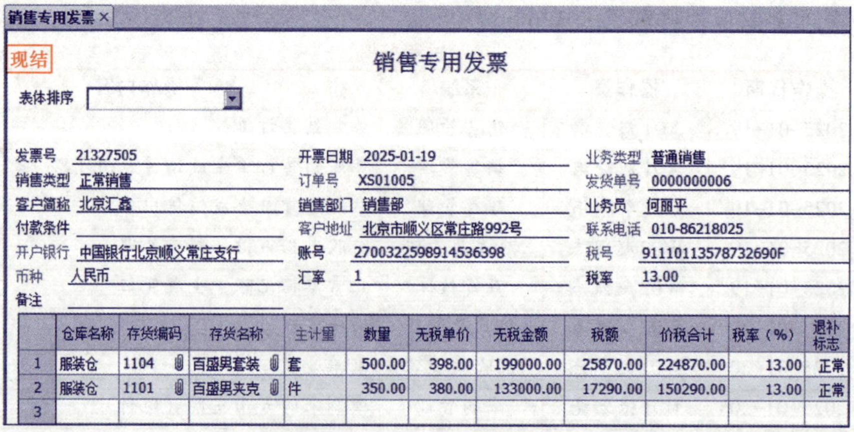

销售专用发票 ×

现结

销售专用发票

表体排序

发票号 21327505　开票日期 2025-01-19　业务类型 普通销售

销售类型 正常销售　订单号 XS01005　发货单号 0000000006

客户简称 北京汇鑫　销售部门 销售部　业务员 何丽平

付款条件　客户地址 北京市顺义区常庄路992号　联系电话 010-86218025

开户银行 中国银行北京顺义常庄支行　账号 2700322598914536398　税号 91110113578732690F

币种 人民币　汇率 1　税率 13.00

备注

	仓库名称	存货编码	存货名称	主计量	数量	无税单价	无税金额	税额	价税合计	税率（%）	退补标志
1	服装仓	1104	百盛男套装	套	500.00	398.00	199000.00	25870.00	224870.00	13.00	正常
2	服装仓	1101	百盛男夹克	件	350.00	380.00	133000.00	17290.00	150290.00	13.00	正常
3											

图3-83　销售专用发票

3. 参照发货单生成销售出库单

2025年1月19日，由李泽伟（C01）登录企业应用平台。依次双击“业务工作”页签中的“供应链→库存管理→出库业务→销售出库单”菜单，系统打开“销售出库单”窗口。执行“生单”|“销售生单”命令，打开“查询条件选择-销售发货单列表”对话框，单击“确定”按钮，打开“销售生单”窗口。选择19日北京汇鑫的“发货单”，单击工具栏的“确定”按钮，系统返回“销售出库单”窗口。根据图3-78修改出库单号为“CK01009”。保存并审核该销售出库单，结果如图3-84所示。

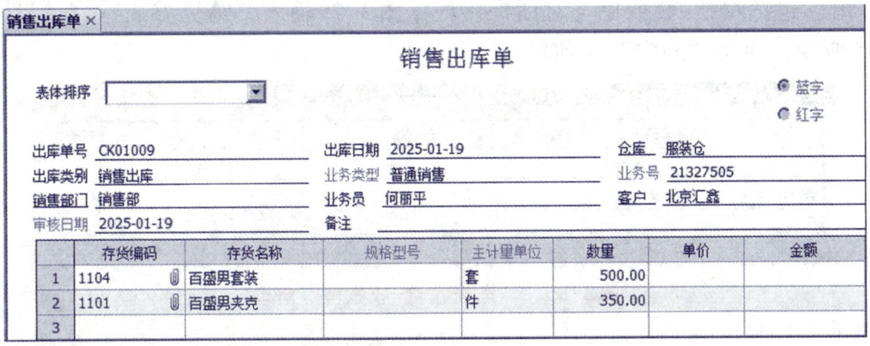

销售出库单 ×

销售出库单

表体排序

蓝字 红字

出库单号 CK01009 出库日期 2025-01-19 仓库 服装仓

出库类别 销售出库 业务类型 普通销售 业务号 21327505

销售部门 销售部 业务员 何丽平 客户 北京汇鑫

审核日期 2025-01-19 备注

	存货编码	存货名称	规格型号	主计量单位	数量	单价	金额
1	1104	百盛男套装		套	500.00		
2	1101	百盛男夹克		件	350.00		
3							

图3-84 销售出库单

4. 应收单据审核并制单处理

2025年1月19日，由赵凯杰（W02）登录企业应用平台。双击“业务工作→财务会计→应收款管理→应收单据处理→应收单据审核”菜单，打开“应收单查询条件”对话框，勾选“包含已现结发票”，单击“确定”按钮，打开“单据处理”窗口。

双击“21327505”单据号，打开要审核的发票，单击工具栏的“审核”按钮，系统提示“是否立即制单?”，点击“是”，生成记账凭证，单击“保存”按钮。关闭当前已打开窗口。

借：应收账款/人民币（北京汇鑫）	275 160.00	
银行存款/中国工商银行/沈阳皇姑支行	100 000.00	
贷：主营业务收入		332 000.00
应交税费/应交增值税/销项税额		43 160.00

5. 正常单据记账，生成凭证

（1）正常单据记账。在供应链的“存货核算”子系统，依次双击“业务核算→正常单据记账”菜单，系统打开“查询条件选择”窗口，直接单击其“确定”按钮，系统打开“未记账单据一览表”窗口。单击工具栏的“全选”按钮，以选中21327505号发票的两行记录，使其显示“Y”字样，此时单击工具栏的“记账”按钮，系统弹出信息框提示记账成功，单击其“确定”按钮，完成记账工作。关闭当前窗口。

（2）生成凭证。依次双击“存货核算”子系统的“财务核算→生成凭证”菜单，系统打开“生成凭证”窗口。单击工具栏的“选择”按钮，系统弹出“查询条件”对话框，单击“确定”按钮，系统打开“选择单据”窗口。单击工具栏的“全选”按钮，以选中21327505号发票，再单击工具栏的“确定”按钮，系统自动关闭“选择单据”窗口返回“生成凭证”窗口。单击工具栏的“生成”按钮，系统打开“填制凭证”窗口并自动生成凭证。单击工具栏的“保存”按钮，保存此记账凭证。

借：主营业务成本	268 300.00
贷：库存商品	268 300.00

6. 选择收款

2025年1月20日，由贺青春（W03）登录企业应用平台。双击“业务工作→财务会计→应收款管理→选择收款”菜单，打开“选择收款-条件”窗口。选择客户“北京汇鑫”，单击“确定”，打开“选择收款-单据”窗口，单击“全选”按钮，再单击“确认”按钮，弹出“选择收款-收款单”对话框。根据图3-79输入“结算方式”“票据号”，结果如图3-85所示，单击“确定”按钮。

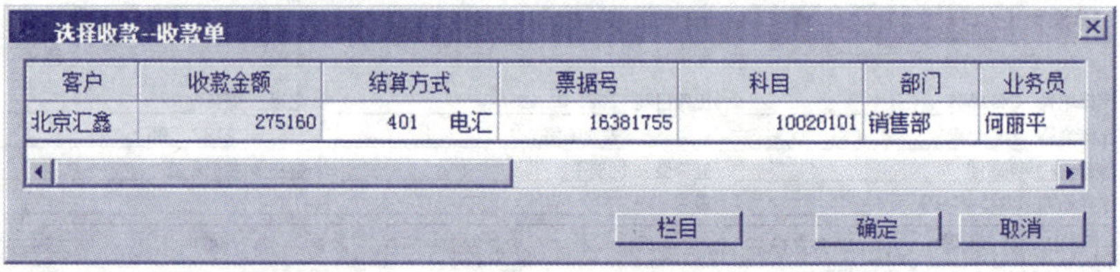

图3-85 “选择收款-收款单”窗口

7. 制单处理

2025年1月20日，由赵凯杰（W02）登录企业应用平台。双击“业务工作→财务会计→应收款管理→制单处理”菜单，打开“制单查询”对话框，勾选“收付款单制单”“核销制单”，单击“确定”，打开“制单”窗口。单击“合并”按钮，再单击“制单”，系统生成相应的记账凭证，单击“保存”按钮。

借：银行存款/中国工商银行/沈阳皇姑支行	275 160.00
贷：应收账款/人民币（北京汇鑫）	275 160.00

8. 填制采购专用发票（现付）

2025年1月20日，由张宏亮（G01）登录企业应用平台。

（1）填制采购专用发票。在“采购管理”子系统，依次双击“采购发票→专用采购发票”菜单，打开“专用发票”窗口。单击工具栏的“增加”按钮，根据图3-80手工填制一张采购专用发票，填制完毕保存该发票。

（2）现付。单击“现付”按钮，打开“采购现付”窗口。根据图3-81，“结算方式”选择“转账支票”，“金额”输入“3815”，“票据号”输入“21562391”。单击“确定”，返回“专用发票”窗口，结果如图3-86所示。

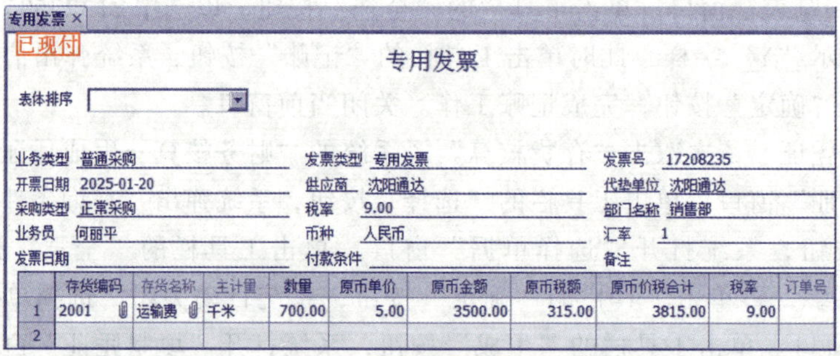

图3-86 采购专用发票

9. 应付单据审核并制单处理

2025年1月20日，由赵凯杰（W02）登录企业应用平台。双击“业务工作→财务会计→应付款管理→应付单据处理→应付单据审核”菜单，打开“应付单查询条件”对话框，勾选“包含已现结发票”和“未完全报销”，单击“确定”按钮，打开“单据处理”窗口。

双击“17208235”单据号，打开要审核的发票，单击工具栏的“审核”按钮，系统提示“是否立即制单？”，点击“是”，生成记账凭证。将记账凭证第1行的会计科目改为“销售费用/运输费”。单击“保存”按钮。

借：销售费用/运输费　　3 500.00

　　应交税费/应交增值税/进项税额　　315.00

　贷：银行存款/中国工商银行/沈阳皇姑支行　　3 815.00

业务6　分批出库与分次收款的销售业务

【实验资料】

2025年1月20日，销售部刘晓洺与上海乐淘签订购销合同。当日，我公司开具增值税专用发票并发出第一批货物，同时收取30%货款。

2025年1月21日，我公司发出第二批货物。

相关凭证如图3-87至图3-91所示。

购销合同

合同编号：XS01006

卖方：辽宁恒通商贸有限公司

买方：上海乐淘贸易有限公司

为保护买卖双方的合法权益，根据《中华人民共和国民法典》的有关规定，买卖双方经友好协商，一致同意签订本合同，并共同遵守合同约定。

一、货物的名称、数量及金额：

货物名称	规格型号	计量单位	数量	单价（不含税）	金额（不含税）	税率	税额
百盛男夹克		件	500	320.00	160 000.00	13%	20 800.00
嘉伟女风衣		件	500	500.00	250 000.00	13%	32 500.00
合计					¥410 000.00		¥53 300.00

二、合同总金额：人民币肆拾陆万叁仟叁佰元整（¥463 300.00）。

三、签订合同当日卖方向买方发出第一批货物（百盛男夹克、嘉伟女风衣各200件），同时收到买方支付合同总金额的30%货款138 990元。1月21日，卖方向买方发出第二批货物（百盛男夹克、嘉伟女风衣各300件）。买方验收合格后向卖方支付剩余70%货款。结算方式：电汇。

四、交货地点：辽宁恒通商贸有限公司。

五、发运方式与运输费用承担方式：由卖方发货，买方承担运输费用。

卖　　方：辽宁恒通商贸有限公司　　　　买　　方：上海乐淘贸易有限公司

授权代表：刘晓洺　　　　授权代表：刘乐乐

日　　期：2025年01月20日　　　　日　　期：2025年01月20日

图3-87　购销合同

电子发票（增值税专用发票）

发票号码：25212000000021327506

开票日期：2025 年 01 月 20 日

全国统一发票监制章 国家税务总局 辽宁省税务局

购买方信息	名称：上海乐淘贸易有限公司 统一社会信用代码/纳税人识别号：91310112203203919R			销售方信息	名称：辽宁恒通商贸有限公司 统一社会信用代码/纳税人识别号：91210105206917583A		
项目名称	规格型号	单位	数量	单价	金额	税率/征收率	税额
*服装*百盛男夹克		件	500	320.00	160 000.00	13%	20 800.00
*服装*嘉伟女风衣		件	500	500.00	250 000.00	13%	32 500.00
合　计					¥410 000.00		¥53 300.00
价税合计（大写）	⊗ 肆拾陆万叁仟叁佰元整					（小写）	¥463 300.00
备注	购买方开户银行：交通银行闵行区北京路支行　银行账号：8059209375023168063 销售方开户银行：中国工商银行沈阳皇姑支行　银行账号：2107024015890035666						

开票人：赵凯杰

图3-88　增值税专用发票

中国工商银行　电汇凭证（收账通知）　4　　56136762

☑普通　☐加急　　委托日期 2025年01月20日

汇款人	全　称	上海乐淘贸易有限公司	收款人	全　称	辽宁恒通商贸有限公司
	账　号	8059209375023168063		账　号	2107024015890035666
	开户银行	交通银行闵行区北京路支行		开户银行	中国工商银行沈阳皇姑支行
金额	人民币（大写）	壹拾叁万捌仟玖佰玖拾元整		亿 千 百 十 万 千 百 十 元 角 分	¥ 1 3 8 9 9 0 0 0
此汇款已收入收款人账户。　汇入行签章			支付密码		
			附加信息及用途：货款　　复核　　记账		

中国工商银行沈阳皇姑支行 2025.01.20 转讫 (8)

此联为开户行给收款人的收账通知

图3-89　电汇收款凭证

出库单

客户：上海乐淘　　2025 年 01 月 20 日　　单号：CK01010

发货仓库	存货编码	存货名称	计量单位	数量		单价	金额
				应发	实发		
服装仓	1101	百盛男夹克	件	200	200		
服装仓	1151	嘉伟女风衣	件	200	200		
合　计							

部门经理：略　　会计：略　　仓库：略　　经办人：略

图3-90　出库单

出库单

客户：上海乐淘　　2025 年 01 月 21 日　　单号：CK01011

发货仓库	存货编码	存货名称	计量单位	数量		单价	金额
				应发	实发		
服装仓	1101	百盛男夹克	件	300	300		
服装仓	1151	嘉伟女风衣	件	300	300		
合　计							

部门经理：略　　会计：略　　仓库：略　　经办人：略

图3-91　出库单

【实验过程概览】

本业务的实验过程概览见表3-7。

表 3-7　实验过程概览

序号	操作日期	操作员	系统	操作内容
1	2025-01-20	X01 刘晓洺	销售管理	填制销售订单
2	2025-01-20	X01 刘晓洺	销售管理	参照销售订单生成销售专用发票（部分现结）
3	2025-01-20	C01 李泽伟	库存管理	参照发货单批量生成第一张销售出库单
4	2025-01-20	W02 赵凯杰	应收款管理	应收单据审核并制单处理
5	2025-01-20	W02 赵凯杰	存货核算	正常单据记账，生成凭证
6	2025-01-21	C01 李泽伟	库存管理	参照发货单批量生成第二张销售出库单

【实验过程】

分批出库与分次收款的销售业务

1. 填制销售订单

2025年1月20日，由刘晓洺（X01）登录企业应用平台。依次双击“业务工作”页签中的“供应链→销售管理→销售订货→销售订单”菜单，打开“销售订单”窗口。单击工具栏的“增加”按钮，根据图3-87填制销售订单，填制完毕保存并审核该销售订单，结果如图3-92所示。关闭“销售订单”窗口。

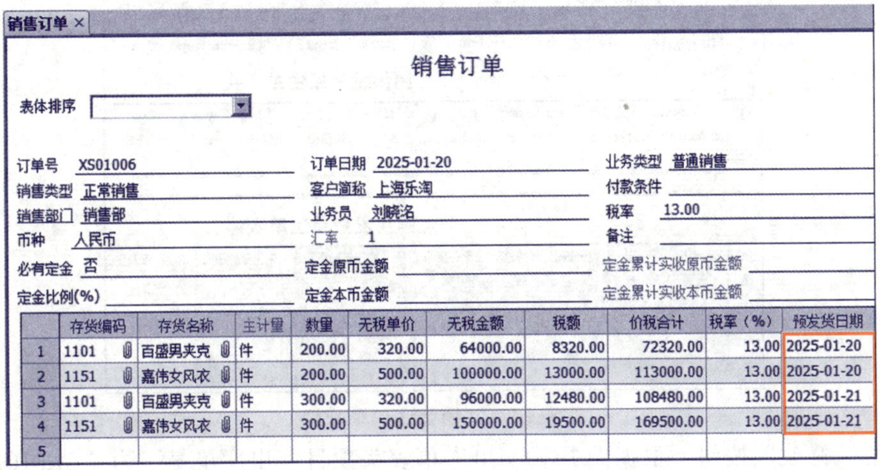

销售订单 ×

销售订单

表体排序

订单号 XS01006　订单日期 2025-01-20　业务类型 普通销售
销售类型 正常销售　客户简称 上海乐淘　付款条件
销售部门 销售部　业务员 刘晓洺　税率 13.00
币种 人民币　汇率 1　备注
必有定金 否　定金原币金额　定金累计实收原币金额
定金比例(%)　定金本币金额　定金累计实收本币金额

	存货编码	存货名称	主计量	数量	无税单价	无税金额	税额	价税合计	税率（%）	预发货日期
1	1101	百盛男夹克	件	200.00	320.00	64000.00	8320.00	72320.00	13.00	2025-01-20
2	1151	嘉伟女风衣	件	200.00	500.00	100000.00	13000.00	113000.00	13.00	2025-01-20
3	1101	百盛男夹克	件	300.00	320.00	96000.00	12480.00	108480.00	13.00	2025-01-21
4	1151	嘉伟女风衣	件	300.00	500.00	150000.00	19500.00	169500.00	13.00	2025-01-21
5										

图3-92　销售订单

2. 参照销售订单生成销售专用发票（部分现结）

（1）生成销售专用发票。在“销售管理”子系统，依次双击“销售开票→销售专用发票”菜单，打开“销售专用发票”窗口。单击工具栏的“增加”按钮，执行“生单”|“参照订单”命令，打开“查询条件选择-参照订单”窗口，单击“确定”，选择XS01006号订单，单击“确定”按钮，返回“销售专用发票”窗口。根据图3-88修改“发票号”为“21327506”，修改表体“仓库名称”为“服装仓”，单击“保存”按钮。

（2）现结。单击“现结”按钮，打开“现结”窗口。根据图3-89，“结算方式”选择“电汇”，“原币金额”输入“138990”，“票据号”输入“56136762”。输入完毕，单击“确定”按钮，返回“销售专用发票”窗口。单击工具栏的“复核”，结果如图3-93所示。

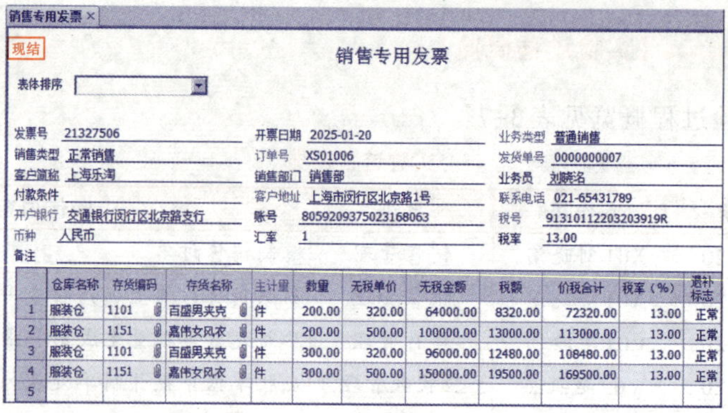

销售专用发票 ×

现结

销售专用发票

表体排序

发票号	21327506	开票日期	2025-01-20	业务类型	普通销售
销售类型	正常销售	订单号	XS01006	发货单号	0000000007
客户简称	上海乐淘	销售部门	销售部	业务员	刘晓洺
付款条件		客户地址	上海市闵行区北京路1号	联系电话	021-65431789
开户银行	交通银行闵行区北京路支行	账号	8059209375023168063	税号	91310112203203919R
币种	人民币	汇率	1	税率	13.00
备注					

	仓库名称	存货编码	存货名称	主计量	数量	无税单价	无税金额	税额	价税合计	税率（%）	退补标志
1	服装仓	1101	百盛男夹克	件	200.00	320.00	64000.00	8320.00	72320.00	13.00	正常
2	服装仓	1151	嘉伟女风衣	件	200.00	500.00	100000.00	13000.00	113000.00	13.00	正常
3	服装仓	1101	百盛男夹克	件	300.00	320.00	96000.00	12480.00	108480.00	13.00	正常
4	服装仓	1151	嘉伟女风衣	件	300.00	500.00	150000.00	19500.00	169500.00	13.00	正常
5											

图3-93 销售专用发票

3. 参照发货单批量生成第一张销售出库单

2025年1月20日，由李泽伟（C01）登录企业应用平台。依次双击“业务工作”页签中的“供应链→库存管理→出库业务→销售出库单”菜单，系统打开“销售出库单”窗口。执行“生单”|“销售生单（批量）”命令，打开“查询条件选择-销售发货单列表”对话框，单击“确定”按钮，系统打开“销售生单”窗口。

窗口上方选择20日上海乐淘的发货单所对应的“选择”栏，窗口下方选择前两行，结果如图3-94所示。再单击工具栏的“确定”按钮，返回“销售出库单”窗口。

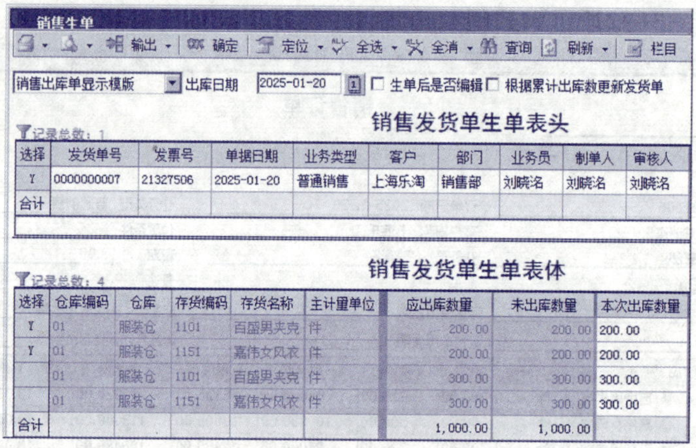

销售生单

输出 · 确定 · 定位 · 全选 · 全消 · 查询 · 刷新 · 栏目

销售出库单显示模版　出库日期 2025-01-20　生单后是否编辑　根据累计出库数更新发货单

销售发货单生单表头

记录总数：1

选择	发货单号	发票号	单据日期	业务类型	客户	部门	业务员	制单人	审核人
Y	0000000007	21327506	2025-01-20	普通销售	上海乐淘	销售部	刘晓洺	刘晓洺	刘晓洺
合计									

销售发货单生单表体

记录总数：4

选择	仓库编码	仓库	存货编码	存货名称	主计量单位	应出库数量	未出库数量	本次出库数量
Y	01	服装仓	1101	百盛男夹克	件	200.00	200.00	200.00
Y	01	服装仓	1151	嘉伟女风衣	件	200.00	200.00	200.00
	01	服装仓	1101	百盛男夹克	件	300.00	300.00	300.00
	01	服装仓	1151	嘉伟女风衣	件	300.00	300.00	300.00
合计						1,000.00	1,000.00	

图3-94 “销售生单”窗口

单击“修改”按钮，根据图3-90，出库单表头项目“出库单号”为“CK01010”，保存并审核该销售出库单，结果如图3-95所示。

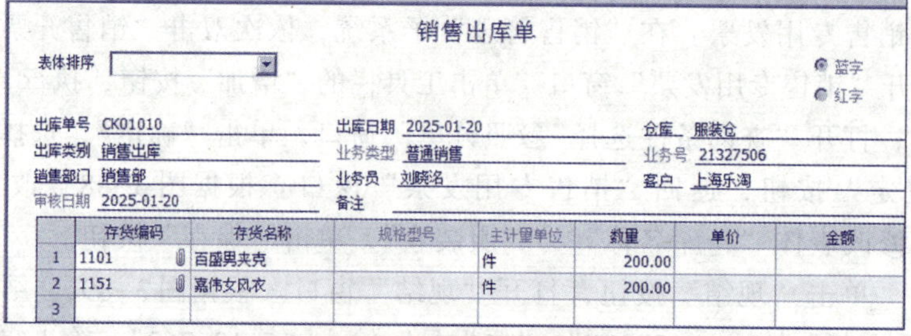

销售出库单 ×

销售出库单

表体排序　蓝字　红字

出库单号	CK01010	出库日期	2025-01-20	仓库	服装仓
出库类别	销售出库	业务类型	普通销售	业务号	21327506
销售部门	销售部	业务员	刘晓洺	客户	上海乐淘
审核日期	2025-01-20	备注			

	存货编码	存货名称	规格型号	主计量单位	数量	单价	金额
1	1101	百盛男夹克		件	200.00		
2	1151	嘉伟女风衣		件	200.00		
3							

图3-95 销售出库单

4. 应收单据审核并制单处理

2025年1月20日，由赵凯杰（W02）登录企业应用平台。双击“业务工作→财务会计→应收款管理→应收单据处理→应收单据审核”菜单，打开“应收单查询条件”对话框，勾选“包含已现结发票”，单击“确定”按钮，打开“单据处理”窗口。

双击“21327506”单据号，打开要审核的发票，单击工具栏的“审核”按钮，系统提示“是否立即制单?”，点击“是”，生成记账凭证。关闭当前已打开窗口。

借：应收账款/人民币（上海乐淘）	324 310.00	
银行存款/中国工商银行/沈阳皇姑支行	138 990.00	
贷：主营业务收入		410 000.00
应交税费/应交增值税/销项税额		53 300.00

5. 正常单据记账，生成凭证

（1）正常单据记账。在供应链的“存货核算”子系统，依次双击“业务核算→正常单据记账”菜单，系统打开“查询条件选择”窗口，单击“确定”按钮，系统打开“未记账单据一览表”窗口。单击工具栏的“全选”按钮，以选中21327506号发票的4行记录，使其显示“Y”字样，此时单击工具栏的“记账”按钮，系统弹出信息框提示记账成功，单击其“确定”按钮，完成记账工作。关闭当前窗口。

（2）生成凭证。依次执行“存货核算”子系统的“财务核算→生成凭证”命令，系统打开“生成凭证”窗口。单击工具栏的“选择”按钮，系统弹出“查询条件”对话框，单击“确定”按钮，系统打开“选择单据”窗口。单击工具栏的“全选”按钮，以选中21327506号发票，再单击“确定”按钮，打开“生成凭证”窗口。单击工具栏的“生成”按钮，系统打开“填制凭证”窗口并自动生成凭证，保存该记账凭证。

借：主营业务成本	398 000.00	
贷：库存商品		398 000.00

6. 参照发货单批量生成第二张销售出库单

2025年1月21日，由李泽伟（C01）登录企业应用平台。依次双击“业务工作”页签中的“供应链→库存管理→出库业务→销售出库单”菜单，系统打开“销售出库单”窗口。执行“生单”|“销售生单（批量）”命令，打开“查询条件选择-销售发货单列表”对话框，单击“确定”按钮，系统打开“销售生单”窗口。

窗口上方选择20日上海乐淘的发货单所对应的“选择”栏，再单击工具栏的“确定”按钮，返回“销售出库单”窗口。根据图3-91，将表头项目“出库单号”改为“CK01011”。保存并审核该销售出库单，结果如图3-96所示。

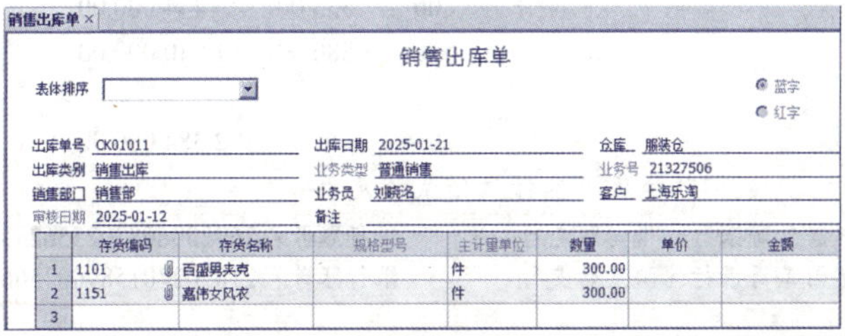
销售出库单 ×

销售出库单

表体排序　　　　◉ 蓝字　○ 红字

出库单号 CK01011　　出库日期 2025-01-21　　仓库 服装仓
出库类别 销售出库　　业务类型 普通销售　　业务号 21327506
销售部门 销售部　　业务员 刘晓名　　客户 上海乐淘
审核日期 2025-01-12　　备注

	存货编码	存货名称	规格型号	主计量单位	数量	单价	金额
1	1101	百盛男夹克		件	300.00		
2	1151	嘉伟女风衣		件	300.00		
3							

图3-96　销售出库单

业务7　分仓库出库的现金折扣业务

【实验资料】

2025年1月21日，销售部刘晓洺与广州华丰签订购销合同。当日，我公司开具增值税专用发票并发出全部货物。

2025年1月22日，收到广州华丰购货款，根据合同结算。(选择收款)

相关凭证如图3-97至图3-101所示。

购销合同

合同编号：XS01007

卖方：辽宁恒通商贸有限公司

买方：广州华丰超市有限公司

为保护买卖双方的合法权益，根据《中华人民共和国民法典》的有关规定，买卖双方经友好协商，一致同意签订本合同，并共同遵守合同约定。

一、货物的名称、数量及金额：

货物名称	规格型号	计量单位	数量	单价（不含税）	金额（不含税）	税率	税额
嘉伟女风衣		件	800	555.00	444 000.00	13%	57 720.00
恒久女表		只	500	3 880.00	1 940 000.00	13%	252 200.00
合 计					¥2 384 000.00		¥309 920.00

二、合同总金额：人民币贰佰陆拾玖万叁仟玖佰贰拾元整（¥2 693 920.00）。

三、签订合同当日，卖方开具增值税专用发票并发出全部商品。信用条件：3/10，1.5/20，n/30（按不含税价款计算）。结算方式：电汇。

四、交货地点：辽宁恒通商贸有限公司。

五、发运方式与运输费用承担方式：由卖方发货，买方承担运输费用。

卖　方：辽宁恒通商贸有限公司　　买　方：广州华丰超市有限公司

授权代表：刘晓洺　　授权代表：李　桐

日　期：2025年01月21日　　日　期：2025年01月21日

图3-97　购销合同

电子发票（增值税专用发票）

发票号码：25212000000021327507

开票日期：2025年01月21日

购买方信息		销售方信息	
名称：	广州华丰超市有限公司	名称：	辽宁恒通商贸有限公司
统一社会信用代码/纳税人识别号：	91440100613815327V	统一社会信用代码/纳税人识别号：	91210105206917583A

项目名称	规格型号	单位	数量	单价	金额	税率/征收率	税额
*服装*嘉伟女风衣		件	800	555.00	444 000.00	13%	57 720.00
*手表*恒久女表		只	500	3 880.00	1 940 000.00	13%	252 200.00
合　　计					¥2 384 000.00		¥309 920.00

价税合计（大写）　⊗贰佰陆拾玖万叁仟玖佰贰拾元整　（小写）¥2 693 920.00

备注：

购买方开户银行：中国工商银行广州向阳支行　银行账号：2692006083025562331

销售方开户银行：中国工商银行沈阳皇姑支行　银行账号：2107024015890035666

开票人：赵凯杰

图3-98　增值税专用发票

出库单

客户：广州华丰　　2025 年 01 月 21 日　　单号：CK01012

发货仓库	存货编码	存货名称	计量单位	数量		单价	金额
				应发	实发		
服装仓	1151	嘉伟女风衣	件	800	800		
合　计							

部门经理：略　　会计：略　　仓库：略　　经办人：略

图3-99　出库单

出库单

客户：广州华丰　　2025 年 01 月 21 日　　单号：CK01013

发货仓库	存货编码	存货名称	计量单位	数量		单价	金额
				应发	实发		
手表仓	1251	恒久女表	只	500	500		
合　计							

部门经理：略　　会计：略　　仓库：略　　经办人：略

图3-100　出库单

中国工商银行　电汇凭证（收账通知）　4　　96707302

☑普通　☐加急　　委托日期 2025年01月22日

汇款人	全　　称	广州华丰超市有限公司	收款人	全　　称	辽宁恒通商贸有限公司
	账　　号	2692006083025562331		账　　号	2107024015890035666
	开户银行	中国工商银行广州向阳支行		开户银行	中国工商银行沈阳皇姑支行
金额	人民币（大写）	贰佰陆拾贰万贰仟肆佰元整		亿 千 百 十 万 千 百 十 元 角 分	¥ 2 6 2 2 4 0 0 0 0
此汇款已收入收款人账户。		汇入行签章	支付密码		
			附加信息及用途：货款		
			复核　　记账		

中国工商银行 沈阳皇姑支行 2025.01.22 转讫 (8)

此联为开户行给收款人的收账通知

图3-101　电汇收款凭证

【实验过程概览】

本业务的实验过程概览见表3-8。

表 3-8　　实验过程概览

序号	操作日期	操作员	系统	操作内容
1	2025-01-21	X01 刘晓洺	销售管理	填制销售订单
2	2025-01-21	X01 刘晓洺	销售管理	参照销售订单生成销售专用发票
3	2025-01-21	C01 李泽伟	库存管理	参照发货单批量生成销售出库单
4	2025-01-21	W02 赵凯杰	应收款管理	应收单据审核并制单处理
5	2025-01-21	W02 赵凯杰	存货核算	正常单据记账，生成凭证
6	2025-01-22	W03 贺青春	应收款管理	选择收款
7	2025-01-22	W02 赵凯杰	应收款管理	制单处理

分仓库出库的现金折扣业务

【实验过程】

1. 填制销售订单

2025年1月21日，由刘晓洺（X01）登录企业应用平台。依次双击“业务工作”页签中的“供应链→销售管理→销售订货→销售订单”菜单，打开“销售订单”窗口。单击工具栏的“增加”按钮，根据图3-97填制销售订单。填制完毕保存并审核该销售订单，结果如图3-102所示。关闭“销售订单”窗口。

销售订单 ×

销售订单

表体排序

订单号 XS01007　订单日期 2025-01-21　业务类型 普通销售
销售类型 正常销售　客户简称 广州华丰　付款条件 3/10,1.5/20,n/30
销售部门 销售部　业务员 刘晓洺　税率 13.00
币种 人民币　汇率 1　备注
必有定金 否　定金原币金额　定金累计实收原币金额
定金比例(%)　定金本币金额　定金累计实收本币金额

	存货编码	存货名称	主计量	数量	无税单价	无税金额	税额	价税合计	税率（%）	预发货日期
1	1251	恒久女表	只	500.00	3880.00	1940000.00	252200.00	2192200.00	13.00	2025-01-21
2	1151	嘉伟女风衣	件	800.00	555.00	444000.00	57720.00	501720.00	13.00	2025-01-21
3										

图3-102　销售订单

2. 参照销售订单生成销售专用发票

在“销售管理”子系统，依次双击“销售开票→销售专用发票”菜单，打开“销售专用发票”窗口。单击工具栏的“增加”按钮，执行“生单”|“参照订单”命令，打开“查询条件选择-参照订单”窗口，打开“参照生单”窗口。选择XS01007号订单，单击“确定”，返回“销售专用发票”窗口。根据图3-98修改“发票号”为“21327507”，修改表体项目“仓库名称”第1行为“手表仓”，第2行为“服装仓”。保存并复核该发票，结果如图3-103所示。

销售专用发票 ×

销售专用发票

表体排序

发票号 21327507　开票日期 2025-01-21　业务类型 普通销售
销售类型 正常销售　订单号 XS01007　发货单号 0000000008
客户简称 广州华丰　销售部门 销售部　业务员 刘晓洺
付款条件 3/10,1.5/20,n/30　客户地址 广州市北市区向阳路7号　联系电话 020-52396012
开户银行 中国工商银行广州向阳支行　账号 2692006083025562331　税号 91440100613815327V
币种 人民币　汇率 1　税率 13.00
备注

	仓库名称	存货编码	存货名称	主计量	数量	无税单价	无税金额	税额	价税合计	税率（%）	退补标志
1	手表仓	1251	恒久女表	只	500.00	3880.00	1940000.00	252200.00	2192200.00	13.00	正常
2	服装仓	1151	嘉伟女风衣	件	800.00	555.00	444000.00	57720.00	501720.00	13.00	正常
3											

图3-103　销售专用发票

3. 参照发货单批量生成销售出库单

2025年1月21日，由李泽伟（C01）登录企业应用平台。依次双击“业务工作”页签中的“供应链→库存管理→出库业务→销售出库单”菜单，系统打开“销售出库单”窗口。执行“生单”|“销售生单（批量）”命令，打开“查询条件选择-销售发货单列表”

对话框，单击“确定”按钮，系统打开“销售生单”窗口。双击21日广州华丰的发货单所对应的“选择”栏，再单击工具栏的“确定”按钮，系统提示“生单成功！”并返回“销售出库单”窗口。

单击“修改”按钮，根据图3-100，修改“手表仓”的出库单号为“CK01013”，保存并审核该销售出库单，结果如图3-104所示。单击“ ”（上张）按钮，再单击“修改”，根据图3-99，修改“服装仓”的出库单号为“CK01012”，保存并审核该销售出库单，结果如图3-105所示。

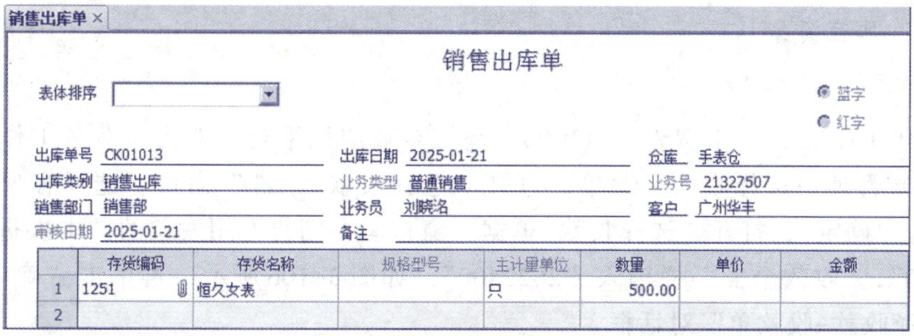
销售出库单 ×

销售出库单

表体排序　　　　◉ 蓝字　○ 红字

出库单号 CK01013　出库日期 2025-01-21　仓库 手表仓
出库类别 销售出库　业务类型 普通销售　业务号 21327507
销售部门 销售部　业务员 刘晓洺　客户 广州华丰
审核日期 2025-01-21　备注

	存货编码	存货名称	规格型号	主计量单位	数量	单价	金额
1	1251	恒久女表		只	500.00		
2							

图3-104　销售出库单

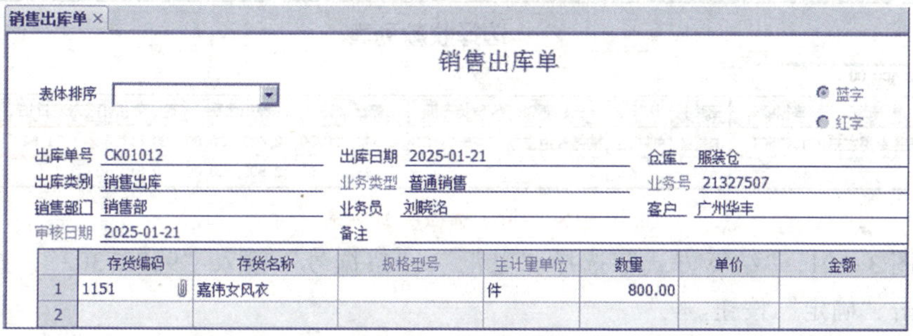
销售出库单 ×

销售出库单

表体排序　　　　◉ 蓝字　○ 红字

出库单号 CK01012　出库日期 2025-01-21　仓库 服装仓
出库类别 销售出库　业务类型 普通销售　业务号 21327507
销售部门 销售部　业务员 刘晓洺　客户 广州华丰
审核日期 2025-01-21　备注

	存货编码	存货名称	规格型号	主计量单位	数量	单价	金额
1	1151	嘉伟女风衣		件	800.00		
2							

图3-105　销售出库单

4. 应收单据审核并制单处理

2025年1月21日，由赵凯杰（W02）登录企业应用平台。双击“业务工作→财务会计→应收款管理→应收单据处理→应收单据审核”菜单，打开“应收单查询条件”对话框，勾选“包含已现结发票”，单击“确定”按钮，打开“单据处理”窗口。

双击“21327507”单据号，打开要审核的发票，单击工具栏的“审核”按钮，系统提示“是否立即制单？”，点击“是”，生成记账凭证。关闭当前已打开窗口。

借：应收账款/人民币（广州华丰）	2 693 920.00	
贷：主营业务收入		2 384 000.00
应交税费/应交增值税/销项税额		309 920.00

5. 正常单据记账，生成凭证

（1）正常单据记账。在供应链的“存货核算”子系统，依次双击“业务核算→正常单据记账”菜单，系统打开“查询条件选择”窗口，直接单击其“确定”按钮，系统打开“未记账单据一览表”窗口。单击工具栏的“全选”按钮，以选中21327507号发票的两行记录，再单击工具栏的“记账”按钮，弹出“记账成功”对话框，单击“确定”按钮，完成记账工作。关闭当前窗口。

（2）生成凭证。依次双击“存货核算”子系统的“财务核算→生成凭证”菜单，系统打开“生成凭证”窗口。单击工具栏的“选择”按钮，系统弹出“查询条件”对话框，单击“确定”按钮，系统打开“选择单据”窗口。单击工具栏的“全选”按钮，以选中21327507号发票的两行记录，再单击“确定”按钮，打开“生成凭证”窗口。单击工具栏的“生成”按钮，系统打开“填制凭证”窗口并自动生成凭证，保存该记账凭证。

借：主营业务成本	1 848 400.00	
贷：库存商品		1 848 400.00

6. 选择收款

2025年1月22日，由贺青春（W03）登录企业应用平台。双击“业务工作→财务会计→应收款管理→选择收款”菜单，打开“选择收款-条件”窗口。选择客户“广州华丰”，单击“确定”，打开“选择收款-单据”窗口。在销售专用发票的“本次折扣”栏输入“71520”，“收款金额”栏输入“2622400”，如图3-106所示，再单击“确认”按钮，弹出“选择收款-收款单”对话框。

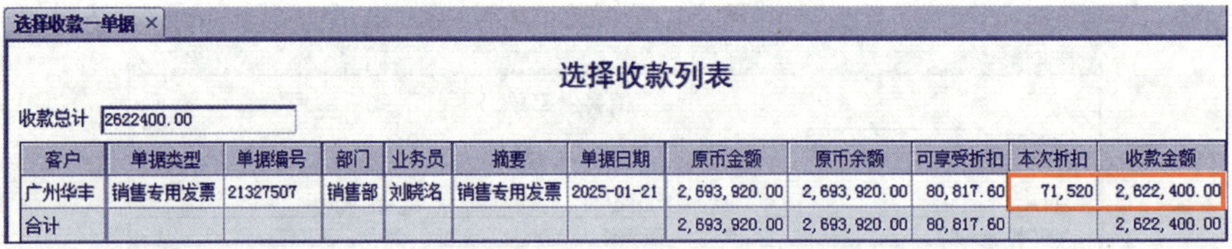

选择收款—单据 ×

选择收款列表

收款总计 2622400.00

客户	单据类型	单据编号	部门	业务员	摘要	单据日期	原币金额	原币余额	可享受折扣	本次折扣	收款金额
广州华丰	销售专用发票	21327507	销售部	刘晓洺	销售专用发票	2025-01-21	2,693,920.00	2,693,920.00	80,817.60	71,520	2,622,400.00
合计							2,693,920.00	2,693,920.00	80,817.60		2,622,400.00

图3-106　选择收款列表

根据图3-101，“结算方式”选择“电汇”，“票据号”输入“96707302”，如图3-107所示，单击“确定”按钮。

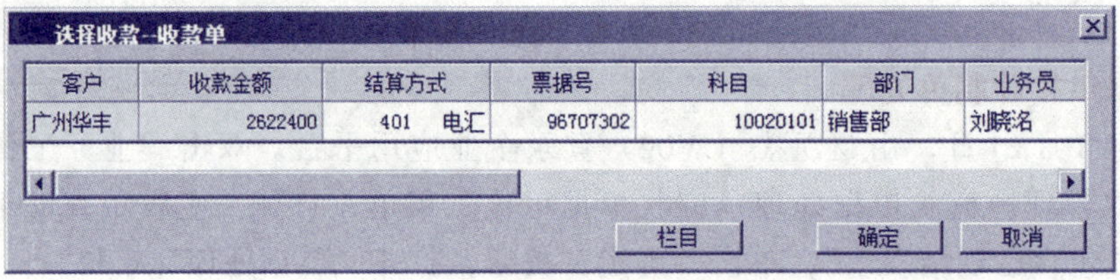

选择收款-收款单

客户	收款金额	结算方式	票据号	科目	部门	业务员
广州华丰	2622400	401　电汇	96707302	10020101	销售部	刘晓洺

图3-107　“选择收款-收款单”窗口

7. 制单处理

2025年1月22日，由赵凯杰（W02）登录企业应用平台。双击“业务工作→财务会计→应收款管理→制单处理”菜单，弹出“制单查询”窗口。选择“收付款单制单”“核销制单”，单击“确定”，打开“制单”窗口。单击“合并”按钮，再单击“制单”，系统生成相关的记账凭证，单击“保存”按钮。

借：银行存款/中国工商银行/沈阳皇姑支行	2 622 400.00	
贷：主营业务收入		−71 520.00
应收账款/人民币（广州华丰）		2 693 920.00

业务8　外币销售业务

【实验资料】

2025年1月22日，销售部刘晓洺与大福贸易签订购销合同。当日，我公司开具发票并发出全部货物。假定当日美元汇率1∶7.1105。不考虑出口退税。

相关凭证如图3-108至图3-110所示。

购销合同

合同编号：XS01008

卖方：辽宁恒通商贸有限公司

买方：大福贸易（中国）有限公司

为保护买卖双方的合法权益，根据《中华人民共和国民法典》的有关规定，买卖双方经友好协商，一致同意签订本合同，并共同遵守合同约定。

一、货物的名称、数量及金额：

货物名称	规格型号	计量单位	数量	单价（不含税）	金额（不含税）	税率	税额
嘉伟羽绒服		件	500	$600.00	$300 000.00		
合计					$300 000.00		

二、合同总金额：美元叁拾万元整（$300 000.00）。

三、签订合同当日，卖方开具增值税专用发票，并发出全部货物。买方于1月底前支付货款。结算方式：电汇。

四、交货地点：辽宁恒通商贸有限公司。

五、发运方式与运输费用承担方式：由卖方发货，买方承担运输费用。

卖　　方：辽宁恒通商贸有限公司　　　　买　　方：大福贸易（中国）有限公司

授权代表：刘晓洺　　　　　　　　　　　授权代表：李福星

日　　期：2025年01月22日　　　　　　日　　期：2025年01月22日

图3-108　购销合同

电子发票（增值税专用发票）

发票号码：25212000000021327508

开票日期：2025年01月22日

购买方信息	名称：大福贸易（中国）有限公司 统一社会信用代码/纳税人识别号：91220106558728329N	销售方信息	名称：辽宁恒通商贸有限公司 统一社会信用代码/纳税人识别号：91210105206917583A

项目名称	规格型号	单位	数量	单价	金额	税率/征收率	税额
*服装*嘉伟羽绒服		件	500	4 266.30	2 133 150.00		
合　　计					¥2 133 150.00		
价税合计（大写）	⊗贰佰壹拾叁万叁仟壹佰伍拾元整				（小写）¥2 133 150.00		

备注：购买方开户银行：中国建设银行长春绿园支行　银行账号：2798372568980102952　结算金额：$300 000.00

销售方开户银行：中国工商银行沈阳皇姑支行　银行账号：2107024015890035666　汇率：1∶7.1105

开票人：赵凯杰

图3-109　增值税专用发票

出库单

客户：大福贸易　　　　2025 年 01 月 22 日　　　　单号：CK01014

发货仓库	存货编码	存货名称	计量单位	数量		单价	金额
				应发	实发		
服装仓	1153	嘉伟羽绒服	件	500	500		
合　计							

部门经理：略　　　　会计：略　　　　仓库：略　　　　经办人：略

图3-110　出库单

【实验过程概览】

本业务的实验过程概览见表 3-9。

表 3-9　实验过程概览

序号	操作日期	操作员	系统	操作内容
1	2025-01-22	X01 刘晓洺	销售管理	填制销售订单
2	2025-01-22	X01 刘晓洺	销售管理	参照销售订单生成销售专用发票
3	2025-01-22	C01 李泽伟	库存管理	参照发货单生成销售出库单
4	2025-01-22	W02 赵凯杰	应收款管理	应收单据审核并制单处理
5	2025-01-22	W02 赵凯杰	存货核算	正常单据记账，生成凭证

【实验过程】

外币销售业务

1. 填制销售订单

2025 年 1 月 22 日，由刘晓洺（X01）登录企业应用平台。依次双击“业务工作”页签中的“供应链→销售管理→销售订货→销售订单”菜单，打开“销售订单”窗口。单击工具栏的“增加”按钮，修改“订单号”为“XS01008”，“销售类型”为“正常销售”，“币种”为“美元”，“汇率”为“7.1105”，根据图 3-108 填制销售订单。填制完毕保存并审核该销售订单，结果如图 3-111 所示。关闭“销售订单”窗口。

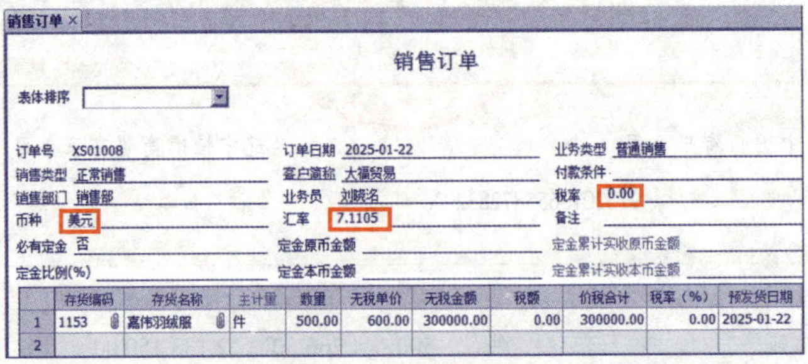
销售订单 ×

销售订单

表体排序

订单号 XS01008　　订单日期 2025-01-22　　业务类型 普通销售
销售类型 正常销售　　客户简称 大福贸易　　付款条件
销售部门 销售部　　业务员 刘晓洺　　税率 0.00
币种 美元　　汇率 7.1105　　备注
必有定金 否　　定金原币金额　　定金累计实收原币金额
定金比例(%)　　定金本币金额　　定金累计实收本币金额

	存货编码	存货名称	主计量	数量	无税单价	无税金额	税额	价税合计	税率（%）	预发货日期
1	1153	嘉伟羽绒服	件	500.00	600.00	300000.00	0.00	300000.00	0.00	2025-01-22
2										

图3-111　销售订单

2. 参照销售订单生成销售专用发票

在“销售管理”子系统，依次双击“销售开票→销售专用发票”菜单，打开“销售专用发票”窗口。单击工具栏的“增加”按钮，执行“生单”|“参照订单”命令，打开“查询条件选择-参照订单”窗口，单击“确定”，打开“参照生单”窗口。选择 XS01008 号销售订单，单击“确定”按钮，返回“销售专用发票”窗口。根据图 3-109，修改“发票号”为“21327508”，“汇率”为“7.1105”，修改表体项目“仓库名称”为“服装仓”。

保存并复核该销售发票，结果如图3-112所示。

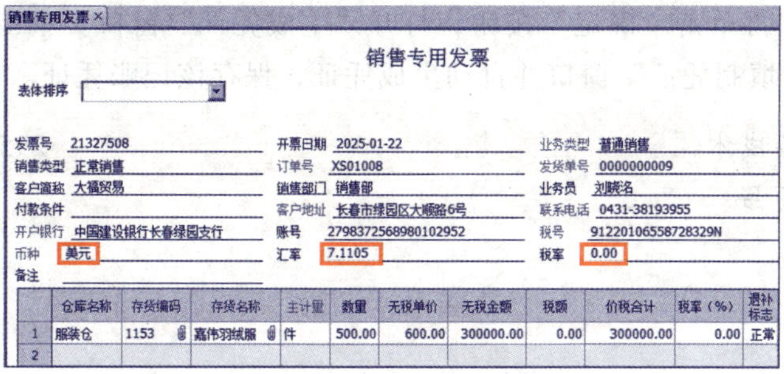
销售专用发票 ×

销售专用发票

表体排序

发票号 21327508　开票日期 2025-01-22　业务类型 普通销售
销售类型 正常销售　订单号 XS01008　发货单号 0000000009
客户简称 大福贸易　销售部门 销售部　业务员 刘晓名
付款条件　客户地址 长春市绿园区大顺路6号　联系电话 0431-38193955
开户银行 中国建设银行长春绿园支行　账号 279837256898010 2952　税号 91220106558728329N
币种 美元　汇率 7.1105　税率 0.00
备注

	仓库名称	存货编码	存货名称	主计量	数量	无税单价	无税金额	税额	价税合计	税率（%）	退补标志
1	服装仓	1153	嘉伟羽绒服	件	500.00	600.00	300000.00	0.00	300000.00	0.00	正常
2											

图3-112　销售专用发票

3. 参照发货单生成销售出库单

2025年1月22日，由李泽伟（C01）登录企业应用平台。依次双击“业务工作”页签中的“供应链→库存管理→出库业务→销售出库单”菜单，系统打开“销售出库单”窗口。执行“生单”|“销售生单”命令，打开“查询条件选择-销售发货单列表”对话框，单击“确定”按钮，打开“销售生单”窗口。选择22日大福贸易的发货单，单击工具栏的“确定”按钮，系统返回“销售出库单”窗口。根据图3-110，修改“出库单号”为“CK01014”，其他项默认。保存并审核该销售出库单，结果如图3-113所示。

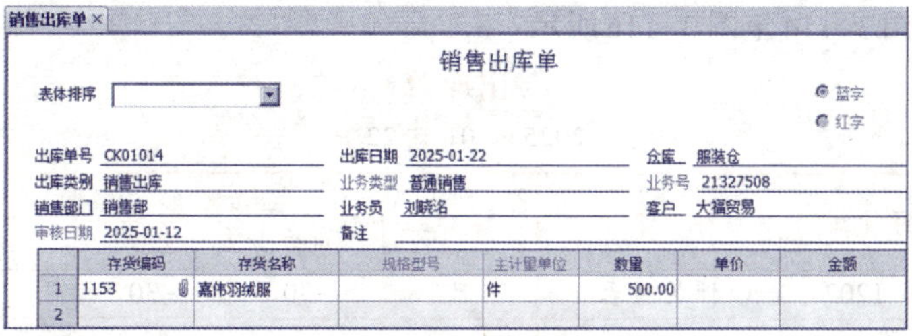
销售出库单 ×

销售出库单

表体排序　　◉ 蓝字　◉ 红字

出库单号 CK01014　出库日期 2025-01-22　仓库 服装仓
出库类别 销售出库　业务类型 普通销售　业务号 21327508
销售部门 销售部　业务员 刘晓名　客户 大福贸易
审核日期 2025-01-12　备注

	存货编码	存货名称	规格型号	主计量单位	数量	单价	金额
1	1153	嘉伟羽绒服		件	500.00		
2							

图3-113　销售出库单

4. 应收单据审核并制单处理

2025年1月22日，由赵凯杰（W02）登录企业应用平台。双击“业务工作→财务会计→应收款管理→应收单据处理→应收单据审核”菜单，打开“应收单查询条件”对话框，单击“确定”按钮，打开“单据处理”窗口。

双击“21327508”单据号，打开要审核的发票，单击工具栏的“审核”按钮，系统提示“是否立即制单?”，点击“是”，生成记账凭证。关闭当前已打开窗口。

借：应收账款/美元（大福贸易）	2 133 150.00	
贷：主营业务收入		2 133 150.00

5. 正常单据记账，生成凭证

（1）正常单据记账。在供应链的“存货核算”子系统，依次双击“业务核算→正常单据记账”菜单，系统打开“查询条件选择”窗口，单击“确定”按钮，系统打开“未记账单据一览表”窗口。单击工具栏的“全选”按钮，以选中21327508号发票，单击工具栏的“记账”按钮，系统提示记账成功，单击“确定”按钮，完成记账工作。关闭当前窗口。

（2）生成凭证。依次双击“存货核算”子系统的“财务核算→生成凭证”菜单，系统打开“生成凭证”窗口。单击工具栏的“选择”按钮，系统弹出“查询条件”对话框，单击“确定”按钮，系统打开“选择单据”窗口。单击工具栏的“全选”按钮，以选中21327508号发票，再单击“确定”按钮，打开“生成凭证”窗口。单击工具栏的“生成”按钮，系统打开“填制凭证”窗口并自动生成凭证，保存该记账凭证。

借：主营业务成本	295 000.00	
贷：库存商品		295 000.00

任务2　销售退货业务

业务1　先发货后开票的退货业务

【实验资料】

2025年1月22日，根据XS01001号合同卖给上海乐淘的货物中有30只博伦男表出现质量问题。经协商，我公司同意退货，并于当日收到货物。

2025年1月23日，我公司开具红字增值税专用发票并办理了退款。（退货款要求通过应收系统付款单处理）（注：所退货物成本价为2 835元）

相关凭证如图3-114至图3-116所示。

出库单

客户：上海乐淘　　2025年01月22日　　单号：CK01015

发货仓库	存货编码	存货名称	计量单位	数量		单价	金额
				应发	实发		
手表仓	1202	博伦男表	只	-30	-30		
合　计							

部门经理：略　　会计：略　　仓库：略　　经办人：略

图3-114　出库单

电子发票（增值税专用发票）

发票号码：25212000000021327509
开票日期：2025年01月23日

购买方信息	名称：上海乐淘贸易有限公司 统一社会信用代码/纳税人识别号：91310112203203919R	销售方信息	名称：辽宁恒通商贸有限公司 统一社会信用代码/纳税人识别号：91210105206917583A

项目名称	规格型号	单位	数量	单价	金额	税率/征收率	税额
*手表*博伦男表		只	-30	2 980.00	-89 400.00	13%	-11 622.00
合　计					¥-89 400.00		¥-11 622.00
价税合计（大写）	⊗（负数）壹拾万零壹仟零贰拾贰元整				（小写）¥-101 022.00		
备注	购买方开户银行：交通银行闵行区北京路支行　银行账号：8059209375023168063 销售方开户银行：中国工商银行沈阳皇姑支行　银行账号：2107024015890035666						

开票人：赵凯杰

图3-115　红字增值税专用发票

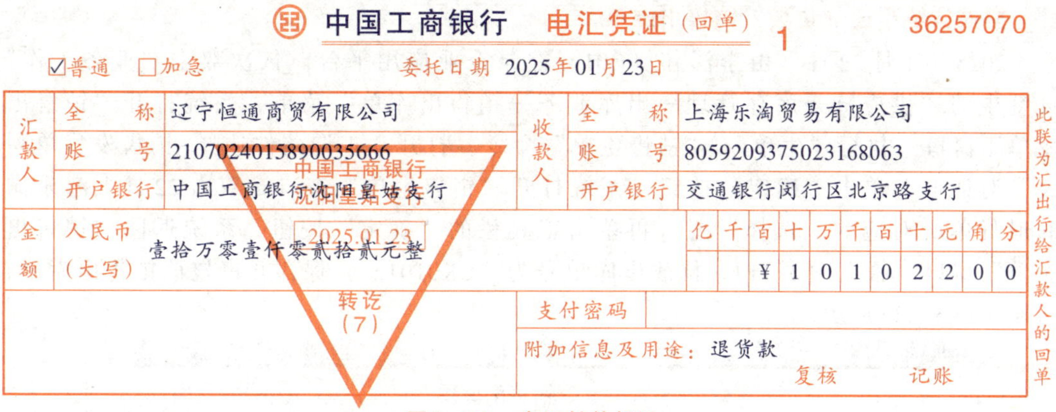

中国工商银行 电汇凭证（回单） 1 36257070

☑普通 □加急 委托日期 2025年01月23日

汇款人	全称	辽宁恒通商贸有限公司	收款人	全称	上海乐淘贸易有限公司
	账号	2107024015890035666		账号	805920937502316806 3
	开户银行	中国工商银行沈阳皇姑支行		开户银行	交通银行闵行区北京路支行
金额	人民币（大写）	壹拾万零壹仟零贰拾贰元整		亿千百十万千百十元角分	¥10102200
				支付密码	
				附加信息及用途：退货款	复核 记账

中国工商银行 沈阳皇姑支行 2025.01.23 转讫 (7)

此联为汇出行给汇款人的回单

图3-116 电汇付款凭证

【实验过程概览】

本业务的实验过程概览见表3-10。

表3-10 实验过程概览

序号	操作日期	操作员	系统	操作内容
1	2025-01-22	X01刘晓洺	销售管理	参照销售订单生成退货单
2	2025-01-22	C01李泽伟	库存管理	参照退货单生成（负数）销售出库单
3	2025-01-23	X01刘晓洺	销售管理	参照退货单生成红字销售专用发票
4	2025-01-23	W02赵凯杰	应收款管理	应收单据审核并制单处理
5	2025-01-23	W02赵凯杰	存货核算	正常单据记账，生成凭证
6	2025-01-23	W03贺青春	应收款管理	收款单据录入（付款单）
7	2025-01-23	W02赵凯杰	应收款管理	收款单据审核、手工核销和制单处理

【实验过程】

先发货后开票的退货业务

1. 参照销售订单生成退货单

2025年1月22日，由刘晓洺（X01）登录企业应用平台。依次双击“业务工作”页签中的“供应链→销售管理→销售发货→退货单”菜单，打开“退货单”窗口。单击工具栏的“增加”按钮，执行“生单”|“参照订单”命令，系统弹出“查询条件选择-参照订单”对话框，单击“确定”按钮，打开“参照生单”窗口。选中窗口上方的XS01001号订单，然后选中窗口下方的“博伦男表”，单击“确定”按钮，系统自动生成一张退货单。修改退货单表体项目“仓库名称”为“手表仓”，“数量”为“-30”。保存并审核该单据，如图3-117所示。

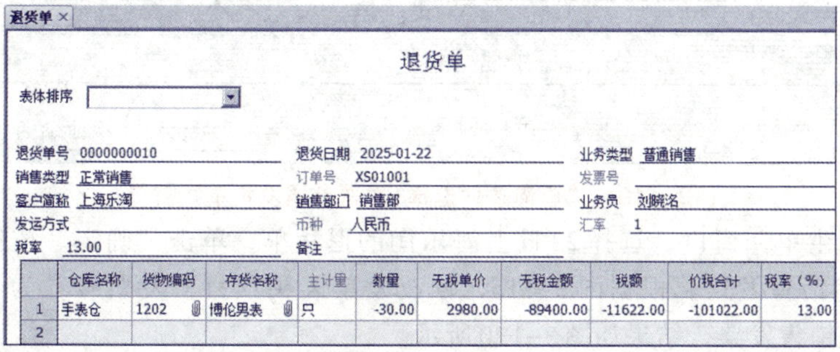

退货单

表体排序

退货单号	0000000010	退货日期	2025-01-22	业务类型	普通销售
销售类型	正常销售	订单号	XS01001	发票号	
客户简称	上海乐淘	销售部门	销售部	业务员	刘晓洺
发运方式		币种	人民币	汇率	1
税率	13.00	备注			

	仓库名称	货物编码	存货名称	主计量	数量	无税单价	无税金额	税额	价税合计	税率（%）
1	手表仓	1202	博伦男表	只	-30.00	2980.00	-89400.00	-11622.00	-101022.00	13.00
2										

图3-117 退货单

2. 参照退货单生成（负数）销售出库单

2025年1月22日，由李泽伟（C01）登录企业应用平台。依次双击“业务工作”页签中的“供应链→库存管理→出库业务→销售出库单”菜单，系统打开“销售出库单”窗口。执行“生单”|“销售生单”命令，打开“查询条件选择-销售发货单列表”对话框，单击“确定”按钮，系统打开“销售生单”窗口。双击22日上海乐淘的退货单所对应的“选择”栏，再单击工具栏的“确定”按钮，系统返回“销售出库单”窗口。根据图3-114，修改出库单号为“CK01015”。保存并审核该销售出库单，结果如图3-118所示。

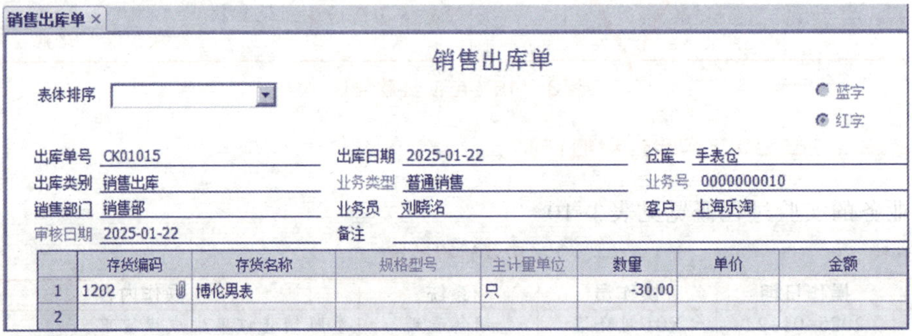

图3-118 销售出库单

3. 参照退货单生成红字销售专用发票

2025年1月23日，由刘晓洺（X01）登录企业应用平台。在“销售管理”子系统，依次双击“销售开票→红字专用销售发票”菜单，打开“销售专用发票”窗口。单击工具栏的“增加”按钮，执行“生单”|“参照发货单”命令，打开“查询条件选择-发票参照发货单”窗口，将该窗口的“发货单类型”改为“红字记录”，如图3-119所示，单击“确定”，打开“参照生单”窗口。

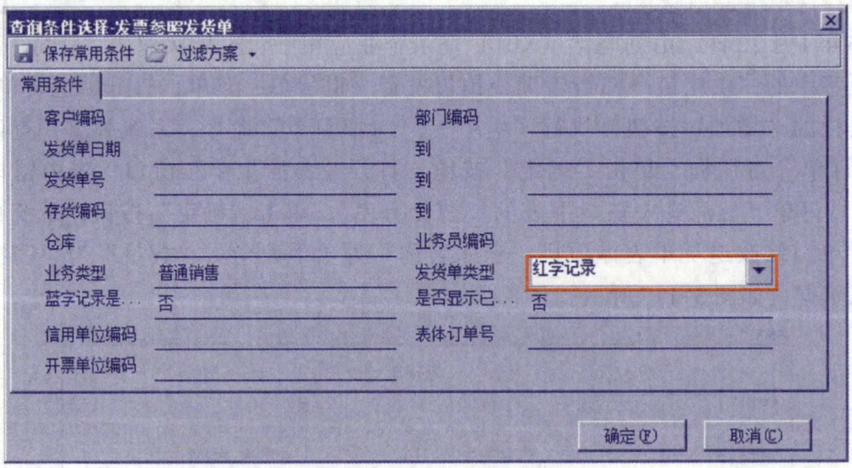

图3-119 “查询条件选择-发票参照发货单”窗口

在“参照生单”窗口，选择22日上海乐淘的退货单，单击“确定”按钮，系统自动生成一张红字销售发票。根据图3-115，修改发票表头项目“发票号”为“21327509”。保存并复核该销售发票，结果如图3-120所示。

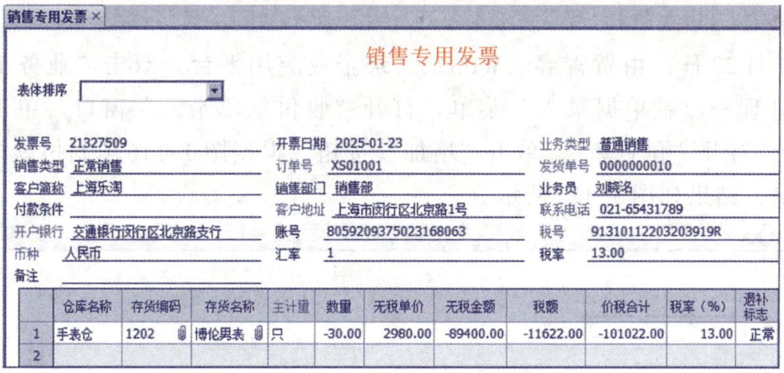
销售专用发票

表体排序

发票号 21327509　开票日期 2025-01-23　业务类型 普通销售
销售类型 正常销售　订单号 XS01001　发货单号 0000000010
客户简称 上海乐淘　销售部门 销售部　业务员 刘晓名
付款条件　客户地址 上海市闵行区北京路1号　联系电话 021-65431789
开户银行 交通银行闵行区北京路支行　账号 8059209375023168063　税号 91310112203203919R
币种 人民币　汇率 1　税率 13.00
备注

	仓库名称	存货编码	存货名称	主计量	数量	无税单价	无税金额	税额	价税合计	税率（%）	退补标志
1	手表仓	1202	博伦男表	只	-30.00	2980.00	-89400.00	-11622.00	-101022.00	13.00	正常
2											

图3-120　红字销售专用发票

4. 应收单据审核并制单处理

2025年1月23日，由赵凯杰（W02）登录企业应用平台。双击“业务工作→财务会计→应收款管理→应收单据处理→应收单据审核”菜单，打开“应收单查询条件”对话框，单击“确定”按钮，打开“单据处理”窗口。

双击“21327509”单据号，打开要审核的发票，单击工具栏的“审核”按钮，系统提示“是否立即制单?”，点击“是”，生成记账凭证。关闭当前已打开窗口。

借：应收账款/人民币（上海乐淘）　-101 022.00
　贷：主营业务收入　-89 400.00
　　应交税费/应交增值税/销项税额　-11 622.00

5. 正常单据记账，生成凭证

（1）正常单据记账。在供应链的“存货核算”子系统，依次双击“业务核算→正常单据记账”菜单，系统打开“查询条件选择”窗口，单击“确定”按钮，系统打开“未记账单据一览表”窗口。单击工具栏的“全选”按钮，以选中21327509号发票，单击工具栏的“记账”按钮，弹出“手工输入单价列表”窗口，“博伦男表”的“单价”输入“2835”，如图3-121所示，单击“确定”，提示“记账成功”，单击“确定”，完成记账工作。关闭当前窗口。

手工输入单价列表

记录总数：1

选择	存货编码	存货名称	规格型号	部门编码	仓库编码	仓库名称	单价
Y	1202	博伦男表			2	手表仓	2,835.00
小计							

图3-121　手工输入单价列表

（2）生成凭证。依次双击“存货核算”子系统的“财务核算→生成凭证”菜单，系统打开“生成凭证”窗口。单击工具栏的“选择”按钮，系统弹出“查询条件”对话框，单击“确定”按钮，系统打开“选择单据”窗口。单击工具栏的“全选”按钮，以选中21327509号发票，再单击“确定”按钮，打开“生成凭证”窗口。单击工具栏的“生成”按钮，系统打开“填制凭证”窗口并自动生成凭证，保存该记账凭证。

借：主营业务成本　-85 050.00
　贷：库存商品　-85 050.00

6. 收款单据录入（付款单）

2025年1月23日，由贺青春（W03）登录企业应用平台。双击“业务工作→财务会计→应收款管理→收款单据录入”菜单，打开“收付款单录入”窗口。单击工具栏上的“切换”按钮，打开“付款单”，单击“增加”按钮，根据图3-116填制付款单。填制完毕保存该付款单，结果如图3-122所示。

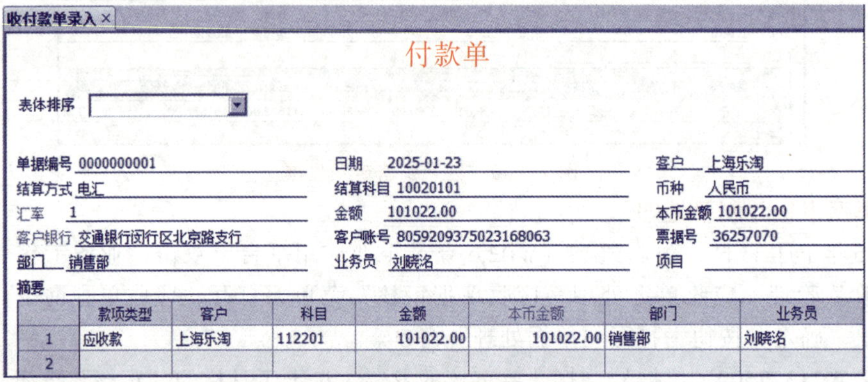

图3-122　应收系统付款单

7. 收款单据审核、手工核销和制单处理

2025年1月23日，由赵凯杰（W02）登录企业应用平台。

（1）收款单据审核。双击“业务工作→财务会计→应收款管理→收款单据处理→收款单据审核”菜单，打开“收款单查询条件”对话框，单击“确定”按钮，打开“收款单列表”窗口。单击“全选”按钮，以选中23日上海乐淘的付款单，单击“审核”按钮。关闭该窗口。

（2）手工核销。双击应收款管理子系统中的“核销处理→手工核销”菜单，打开“核销条件”对话框，选择客户“上海乐淘”，再点击该窗口的“收付款单”选项卡，“单据类型”选择“付款单”，如图3-123所示。单击“确定”，打开“单据核销”窗口。

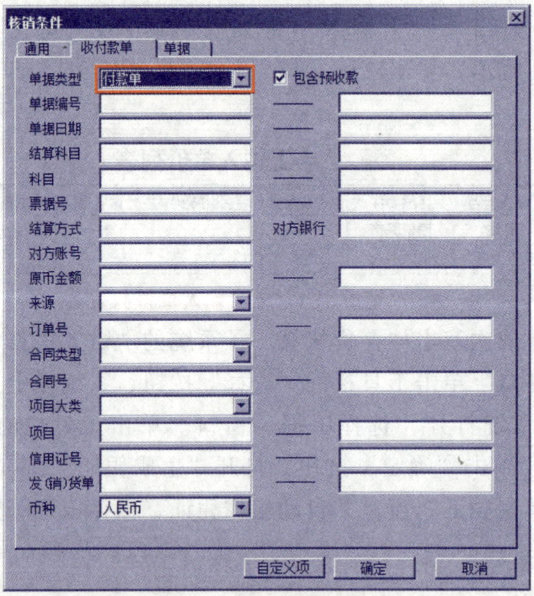

图3-123　“核销条件”窗口

在“单据核销”窗口，在销售专用发票的“本次结算”栏输入“101022”，如图3-124所示，单击“保存”按钮。关闭当前窗口。

单据核销 ×

单据日期	单据类型	单据编号	客户	款项类型	结算方式	币种	原币金额	原币余额	本次结算金额	订单号
2025-01-23	付款单	0000000001	上海乐淘	应收款	电汇	人民币	101,022.00	101,022.00	101,022.00	
合计							101,022.00	101,022.00	101,022.00	

单据日期	单据类型	单据编号	到期日	客户	币种	原币金额	原币余额	可享受折扣	本次折扣	本次结算	订单号	凭证号
2025-01-23	销售专用发票	21327509	2025-01-23	上海乐淘	人民币	101,022.00	101,022.00	0.00	0.00	101,022.00	XS01001	记-0076
合计						101,022.00	101,022.00	0.00		101,022.00		

图3-124 “单据核销”窗口

（3）制单处理。双击“应收款管理”子系统中的“制单处理”菜单，打开“制单查询”对话框，勾选“收付款单制单”“核销制单”，单击“确定”，打开“制单”窗口。依次单击“全选”“合并”“制单”，系统生成相关的记账凭证，单击“保存”按钮。

借：银行存款/中国工商银行/沈阳皇姑支行　　　　-101 022.00
　贷：应收账款/人民币（上海乐淘）　　　　-101 022.00

业务2　开票直接发货的退货业务

【实验资料】

2025年1月23日，根据XS01002号合同卖给北京汇鑫的货物中有50条百盛休闲裤出现质量问题。经协商我公司同意退货。当日，我公司开具红字增值税专用发票，支付了退货款，同日收到所退货物。（注：所退货物成本价为199元）

相关凭证如图3-125至图3-127所示。

电子发票（增值税专用发票）

国家税务总局 辽宁省税务局

发票号码：25212000000021327510

开票日期：2025年01月23日

购买方信息
名称：北京汇鑫百货有限公司
统一社会信用代码/纳税人识别号：91110113578732690F

销售方信息
名称：辽宁恒通商贸有限公司
统一社会信用代码/纳税人识别号：91210105206917583A

项目名称	规格型号	单位	数量	单价	金额	税率/征收率	税额
*服装*百盛休闲裤		条	-50	399.00	-19 950.00	13%	-2 593.50
合　　计					¥-19 950.00		¥-2 593.50

价税合计（大写）　⊗（负数）贰万贰仟伍佰肆拾叁元伍角整　　（小写）¥-22 543.50

备注
购买方开户银行：中国银行北京顺义常庄支行　　银行账号：2700322598914536398
销售方开户银行：中国工商银行沈阳皇姑支行　　银行账号：2107024015890035666

开票人：赵凯杰

图3-125 红字增值税专用发票

中国工商银行　电汇凭证（回单）　1　　36257071

☑普通　☐加急　　委托日期　2025年01月23日

汇款人	全　称	辽宁恒通商贸有限公司	收款人	全　称	北京汇鑫百货有限公司
	账　号	2107024015890035666		账　号	2700322598914536398
	开户银行	中国工商银行沈阳皇姑支行		开户银行	中国银行北京顺义常庄支行
金额	人民币（大写）	贰万贰仟伍佰肆拾叁元伍角整		亿千百十万千百十元角分	¥ 2 2 5 4 3 5 0
				支付密码	
				附加信息及用途：退货款	复核　记账

中国工商银行 沈阳皇姑支行 转讫 (7)

此联为汇出行给汇款人的回单

图3-126　电汇付款凭证

出库单

客户：北京汇鑫　　2025年01月23日　　单号：CK01016

发货仓库	存货编码	存货名称	计量单位	数量		单价	金额
				应发	实发		
服装仓	1102	百盛休闲裤	条	-50	-50		
合　计							

部门经理：略　　会计：略　　仓库：略　　经办人：略

图3-127　出库单

【实验过程概览】

本业务的实验过程概览见表3-11。

表3-11　实验过程概览

序号	操作日期	操作员	系统	操作内容
1	2025-01-23	X01 刘晓洺	销售管理	参照销售订单生成红字销售专用发票
2	2025-01-23	C01 李泽伟	库存管理	参照退货单生成（负数）销售出库单
3	2025-01-23	W02 赵凯杰	应收款管理	应收单据审核并制单处理
4	2025-01-23	W02 赵凯杰	存货核算	正常单据记账，生成凭证

【实验过程】

开票直接发货的退货业务

1. 参照销售订单生成红字销售专用发票

2025年1月23日，由刘晓洺（X01）登录企业应用平台。

（1）生成红字销售专用发票。在“销售管理”子系统，依次双击“销售开票→红字专用销售发票”菜单，打开“销售专用发票”窗口。单击工具栏的“增加”按钮，执行“生单”|“参照订单”命令，打开“查询条件选择-参照订单”窗口，单击“确定”，系统弹出“参照生单”窗口。选中窗口上方的XS01002号订单，窗口下方只选中“百盛休闲裤”，单击“确定”按钮，系统自动生成一张红字销售专用发票。根据图3-125，将表头项目“发票号”修改“21327510”，表体项目“数量”修改为“-50”，“仓库名称”选择“服装仓”，单击“保存”按钮。

（2）现结。在“销售专用发票”窗口，单击“现结”按钮，打开“现结”窗口。根据

图3-126，“结算方式”选择“电汇”，“原币金额”输入“-22543.5”，“票据号”输入“36257071”。输入完毕单击“确定”，返回“销售专用发票”窗口。单击“复核”，结果如图3-128所示。

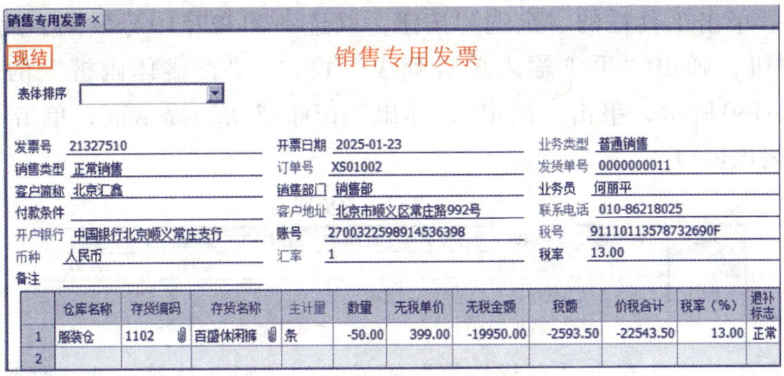
销售专用发票 ×

现结

销售专用发票

表体排序

发票号 21327510　开票日期 2025-01-23　业务类型 普通销售
销售类型 正常销售　订单号 XS01002　发货单号 0000000011
客户简称 北京汇鑫　销售部门 销售部　业务员 何丽平
付款条件　客户地址 北京市顺义区常庄路992号　联系电话 010-86218025
开户银行 中国银行北京顺义常庄支行　账号 2700322598914536398　税号 91110113578732690F
币种 人民币　汇率 1　税率 13.00
备注

	仓库名称	存货编码	存货名称	主计量	数量	无税单价	无税金额	税额	价税合计	税率（%）	退补标志
1	服装仓	1102	百盛休闲裤	条	-50.00	399.00	-19950.00	-2593.50	-22543.50	13.00	正常
2											

图3-128　红字销售专用发票

提示

开票直接发货模式的销售退货业务中，红字销售专用发票复核后，系统自动生成已审核的退货单。

2. 参照退货单生成（负数）销售出库单

2025年1月23日，由李泽伟（C01）登录企业应用平台。依次双击“业务工作”页签中的“供应链→库存管理→出库业务→销售出库单”菜单，系统打开“销售出库单”窗口。执行“生单”|“销售生单”命令，打开“查询条件选择-销售发货单列表”对话框，单击“确定”按钮，系统打开“销售生单”窗口。双击23日北京汇鑫的退货单所对应的“选择”栏，再单击工具栏的“确定”按钮，系统返回“销售出库单”窗口。根据图3-127，修改“出库单号”为“CK01016”。保存并审核该单据，结果如图3-129所示。

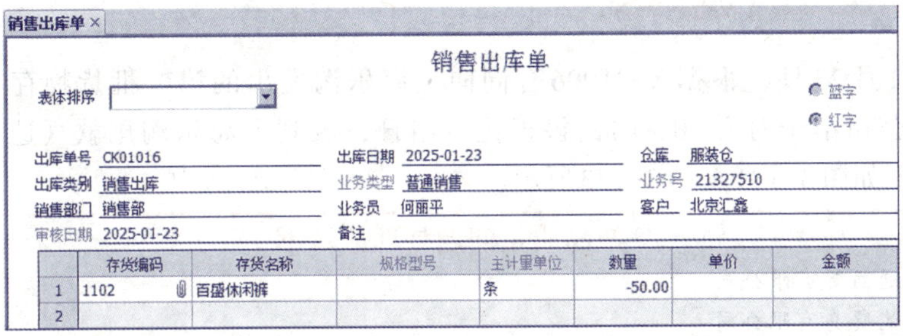
销售出库单 ×

销售出库单

表体排序　蓝字　红字

出库单号 CK01016　出库日期 2025-01-23　仓库 服装仓
出库类别 销售出库　业务类型 普通销售　业务号 21327510
销售部门 销售部　业务员 何丽平　客户 北京汇鑫
审核日期 2025-01-23　备注

	存货编码	存货名称	规格型号	主计量单位	数量	单价	金额
1	1102	百盛休闲裤		条	-50.00		
2							

图3-129　销售出库单

3. 应收单据审核并制单处理

2025年1月23日，由赵凯杰（W02）登录企业应用平台。双击“业务工作→财务会计→应收款管理→应收单据处理→应收单据审核”菜单，打开“应收单查询条件”对话框，勾选“包含已现结发票”，单击“确定”按钮，打开“单据处理”窗口。

双击“21327510”单据号，打开要审核的发票，单击工具栏的“审核”按钮，系统提示“是否立即制单?”，点击“是”，生成记账凭证。关闭当前已打开窗口。

借：银行存款/中国工商银行/沈阳皇姑支行　　-22 543.50
　贷：主营业务收入　　-19 950.00
　　应交税费/应交增值税/销项税额　　-2 593.50

4. 正常单据记账，生成凭证

（1）正常单据记账。在供应链的“存货核算”子系统，依次双击“业务核算→正常单据记账”菜单，打开“查询条件选择”窗口，单击“确定”按钮，系统打开“未记账单据一览表”窗口。单击工具栏的“全选”按钮，以选中21327510号发票，此时单击工具栏的“记账”按钮，弹出“手工输入单价列表”窗口，“百盛休闲裤”的“单价”输入“199”，如图3-130所示，单击“确定”，弹出“记账成功”提示框，单击“确定”，完成记账工作。关闭该窗口。

手工输入单价列表

记录总数：1

选择	存货编码	存货名称	规格型号	部门编码	仓库编码	仓库名称	单价
Y	1102	百盛休闲裤			1	服装仓	199.00
小计							

图3-130 手工输入单价列表

（2）生成凭证。依次双击“存货核算”子系统的“财务核算→生成凭证”菜单，系统打开“生成凭证”窗口。单击工具栏的“选择”按钮，系统弹出“查询条件”对话框，单击“确定”按钮，系统打开“选择单据”窗口。单击工具栏的“全选”按钮，以选中21327510号发票，再单击“确定”按钮，打开“生成凭证”窗口。单击工具栏的“生成”按钮，系统打开“填制凭证”窗口并自动生成凭证，保存该记账凭证。

借：主营业务成本	-9 950.00	
贷：库存商品		-9 950.00

业务3 销售折让业务

【实验资料】

2025年1月23日，根据XS01006合同向上海乐淘发出的第二批货物存在质量问题，经协商，我公司给予对方10%的销售折让。当日，收到上海乐淘尾款（选择收款）。

相关凭证如图3-131至图3-133所示。

产品质量问题处理协议书

甲方：辽宁恒通商贸有限公司

乙方：上海乐淘贸易有限公司

甲方于2025年1月20日、21日销售两批商品（百盛男夹克、嘉伟女风衣）至乙方。乙方于2025年1月12日收到全部货物后进行质检，认为第二批货物质量存在瑕疵。经协商，双方达成如下协议：

1. 乙方质检部经检验认为第二批服装存在包装破损问题，影响销售。
2. 甲方给予乙方第二批货物价款10%的销售折让。
3. 乙方向当地税务机关申请开具红字增值税专用发票通知单，经税务机关审核后，甲方填开红字增值税专用发票。

甲 方（盖章）：辽宁恒通商贸有限公司 乙 方（盖章）：上海乐淘贸易有限公司

授权代表（签字）：刘晓洺 授权代表（签字）：刘乐乐

日 期：2025年01月23日 日 期：2025年01月23日

图3-131 产品质量问题处理协议书

电子发票（增值税专用发票）

发票号码：25212000000021327511

开票日期：2025年01月23日

购买方信息	名称：上海乐淘贸易有限公司 统一社会信用代码/纳税人识别号：91310112203203919R	销售方信息	名称：辽宁恒通商贸有限公司 统一社会信用代码/纳税人识别号：91210105206917583A

项目名称	规格型号	单位	数量	单价	金额	税率/征收率	税额
*服装*百盛男夹克		件			-9 600.00	13%	-1 248.00
*服装*嘉伟女风衣		件			-15 000.00	13%	-1 950.00
合　计					¥-24 600.00		¥-3 198.00

价税合计（大写）　⊗（负数）贰万柒仟柒佰玖拾捌元整　（小写）¥-27 798.00

备注：购买方开户银行：交通银行闵行区北京路支行　银行账号：8059209375023168063

销售方开户银行：中国工商银行沈阳皇姑支行　银行账号：2107024015890035666

开票人：赵凯杰

图3-132　红字增值税专用发票

中国工商银行　电汇凭证（收账通知）　4　　56136768

☑普通　☐加急　　委托日期　2025年01月23日

汇款人	全　称	上海乐淘贸易有限公司	收款人	全　称	辽宁恒通商贸有限公司
	账　号	8059209375023168063		账　号	2107024015890035666
	开户银行	交通银行闵行区北京路支行		开户银行	中国工商银行沈阳皇姑支行
金额	人民币（大写）	贰拾玖万陆仟伍佰壹拾贰元整		亿千百十万千百十元角分	¥ 2 9 6 5 1 2 0 0
此汇款已收入收款人账户。 汇入行签章			支付密码 附加信息及用途：货款 复核　记账		

中国工商银行 沈阳皇姑支行 2025.01.23 转讫 (8)

此联为开户行给收款人的收账通知

图3-133　电汇收款凭证

【实验过程概览】

本业务的实验过程概览见表3-12。

表3-12　实验过程概览

序号	操作日期	操作员	系统	操作内容
1	2025-01-23	X01刘晓洺	销售管理	参照销售订单生成红字销售专用发票
2	2025-01-23	W02赵凯杰	应收款管理	应收单据审核并制单处理
3	2025-01-23	W02赵凯杰	应收款管理	红票对冲并制单处理
4	2025-01-23	W03贺青春	应收款管理	选择收款
5	2025-01-23	W02赵凯杰	应收款管理	制单处理

【实验过程】

销售折让业务

1. 参照销售订单生成红字销售专用发票

2025年1月23日，由刘晓洺（X01）登录企业应用平台。在“销售管理”子系统，依次双击“销售开票→红字专用销售发票”菜单，打开“销售专用发票”窗口。单击工具栏的“增加”按钮，参照XS01006号销售订单生成红字销售专用发票，根据图3-132，填写表头项目“发票号”为“21327511”，填制完毕保存并复核该红字发票，结果如图3-134所示。

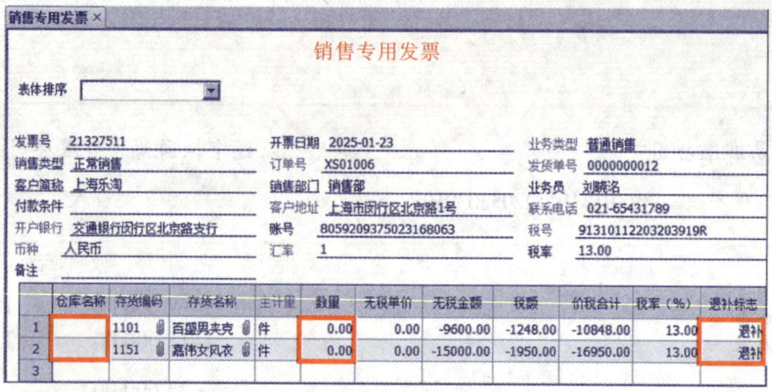

图3-134　红字销售专用发票

2. 应收单据审核并制单处理

2025年1月23日，由赵凯杰（W02）登录企业应用平台。双击“业务工作→财务会计→应收款管理→应收单据处理→应收单据审核”菜单，打开“应收单查询条件”对话框，勾选“包含已现结发票”，单击“确定”按钮，打开“单据处理”窗口。

双击“21327511”单据号，打开要审核的发票，单击工具栏的“审核”按钮，系统提示“是否立即制单?”，点击“是”，生成记账凭证。关闭当前已打开窗口。

借：应收账款/人民币（上海乐淘）	-27 798.00	
贷：主营业务收入		-24 600.00
应交税费/应交增值税/销项税额		-3 198.00

提示

虽然此业务不涉及退货，但是红字销售发票复核后仍生成了一张已审核的退货单。

3. 红票对冲并制单处理

依次双击“业务工作”页签中的“财务会计→应收款管理→转账→红票对冲→手工对冲”菜单，系统打开“红票对冲条件”窗口，客户选择“上海乐淘”，单击“确定”，打开“红票对冲”窗口。

在21327506号销售专用发票的“对冲金额”栏输入“27798”，如图3-135所示，单击“保存”，系统提示“是否立即制单?”，单击“是”，系统自动生成一张记账凭证，单击“保存”按钮。

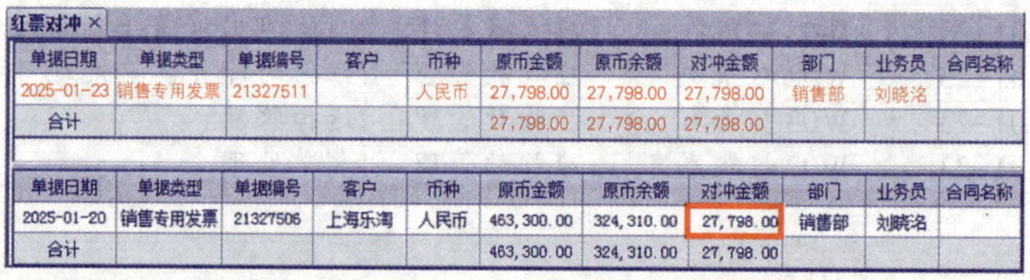

图3-135　“红票对冲”窗口

借：应收账款/人民币（上海乐淘）	-27 798.00
借：应收账款/人民币（上海乐淘）	27 798.00

4. 选择收款

2025年1月23日，由贺青春（W03）登录企业应用平台。双击“业务工作→财务会计→应收款管理→选择收款”菜单，打开“选择收款-条件”窗口，选择客户“上海乐淘”，单击“确定”，打开“选择收款-单据”窗口。单击“全选”按钮，再单击“确认”按钮，弹出“选择收款-收款单”对话框。根据图3-133，“结算方式”选择“电汇”，“票据号”输入“56136768”，如图3-136所示。单击“确定”按钮。

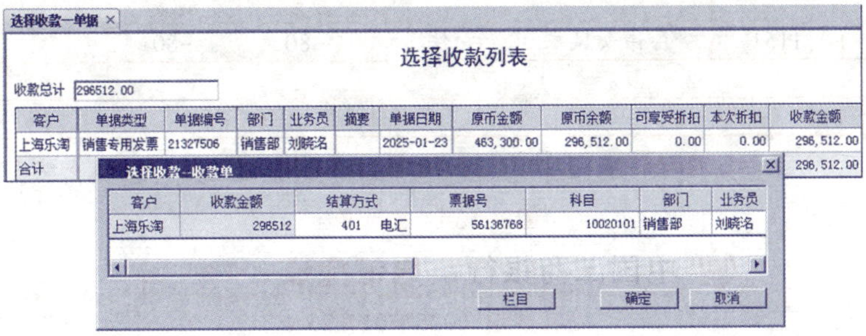

图3-136 选择收款

5. 制单处理

2025年1月23日，由赵凯杰（W02）登录企业应用平台。双击“业务工作→财务会计→应收款管理→制单处理”菜单，打开“制单查询”对话框，勾选“收付款单制单”“核销制单”，单击“确定”，打开“制单”窗口。单击“合并”按钮，再单击“制单”，系统生成相关的记账凭证，单击“保存”按钮。

借：银行存款/中国工商银行/沈阳皇姑支行	296 512.00	
贷：应收账款/人民币（上海乐淘）		296 512.00

业务4 带信用条件的退货业务

【实验资料】

2025年1月23日，根据XS01007号合同卖给广州华丰的货物中有80件嘉伟女风衣出现质量问题。经协商我公司同意退货。当日，我公司开具红字发票并支付了退货款，同日收到所退货物。（退货款要求通过应收系统付款单处理）（注：所退货物成本价为498元）

相关凭证如图3-137至图3-139所示。

电子发票（增值税专用发票）　　发票号码：25212000000021327512
开票日期：2025年01月23日

（印章：全国统一发票监制章 国家税务总局 辽宁省税务局）

购买方信息	名称：广州华丰超市有限公司 统一社会信用代码/纳税人识别号：91440100613815327V	销售方信息	名称：辽宁恒通商贸有限公司 统一社会信用代码/纳税人识别号：91210105206917583A

项目名称	规格型号	单位	数量	单价	金额	税率/征收率	税额
*服装*嘉伟女风衣		件	-80	555.00	-44 400.00	13%	-5 772.00
合　计					¥-44 400.00		¥-5 772.00
价税合计（大写）	⊗（负数）伍万零壹佰柒拾贰元整					（小写）¥-50 172.00	
备注	购买方开户银行：中国工商银行广州向阳支行　银行账号：2692006083025562331 销售方开户银行：中国工商银行沈阳皇姑支行　银行账号：2107024015890035666						

开票人：赵凯杰

图3-137 红字增值税专用发票

出库单

客户：广州华丰　　2025年01月23日　　单号：CK01017

发货仓库	存货编码	存货名称	计量单位	数量		单价	金额
				应发	实发		
服装仓	1151	嘉伟女风衣	件	-80	-80		
合　计							

部门经理：略　　会计：略　　仓库：略　　经办人：略

图3-138　出库单

中国工商银行　电汇凭证（回单）　1　　36257072

☑普通　□加急　　委托日期　2025年01月23日

汇款人	全　称	辽宁恒通商贸有限公司	收款人	全　称	广州华丰超市有限公司
	账　号	21070240158900356666		账　号	2692006083025562331
	开户银行	中国工商银行沈阳皇姑支行		开户银行	中国工商银行广州向阳支行
金额	人民币（大写）	肆万捌仟捌佰肆拾元整		亿千百十万千百十元角分	¥48840.00
				支付密码	
				附加信息及用途：退货款	
				复核	记账

中国工商银行沈阳皇姑支行 2025.01.23 转讫 (7)

此联为汇出行给汇款人的回单

图3-139　电汇付款凭证

【实验过程概览】

本业务的实验过程概览见表3-13。

表3-13　实验过程概览

序号	操作日期	操作员	系统	操作内容
1	2025-01-23	X01刘晓洺	销售管理	参照销售订单生成红字销售专用发票
2	2025-01-23	C01李泽伟	库存管理	参照退货单生成（负数）销售出库单
3	2025-01-23	W02赵凯杰	应收款管理	应收单据审核并制单处理
4	2025-01-23	W02赵凯杰	存货核算	正常单据记账，生成凭证
5	2025-01-23	W03贺青春	应收款管理	收款单据录入（付款单）
6	2025-01-23	W02赵凯杰	应收款管理	收款单据审核、手工核销和制单处理

【实验过程】

带信用条件的退货业务

1. 参照销售订单生成红字销售专用发票

2025年1月23日，由刘晓洺（X01）登录企业应用平台。在“销售管理”子系统，依次双击“销售开票→红字专用销售发票”菜单，打开“销售专用发票”窗口。单击工具栏的“增加”按钮，执行“生单”|“参照订单”命令，打开“查询条件选择-参照订单”窗口，单击“确定”，系统弹出“参照生单”窗口。窗口上方选择XS01007号订单，窗口下方只选择“嘉伟女风衣”，单击“确定”按钮，系统自动生成一张红字销售专用发票。根据图3-137，修改红字销售专用发票表头项目“发票号”为“21327512”，表体数量为“-80”，“仓库名称”为“服装仓”。保存并复核该红字发票，结果如图3-140所示。

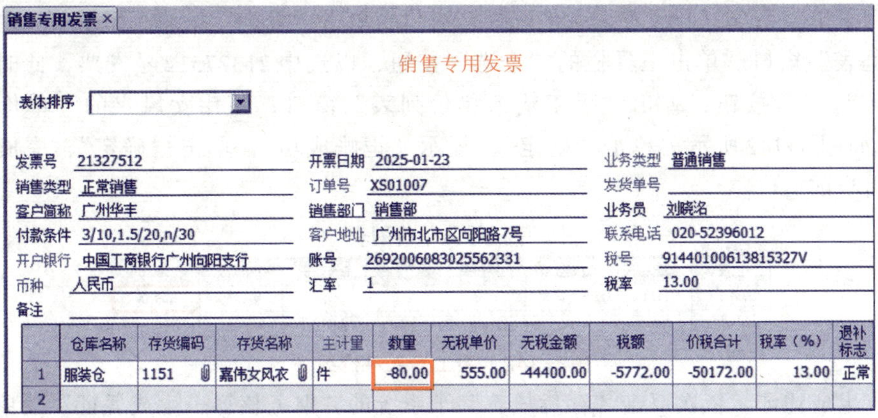
销售专用发票

销售专用发票

表体排序

发票号 21327512 开票日期 2025-01-23 业务类型 普通销售

销售类型 正常销售 订单号 XS01007 发货单号

客户简称 广州华丰 销售部门 销售部 业务员 刘晓名

付款条件 3/10,1.5/20,n/30 客户地址 广州市北市区向阳路7号 联系电话 020-52396012

开户银行 中国工商银行广州向阳支行 账号 2692006083025562331 税号 91440100613815327V

币种 人民币 汇率 1 税率 13.00

备注

	仓库名称	存货编码	存货名称	主计量	数量	无税单价	无税金额	税额	价税合计	税率（%）	退补标志
1	服装仓	1151	嘉伟女风衣	件	-80.00	555.00	-44400.00	-5772.00	-50172.00	13.00	正常
2											

图3-140　红字销售专用发票

2. 参照退货单生成（负数）销售出库单

2025年1月23日，由李泽伟（C01）登录企业应用平台。依次双击“业务工作”页签中的“供应链→库存管理→出库业务→销售出库单”菜单，系统打开“销售出库单”窗口。执行“生单”|“销售生单”命令，打开“查询条件选择-销售发货单列表”对话框，单击“确定”按钮，系统打开“销售生单”窗口。双击23日广州华丰的发货单所对应的“选择”栏，再单击工具栏的“确定”按钮，系统返回“销售出库单”窗口。根据图3-138，修改出库单号为“CK01017”。保存并审核该单据，结果如图3-141所示。

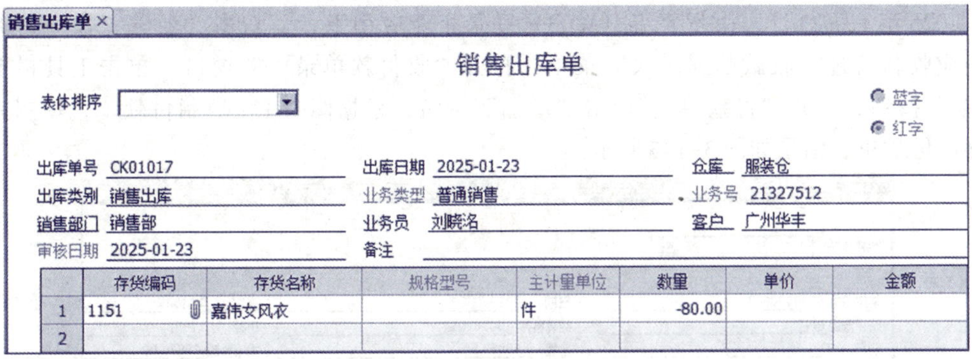
销售出库单

销售出库单

表体排序

蓝字

红字

出库单号 CK01017 出库日期 2025-01-23 仓库 服装仓

出库类别 销售出库 业务类型 普通销售 业务号 21327512

销售部门 销售部 业务员 刘晓名 客户 广州华丰

审核日期 2025-01-23 备注

	存货编码	存货名称	规格型号	主计量单位	数量	单价	金额
1	1151	嘉伟女风衣		件	-80.00		
2							

图3-141　（负数）销售出库单

3. 应收单据审核并制单处理

2025年1月23日，由赵凯杰（W02）在企业应用平台。双击“业务工作→财务会计→应收款管理→应收单据处理→应收单据审核”菜单，打开“应收单查询条件”对话框，勾选“包含已现结发票”，单击“确定”按钮，打开“单据处理”窗口。

双击“21327512”单据号，打开要审核的发票，单击工具栏的“审核”按钮，系统提示“是否立即制单?”，点击“是”，生成记账凭证。关闭当前已打开窗口。

借：应收账款/人民币（广州华丰）	-50 172.00	
贷：主营业务收入		-44 400.00
应交税费/应交增值税/销项税额		-5 772.00

4. 正常单据记账，生成凭证

（1）正常单据记账。在供应链的“存货核算”子系统，依次双击“业务核算→正常单据记账”菜单，系统打开“查询条件选择”窗口，单击“确定”按钮，系统打开“未记账单据一览表”窗口。单击工具栏的“全选”按钮，以选中21327512号发票，此时单击工具栏的“记账”按钮，弹出“手工输入单价列表”窗口，嘉伟女风衣的“单价”输入“498”，如图3-142所示，单击“确定”，提示“记账成功”，单击“确定”，完成记账工作。关闭当前窗口。

手工输入单价列表

记录总数：1

选择	存货编码	存货名称	规格型号	部门编码	仓库编码	仓库名称	单价
Y	1151	嘉伟女风衣			1	服装仓	498.00
小计							

图3-142　手工输入单价列表

（2）生成凭证。依次双击“存货核算”子系统的“财务核算→生成凭证”菜单，系统打开“生成凭证”窗口。单击工具栏的“选择”按钮，系统弹出“查询条件”对话框，单击“确定”按钮，系统打开“选择单据”窗口。单击工具栏的“全选”按钮，以选中21327512号发票，再单击“确定”按钮，打开“生成凭证”窗口。单击工具栏的“生成”按钮，系统打开“填制凭证”窗口并自动生成凭证，保存该记账凭证。

借：主营业务成本	-39 840.00
贷：库存商品	-39 840.00

5. 收款单据录入（付款单）

2025年1月23日，由贺青春（W03）登录企业应用平台。双击“业务工作→财务会计→应收款管理→收款单据录入”菜单，打开“收付款单录入”窗口。单击工具栏上的“切换”按钮，打开“付款单”。单击“增加”按钮，根据图3-139填制付款单，填制完毕保存该付款单，结果如图3-143所示。

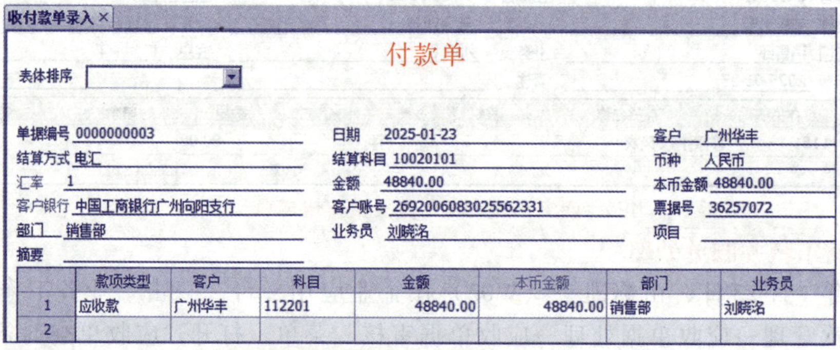
收付款单录入

付款单

表体排序

单据编号 0000000003　日期 2025-01-23　客户 广州华丰

结算方式 电汇　结算科目 10020101　币种 人民币

汇率 1　金额 48840.00　本币金额 48840.00

客户银行 中国工商银行广州向阳支行　客户账号 2692006083025562331　票据号 36257072

部门 销售部　业务员 刘晓名　项目

摘要

	款项类型	客户	科目	金额	本币金额	部门	业务员
1	应收款	广州华丰	112201	48840.00	48840.00	销售部	刘晓名
2							

图3-143　应收系统付款单

6. 收款单据审核、手工核销和制单处理

2025年1月23日，由赵凯杰（W02）登录企业应用平台。

（1）收款单据审核。双击“业务工作→财务会计→应收款管理→收款单据处理→收款单据审核”菜单，打开“收款单查询条件”对话框，单击“确定”按钮，打开“收付款单列表”窗口，单击“全选”按钮，再单击“审核”按钮。关闭当前窗口。

（2）手工核销。双击应收款管理子系统中的“核销处理→手工核销”菜单，打开“核销条件”对话框，选择客户“广州华丰”，再点击该窗口的“收付款单”选项卡，“单据类型”选择“付款单”，如图3-144所示。单击“确定”，打开“单据核销”窗口。

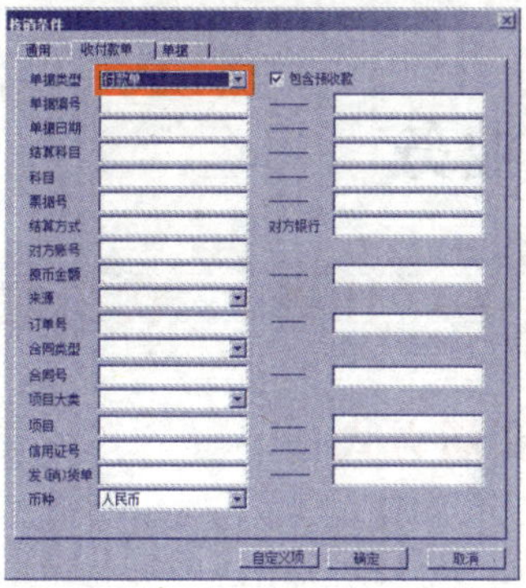

图3-144 “核销条件”窗口

在“单据核销”窗口，销售专用发票的“本次折扣”栏输入“1332”，“本次结算”栏输入“48840”，如图3-145所示，单击“保存”按钮。

单据核销

单据日期	单据类型	单据编号	客户	款项类型	结算方式	币种	原币金额	原币余额	本次结算金额	订单号
2025-01-23	付款单	0000000003	广州华丰	应收款	电汇	人民币	48,840.00	48,840.00	48,840.00	
合计							48,840.00	48,840.00	48,840.00	

单据日期	单据类型	单据编号	到期日	客户	币种	原币金额	原币余额	可享受折扣	本次折扣	本次结算	订单号	凭证号
2025-01-23	销售专用发票	21327512	2025-02-22	广州华丰	人民币	50,172.00	50,172.00	1,505.16	1,332.00	48,840.00	XS01007	记-0084
合计						50,172.00	50,172.00	1,505.16	1,332.00	48,840.00		

图3-145 “单据核销”窗口

（3）制单处理。双击应收款管理子系统中的“制单处理”菜单，打开“制单查询”对话框，勾选“收付款单制单”“核销制单”，单击“确定”，打开“制单”窗口。依次单击“全选”“合并”“制单”，系统生成相关的记账凭证，单击“保存”按钮。

借：银行存款/中国工商银行/沈阳皇姑支行	-48 840.00	
贷：主营业务收入		1 332.00
应收账款/人民币（广州华丰）		-50 172.00

【课程思政点睛】

【复习思考题】

1. 简述先发货后开票模式与开票直接发货模式的区别与联系。
2. 试对教材中涉及的几种收款方式进行比较。
3. 试分析销售赠品业务的处理思路。
4. 简述销售过程中发生运输费用的处理思路。
5. 如何正确使用发货签回单？
6. 简述应收单据与收款单据的区别与联系。
7. 销售订单有几种生成方式？
8. 简述销售定金的转出方式。

4 项目 4 特殊业务类型业务

任务 1　代销业务

业务 1　受托代销——视同买断方式

一、收到受托代销货物

【实验资料】

2025 年 1 月 23 日，采购部张宏亮与山东顺达皮具有限公司（简称山东顺达）签订代销合同。当日收到代销商品。

相关凭证如图 4-1 至图 4-2 所示。

购销合同

合同编号：ST01001

委托方：山东顺达皮具有限公司
受托方：辽宁恒通商贸有限公司

为保护买卖双方的合法权益，根据《中华人民共和国民法典》的有关规定，买卖双方经友好协商，一致同意签订本合同，并共同遵守合同约定。

一、货物的名称、数量及金额：

货物名称	规格型号	计量单位	数量	单价（不含税）	金额（不含税）	税率	税额
顺达女士箱包		个	1 500	578.00	867 000.00	13%	112 710.00
顺达男士箱包		个	1 000	298.00	298 000.00	13%	38 740.00
顺达情侣箱包		对	2 000	999.00	1 998 000.00	13%	259 740.00
合 计					¥3 163 000.00		¥411 190.00

二、合同总金额：人民币叁佰伍拾柒万肆仟壹佰玖拾元整（¥3 574 190.00）。

三、采用视同买断方式由委托方委托受托方代销货物，实际售价由受托方自定，实际售价与合同价之间的差额归受托方所有。根据代销商品销售情况，每月 25 日双方依照代销清单结算货款。5 月 31 日前未销售完的商品退回委托方。付款方式：电汇。

四、交货地点：辽宁恒通商贸有限公司。

五、发运方式与运输费用承担方式：由委托方发货并承担运输费用。

卖　　方：山东顺达皮具有限公司　　　　买　　方：辽宁恒通商贸有限公司
授权代表：李建国　　　　　　　　　　　授权代表：张宏亮
日　　期：2025 年 01 月 23 日　　　　　日　　期：2025 年 01 月 23 日

图4-1　视同买断方式代销合同

入库单

供应商：山东顺达　　　　2025 年 01 月 23 日　　　　单号：RK01020

验收仓库	存货编码	存货名称	计量单位	数量		单价	金额
				应收	实收		
皮具仓	1301	顺达女士箱包	个	1 500	1 500		
皮具仓	1302	顺达男士箱包	个	1 000	1 000		
皮具仓	1303	顺达情侣箱包	对	2 000	2 000		
合 计							

部门经理：略　　会计：略　　仓库：略　　经办人：略

图4-2　入库单

【实验过程概览】

本业务的实验过程概览见表4-1。

表4-1　　实验过程概览

序号	操作日期	操作员	系统	操作内容
1	2025-01-23	G01张宏亮	采购管理	填制（受托代销）采购订单
2	2025-01-23	G01张宏亮	采购管理	参照（受托代销）采购订单生成到货单
3	2025-01-23	C01李泽伟	库存管理	参照到货单生成采购入库单
4	2025-01-23	W02赵凯杰	存货核算	正常单据记账，生成凭证

【实验过程】

收到受托代销货物（视同买断）

1. 填制（受托代销）采购订单

2025年1月23日，由张宏亮（G01）登录企业应用平台。依次双击“业务工作”页签中的“供应链→采购管理→采购订货→采购订单”菜单，打开“采购订单”窗口。单击工具栏的“增加”按钮，将表头项目“业务类型”改为“受托代销”。根据图4-1填制采购订单，填制完毕保存并审核该采购订单，结果如图4-3所示。关闭并退出“采购订单”窗口。

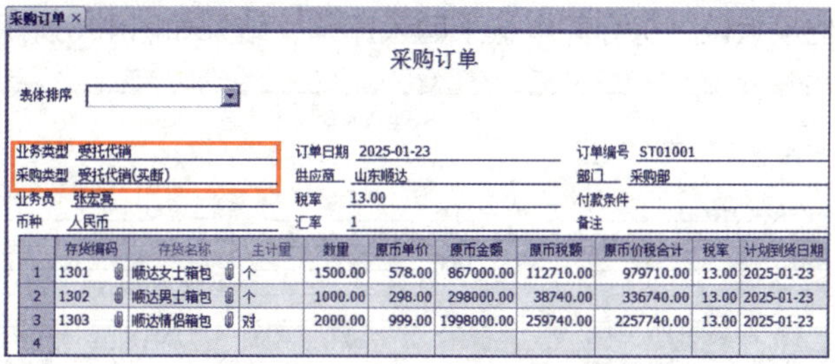

图4-3　（受托代销）采购订单

2. 参照（受托代销）采购订单生成到货单

在“采购管理”子系统，双击“采购到货→到货单”菜单，打开“到货单”窗口。单击工具栏的“增加”按钮，将到货单表头的业务类型改为“受托代销”，再执行工具栏的“生单”|“采购订单”命令，打开“查询条件选择-采购订单列表过滤”对话框，单击“确定”按钮，系统弹出“拷贝并执行”窗口。双击“到货单拷贝订单表头列表”中订单号“ST01001”最左侧的“选择”单元格，以选中该订单，如图4-4所示。单击“确定”按钮。系统返回“到货单”窗口，生成一张到货单。保存并审核该到货单，结果如图4-5所示。关闭并退出该窗口。

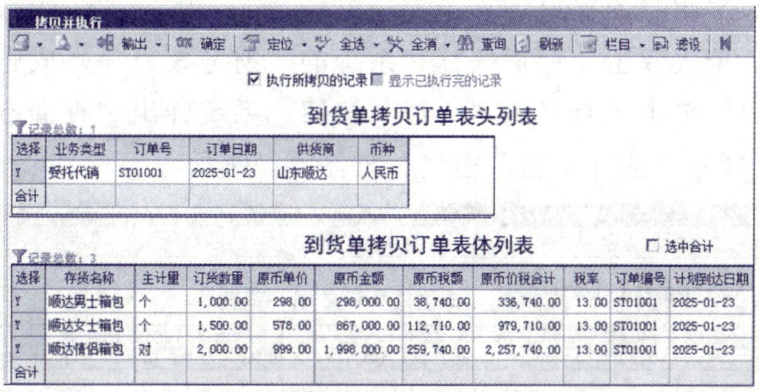

图4-4　“拷贝并执行”窗口

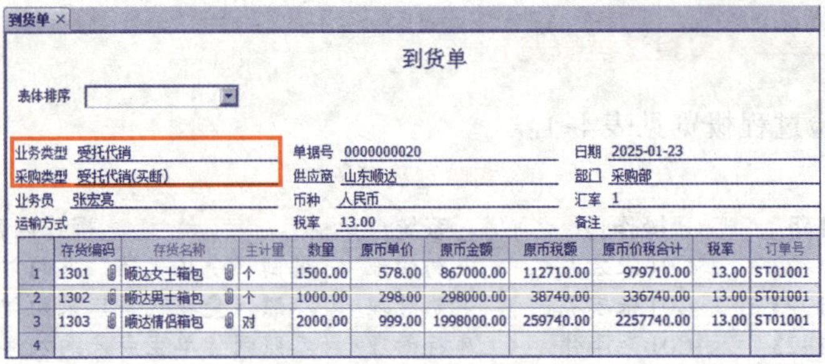

到货单 ×

到货单

表体排序

业务类型 受托代销　　单据号 0000000020　　日期 2025-01-23
采购类型 受托代销(买断)　　供应商 山东顺达　　部门 采购部
业务员 张宏亮　　币种 人民币　　汇率 1
运输方式　　税率 13.00　　备注

	存货编码	存货名称	主计量	数量	原币单价	原币金额	原币税额	原币价税合计	税率	订单号
1	1301	顺达女士箱包	个	1500.00	578.00	867000.00	112710.00	979710.00	13.00	ST01001
2	1302	顺达男士箱包	个	1000.00	298.00	298000.00	38740.00	336740.00	13.00	ST01001
3	1303	顺达情侣箱包	对	2000.00	999.00	1998000.00	259740.00	2257740.00	13.00	ST01001
4										

图4-5　（受托代销）到货单

3. 参照到货单生成采购入库单

2025年1月23日，由李泽伟（C01）登录企业应用平台。依次双击“业务工作”页签中的“供应链→库存管理→入库业务→采购入库单”菜单，系统打开“采购入库单”窗口。执行“生单”|“采购到货单（蓝字）”命令，打开“查询条件选择-采购到货单列表”对话框，单击“确定”按钮，系统打开“到货单生单列表”窗口。双击23日山东顺达的到货单所对应的“选择”栏（即上一步骤完成的到货单），再单击工具栏的“确定”按钮，系统返回“采购入库单”窗口。根据图4-2，修改采购入库单表头项目“入库单号”为“RK01020”，“仓库”选择“皮具仓”，其他项默认。保存并审核采购入库单，结果如图4-6所示。

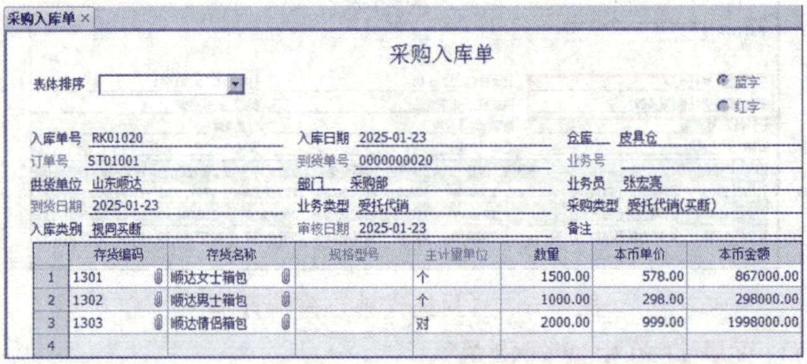

采购入库单 ×

采购入库单

表体排序　　◉ 蓝字　○ 红字

入库单号 RK01020　　入库日期 2025-01-23　　仓库 皮具仓
订单号 ST01001　　到货单号 0000000020　　业务号
供货单位 山东顺达　　部门 采购部　　业务员 张宏亮
到货日期 2025-01-23　　业务类型 受托代销　　采购类型 受托代销(买断)
入库类别 视同买断　　审核日期 2025-01-23　　备注

	存货编码	存货名称	规格型号	主计量单位	数量	本币单价	本币金额
1	1301	顺达女士箱包		个	1500.00	578.00	867000.00
2	1302	顺达男士箱包		个	1000.00	298.00	298000.00
3	1303	顺达情侣箱包		对	2000.00	999.00	1998000.00
4							

图4-6　采购入库单

4. 正常单据记账，生成凭证

2025年1月23日，由赵凯杰（W02）登录企业应用平台。

（1）正常单据记账。在供应链的“存货核算”子系统，依次双击“业务核算→正常单据记账”菜单，系统打开“查询条件选择”窗口，直接单击“确定”按钮，系统打开“未记账单据一览表”窗口。双击RK01020号采购入库单的“选择”栏，使其显示“Y”字样，此时单击工具栏的“记账”按钮，系统弹出信息框提示记账成功，单击其“确定”按钮，完成记账工作。关闭当前窗口。

（2）生成凭证。依次双击“存货核算”系统的“财务核算→生成凭证”菜单，系统打开“生成凭证”窗口。单击工具栏的“选择”按钮，系统弹出“查询条件”对话框，单击“确定”按钮，系统打开“选择单据”窗口，如图4-7所示。

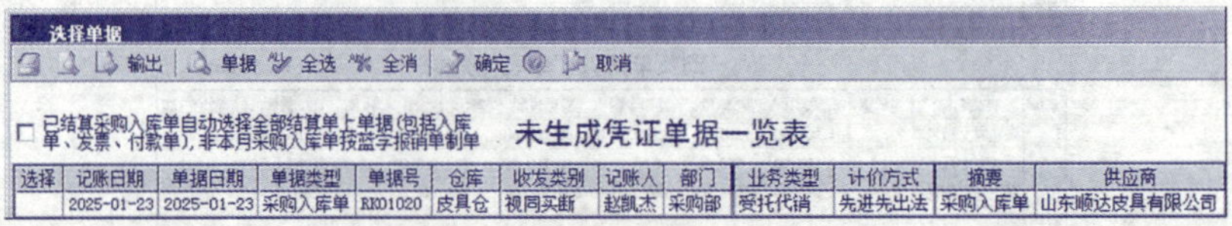

选择单据

输出　单据　全选　全消　确定　取消

□ 已结算采购入库单自动选择全部结算单上单据(包括入库单、发票、付款单)，非本月采购入库单按蓝字报销单制单　　未生成凭证单据一览表

选择	记账日期	单据日期	单据类型	单据号	仓库	收发类别	记账人	部门	业务类型	计价方式	摘要	供应商
	2025-01-23	2025-01-23	采购入库单	RK01020	皮具仓	视同买断	赵凯杰	采购部	受托代销	先进先出法	采购入库单	山东顺达皮具有限公司

图4-7　“选择单据”窗口

单击工具栏的“全选”按钮，以选中已记账的采购入库单，再单击工具栏的“确定”按钮，系统自动关闭“选择单据”窗口返回“生成凭证”窗口。单击工具栏的“生成”按钮，系统打开“填制凭证”窗口并自动生成凭证。单击工具栏的“保存”按钮。

借：受托代销商品	3 163 000.00	
贷：受托代销商品款（山东顺达）		3 163 000.00

二、销售受托代销货物

【实验资料】

2025 年 1 月 24 日，销售部刘晓洺与上海乐淘签订购销合同。当日，我公司开具发票并发出全部货物，同时收到货款。

相关凭证如图 4-8 至图 4-11 所示。

购销合同

合同编号：XS01009

卖方：辽宁恒通商贸有限公司
买方：上海乐淘贸易有限公司
为保护买卖双方的合法权益，根据《中华人民共和国民法典》的有关规定，买卖双方经友好协商，一致同意签订本合同，并共同遵守合同约定。
一、货物的名称、数量及金额：

货物名称	规格型号	计量单位	数量	单价（不含税）	金额（不含税）	税率	税额
顺达女士箱包		个	1 000	698.00	698 000.00	13%	90 740.00
顺达男士箱包		个	1 000	358.00	358 000.00	13%	46 540.00
顺达情侣箱包		对	1 000	1 199.00	1 199 000.00	13%	155 870.00
合　计					¥2 255 000.00		¥293 150.00

二、合同总金额：人民币贰佰伍拾肆万捌仟壹佰伍拾元整（¥2 548 150.00）。
三、签订合同当日卖方开具增值税专用发票并发出全部货物，买方以电汇方式支付全部货款。
四、交货地点：辽宁恒通商贸有限公司。
五、发运方式与运输费用承担方式：由卖方发货，买方承担运输费用。

卖　　方：辽宁恒通商贸有限公司　　　　买　　方：上海乐淘贸易有限公司
授权代表：刘晓洺　　　　　　　　　　　授权代表：刘乐乐
日　　期：2025 年 01 月 24 日　　　　　日　　期：2025 年 01 月 24 日

图4-8　购销合同

电子发票（增值税专用发票）

发票号码：25212000000021327513
开票日期：2025 年 01 月 24 日

购买方信息　名称：上海乐淘贸易有限公司
统一社会信用代码/纳税人识别号：91310112203203919R

销售方信息　名称：辽宁恒通商贸有限公司
统一社会信用代码/纳税人识别号：91210105206917583A

项目名称	规格型号	单位	数量	单价	金额	税率/征收率	税额
*皮具*顺达女士箱包		个	1 000	698.00	698 000.00	13%	90 740.00
*皮具*顺达男士箱包		个	1 000	358.00	358 000.00	13%	46 540.00
*皮具*顺达情侣箱包		对	1 000	1 199.00	1 199 000.00	13%	155 870.00
合　计					¥2 255 000.00		¥293 150.00

价税合计（大写）　⊗贰佰伍拾肆万捌仟壹佰伍拾元整　　（小写）¥2 548 150.00

备注　购买方开户银行：交通银行闵行区北京路支行　银行账号：8059209375023168063
销售方开户银行：中国工商银行沈阳皇姑支行　银行账号：2107024015890035666

开票人：赵凯杰

图4-9　增值税专用发票

中国工商银行　电汇凭证（收账通知）　4　　56136785

☑普通　☐加急　　委托日期　2025年01月24日

汇款人	全称	上海乐淘贸易有限公司	收款人	全称	辽宁恒通商贸有限公司
	账号	8059209375023168063		账号	2107024015890035666
	开户银行	交通银行闵行区北京路支行		开户银行	中国工商银行沈阳皇姑支行
金额	人民币（大写）	贰佰伍拾肆万捌仟壹佰伍拾元整		亿千百十万千百十元角分	¥254815000
此汇款已收入收款人账户。			支付密码		
			附加信息及用途：货款		
汇入行签章				复核　记账	

（印章：中国工商银行沈阳皇姑支行 2025.01.24 转讫 (8)）

此联为开户行给收款人的收账通知

图4-10　电汇收款凭证

出库单

客户：上海乐淘　　2025年01月24日　　单号：CK01018

发货仓库	存货编码	存货名称	计量单位	数量		单价	金额
				应发	实发		
皮具仓	1301	顺达女士箱包	个	1 000	1 000		
皮具仓	1302	顺达男士箱包	个	1 000	1 000		
皮具仓	1303	顺达情侣箱包	对	1 000	1 000		
合计							

部门经理：略　　会计：略　　仓库：略　　经办人：略

图4-11　出库单

【实验过程概览】

本业务的实验过程概览见表4-2。

表4-2　实验过程概览

序号	操作日期	操作员	系统	操作内容
1	2025-01-24	X01 刘晓洺	销售管理	填制销售订单
2	2025-01-24	X01 刘晓洺	销售管理	参照销售订单生成销售专用发票（现结）
3	2025-01-24	C01 李泽伟	库存管理	参照发货单生成销售出库单
4	2025-01-24	W02 赵凯杰	应收款管理	应收单据审核并制单处理
5	2025-01-24	W02 赵凯杰	存货核算	正常单据记账，生成凭证

【实验过程】

销售受托代销货物（视同买断）

1. 填制销售订单

2025年1月24日，由刘晓洺（X01）登录企业应用平台。依次双击“业务工作”页签中的“供应链→销售管理→销售订货→销售订单”菜单，打开“销售订单”窗口。单击工具栏的“增加”按钮，根据图4-8填制销售订单。填制完毕保存并审核该销售订单，结果如图4-12所示。关闭并退出“销售订单”窗口。

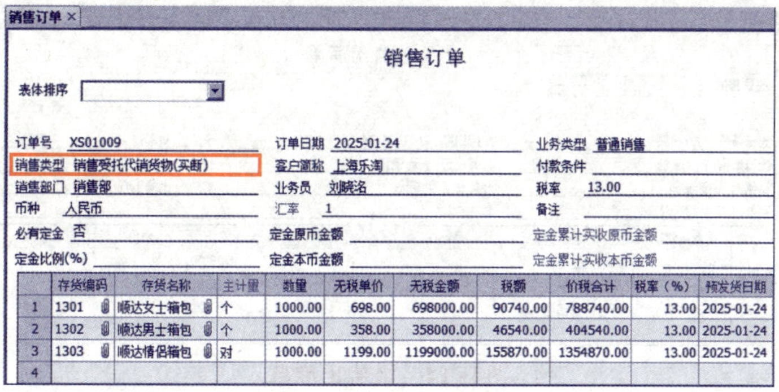
销售订单 ×

销售订单

表体排序

订单号 XS01009　订单日期 2025-01-24　业务类型 普通销售
销售类型 销售受托代销货物(买断)　客户简称 上海乐淘　付款条件
销售部门 销售部　业务员 刘晓洺　税率 13.00
币种 人民币　汇率 1　备注
必有定金 否　定金原币金额　定金累计实收原币金额
定金比例(%)　定金本币金额　定金累计实收本币金额

	存货编码	存货名称	主计量	数量	无税单价	无税金额	税额	价税合计	税率（%）	预发货日期
1	1301	顺达女士箱包	个	1000.00	698.00	698000.00	90740.00	788740.00	13.00	2025-01-24
2	1302	顺达男士箱包	个	1000.00	358.00	358000.00	46540.00	404540.00	13.00	2025-01-24
3	1303	顺达情侣箱包	对	1000.00	1199.00	1199000.00	155870.00	1354870.00	13.00	2025-01-24
4										

图4-12　销售订单

2. 参照销售订单生成销售专用发票（现结）

（1）生成销售专用发票。依次双击“业务工作”页签中的“供应链→销售管理→销售发票→销售专用发票”菜单，系统打开“销售专用发票”窗口。单击工具栏的“增加”按钮，再执行工具栏的“生单”|“参照订单”命令，打开“查询条件选择-参照订单”对话框，单击“确定”按钮，系统打开“参照生单”窗口。双击XS01009号订单所对应的“选择”栏，然后单击工具栏的“确定”按钮，返回“销售专用发票”窗口。根据图4-9，修改表头项目“发票号”为“21327513”，表体3行存货的“仓库名称”均选“皮具仓”，其他项默认。保存该发票。

（2）现结。单击工具栏的“现结”按钮，打开“现结”窗口。根据图4-10，“结算方式”选择“电汇”，“原币金额”输入“2548150”，“票据号”输入“56136785”。输入完毕单击“确定”按钮，返回“销售专用发票”窗口。单击“复核”按钮，结果如图4-13所示。

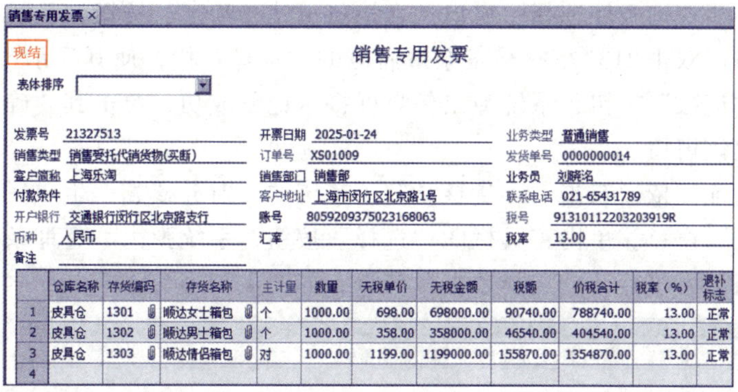
销售专用发票 ×

现结

销售专用发票

表体排序

发票号 21327513　开票日期 2025-01-24　业务类型 普通销售
销售类型 销售受托代销货物(买断)　订单号 XS01009　发货单号 0000000014
客户简称 上海乐淘　销售部门 销售部　业务员 刘晓洺
付款条件　客户地址 上海市闵行区北京路1号　联系电话 021-65431789
开户银行 交通银行闵行区北京路支行　账号 8059209375023168063　税号 91310112203203919R
币种 人民币　汇率 1　税率 13.00
备注

	仓库名称	存货编码	存货名称	主计量	数量	无税单价	无税金额	税额	价税合计	税率（%）	退补标志
1	皮具仓	1301	顺达女士箱包	个	1000.00	698.00	698000.00	90740.00	788740.00	13.00	正常
2	皮具仓	1302	顺达男士箱包	个	1000.00	358.00	358000.00	46540.00	404540.00	13.00	正常
3	皮具仓	1303	顺达情侣箱包	对	1000.00	1199.00	1199000.00	155870.00	1354870.00	13.00	正常
4											

图4-13　销售专用发票

3. 参照发货单生成销售出库单

2025年1月24日，由李泽伟（C01）登录企业应用平台。依次双击“业务工作”页签中的“供应链→库存管理→出库业务→销售出库单”菜单，系统打开“销售出库单”窗口。执行“生单”|“销售生单”命令，打开“查询条件选择-销售发货单列表”对话框，单击“确定”按钮，系统打开“销售生单”窗口。

双击24日上海乐淘的发货单所对应的“选择”栏（即上一步骤自动生成的发货单），再单击工具栏的“确定”按钮，系统返回“销售出库单”窗口。根据图4-11，修改“出库单号”为“CK01018”，其他项默认。保存并审核该销售出库单，结果如图4-14所示。

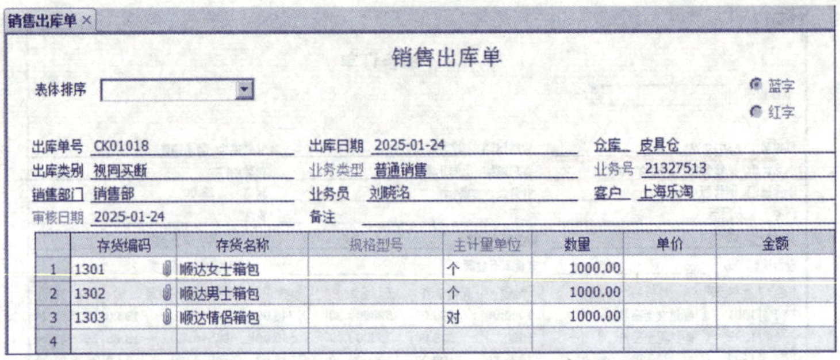
销售出库单 ×

销售出库单

表体排序

蓝字
红字

出库单号 CK01018　出库日期 2025-01-24　仓库 皮具仓
出库类别 视同买断　业务类型 普通销售　业务号 21327513
销售部门 销售部　业务员 刘晓名　客户 上海乐淘
审核日期 2025-01-24　备注

	存货编码	存货名称	规格型号	主计量单位	数量	单价	金额
1	1301	顺达女士箱包		个	1000.00		
2	1302	顺达男士箱包		个	1000.00		
3	1303	顺达情侣箱包		对	1000.00		
4							

图4-14　销售出库单

4. 应收单据审核并制单处理

2025年1月24日，由赵凯杰（W02）登录企业应用平台。双击“业务工作→财务会计→应收款管理→应收单据处理→应收单据审核”菜单，打开“应收单查询条件”对话框，勾选“包含已现结发票”，单击“确定”按钮，打开“单据处理”窗口。

双击“21327513”单据号，打开要审核的发票，单击工具栏的“审核”按钮，系统提示“是否立即制单?”，点击“是”，生成记账凭证。关闭当前已打开窗口。

借：银行存款/中国工商银行/沈阳皇姑支行	2 548 150.00	
贷：主营业务收入		2 255 000.00
应交税费/应交增值税/销项税额		293 150.00

5. 正常单据记账，生成凭证

（1）正常单据记账。在供应链的“存货核算”子系统，双击“业务核算→正常单据记账”菜单，打开“查询条件选择”窗口，直接单击其“确定”按钮，系统打开“未记账单据一览表”窗口。双击21327513号发票最右侧的“选择”栏，使其显示“Y”字样，此时单击工具栏的“记账”按钮，系统弹出信息框提示记账成功，单击其“确定”按钮，完成记账工作。退出该窗口。

（2）生成凭证。依次双击“存货核算”子系统的“财务核算→生成凭证”菜单，系统打开“生成凭证”窗口。单击工具栏的“选择”按钮，系统弹出“查询条件”对话框，单击“确定”按钮，系统打开“选择单据”窗口，如图4-15所示。

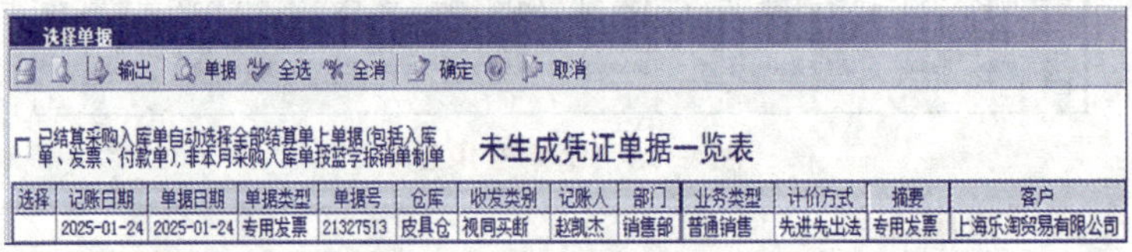
选择单据

输出　单据　全选　全消　确定　取消

□ 已结算采购入库单自动选择全部结算单上单据(包括入库单、发票、付款单)，非本月采购入库单按蓝字报销单制单　未生成凭证单据一览表

选择	记账日期	单据日期	单据类型	单据号	仓库	收发类别	记账人	部门	业务类型	计价方式	摘要	客户
	2025-01-24	2025-01-24	专用发票	21327513	皮具仓	视同买断	赵凯杰	销售部	普通销售	先进先出法	专用发票	上海乐淘贸易有限公司

图4-15　“选择单据”窗口

单击工具栏的“全选”按钮，再单击工具栏的“确定”按钮，系统自动关闭“选择单据”窗口返回“生成凭证”窗口。单击工具栏的“生成”按钮，系统打开“填制凭证”窗口并自动生成凭证。单击工具栏的“保存”按钮，保存该记账凭证。关闭并退出窗口。

借：主营业务成本	1 875 000.00	
贷：受托代销商品		1 875 000.00

三、与委托方办理结算

【实验资料】

2025年1月25日，采购部张宏亮根据本月代销货物销售情况与山东顺达办理代销结算。因合同变更，顺达女士箱包的价格调整为598元/个，顺达男士箱包的价格调整为328元/个。

相关凭证如图4-16至图4-18所示。

商品代销清单

2025年01月25日　　　　№ 0000000001

委托方	山东顺达皮具有限公司				受托方	辽宁恒通商贸有限公司		
账号	6800328250237723819				账号	2107024015890035666		
开户银行	招商银行青岛崂山支行				开户银行	中国工商银行沈阳皇姑支行		
代销货物	代销货物名称	规格型号	计量单位	数量	单价（不含税）	金额	税率	税额
	顺达女士箱包		个	1 500	578.00	867 000.00	13%	112 710.00
	顺达男士箱包		个	1 000	298.00	298 000.00	13%	38 740.00
	顺达情侣箱包		对	2 000	999.00	1 998 000.00	13%	259 740.00
	价税合计	大写：人民币叁佰伍拾柒万肆仟壹佰玖拾元整				小写：¥3 574 190.00		
代销方式	视同买断							
代销款结算时间	根据代销货物销售情况于每月25日结算							
代销款结算方式	电汇							
本月代销货物销售情况	代销货物名称	规格型号	计量单位	数量	单价（不含税）	金额	税率	税额
	顺达女士箱包		个	1 000	598.00	598 000.00	13%	77 740.00
	顺达男士箱包		个	1 000	328.00	328 000.00	13%	42 640.00
	顺达情侣箱包		对	1 000	999.00	999 000.00	13%	129 870.00
	价税合计	大写：人民币贰佰壹拾柒万伍仟贰佰伍拾元整				小写：¥2 175 250.00		
本月代销款结算金额	大写：人民币贰佰壹拾柒万伍仟贰佰伍拾元整					小写：¥2 175 250.00		

主管：略　　审核：略　　制单：略　　受托方盖章：

图4-16　商品代销清单

电子发票（增值税专用发票）

发票号码：25372000000051036357

开票日期：2025年01月25日

购买方信息	名称：辽宁恒通商贸有限公司 统一社会信用代码/纳税人识别号：91210105206917583A			销售方信息	名称：山东顺达皮具有限公司 统一社会信用代码/纳税人识别号：91370212386932857P		
项目名称	规格型号	单位	数量	单价	金额	税率/征收率	税额
*皮具*顺达女士箱包		个	1 000	598.00	598 000.00	13%	77 740.00
*皮具*顺达男士箱包		个	1 000	328.00	328 000.00	13%	42 640.00
*皮具*顺达情侣箱包		对	1 000	999.00	999 000.00	13%	129 870.00
合计					¥1 925 000.00		¥250 250.00
价税合计（大写）	⊗贰佰壹拾柒万伍仟贰佰伍拾元整					（小写）¥2 175 250.00	
备注	购买方开户银行：中国工商银行沈阳皇姑支行　银行账号：2107024015890035666 销售方开户银行：招商银行青岛崂山支行　银行账号：6800328250237723819						

开票人：刘思雨

图4-17　增值税专用发票

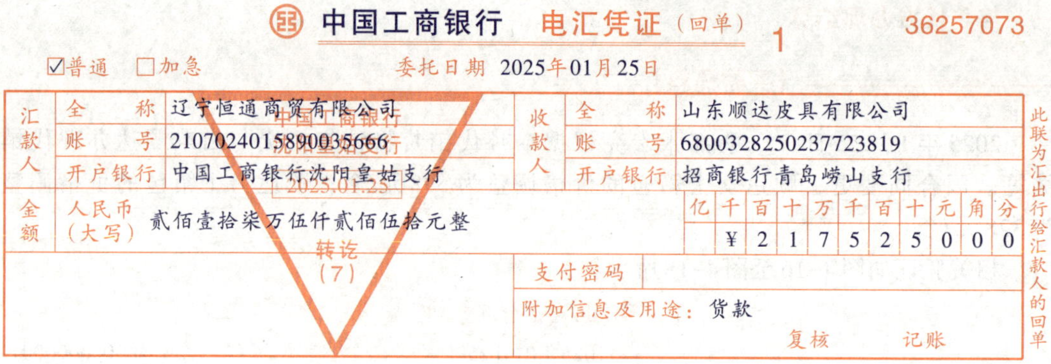

中国工商银行 电汇凭证（回单） 1 36257073

☑普通 □加急 委托日期 2025年01月25日

汇款人	全称	辽宁恒通商贸有限公司	收款人	全称	山东顺达皮具有限公司
	账号	210702401589003566		账号	6800328250237723819
	开户银行	中国工商银行沈阳皇姑支行		开户银行	招商银行青岛崂山支行
金额	人民币（大写）	贰佰壹拾柒万伍仟贰佰伍拾元整		亿千百十万千百十元角分	¥ 2 1 7 5 2 5 0 0 0

中国工商银行沈阳皇姑支行 2025.01.25 转讫 (7)

支付密码

附加信息及用途：货款

复核 记账

此联为汇出行给汇款人的回单

图4-18 电汇付款凭证

【实验过程概览】

本业务的实验过程概览见表4-3。

表4-3 实验过程概览

序号	操作日期	操作员	系统	操作内容
1	2025-01-25	G01张宏亮	采购管理	填制受托代销结算单
2	2025-01-25	W02赵凯杰	应付款管理	应付单据审核并制单处理
3	2025-01-25	W02赵凯杰	存货核算	结算成本处理
4	2025-01-25	W02赵凯杰	存货核算	生成凭证

【实验过程】

与委托方办理结算（视同买断）

1. 填制受托代销结算单

2025年1月25日，由张宏亮（G01）登录企业应用平台。

（1）填制受托代销结算单。依次双击“业务工作”页签中的“供应链→采购管理→采购结算→受托代销结算”菜单，系统打开“查询条件选择-受托结算选单过滤”窗口。该窗口的“供应商编码”选“301山东顺达”，单击“确定”按钮，打开“受托代销结算”窗口。

在“受托代销结算”窗口，“发票号”填入“51036357”，业务员选择“张宏亮”，采购类型选择“02”［受托代销（买断）］。单击工具栏的“全选”按钮，在窗口下方的“受托代销结算选单列表”中，将“顺达女士箱包”的“结算数量”修改为“1000”，“原币无税单价”修改为“598”；将“顺达男士箱包”的“原币无税单价”修改为“328”；将“顺达情侣箱包”的“结算数量”修改为“1000”，结果如图4-19所示。单击工具栏的“结算”按钮，系统提示“结算完成!”，单击“确定”按钮。关闭“受托代销结算”窗口。

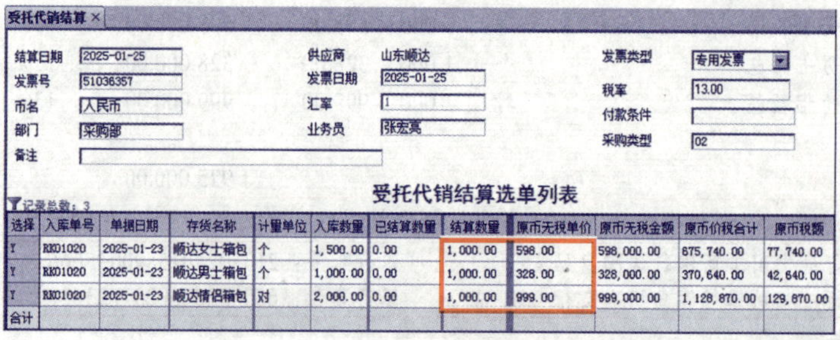

受托代销结算

结算日期 2025-01-25 供应商 山东顺达 发票类型 专用发票
发票号 51036357 发票日期 2025-01-25 税率 13.00
币名 人民币 汇率 1 付款条件
部门 采购部 业务员 张宏亮 采购类型 02
备注

受托代销结算选单列表

记录总数：3

选择	入库单号	单据日期	存货名称	计量单位	入库数量	已结算数量	结算数量	原币无税单价	原币无税金额	原币价税合计	原币税额
Y	RK01020	2025-01-23	顺达女士箱包	个	1,500.00	0.00	1,000.00	598.00	598,000.00	675,740.00	77,740.00
Y	RK01020	2025-01-23	顺达男士箱包	个	1,000.00	0.00	1,000.00	328.00	328,000.00	370,640.00	42,640.00
Y	RK01020	2025-01-23	顺达情侣箱包	对	2,000.00	0.00	1,000.00	999.00	999,000.00	1,128,870.00	129,870.00
合计											

图4-19 “受托代销结算”窗口

（2）发票现付。依次双击“业务工作”页签中的“供应链→采购管理→采购发票→专用采购发票”菜单，打开“专用发票”窗口。单击工具栏的“➔|”（末张）按钮，找到受托代销结算生成的51036357号专用发票。单击工具栏的“现付”按钮，打开“采购现付”窗口。根据图4-18，“结算方式”选择“电汇”，“原币金额”输入“2175250”，“票据号”输入“36257073”。输入完毕单击“确定”按钮，返回“专用发票”窗口，结果如图4-20所示。

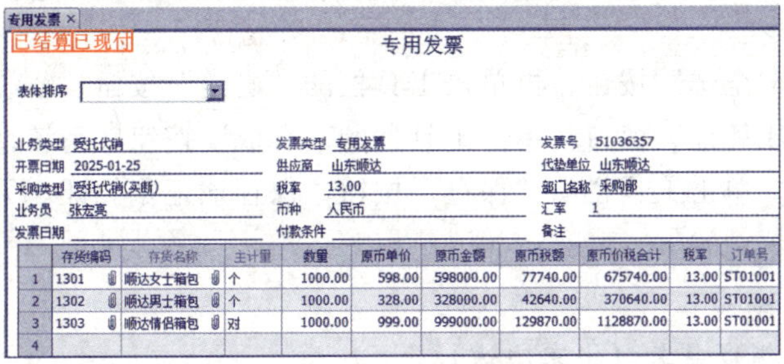
专用发票 ×
已结算已现付
专用发票
表体排序
业务类型 受托代销　发票类型 专用发票　发票号 51036357
开票日期 2025-01-25　供应商 山东顺达　代垫单位 山东顺达
采购类型 受托代销(买断)　税率 13.00　部门名称 采购部
业务员 张宏亮　币种 人民币　汇率 1
发票日期　付款条件　备注

	存货编码	存货名称	主计量	数量	原币单价	原币金额	原币税额	原币价税合计	税率	订单号
1	1301	顺达女士箱包	个	1000.00	598.00	598000.00	77740.00	675740.00	13.00	ST01001
2	1302	顺达男士箱包	个	1000.00	328.00	328000.00	42640.00	370640.00	13.00	ST01001
3	1303	顺达情侣箱包	对	1000.00	999.00	999000.00	129870.00	1128870.00	13.00	ST01001
4										

图4-20　采购专用发票

2. 应付单据审核并制单处理

2025年1月25日，由赵凯杰（W02）登录企业应用平台。双击“业务工作→财务会计→应付款管理→应付单据处理→应付单据审核”菜单，打开“应付单查询条件”对话框，勾选“包含已现结发票”，单击“确定”按钮，打开“单据处理”窗口。

双击“51036357”单据号，打开要审核的发票，单击工具栏的“审核”按钮，系统提示“是否立即制单?”，点击“是”，生成记账凭证。关闭当前已打开窗口。

借：受托代销商品款（山东顺达）	1 925 000.00	
应交税费/应交增值税/进项税额	250 250.00	
贷：银行存款/中国工商银行/沈阳皇姑支行		2 175 250.00

3. 结算成本处理

依次双击“业务工作”页签中的“供应链→存货核算→业务核算→结算成本处理”菜单，系统弹出“暂估处理查询”窗口，勾选“皮具仓”，再单击“确定”按钮，系统打开“结算成本处理”窗口，如图4-21所示。

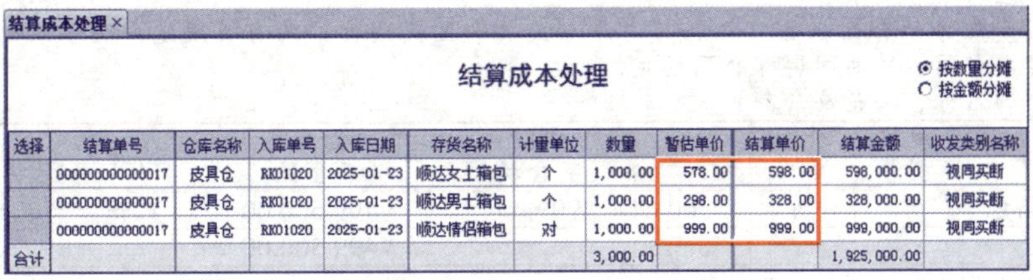
结算成本处理 ×
结算成本处理
按数量分摊
按金额分摊

选择	结算单号	仓库名称	入库单号	入库日期	存货名称	计量单位	数量	暂估单价	结算单价	结算金额	收发类别名称
	00000000000017	皮具仓	RK01020	2025-01-23	顺达女士箱包	个	1,000.00	578.00	598.00	598,000.00	视同买断
	00000000000017	皮具仓	RK01020	2025-01-23	顺达男士箱包	个	1,000.00	298.00	328.00	328,000.00	视同买断
	00000000000017	皮具仓	RK01020	2025-01-23	顺达情侣箱包	对	1,000.00	999.00	999.00	999,000.00	视同买断
合计							3,000.00			1,925,000.00	

图4-21　结算成本处理

单击工具栏的“全选”按钮，再单击工具栏的“暂估”按钮，系统提示“暂估处理完成”。单击“确定”按钮。关闭当前窗口。系统根据三行存货信息自动生成三张入库调整单。由于顺达女士箱包和顺达男士箱包的暂估单价与结算单价不一致，所以还需制单处理。

4. 生成凭证

依次双击“存货核算”系统的“财务核算→生成凭证”菜单，系统打开“生成凭证”窗口。单击工具栏的“选择”按钮，系统弹出“查询条件”对话框，单击“确定”按钮，系统打开“选择单据”窗口，如图4-22所示。

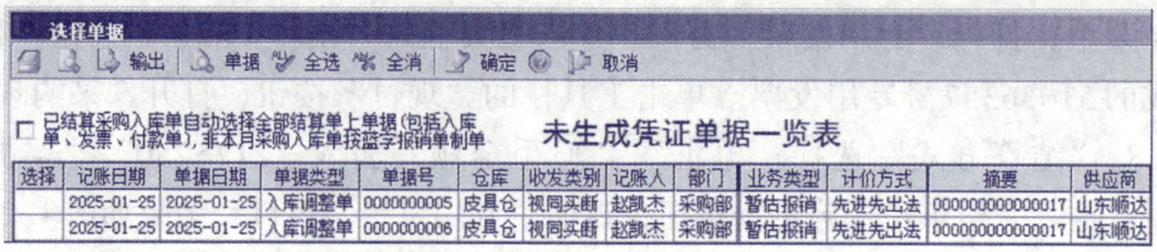

选择	记账日期	单据日期	单据类型	单据号	仓库	收发类别	记账人	部门	业务类型	计价方式	摘要	供应商
	2025-01-25	2025-01-25	入库调整单	0000000005	皮具仓	视同买断	赵凯杰	采购部	暂估报销	先进先出法	00000000000017	山东顺达
	2025-01-25	2025-01-25	入库调整单	0000000006	皮具仓	视同买断	赵凯杰	采购部	暂估报销	先进先出法	00000000000017	山东顺达

图4-22 “选择单据”窗口

单击工具栏的“全选”按钮，再单击工具栏的“确定”按钮，系统自动关闭“选择单据”窗口返回“生成凭证”窗口。单击工具栏的“合成”按钮，系统打开“填制凭证”窗口并自动生成凭证。单击工具栏的“保存”按钮，保存该记账凭证。关闭并退出窗口。

借：受托代销商品	50 000.00	
主营业务成本	30 000.00	
贷：受托代销商品款（山东顺达）		50 000.00
受托代销商品		30 000.00

提示

如果委托方和受托方之间的协议明确标明，受托方在取得代销商品后，无论是否能够卖出、是否获利，均与委托方无关，那么，委托方和受托方之间的代销商品交易，与委托方直接销售商品给受托方没有实质区别。此时，双方按普通商品交易处理。

业务2 受托代销——收取手续费方式

一、收到受托代销货物

【实验资料】

2025年1月25日，采购部徐晓辉与天津惠阳签订代销合同。当日收到代销商品。

相关凭证如图4-23至图4-24所示。

购销合同

合同编号：ST01002

委托方：天津惠阳商贸有限公司

受托方：辽宁恒通商贸有限公司

为保护买卖双方的合法权益，根据《中华人民共和国民法典》的有关规定，买卖双方经友好协商，一致同意签订本合同，并共同遵守合同约定。

一、货物的名称、数量及金额：

货物名称	规格型号	计量单位	数量	单价（不含税）	金额（不含税）	税率	税额
顺达情侣箱包		对	500	999.00	499 500.00	13%	64 935.00
合计					¥499 500.00		¥64 935.00

二、合同总金额：人民币伍拾陆万肆仟肆佰叁拾伍元整（¥564 435.00）。

三、采用支付手续费方式由委托方委托受托方销售货物，代销货物的售价只能按照合同约定的价格销售。根据代销商品销售情况，本月27日双方依照代销清单结算货款，受托方按不含税售价的10%向委托方收取手续费。未销售完的商品退回委托方。

四、交货地点：辽宁恒通商贸有限公司。

五、发运方式与运输费用承担方式：由委托方发货并承担运输费用。

卖　　方：天津惠阳商贸有限公司　　　　买　　方：辽宁恒通商贸有限公司

授权代表：张进　　　　授权代表：徐晓辉

日　　期：2025年01月25日　　　　日　　期：2025年01月25日

图4-23 收取手续费方式代销合同

入库单

供应商：天津惠阳　　　　2025 年 01 月 25 日　　　　单号：RK01021

验收仓库	存货编码	存货名称	计量单位	数量		单价	金额
				应收	实收		
皮具仓	1303	顺达情侣箱包	对	500	500		
合　计							

部门经理：略　　　　会计：略　　　　仓库：略　　　　经办人：略

图4-24　入库单

【实验过程概览】

本业务的实验过程概览见表4-4。

表 4-4　　实验过程概览

序号	操作日期	操作员	系统	操作内容
1	2025-01-25	G01 张宏亮	采购管理	填制（受托代销）采购订单
2	2025-01-25	G01 张宏亮	采购管理	参照（受托代销）采购订单生成到货单
3	2025-01-25	C01 李泽伟	库存管理	参照到货单生成采购入库单
4	2025-01-25	W02 赵凯杰	存货核算	正常单据记账，生成凭证

【实验过程】

1. 填制（受托代销）采购订单

收到受托代销货物（收取手续费）

2025年1月25日，由张宏亮（G01）登录企业应用平台。依次双击“业务工作”页签中的“供应链→采购管理→采购订货→采购订单”菜单，打开“采购订单”窗口。单击工具栏的“增加”按钮，根据图4-23填制（受托代销）采购订单。填制完毕保存并审核该采购订单，结果如图4-25所示。关闭“采购订单”窗口。

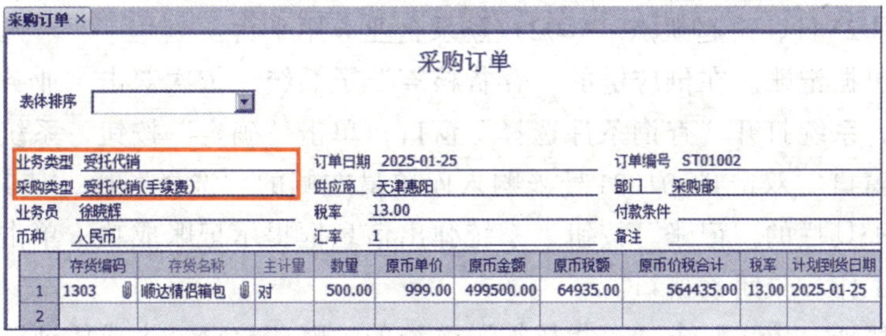

采购订单 ×

采购订单

表体排序

业务类型 受托代销　　订单日期 2025-01-25　　订单编号 ST01002

采购类型 受托代销(手续费)　　供应商 天津惠阳　　部门 采购部

业务员 徐晓辉　　税率 13.00　　付款条件

币种 人民币　　汇率 1　　备注

	存货编码	存货名称	主计量	数量	原币单价	原币金额	原币税额	原币价税合计	税率	计划到货日期
1	1303	顺达情侣箱包	对	500.00	999.00	499500.00	64935.00	564435.00	13.00	2025-01-25
2										

图4-25　（受托代销）采购订单

2. 参照（受托代销）采购订单生成到货单

在“采购管理”子系统，双击“采购到货→到货单”菜单，打开“到货单”窗口。单击工具栏的“增加”按钮，将到货单表头项目“业务类型”改为“受托代销”，再执行工具栏的“生单”|“采购订单”命令，打开“查询条件选择-采购订单列表过滤”对话框，单击“确定”按钮，系统弹出“拷贝并执行”窗口。双击ST01002号订单最左侧的“选择”单元格，以选中该订单，单击“确定”按钮，系统返回“到货单”窗口，生成一张到货单。保存并审核该到货单，结果如图4-26所示。

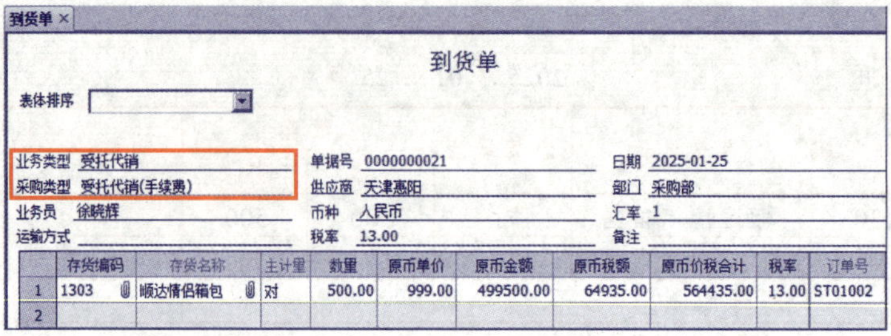

到货单 ×

到货单

表体排序

业务类型 受托代销　单据号 0000000021　日期 2025-01-25

采购类型 受托代销(手续费)　供应商 天津惠阳　部门 采购部

业务员 徐晓辉　币种 人民币　汇率 1

运输方式　税率 13.00　备注

	存货编码	存货名称	主计量	数量	原币单价	原币金额	原币税额	原币价税合计	税率	订单号
1	1303	顺达情侣箱包	对	500.00	999.00	499500.00	64935.00	564435.00	13.00	ST01002
2										

图4-26 （受托代销）到货单

3. 参照到货单生成采购入库单

2025年1月25日，由李泽伟（C01）登录企业应用平台。依次双击“业务工作”页签中的“供应链→库存管理→入库业务→采购入库单”菜单，系统打开“采购入库单”窗口。执行“生单”|“采购到货单（蓝字）”命令，打开“查询条件选择-采购到货单列表”对话框，单击“确定”按钮，系统打开“到货单生单列表”窗口。双击25日天津惠阳的到货单所对应的“选择”栏，再单击工具栏的“确定”按钮，系统返回“采购入库单”窗口。

根据图4-24，修改采购入库单表头中的“入库单号”为“RK01021”，“仓库”选择“皮具仓”，其他项默认，保存并审核该采购入库单，结果如图4-27所示。

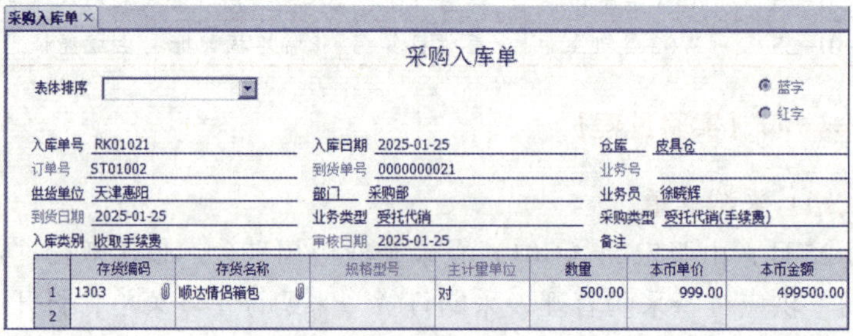

采购入库单 ×

采购入库单

表体排序　◉ 蓝字　○ 红字

入库单号 RK01021　入库日期 2025-01-25　仓库 皮具仓

订单号 ST01002　到货单号 0000000021　业务号

供货单位 天津惠阳　部门 采购部　业务员 徐晓辉

到货日期 2025-01-25　业务类型 受托代销　采购类型 受托代销(手续费)

入库类别 收取手续费　审核日期 2025-01-25　备注

	存货编码	存货名称	规格型号	主计量单位	数量	本币单价	本币金额
1	1303	顺达情侣箱包		对	500.00	999.00	499500.00
2							

图4-27 采购入库单

4. 正常单据记账，生成凭证

2025年1月25日，由赵凯杰（W02）登录企业应用平台。

（1）正常单据记账。在供应链的“存货核算”子系统，依次双击“业务核算→正常单据记账”菜单，系统打开“查询条件选择”窗口，单击“确定”按钮，系统打开“未记账单据一览表”窗口。双击RK01021号采购入库单最左侧的“选择”栏，使其显示“Y”字样，此时单击工具栏的“记账”按钮，系统弹出信息框提示记账成功，单击其“确定”按钮，完成记账工作。关闭该窗口。

（2）生成凭证。依次双击“存货核算”系统的“财务核算→生成凭证”菜单，系统打开“生成凭证”窗口。单击工具栏的“选择”按钮，系统弹出“查询条件”对话框，单击“确定”按钮，系统打开“选择单据”窗口，如图4-28所示。

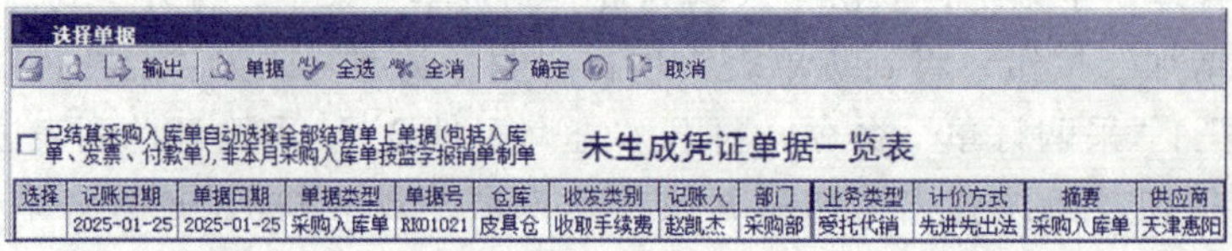

选择单据

输出　单据　全选　全消　确定　取消

□ 已结算采购入库单自动选择全部结算单上单据(包括入库单、发票、付款单)，非本月采购入库单按蓝字报销单制单

未生成凭证单据一览表

选择	记账日期	单据日期	单据类型	单据号	仓库	收发类别	记账人	部门	业务类型	计价方式	摘要	供应商
	2025-01-25	2025-01-25	采购入库单	RK01021	皮具仓	收取手续费	赵凯杰	采购部	受托代销	先进先出法	采购入库单	天津惠阳

图4-28 “选择单据”窗口

单击工具栏的“全选”按钮，以选中已记账的采购入库单，再单击工具栏的“确定”

按钮，系统自动关闭“选择单据”窗口返回“生成凭证”窗口。单击工具栏的“生成”按钮，系统打开“填制凭证”窗口并自动生成凭证。单击工具栏的“保存”按钮，保存该记账凭证。关闭该窗口。

借：受托代销商品　　499 500.00
　贷：受托代销商品款（天津惠阳）　　499 500.00

二、销售受托代销货物

【实验资料】

2025年1月26日，销售部何丽平与北京汇鑫签订购销合同。当日，我公司开具发票并发出全部货物，同时收到货款。

相关凭证如图4-29至图4-32所示。

购销合同

合同编号：XS01010

卖方：辽宁恒通商贸有限公司
买方：北京汇鑫百货有限公司
为保护买卖双方的合法权益，根据《中华人民共和国民法典》的有关规定，买卖双方经友好协商，一致同意签订本合同，并共同遵守合同约定。
一、货物的名称、数量及金额：

货物名称	规格型号	计量单位	数量	单价（不含税）	金额（不含税）	税率	税额
顺达情侣箱包		对	400	999.00	399 600.00	13%	51 948.00
合计					¥399 600.00		¥51 948.00

二、合同总金额：人民币肆拾伍万壹仟伍佰肆拾捌元整（¥451 548.00）。
三、签订合同当日卖方开具增值税专用发票并发出全部货物，买方以电汇方式支付全部货款。
四、交货地点：辽宁恒通商贸有限公司。
五、发运方式与运输费用承担方式：由卖方发货，买方承担运输费用。

卖　方：辽宁恒通商贸有限公司　　买　方：北京汇鑫百货有限公司
授权代表：何丽平　　授权代表：王旦奎
日　期：2025年01月26日　　日　期：2025年01月26日

图4-29　购销合同

电子发票（增值税专用发票）

发票号码：25212000000021327514
开票日期：2025年01月26日

购买方信息	名称：北京汇鑫百货有限公司 统一社会信用代码/纳税人识别号：91110113578732690F	销售方信息	名称：辽宁恒通商贸有限公司 统一社会信用代码/纳税人识别号：91210105206917583A

项目名称	规格型号	单位	数量	单价	金额	税率/征收率	税额
*皮具*顺达情侣箱包		对	400	999.00	399 600.00	13%	51 948.00
合计					¥399 600.00		¥51 948.00
价税合计（大写）	⊗肆拾伍万壹仟伍佰肆拾捌元整					（小写）	¥451 548.00
备注	购买方开户银行：中国银行北京顺义常庄支行　银行账号：270032259891453639８ 销售方开户银行：中国工商银行沈阳皇姑支行　银行账号：2107024015890035666						

开票人：赵凯杰

图4-30　增值税专用发票

中国工商银行 电汇凭证（收账通知） 4　　16381757

☑普通　☐加急　　委托日期 2025年01月26日

汇款人	全　称	北京汇鑫百货有限公司	收款人	全　称	辽宁恒通商贸有限公司
	账　号	2700322598914536398		账　号	2107024015890035666
	开户银行	中国银行北京顺义常庄支行		开户银行	中国工商银行沈阳皇姑支行
金额	人民币（大写）	肆拾伍万壹仟伍佰肆拾捌元整		亿千百十万千百十元角分	¥ 4 5 1 5 4 8 0 0
此汇款已收入收款人账户。				支付密码	
				附加信息及用途：货款	
汇入行签章				复核　记账	

中国工商银行 沈阳皇姑支行 2025.01.26 转讫 (8)

此联为开户行给收款人的收账通知

图4-31　电汇收款凭证

出库单

客户：北京汇鑫　　2025 年 01 月 26 日　　单号：CK01019

发货仓库	存货编码	存货名称	计量单位	数量		单价	金额
				应发	实发		
皮具仓	1303	顺达情侣箱包	对	400	400		
合　计							

部门经理：略　　会计：略　　仓库：略　　经办人：略

图4-32　出库单

【实验过程概览】

本业务的实验过程概览见表4-5。

表 4-5　实验过程概览

序号	操作日期	操作员	系统	操作内容
1	2025-01-26	X01 刘晓洺	销售管理	填制销售订单
2	2025-01-26	X01 刘晓洺	销售管理	参照销售订单生成销售专用发票（现结）
3	2025-01-26	C01 李泽伟	库存管理	参照发货单生成销售出库单
4	2025-01-26	W02 赵凯杰	应收款管理	应收单据审核并制单处理
5	2025-01-26	W02 赵凯杰	存货核算	正常单据记账，生成凭证

【实验过程】

销售受托代销货物（收取手续费）

1. 填制销售订单

2025年1月26日，由刘晓洺（X01）登录企业应用平台。依次双击“业务工作”页签中的“供应链→销售管理→销售订货→销售订单”菜单，打开“销售订单”窗口。单击工具栏的“增加”按钮，根据图4-29填制销售订单。填制完毕保存并审核该销售订单，结果如图4-33所示。关闭“销售订单”窗口。

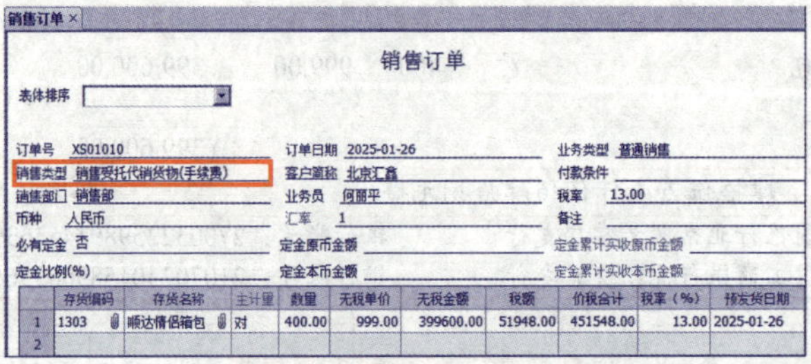
销售订单

表体排序

订单号 XS01010　订单日期 2025-01-26　业务类型 普通销售
销售类型 销售受托代销货物(手续费)　客户简称 北京汇鑫　付款条件
销售部门 销售部　业务员 何丽平　税率 13.00
币种 人民币　汇率 1　备注
必有定金 否　定金原币金额　定金累计实收原币金额
定金比例(%)　定金本币金额　定金累计实收本币金额

	存货编码	存货名称	主计量	数量	无税单价	无税金额	税额	价税合计	税率（%）	预发货日期
1	1303	顺达情侣箱包	对	400.00	999.00	399600.00	51948.00	451548.00	13.00	2025-01-26
2										

图4-33　销售订单

2. 参照销售订单生成销售专用发票（现结）

（1）生成销售专用发票。依次双击“业务工作”页签中的“供应链→销售管理→销售发票→销售专用发票”菜单，系统打开“销售专用发票”窗口。单击工具栏的“增加”按钮，再执行工具栏的“生单”|“参照订单”命令，打开“查询条件选择-参照订单”对话框，单击“确定”按钮，系统打开“参照生单”窗口。双击XS01010号订单所对应的“选择”栏，再单击工具栏的“确定”按钮，返回“销售专用发票”窗口。

根据图4-30，修改表头项目“发票号”为“21327514”，表体第1行的“仓库名称”选择“皮具仓”，其他项默认。单击工具栏的“保存”按钮，保存该发票。

（2）现结。单击工具栏的“现结”按钮，打开“现结”窗口。根据图4-31，“结算方式”选择“电汇”，“原币金额”输入“451548”，“票据号”输入“16381757”。输入完毕单击“确定”按钮，返回“销售专用发票”窗口。单击工具栏的“复核”按钮，结果如图4-34所示。

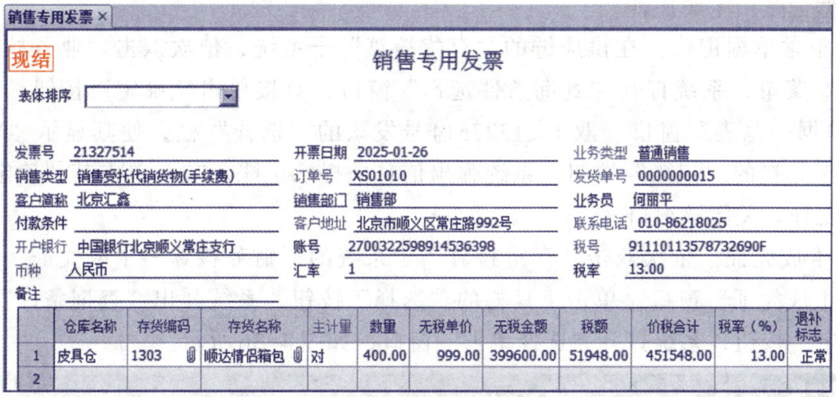
销售专用发票 ×

现结

销售专用发票

表体排序

发票号 21327514　开票日期 2025-01-26　业务类型 普通销售

销售类型 销售受托代销货物(手续费)　订单号 XS01010　发货单号 0000000015

客户简称 北京汇鑫　销售部门 销售部　业务员 何丽平

付款条件　客户地址 北京市顺义区常庄路992号　联系电话 010-86218025

开户银行 中国银行北京顺义常庄支行　账号 2700322598914536398　税号 91110113578732690F

币种 人民币　汇率 1　税率 13.00

备注

	仓库名称	存货编码	存货名称	主计量	数量	无税单价	无税金额	税额	价税合计	税率（%）	退补标志
1	皮具仓	1303	顺达情侣箱包	对	400.00	999.00	399600.00	51948.00	451548.00	13.00	正常
2											

图4-34　销售专用发票

3. 参照发货单生成销售出库单

2025年1月26日，由李泽伟（C01）登录企业应用平台。依次双击“业务工作”页签中的“供应链→库存管理→出库业务→销售出库单”菜单，系统打开“销售出库单”窗口。执行“生单”|“销售生单”命令，打开“查询条件选择-销售发货单列表”对话框，单击“确定”按钮，系统打开“销售生单”窗口。双击26日北京汇鑫的发货单所对应的“选择”栏（即上一步骤完成的发货单），再单击工具栏的“确定”按钮，系统返回“销售出库单”窗口。根据图4-32，修改“出库单号”为“CK01019”，其他项默认。保存并审核该销售出库单，结果如图4-35所示。

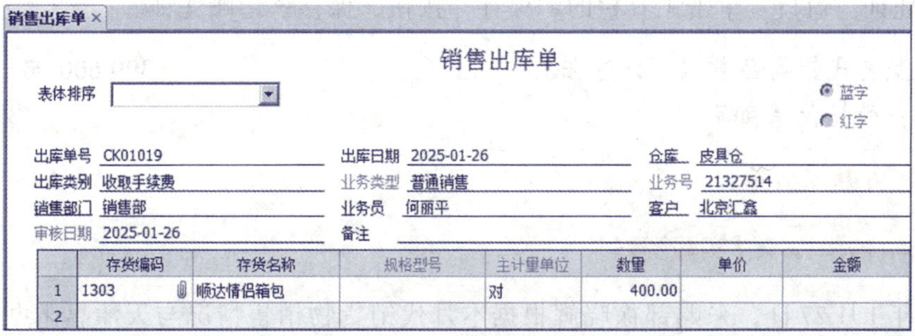
销售出库单 ×

销售出库单

表体排序　蓝字　红字

出库单号 CK01019　出库日期 2025-01-26　仓库 皮具仓

出库类别 收取手续费　业务类型 普通销售　业务号 21327514

销售部门 销售部　业务员 何丽平　客户 北京汇鑫

审核日期 2025-01-26　备注

	存货编码	存货名称	规格型号	主计量单位	数量	单价	金额
1	1303	顺达情侣箱包		对	400.00		
2							

图4-35　销售出库单

4. 应收单据审核并制单处理

2025年1月26日，由赵凯杰（W02）登录企业应用平台。双击“业务工作→财务会计→应收款管理→应收单据处理→应收单据审核”菜单，打开“应收单查询条件”对话框，勾选“包含已现结发票”，单击“确定”按钮，打开“单据处理”窗口。

双击“21327514”单据号，打开要审核的发票，单击工具栏的“审核”按钮，系统提示“是否立即制单?”，点击“是”，生成记账凭证。单击凭证会计分录的第2行任意位置，按“Ctrl+S”组合键，调出“辅助项”对话框，该对话框的“供应商”选择“天津惠阳”，单击“确定”，返回“填制凭证”窗口。单击“保存”按钮。关闭当前已打开窗口。

借：银行存款/中国工商银行/沈阳皇姑支行	451 548.00	
贷：应付账款/受托代销（天津惠阳）		399 600.00
应交税费/应交增值税/销项税额		51 948.00

5. 正常单据记账，生成凭证

（1）正常单据记账。在供应链的“存货核算”子系统，依次双击“业务核算→正常单据记账”菜单，系统打开“查询条件选择”窗口，直接单击“确定”按钮，系统打开“未记账单据一览表”窗口。双击21327514号发票的“选择”栏，使其显示“Y”字样，此时单击工具栏的“记账”按钮，系统弹出信息框提示记账成功，单击其“确定”按钮，完成记账工作。关闭该窗口。

（2）生成凭证。依次双击“存货核算”子系统的“财务核算→生成凭证”菜单，系统打开“生成凭证”窗口。单击工具栏的“选择”按钮，系统弹出“查询条件”对话框，单击“确定”按钮，系统打开“选择单据”窗口，如图4-36所示。

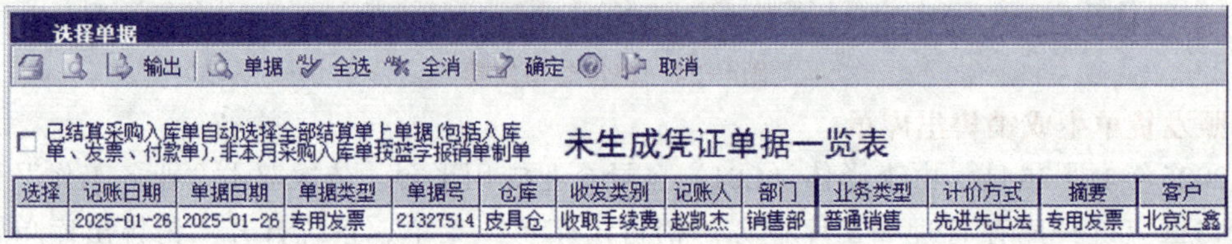

选择	记账日期	单据日期	单据类型	单据号	仓库	收发类别	记账人	部门	业务类型	计价方式	摘要	客户
	2025-01-26	2025-01-26	专用发票	21327514	皮具仓	收取手续费	赵凯杰	销售部	普通销售	先进先出法	专用发票	北京汇鑫

图4-36 “选择单据”窗口

单击工具栏的“全选”按钮，再单击工具栏的“确定”按钮，系统自动关闭“选择单据”窗口返回“生成凭证”窗口。单击工具栏的“生成”按钮，系统打开“填制凭证”窗口并自动生成凭证。单击凭证中会计分录第1行的任意位置，按“Ctrl+S”组合键，调出“辅助项”对话框，在该对话框的“供应商”处选择“天津惠阳”，单击“确定”按钮，返回“填制凭证”窗口。单击工具栏的“保存”按钮，保存该记账凭证。

借：受托代销商品款（天津惠阳）	399 600.00	
贷：受托代销商品		399 600.00

三、与委托方办理结算

【实验资料】

2025年1月27日，采购部徐晓辉根据本月代销货物销售情况与天津惠阳办理代销结算。当日将未销售完的商品退回。(代销手续费要求通过销售专用发票处理)

相关凭证如图4-37至图4-41所示。

商品代销清单

2025年01月27日　　　　　　　　　　№ 0000000002

委托方		天津惠阳商贸有限公司			受托方	辽宁恒通商贸有限公司		
账号		2806725046208670931			账号	2107024015890035666		
开户银行		华夏银行天津南开支行			开户银行	中国工商银行沈阳皇姑支行		
代销货物	代销货物名称	规格型号	计量单位	数量	单价（不含税）	金额	税率	税额
	顺达情侣箱包		对	500	999.00	499 500.00	13%	64 935.00
	价税合计	大写：人民币伍拾陆万肆仟肆佰叁拾伍元整				小写：¥564 435.00		
代销方式		收取手续费						
代销款结算时间		根据代销货物销售情况于每月27日结算						
代销款结算方式		电汇						
本月代销货物销售情况	代销货物名称	规格型号	计量单位	数量	单价（不含税）	金额	税率	税额
	顺达情侣箱包		对	400	999.00	399 600.00	13%	51 948.00
	价税合计	大写：人民币肆拾伍万壹仟伍佰肆拾捌元整				小写：¥451 548.00		
本月代销款结算金额		大写：人民币肆拾伍万壹仟伍佰肆拾捌元整				小写：¥451 548.00		

主管：略　　　审核：略　　　制单：略　　　受托方盖章：

图4-37　商品代销清单

电子发票（增值税专用发票）

发票号码：25122000000032307959
开票日期：2025年01月27日

购买方信息	名称：辽宁恒通商贸有限公司 统一社会信用代码/纳税人识别号：91210105206917583A			销售方信息	名称：天津惠阳商贸有限公司 统一社会信用代码/纳税人识别号：91120104572036908U		
项目名称	规格型号	单位	数量	单价	金额	税率/征收率	税额
*皮具*顺达情侣箱包		对	400	999.00	399 600.00	13%	51 948.00
合计					¥399 600.00		¥51 948.00
价税合计（大写）	⊗肆拾伍万壹仟伍佰肆拾捌元整					（小写）	¥451 548.00
备注	购买方开户银行：中国工商银行沈阳皇姑支行　银行账号：2107024015890035666 销售方开户银行：华夏银行天津南开支行　银行账号：2806725046208670931						

开票人：李丹

图4-38　增值税专用发票

中国工商银行　电汇凭证（回单）　1　36257074

☑普通　☐加急　　委托日期 2025年01月27日

汇款人	全称	辽宁恒通商贸有限公司	收款人	全称	天津惠阳商贸有限公司
	账号	2107024015890035666		账号	2806725046208670931
	开户银行	中国工商银行沈阳皇姑支行		开户银行	华夏银行天津南开支行
金额	人民币（大写）	肆拾万零玖仟壹佰玖拾元零肆角整		亿千百十万千百十元角分	¥40919040
				支付密码	
				附加信息及用途：货款	
				复核　记账	

此联为汇出行给汇款人的回单

图4-39　电汇付款凭证

电子发票（增值税专用发票）　　发票号码：25212000000021327515

开票日期：2025 年 01 月 27 日

购买方信息	名称：天津惠阳商贸有限公司 统一社会信用代码/纳税人识别号：91120104572036908U	销售方信息	名称：辽宁恒通商贸有限公司 统一社会信用代码/纳税人识别号：91210105206917583A

项目名称	规格型号	单位	数量	单价	金额	税率/征收率	税额
*代销服务*代销手续费		次	1	39 960.00	39 960.00	6%	2 397.60
合　计					¥39 960.00		¥2 397.60
价税合计（大写）	⊗ 肆万贰仟叁佰伍拾柒元陆角整					（小写）	¥42 357.60

备注	
购买方开户银行：华夏银行天津南开支行	银行账号：2806725046208670931
销售方开户银行：中国工商银行沈阳皇姑支行	银行账号：2107024015890035666

开票人：赵凯杰

图4-40　增值税专用发票

入库单

供应商：天津惠阳　　2025 年 01 月 27 日　　单号：RK01022

验收仓库	存货编码	存货名称	计量单位	数量		单价	金额
				应收	实收		
皮具仓	1303	顺达情侣箱包	对	−100	−100		
合　计							

部门经理：略　　会计：略　　仓库：略　　经办人：略

图4-41　入库单

【实验过程概览】

本业务的实验过程概览见表4-6。

表 4-6　实验过程概览

序号	操作日期	操作员	系统	操作内容
1	2025-01-27	G01 张宏亮	采购管理	填制受托代销结算单
2	2025-01-27	W02 赵凯杰	应付款管理	应付单据审核并制单处理
3	2025-01-27	W02 赵凯杰	存货核算	结算成本处理
4	2025-01-27	X01 刘晓洺	销售管理	填制销售专用发票
5	2025-01-27	W02 赵凯杰	应收款管理	应收单据审核并制单处理
6	2025-01-27	W02 赵凯杰	应收款管理	应收冲应付并制单处理
7	2025-01-27	G01 张宏亮	采购管理	参照（受托代销）采购订单生成采购退货单
8	2025-01-27	C01 李泽伟	库存管理	参照采购退货单生成（负数）采购入库单
9	2025-01-27	W02 赵凯杰	存货核算	正常单据记账，生成凭证

【实验过程】

与委托方办理结算（收取手续费）

1. 填制受托代销结算单

2025年1月27日，由张宏亮（G01）登录企业应用平台。

（1）填制受托代销结算单。依次双击“业务工作”页签中的“供应链→采购管理→采购结算→受托代销结算”菜单，系统打开“查询条件选择-受托结算选单过滤”窗口。在该窗口的“供应商编码”处选“901”（天津惠阳），单击“确定”按钮，打开“受托代销结算”窗口。

在“受托代销结算”窗口，发票号填入“32307959”，业务员选择“徐晓辉”，采购类型选择“03”［受托代销（手续费）］。在窗口下方的“受托代销结算选单列表”中，双击选中顺达情侣箱包的“选择”栏，将“结算数量”修改为“400”，如图4-42所示。单击工具栏的“结算”按钮，系统提示“结算完成!”，单击“确定”按钮。关闭“受托代销结算”窗口。

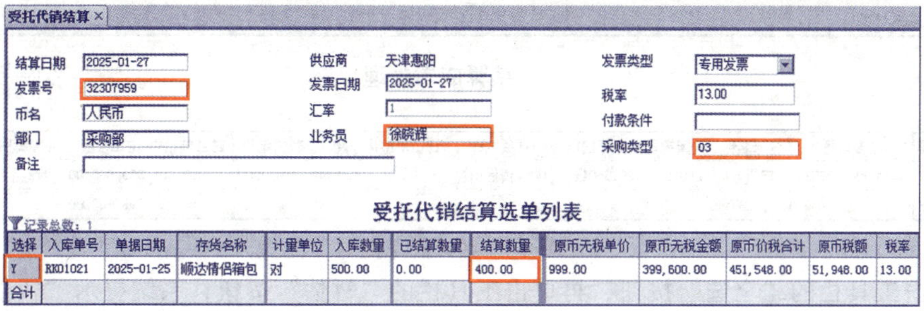

图4-42 “受托代销结算”窗口

（2）发票现付。依次双击“业务工作”页签中的“供应链→采购管理→采购发票→专用采购发票”菜单，打开“专用发票”窗口。单击工具栏的“➡|”（末张）按钮，找到受托代销结算生成的32307959号专用发票。单击工具栏的“现付”按钮，打开“采购现付”窗口。根据图4-39，“结算方式”选择“电汇”，“原币金额”输入“409190.4”，“票据号”输入“36257074”。输入完毕单击“确定”按钮，返回“专用发票”窗口，结果如图4-43所示。

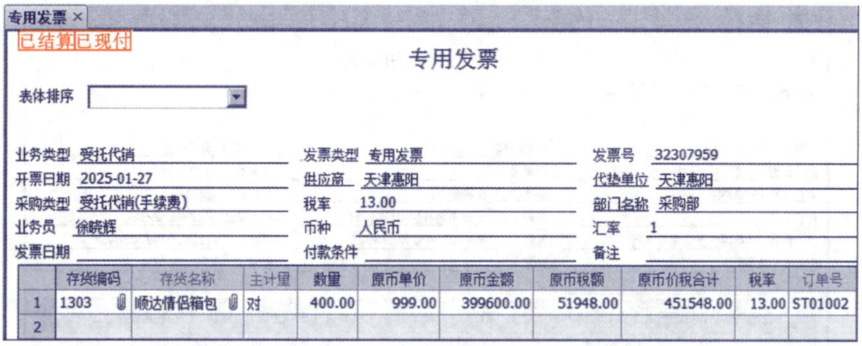

图4-43 采购专用发票

2. 应付单据审核并制单处理

2025年1月27日，由赵凯杰（W02）登录企业应用平台。依次双击“业务工作”页签中的“财务会计→应付款管理→应付单据处理→应付单据审核”菜单，系统打开“应付单查询条件”窗口，勾选“包含已现结发票”，单击“确定”按钮，打开“单据处理”窗口。

双击“32307959”单据号，打开要审核的发票，单击工具栏的“审核”按钮，系统提示“是否立即制单?”，单击“是”按钮，系统自动打开“填制凭证”窗口，单击工具栏的“保存”按钮。关闭当前已打开窗口。

借：应付账款/受托代销（天津惠阳）	399 600.00	
应交税费/应交增值税/进项税额	51 948.00	
贷：应付账款/一般应付账款（天津惠阳）		42 357.60
银行存款/中国工商银行/沈阳皇姑支行		409 190.40

3. 结算成本处理

依次双击“业务工作”页签中的“供应链→存货核算→业务核算→结算成本处理”菜单，系统弹出“暂估处理查询”窗口，“仓库”勾选“皮具仓”，再单击“确定”按钮，系统打开“结算成本处理”窗口，如图4-44所示。

结算成本处理 ×

结算成本处理

◉ 按数量分摊
○ 按金额分摊

选择	结算单号	仓库名称	入库单号	入库日期	存货名称	计量单位	数量	暂估单价	结算单价	结算金额	收发类别名称
	00000000000018	皮具仓	RK01021	2025-01-25	顺达情侣箱包	对	400.00	999.00	999.00	399,600.00	收取手续费
合计							400.00			399,600.00	

图4-44　结算成本处理

双击工具栏的“全选”按钮，再单击工具栏的“暂估”按钮，系统提示“暂估处理完成”，单击“确定”按钮。关闭“结算成本处理”窗口。

4. 填制销售专用发票

2025年1月27日，由刘晓洺（X01）登录企业应用平台。依次双击“业务工作”页签中的“供应链→销售管理→销售开票→销售专用发票”菜单，打开“专用发票”窗口。单击工具栏的“增加”按钮，根据图4-40填制销售专用发票。填制完毕保存并复核该发票，结果如图4-45所示。

销售专用发票 ×

销售专用发票

表体排序

发票号	21327515	开票日期	2025-01-27	业务类型	普通销售
销售类型	销售受托代销货物(手续费)	订单号		发货单号	0000000016
客户简称	天津惠阳	销售部门	采购部	业务员	徐晓辉
付款条件		客户地址	天津市南开区中华路88号	联系电话	022-81329367
开户银行	华夏银行天津南开支行	账号	2806725046208670931	税号	91120104572036908U
币种	人民币	汇率	1	税率	6.00
备注					

	仓库名称	存货编码	存货名称	主计量	数量	含税单价	无税单价	无税金额	税额	价税合计	税率（%）	退补标志
1		2002	代销手续费	次	1.00	42357.60	39960.00	39960.00	2397.60	42357.60	6.00	正常
2												

图4-45　销售专用发票

5. 应收单据审核并制单处理

2025年1月27日，由赵凯杰（W02）登录企业应用平台。依次双击“业务工作”页签中的“财务会计→应收款管理→应收单据处理→应收单据审核”菜单，系统打开“应收单查询条件”窗口，单击“确定”按钮，打开“单据处理”窗口。

双击“21327515”单据号，打开要审核的发票，单击工具栏的“审核”按钮，系统提示“是否立即制单？”，单击“是”，系统自动打开“填制凭证”窗口，单击工具栏的“保存”按钮。关闭当前已打开窗口。

借：应收账款/人民币（天津惠阳）	42 357.60	
贷：其他业务收入/受托代销手续费		39 960.00
应交税费/应交增值税/销项税额		2 397.60

6. 应收冲应付并制单处理

在“应收款管理”子系统，依次双击“转账→应收冲应付”菜单，系统弹出“应收冲应付”对话框。在“应收”页签，“客户”选择“天津惠阳”。单击“应付”页签，“供应商”栏选择“天津惠阳”，单击“确定”按钮，打开“应收冲应付”窗口。在窗口上方21327515号发票的“转账金额”栏输入“42357.6”，在窗口下方32307959号发票的“转账金额”栏输入“42357.6”，结果如图4-46所示。单击工具栏的“保存”按钮，系统提示“是否立即制单?”，单击“是”按钮，系统自动打开“填制凭证”窗口，单击工具栏的“保存”按钮。

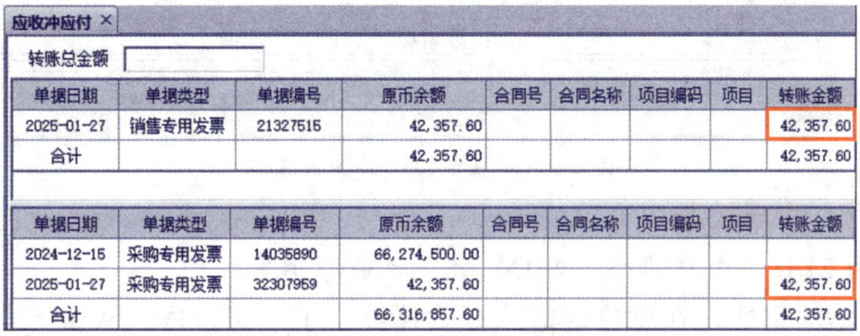

应收冲应付 ×

转账总金额

单据日期	单据类型	单据编号	原币余额	合同号	合同名称	项目编码	项目	转账金额
2025-01-27	销售专用发票	21327515	42,357.60					42,357.60
合计			42,357.60					42,357.60

单据日期	单据类型	单据编号	原币余额	合同号	合同名称	项目编码	项目	转账金额
2024-12-15	采购专用发票	14035890	66,274,500.00					
2025-01-27	采购专用发票	32307959	42,357.60					42,357.60
合计			66,316,857.60					42,357.60

图4-46 应收冲应付

借：应付账款/一般应付账款（天津惠阳）	42 357.60
贷：应收账款/人民币（天津惠阳）	42 357.60

7. 参照（受托代销）采购订单生成采购退货单

2025年1月27日，由张宏亮（G01）登录企业应用平台。在“采购管理”子系统，双击“采购到货→采购退货单”菜单，打开“采购退货单”窗口。单击“增加”，表头项目“业务类型”选择“受托代销”，再执行工具栏的“生单”|“采购订单”命令，打开“查询条件选择-采购订单列表过滤”对话框，“订单号”栏选择“ST01002”，单击“确定”按钮，系统弹出“拷贝并执行”窗口。

单击工具栏的“全选”按钮，再单击“确定”按钮，系统生成一张采购退货单并返回“采购退货单”窗口。将顺达情侣箱包的“数量”改为“-100”，保存并审核该采购退货单，结果如图4-47所示。

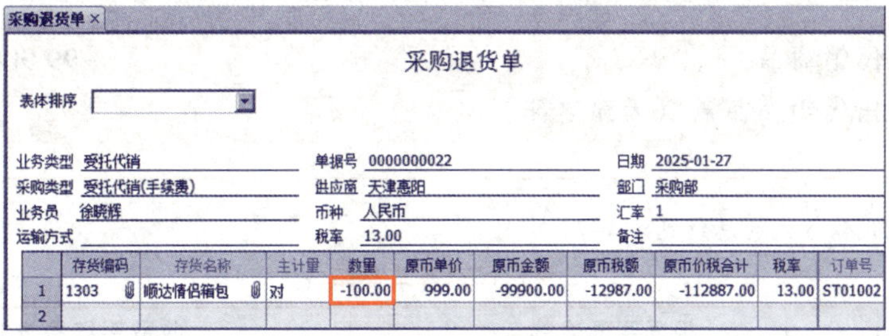

采购退货单 ×

采购退货单

表体排序

业务类型 受托代销　单据号 0000000022　日期 2025-01-27

采购类型 受托代销(手续费)　供应商 天津惠阳　部门 采购部

业务员 徐晓辉　币种 人民币　汇率 1

运输方式　税率 13.00　备注

	存货编码	存货名称	主计量	数量	原币单价	原币金额	原币税额	原币价税合计	税率	订单号
1	1303	顺达情侣箱包	对	-100.00	999.00	-99900.00	-12987.00	-112887.00	13.00	ST01002
2										

图4-47 采购退货单

8. 参照采购退货单生成（负数）采购入库单

2025年1月27日，由李泽伟（C01）登录企业应用平台。依次双击“业务工作”页签中的“供应链→库存管理→入库业务→采购入库单”菜单，系统打开“采购入库单”窗口。执行“生单”|“采购到货单（红字）”命令，打开“查询条件选择-采购到货单列表”对话框，单击“确定”按钮，系统打开“到货单生单列表”窗口。选中27日天津惠

阳的退货单，再单击“确定”按钮，系统返回“采购入库单”窗口。根据图4-41，修改采购入库单表头中的“入库单号”为“RK01022”，“仓库”选择“皮具仓”，其他项默认。保存并审核该采购入库单，结果如图4-48所示。

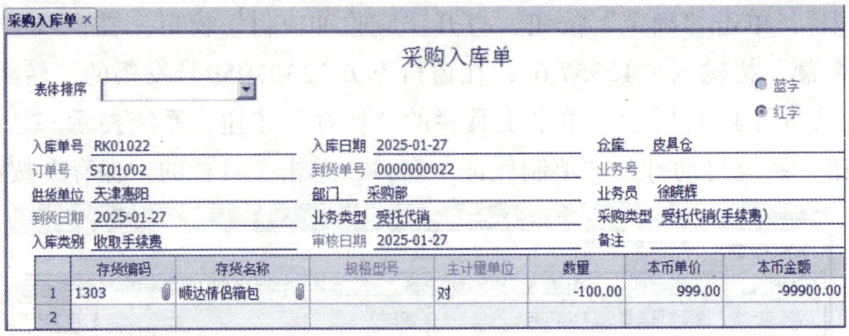

	存货编码	存货名称	规格型号	主计量单位	数量	本币单价	本币金额
1	1303	顺达情侣箱包		对	-100.00	999.00	-99900.00
2							

图4-48 （负数）采购入库单

9. 正常单据记账，生成凭证

2025年1月27日，由赵凯杰（W02）登录企业应用平台。

（1）正常单据记账。在供应链的“存货核算”子系统，依次双击“业务核算→正常单据记账”菜单，打开“查询条件选择”窗口，单击“确定”按钮，系统打开“未记账单据一览表”窗口。选中RK01022号采购入库单并对其进行记账。记账完毕关闭该窗口。

（2）生成凭证。依次双击“存货核算”子系统的“财务核算→生成凭证”菜单，系统打开“生成凭证”窗口。单击“选择”按钮，系统弹出“查询条件”对话框，单击“确定”按钮，系统打开“选择单据”窗口，如图4-49所示。

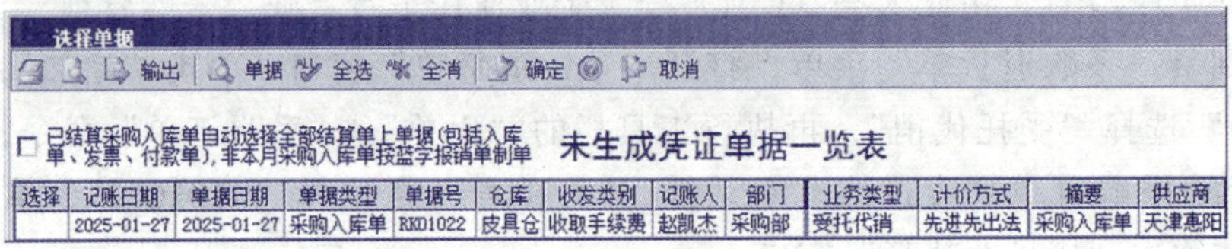

选择	记账日期	单据日期	单据类型	单据号	仓库	收发类别	记账人	部门	业务类型	计价方式	摘要	供应商
	2025-01-27	2025-01-27	采购入库单	RK01022	皮具仓	收取手续费	赵凯杰	采购部	受托代销	先进先出法	采购入库单	天津惠阳

图4-49 “选择单据”窗口

单击工具栏的“全选”按钮，以选中已记账的RK01022号采购入库单，再单击“确定”按钮，系统自动关闭“选择单据”窗口返回“生成凭证”窗口，单击工具栏的“生成”按钮，系统打开“填制凭证”窗口并自动生成凭证，保存该记账凭证。

借：受托代销商品　　-99 900.00

　贷：受托代销商品款（天津惠阳）　　-99 900.00

提示

1. 两种受托代销方式的总结见表4-7。

表4-7 受托代销方式总结

系统	视同买断方式	收取手续费方式
存货	采购入库单： 借：受托代销商品 　贷：受托代销商品款	采购入库单： 借：受托代销商品 　贷：受托代销商品款
应收	销售专用发票： 借：应收账款 　贷：主营业务收入 　　应交税费/应交增值税/销项税额	销售专用发票： 借：应收账款 　贷：应付账款/受托代销 　　应交税费/应交增值税/销项税额

续表

系统	视同买断方式	收取手续费方式
存货	销售出库单： 借：主营业务成本 　贷：受托代销商品	销售出库单： 借：受托代销商品款 　贷：受托代销商品
应付	采购专用发票： 借：受托代销商品款 　　应交税费/应交增值税/进项税额 　贷：应付账款/一般应付款	采购专用发票： 借：应付账款/受托代销 　　应交税费/应交增值税/进项税额 　贷：应付账款/一般应付账款
应付		代销手续费： 借：应付账款/一般应付账款 　贷：其他业务收入 　　　应交税费/应交增值税/销项税额

2.关于受托代销手续费，除了填制销售专用发票，还可通过以下方法处理：

①填制负向的其他应付单。该应付单审核并制单后，进行红票对冲处理。

②填制其他应收单。该其他应收单审核并制单后，进行应收冲应付（或应付冲应收）处理。

业务3　委托代销——视同买断方式

一、发出委托代销货物

【实验资料】

2025年1月27日，销售部何丽平与沈阳喜来签订代销合同。当日发出代销商品。

相关凭证如图4-50至图4-51所示。

购销合同

合同编号：WT01001

委托方：辽宁恒通商贸有限公司

受托方：沈阳喜来商贸有限公司

为保护买卖双方的合法权益，根据《中华人民共和国民法典》的有关规定，买卖双方经友好协商，一致同意签订本合同，并共同遵守合同约定。

一、货物的名称、数量及金额：

货物名称	规格型号	计量单位	数量	单价（不含税）	金额（不含税）	税率	税额
博伦情侣表		对	200	7 800.00	1 560 000.00	13%	202 800.00
恒久情侣表		对	300	9 800.00	2 940 000.00	13%	382 200.00
合　计					¥4 500 000.00		¥585 000.00

二、合同总金额：人民币伍佰零捌万伍仟元整（¥5 085 000.00）。

三、采用视同买断方式由委托方委托受托方代销货物，实际售价由受托方自定，实际售价与合同价之间的差额归受托方所有。根据代销商品销售情况，本月28日双方依照代销清单结算货款，未销售完的商品退回委托方。付款方式：电汇。

四、交货地点：辽宁恒通商贸有限公司。

五、发运方式与运输费用承担方式：由委托方发货，受托方承担运输费用。

卖　　方：辽宁恒通商贸有限公司　　　　买　　方：沈阳喜来商贸有限公司

授权代表：何丽平　　　　　　　　　　　授权代表：王秋林

日　　期：2025年01月27日　　　　　　　日　　期：2025年01月27日

（印章：辽宁恒通商贸有限公司 合同专用章；李喜成印；沈阳喜来商贸有限公司 合同专用章；王来喜印）

图4-50　视同买断方式代销合同

出库单

客户：沈阳喜来　　　　2025 年 01 月 27 日　　　　单号：CK01020

发货仓库	存货编码	存货名称	计量单位	数量		单价	金额
				应发	实发		
手表仓	1203	博伦情侣表	对	200	200		
手表仓	1253	恒久情侣表	对	300	300		
合　计							

部门经理：略　　会计：略　　仓库：略　　经办人：略

图4-51　出库单

【实验过程概览】

本业务的实验过程概览见表4-8。

表 4-8　　实验过程概览

序号	操作日期	操作员	系统	操作内容
1	2025-01-27	X01 刘晓洺	销售管理	填制（委托代销）销售订单
2	2025-01-27	X01 刘晓洺	销售管理	参照（委托代销）销售订单生成委托代销发货单
3	2025-01-27	C01 李泽伟	库存管理	参照委托代销发货单生成销售出库单
4	2025-01-27	W02 赵凯杰	存货核算	发出商品记账，生成凭证

【实验过程】

发出委托代销货物（视同买断）

1. 填制（委托代销）销售订单

2025年1月27日，由刘晓洺（X01）登录企业应用平台。依次双击“业务工作”页签中的“供应链→销售管理→销售订货→销售订单”菜单，打开“销售订单”窗口。单击工具栏的“增加”按钮，根据图4-50填制销售订单，注意订单表头项目“业务类型”为“委托代销”。填制完毕保存并审核该销售订单，结果如图4-52所示。关闭并退出“销售订单”窗口。

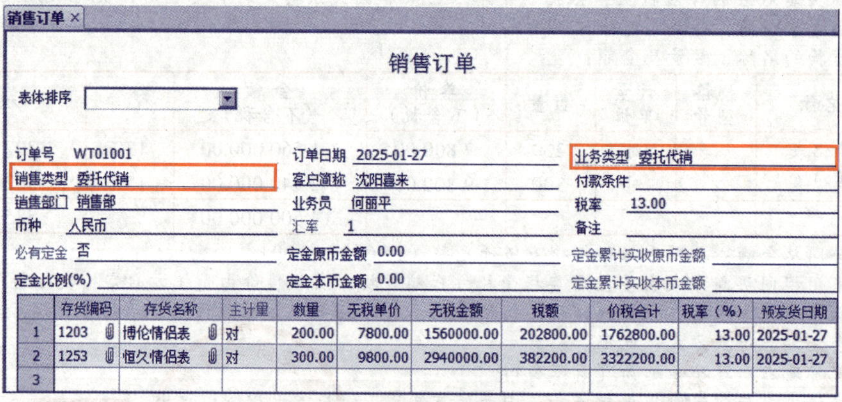
销售订单 ×

销售订单

表体排序

订单号 WT01001　订单日期 2025-01-27　业务类型 委托代销

销售类型 委托代销　客户简称 沈阳喜来　付款条件

销售部门 销售部　业务员 何丽平　税率 13.00

币种 人民币　汇率 1　备注

必有定金 否　定金原币金额 0.00　定金累计实收原币金额

定金比例(%)　定金本币金额 0.00　定金累计实收本币金额

	存货编码	存货名称	主计量	数量	无税单价	无税金额	税额	价税合计	税率（%）	预发货日期
1	1203	博伦情侣表	对	200.00	7800.00	1560000.00	202800.00	1762800.00	13.00	2025-01-27
2	1253	恒久情侣表	对	300.00	9800.00	2940000.00	382200.00	3322200.00	13.00	2025-01-27
3										

图4-52　（委托代销）销售订单

2. 参照（委托代销）销售订单生成委托代销发货单

在“销售管理”子系统，依次双击“委托代销→委托代销发货单”菜单，打开“委托代销发货单”窗口。单击工具栏的“增加”按钮，单击“订单”按钮，打开“查询条件选择-参照订单”窗口，单击“确定”按钮。在“参照生单”窗口，双击上窗格中WT01001号订单

“选择”单元格，再单击“确定”按钮，系统返回“委托代销发货单”窗口。发货单表体第1行、第2行的“仓库名称”选择“手表仓”。保存并审核该单据，如图4-53所示。

委托代销发货单 ×

委托代销发货单

表体排序

发货单号 0000000001　　发货日期 2025-01-27　　业务类型 委托代销

销售类型 委托代销　　订单号 WT01001　　税率 13.00

客户简称 沈阳喜来　　销售部门 销售部　　业务员 何丽平

发货地址　　发运方式　　付款条件

币种 人民币　　汇率 1　　备注

	仓库名称	存货编码	存货名称	主计量	数量	无税单价	无税金额	税额	价税合计	税率（%）
1	手表仓	1203	博伦情侣表	对	200.00	7800.00	1560000.00	202800.00	1762800.00	13.00
2	手表仓	1253	恒久情侣表	对	300.00	9800.00	2940000.00	382200.00	3322200.00	13.00
3										

图4-53　委托代销发货单

3. 参照委托代销发货单生成销售出库单

2025年1月27日，由李泽伟（C01）登录企业应用平台。依次双击“业务工作”页签中的“供应链→库存管理→出库业务→销售出库单”菜单，系统打开“销售出库单”窗口。执行“生单”|“销售生单”命令，打开“查询条件选择-销售发货单列表”对话框，单击“确定”按钮，系统打开“销售生单”窗口。双击27日沈阳喜来的发货单所对应的“选择”栏（即上一步骤完成的发货单），再单击工具栏的“确定”按钮，系统返回“销售出库单”窗口。

根据图4-51，修改“出库单号”为“CK01020”，其他项默认。保存并审核该销售出库单，结果如图4-54所示。关闭并退出该窗口。

销售出库单 ×

销售出库单

表体排序　　◉ 蓝字　○ 红字

出库单号 CK01020　　出库日期 2025-01-27　　仓库 手表仓

出库类别 委托代销出库　　业务类型 委托代销　　业务号 0000000001

销售部门 销售部　　业务员 何丽平　　客户 沈阳喜来

审核日期 2025-01-27　　备注

	存货编码	存货名称	规格型号	主计量单位	数量	单价	金额
1	1203	博伦情侣表		对	200.00		
2	1253	恒久情侣表		对	300.00		
3							

图4-54　销售出库单

4. 发出商品记账，生成凭证

2025年1月27日，由赵凯杰（W02）登录企业应用平台。

（1）发出商品记账。在供应链的“存货核算”系统，依次双击“业务核算→发出商品记账”菜单，系统打开“查询条件选择”窗口，直接单击“确定”按钮，系统打开“未记账单据一览表”窗口。单击工具栏的“全选”按钮，再单击“记账”按钮，系统弹出信息框提示记账成功，单击“确定”按钮，完成记账工作。关闭该窗口。

（2）生成凭证。依次双击“存货核算”子系统的“财务核算→生成凭证”菜单，系统打开“生成凭证”窗口。单击工具栏的“选择”按钮，系统弹出“查询条件”对话框，单击“确定”按钮，系统打开“选择单据”窗口，如图4-55所示。

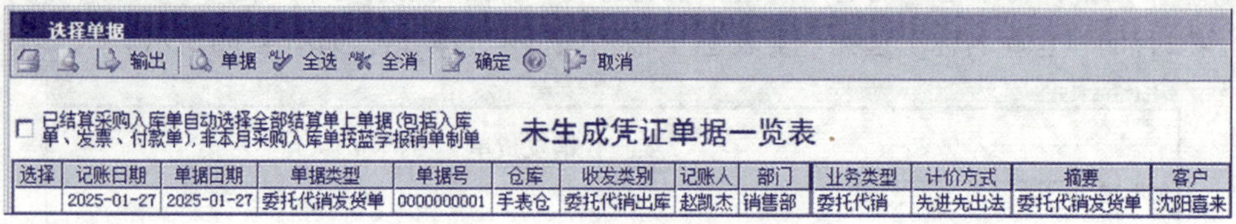

图4-55 “选择单据”窗口

单击工具栏的“全选”按钮，再单击工具栏的“确定”按钮，系统自动关闭“选择单据”窗口返回“生成凭证”窗口。单击工具栏的“生成”按钮，系统打开“填制凭证”窗口并自动生成凭证。单击工具栏的“保存”按钮，保存该记账凭证。关闭并退出窗口。

借：发出商品　　3 999 600.00

　贷：库存商品　　3 999 600.00

二、与受托方办理结算

【实验资料】

2025年1月28日，沈阳喜来根据本月代销货物销售情况与我公司办理代销结算。业务员何丽平。当日收到对方退回的未销售完商品。（注：所退货物成本价为8 888元）

相关凭证如图4-56至图4-59所示。

商品代销清单

2025年01月28日　　№ 0000000001

委托方	辽宁恒通商贸有限公司			受托方	沈阳喜来商贸有限公司			
账号	2107024015890035666			账号	583062692006266211 5			
开户银行	中国工商银行沈阳皇姑支行			开户银行	华夏银行沈阳万春支行			
代销货物	代销货物名称	规格型号	计量单位	数量	单价（不含税）	金额	税率	税额
	博伦情侣表		对	200	7 800.00	1 560 000.00	13%	202 800.00
	恒久情侣表		对	300	9 800.00	2 940 000.00	13%	382 200.00
	价税合计	大写：人民币伍佰零捌万伍仟元整				小写：¥5 085 000.00		
代销方式	视同买断							
代销款结算时间	根据代销货物销售情况于每月28日结算							
代销款结算方式	电汇							
本月代销货物销售情况	代销货物名称	规格型号	计量单位	数量	单价（不含税）	金额	税率	税额
	博伦情侣表		对	200	7 800.00	1 560 000.00	13%	202 800.00
	恒久情侣表		对	200	9 800.00	1 960 000.00	13%	254 800.00
	价税合计	大写：人民币叁佰玖拾柒万柒仟陆佰元整				小写：¥3 977 600.00		
本月代销款结算金额	大写：人民币叁佰玖拾柒万柒仟陆佰元整					小写：¥3 977 600.00		

主管：略　　审核：略　　制单：略　　受托方盖章：（沈阳喜来商贸有限公司 合同专用章）

图4-56 商品代销清单

电子发票（增值税专用发票）　　发票号码：25212000000021327516

全国统一发票监制章 国家税务总局 辽宁省税务局

开票日期：2025 年 01 月 28 日

购买方信息	名称：沈阳喜来商贸有限公司 统一社会信用代码/纳税人识别号：91210103282819034X	销售方信息	名称：辽宁恒通商贸有限公司 统一社会信用代码/纳税人识别号：91210105206917583A

项目名称	规格型号	单位	数量	单价	金额	税率/征收率	税额
*手表*博伦情侣表		对	200	7 800.00	1 560 000.00	13%	202 800.00
*手表*恒久情侣表		对	200	9 800.00	1 960 000.00	13%	254 800.00
合　计					¥3 520 000.00		¥457 600.00
价税合计（大写）	⊗ 叁佰玖拾柒万柒仟陆佰元整					（小写）	¥3 977 600.00
备注	购买方开户银行：华夏银行沈阳万春支行			银行账号：5830626920062662115			
	销售方开户银行：中国工商银行沈阳皇姑支行			银行账号：2107024015890035666			

开票人：赵凯杰

图4-57　增值税专用发票

中国工商银行　电汇凭证（收账通知）　4　　76911882

☑普通　☐加急　　委托日期 2025年01月28日

汇款人	全　称	沈阳喜来商贸有限公司	收款人	全　称	辽宁恒通商贸有限公司
	账　号	5830626920062662115		账　号	2107024015890035666
	开户银行	华夏银行沈阳万春支行		开户银行	中国工商银行沈阳皇姑支行

金额	人民币（大写） 叁佰玖拾柒万柒仟陆佰元整	亿	千	百	十	万	千	百	十	元	角	分
			¥	3	9	7	7	6	0	0	0	0

此汇款已收入收款人账户。 中国工商银行 沈阳皇姑支行 2025.01.28 转讫 (8) 汇入行签章	支付密码 附加信息及用途：货款 复核　　记账

此联为开户行给收款人的收账通知

图4-58　电汇收款凭证

出库单

客户：沈阳喜来　　2025 年 01 月 28 日　　单号：CK01021

发货仓库	存货编码	存货名称	计量单位	数量		单价	金额
				应发	实发		
手表仓	1253	恒久情侣表	对	−100	−100		
合　计							

部门经理：略　　会计：略　　仓库：略　　经办人：略

图4-59　出库单

【实验过程概览】

本业务的实验过程概览见表4-9。

表 4-9　实验过程概览

序号	操作日期	操作员	系统	操作内容
1	2025-01-28	X01 刘晓洺	销售管理	参照委托代销发货单生成委托代销结算单
2	2025-01-28	W02 赵凯杰	应收款管理	应收单据审核并制单处理
3	2025-01-28	W02 赵凯杰	存货核算	发出商品记账，生成凭证
4	2025-01-28	X01 刘晓洺	销售管理	参照委托代销发货单生成委托代销退货单
5	2025-01-28	C01 李泽伟	库存管理	参照委托代销退货单生成（负数）销售出库单
6	2025-01-28	W02 赵凯杰	存货核算	发出商品记账，生成凭证

【实验过程】

与受托方办理结算（视同买断）

1. 参照委托代销发货单生成委托代销结算单

2025年1月28日，由刘晓洺（X01）登录企业应用平台。

（1）生成委托代销结算单。依次双击“业务工作”页签中的“供应链→销售管理→委托代销→委托代销结算单”菜单，打开“委托代销结算单”窗口。单击工具栏的“增加”按钮，系统弹出“查询条件选择-委托结算参照发货单”窗口，单击“确定”按钮，系统弹出“参照生单”窗口。双击上窗格中27日沈阳喜来发货单所在行的“选择”单元格，单击“确定”按钮，系统返回“委托代销结算单”窗口。

根据图4-56、图4-57，表头项目“发票号填入“21327516”，将“恒久情侣表”的“数量”修改为“200”，单击工具栏的“保存”按钮，再单击“审核”按钮，系统弹出“请选择发票类型”对话框，单击“确定”按钮，委托代销结算单填制完毕，结果如图4-60所示。关闭“委托代销结算单”窗口。

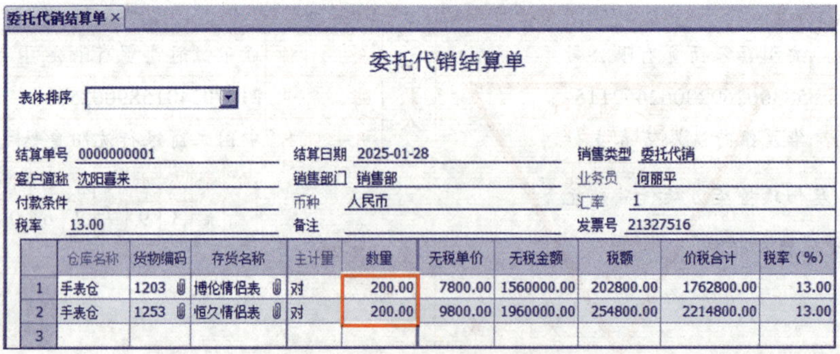
委托代销结算单 ×

委托代销结算单

表体排序

结算单号 0000000001　结算日期 2025-01-28　销售类型 委托代销
客户简称 沈阳喜来　销售部门 销售部　业务员 何丽平
付款条件　币种 人民币　汇率 1
税率 13.00　备注　发票号 21327516

	仓库名称	货物编码	存货名称	主计量	数量	无税单价	无税金额	税额	价税合计	税率（%）
1	手表仓	1203	博伦情侣表	对	200.00	7800.00	1560000.00	202800.00	1762800.00	13.00
2	手表仓	1253	恒久情侣表	对	200.00	9800.00	1960000.00	254800.00	2214800.00	13.00
3										

图4-60　委托代销结算单

（2）发票现结。依次双击“业务工作”页签中的“供应链→销售管理→销售开票→销售专用发票”菜单，打开“销售专用发票”窗口。单击工具栏的“➡|”（末张）按钮，找到委托代销结算单生成的21327516号专用发票。单击工具栏的“现结”按钮，打开“现结”窗口。根据图4-58，“结算方式”选择“电汇”，“原币金额”输入“3977600”，“票据号”输入“76911882”。输入完毕单击“确定”按钮，返回“销售专用发票”窗口，单击“复核”按钮，结果如图4-61所示。

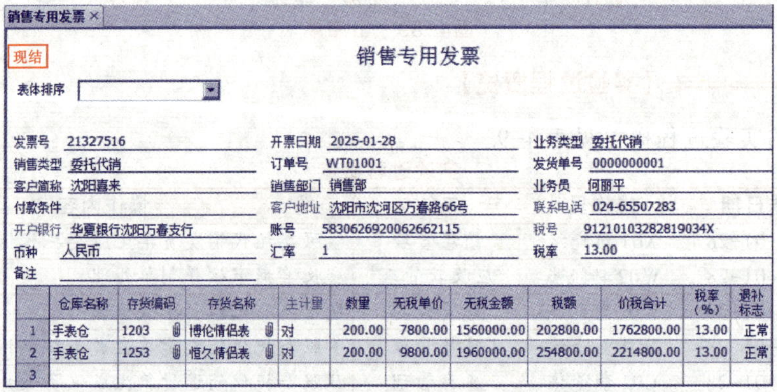
销售专用发票 ×

现结

销售专用发票

表体排序

发票号 21327516　开票日期 2025-01-28　业务类型 委托代销
销售类型 委托代销　订单号 WT01001　发货单号 0000000001
客户简称 沈阳喜来　销售部门 销售部　业务员 何丽平
付款条件　客户地址 沈阳市沈河区万春路66号　联系电话 024-65507283
开户银行 华夏银行沈阳万春支行　账号 5830626920062662115　税号 91210103282819034X
币种 人民币　汇率 1　税率 13.00
备注

	仓库名称	存货编码	存货名称	主计量	数量	无税单价	无税金额	税额	价税合计	税率（%）	退补标志
1	手表仓	1203	博伦情侣表	对	200.00	7800.00	1560000.00	202800.00	1762800.00	13.00	正常
2	手表仓	1253	恒久情侣表	对	200.00	9800.00	1960000.00	254800.00	2214800.00	13.00	正常
3											

图4-61　销售专用发票

2. 应收单据审核并制单处理

2025年1月28日，由赵凯杰（W02）登录企业应用平台。双击“业务工作→财务会计→应收款管理→应收单据处理→应收单据审核”菜单，打开“应收单查询条件”对话框，勾选“包含已现结发票”，单击“确定”按钮，打开“单据处理”窗口。

双击“21327516”单据号，打开要审核的发票，单击工具栏的“审核”按钮，系统提示“是否立即制单？”，点击“是”，生成记账凭证，单击工具栏的“保存”按钮。关闭当前已打开窗口。

借：银行存款/中国工商银行/沈阳皇姑支行	3 977 600.00	
贷：主营业务收入		3 520 000.00
应交税费/应交增值税/销项税额		457 600.00

3. 发出商品记账，生成凭证

（1）发出商品记账。在供应链的“存货核算”系统中，依次双击“业务核算→发出商品记账”菜单，系统打开“查询条件选择”窗口，直接单击其“确定”按钮，系统打开“未记账单据一览表”窗口。单击工具栏的“全选”按钮，以选中21327516号发票的两行记录，此时单击工具栏的“记账”按钮，系统提示记账成功，单击“确定”，完成记账工作。关闭当前窗口。

（2）生成凭证。依次双击“存货核算”系统的“财务核算→生成凭证”菜单，系统打开“生成凭证”窗口。单击工具栏的“选择”按钮，系统弹出“查询条件”对话框，单击“确定”按钮，系统打开“选择单据”窗口，如图4-62所示。

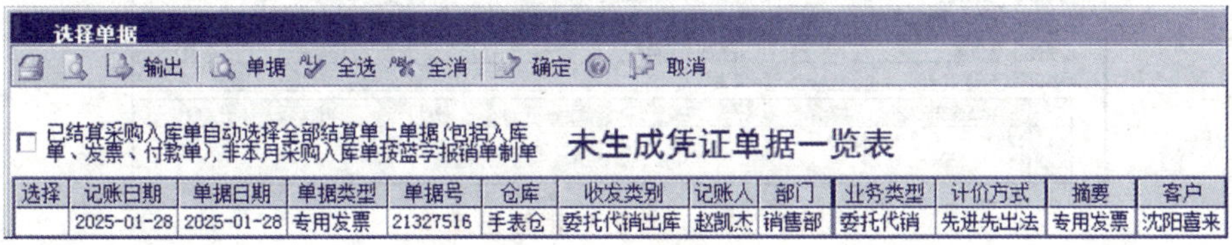

选择	记账日期	单据日期	单据类型	单据号	仓库	收发类别	记账人	部门	业务类型	计价方式	摘要	客户
	2025-01-28	2025-01-28	专用发票	21327516	手表仓	委托代销出库	赵凯杰	销售部	委托代销	先进先出法	专用发票	沈阳喜来

图4-62 “选择单据”窗口

单击工具栏的“全选”按钮，以选中21327516号发票，再单击工具栏的“确定”按钮，系统自动关闭“选择单据”窗口返回“生成凭证”窗口。单击工具栏的“生成”按钮，系统打开“填制凭证”窗口并自动生成凭证。单击工具栏的“保存”按钮，保存该记账凭证。关闭并退出窗口。

借：主营业务成本	3 110 800.00	
贷：发出商品		3 110 800.00

4. 参照委托代销发货单生成委托代销退货单

2025年1月28日，由刘晓洺（X01）登录企业应用平台。在“销售管理”子系统，依次双击“委托代销→委托代销退货单”菜单，打开“委托代销退货单”窗口。单击工具栏的“增加”按钮，执行“生单”|“参照订单”命令，打开“查询条件选择-参照订单”窗口，单击“确定”按钮。在“参照生单”窗口，上窗格选择WT01001号订单，下窗格只选择“恒久情侣表”，再单击“确定”按钮，系统返回“委托代销退货单”窗口。退货单表体第1行“仓库名称”选择“手表仓”。保存并审核该退货单，结果如图4-63所示。

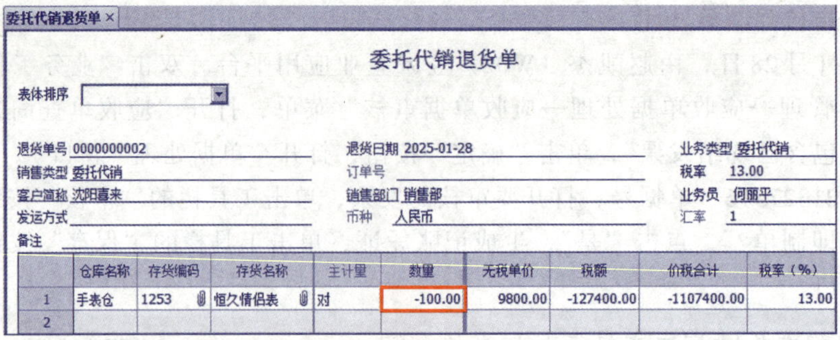

图4-63　委托代销退货单

5. 参照委托代销退货单生成（负数）销售出库单

2025年1月28日，由李泽伟（C01）登录企业应用平台。依次双击“业务工作”页签中的“供应链→库存管理→出库业务→销售出库单”菜单，系统打开“销售出库单”窗口。执行“生单”|“销售生单”命令，打开“查询条件选择-销售发货单列表”对话框，单击“确定”按钮，系统打开“销售生单”窗口。双击28日沈阳喜来的退货单所对应的“选择”栏（即上一步骤完成的退货单），再单击工具栏的“确定”按钮，系统返回“销售出库单”窗口。根据图4-59，修改“出库单号”为“CK01021”，将表体“数量”修改为“-100”，其他项默认。保存并审核该销售出库单，结果如图4-64所示。关闭并退出该窗口。

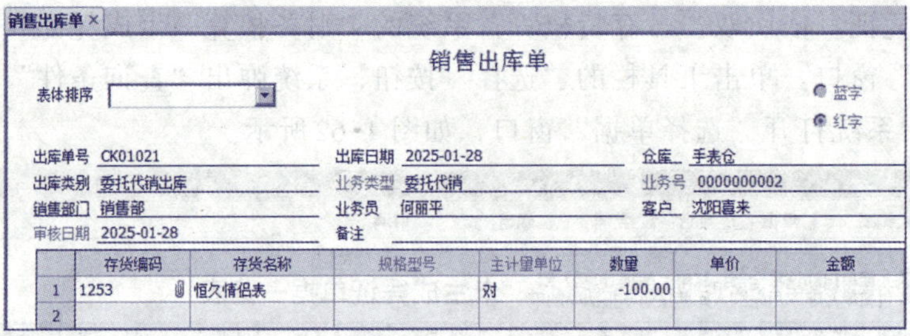

图4-64　（负数）销售出库单

6. 发出商品记账，生成凭证

2025年1月28日，由赵凯杰（W02）登录企业应用平台。

（1）发出商品记账。在供应链的“存货核算”系统，依次双击“业务核算→发出商品记账”菜单，系统打开“查询条件选择”窗口，直接单击“确定”按钮，系统打开“未记账单据一览表”窗口。单击工具栏的“全选”按钮，再单击“记账”按钮，系统弹出“手工输入单价列表”窗口，“恒久情侣表”的“单价”输入“8888”，单击“确定”，弹出“记账成功”对话框，单击“确定”按钮，完成记账工作。关闭该窗口。

（2）生成凭证。依次双击“存货核算”子系统的“财务核算→生成凭证”菜单，系统打开“生成凭证”窗口。单击工具栏的“选择”按钮，系统弹出“查询条件”对话框，单击“确定”按钮，系统打开“选择单据”窗口，如图4-65所示。

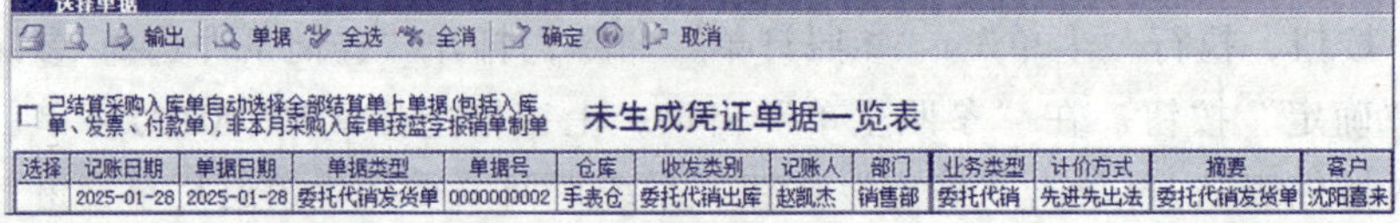

图4-65　“选择单据”窗口

单击工具栏的“全选”按钮，再单击工具栏的“确定”按钮，系统自动关闭“选择单据”窗口返回“生成凭证”窗口。单击工具栏的“生成”按钮，系统打开“填制凭证”窗口并自动生成凭证。单击工具栏的“保存”按钮，保存该记账凭证。

借：发出商品　　　　-888 800.00
　贷：库存商品　　　　-888 800.00

业务4　委托代销——收取手续费方式

一、发出委托代销货物

【实验资料】

2025年1月28日，销售部刘晓洺与沈阳金泰签订代销合同。当日发出代销商品。

相关凭证如图4-66至图4-67所示。

购销合同

合同编号：WT01002

委托方：辽宁恒通商贸有限公司

受托方：沈阳金泰商贸有限公司

为保护买卖双方的合法权益，根据《中华人民共和国民法典》的有关规定，买卖双方经友好协商，一致同意签订本合同，并共同遵守合同约定。

一、货物的名称、数量及金额：

货物名称	规格型号	计量单位	数量	单价（不含税）	金额（不含税）	税率	税额
百盛男夹克		件	1 000	598.00	598 000.00	13%	77 740.00
合　计					¥598 000.00		¥77 740.00

二、合同总金额：人民币陆拾柒万伍仟柒佰肆拾元整（¥675 740.00）。

三、采用支付手续费方式由委托方委托受托方销售货物，代销货物的售价只能按照合同约定的价格销售。根据代销商品销售情况，每月29日双方依照代销清单结算货款，受托方按不含税售价的10%向委托方收取手续费。

四、交货地点：辽宁恒通商贸有限公司。

五、发运方式与运输费用承担方式：由委托方发货，受托方承担运输费用。

卖　方：辽宁恒通商贸有限公司　　　买　方：沈阳金泰商贸有限公司

授权代表：刘晓洺　　　授权代表：刘春雨

日　期：2025年01月28日　　　日　期：2025年01月28日

图4-66　收取手续费方式代销合同

出库单

客户：沈阳金泰　　　2025年01月28日　　　单号：CK01022

发货仓库	存货编码	存货名称	计量单位	数量		单价	金额
				应发	实发		
服装仓	1101	百盛男夹克	件	1 000	1 000		
合　计							

部门经理：略　　会计：略　　仓库：略　　经办人：略

图4-67　出库单

【实验过程概览】

本业务的实验过程概览见表4-10。

表4-10 实验过程概览

序号	操作日期	操作员	系统	操作内容
1	2025-01-28	X01刘晓洺	销售管理	填制（委托代销）销售订单
2	2025-01-28	X01刘晓洺	销售管理	参照（委托代销）销售订单生成委托代销发货单
3	2025-01-28	C01李泽伟	库存管理	参照委托代销发货单生成销售出库单
4	2025-01-28	W02赵凯杰	存货核算	发出商品记账，生成凭证

【实验过程】

发出委托代销货物（收取手续费）

1. 填制（委托代销）销售订单

2025年1月28日，由刘晓洺（X01）登录企业应用平台。依次双击“业务工作”页签中的“供应链→销售管理→销售订货→销售订单”菜单，打开“销售订单”窗口。单击工具栏的“增加”按钮，根据图4-66填制销售订单。注意订单表头项目“业务类型”为“委托代销”。填制完毕保存并审核该销售订单，结果如图4-68所示。关闭并退出“销售订单”窗口。

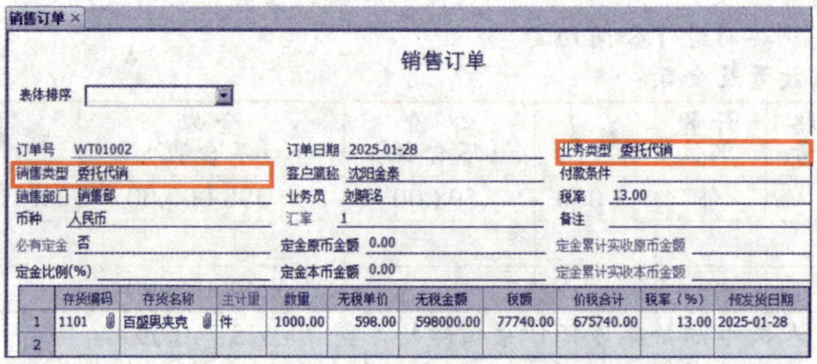
销售订单×

销售订单

表体排序

订单号 WT01002　订单日期 2025-01-28　业务类型 委托代销
销售类型 委托代销　客户简称 沈阳金泰　付款条件
销售部门 销售部　业务员 刘晓洺　税率 13.00
币种 人民币　汇率 1　备注
必有定金 否　定金原币金额 0.00　定金累计实收原币金额
定金比例(%)　定金本币金额 0.00　定金累计实收本币金额

	存货编码	存货名称	主计量	数量	无税单价	无税金额	税额	价税合计	税率（%）	预发货日期
1	1101	百盛男夹克	件	1000.00	598.00	598000.00	77740.00	675740.00	13.00	2025-01-28
2										

图4-68　（委托代销）销售订单

2. 参照（委托代销）销售订单生成委托代销发货单

在“销售管理”子系统，依次双击“委托代销→委托代销发货单”菜单，打开“委托代销发货单”窗口。单击工具栏的“增加”按钮，单击“订单”按钮，打开“查询条件选择-参照订单”窗口，单击“确定”按钮。在“参照生单”窗口，双击上窗格中WT01002号销售订单所在行的“选择”单元格，再单击工具栏的“确定”按钮，系统返回“委托代销发货单”窗口。发货单表体第1行的“仓库名称”选择“服装仓”。保存并审核该单据，结果如图4-69所示。

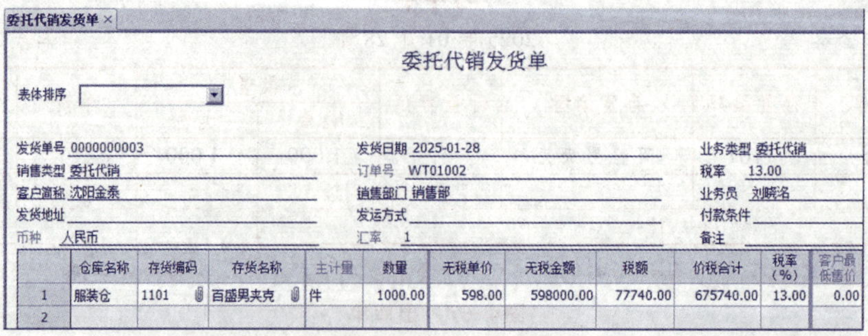
委托代销发货单×

委托代销发货单

表体排序

发货单号 0000000003　发货日期 2025-01-28　业务类型 委托代销
销售类型 委托代销　订单号 WT01002　税率 13.00
客户简称 沈阳金泰　销售部门 销售部　业务员 刘晓洺
发货地址　发运方式　付款条件
币种 人民币　汇率 1　备注

	仓库名称	存货编码	存货名称	主计量	数量	无税单价	无税金额	税额	价税合计	税率（%）	客户最低售价
1	服装仓	1101	百盛男夹克	件	1000.00	598.00	598000.00	77740.00	675740.00	13.00	0.00
2											

图4-69　委托代销发货单

3. 参照委托代销发货单生成销售出库单

2025年1月28日，由李泽伟（C01）登录企业应用平台。依次双击“业务工作”页签中的“供应链→库存管理→出库业务→销售出库单”菜单，系统打开“销售出库单”窗口。执行“生单”|“销售生单”命令，打开“查询条件选择-销售发货单列表”对话框，单击“确定”按钮，系统打开“销售生单”窗口。双击28日沈阳金泰的发货单所对应的“选择”栏（即上一步骤完成的发货单），再单击工具栏的“确定”按钮，系统返回“销售出库单”窗口。

根据图4-67，修改“出库单号”为“CK01022”，其他项默认。保存并审核该销售出库单，结果如图4-70所示。

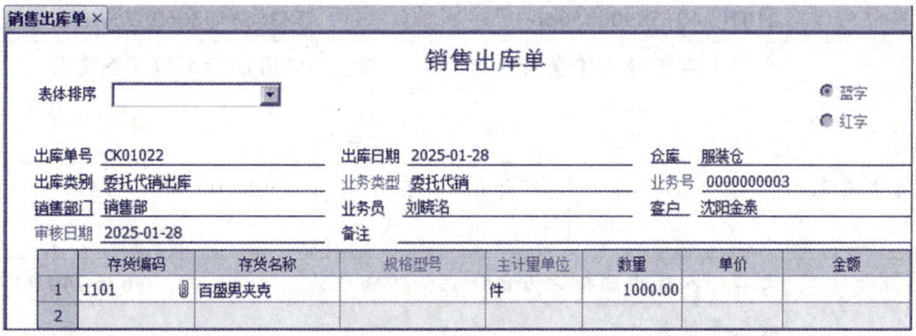

	存货编码	存货名称	规格型号	主计量单位	数量	单价	金额
1	1101	百盛男夹克		件	1000.00		
2							

图4-70　销售出库单

4. 发出商品记账，生成凭证

2025年1月28日，由赵凯杰（W02）登录企业应用平台。

（1）发出商品记账。在供应链的“存货核算”系统，依次双击“业务核算→发出商品记账”菜单，系统打开“查询条件选择”窗口，直接单击“确定”按钮，系统打开“未记账单据一览表”窗口。单击工具栏的“全选”按钮，以选中28日沈阳金泰的发货单，此时单击工具栏的“记账”按钮，系统弹出信息框提示记账成功，单击其“确定”按钮，完成发出商品记账工作。关闭该窗口。

（2）生成凭证。依次双击“存货核算”系统的“财务核算→生成凭证”菜单，系统打开“生成凭证”窗口。单击工具栏的“选择”按钮，系统弹出“查询条件”对话框，单击“确定”按钮，系统打开“选择单据”窗口，如图4-71所示。

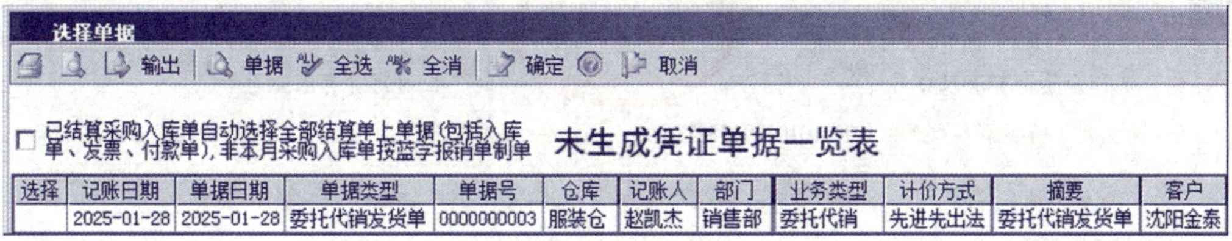

选择	记账日期	单据日期	单据类型	单据号	仓库	记账人	部门	业务类型	计价方式	摘要	客户
	2025-01-28	2025-01-28	委托代销发货单	0000000003	服装仓	赵凯杰	销售部	委托代销	先进先出法	委托代销发货单	沈阳金泰

图4-71　“选择单据”窗口

单击工具栏的“全选”按钮，再单击工具栏的“确定”按钮，系统自动关闭“选择单据”窗口返回“生成凭证”窗口。单击工具栏的“生成”按钮，系统打开“填制凭证”窗口并自动生成凭证。单击工具栏的“保存”按钮，保存该记账凭证。

借：发出商品	298 000.00	
贷：库存商品		298 000.00

二、与受托方办理结算

【实验资料】

2025年1月29日，沈阳金泰根据本月代销货物销售情况与我公司办理代销结算。业务员刘晓洺。（代销手续费要求通过采购专用发票处理）

相关凭证如图4-72至图4-75所示。

商品代销清单

日期：2025年01月29日　　№ 0000000002

委托方	辽宁恒通商贸有限公司				受托方	沈阳金泰商贸有限公司		
账号	2107024015890035666				账号	5830611580626927622		
开户银行	中国工商银行沈阳皇姑支行				开户银行	中国银行沈阳百花支行		
代销货物	代销货物名称	规格型号	计量单位	数量	单价（不含税）	金额	税率	税额
	百盛男夹克		件	1 000	598.00	598 000.00	13%	77 740.00
	价税合计	大写：人民币陆拾柒万伍仟柒佰肆拾元整				小写：¥675 740.00		
代销方式	收取手续费							
代销款结算时间	根据代销货物销售情况于每月29日结算							
代销款结算方式	电汇							
本月代销货物销售情况	代销货物名称	规格型号	计量单位	数量	单价（不含税）	金额	税率	税额
	百盛男夹克		件	1 000	598.00	598 000.00	13%	77 740.00
	价税合计	大写：人民币陆拾柒万伍仟柒佰肆拾元整				小写：¥675 740.00		
本月代销款结算金额	大写：人民币陆拾柒万伍仟柒佰肆拾元整					小写：¥675 740.00		

主管：略　　审核：略　　制单：略　　受托方盖章：

图4-72　商品代销清单

电子发票（增值税专用发票）

发票号码：25212000000021327517

开票日期：2025年01月29日

购买方信息	名称：沈阳金泰商贸有限公司 统一社会信用代码/纳税人识别号：91210103291938726E			销售方信息	名称：辽宁恒通商贸有限公司 统一社会信用代码/纳税人识别号：91210105206917583A		
项目名称	规格型号	单位	数量	单价	金额	税率/征收率	税额
*服装*百盛男夹克		件	1 000	598.00	598 000.00	13%	77 740.00
合计					¥598 000.00		¥77 740.00
价税合计（大写）	⊗ 陆拾柒万伍仟柒佰肆拾元整					（小写）	¥675 740.00
备注	购买方开户银行：中国银行沈阳百花支行　　银行账号：5830611580626927622 销售方开户银行：中国工商银行沈阳皇姑支行　　银行账号：2107024015890035666						

开票人：赵凯杰

图4-73　增值税专用发票

中国工商银行 电汇凭证（收账通知） 4 59601036

☑普通 □加急 委托日期 2025年01月29日

汇款人	全称	沈阳金泰商贸有限公司	收款人	全称	辽宁恒通商贸有限公司
	账号	583061158062692 7622		账号	2107024015890035666
	开户银行	中国银行沈阳百花支行		开户银行	中国工商银行沈阳皇姑支行
金额	人民币（大写）	陆拾壹万贰仟叁佰伍拾贰元整		亿千百十万千百十元角分	¥61235200
此汇款已收入收款人账户。			支付密码		
			附加信息及用途：货款		
汇入行签章				复核	记账

中国工商银行 沈阳皇姑支行 2025.01.29 转讫 (8)

此联为开户行给收款人的收账通知

图4-74 电汇收款凭证

电子发票（增值税专用发票） 发票号码：25212000000018733207

开票日期：2025年01月29日

全国统一发票监制章 国家税务总局 辽宁省税务局

购买方信息	名称：辽宁恒通商贸有限公司 统一社会信用代码/纳税人识别号：91210105206917583A			销售方信息	名称：沈阳金泰商贸有限公司 统一社会信用代码/纳税人识别号：91210103291938726E		
项目名称	规格型号	单位	数量	单价	金额	税率/征收率	税额
*代销服务*代销手续费		次	1	59 800.00	59 800.00	6%	3 588.00
合计					¥59 800.00		¥3 588.00
价税合计（大写）	⊗陆万叁仟叁佰捌拾捌元整					（小写）	¥63 388.00
备注	购买方开户银行：中国工商银行沈阳皇姑支行 银行账号：2107024015890035666 销售方开户银行：中国银行沈阳百花支行 银行账号：583061158062692 7622						

开票人：吴佳倩

图4-75 增值税专用发票

【实验过程概览】

本业务的实验过程概览见表4-11。

表4-11 实验过程概览

序号	操作日期	操作员	系统	操作内容
1	2025-01-29	X01 刘晓洺	销售管理	参照委托代销发货单生成委托代销结算单
2	2025-01-29	W02 赵凯杰	应收款管理	应收单据审核并制单处理
3	2025-01-29	W02 赵凯杰	存货核算	发出商品记账，生成凭证
4	2025-01-29	G01 张宏亮	采购管理	填制采购专用发票
5	2025-01-29	W02 赵凯杰	应付款管理	应付单据审核并制单处理
6	2025-01-29	W02 赵凯杰	应付款管理	应付冲应收并制单处理

【实验过程】

与受托方办理结算（收取手续费）

1. 参照委托代销发货单生成委托代销结算单

2025年1月29日，由刘晓洺（X01）登录企业应用平台。

（1）生成委托代销结算单。依次双击“业务工作”页签中的“供应链→销售管理→委托代销→委托代销结算单”菜单，打开“委托代销结算单”窗口。单击工具栏的“增加”按钮，系统弹出“查询条件选择-委托结算参照发货单”窗口，单击“确定”按钮，系统弹出“参照生单”窗口。双击上窗格中28日沈阳金泰发货单所在行的“选择”单元格，单击“确定”按钮，系统返回“委托代销结算单”窗口。

根据图4-72、图4-73，表头项目“发票号”输入“21327517”，单击工具栏的“保存”按钮，再单击“审核”按钮，系统弹出“请选择发票类型”对话框，单击“确定”按钮，委托代销结算单填制完毕，如图4-76所示。关闭“委托代销结算单”窗口。

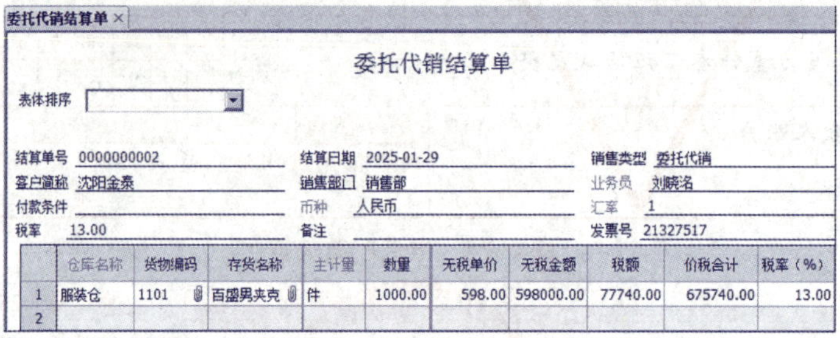

委托代销结算单 ×

委托代销结算单

表体排序

结算单号 0000000002	结算日期 2025-01-29	销售类型 委托代销
客户简称 沈阳金泰	销售部门 销售部	业务员 刘晓名
付款条件	币种 人民币	汇率 1
税率 13.00	备注	发票号 21327517

	仓库名称	货物编码	存货名称	主计量	数量	无税单价	无税金额	税额	价税合计	税率（%）
1	服装仓	1101	百盛男夹克	件	1000.00	598.00	598000.00	77740.00	675740.00	13.00
2										

图4-76　委托代销结算单

（2）发票现结。依次双击“业务工作”页签中的“供应链→销售管理→销售开票→销售专用发票”菜单，打开“销售专用发票”窗口。单击工具栏的“➡|”（末张）按钮，找到委托代销结算单生成的21327517号专用发票。单击工具栏的“现结”按钮，打开“现结”对话框。根据图4-74，“结算方式”选择“电汇”，“原币金额”输入“612352”，“票据号”输入“59601036”。输入完毕单击“确定”按钮，返回“销售专用发票”窗口，单击“复核”按钮，结果如图4-77所示。

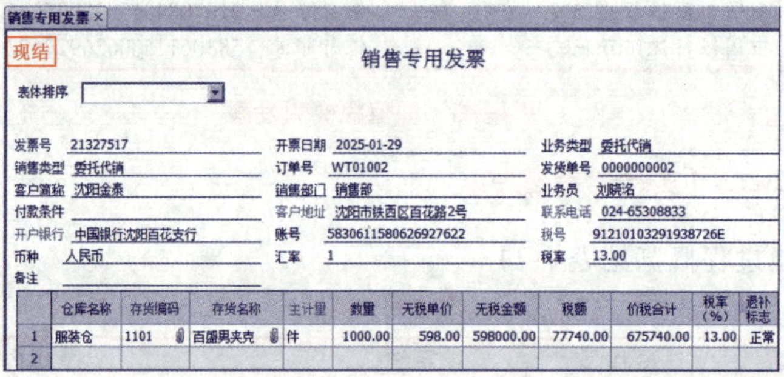

销售专用发票 ×

现结

销售专用发票

表体排序

发票号 21327517	开票日期 2025-01-29	业务类型 委托代销
销售类型 委托代销	订单号 WT01002	发货单号 0000000002
客户简称 沈阳金泰	销售部门 销售部	业务员 刘晓名
付款条件	客户地址 沈阳市铁西区百花路2号	联系电话 024-65308833
开户银行 中国银行沈阳百花支行	账号 5830611580626927622	税号 91210103291938726E
币种 人民币	汇率 1	税率 13.00
备注		

	仓库名称	存货编码	存货名称	主计量	数量	无税单价	无税金额	税额	价税合计	税率（%）	退补标志
1	服装仓	1101	百盛男夹克	件	1000.00	598.00	598000.00	77740.00	675740.00	13.00	正常
2											

图4-77　销售专用发票

2. 应收单据审核并制单处理

2025年1月29日，由赵凯杰（W02）登录企业应用平台。依次双击“业务工作”页签中的“财务会计→应收款管理→应收单据处理→应收单据审核”菜单，系统打开“应收单查询条件”窗口，勾选“包含已现结发票”，单击“确定”按钮，打开“单据处理”窗口。

双击“21327517”单据号，打开要审核的发票，单击工具栏的“审核”按钮，系统提示“是否立即制单?”，单击“是”，系统自动打开“填制凭证”窗口，单击工具栏的“保存”按钮。关闭当前已打开窗口。

借：应收账款/人民币（沈阳金泰）	63 388.00	
银行存款/中国工商银行/沈阳皇姑支行	612 352.00	
贷：主营业务收入		598 000.00
应交税费/应交增值税/销项税额		77 740.00

3. 发出商品记账，生成凭证

（1）发出商品记账。在供应链的“存货核算”系统中，依次双击“业务核算→发出商品记账”菜单，系统打开“查询条件选择”窗口，直接单击“确定”按钮，系统打开“未记账单据一览表”窗口。双击21327517号销售发票的“选择”栏，再单击工具栏的“记账”按钮，系统弹出信息框提示记账成功，单击其“确定”按钮，完成记账工作。关闭该窗口。

（2）生成凭证。依次双击“存货核算”系统的“财务核算→生成凭证”菜单，系统打开“生成凭证”窗口。单击工具栏的“选择”按钮，系统弹出“查询条件”对话框，单击“确定”按钮，系统打开“选择单据”窗口，如图4-78所示。

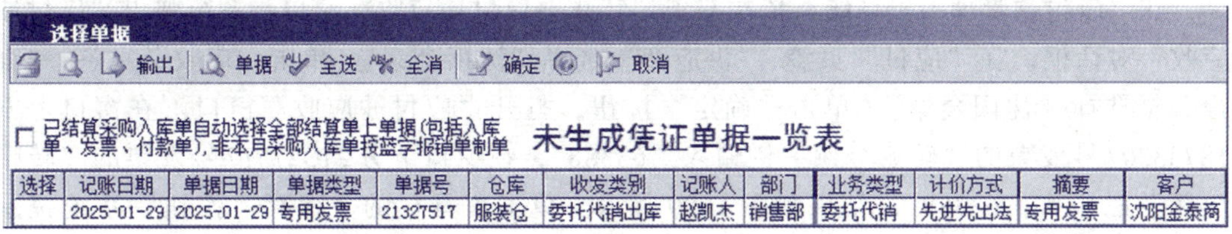

选择	记账日期	单据日期	单据类型	单据号	仓库	收发类别	记账人	部门	业务类型	计价方式	摘要	客户
	2025-01-29	2025-01-29	专用发票	21327517	服装仓	委托代销出库	赵凯杰	销售部	委托代销	先进先出法	专用发票	沈阳金泰商

图4-78 “选择单据”窗口

单击工具栏的“全选”按钮，再单击“确定”按钮，系统自动关闭“选择单据”窗口返回“生成凭证”窗口。单击工具栏的“生成”按钮，系统打开“填制凭证”窗口并自动生成凭证。单击“保存”按钮。关闭当前窗口。

借：主营业务成本　　298 000.00

　贷：发出商品　　298 000.00

4. 填制采购专用发票

2025年1月29日，由张宏亮（G01）登录企业应用平台。依次双击“业务工作”页签中的“供应链→采购管理→采购发票→专用采购发票”菜单，打开“专用发票”窗口。单击工具栏的“增加”按钮，根据图4-75填制采购专用发票。填制完毕保存该发票，结果如图4-79所示。

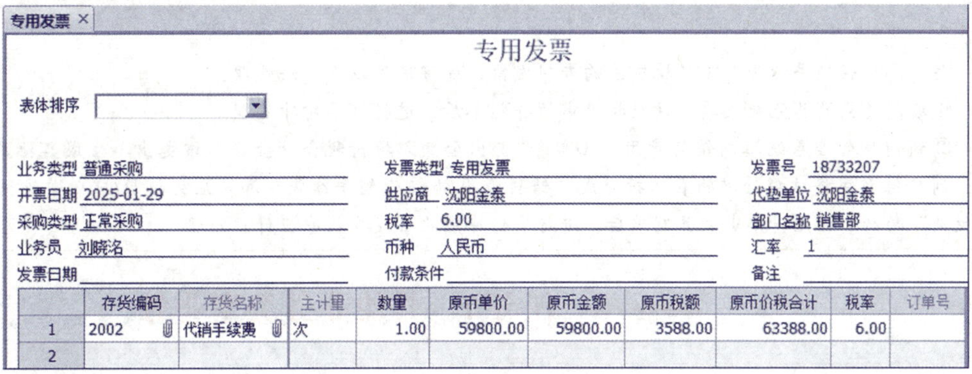

	存货编码	存货名称	主计量	数量	原币单价	原币金额	原币税额	原币价税合计	税率	订单号
1	2002	代销手续费	次	1.00	59800.00	59800.00	3588.00	63388.00	6.00	
2										

图4-79 采购专用发票

5. 应付单据审核并制单处理

2025年1月29日，由赵凯杰（W02）登录企业应用平台。依次双击“业务工作”页签中的“财务会计→应付款管理→应付单据处理→应付单据审核”菜单，系统打开“应付单查询条件”窗口，勾选“包含已现结发票”，单击“确定”按钮，打开“单据处理”窗口。

双击“18733207”单据号，打开要审核的发票，单击工具栏的“审核”按钮，系统提示“是否立即制单?”，单击“是”按钮，系统自动打开“填制凭证”窗口，单击工具栏的“保存”按钮。关闭当前已打开窗口。

借：销售费用/委托代销手续费　59 800.00
　　应交税费/应交增值税/进项税额　3 588.00
　贷：应付账款/一般应付账款（沈阳金泰）　63 388.00

6. 应付冲应收并制单处理

在“应付款管理”子系统，依次双击“转账→应付冲应收”菜单，系统弹出“应付冲应收”对话框。在“应付”页签，“供应商”选择“沈阳金泰”。单击“应收”页签，“客户”栏选择“沈阳金泰”，单击“确定”按钮，打开“应付冲应收”窗口。在窗口上方18733207号发票的“转账金额”栏输入“63388”，在窗口下方21327517号发票的“转账金额”栏输入“63388”，结果如图4-80所示。单击工具栏的“保存”按钮，系统提示“是否立即制单?”，单击“是”按钮，系统自动打开“填制凭证”窗口，单击工具栏的“保存”按钮。

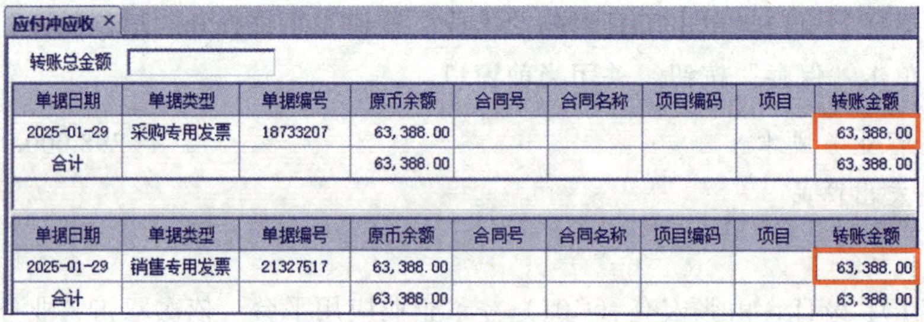
应付冲应收 ×

转账总金额

单据日期	单据类型	单据编号	原币余额	合同号	合同名称	项目编码	项目	转账金额
2025-01-29	采购专用发票	18733207	63,388.00					63,388.00
合计			63,388.00					63,388.00

单据日期	单据类型	单据编号	原币余额	合同号	合同名称	项目编码	项目	转账金额
2025-01-29	销售专用发票	21327517	63,388.00					63,388.00
合计			63,388.00					63,388.00

图4-80　应付冲应收

借：应付账款/一般应付账款（沈阳金泰）　63 388.00
　贷：应收账款/人民币（沈阳金泰）　63 388.00

提示

关于委托代销手续费，除了填制采购专用发票，还可通过以下方法处理：

①填制负向的其他应收单。该应收单审核并制单后，进行红票对冲处理。

②到销售管理系统填制销售费用支出单，“支出金额”填价税合计金额。该支出单生成其他应付单，到应付系统将该应付单的表体拆分成“销售费用/委托代销手续费”和“应交税费/应交增值税/进项税额”两行。该应付单审核并制单后，进行应付冲应收（或应收冲应付）处理。

任务2　其他业务类型业务

业务1　分期收款业务

【实验资料】

2025年1月29日，销售部何丽平与北京汇鑫签订分期收款销售合同（不具有融资性质）。当日发出全部货物。

2025年1月30日，收到北京汇鑫支付的第一期货款。

相关凭证如图4-81至图4-84所示。

购销合同

合同编号：FQ01001

卖方：辽宁恒通商贸有限公司

买方：北京汇鑫百货有限公司

为保护买卖双方的合法权益，根据《中华人民共和国民法典》的有关规定，买卖双方经友好协商，一致同意签订本合同，并共同遵守合同约定。

一、货物的名称、数量及金额：

货物名称	规格型号	计量单位	数量	单价（不含税）	金额（不含税）	税率	税额
百盛牛仔裤		条	600	300.00	180 000.00	13%	23 400.00
合计					¥180 000.00		¥23 400.00

二、合同总金额：人民币贰拾万零叁仟肆佰元整（¥203 400.00）。

三、签订合同当日，卖方发出全部商品。买方分期向卖方支付货款。自本月起，每月30日支付货款，分三期支付。逾期未付，视为买方违约。至付清所有合同款项前，卖方按买方未付款项与合同总价款的比例保留对合同标的物的所有权。

四、交货地点：辽宁恒通商贸有限公司。

五、发运方式与运输费用承担方式：由卖方发货，买方承担运输费用。

卖　　方：辽宁恒通商贸有限公司　　　　买　　方：北京汇鑫百货有限公司

授权代表：何丽平　　　　授权代表：王兰金

日　　期：2025年01月29日　　　　日　　期：2025年01月29日

图4-81　购销合同

出库单

客户：北京汇鑫　　2025年01月29日　　单号：CK01023

发货仓库	存货编码	存货名称	计量单位	数量		单价	金额
				应发	实发		
服装仓	1103	百盛牛仔裤	条	600	600		
合　计							

部门经理：略　　会计：略　　仓库：略　　经办人：略

图4-82　出库单

电子发票（增值税专用发票）

发票号码：25212000000021327518

开票日期：2025年01月30日

购买方信息		销售方信息	
名称：北京汇鑫百货有限公司		名称：辽宁恒通商贸有限公司	
统一社会信用代码/纳税人识别号：91110113578732690F		统一社会信用代码/纳税人识别号：91210105206917583A	

项目名称	规格型号	单位	数量	单价	金额	税率/征收率	税额
*服装*百盛牛仔裤		条	200	300.00	60 000.00	13%	7 800.00
合　计					¥60 000.00		¥7 800.00
价税合计（大写）	⊗陆万柒仟捌佰元整					（小写）	¥67 800.00

备注：
购买方开户银行：中国银行北京顺义常庄支行　　银行账号：2700322598914536398
销售方开户银行：中国工商银行沈阳皇姑支行　　银行账号：2107024015890035666

开票人：赵凯杰

图4-83　增值税专用发票

中国工商银行　电汇凭证（收账通知）　4　　16381762

☑普通　□加急　　委托日期　2025年01月30日

汇款人	全　称	北京汇鑫百货有限公司	收款人	全　称	辽宁恒通商贸有限公司
	账　号	270032259891453639８		账　号	2107024015890035666
	开户银行	中国银行北京顺义常庄支行		开户银行	中国工商银行沈阳皇姑支行
金额	人民币（大写）	陆万柒仟捌佰元整		亿 千 百 十 万 千 百 十 元 角 分	￥ 6 7 8 0 0 0 0
此汇款已收入收款人账户。		汇入行签章	支付密码		
			附加信息及用途：货款	复核	记账

此联为开户行给收款人的收账通知

（印章：中国工商银行沈阳皇姑支行　2025.01.30　转讫　(8)）

图4-84　电汇收款凭证

【实验过程概览】

本业务的实验过程概览见表4-12。

表4-12　　实验过程概览

序号	操作日期	操作员	系统	操作内容
1	2025-01-29	X01刘晓洺	销售管理	填制（分期收款）销售订单
2	2025-01-29	X01刘晓洺	销售管理	参照（分期收款）销售订单生成发货单
3	2025-01-29	C01李泽伟	库存管理	参照发货单生成销售出库单
4	2025-01-29	W02赵凯杰	存货核算	发出商品记账并生成凭证
5	2025-01-30	X01刘晓洺	销售管理	参照发货单生成销售专用发票
6	2025-01-30	W02赵凯杰	应收款管理	应收单据审核并制单处理
7	2025-01-30	W02赵凯杰	存货核算	发出商品记账，生成凭证

【实验过程】

分期收款业务

1. 填制（分期收款）销售订单

2025年1月29日，由刘晓洺（X01）登录企业应用平台。依次双击“业务工作”页签中的“供应链→销售管理→销售订货→销售订单”菜单，打开“销售订单”窗口。单击工具栏的“增加”按钮，根据图4-81填制销售订单。注意表头项目“业务类型”应为“分期收款”。填制完毕保存并审核该单据，结果如图4-85所示。关闭“销售订单”窗口。

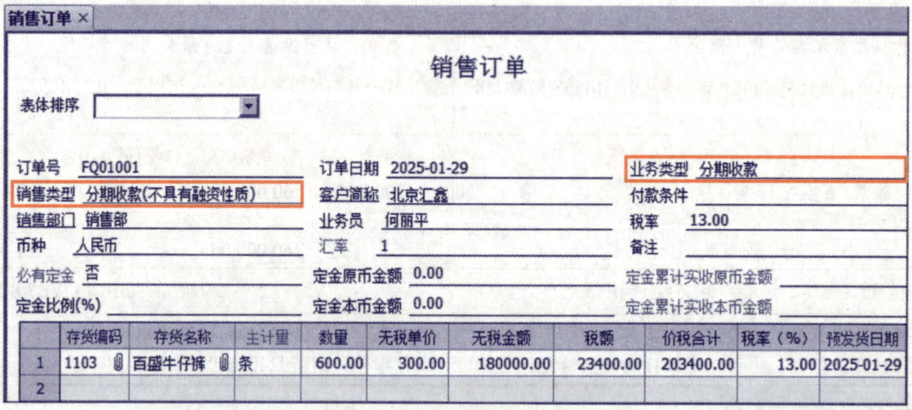
销售订单 ×

销售订单

表体排序

订单号 FQ01001　订单日期 2025-01-29　业务类型 分期收款
销售类型 分期收款(不具有融资性质)　客户简称 北京汇鑫　付款条件
销售部门 销售部　业务员 何丽平　税率 13.00
币种 人民币　汇率 1　备注
必有定金 否　定金原币金额 0.00　定金累计实收原币金额
定金比例(%)　定金本币金额 0.00　定金累计实收本币金额

	存货编码	存货名称	主计量	数量	无税单价	无税金额	税额	价税合计	税率（%）	预发货日期
1	1103	百盛牛仔裤	条	600.00	300.00	180000.00	23400.00	203400.00	13.00	2025-01-29
2										

图4-85　（分期收款）销售订单

2. 参照（分期收款）销售订单生成发货单

在“销售管理”子系统，依次双击“销售发货→发货单”菜单，打开“发货单”窗口。单击工具栏的“增加”按钮，将表头的“业务类型”改为“分期收款”，单击“订单”按钮，打开“查询条件选择-参照订单”窗口，单击“确定”按钮。在“参照生单”窗口，双击上窗格中FQ07001号订单所在行的“选择”单元格，再单击工具栏的“确定”按钮，系统返回“发货单”窗口。发货单表体第1行“仓库名称”选择“服装仓”。保存并审核该发货单，结果如图4-86所示。

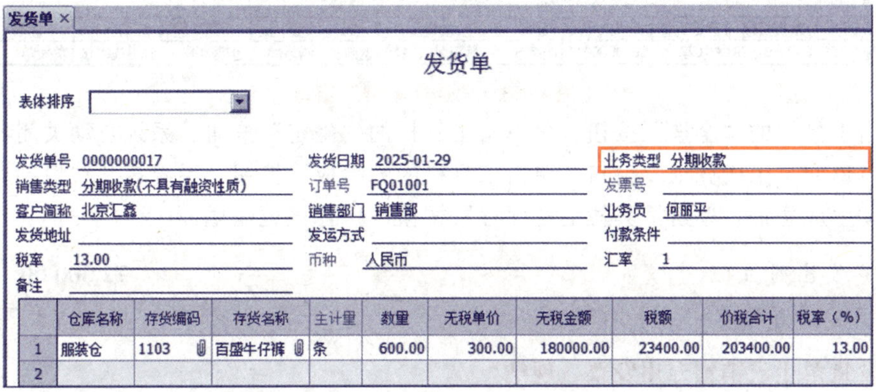

发货单 ×

发货单

表体排序

发货单号 0000000017　发货日期 2025-01-29　业务类型 分期收款
销售类型 分期收款(不具有融资性质)　订单号 FQ01001　发票号
客户简称 北京汇鑫　销售部门 销售部　业务员 何丽平
发货地址　发运方式　付款条件
税率 13.00　币种 人民币　汇率 1
备注

	仓库名称	存货编码	存货名称	主计量	数量	无税单价	无税金额	税额	价税合计	税率（%）
1	服装仓	1103	百盛牛仔裤	条	600.00	300.00	180000.00	23400.00	203400.00	13.00
2										

图4-86　（分期收款）发货单

3. 参照发货单生成销售出库单

2025年1月29日，由李泽伟（C01）登录企业应用平台。依次双击“业务工作”页签中的“供应链→库存管理→出库业务→销售出库单”菜单，系统打开“销售出库单”窗口。执行“生单”|“销售生单”命令，打开“查询条件选择-销售发货单列表”对话框，单击“确定”按钮，系统打开“销售生单”窗口。双击29日北京汇鑫的发货单所对应的“选择”栏（即上一步骤完成的发货单），再单击工具栏的“确定”按钮，系统返回“销售出库单”窗口。根据图4-82，修改“出库单号”为“CK01023”，其他项默认。保存并审核该销售出库单，结果如图4-87所示。

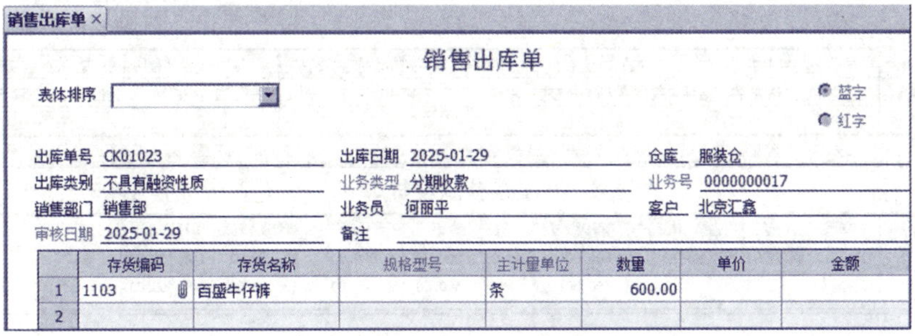

销售出库单 ×

销售出库单

表体排序　◉ 蓝字　○ 红字

出库单号 CK01023　出库日期 2025-01-29　仓库 服装仓
出库类别 不具有融资性质　业务类型 分期收款　业务号 0000000017
销售部门 销售部　业务员 何丽平　客户 北京汇鑫
审核日期 2025-01-29　备注

	存货编码	存货名称	规格型号	主计量单位	数量	单价	金额
1	1103	百盛牛仔裤		条	600.00		
2							

图4-87　销售出库单

4. 发出商品记账并生成凭证

2025年1月29日，由赵凯杰（W02）登录企业应用平台。

（1）发出商品记账。在供应链的“存货核算”系统，依次双击“业务核算→发出商品记账”菜单，系统打开“查询条件选择”窗口，直接单击“确定”按钮，系统打开“未记账单据一览表”窗口。双击29日北京汇鑫发货单的“选择”栏，此时单击工具栏的“记账”

按钮，系统弹出信息框提示记账成功，单击其“确定”按钮，完成记账工作。关闭该窗口。

（2）生成凭证。依次双击“存货核算”子系统的“财务核算→生成凭证”菜单，系统打开“生成凭证”窗口。单击工具栏的“选择”按钮，系统弹出“查询条件”对话框，单击“确定”按钮，系统打开“选择单据”窗口，如图4-88所示。

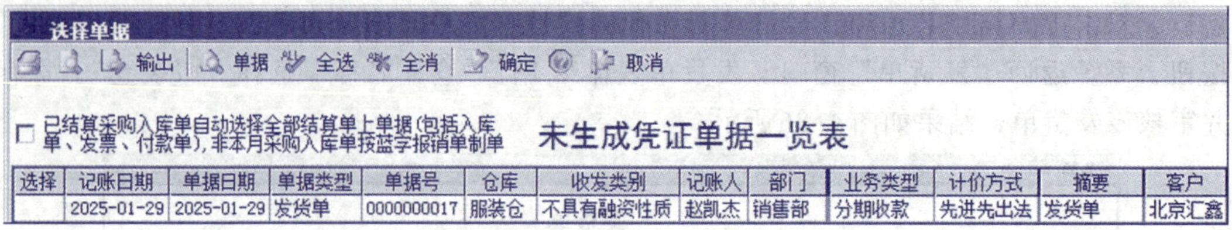

选择	记账日期	单据日期	单据类型	单据号	仓库	收发类别	记账人	部门	业务类型	计价方式	摘要	客户
	2025-01-29	2025-01-29	发货单	0000000017	服装仓	不具有融资性质	赵凯杰	销售部	分期收款	先进先出法	发货单	北京汇鑫

图4-88 “选择单据”窗口

单击工具栏的“全选”按钮，再单击工具栏的“确定”按钮，系统自动关闭“选择单据”窗口返回“生成凭证”窗口。单击工具栏的“生成”按钮，系统打开“填制凭证”窗口并自动生成凭证。单击工具栏的“保存”按钮，保存该记账凭证。

借：发出商品	72 000.00	
贷：库存商品		72 000.00

5. 参照发货单生成销售专用发票（现结）

2025年1月30日，由刘晓洺（X01）登录企业应用平台。

（1）生成销售专用发票。依次双击“业务工作”页签中的“供应链→销售管理→销售发票→销售专用发票”菜单，系统打开“销售专用发票”窗口。单击工具栏的“增加”按钮，将销售专用发票表头项目“业务类型”改为“分期收款”，再执行工具栏的“生单”|“参照发货单”命令，打开“查询条件选择-发票参照发货单”对话框，单击“确定”按钮，系统打开“参照生单”窗口。双击29日北京汇鑫的发货单所对应的“选择”栏，结果如图4-89所示，然后单击工具栏的“确定”按钮，返回“销售专用发票”窗口。

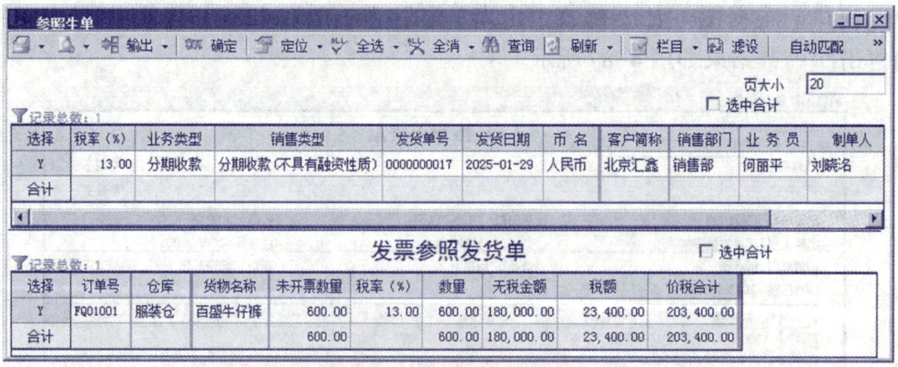

选择	税率（%）	业务类型	销售类型	发货单号	发货日期	币名	客户简称	销售部门	业务员	制单人
Y	13.00	分期收款	分期收款(不具有融资性质)	0000000017	2025-01-29	人民币	北京汇鑫	销售部	何丽平	刘晓洺
合计										

选择	订单号	仓库	货物名称	未开票数量	税率（%）	数量	无税金额	税额	价税合计
Y	FQ01001	服装仓	百盛牛仔裤	600.00	13.00	600.00	180,000.00	23,400.00	203,400.00
合计				600.00		600.00	180,000.00	23,400.00	203,400.00

图4-89 “参照生单”窗口

根据图4-83，修改表头项目“发票号”为“21327518”，将表体项目“数量”改为“200”，其他项默认。单击工具栏的“保存”按钮，保存该单据。

（2）现结。单击工具栏的“现结”按钮，打开“现结”窗口。根据图4-84，“结算方式”选择“电汇”，“原币金额”输入“67800”，“票据号”输入“16381762”。输入完毕单击“确定”按钮，返回“销售专用发票”窗口。单击“复核”按钮，结果如图4-90所示。

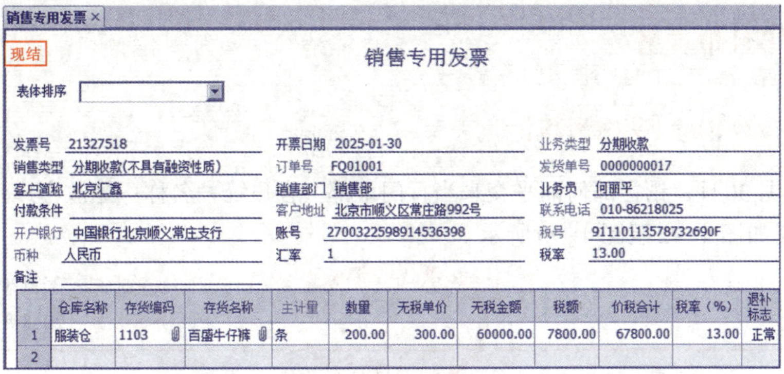

	仓库名称	存货编码	存货名称	主计量	数量	无税单价	无税金额	税额	价税合计	税率（%）	退补标志
1	服装仓	1103	百盛牛仔裤	条	200.00	300.00	60000.00	7800.00	67800.00	13.00	正常
2											

图4-90　销售专用发票

6. 应收单据审核并制单处理

2025年1月30日，由赵凯杰（W02）登录企业应用平台。依次双击“业务工作”页签中的“财务会计→应收款管理→应收单据处理→应收单据审核”菜单，系统打开“应收单查询条件”窗口，勾选“包含已现结发票”，单击“确定”按钮，打开“单据处理”窗口。

双击“21327518”单据号，打开要审核的发票，单击工具栏的“审核”按钮，系统提示“是否立即制单?”，单击“是”，系统自动打开“填制凭证”窗口，单击工具栏的“保存”按钮。关闭当前已打开窗口。

借：银行存款/中国工商银行/沈阳皇姑支行	67 800.00	
贷：主营业务收入		60 000.00
应交税费/应交增值税/销项税额		7 800.00

7. 发出商品记账，生成凭证

（1）发出商品记账。在供应链的“存货核算”子系统，依次双击“业务核算→发出商品记账”菜单，系统打开“查询条件选择”窗口，直接单击其“确定”按钮，系统打开“未记账单据一览表”窗口。双击21327518号专用发票的“选择”栏，此时单击工具栏的“记账”按钮，系统提示记账成功，单击“确定”按钮，完成记账工作。关闭当前窗口。

（2）生成凭证。依次双击“存货核算”子系统的“财务核算→生成凭证”菜单，打开“生成凭证”窗口。单击工具栏的“选择”按钮，系统弹出“查询条件”对话框，单击“确定”按钮，系统打开“选择单据”窗口，如图4-91所示。

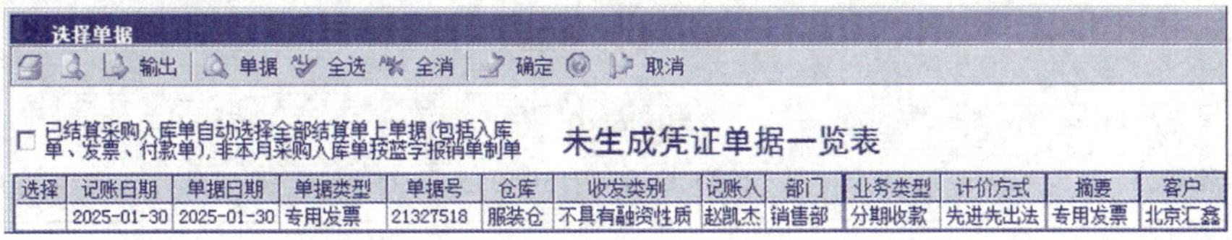

选择	记账日期	单据日期	单据类型	单据号	仓库	收发类别	记账人	部门	业务类型	计价方式	摘要	客户
	2025-01-30	2025-01-30	专用发票	21327518	服装仓	不具有融资性质	赵凯杰	销售部	分期收款	先进先出法	专用发票	北京汇鑫

图4-91　“选择单据”窗口

单击工具栏的“全选”按钮，再单击工具栏的“确定”按钮，系统自动关闭“选择单据”窗口返回“生成凭证”窗口。单击工具栏的“生成”按钮，系统打开“填制凭证”窗口并自动生成凭证。单击工具栏的“保存”按钮，保存该记账凭证。

借：主营业务成本	24 000.00	
贷：发出商品		24 000.00

业务2　零售日报业务

【实验资料】

2025年1月30日，销售部何丽平交来当日门市部（客户统一名称：零散客户）零售货款。相关凭证如图4-92至图4-95所示。

电子发票（普通发票）

发票号码：25212000000071290756

开票日期：2025年01月30日

购买方信息	名称：零散客户 统一社会信用代码/纳税人识别号：	销售方信息	名称：辽宁恒通商贸有限公司 统一社会信用代码/纳税人识别号：91210105206917583A				
项目名称	规格型号	单位	数量	单价	金额	税率/征收率	税额
*服装*百盛男夹克		件	60	431.86	25 911.50	13%	3 368.50
*服装*嘉伟女风衣		件	85	785.84	66 796.46	13%	8 683.54
*手表*博伦女表		只	10	3 433.63	34 336.28	13%	4 463.72
*手表*恒久情侣表		对	20	8 761.06	175 221.24	13%	22 778.76
合　计					¥302 265.48		¥39 294.52
价税合计（大写）	⊗叁拾肆万壹仟伍佰陆拾元整				（小写）¥341 560.00		
备注	销售方开户银行：中国工商银行沈阳皇姑支行			银行账号：2107024015890035666			

开票人：赵凯杰

图4-92　增值税普通发票

收　据

2025年01月30日　　№ 45362532

交款单位（人）：零散客户　　收款方式：现金

人民币合计（大写）：叁拾肆万壹仟伍佰陆拾元整

（小写）：¥341 560.00

交款事由：零售日报款

现金收讫

第二联：记账联

会计：赵凯杰　　出纳：贺青春　　复核：王钰茹

图4-93　收据

出库单

客户：零散客户　　2025年01月30日　　单号：CK01024

发货仓库	存货编码	存货名称	计量单位	数量		单价	金额
				应发	实发		
服装仓	1101	百盛男夹克	件	60	60		
服装仓	1151	嘉伟女风衣	件	85	85		
合　计							

部门经理：略　　会计：略　　仓库：略　　经办人：略

图4-94　出库单

出库单

客户：零散客户　　2025 年 01 月 30 日　　单号：CK01025

发货仓库	存货编码	存货名称	计量单位	数量		单价	金额
				应发	实发		
手表仓	1201	博伦女表	只	10	10		
手表仓	1253	恒久情侣表	对	20	20		
合　计							

部门经理：略　　会计：略　　仓库：略　　经办人：略

图4-95　出库单

【实验过程概览】

本业务的实验过程概览见表4-13。

表 4-13　实验过程概览

序号	操作日期	操作员	系统	操作内容
1	2025-01-30	X01 刘晓洺	销售管理	填制零售日报（现结）
2	2025-01-30	C01 李泽伟	库存管理	参照发货单批量生成销售出库单
3	2025-01-30	W02 赵凯杰	应收款管理	应收单据审核并制单处理
4	2025-01-30	W02 赵凯杰	存货核算	正常单据记账，生成凭证

【实验过程】

零售日报业务

1. 填制零售日报（现结）

2025年1月30日，由刘晓洺（X01）登录企业应用平台。

（1）填制零售日报。依次双击“业务工作”页签中的“供应链→销售管理→零售日报→零售日报”菜单，打开“零售日报”窗口。单击工具栏的“增加”按钮。根据图4-92填制零售日报，填制完毕保存该日报。

（2）现结。单击工具栏的“现结”按钮，打开“现结”窗口。根据图4-93，“结算方式”选择“现金”，“原币金额”输入“341560”，“票据号”输入“45362532”。输入完毕单击“确定”按钮，返回“零售日报”窗口，单击“复核”按钮，结果如图4-96所示。零售日报复核后自动生成已审核的发货单。

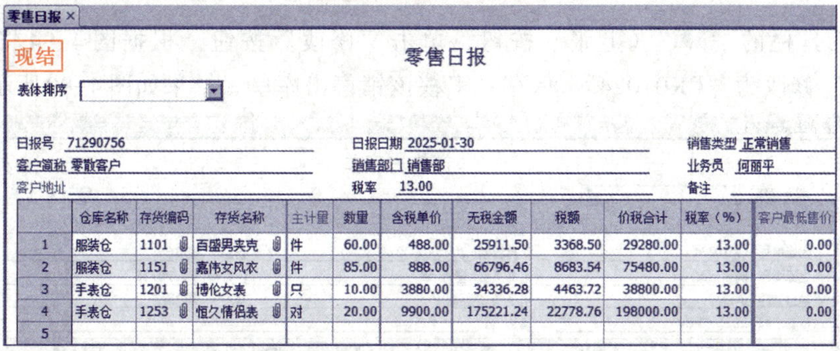
零售日报 ×

现结

零售日报

表体排序

日报号 71290756　日报日期 2025-01-30　销售类型 正常销售

客户简称 零散客户　销售部门 销售部　业务员 何丽平

客户地址　税率 13.00　备注

	仓库名称	存货编码	存货名称	主计量	数量	含税单价	无税金额	税额	价税合计	税率（%）	客户最低售价
1	服装仓	1101	百盛男夹克	件	60.00	488.00	25911.50	3368.50	29280.00	13.00	0.00
2	服装仓	1151	嘉伟女风衣	件	85.00	888.00	66796.46	8683.54	75480.00	13.00	0.00
3	手表仓	1201	博伦女表	只	10.00	3880.00	34336.28	4463.72	38800.00	13.00	0.00
4	手表仓	1253	恒久情侣表	对	20.00	9900.00	175221.24	22778.76	198000.00	13.00	0.00
5											

图4-96　零售日报

2. 参照发货单批量生成销售出库单

2025年1月30日，由李泽伟（C01）登录企业应用平台。依次双击“业务工作”页签

中的“供应链→库存管理→出库业务→销售出库单”菜单，系统打开“销售出库单”窗口。执行“生单”|“销售生单（批量）”命令，打开“查询条件选择-销售发货单列表”对话框，单击“确定”按钮，系统打开“销售生单”窗口。双击30日零散客户的发货单所对应的“选择”栏（即上一步骤完成的发货单），如图4-97所示。再单击“确定”按钮，系统提示“生单成功!”，单击“确定”按钮，返回“销售出库单”窗口。

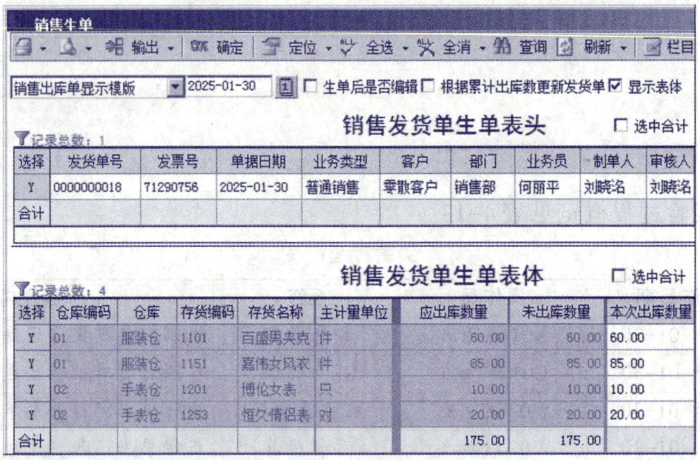

图4-97 “销售生单”窗口

单击“修改”按钮，根据图4-95，将手表仓的“出库单号”修改为“CK01025”。保存并审核该销售出库单，结果如图4-98所示。

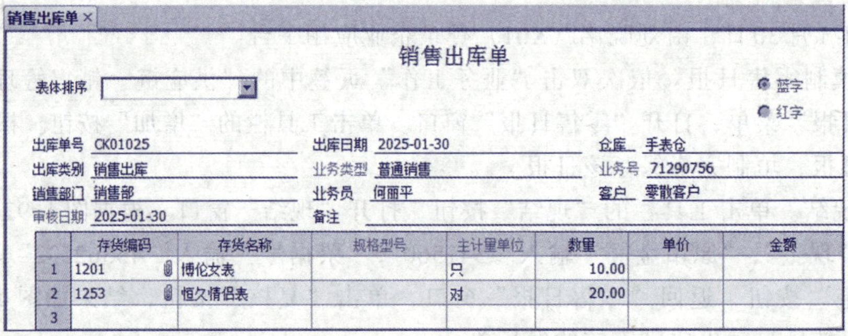

图4-98 销售出库单

单击工具栏的“ ”（上张）按钮，单击“修改”按钮，根据图4-94将服装仓的“出库单号”修改为“CK01024”。保存并审核该销售出库单，结果如图4-99所示。

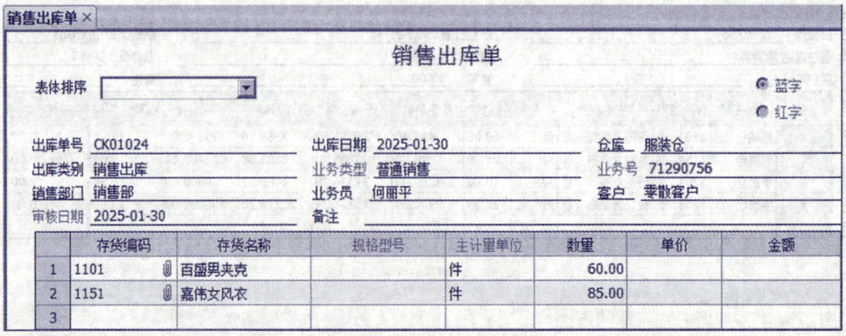

图4-99 销售出库单

3. 应收单据审核并制单处理

2025年1月30日，由赵凯杰（W02）登录企业应用平台。依次双击“业务工作”页签中的“财务会计→应收款管理→应收单据处理→应收单据审核”菜单，系统打开“应收单查询条件”窗口，勾选“包含已现结发票”，单击“确定”按钮，打开“单据处理”窗口。

双击“71290756”单据号，打开要审核的零售日报，单击工具栏的“审核”按钮，系统提示“是否立即制单?”，单击“是”，系统自动打开“填制凭证”窗口，单击工具栏的“保存”按钮。关闭当前已打开窗口。

借：库存现金　341 560.00

　贷：主营业务收入　302 265.48

　　应交税费/应交增值税/销项税额　39 294.52

4. 正常单据记账，生成凭证

（1）正常单据记账。在供应链的“存货核算”系统，依次双击“业务核算→正常单据记账”菜单，系统打开“查询条件选择”窗口，直接单击其“确定”按钮，打开“未记账单据一览表”窗口。单击工具栏的“全选”按钮，以选中71290756号发票的4行记录，再单击工具栏的“记账”按钮，系统弹出信息框提示记账成功，单击其“确定”按钮，完成记账工作。关闭该窗口。

（2）生成凭证。依次双击“存货核算”子系统的“财务核算→生成凭证”菜单，系统打开“生成凭证”窗口。单击工具栏的“选择”按钮，系统弹出“查询条件”对话框，单击“确定”按钮，系统打开“选择单据”窗口，如图4-100所示。

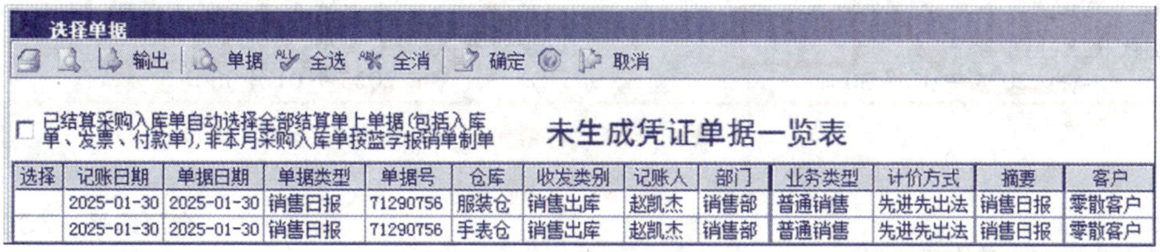
选择单据

输出　单据　全选　全消　确定　取消

□ 已结算采购入库单自动选择全部结算单上单据(包括入库单、发票、付款单)，非本月采购入库单按蓝字报销单制单

未生成凭证单据一览表

选择	记账日期	单据日期	单据类型	单据号	仓库	收发类别	记账人	部门	业务类型	计价方式	摘要	客户
	2025-01-30	2025-01-30	销售日报	71290756	服装仓	销售出库	赵凯杰	销售部	普通销售	先进先出法	销售日报	零散客户
	2025-01-30	2025-01-30	销售日报	71290756	手表仓	销售出库	赵凯杰	销售部	普通销售	先进先出法	销售日报	零散客户

图4-100　“选择单据”窗口

单击工具栏的“全选”按钮，再单击工具栏的“确定”按钮，系统自动关闭“选择单据”窗口返回“生成凭证”窗口。单击工具栏的“生成”按钮，系统打开“填制凭证”窗口并自动生成凭证。单击工具栏的“保存”按钮，保存该记账凭证。

借：主营业务成本　272 470.00

　贷：库存商品　272 470.00

提示

根据测试，无论是否勾选“销售管理”系统的“销售生成出库单”参数，零售日报复核后均自动生成已审核的发货单。但是，在勾选该参数的情况下，还能进一步自动生成未审核的销售出库单。

零售日报的多数功能与销售发票相同，其他区别如下：①零售日报不可以参照销售订单生成。②零售日报不能处理先发货后开票业务，即零售日报不能参照发货单录入。

业务 3　直运业务

【实验资料】

2025 年 1 月 30 日，销售部何丽平与北京汇鑫签订销售合同，当日采购部徐晓辉与天津惠阳签订采购合同。

2025 年 1 月 31 日，收到北京汇鑫货款（选择收款），当日与天津惠阳结清货款（选择付款）。

相关凭证如图 4-101 至图 4-106 所示。

购销合同

合同编号：ZX01001

卖方：辽宁恒通商贸有限公司
买方：北京汇鑫百货有限公司

为保护买卖双方的合法权益，根据《中华人民共和国民法典》的有关规定，买卖双方经友好协商，一致同意签订本合同，并共同遵守合同约定。

一、货物的名称、数量及金额：

货物名称	规格型号	计量单位	数量	单价（不含税）	金额（不含税）	税率	税额
百盛男夹克		件	500	598.00	299 000.00	13%	38 870.00
嘉伟男风衣		件	600	999.00	599 400.00	13%	77 922.00
合　计					¥898 400.00		¥116 792.00

二、合同总金额：人民币壹佰零壹万伍仟壹佰玖拾贰元整（¥1 015 192.00）。

三、签订合同当日，卖方发出全部商品并开具增值税专用发票，买方验收合格后于月底前向卖方支付货款。

四、交货地点：天津市南开区中华路 88 号。

五、发运方式与运输费用承担方式：由卖方发货，买方承担运输费用。

卖　　方：辽宁恒通商贸有限公司　　买　　方：北京汇鑫百货有限公司
授权代表：何丽平　　授权代表：王旦奎
日　　期：2025 年 01 月 30 日　　日　　期：2025 年 01 月 30 日

图4-101　购销合同

购销合同

合同编号：ZC01001

卖方：天津惠阳商贸有限公司
买方：辽宁恒通商贸有限公司

为保护买卖双方的合法权益，根据《中华人民共和国民法典》的有关规定，买卖双方经友好协商，一致同意签订本合同，并共同遵守合同约定。

一、货物的名称、数量及金额：

货物名称	规格型号	计量单位	数量	单价（不含税）	金额（不含税）	税率	税额
百盛男夹克		件	500	318.00	159 000.00	13%	20 670.00
嘉伟男风衣		件	600	658.00	394 800.00	13%	51 324.00
合　计					¥553 800.00		¥71 994.00

二、合同总金额：人民币陆拾贰万伍仟柒佰玖拾肆元整（¥625 794.00）。

三、签订合同当日，卖方发出全部商品并开具增值税专用发票，买方验收合格后于月底前向卖方支付货款。

四、交货地点：天津市南开区中华路 88 号。

五、发运方式与运输费用承担方式：由卖方发货，买方承担运输费用。

卖　　方：天津惠阳商贸有限公司　　买　　方：辽宁恒通商贸有限公司
授权代表：张用进　　授权代表：徐晓辉
日　　期：2025 年 01 月 30 日　　日　　期：2025 年 01 月 30 日

图4-102　购销合同

电子发票（增值税专用发票）　　发票号码：25212000000021327519

开票日期：2025 年 01 月 30 日

购买方信息		销售方信息	
名称：北京汇鑫百货有限公司		名称：辽宁恒通商贸有限公司	
统一社会信用代码/纳税人识别号：91110113578732690F		统一社会信用代码/纳税人识别号：91210105206917583A	

项目名称	规格型号	单位	数量	单价	金额	税率/征收率	税额
*服装*百盛男夹克		件	500	598.00	299 000.00	13%	38 870.00
*服装*嘉伟男风衣		件	600	999.00	599 400.00	13%	77 922.00
合　　计					¥898 400.00		¥116 792.00
价税合计（大写）	⊗ 壹佰零壹万伍仟壹佰玖拾贰元整					（小写）	¥1 015 192.00
备注	购买方开户银行：中国银行北京顺义常庄支行				银行账号：2700322598914536398		
	销售方开户银行：中国工商银行沈阳皇姑支行				银行账号：2107024015890035666		

开票人：赵凯杰

图4-103　增值税专用发票

电子发票（增值税专用发票）　　发票号码：25122000000032307967

开票日期：2025 年 01 月 30 日

购买方信息		销售方信息	
名称：辽宁恒通商贸有限公司		名称：天津惠阳商贸有限公司	
统一社会信用代码/纳税人识别号：91210105206917583A		统一社会信用代码/纳税人识别号：91120104572036908U	

项目名称	规格型号	单位	数量	单价	金额	税率/征收率	税额
*服装*百盛男夹克		件	500	318.00	159 000.00	13%	20 670.00
*服装*嘉伟男风衣		件	600	658.00	394 800.00	13%	51 324.00
合　　计					¥553 800.00		¥71 994.00
价税合计（大写）	⊗ 陆拾贰万伍仟柒佰玖拾肆元整					（小写）	¥625 794.00
备注	购买方开户银行：中国工商银行沈阳皇姑支行				银行账号：2107024015890035666		
	销售方开户银行：华夏银行天津南开支行				银行账号：2806725046208670931		

开票人：李丹

图4-104　增值税专用发票

中国工商银行　电汇凭证（收账通知）　4　　16381769

☑普通　☐加急　　委托日期 2025年01月31日

汇款人	全　　称	北京汇鑫百货有限公司	收款人	全　　称	辽宁恒通商贸有限公司
	账　　号	2700322598914536398		账　　号	2107024015890035666
	开户银行	中国银行北京顺义常庄支行		开户银行	中国工商银行沈阳皇姑支行
金额	人民币（大写）	壹佰零壹万伍仟壹佰玖拾贰元整		亿千百十万千百十元角分	¥101519200
此汇款已收入收款人账户。		中国工商银行 沈阳皇姑支行 2025.01.31 转讫 (8) 汇入行签章	支付密码		
			附加信息及用途：货款		复核　　记账

此联为开户行给收款人的收账通知

图4-105　电汇收款凭证

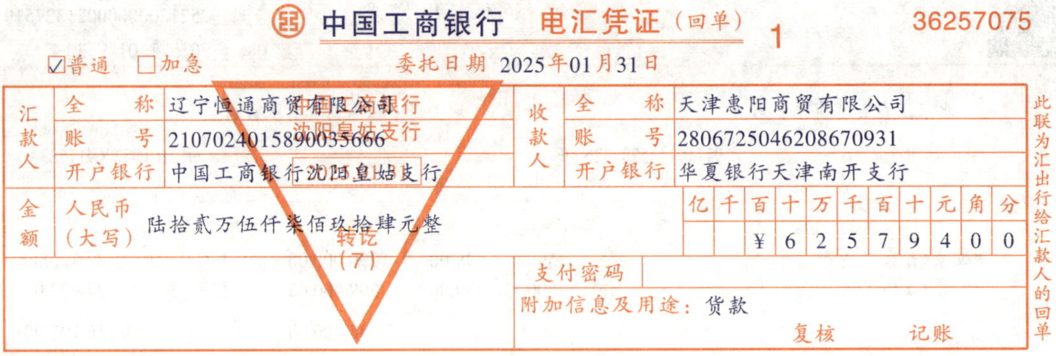

中国工商银行 电汇凭证（回单） 1 36257075

☑普通 □加急 委托日期 2025年01月31日

汇款人	全称	辽宁恒通商贸有限公司	收款人	全称	天津惠阳商贸有限公司
	账号	21070240158900356666		账号	28067250462086709317
	开户银行	中国工商银行沈阳皇姑支行		开户银行	华夏银行天津南开支行
金额	人民币（大写）	陆拾贰万伍仟柒佰玖拾肆元整			亿 千 百 十 万 千 百 十 元 角 分：¥ 6 2 5 7 9 4 0 0
				支付密码	
				附加信息及用途：货款	复核 记账

中国工商银行 沈阳皇姑支行 转讫 (7)

此联为汇出行给汇款人的回单

图4-106 电汇付款凭证

【实验过程概览】

本业务的实验过程概览见表4-14。

表4-14 实验过程概览

序号	操作日期	操作员	系统	操作内容
1	2025-01-30	X01 刘晓洺	销售管理	填制（直运销售）销售订单
2	2025-01-30	X01 刘晓洺	销售管理	参照（直运销售）销售订单生成销售专用发票
3	2025-01-30	G01 张宏亮	采购管理	参照（直运销售）销售订单生成（直运采购）采购订单
4	2025-01-30	G01 张宏亮	采购管理	参照（直运采购）采购订单生成采购专用发票
5	2025-01-30	W02 赵凯杰	应收款管理	应收单据审核并制单处理
6	2025-01-30	W02 赵凯杰	应付款管理	应付单据审核并制单处理
7	2025-01-30	W02 赵凯杰	存货核算	直运销售记账，生成凭证
8	2025-01-31	W03 贺青春	应收款管理	选择收款
9	2025-01-31	W03 贺青春	应付款管理	选择付款
10	2025-01-31	W02 赵凯杰	应收款管理	收款制单处理
11	2025-01-31	W02 赵凯杰	应付款管理	付款制单处理

【实验过程】

直运业务

1. 填制（直运销售）销售订单

2025年1月30日，由刘晓洺（X01）登录企业应用平台。依次双击“业务工作”页签中的“供应链→销售管理→销售订货→销售订单”菜单，打开“销售订单”窗口。单击工具栏的“增加”按钮，根据图4-101填制销售订单。注意订单表头项目“业务类型”应为“直运销售”。填制完毕保存并审核销售订单，结果如图4-107所示。关闭“销售订单”窗口。

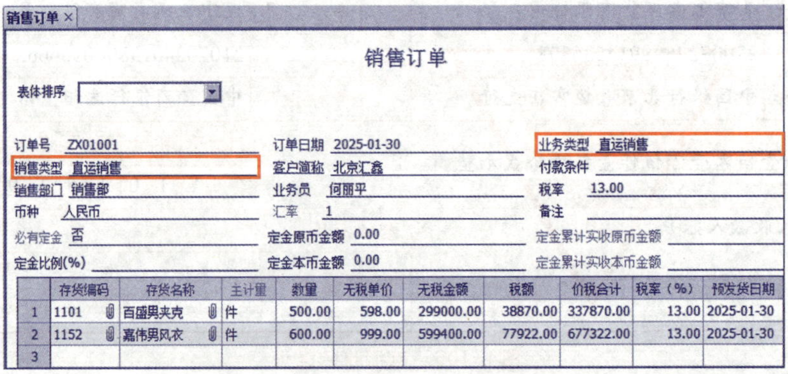

销售订单 ×

销售订单

表体排序

订单号 ZX01001 订单日期 2025-01-30 业务类型 直运销售
销售类型 直运销售 客户简称 北京汇鑫 付款条件
销售部门 销售部 业务员 何丽平 税率 13.00
币种 人民币 汇率 1 备注
必有定金 否 定金原币金额 0.00 定金累计实收原币金额
定金比例(%) 定金本币金额 0.00 定金累计实收本币金额

	存货编码	存货名称	主计量	数量	无税单价	无税金额	税额	价税合计	税率（%）	预发货日期
1	1101	百盛男夹克	件	500.00	598.00	299000.00	38870.00	337870.00	13.00	2025-01-30
2	1152	嘉伟男风衣	件	600.00	999.00	599400.00	77922.00	677322.00	13.00	2025-01-30
3										

图4-107 （直运销售）销售订单

2. 参照（直运销售）销售订单生成销售专用发票

依次双击“业务工作”页签中的“供应链→销售管理→销售发票→销售专用发票”菜单，系统打开“销售专用发票”窗口。单击工具栏的“增加”按钮，将表头项目“业务类型”改为“直运销售”，再执行工具栏的“生单”|“参照订单”命令，打开“查询条件选择-参照订单”对话框，单击“确定”按钮，系统打开“参照生单”窗口。双击ZX01001号订单最左侧的“选择”栏，结果如图4-108所示，然后单击工具栏的“确定”按钮，返回“销售专用发票”窗口。根据图4-103，修改表头项目“发票号”为“21327519”。保存并复核销售专用发票，结果如图4-109所示。

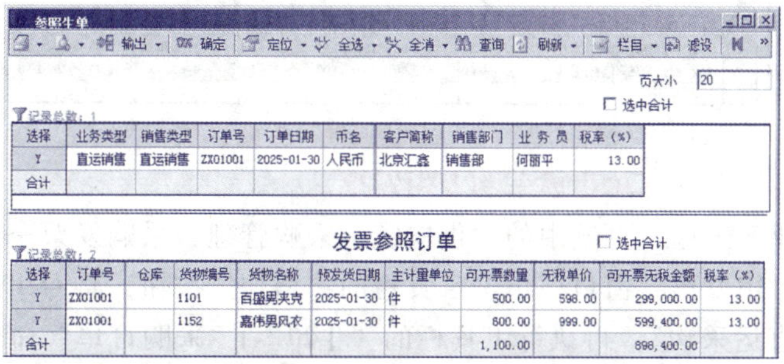

图4-108 “参照生单”窗口

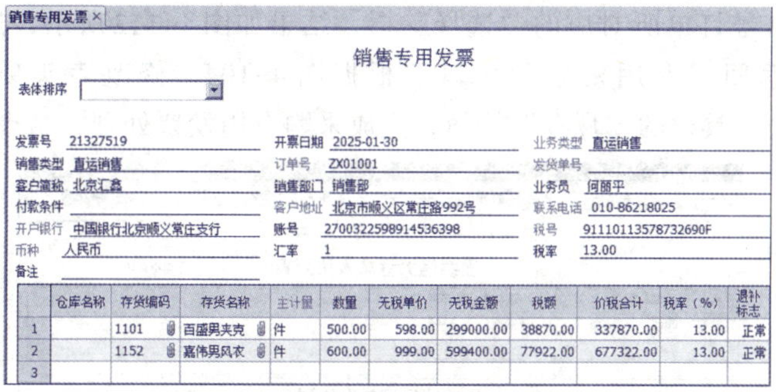

图4-109 销售专用发票

3. 参照（直运销售）销售订单生成（直运采购）采购订单

2025年1月30日，由张宏亮（G01）登录企业应用平台。依次双击“业务工作”页签中的“供应链→采购管理→采购订货→采购订单”菜单，打开“采购订单”窗口。单击工具栏的“增加”按钮，将“业务类型”改为“直运采购”，执行工具栏的“生单”|“销售订单”命令，系统弹出“查询条件选择-销售订单列表过滤”窗口，单击“确定”按钮，系统打开“拷贝并执行”窗口，如图4-110所示。双击窗口上方“ZX01001”左侧的“选择”单元格，再单击“确定”按钮，系统返回“采购订单”窗口。

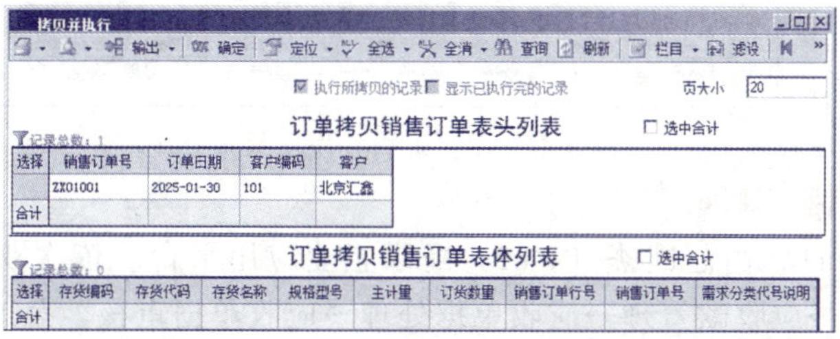

图4-110 “拷贝并执行”窗口

根据图4-102，修改采购订单表头的“订单编号”为“ZC01001”，“采购类型”为“直运采购”，“供应商”为“天津惠阳”，“部门”为“采购部”，“业务员”为“徐晓辉”，其他项默认。表体中“百盛男夹克”的原币单价输入“318”，“嘉伟男风衣”的原币单价输入“658”，其他项默认。输入完毕单击“保存”，再单击“审核”，如图4-111所示。关闭当前窗口。

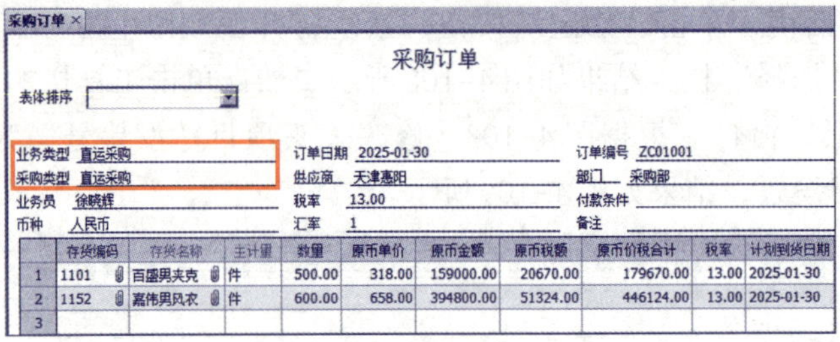

图4-111　（直运采购）采购订单

4. 参照（直运采购）采购订单生成采购专用发票

依次双击“业务工作”页签中的“供应链→采购管理→采购发票→专用采购发票”菜单，系统打开“专用发票”窗口。单击工具栏的“增加”按钮，将专用发票表头项目“业务类型”改为“直运采购”，再执行工具栏的“生单”|“采购订单”命令，打开“查询条件选择-采购订单列表过滤”对话框，单击“确定”按钮，系统打开“拷贝并执行”窗口。双击ZC01001号订单所对应的“选择”栏，结果如图4-112所示，然后单击工具栏的“确定”按钮，返回“专用发票”窗口。根据图4-104，修改表头项目“发票号”为“32307967”，单击工具栏的“保存”按钮，完成采购专用发票处理，结果如图4-113所示。

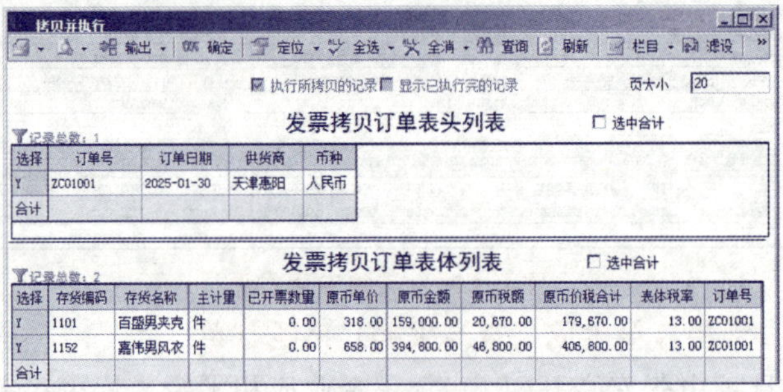

图4-112　“拷贝并执行”窗口

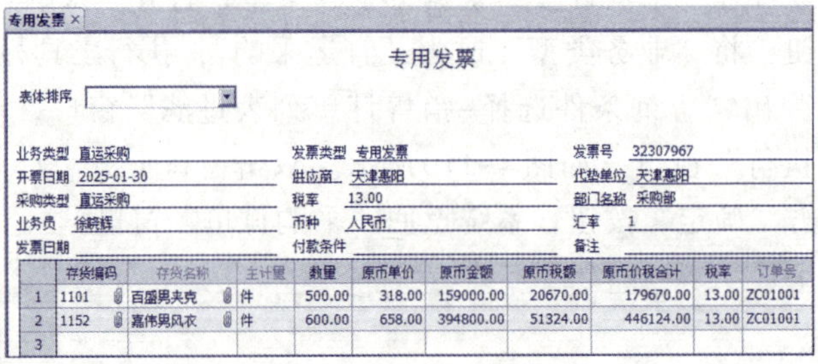

图4-113　采购专用发票

5. 应收单据审核并制单处理

2025年1月30日，由赵凯杰（W02）登录企业应用平台。依次双击“业务工作”页签中的“财务会计→应收款管理→应收单据处理→应收单据审核”菜单，系统打开“应收单查询条件”窗口，单击“确定”按钮，打开“单据处理”窗口。

双击“21327519”单据号，打开要审核的发票，单击工具栏的“审核”按钮，系统提示“是否立即制单?”，单击“是”按钮，系统自动打开“填制凭证”窗口。单击工具栏的“保存”按钮。关闭当前已打开窗口。

借：应收账款/人民币（北京汇鑫）	1 015 192.00	
贷：主营业务收入		898 400.00
应交税费/应交增值税/销项税额		116 792.00

6. 应付单据审核并制单处理

依次双击“业务工作”页签中的“财务会计→应付款管理→应付单据处理→应付单据审核”菜单，系统打开“应付单查询条件”窗口，单击“确定”按钮，打开“单据处理”窗口。

双击“32307967”单据号，打开要审核的发票，单击工具栏的“审核”按钮，系统提示“是否立即制单?”，单击“是”按钮，系统自动打开“填制凭证”窗口，单击工具栏的“保存”按钮。关闭当前已打开窗口。

借：在途物资	553 800.00	
应交税费/应交增值税/进项税额	71 994.00	
贷：应付账款/一般应付账款（天津惠阳）		625 794.00

7. 直运销售记账，生成凭证

（1）直运销售记账。在供应链的“存货核算”子系统，依次双击“业务核算→直运销售记账”菜单，系统打开“直运采购发票核算查询条件”窗口，单击“确定”按钮，系统打开“未记账单据一览表”窗口，如图4-114所示。单击工具栏的“全选”按钮，再单击工具栏的“记账”按钮，系统提示记账成功，单击“确定”，完成记账工作。关闭当前窗口。

未记账单据一览表 ×

直运销售记账

记录总数：4

选择	日期	单据号	存货编码	存货名称	收发类别	单据类型	数量	单价	金额
	2025-01-30	32307967	1101	百盛男夹克	直运采购	采购发票	500.00	318.00	159,000.00
	2025-01-30	32307967	1152	嘉伟男风衣	直运采购	采购发票	600.00	658.00	394,800.00
	2025-01-30	21327519	1101	百盛男夹克	直运销售	专用发票	500.00		
	2025-01-30	21327519	1152	嘉伟男风衣	直运销售	专用发票	600.00		
小计							2,200.00		553,800.00

图4-114 未记账单据一览表

（2）生成凭证。依次双击“存货核算”子系统的“财务核算→生成凭证”菜单，系统打开“生成凭证”窗口。单击工具栏的“选择”按钮，系统弹出“查询条件”对话框，单击“确定”按钮，系统打开“选择单据”窗口，如图4-115所示。

选择单据

输出 单据 全选 全消 确定 取消

□ 已结算采购入库单自动选择全部结算单上单据(包括入库单、发票、付款单)，非本月采购入库单按蓝字报销单制单

未生成凭证单据一览表

选择	记账日期	单据日期	单据类型	单据号	收发类别	记账人	部门	业务类型	摘要	客户
	2025-01-30	2025-01-30	专用发票	21327519	直运销售	赵凯杰	销售部	直运销售	专用发票	北京汇鑫百货有限公司

图4-115 “选择单据”窗口

单击工具栏的“全选”按钮，再单击工具栏的“确定”按钮，系统自动关闭“选择单据”窗口返回“生成凭证”窗口。单击工具栏的“生成”按钮，系统打开“填制凭证”窗口并自动生成凭证。单击工具栏的“保存”按钮。

借：主营业务成本　　　　553 800.00
　贷：在途物资　　　　553 800.00

8. 选择收款

2025年1月31日，由贺青春（W03）登录企业应用平台。依次双击“业务工作”页签中的“财务会计→应收款管理→选择收款”菜单，系统打开“选择收款-条件”窗口。在该窗口的“客户”栏选择“北京汇鑫”，单击“确定”按钮，打开“选择收款-单据”窗口，如图4-116所示。

选择收款—单据 ×

选择收款列表

收款总计

客户	单据类型	单据编号	部门	业务员	摘要	单据日期	原币金额	原币余额	可享受折扣	本次折扣	收款金额
北京汇鑫	销售专用发票	21327519	销售部	何丽平	销售专用发票	2025-01-30	1,015,192.00	1,015,192.00	0.00		
合计							1,015,192.00	1,015,192.00	0.00		

图4-116　选择收款列表

单击工具栏的“全选”按钮，再单击“确认”按钮，系统弹出“选择收款-收款单”窗口。根据图4-105，“结算方式”选择“电汇”，“票据号”输入“16381769”。单击“确定”按钮，完成选择收款。

9. 选择付款

依次双击“业务工作”页签中的“财务会计→应付款管理→选择付款”菜单，系统打开“选择付款-条件”窗口。在该窗口的“供应商”栏选择“天津惠阳”，单击“确定”按钮，打开“选择付款-单据”窗口，如图4-117所示。

选择付款—单据 ×

选择付款列表

付款总计

供应商	单据类型	单据编号	部门	业务员	摘要	单据日期	原币金额	原币余额	可享受折扣	本次折扣	付款金额
天津惠阳	采购专用发票	14035890	采购部	张宏亮		2024-12-15	66,274,500.00	66,274,500.00	0.00		
天津惠阳	采购专用发票	32307967	采购部	徐晓辉	采购专用发票	2025-01-30	625,794.00	625,794.00	0.00		
合计							66,900,294.00	66,900,294.00	0.00		

图4-117　选择付款列表

双击32307967号发票所在行任意单元格，再单击“确认”按钮，系统弹出“选择付款-付款单”窗口。根据图4-106，“结算方式”选择“电汇”，“票据号”输入“36257075”。输入完毕单击“确定”按钮，完成选择付款。

10. 收款制单处理

2025年1月31日，由赵凯杰（W02）登录企业应用平台。依次双击“业务工作”页签中的“财务会计→应收款管理→制单处理”菜单，系统打开“制单查询”对话框，勾选“收付款单制单”“核销制单”，单击“确定”按钮，打开“制单”窗口，如图4-118所示。

制单 ×

应收制单

凭证类别　记账凭证　　制单日期　2025-01-31　　共 2 条

选择标志	凭证类别	单据类型	单据号	日期	客户名称	部门	业务员	金额
	记账凭证	收款单	0000000019	2025-01-31	北京汇鑫百货有限公司	销售部	何丽平	1,015,192.00
	记账凭证	核销	0000000019	2025-01-31	北京汇鑫百货有限公司	销售部	何丽平	1,015,192.00

图4-118　应收制单

单击工具栏的“合并”按钮，再单击“制单”按钮，系统自动打开“填制凭证”窗口，单击工具栏的“保存”按钮。关闭当前已打开窗口。

借：银行存款/中国工商银行/沈阳皇姑支行　　1 015 192.00
　贷：应收账款/人民币（北京汇鑫）　　1 015 192.00

11. 付款制单处理

依次双击“业务工作”页签中的“财务会计→应付款管理→制单处理”菜单，系统打开“制单查询”对话框，勾选“收付款单制单”“核销制单”，单击“确定”按钮，打开“制单”窗口，如图4-119所示。

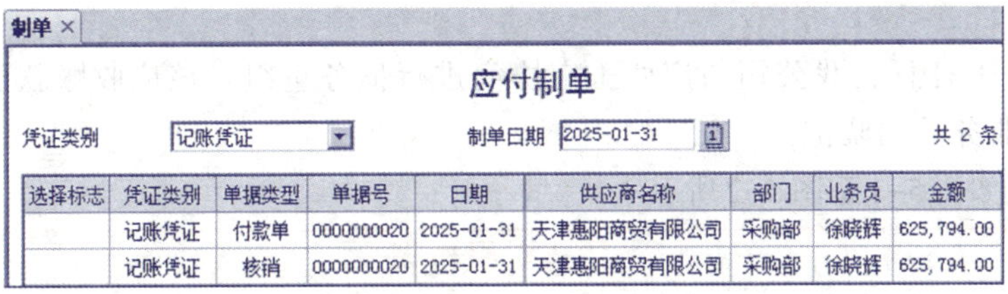

选择标志	凭证类别	单据类型	单据号	日期	供应商名称	部门	业务员	金额
	记账凭证	付款单	0000000020	2025-01-31	天津惠阳商贸有限公司	采购部	徐晓辉	625,794.00
	记账凭证	核销	0000000020	2025-01-31	天津惠阳商贸有限公司	采购部	徐晓辉	625,794.00

图4-119　应付制单

单击工具栏的“合并”按钮，再单击“制单”按钮，系统自动打开“填制凭证”窗口，单击工具栏的“保存”按钮。

借：应付账款/一般应付账款（天津惠阳）　　625 794.00
　贷：银行存款/中国工商银行/沈阳皇姑支行　　625 794.00

提示

根据测试，直运采购发票即使在应付系统不审核、制单，在存货系统也能“直运销售记账”。直运采购发票在应付系统制单后，在存货系统仍须“直运销售记账”，但不能“生成凭证”。删除应付系统的凭证后，存货系统则能“生成凭证”。

总结

采购发票只能选择在应付系统或存货系统之一进行制单。那么，我们在制作题库时该记账凭证的系统来源不应设为评分点。

【课程思政点睛】

【复习思考题】

1. 受托代销结算后为何要进行结算成本处理？
2. 简述代销手续费的处理方式。
3. 试述具有融资性质的分期收款业务的处理流程。
4. 已销受托代销货物发生质量问题而退货，应如何处理？
5. 简述直运业务的信息化处理流程。

5 项目5 特殊购销类型业务

任务1 债务重组与非货币性资产交换

业务1 债务重组

【实验资料】

2025年1月31日，我公司与广西玉宝协商进行债务重组。该应收账款已计提3 390元坏账准备。（业务员刘晓洺）

相关凭证如图5-1至图5-2所示。

债务重组协议

甲方（债权人）：辽宁恒通商贸有限公司
乙方（债务人）：广西玉宝商贸有限公司

截至2025年1月31日，乙方共欠甲方货款人民币陆拾柒万捌仟元整（¥678 000.00）。鉴于乙方目前已无法持续经营，经友好协商，甲、乙双方达成如下协议：

1. 乙方于2025年1月31日前向甲方一次性支付人民币陆拾伍万元整（¥650 000.00），甲方免除乙方剩余欠款人民币贰万捌仟元整（¥28 000.00）。
2. 甲方承诺对其放弃的债权享有独立、合法、完全的处分权。在乙方按照本协议约定的期限和数额偿还本息后，甲、乙双方的债权债务关系同时终止。
3. 本合同自各方授权代表人签字并加盖公章后生效。

甲　　方（盖章）：辽宁恒通商贸有限公司　　　乙　　方（盖章）：广西玉宝商贸有限公司
授权代表（签字）：刘晓洺　　　授权代表（签字）：李宝库
日　　　期：2025年01月31日　　　日　　　期：2025年01月31日

（印章：辽宁恒通商贸有限公司；李喜成印；广西玉宝商贸有限公司；李宝库印）

图5-1 债务重组协议

中国工商银行 电汇凭证（收账通知） 4 39649658

☑普通 □加急 委托日期 2025年01月31日

汇款人	全称	广西玉宝商贸有限公司	收款人	全称	辽宁恒通商贸有限公司
	账号	2111702010422009265		账号	2107024015890035666
	开户银行	兴业银行玉林市东门支行		开户银行	中国工商银行沈阳皇姑支行
金额	人民币（大写）	陆拾伍万元整		亿千百十万千百十元角分	¥65000000
此汇款已收入收款人账户。			支付密码		
			附加信息及用途：货款		
汇入行签章			复核　记账		

此联为开户行给收款人的收账通知

（印章：中国工商银行沈阳皇姑支行 2025.01.31 转讫(8)）

图5-2 电汇收款凭证

【实验过程概览】

本业务的实验过程概览见表5-1。

表 5-1　　实验过程概览

序号	操作日期	操作员	系统	操作内容
1	2025-01-31	W02赵凯杰	应收款管理	坏账发生并制单处理
2	2025-01-31	W03贺青春	应收款管理	收款单据录入
3	2025-01-31	W02赵凯杰	应收款管理	收款单据审核、手工核销和制单处理

【实验过程】

债务重组

1. 坏账发生并制单处理

2025年1月31日，由赵凯杰（W02）登录企业应用平台。依次双击“业务工作”页签中的“财务会计→应收款管理→坏账发生”菜单，系统打开“坏账发生”窗口，在窗口的“客户”栏选择“广西玉宝”，单击“确定”按钮，打开“发生坏账损失”窗口，如图5-3所示。

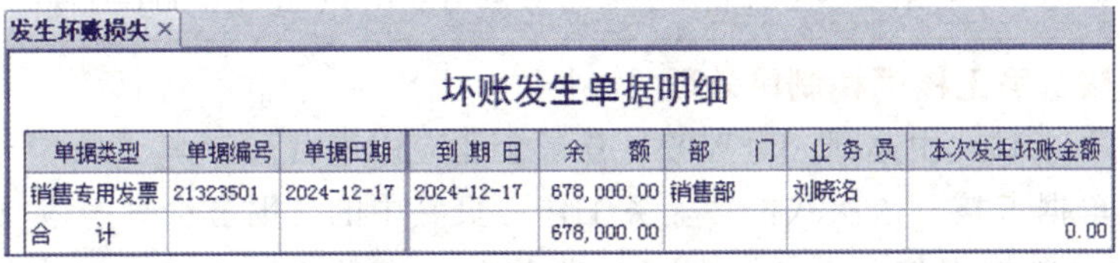
发生坏账损失 ×

坏账发生单据明细

单据类型	单据编号	单据日期	到期日	余额	部门	业务员	本次发生坏账金额
销售专用发票	21323501	2024-12-17	2024-12-17	678,000.00	销售部	刘晓洺	
合　计				678,000.00			0.00

图5-3　坏账发生损失

在广西玉宝的“本次发生坏账金额”栏输入“3390”，单击工具栏的“确认”按钮，系统提示“是否立即制单”，单击“是”按钮，系统自动打开“填制凭证”窗口，单击工具栏的“保存”按钮。

借：坏账准备　　3 390.00

　贷：应收账款/人民币（广西玉宝）　　3 390.00

2. 收款单据录入

2025年1月31日，由贺青春（W03）登录企业应用平台。依次双击“业务工作”页签中的“财务会计→应收款管理→收款单据处理→收款单据录入”菜单，打开“收付款单录入”窗口。单击“增加”，根据图5-2填制收款单，填制完毕保存该收款单，结果如图5-4所示。

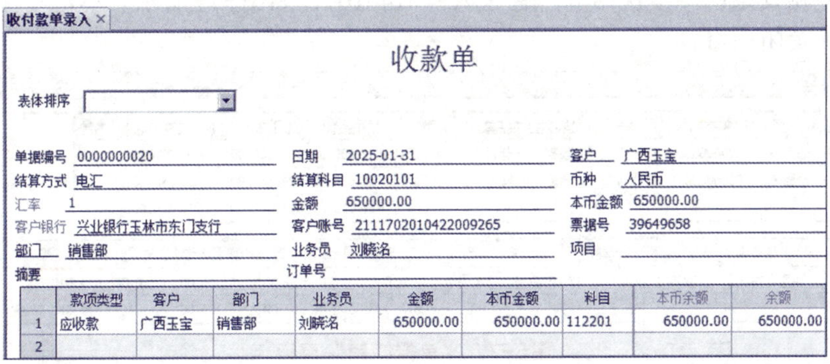
收付款单录入 ×

收款单

表体排序

单据编号 0000000020　日期 2025-01-31　客户 广西玉宝

结算方式 电汇　结算科目 10020101　币种 人民币

汇率 1　金额 650000.00　本币金额 650000.00

客户银行 兴业银行玉林市东门支行　客户账号 2111702010422009265　票据号 39649658

部门 销售部　业务员 刘晓洺　项目

摘要　订单号

	款项类型	客户	部门	业务员	金额	本币金额	科目	本币余额	余额
1	应收款	广西玉宝	销售部	刘晓洺	650000.00	650000.00	112201	650000.00	650000.00
2									

图5-4　收款单

在“收付款单录入”窗口，单击工具栏的“复制”按钮，系统复制出一张新的收款单，将表头的“结算方式”改为“其他”，“结算科目”改为“6111”（投资收益），表头和表体的“金额”均改为“24610”，保存该收款单，结果如图5-5所示。

收付款单录入

收款单

表体排序

单据编号	0000000021	日期	2025-01-31	客户	广西玉宝
结算方式	其他	结算科目	6111	币种	人民币
汇率	1	金额	24610.00	本币金额	24610.00
客户银行	兴业银行玉林市东门支行	客户账号	2111702010422009265	票据号	
部门	销售部	业务员	刘晓洺	项目	
摘要		订单号			

	款项类型	客户	部门	业务员	金额	本币金额	科目	本币余额	余额
1	应收款	广西玉宝	销售部	刘晓洺	24610.00	24610.00	112201	24610.00	24610.00
2									

图5-5 （虚拟）收款单

提示

该收款金额24 610元为债务重组损失，计算过程为：678 000−650 000−3 390=24 610（元）。

3. 收款单据审核、手工核销和制单处理

2025年1月31日，由赵凯杰（W02）登录企业应用平台。

（1）收款单据审核。依次双击“业务工作”页签中的“财务会计→应收款管理→收款单据处理→收款单据审核”菜单，打开“收款单查询条件”窗口，单击“确定”，打开“收付款单列表”窗口，如图5-6所示。单击工具栏的“全选”按钮，再单击“审核”按钮。关闭该窗口。

收付款单列表

收付款单列表

记录总数：2

选择	审核人	单据日期	单据类型	单据编号	客户名称	部门	业务员	结算方式	票据号	币种	原币金额	本币金额
		2025-01-31	收款单	0000000020	广西玉宝商贸有限公司	销售部	刘晓洺	电汇	39649658	人民币	650,000.00	650,000.00
		2025-01-31	收款单	0000000021	广西玉宝商贸有限公司	销售部	刘晓洺	其他		人民币	24,610.00	24,610.00
合计											674,610.00	674,610.00

图5-6 收付款单列表

（2）手工核销。双击应收系统的“核销处理→手工核销”菜单，系统弹出“核销条件”窗口，“客户”选择“广西玉宝”后单击“确定”，打开“单据核销”窗口。在该窗口下方销售专用发票的“本次结算”栏录入“674610”，如图5-7所示。单击“保存”，完成核销处理。关闭该窗口。

单据核销

单据日期	单据类型	单据编号	客户	款项类型	结算方式	币种	原币金额	原币余额	本次结算金额	订单号
2025-01-31	收款单	0000000020	广西玉宝	应收款	电汇	人民币	650,000.00	650,000.00	650,000.00	
2025-01-31	收款单	0000000021	广西玉宝	应收款	其他	人民币	24,610.00	24,610.00	24,610.00	
合计							674,610.00	674,610.00	674,610.00	

单据日期	单据类型	单据编号	到期日	客户	币种	原币金额	原币余额	可享受折扣	本次折扣	本次结算	订单号	凭证号
2024-12-17	销售专用发票	21323501	2024-12-17	广西玉宝	人民币	678,000.00	674,610.00	0.00	0.00	674,610.00		
合计						678,000.00	674,610.00	0.00		674,610.00		

图5-7 “单据核销”窗口

（3）制单处理。双击应收系统的“制单处理”菜单，打开“单据查询”窗口，勾选“收付款单制单”“核销制单”，单击“确定”，打开“制单”窗口。单击工具栏的“合并”“制单”按钮，生成一张记账凭证，单击“保存”按钮。

借：银行存款/中国工商银行/沈阳皇姑支行	650 000.00
贷：投资收益	-24 610.00
应收账款/人民币（广西玉宝）	674 610.00

业务2　非货币性资产交换

【实验资料】

2025年1月31日，我公司与湖南百盛达成资产置换协议，以我公司所持股票与对方存货进行置换。（业务员张宏亮）（换出股票填制虚拟付款单，收到补价填制应付系统收款单）

相关凭证如图5-8至图5-11所示。

资产置换协议

协议编号：ZH01001

甲方：辽宁恒通商贸有限公司　　乙方：湖南百盛服装有限公司

住址：辽宁省沈阳市皇姑区人民路369号　　住址：湖南省长沙市开福区林夕路100号

甲乙双方经协商一致达成如下资产置换协议：

1.置换标的

甲方换出资产：8万股股票。股票名称为京东方A，股票代码为000725。

乙方换出资产：

货物名称	规格型号	计量单位	数量	单价（不含税）	金额（不含税）	税率	税额
百盛男夹克		件	400	298.00	119 200.00	13%	15 496.00
百盛休闲裤		条	500	199.00	99 500.00	13%	12 935.00
合　计					¥218 700.00		¥28 431.00

2.置换范围和方式

甲乙双方聘请资产评估机构以2025年1月31日为资产置换评估基准日进行评估，甲方换出资产的公允价值为260 000.00元，乙方换出资产的评估价值为218 700.00元（不含税）。本次资产置换以评估结果为依据作价。本次资产置换补价部分12 869.00元由乙方向甲方支付现金。

3.置换的生效

置换自置换的生效日起正式生效。置换的生效日期为本协议签订日。虽然置换行为在协议签署后才实施，但置换的生效具有追溯性。

甲　　方：辽宁恒通商贸有限公司　　乙　　方：湖南百盛服装有限公司

授权代表：张宏亮　　授权代表：王志广

日　　期：2025年01月31日　　日　　期：2025年01月31日

图5-8　资产置换协议

入库单

供应商：湖南百盛　　2025年01月31日　　单号：RK01023

验收仓库	存货编码	存货名称	计量单位	数量		单价	金额
				应收	实收		
服装仓	1101	百盛男夹克	件	400	400		
服装仓	1102	百盛休闲裤	条	500	500		
合　计							

部门经理：略　　会计：略　　仓库：略　　经办人：略

图5-9　入库单

电子发票（增值税专用发票） 发票号码：25432000000083051466

开票日期：2025年01月31日

购买方信息	名称：辽宁恒通商贸有限公司 统一社会信用代码/纳税人识别号：91210105206917583A	销售方信息	名称：湖南百盛服装有限公司 统一社会信用代码/纳税人识别号：91430105276531895L

项目名称	规格型号	单位	数量	单价	金额	税率/征收率	税额
*服装*百盛男夹克		件	400	298.00	119 200.00	13%	15 496.00
*服装*百盛休闲裤		条	500	199.00	99 500.00	13%	12 935.00
合　计					¥218 700.00		¥28 431.00
价税合计（大写）	⊗ 贰拾肆万柒仟壹佰叁拾壹元整					（小写）	¥247 131.00
备注	购买方开户银行：中国工商银行沈阳皇姑支行				银行账号：21070240158900356666		
	销售方开户银行：中国银行长沙开福支行				银行账号：1012093710651047815		

开票人：温艳

图5-10　增值税专用发票

中国工商银行　电汇凭证（收账通知）　4　　21840325

☑普通　☐加急　　委托日期　2025年01月31日

汇款人		收款人	
全　称	湖南百盛服装有限公司	全　称	辽宁恒通商贸有限公司
账　号	1012093710651047815	账　号	21070240158900356666
开户银行	中国银行长沙开福支行	开户银行	中国工商银行沈阳皇姑支行

金额	人民币（大写）	壹万贰仟捌佰陆拾玖元整	亿	千	百	十	万	千	百	十	元	角	分
						¥	1	2	8	6	9	0	0

此汇款已收入收款人账户。

中国工商银行 沈阳皇姑支行 2025.01.31 转讫 (8)

汇入行签章

支付密码

附加信息及用途：货款

复核　　记账

此联为开户行给收款人的收账通知

图5-11　电汇收款凭证

【实验过程概览】

本业务的实验过程概览见表5-2。

表5-2　　实验过程概览

序号	操作日期	操作员	系统	操作内容
1	2025-01-31	G01张宏亮	采购管理	填制采购订单
2	2025-01-31	G01张宏亮	采购管理	参照采购订单生成到货单
3	2025-01-31	C01李泽伟	库存管理	参照到货单生成采购入库单
4	2025-01-31	G01张宏亮	采购管理	参照采购入库单生成采购专用发票
5	2025-01-31	W02赵凯杰	应付款管理	应付单据审核并制单处理
6	2025-01-31	W02赵凯杰	存货核算	正常单据记账，生成凭证
7	2025-01-31	W03贺青春	应付款管理	付款单据录入
8	2025-01-31	W02赵凯杰	应付款管理	付款单据审核、手工核销和制单处理

【实验过程】

非货币性资产交换

1. 填制采购订单

2025年1月31日，由张宏亮（G01）登录企业应用平台。依次双击“业务工作”页签中的“供应链→采购管理→采购订货→采购订单”菜单，打开“采购订单”窗口。单击工具栏的“增加”按钮，根据图5-8填制采购订单，填制完毕保存并审核该采购订单，结果如图5-12所示。关闭“采购订单”窗口。

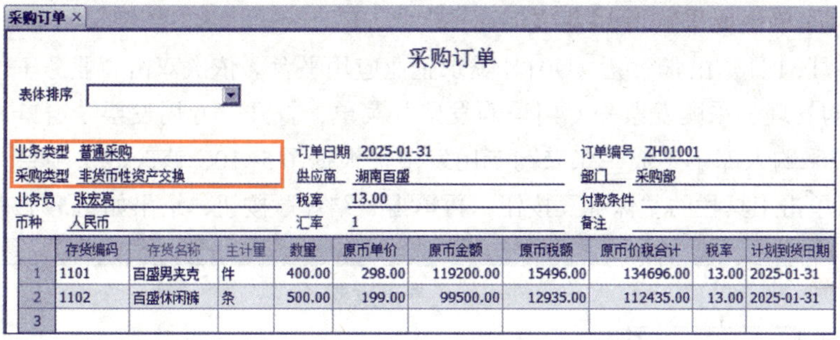

采购订单 ×

采购订单

表体排序

业务类型 普通采购　订单日期 2025-01-31　订单编号 ZH01001
采购类型 非货币性资产交换　供应商 湖南百盛　部门 采购部
业务员 张宏亮　税率 13.00　付款条件
币种 人民币　汇率 1　备注

	存货编码	存货名称	主计量	数量	原币单价	原币金额	原币税额	原币价税合计	税率	计划到货日期
1	1101	百盛男夹克	件	400.00	298.00	119200.00	15496.00	134696.00	13.00	2025-01-31
2	1102	百盛休闲裤	条	500.00	199.00	99500.00	12935.00	112435.00	13.00	2025-01-31
3										

图5-12　采购订单

2. 参照采购订单生成到货单

在“采购管理”子系统，双击“采购到货→到货单”菜单，打开“到货单”窗口。单击工具栏的“增加”按钮，再执行工具栏的“生单”|“采购订单”命令，打开“查询条件选择-采购订单列表过滤”对话框，单击“确定”按钮，系统弹出“拷贝并执行”窗口。双击ZH01001号订单最左侧的“选择”单元格，再单击“确定”按钮，系统返回“到货单”窗口，生成一张到货单。保存并审核该到货单，结果如图5-13所示。关闭该窗口。

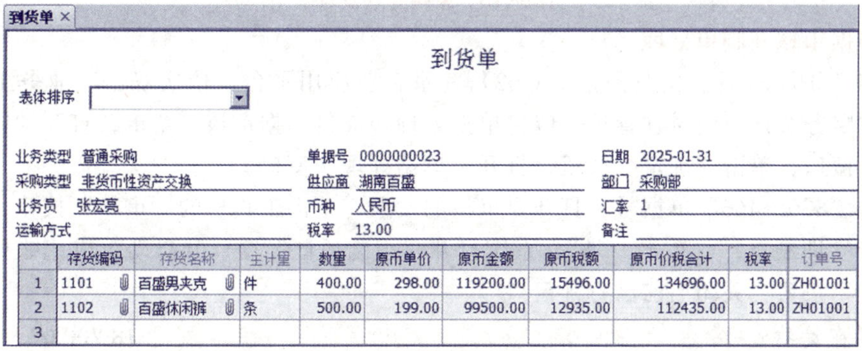

到货单 ×

到货单

表体排序

业务类型 普通采购　单据号 0000000023　日期 2025-01-31
采购类型 非货币性资产交换　供应商 湖南百盛　部门 采购部
业务员 张宏亮　币种 人民币　汇率 1
运输方式　税率 13.00　备注

	存货编码	存货名称	主计量	数量	原币单价	原币金额	原币税额	原币价税合计	税率	订单号
1	1101	百盛男夹克	件	400.00	298.00	119200.00	15496.00	134696.00	13.00	ZH01001
2	1102	百盛休闲裤	条	500.00	199.00	99500.00	12935.00	112435.00	13.00	ZH01001
3										

图5-13　到货单

3. 参照到货单生成采购入库单

2025年1月31日，由李泽伟（C01）登录企业应用平台。依次双击“业务工作”页签中的“供应链→库存管理→入库业务→采购入库单”菜单，系统打开“采购入库单”窗口。参照上一步生成的到货单生成一张采购入库单，根据图5-9，修改表头项目“入库单号”为“RK01023”，“仓库”选择“服装仓”。保存并审核该采购入库单，结果如图5-14所示。

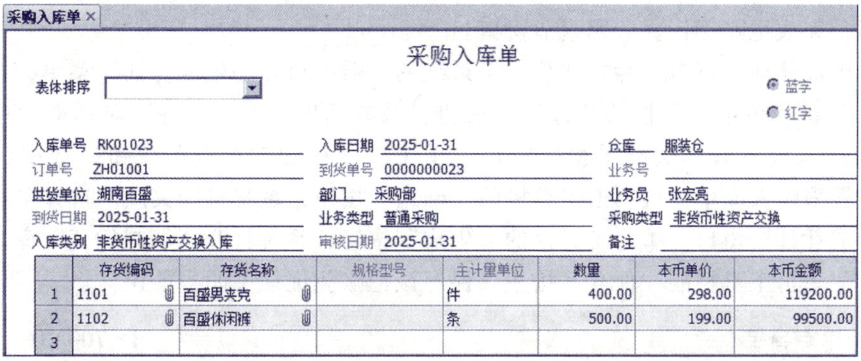

采购入库单 ×

采购入库单

表体排序　　蓝字　红字

入库单号 RK01023　入库日期 2025-01-31　仓库 服装仓
订单号 ZH01001　到货单号 0000000023　业务号
供货单位 湖南百盛　部门 采购部　业务员 张宏亮
到货日期 2025-01-31　业务类型 普通采购　采购类型 非货币性资产交换
入库类别 非货币性资产交换入库　审核日期 2025-01-31　备注

	存货编码	存货名称	规格型号	主计量单位	数量	本币单价	本币金额
1	1101	百盛男夹克		件	400.00	298.00	119200.00
2	1102	百盛休闲裤		条	500.00	199.00	99500.00
3							

图5-14　采购入库单

4. 参照采购入库单生成采购专用发票

2025年1月31日，由张宏亮（G01）登录企业应用平台。依次双击“业务工作”页签中的“供应链→采购管理→采购发票→专用采购发票”菜单，打开“专用发票”窗口。参照上一步的RK01023号采购入库单生成一张采购专用发票。根据图5-10，修改表头项目“发票号”为“83051466”。单击工具栏的“保存”按钮，再单击“结算”按钮，结果如图5-15所示。

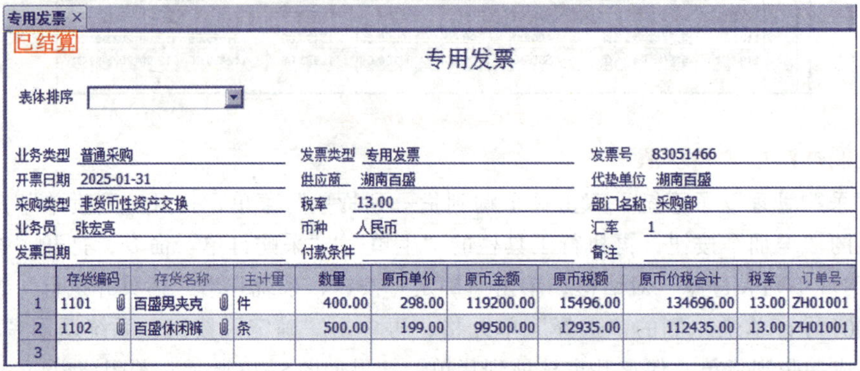
专用发票 ×

已结算

专用发票

表体排序

业务类型	普通采购	发票类型	专用发票	发票号	83051466
开票日期	2025-01-31	供应商	湖南百盛	代垫单位	湖南百盛
采购类型	非货币性资产交换	税率	13.00	部门名称	采购部
业务员	张宏亮	币种	人民币	汇率	1
发票日期		付款条件		备注	

	存货编码	存货名称	主计量	数量	原币单价	原币金额	原币税额	原币价税合计	税率	订单号
1	1101	百盛男夹克	件	400.00	298.00	119200.00	15496.00	134696.00	13.00	ZH01001
2	1102	百盛休闲裤	条	500.00	199.00	99500.00	12935.00	112435.00	13.00	ZH01001
3										

图5-15　采购专用发票

5. 应付单据审核并制单处理

2025年1月31日，由赵凯杰（W02）登录企业应用平台。依次双击“业务工作”页签中的“财务会计→应付款管理→应付单据处理→应付单据审核”菜单，打开“应付单查询条件”窗口，单击“确定”按钮，打开“单据处理”窗口。

双击“83051466”单据号，打开要审核的发票，单击工具栏的“审核”按钮，系统提示“是否立即制单?”，单击“是”，系统打开“填制凭证”窗口并自动生成记账凭证。单击“保存”按钮。关闭当前已打开窗口。

借：在途物资	218 700.00	
应交税费/应交增值税/进项税额	28 431.00	
贷：应付账款/一般应付账款（湖南百盛）		247 131.00

6. 正常单据记账，生成凭证

（1）正常单据记账。在供应链的“存货核算”子系统，依次双击“业务核算→正常单据记账”菜单，系统打开“查询条件选择”窗口，直接单击“确定”按钮，系统打开“未记账单据一览表”窗口。双击RK01023号采购入库单的“选择”栏，单击工具栏的“记账”按钮，完成记账工作。关闭当前窗口。

（2）生成凭证。双击“存货核算”子系统的“财务核算→生成凭证”菜单，打开“生成凭证”窗口。单击工具栏的“选择”按钮，系统弹出“查询条件”对话框，单击“确定”按钮，系统打开“选择单据”窗口。单击工具栏的“全选”按钮，选中已记账的RK01023号采购入库单，再单击工具栏的“确定”按钮，系统自动关闭“选择单据”窗口返回“生成凭证”窗口。单击工具栏的“生成”按钮，系统打开“填制凭证”窗口并自动生成记账凭证。单击工具栏的“保存”按钮，保存该记账凭证。关闭当前窗口。

借：库存商品	218 700.00	
贷：在途物资		218 700.00

7. 付款单据录入

2025年1月31日，由贺青春（W03）登录企业应用平台。依次双击“业务工作”页签中的“财务会计→应付款管理→付款单据处理→付款单据录入”菜单，打开“收付款单录入”窗口。单击“增加”，根据实验资料填制付款单，填制完毕保存该付款单，结果如图5-16所示。

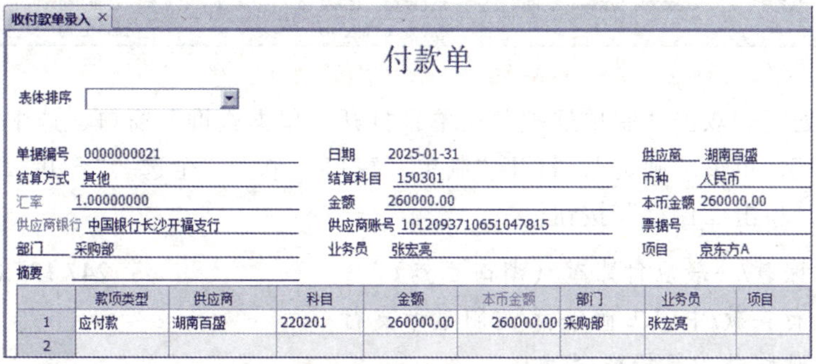

图5-16　虚拟付款单

在“收付款单录入”窗口，单击工具栏的“切换”按钮，再单击“增加”，根据图5-11填制一张收款单并保存，结果如图5-17所示。

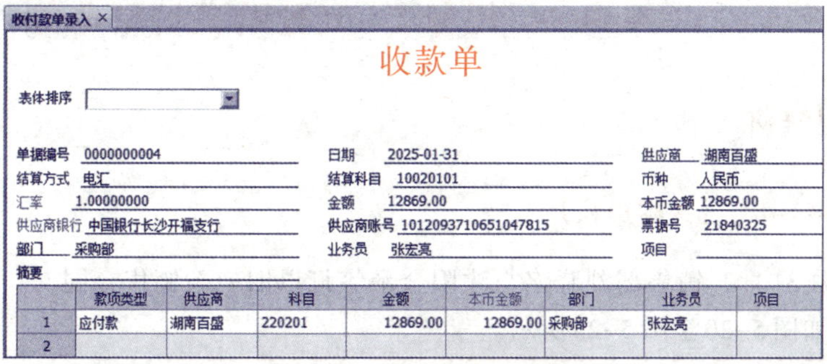

图5-17　应付系统收款单

8. 付款单据审核、手工核销和制单处理

2025年1月5日，由赵凯杰（W02）登录企业应用平台。

（1）付款单据审核。依次双击“业务工作”页签中的“财务会计→应付款管理→付款单据处理→付款单据审核”菜单，打开“付款单查询条件”窗口，单击“确定”，打开“收付款单列表”窗口，如图5-18所示。选中并审核该付款单。关闭当前窗口。

收付款单列表

记录总数：2

选择	审核人	单据日期	单据类型	单据编号	供应商	部门	业务员	结算方式	票据号	原币金额	本币金额	备注
	赵凯杰	2025-01-31	付款单	0000000021	湖南百盛服装有限公司	采购部	张宏亮	其他		260,000.00	260,000.00	
	赵凯杰	2025-01-31	收款单	0000000004	湖南百盛服装有限公司	采购部	张宏亮	电汇	21840325	-12,869.00	-12,869.00	
合计										247,131.00	247,131.00	

图5-18　收付款单列表

（2）手工核销。双击“核销处理→手工核销”菜单，打开“核销条件”窗口，供应商选择“湖南百盛”，单击“确定”，打开“单据核销”窗口，在窗口下方采购专用发票的“本次结算”栏输入“247131”，在窗口下方收款单的“本次结算”栏输入“12869”，如图5-19所示，单击“保存”，退出。

单据核销 ×

单据日期	单据类型	单据编号	供应商	款项类型	结算方式	汇率	原币金额	原币余额	本次结算	订单号
2025-01-31	付款单	0000000021	湖南百盛	应付款	其他	1.00000000	260,000.00	260,000.00	260,000.00	
合计							260,000.00	260,000.00	260,000.00	

单据日期	单据类型	单据编号	到期日	供应商	原币金额	原币余额	可享受折扣	本次折扣	本次结算	订单号	凭证号
2025-01-31	采购专用发票	83051466	2025-01-31	湖南百盛	247,131.00	247,131.00	0.00	0.00	247,131.00	ZHD1001	记-0118
2025-01-31	收款单	0000000004	2025-01-31	湖南百盛	12,869.00	12,869.00	0.00	0.00	12,869.00		
合计					260,000.00	260,000.00	0.00		260,000.00		

图5-19 “单据核销”窗口

（3）制单处理。双击“制单处理”菜单，打开“单据查询”窗口，选中“收付款单制单”“核销制单”，单击“确定”，打开“制单”窗口，单击“全选”“合并”“制单”，生成一张记账凭证，单击“保存”按钮。

借：应付账款/一般应付账款（湖南百盛）	247 131.00	
贷：银行存款/中国工商银行/沈阳皇姑支行		−12 869.00
其他权益工具投资/成本		240 000.00
投资收益		20 000.00

任务2 其他购销类型业务

业务1 以旧换新

【实验资料】

2025年1月31日，销售部刘晓洺与沈阳金泰签订以旧换新销售合同。

相关凭证如图5-20至图5-25所示。

购销合同

合同编号：TX01001

卖方：辽宁恒通商贸有限公司

买方：沈阳金泰商贸有限公司

为保护买卖双方的合法权益，根据《中华人民共和国民法典》的有关规定，买卖双方经友好协商，一致同意签订本合同，并共同遵守合同约定。

一、货物的名称、数量及金额：

货物名称	规格型号	计量单位	数量	单价（不含税）	金额（不含税）	税率	税额
恒久男表		只	500	6 666.00	3 333 000.00	13%	433 290.00
合 计					¥3 333 000.00		¥433 290.00

二、合同总金额：人民币叁佰柒拾陆万陆仟贰佰玖拾元整（¥3 766 290.00）。

三、以旧换新销售条件：若买方提供同品牌旧手表，每只可作价800元，买方交差价即可换回所换购的同品牌同数量全新产品。签订合同当日，卖方即向买方发货并收回同品牌旧手表，买方当日支付货款。付款结算方式：转账支票。

四、交货地点：辽宁恒通商贸有限公司。

五、发运方式与运输费用承担方式：由卖方发货，买方承担运输费用。

卖　　方：辽宁恒通商贸有限公司　　　　买　　方：沈阳金泰商贸有限公司

授权代表：刘晓洺　　　　授权代表：刘春雨

日　　期：2025年01月31日　　　　日　　期：2025年01月31日

图5-20 购销合同

电子发票（增值税专用发票）

全国统一发票监制章 国家税务总局 辽宁省税务局

发票号码：25212000000021327520

开票日期：2025 年 01 月 31 日

购买方信息	名称：沈阳金泰商贸有限公司 统一社会信用代码/纳税人识别号：91210103291938726E	销售方信息	名称：辽宁恒通商贸有限公司 统一社会信用代码/纳税人识别号：91210105206917583A

项目名称	规格型号	单位	数量	单价	金额	税率/征收率	税额
*手表*恒久男表		只	500	6 666.00	3 333 000.00	13%	433 290.00
合　计					¥3 333 000.00		¥433 290.00
价税合计（大写）	⊗ 叁佰柒拾陆万陆仟贰佰玖拾元整					（小写）	¥3 766 290.00

备注	购买方开户银行：中国银行沈阳百花支行　　银行账号：5830611580626927622 销售方开户银行：中国工商银行沈阳皇姑支行　　银行账号：2107024015890035666

开票人：赵凯杰

图5-21　增值税专用发票

中国工商银行　进账单（收账通知）　3

2025年01月31日

出票人	全　称	沈阳金泰商贸有限公司	收款人	全　称	辽宁恒通商贸有限公司
	账　号	5830611580626927622		账　号	2107024015890035666
	开户银行	中国银行沈阳百花支行		开户银行	中国工商银行沈阳皇姑支行
金额	人民币（大写）	叁佰叁拾壹万肆仟贰佰玖拾元整		亿 千 百 十 万 千 百 十 元 角 分	¥ 3 3 1 4 2 9 0 0 0
票据种类	转账支票	票据张数	1		
票据号码	36248309				
	复核　　记账			收款人开户银行签章	

中国工商银行 沈阳皇姑支行 2025.01.31 转讫 (8)

此联为银行交给收款人的收账通知

图5-22　进账单

出库单

客户：沈阳金泰　　2025 年 01 月 31 日　　单号：CK01026

发货仓库	存货编码	存货名称	计量单位	数量		单价	金额
				应发	实发		
手表仓	1252	恒久男表	只	500	500		
合　计							

部门经理：略　　会计：略　　仓库：略　　经办人：略

图5-23　出库单

入库单

供应商：沈阳金泰　　2025 年 01 月 31 日　　单号：RK01024

验收仓库	存货编码	存货名称	计量单位	数量		单价	金额
				应收	实收		
废旧品仓	1252	恒久男表	只	500	500		
合 计							

部门经理：略　　会计：略　　仓库：略　　经办人：略

图5-24　入库单

电子发票（增值税专用发票）　　发票号码：25212000000018733213

开票日期：2025年01月31日

购买方信息　名称：辽宁恒通商贸有限公司 统一社会信用代码/纳税人识别号：91210105206917583A	销售方信息　名称：沈阳金泰商贸有限公司 统一社会信用代码/纳税人识别号：91210103291938726E

项目名称	规格型号	单位	数量	单价	金额	税率/征收率	税额
*手表*恒久男表		只	500	800.00	400 000.00	13%	52 000.00
合　计					¥400 000.00		¥52 000.00
价税合计（大写）	⊗肆拾伍万贰仟元整					（小写）	¥452 000.00

备注：
购买方开户银行：中国工商银行沈阳皇姑支行　银行账号：2107024015890035666
销售方开户银行：中国银行沈阳百花支行　银行账号：5830611580626927622

开票人：吴佳倩

图5-25　增值税专用发票

【实验过程概览】

本业务的实验过程概览见表5-3。

表5-3　实验过程概览

序号	操作日期	操作员	系统	操作内容
1	2025-01-31	X01 刘晓洺	销售管理	填制销售订单
2	2025-01-31	X01 刘晓洺	销售管理	参照销售订单生成销售专用发票（部分现结）
3	2025-01-31	C01 李泽伟	库存管理	参照发货单生成销售出库单
4	2025-01-31	W02 赵凯杰	应收款管理	应收单据审核并制单处理
5	2025-01-31	W02 赵凯杰	存货核算	正常单据记账，生成凭证
6	2025-01-31	G01 张宏亮	采购管理	填制采购订单
7	2025-01-31	G01 张宏亮	采购管理	参照采购订单生成到货单
8	2025-01-31	C01 李泽伟	库存管理	参照到货单生成采购入库单
9	2025-01-31	G01 张宏亮	采购管理	参照采购入库单生成采购专用发票
10	2025-01-31	W02 赵凯杰	应付款管理	应付单据审核并制单处理
11	2025-01-31	W02 赵凯杰	存货核算	正常单据记账，生成凭证
12	2025-01-31	W02 赵凯杰	应付款管理	应付冲应收并制单处理

【实验过程】

以旧换新

1. 填制销售订单

2025年1月31日，由刘晓洺（X01）登录企业应用平台。依次双击“业务工作”页签中的“供应链→销售管理→销售订货→销售订单”菜单，打开“销售订单”窗口。单击工具栏的“增加”按钮，根据图5-20填制销售订单，填制完毕保存并审核该销售订单，结果如图5-26所示。关闭“销售订单”窗口。

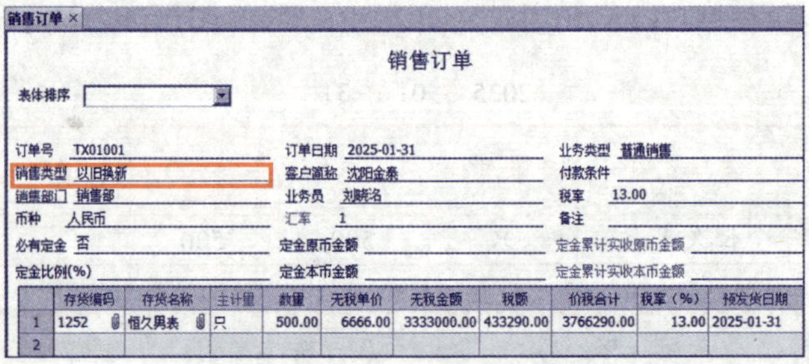

图5-26　销售订单

2. 参照销售订单生成销售专用发票（部分现结）

（1）生成销售专用发票。依次双击“业务工作”页签中的“供应链→销售管理→销售发票→销售专用发票”菜单，系统打开“销售专用发票”窗口。单击工具栏的“增加”按钮，参照上一步的TX01001号订单生成一张销售专用发票，根据图5-21，修改发票表头项目“发票号”为“21327520”，表体第1行的“仓库名称”选择“手表仓”，单击“保存”，结果如图5-27所示。

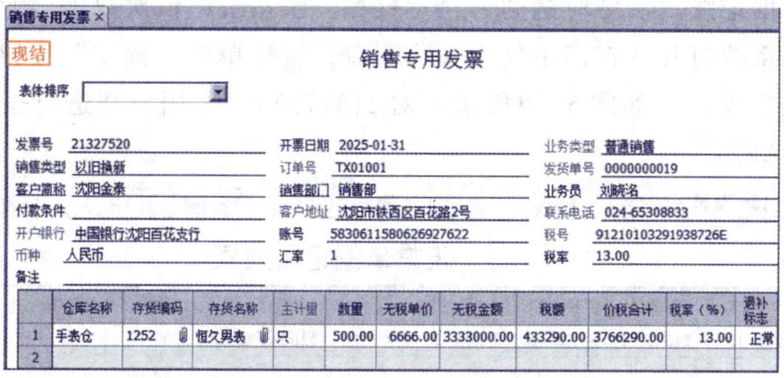
销售专用发票×
现结
销售专用发票
表体排序

发票号 21327520 | 开票日期 2025-01-31 | 业务类型 普通销售
销售类型 以旧换新 | 订单号 TX01001 | 发货单号 0000000019
客户简称 沈阳金泰 | 销售部门 销售部 | 业务员 刘晓名
付款条件 | 客户地址 沈阳市铁西区百花路2号 | 联系电话 024-65308833
开户银行 中国银行沈阳百花支行 | 账号 583061158062692 7622 | 税号 91210103291938726E
币种 人民币 | 汇率 1 | 税率 13.00
备注

	仓库名称	存货编码	存货名称	主计量	数量	无税单价	无税金额	税额	价税合计	税率（%）	退补标志
1	手表仓	1252	恒久男表	只	500.00	6666.00	3333000.00	433290.00	3766290.00	13.00	正常
2											

图5-27　销售专用发票

（2）现结。单击工具栏的“现结”按钮，打开“现结”窗口。根据图5-22，“结算方式”选择“转账支票”，“原币金额”输入“3314290”，“票据号”输入“36248309”。输入完毕单击“确定”，完成现结处理并返回发票窗口，单击“复核”按钮，完成销售发票处理。

3. 参照发货单生成销售出库单

2025年1月31日，由李泽伟（C01）登录企业应用平台。依次双击“业务工作”页签中的“供应链→库存管理→出库业务→销售出库单”菜单，系统打开“销售出库单”窗口。参照上一步自动生成的发货单生成一张销售出库单，根据图5-23，将出库单表头的“出库单号”改为“CK01026”。保存并审核该销售出库单，结果如图5-28所示。

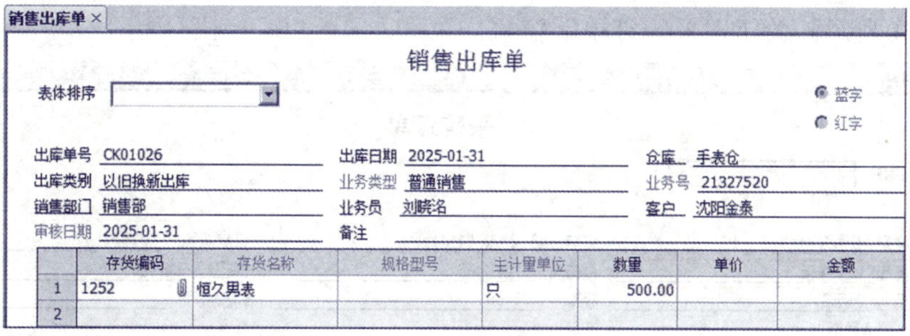
销售出库单×
销售出库单
表体排序
蓝字
红字

出库单号 CK01026 | 出库日期 2025-01-31 | 仓库 手表仓
出库类别 以旧换新出库 | 业务类型 普通销售 | 业务号 21327520
销售部门 销售部 | 业务员 刘晓名 | 客户 沈阳金泰
审核日期 2025-01-31 | 备注

	存货编码	存货名称	规格型号	主计量单位	数量	单价	金额
1	1252	恒久男表		只	500.00		
2							

图5-28　销售出库单

4. 应收单据审核并制单处理

2025年1月31日，由赵凯杰（W02）登录企业应用平台。依次双击“业务工作”页签中的“财务会计→应收款管理→应收单据处理→应收单据审核”菜单，系统打开“应收单查询条件”窗口，勾选“包含已现结发票”，单击“确定”按钮，打开“单据处理”窗口。

双击“21327520”单据号，打开要审核的发票，单击工具栏的“审核”按钮，系统提示“是否立即制单？”，单击“是”，系统自动打开“填制凭证”窗口并自动生成记账凭证，单击“保存”按钮。关闭当前已打开窗口。

借：应收账款/人民币（沈阳金泰）　　452 000.00
　　银行存款/中国工商银行/沈阳皇姑支行　　3 314 290.00
　贷：主营业务收入　　3 333 000.00
　　　应交税费/应交增值税/销项税额　　433 290.00

5. 正常单据记账，生成凭证

（1）正常单据记账。在供应链的“存货核算”子系统，依次双击“业务核算→正常单据记账”菜单，系统打开“查询条件选择”窗口，直接单击“确定”按钮，系统打开“未记账单据一览表”窗口，如图5-29所示。对21327520号专用发票进行正常单据记账。记账完毕关闭该窗口。

未记账单据一览表 ×

正常单据记账列表

记录总数：1

选择	日期	单据号	存货名称	单据类型	仓库名称	收发类别	数量	单价	金额
	2025-01-31	21327520	恒久男表	专用发票	手表仓	以旧换新出库	500.00		
小计							500.00		

图5-29　未记账单据一览表

（2）生成凭证。依次双击“存货核算”子系统的“财务核算→生成凭证”菜单，系统打开“生成凭证”窗口。将已记账的21327520号发票生成记账凭证并保存。

借：主营业务成本　　2 777 500.00
　贷：库存商品　　2 777 500.00

6. 填制采购订单

2025年1月31日，由张宏亮（G01）登录企业应用平台。依次双击“业务工作”页签中的“供应链→采购管理→采购订货→采购订单”菜单，打开“采购订单”窗口。单击工具栏的“增加”按钮，根据图5-20填制采购订单，填制完毕保存并审核该采购订单，结果如图5-30所示。关闭“采购订单”窗口。

采购订单 ×

采购订单

表体排序

业务类型	普通采购	订单日期	2025-01-31	订单编号	TX01001
采购类型	以旧换新	供应商	沈阳金泰	部门	销售部
业务员	刘晓洺	税率	13.00	付款条件	
币种	人民币	汇率	1	备注	

	存货编码	存货名称	主计量	数量	原币单价	原币金额	原币税额	原币价税合计	税率	计划到货日期
1	1252	恒久男表	只	500.00	800.00	400000.00	52000.00	452000.00	13.00	2025-01-31
2										

图5-30　采购订单

7. 参照采购订单生成到货单

在“采购管理”子系统，双击“采购到货→到货单”菜单，打开“到货单”窗口。单击工具栏的“增加”按钮，参照上一步的采购订单生成一张到货单。保存并审核该到货单，结果如图5-31所示。

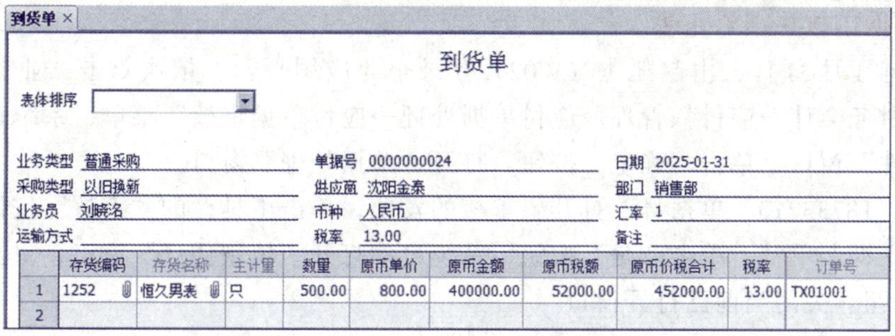

到货单 ×

到货单

表体排序

业务类型 普通采购 单据号 0000000024 日期 2025-01-31
采购类型 以旧换新 供应商 沈阳金泰 部门 销售部
业务员 刘晓名 币种 人民币 汇率 1
运输方式 税率 13.00 备注

	存货编码	存货名称	主计量	数量	原币单价	原币金额	原币税额	原币价税合计	税率	订单号
1	1252	恒久男表	只	500.00	800.00	400000.00	52000.00	452000.00	13.00	TX01001
2										

图5-31　到货单

8. 参照到货单生成采购入库单

2025年1月31日，由李泽伟（C01）登录企业应用平台。依次双击“业务工作”页签中的“供应链→库存管理→入库业务→采购入库单”菜单，系统打开“采购入库单”窗口。参照上一步生成的到货单生成一张采购入库单，根据5-24，修改表头项目“入库单号”为“RK01024”，“仓库”选择“废旧品仓”。保存并审核该采购入库单，结果如图5-32所示。

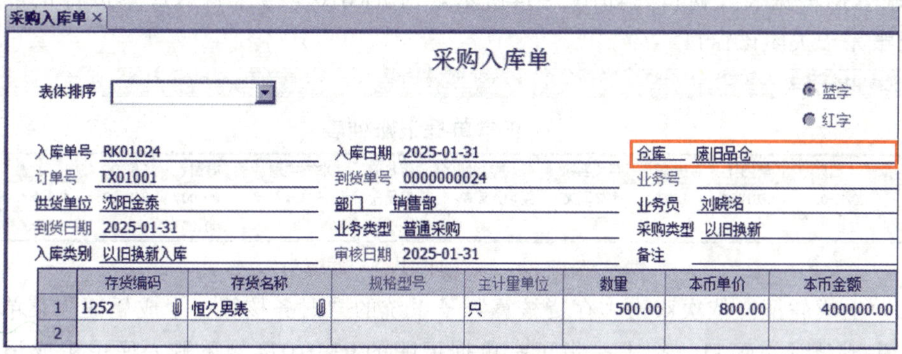

采购入库单 ×

采购入库单

表体排序

蓝字
红字

入库单号 RK01024 入库日期 2025-01-31 仓库 废旧品仓
订单号 TX01001 到货单号 0000000024 业务号
供货单位 沈阳金泰 部门 销售部 业务员 刘晓名
到货日期 2025-01-31 业务类型 普通采购 采购类型 以旧换新
入库类别 以旧换新入库 审核日期 2025-01-31 备注

	存货编码	存货名称	规格型号	主计量单位	数量	本币单价	本币金额
1	1252	恒久男表		只	500.00	800.00	400000.00
2							

图5-32　采购入库单

9. 参照采购入库单生成采购专用发票

2025年1月31日，由张宏亮（G01）登录企业应用平台。依次双击“业务工作”页签中的“供应链→采购管理→采购发票→专用采购发票”菜单，打开“专用发票”窗口。参照上一步的采购入库单生成一张采购专用发票。根据图5-25，修改表头项目“发票号”为“18733213”。保存该发票后，单击工具栏的“结算”按钮，将该发票与上一步的采购入库单直接结算，结果如图5-33所示。关闭该窗口。

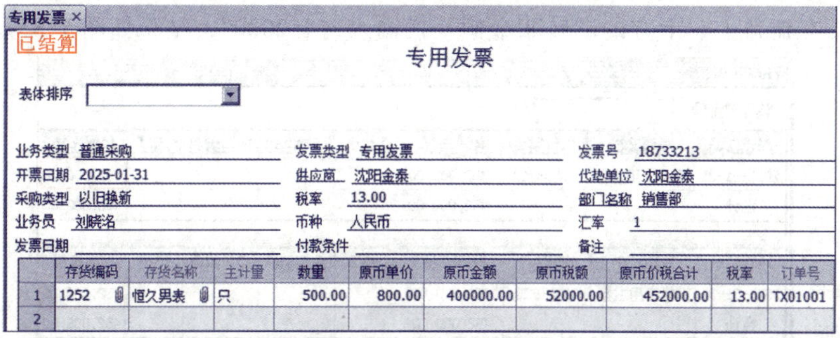

专用发票 ×

已结算

专用发票

表体排序

业务类型 普通采购 发票类型 专用发票 发票号 18733213
开票日期 2025-01-31 供应商 沈阳金泰 代垫单位 沈阳金泰
采购类型 以旧换新 税率 13.00 部门名称 销售部
业务员 刘晓名 币种 人民币 汇率 1
发票日期 付款条件 备注

	存货编码	存货名称	主计量	数量	原币单价	原币金额	原币税额	原币价税合计	税率	订单号
1	1252	恒久男表	只	500.00	800.00	400000.00	52000.00	452000.00	13.00	TX01001
2										

图5-33　采购专用发票

10. 应付单据审核并制单处理

2025年1月31日，由赵凯杰（W02）登录企业应用平台。依次双击“业务工作”页签中的“财务会计→应付款管理→应付单据处理→应付单据审核”菜单，系统打开“应付单查询条件”窗口，单击“确定”按钮，打开“单据处理”窗口。

双击“18733213”单据号，打开要审核的发票，单击工具栏的“审核”按钮，系统提示“是否立即制单?”，单击“是”按钮，系统自动打开“填制凭证”窗口，单击工具栏的“保存”按钮。关闭当前已打开窗口。

借：在途物资	400 000.00	
应交税费/应交增值税/进项税额	52 000.00	
贷：应付账款/一般应付账款（沈阳金泰）		452 000.00

11. 正常单据记账，生成凭证

（1）正常单据记账。在供应链的“存货核算”子系统，依次双击“业务核算→正常单据记账”菜单，系统打开“查询条件选择”窗口，直接单击其“确定”按钮，系统打开“未记账单据一览表”窗口，如图5-34所示。对RK01024号采购入库单进行正常单据记账。记账完毕关闭该窗口。

未记账单据一览表 ×

正常单据记账列表

记录总数：1

选择	日期	单据号	存货编码	存货名称	单据类型	仓库名称	收发类别	数量	单价	金额
	2025-01-31	RK01024	1252	恒久男表	采购入库单	废旧品仓	以旧换新入库	500.00	800.00	400,000.00
小计								500.00		400,000.00

图5-34　未记账单据一览表

（2）生成凭证。依次双击“存货核算”子系统的“财务核算→生成凭证”菜单，系统打开“生成凭证”窗口。把上一步正常单据记账的RK01024号采购入库单生成记账凭证并保存。关闭该窗口。

借：库存商品	400 000.00	
贷：在途物资		400 000.00

12. 应付冲应收并制单处理

在“应付款管理”系统，依次双击“转账→应付冲应收”菜单，打开“应付冲应收”对话框。该窗口的“供应商”栏选择“沈阳金泰”，单击“确定”按钮，打开“应付冲应收”窗口。在窗口上、下方的“转账金额”栏输入“452000”，结果如图5-35所示。

应付冲应收 ×

转账总金额

单据日期	单据类型	单据编号	原币余额	合同号	合同名称	项目编码	项目	转账金额
2025-01-31	采购专用发票	18733213	452,000.00					452,000.00
合计			452,000.00					452,000.00

单据日期	单据类型	单据编号	原币余额	合同号	合同名称	项目编码	项目	转账金额
2025-01-31	销售专用发票	21327520	452,000.00					452,000.00
合计			452,000.00					452,000.00

图5-35　“应付冲应收”窗口

单击工具栏的“保存”按钮，系统提示“是否立即制单?”，单击“是”按钮，系统自动打开“填制凭证”窗口，单击工具栏的“保存”按钮。

借：应付账款/一般应付账款（沈阳金泰）	452 000.00	
贷：应收账款/人民币（沈阳金泰）		452 000.00

业务2　售后回购

【实验资料】

2025年1月31日，销售部刘晓洺与沈阳金泰签订售后回购销售合同。

相关凭证如图5-36至图5-39所示。

购销合同

合同编号：TX01002

卖方：辽宁恒通商贸有限公司

买方：沈阳金泰商贸有限公司

为保护买卖双方的合法权益，根据《中华人民共和国民法典》的有关规定，买卖双方经友好协商，一致同意签订本合同，并共同遵守合同约定。

一、货物的名称、数量及金额：

货物名称	规格型号	计量单位	数量	单价（不含税）	金额（不含税）	税率	税额
百盛男套装		套	2 000	500.00	1 000 000.00	13%	130 000.00
合　计					¥1 000 000.00		¥130 000.00

二、合同总金额：人民币壹佰壹拾叁万元整（¥1 130 000.00）。

三、签订合同当日，卖方发出全部货物，买方向卖方以转账支票方式支付1 130 000.00元。卖方于5个月后以1 100 000.00元的价格（不含税）将所售商品购回。

四、交货地点：辽宁恒通商贸有限公司。

五、发运方式与运输费用承担方式：由卖方发货，买方承担运输费用。

卖　　方：辽宁恒通商贸有限公司　　　　买　　方：沈阳金泰商贸有限公司

授权代表：刘晓洺　　　　授权代表：刘春雨

日　　期：2025年01月31日　　　　日　　期：2025年01月31日

图5-36　购销合同

电子发票（增值税专用发票）

发票号码：25212000000021327521

开票日期：2025年01月31日

购买方信息	名称：沈阳金泰商贸有限公司 统一社会信用代码/纳税人识别号：91210103291938726E	销售方信息	名称：辽宁恒通商贸有限公司 统一社会信用代码/纳税人识别号：91210105206917583A

项目名称	规格型号	单位	数量	单价	金额	税率/征收率	税额
*服装*百盛男套装		套	2 000	500.00	1 000 000.00	13%	130 000.00
合　计					¥1 000 000.00		¥130 000.00
价税合计（大写）	⊗壹佰壹拾叁万元整					（小写）	¥1 130 000.00
备注	购买方开户银行：中国银行沈阳百花支行　银行账号：583061158062692762 销售方开户银行：中国工商银行沈阳皇姑支行　银行账号：2107024015890035666						

开票人：赵凯杰

图5-37　增值税专用发票

中国工商银行　进账单（收账通知）　3

2025年01月31日

出票人	全　称	沈阳金泰商贸有限公司	收款人	全　称	辽宁恒通商贸有限公司
	账　号	5830611580626927622		账　号	2107024015890035666
	开户银行	中国银行沈阳百花支行		开户银行	中国工商银行沈阳皇姑支行
金额	人民币（大写）	壹佰壹拾叁万元整		亿千百十万千百十元角分	¥ 1 1 3 0 0 0 0 0 0
票据种类	转账支票	票据张数	1		
票据号码	36248310				
复核　记账				收款人开户银行签章	

中国工商银行 沈阳皇姑支行 2025.01.31 转讫 (8)

此联为银行交给收款人的收账通知

图5-38　进账单

出库单

客户：沈阳金泰　　2025 年 01 月 31 日　　单号：CK01027

发货仓库	存货编码	存货名称	计量单位	数量		单价	金额
				应发	实发		
服装仓	1104	百盛男套装	套	2 000	2 000		
合　计							

部门经理：略　　会计：略　　仓库：略　　经办人：略

图5-39　出库单

【实验过程概览】

本业务的实验过程概览见表5-4。

表 5-4　实验过程概览

序号	操作日期	操作员	系统	操作内容
1	2025-01-31	X01 刘晓洺	销售管理	填制销售订单
2	2025-01-31	X01 刘晓洺	销售管理	参照销售订单生成销售专用发票（现结）
3	2025-01-31	C01 李泽伟	库存管理	参照发货单生成销售出库单
4	2025-01-31	W02 赵凯杰	应收款管理	应收单据审核并制单处理
5	2025-01-31	W02 赵凯杰	存货核算	正常单据记账，生成凭证
6	2025-01-31	W02 赵凯杰	总账	填制凭证——计提利息费用

【实验过程】

售后回购

1. 填制销售订单

2025年1月31日，由刘晓洺（X01）登录企业应用平台。依次双击“业务工作”页签中的“供应链→销售管理→销售订货→销售订单”菜单，打开“销售订单”窗口。单击工具栏的“增加”按钮，根据图5-36填制销售订单，结果如图5-40所示。单击“保存”，再单击“审核”。关闭“销售订单”窗口。

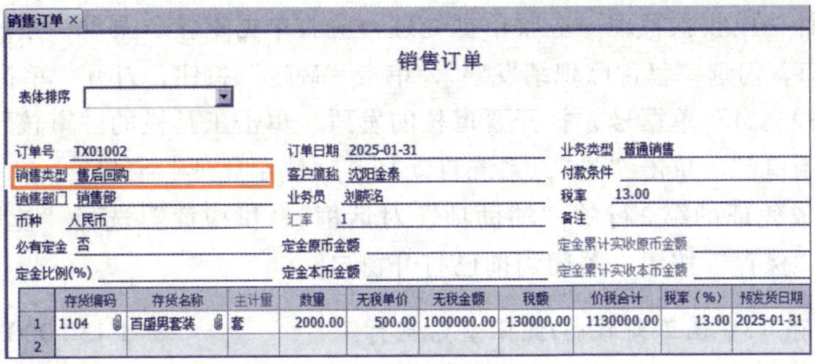

销售订单 ×

销售订单

表体排序

订单号 TX01002　订单日期 2025-01-31　业务类型 普通销售
销售类型 售后回购　客户简称 沈阳金泰　付款条件
销售部门 销售部　业务员 刘晓名　税率 13.00
币种 人民币　汇率 1　备注
必有定金 否　定金原币金额　定金累计实收原币金额
定金比例(%)　定金本币金额　定金累计实收本币金额

	存货编码	存货名称	主计量	数量	无税单价	无税金额	税额	价税合计	税率（%）	预发货日期
1	1104	百盛男套装	套	2000.00	500.00	1000000.00	130000.00	1130000.00	13.00	2025-01-31
2										

图5-40　销售订单

2. 参照销售订单生成销售专用发票（现结）

（1）生成销售专用发票。依次双击“业务工作”页签中的“供应链→销售管理→销售发票→销售专用发票”菜单，系统打开“销售专用发票”窗口。单击工具栏的“增加”按钮，参照上一步的销售订单生成一张销售专用发票，根据图5-37，修改发票表头项目“发票号”为“21327521”，表体第1行的“仓库名称”选择“服装仓”，单击“保存”，结果如图5-41所示。

销售专用发票 ×

现结

销售专用发票

表体排序

发票号 21327521　开票日期 2025-01-31　业务类型 普通销售
销售类型 售后回购　订单号 TX01002　发货单号 0000000020
客户简称 沈阳金泰　销售部门 销售部　业务员 刘晓名
付款条件　客户地址 沈阳市铁西区百花路2号　联系电话 024-65308833
开户银行 中国银行沈阳百花支行　账号 5830611580626927622　税号 91210103291938726E
币种 人民币　汇率 1　税率 13.00
备注

	仓库名称	存货编码	存货名称	主计量	数量	无税单价	无税金额	税额	价税合计	税率（%）	退补标志
1	服装仓	1104	百盛男套装	套	2000.00	500.00	1000000.00	130000.00	1130000.00	13.00	正常
2											

图5-41　销售专用发票

（2）现结。单击工具栏的“现结”按钮，打开“现结”窗口。根据图5-38，“结算方式”选择“转账支票”，“原币金额”输入“1130000”，“票据号”输入“36248310”。输入完毕单击“确定”，完成现结处理并返回发票窗口，单击“复核”按钮，完成销售发票处理。

3. 参照发货单生成销售出库单

2025年1月31日，由李泽伟（C01）登录企业应用平台。依次双击“业务工作”页签中的“供应链→库存管理→出库业务→销售出库单”菜单，系统打开“销售出库单”窗口。参照上一步自动生成的发货单生成一张销售出库单，根据图5-39，将表头项目“出库单号”改为“CK01027”。保存并审核该销售出库单，结果如图5-42所示。

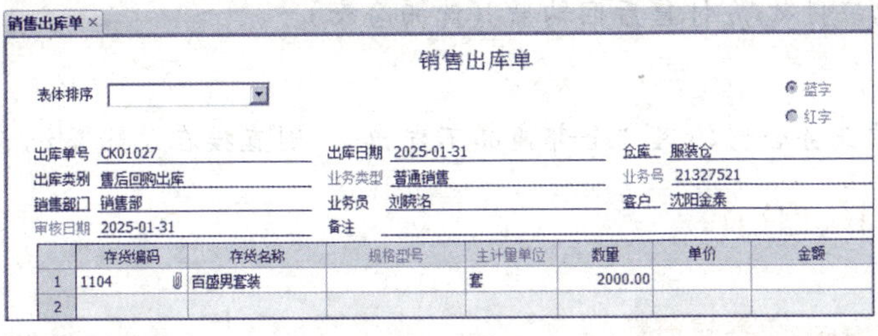

销售出库单 ×

销售出库单

表体排序　◉ 蓝字　○ 红字

出库单号 CK01027　出库日期 2025-01-31　仓库 服装仓
出库类别 售后回购出库　业务类型 普通销售　业务号 21327521
销售部门 销售部　业务员 刘晓名　客户 沈阳金泰
审核日期 2025-01-31　备注

	存货编码	存货名称	规格型号	主计量单位	数量	单价	金额
1	1104	百盛男套装		套	2000.00		
2							

图5-42　销售出库单

4. 应收单据审核并制单处理

2025年1月31日，由赵凯杰（W02）登录企业应用平台。依次双击“业务工作”页签中的“财务会计→应收款管理→应收单据处理→应收单据审核”菜单，系统打开“应收单查询条件”窗口，勾选“包含已现结发票”，单击“确定”按钮，打开“单据处理”窗口。

双击“21327521”单据号，打开要审核的发票，单击工具栏的“审核”按钮，系统提示“是否立即制单?”，单击“是”，系统自动打开“填制凭证”窗口。

调出所生成凭证的第2行的“辅助项”对话框，“供应商”选择“沈阳金泰”，单击“确定”。单击“保存”按钮。关闭当前已打开窗口。

借：银行存款/中国工商银行/沈阳皇姑支行	1 130 000.00	
贷：其他应付款/应付售后回购款（沈阳金泰）		1 000 000.00
应交税费/应交增值税/销项税额		130 000.00

5. 正常单据记账，生成凭证

（1）正常单据记账。在供应链的“存货核算”子系统，依次双击“业务核算→正常单据记账”菜单，系统打开“查询条件选择”窗口，直接单击其“确定”按钮，系统打开“未记账单据一览表”窗口，如图5-43所示。对21327521号发票进行正常单据记账。记账完毕关闭该窗口。

未记账单据一览表 ×

正常单据记账列表

记录总数：1

选择	日期	单据号	存货编码	存货名称	单据类型	仓库名称	收发类别	数量	单价	金额
	2025-01-31	21327521	1104	百盛男套装	专用发票	服装仓	售后回购出库	2,000.00		
小计								2,000.00		

图5-43　未记账单据一览表

（2）生成凭证。依次双击“存货核算”子系统的“财务核算→生成凭证”菜单，系统打开“生成凭证”窗口。把上一步正常单据记账的21327521号发票生成记账凭证并保存。关闭当前已打开窗口。

借：发出商品	656 000.00	
贷：库存商品		656 000.00

6. 填制凭证——计提利息费用

依次双击“业务工作”页签中的“财务会计→总账→凭证→填制凭证”菜单，系统打开“填制凭证”窗口，单击“增加”，填制一张计提本月利息费用的记账凭证。

借：财务费用/利息支出	20 000.00	
贷：其他应付款/应付售后回购款（沈阳金泰）		20 000.00

提示

若售后回购业务合同约定“全部商品不发出”，则直接在总账系统填制凭证即可。

业务3　附退回条件销售

【实验资料】

2025年1月31日，销售部刘晓洺与沈阳金泰签订销售合同。（无法估计退货率）

相关凭证如图5-44至图5-47所示。

购销合同

合同编号：TX01003

卖方：辽宁恒通商贸有限公司

买方：沈阳金泰商贸有限公司

为保护买卖双方的合法权益，根据《中华人民共和国民法典》的有关规定，买卖双方经友好协商，一致同意签订本合同，并共同遵守合同约定。

一、货物的名称、数量及金额：

货物名称	规格型号	计量单位	数量	单价（不含税）	金额（不含税）	税率	税额
嘉伟女风衣		件	800	598.00	478 400.00	13%	62 192.00
合计					¥478 400.00		¥62 192.00

二、合同总金额：人民币伍拾肆万零伍佰玖拾贰元整（¥540 592.00）。

三、签订合同当日卖方发出全部商品，买方支付全部货款。2月28日前，买方有权退货。

四、交货地点：辽宁恒通商贸有限公司。

五、发运方式与运输费用承担方式：由卖方发货，买方承担运输费用。

卖　　方：辽宁恒通商贸有限公司　　　　买　　方：沈阳金泰商贸有限公司

授权代表：刘晓洛　　　　授权代表：刘春雨

日　　期：2025年01月31日　　　　日　　期：2025年01月31日

图5-44　购销合同

电子发票（增值税专用发票）

发票号码：25212000000021327522

开票日期：2025年01月31日

购买方信息　名称：沈阳金泰商贸有限公司 统一社会信用代码/纳税人识别号：91210103291938726E	销售方信息　名称：辽宁恒通商贸有限公司 统一社会信用代码/纳税人识别号：91210105206917583A

项目名称	规格型号	单位	数量	单价	金额	税率/征收率	税额
*服装*嘉伟女风衣		件	800	598.00	478 400.00	13%	62 192.00
合　计					¥478 400.00		¥62 192.00

价税合计（大写）　⊗伍拾肆万零伍佰玖拾贰元整　　（小写）¥540 592.00

备注：购买方开户银行：中国银行沈阳百花支行　　银行账号：5830611580626927622

销售方开户银行：中国工商银行沈阳皇姑支行　　银行账号：2107024015890035666

开票人：赵凯杰

图5-45　增值税专用发票

中国工商银行　进账单（收账通知）　3

2025年01月31日

出票人	全称	沈阳金泰商贸有限公司	收款人	全称	辽宁恒通商贸有限公司
	账号	5830611580626927622		账号	2107024015890035666
	开户银行	中国银行沈阳百花支行		开户银行	中国工商银行沈阳皇姑支行
金额	人民币（大写）	伍拾肆万零伍佰玖拾贰元整		亿千百十万千百十元角分	¥54059200
票据种类	转账支票	票据张数	1		
票据号码	36248311				
	复核　记账			收款人开户银行签章	

此联为银行交给收款人的收账通知

中国工商银行沈阳皇姑支行　2025.01.31　转讫（8）

图5-46　进账单

出库单

客户：沈阳金泰　　　　2025 年 01 月 31 日　　　　单号：CK01028

发货仓库	存货编码	存货名称	计量单位	数量		单价	金额
				应发	实发		
服装仓	1151	嘉伟女风衣	件	800	800		
合　计							

部门经理：略　　　会计：略　　　仓库：略　　　经办人：略

图5-47　出库单

【实验过程概览】

本业务的实验过程概览见表5-5。

表 5-5　　实验过程概览

序号	操作日期	操作员	系统	操作内容
1	2025-01-31	X01 刘晓洺	销售管理	填制销售订单
2	2025-01-31	X01 刘晓洺	销售管理	参照销售订单生成销售专用发票（现结）
3	2025-01-31	C01 李泽伟	库存管理	参照发货单生成销售出库单
4	2025-01-31	W02 赵凯杰	应收款管理	应收单据审核并制单处理
5	2025-01-31	W02 赵凯杰	存货核算	正常单据记账，生成凭证

【实验过程】

附退回条件销售

1. 填制销售订单

2025年1月31日，由刘晓洺（X01）登录企业应用平台。依次双击“业务工作”页签中的“供应链→销售管理→销售订货→销售订单”菜单，打开“销售订单”窗口。单击工具栏的“增加”按钮，根据图5-44填制销售订单，填制完毕保存并审核该销售订单，结果如图5-48所示。关闭“销售订单”窗口。

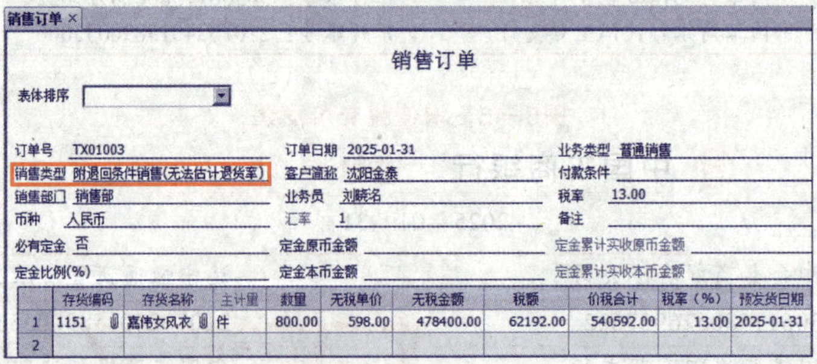

图5-48　销售订单

2. 参照销售订单生成销售专用发票（现结）

（1）生成销售专用发票。依次双击“业务工作”页签中的“供应链→销售管理→销售发票→销售专用发票”菜单，系统打开“销售专用发票”窗口。单击工具栏的“增加”按钮，参照上一步的销售订单生成一张销售专用发票，根据图5-45，修改发票表头项目“发票号”为“21327522”，表体第1行的“仓库名称”选择“服装仓”，单击“保存”，如图5-49所示。

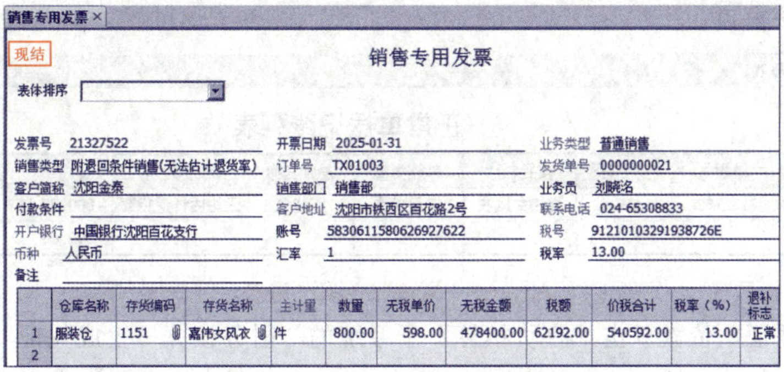

销售专用发票 ×

现结

销售专用发票

表体排序

发票号 21327522　开票日期 2025-01-31　业务类型 普通销售
销售类型 附退回条件销售(无法估计退货率)　订单号 TX01003　发货单号 0000000021
客户简称 沈阳金泰　销售部门 销售部　业务员 刘晓名
付款条件　客户地址 沈阳市铁西区百花路2号　联系电话 024-65308833
开户银行 中国银行沈阳百花支行　账号 5830611580626927622　税号 91210103291938726E
币种 人民币　汇率 1　税率 13.00
备注

	仓库名称	存货编码	存货名称	主计量	数量	无税单价	无税金额	税额	价税合计	税率（%）	退补标志
1	服装仓	1151	嘉伟女风衣	件	800.00	598.00	478400.00	62192.00	540592.00	13.00	正常
2											

图5-49　销售专用发票

（2）现结。单击工具栏的“现结”按钮，打开“现结”窗口。根据图5-46，“结算方式”选择“转账支票”，“原币金额”输入“540592”，“票据号”输入“36248311”。输入完毕单击“确定”，完成现结处理并返回发票窗口，单击“复核”按钮，完成销售发票处理。

3. 参照发货单生成销售出库单

2025年1月31日，由李泽伟（C01）登录企业应用平台。依次双击“业务工作”页签中的“供应链→库存管理→出库业务→销售出库单”菜单，系统打开“销售出库单”窗口。参照上一步自动生成的发货单生成一张销售出库单，根据图5-47，将表头项目“出库单号”改为“CK01028”。保存并审核该销售出库单，结果如图5-50所示。

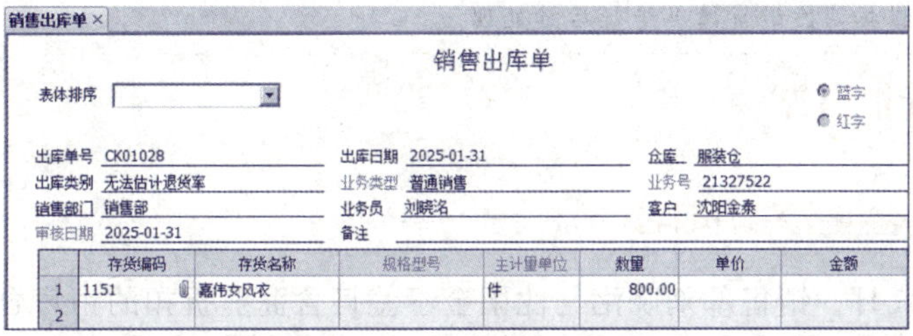

销售出库单 ×

销售出库单

表体排序　蓝字　红字

出库单号 CK01028　出库日期 2025-01-31　仓库 服装仓
出库类别 无法估计退货率　业务类型 普通销售　业务号 21327522
销售部门 销售部　业务员 刘晓名　客户 沈阳金泰
审核日期 2025-01-31　备注

	存货编码	存货名称	规格型号	主计量单位	数量	单价	金额
1	1151	嘉伟女风衣		件	800.00		
2							

图5-50　销售出库单

4. 应收单据审核并制单处理

2025年1月31日，由赵凯杰（W02）登录企业应用平台。依次双击“业务工作”页签中的“财务会计→应收款管理→应收单据处理→应收单据审核”菜单，系统打开“应收单查询条件”窗口，勾选“包含已现结发票”，单击“确定”按钮，打开“单据处理”窗口。

双击“21327522”单据号，打开要审核的发票，单击工具栏的“审核”按钮，系统提示“是否立即制单？”，单击“是”，系统自动打开“填制凭证”窗口，单击“保存”按钮。关闭当前已打开窗口。

借：银行存款/中国工商银行/沈阳皇姑支行	540 592.00	
贷：预收账款/附条件销售款（沈阳金泰）		478 400.00
应交税费/应交增值税/销项税额		62 192.00

5. 正常单据记账，生成凭证

（1）正常单据记账。在供应链的“存货核算”子系统，依次双击“业务核算→正常单据记账”菜单，系统打开“查询条件选择”窗口，直接单击其“确定”按钮，系统打开“未记账单据一览表”窗口，如图5-51所示。对21327522号专用发票进行正常单据记账。

记账完毕关闭该窗口。

未记账单据一览表 ×

正常单据记账列表

记录总数：1

选择	日期	单据号	存货编码	存货名称	单据类型	仓库名称	收发类别	数量	单价	金额
	2025-01-31	21327522	1151	嘉伟女风衣	专用发票	服装仓	无法估计退货率	800.00		
小计								800.00		

图5-51　未记账单据一览表

（2）生成凭证。依次双击“存货核算”子系统的“财务核算→生成凭证”菜单，系统打开“生成凭证”窗口。把上一步正常单据记账的21327522号专用发票生成记账凭证并保存。

借：发出商品　　398 400.00

　贷：库存商品　　398 400.00

提示

如果签订合同时能够估计退货率，那么开票发货时正常确认收入，期末根据退货率进行如下处理：

借：主营业务收入

　贷：主营业务成本

　　预计负债

以后会计期间根据实际退货情况进行后续处理。

业务4　商业折扣销售

【实验资料】

2025年1月31日，销售部刘晓洺与沈阳金泰签订含商业折扣的销售合同。

相关凭证如图5-52至图5-55所示。

购销合同

合同编号：TX01004

卖方：辽宁恒通商贸有限公司

买方：沈阳金泰商贸有限公司

为保护买卖双方的合法权益，根据《中华人民共和国民法典》的有关规定，买卖双方经友好协商，一致同意签订本合同，并共同遵守合同约定。

一、货物的名称、数量及金额：

货物名称	规格型号	计量单位	数量	单价（不含税）	金额（不含税）	税率	税额
嘉伟男风衣		件	10 000	758.00	7 580 000.00	13%	985 400.00
合计					¥7 580 000.00		¥985 400.00

二、合同总金额：人民币捌佰伍拾陆万伍仟肆佰元整（¥8 565 400.00）。

三、签订合同当日卖方发出全部商品，买方支付全部货款。卖方给予买方10%的价格折扣。

四、交货地点：辽宁恒通商贸有限公司。

五、发运方式与运输费用承担方式：由卖方发货，买方承担运输费用。

卖　　方：辽宁恒通商贸有限公司　　　　买　　方：沈阳金泰商贸有限公司

授权代表：刘晓洺　　　　授权代表：刘春雨

日　　期：2025年01月31日　　　　日　　期：2025年01月31日

图5-52　购销合同

电子发票（增值税专用发票）　　发票号码：25212000000021327523

开票日期：2025 年 01 月 31 日

（全国统一发票监制章 国家税务总局 辽宁省税务局）

购买方信息	名称：沈阳金泰商贸有限公司 统一社会信用代码/纳税人识别号：91210103291938726E	销售方信息	名称：辽宁恒通商贸有限公司 统一社会信用代码/纳税人识别号：91210105206917583A

项目名称	规格型号	单位	数量	单价	金额	税率/征收率	税额
*服装*嘉伟男风衣		件	10 000	758.00	7 580 000.00	13%	985 400.00
*折扣（10%）					-758 000.00	13%	-98 540.00
合　计					¥6 822 000.00		¥886 860.00
价税合计（大写）	⊗ 柒佰柒拾万零捌仟捌佰陆拾元整					（小写）	¥7 708 860.00
备注	购买方开户银行：中国银行沈阳百花支行				银行账号：5830611580626927622		
	销售方开户银行：中国工商银行沈阳皇姑支行				银行账号：2107024015890035666		

开票人：赵凯杰

图5-53　增值税专用发票

中国工商银行　进账单（收账通知）　3

2025年01月31日

出票人	全　称	沈阳金泰商贸有限公司	收款人	全　称	辽宁恒通商贸有限公司
	账　号	5830611580626927622		账　号	2107024015890035666
	开户银行	中国银行沈阳百花支行		开户银行	中国工商银行沈阳皇姑支行
金额	人民币（大写）	柒佰柒拾万零捌仟捌佰陆拾元整		亿千百十万千百十元角分	¥ 7 7 0 8 8 6 0 0 0
票据种类	转账支票	票据张数	1		
票据号码	36248312				
	复核　　记账			收款人开户银行签章	

（中国工商银行 沈阳皇姑支行 2025.01.31 转讫 (8)）

此联为银行交给收款人的收账通知

图5-54　进账单

出库单

客户：沈阳金泰　　2025 年 01 月 31 日　　单号：CK01029

发货仓库	存货编码	存货名称	计量单位	数量		单价	金额
				应发	实发		
服装仓	1152	嘉伟男风衣	件	10 000	10 000		
合　计							

部门经理：略　　会计：略　　仓库：略　　经办人：略

图5-55　出库单

【实验过程概览】

本业务的实验过程概览见表5-6。

表 5-6　实验过程概览

序号	操作日期	操作员	系统	操作内容
1	2025-01-31	X01 刘晓洺	销售管理	填制销售订单
2	2025-01-31	X01 刘晓洺	销售管理	参照销售订单生成销售专用发票（现结）
3	2025-01-31	C01 李泽伟	库存管理	参照发货单生成销售出库单
4	2025-01-31	W02 赵凯杰	应收款管理	应收单据审核并制单处理
5	2025-01-31	W02 赵凯杰	存货核算	正常单据记账，生成凭证

【实验过程】

商业折扣销售

1. 填制销售订单

2025年1月31日，由刘晓洺（X01）登录企业应用平台。依次双击“业务工作”页签中的“供应链→销售管理→销售订货→销售订单”菜单，打开“销售订单”窗口。单击工具栏的“增加”按钮，根据图5-52填制销售订单，在输入表体“无税单价”时，先输入“758”，再右键单击该行，调出如图5-56所示的对话框，选择“总额分摊商业折扣”，打开“总额分摊商业折扣”窗口，该窗口的“折扣率”栏输入“90”，单击“确认”，返回“销售订单”窗口。保存并审核该销售订单，结果如图5-57所示。关闭“销售订单”窗口。

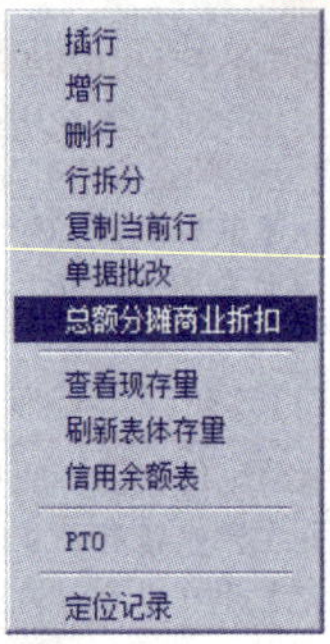

图5-56　总额分摊商业折扣

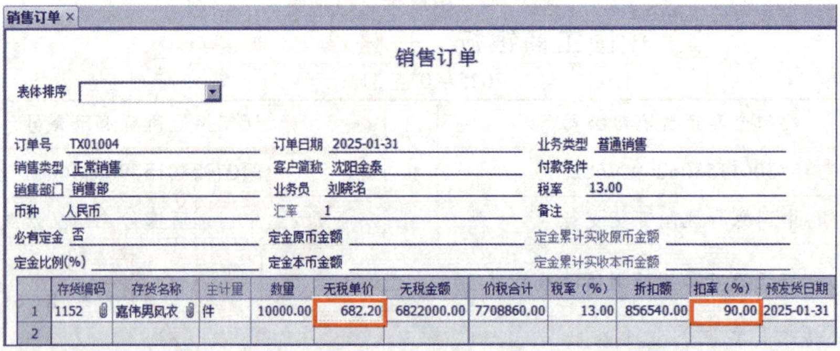

图5-57　销售订单

2. 参照销售订单生成销售专用发票（现结）

（1）生成销售专用发票。依次双击“业务工作”页签中的“供应链→销售管理→销售发票→销售专用发票”菜单，系统打开“销售专用发票”窗口。单击“增加”按钮，参照上一步的销售订单生成一张销售专用发票，根据图5-53，修改发票表头项目“发票号”为“21327523”，表体第1行“仓库名称”选择“服装仓”，单击“保存”，结果如图5-58所示。

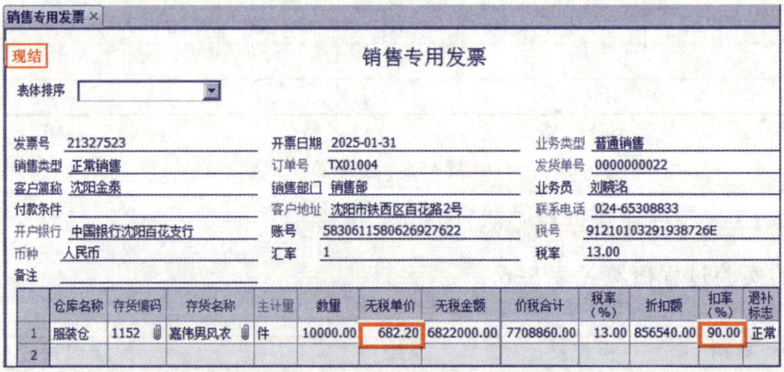

图5-58　销售专用发票

（2）现结。单击工具栏的“现结”按钮，打开“现结”窗口。根据图5-54，“结算方式”选择“转账支票”，“原币金额”输入“7708860”，“票据号”输入“36248312”。输入完毕单击“确定”，完成现结处理并返回发票窗口，单击“复核”按钮，完成销售发票处理。

3. 参照发货单生成销售出库单

2025年1月31日，由李泽伟（C01）登录企业应用平台。依次双击“业务工作”页签中的“供应链→库存管理→出库业务→销售出库单”菜单，系统打开“销售出库单”窗口。参照上一步自动生成的发货单生成一张销售出库单，根据图5-55，将销售出库单表头的“出库单号”改为“CK01029”。保存并审核该销售出库单，结果如图5-59所示。

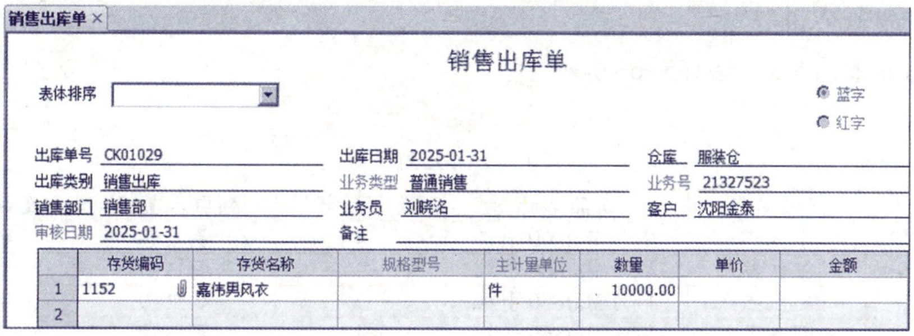

	存货编码	存货名称	规格型号	主计量单位	数量	单价	金额
1	1152	嘉伟男风衣		件	10000.00		
2							

图5-59　销售出库单

4. 应收单据审核并制单处理

2025年1月31日，由赵凯杰（W02）登录企业应用平台。依次双击“业务工作”页签中的“财务会计→应收款管理→应收单据处理→应收单据审核”菜单，系统打开“应收单查询条件”窗口，勾选“包含已现结发票”，单击“确定”按钮，打开“单据处理”窗口。

双击“21327523”单据号，打开要审核的发票，单击工具栏的“审核”按钮，系统提示“是否立即制单?”，单击“是”，系统打开“填制凭证”窗口并自动生成记账凭证。单击“保存”按钮。关闭当前已打开窗口。

借：银行存款/中国工商银行/沈阳皇姑支行	7 708 860.00	
贷：主营业务收入		6 822 000.00
应交税费/应交增值税/销项税额		886 860.00

5. 正常单据记账，生成凭证

（1）正常单据记账。在供应链的“存货核算”子系统，依次双击“业务核算→正常单据记账”菜单，系统打开“查询条件选择”窗口，直接单击其“确定”按钮，系统打开“未记账单据一览表”窗口，如图5-60所示。对21327523号专用发票进行正常单据记账。记账完毕关闭该窗口。

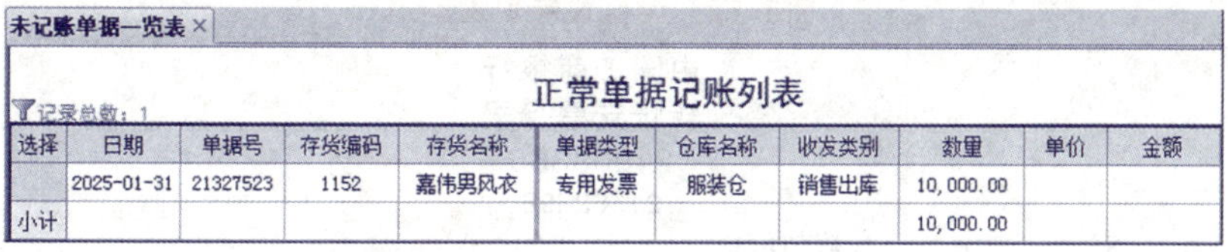

选择	日期	单据号	存货编码	存货名称	单据类型	仓库名称	收发类别	数量	单价	金额
	2025-01-31	21327523	1152	嘉伟男风衣	专用发票	服装仓	销售出库	10,000.00		
小计								10,000.00		

图5-60　未记账单据一览表

（2）生成凭证。依次双击“存货核算”子系统的“财务核算→生成凭证”菜单，系统打开“生成凭证”窗口。把上一步正常单据记账的21327523号专用发票生成记账凭证并保存。

借：主营业务成本	6 480 000.00	
贷：库存商品		6 480 000.00

业务 5　非货币性福利

【实验资料】

2025年1月31日，为庆祝公司实现上半年营业目标，公司购入一批华为mate60手机作为福利发放给公司员工。

相关凭证如图5-61至图5-63所示。

员工福利发放登记表

2025年01月31日

部门	姓名	商品名称	数量（部）	领取人签名	发放人签名
行政部	李成喜	华为Mate60手机	1	李成喜	李泽伟
财务部	王钰茹	华为Mate60手机	1	王钰茹	李泽伟
财务部	赵凯杰	华为Mate60手机	1	赵凯杰	李泽伟
财务部	贺青春	华为Mate60手机	1	贺青春	李泽伟
销售部	刘晓洺	华为Mate60手机	1	刘晓洺	李泽伟
销售部	何丽平	华为Mate60手机	1	何丽平	李泽伟
采购部	张宏亮	华为Mate60手机	1	张宏亮	李泽伟
采购部	徐晓辉	华为Mate60手机	1	徐晓辉	李泽伟
仓储部	李泽伟	华为Mate60手机	1	李泽伟	李泽伟
合计			9	—	—

图5-61　员工福利发放登记表

电子发票（增值税专用发票）

发票号码：25122000000032307975

开票日期：2025年01月31日

全国统一发票监制章 国家税务总局 天津市税务局

购买方信息	销售方信息
名称：辽宁恒通商贸有限公司	名称：天津惠阳商贸有限公司
统一社会信用代码/纳税人识别号：91210105206917583A	统一社会信用代码/纳税人识别号：91120104572036908U

项目名称	规格型号	单位	数量	单价	金额	税率/征收率	税额
*手机*华为Mate60		部	9	6 000.00	54 000.00	13%	7 020.00
合　计					¥54 000.00		¥7 020.00
价税合计（大写）	⊗ 陆万壹仟零贰拾元整					（小写）	¥61 020.00

备注：购买方开户银行：中国工商银行沈阳皇姑支行　银行账号：2107024015890035666
销售方开户银行：华夏银行天津南开支行　银行账号：2806725046208670931

开票人：李丹

图5-62　增值税专用发票

中国工商银行
转账支票存根
21003365
21562396

附加信息

出票日期：2025年01月31日

收款人：	天津惠阳商贸有限公司
金　额：	¥61 020.00
用　途：	购手机款

单位主管 李成喜　　会计 赵凯杰

西安西钞证券印制有限公司·2025年印制

辽宁恒通商……财务……

图5-63　转账支票存根

【实验过程概览】

本业务的实验过程概览见表5-7。

表 5-7　实验过程概览

序号	操作日期	操作员	系统	操作内容
1	2025-01-31	W02赵凯杰	总账	填制凭证——计提非货币性福利
2	2025-01-31	W02赵凯杰	总账	填制凭证——购入手机发给职工

【实验过程】

非货币性福利

1. 填制凭证——计提非货币性福利

2025年1月31日，由赵凯杰（W02）登录企业应用平台。依次双击“业务工作”页签中的“财务会计→总账→凭证→填制凭证”菜单，系统打开“填制凭证”窗口，单击“增加”，填制一张计提非货币性福利的记账凭证，保存该记账凭证。

借：管理费用/职工薪酬（行政部）	6 780.00	
管理费用/职工薪酬（财务部）	20 340.00	
管理费用/职工薪酬（采购部）	13 560.00	
管理费用/职工薪酬（仓储部）	6 780.00	
销售费用/职工薪酬（销售部）	13 560.00	
贷：应付职工薪酬/非货币性福利		61 020.00

2. 填制凭证——购入手机发给职工

在总账系统填制一张购入手机发放给职工的记账凭证，保存该记账凭证。关闭该窗口。

借：应付职工薪酬/非货币性福利	61 020.00	
贷：银行存款/中国工商银行/沈阳皇姑支行		61 020.00

【课程思政点睛】

【复习思考题】

1. 结合本项目任务1的业务1，试分析不同债务重组方式下的信息化处理流程。
2. 结合本项目任务1的业务2，如果我公司换出固定资产，应如何进行处理？
3. 结合本项目任务2的业务3，假设2月23日对方退回200件，应如何进行处理？
4. 试比较商业折扣、现金折扣与销售折让的销售业务。
5. 如果将已入库的外购存货用于发放职工福利，应如何进行处理？

6 项目6
库存与存货系统业务

任务1　内部调拨

【实验资料】

2025年1月31日，服装仓因漏雨进行修缮，临时将5 000件百盛男夹克转移至手表仓。(注：成本价298元)

相关凭证如图6-1所示。

调拨单

2025 年 01 月 31 日　　　　单号：DB01001

转出仓库	转入仓库	存货编码	存货名称	单位	调拨数量	单价	金额
服装仓	手表仓	1101	百盛男夹克	件	5 000		
合 计							

部门经理：略　　会计：略　　仓库：略　　经办人：略

图6-1　调拨单

【实验过程概览】

本业务的实验过程概览见表6-1。

表6-1　实验过程概览

序号	操作日期	操作员	系统	操作内容
1	2025-01-31	C01李泽伟	库存管理	填制调拨单
2	2025-01-31	C01李泽伟	库存管理	审核其他出库单和其他入库单
3	2025-01-31	W02赵凯杰	存货核算	特殊单据记账
4	2025-01-31	W02赵凯杰	存货核算	生成凭证（调拨单制单）

【实验过程】

内部调拨

1. 填制调拨单

2025年1月31日，由李泽伟（C01）登录企业应用平台。依次双击“业务工作”页签中的“供应链→库存管理→调拨业务→调拨单”菜单，系统打开“调拨单”窗口。单击“增加”，调拨单表头项目“单据号”输入“DB01001”，转出部门和转入部门均选择“仓储部”，“转出仓库”选择“服装仓”，“转入仓库”选择“手表仓”，出库类别选择“内部调拨出库”，入库类别选择“内部调拨入库”。

根据图6-1，调拨单表体“存货编码”输入“1101”，“数量”输入“5000”，“单价”输入“298”。录入完毕保存并审核该调拨单，结果如图6-2所示。关闭“调拨单”窗口。调拨单审核后自动生成其他出库单、其他入库单。

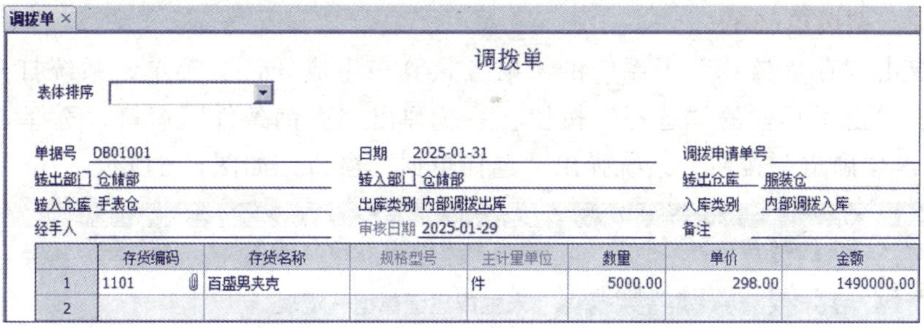

调拨单 ×

调拨单

表体排序

单据号 DB01001 日期 2025-01-31 调拨申请单号

转出部门 仓储部 转入部门 仓储部 转出仓库 服装仓

转入仓库 手表仓 出库类别 内部调拨出库 入库类别 内部调拨入库

经手人 审核日期 2025-01-29 备注

	存货编码	存货名称	规格型号	主计量单位	数量	单价	金额
1	1101	百盛男夹克		件	5000.00	298.00	1490000.00
2							

图6-2　调拨单

2. 审核其他出库单和其他入库单

依次双击“业务工作”页签中的“供应链→库存管理→入库业务→其他入库单”菜单，系统打开“其他入库单”窗口。单击工具栏的“➡|”（末张）按钮，找到根据调拨单生成的其他入库单，单击“审核”，结果如图6-3所示。关闭该窗口。

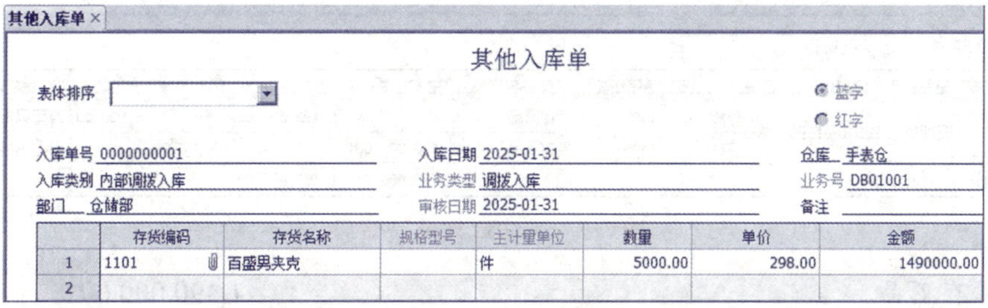

其他入库单 ×

其他入库单

表体排序　　◉ 蓝字　○ 红字

入库单号 0000000001 入库日期 2025-01-31 仓库 手表仓

入库类别 内部调拨入库 业务类型 调拨入库 业务号 DB01001

部门 仓储部 审核日期 2025-01-31 备注

	存货编码	存货名称	规格型号	主计量单位	数量	单价	金额
1	1101	百盛男夹克		件	5000.00	298.00	1490000.00
2							

图6-3　其他入库单

按此方法到“库存管理→出库业务→其他出库单”中找到并审核根据调拨单生成的其他出库单，结果如图6-4所示。关闭该窗口。

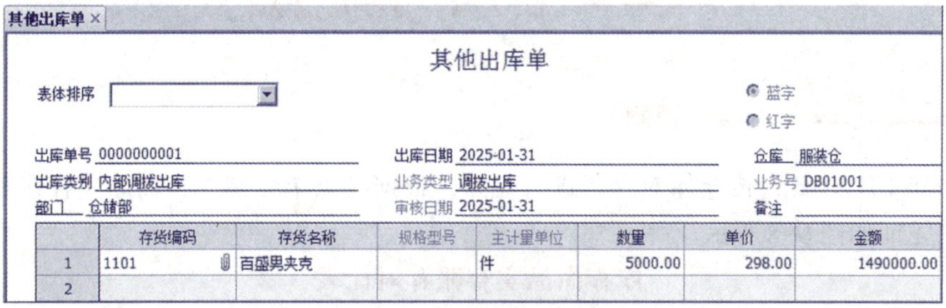

其他出库单 ×

其他出库单

表体排序　　◉ 蓝字　○ 红字

出库单号 0000000001 出库日期 2025-01-31 仓库 服装仓

出库类别 内部调拨出库 业务类型 调拨出库 业务号 DB01001

部门 仓储部 审核日期 2025-01-31 备注

	存货编码	存货名称	规格型号	主计量单位	数量	单价	金额
1	1101	百盛男夹克		件	5000.00	298.00	1490000.00
2							

图6-4　其他出库单

3. 特殊单据记账

2025年1月31日，由赵凯杰（W02）登录企业应用平台。在供应链的“存货核算”子系统，依次双击“业务核算→特殊单据记账”菜单，系统打开“特殊单据记账条件”窗口，直接单击其“确定”按钮，系统打开“未记账单据一览表”窗口，如图6-5所示。对上一步的DB01001号调拨单进行特殊单据记账。记账完毕关闭该窗口。

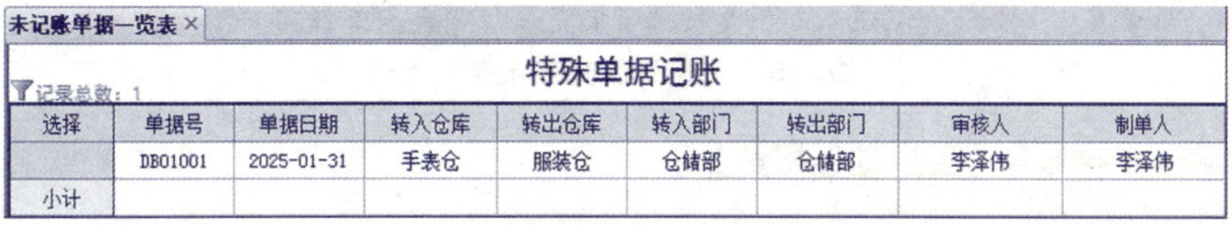

未记账单据一览表 ×

特殊单据记账

记录总数：1

选择	单据号	单据日期	转入仓库	转出仓库	转入部门	转出部门	审核人	制单人
	DB01001	2025-01-31	手表仓	服装仓	仓储部	仓储部	李泽伟	李泽伟
小计								

图6-5　未记账单据一览表

4. 生成凭证（调拨单制单）

依次双击“存货核算”子系统的“财务核算→生成凭证”菜单，系统打开“生成凭证”窗口。单击工具栏的“选择”按钮，系统弹出“查询条件”窗口，选择“（12）调拨单”，单击“确定”按钮，系统弹出“选择单据”窗口，如图6-6所示。

选择单据

输出 | 单据 | 全选 | 全消 | 确定 | 取消

□ 已结算采购入库单自动选择全部结算单上单据(包括入库单、发票、付款单),非本月采购入库单按蓝字报销单制单

未生成凭证单据一览表

选择	记账日期	单据日期	单据类型	单据号	仓库	收发类别	记账人	部门	业务单号	业务类型	计价方式	摘要
	2025-01-31	2025-01-31	其他出库单	0000000001	服装仓	内部调拨出库	赵凯杰	仓储部	DB01001	调拨出库	先进先出法	其他出库单
	2025-01-31	2025-01-31	其他入库单	0000000001	手表仓	内部调拨入库	赵凯杰	仓储部	DB01001	调拨入库	先进先出法	其他入库单

图6-6 “选择单据”窗口

单击“全选”按钮，再单击“确定”按钮，系统返回“生成凭证”窗口，如图6-7所示。单击“合成”按钮，系统生成记账凭证。

生成凭证 ×

凭证类别 记 记账凭证

选择	单据类型	单据号	摘要	科目类型	科目编码	科目名称	借方金额	贷方金额	借方数量	贷方数量	存货名称
1	调拨单	DB01001	调拨单	存货	1405	库存商品		1,490,000.00		5,000.00	百盛男夹克
				存货	1405	库存商品	1,490,000.00		5,000.00		百盛男夹克
合计							1,490,000.00	1,490,000.00			

图6-7 “生成凭证”窗口

借：库存商品 1 490 000.00

贷：库存商品 1 490 000.00

任务2 存货盘点

【实验资料】

2025年1月31日，按仓库对存货进行盘点，根据盘点单编制库存商品实存账存对比表。相关凭证如图6-8所示。

库存商品实存账存对比表

盘点单位：仓储部各仓库　　盘点日期：2025年01月31日　　单位：元

商品名称	单位	账面结存数量	实际盘存数量	升溢/损耗			升溢/损耗原因
				数量	单价	金额	
嘉伟女风衣	件	15 245	15 235	−10	499.33	−4 993.30	仓储工作人员失职
嘉伟男风衣	件	10 750	10 755	5	638.60	3 193.00	收发计量差错
合计						−1 800.30	

单位主管：李成喜　会计：赵凯杰　复核：张宏亮　监盘：王钰茹　物资负责人：李泽伟

图6-8 库存商品实存账存对比表

【实验过程概览】

本业务的实验过程概览见表6-2。

表 6-2 实验过程概览

序号	操作日期	操作员	系统	操作内容
1	2025-01-31	C01 李泽伟	库存管理	填制盘点单
2	2025-01-31	C01 李泽伟	库存管理	审核其他出库单和其他入库单
3	2025-01-31	W02 赵凯杰	存货核算	正常单据记账，生成凭证
4	2025-01-31	W02 赵凯杰	存货核算	盘点结果处理

【实验过程】

存货盘点

1. 填制盘点单

2025年1月31日，由李泽伟（C01）登录企业应用平台。依次双击“业务工作”页签中的“供应链→库存管理→盘点单”菜单，系统打开“盘点单”窗口。单击“增加”，盘点单表头的“盘点仓库”选择“服装仓”，出库类别选择“盘亏出库”，入库类别选择“盘盈入库”。单击工具栏的“盘库”，系统提示“盘库将删除未保存的所有记录，是否继续?”，单击“是”，自动打开“盘点方式”窗口，单击“确认”，返回“盘点单”窗口。

根据图6-8，将嘉伟女风衣的“盘点数量”改为“15235”，将嘉伟男风衣的“盘点数量”改为“10755”。保存并审核该盘点单，结果如图6-9所示。关闭“盘点单”窗口。对普通仓库盘点的盘点单审核时，根据盘点单生成其他出库单、其他入库单。

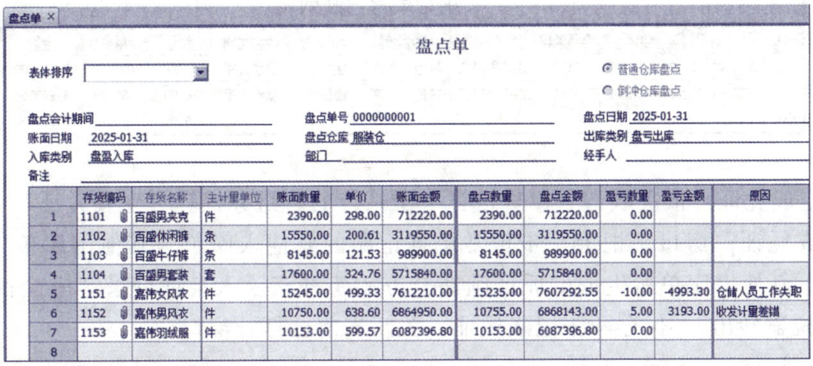
盘点单 ×

盘点单

表体排序

普通仓库盘点
倒冲仓库盘点

盘点会计期间
盘点单号 0000000001
盘点日期 2025-01-31
账面日期 2025-01-31
盘点仓库 服装仓
出库类别 盘亏出库
入库类别 盘盈入库
部门
经手人
备注

	存货编码	存货名称	主计量单位	账面数量	单价	账面金额	盘点数量	盘点金额	盈亏数量	盈亏金额	原因
1	1101	百盛男夹克	件	2390.00	298.00	712220.00	2390.00	712220.00	0.00		
2	1102	百盛休闲裤	条	15550.00	200.61	3119550.00	15550.00	3119550.00	0.00		
3	1103	百盛牛仔裤	条	8145.00	121.53	989900.00	8145.00	989900.00	0.00		
4	1104	百盛男套装	套	17600.00	324.76	5715840.00	17600.00	5715840.00	0.00		
5	1151	嘉伟女风衣	件	15245.00	499.33	7612210.00	15235.00	7607292.55	-10.00	-4993.30	仓储人员工作失职
6	1152	嘉伟男风衣	件	10750.00	638.60	6864950.00	10755.00	6868143.00	5.00	3193.00	收发计量差错
7	1153	嘉伟羽绒服	件	10153.00	599.57	6087396.80	10153.00	6087396.80	0.00		
8											

图6-9 盘点单

2. 审核其他出库单和其他入库单

依次双击“业务工作”页签中的“供应链→库存管理→入库业务→其他入库单”菜单，系统打开“其他入库单”窗口。单击工具栏的“➡|”（末张）按钮，找到盘盈的其他入库单，单击“审核”，结果如图6-10所示。关闭该窗口。

其他入库单 ×

其他入库单

表体排序

蓝字
红字

入库单号 0000000002
入库日期 2025-01-31
仓库 服装仓
入库类别 盘盈入库
业务类型 盘盈入库
业务号 0000000001
部门
审核日期
备注

	存货编码	存货名称	规格型号	主计量单位	数量	单价	金额
1	1152	嘉伟男风衣		件	5.00	638.60	3193.00
2							

图6-10 其他入库单

按此方法到“库存管理→出库业务→其他出库单”中找到并审核根据盘点单生成的其他出库单，结果如图6-11所示。关闭该窗口。

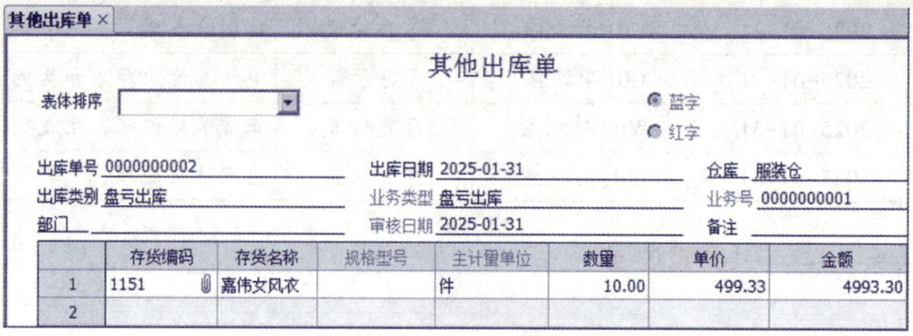

其他出库单×

其他出库单

表体排序　　　　◉ 蓝字　◉ 红字

出库单号 0000000002　出库日期 2025-01-31　仓库 服装仓

出库类别 盘亏出库　业务类型 盘亏出库　业务号 0000000001

部门　审核日期 2025-01-31　备注

	存货编码	存货名称	规格型号	主计量单位	数量	单价	金额
1	1151	嘉伟女风衣		件	10.00	499.33	4993.30
2							

图6-11　其他出库单

3. 正常单据记账，生成凭证

（1）正常单据记账。2025年1月31日，由赵凯杰（W02）登录企业应用平台。在供应链的“存货核算”子系统，依次双击“业务核算→正常单据记账”菜单，系统打开“查询条件选择”窗口，直接单击其“确定”按钮，系统打开“未记账单据一览表”窗口，如图6-12所示。对上一步的其他出库单、其他入库单进行正常单据记账。记账完毕关闭该窗口。

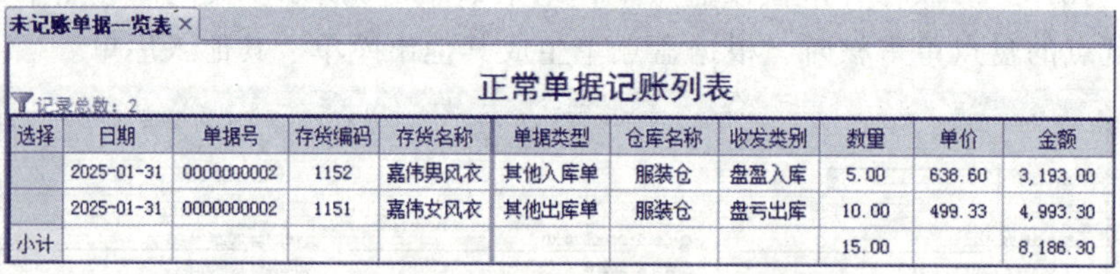

未记账单据一览表×

正常单据记账列表

记录总数：2

选择	日期	单据号	存货编码	存货名称	单据类型	仓库名称	收发类别	数量	单价	金额
	2025-01-31	0000000002	1152	嘉伟男风衣	其他入库单	服装仓	盘盈入库	5.00	638.60	3,193.00
	2025-01-31	0000000002	1151	嘉伟女风衣	其他出库单	服装仓	盘亏出库	10.00	499.33	4,993.30
小计								15.00		8,186.30

图6-12　未记账单据一览表

（2）生成凭证。依次双击“存货核算”子系统的“财务核算→生成凭证”菜单，系统打开“生成凭证”窗口。把上一步正常单据记账的其他入库单、其他出库单生成记账凭证，其中，其他出库单所生成的凭证须在贷方手工补充录入会计分录“应交税费/应交增值税/进项税额转出”，保存两张记账凭证。关闭当前已打开窗口。

借：库存商品	3 193.00	
贷：待处理财产损溢/待处理流动资产损溢		3 193.00
借：待处理财产损溢/待处理流动资产损溢	5 642.43	
贷：库存商品		4 993.30
应交税费/应交增值税/进项税额转出		649.13

4. 盘点结果处理

根据图6-8，在总账系统填制两张记账凭证，对盘点结果进行处理。

借：管理费用/存货盘点	-3 193.00	
借：待处理财产损溢/待处理流动资产损溢	3 193.00	
借：其他应收款/职工个人往来（李泽伟）	5 642.43	
贷：待处理财产损溢/待处理流动资产损溢		5 642.43

任务3 计提存货跌价准备

【实验资料】

2025年1月31日，经财务部减值测试，部分库存商品期末可变现净值低于成本，按要求计提存货跌价准备。

相关凭证如图6-13所示。

财务部通知

经全面清查，由于市场物价异动，下列商品期末预计可变现净值的单价如下：

存货编码	商品名称	成本价（元）	可变现净值单价（元）
1102	百盛休闲裤	200.61	115.00
1153	嘉伟羽绒服	598.74	450.00

财务部：赵凯杰

2025年1月31日

图6-13 财务部通知

【实验过程概览】

本业务的实验过程概览见表6-3。

表6-3 实验过程概览

序号	操作日期	操作员	系统	操作内容
1	2025-01-31	W02赵凯杰	存货核算	计提跌价准备
2	2025-01-31	W02赵凯杰	存货核算	跌价准备制单

【实验过程】

计提存货跌价准备

1. 计提跌价准备

2025年1月31日，由赵凯杰（W02）登录企业应用平台。依次双击“业务工作”页签中的“供应链→存货核算→跌价准备→计提跌价准备”菜单，系统打开“计提跌价处理单”窗口。单击“增加”，表头项目“部门”选择“财务部”。根据图6-13，表体选择“百盛休闲裤”和“嘉伟羽绒服”，前者的“可变现价格”输入“115”，后者的“可变现价格”输入“450”。输入完毕保存并审核该单据，结果如图6-14所示。关闭该窗口。

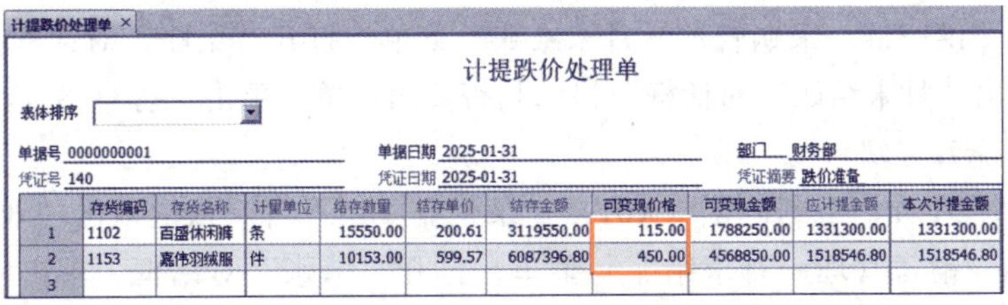
计提跌价处理单 ×

计提跌价处理单

表体排序

单据号 0000000001　单据日期 2025-01-31　部门 财务部

凭证号 140　凭证日期 2025-01-31　凭证摘要 跌价准备

	存货编码	存货名称	计量单位	结存数量	结存单价	结存金额	可变现价格	可变现金额	应计提金额	本次计提金额
1	1102	百盛休闲裤	条	15550.00	200.61	3119550.00	115.00	1788250.00	1331300.00	1331300.00
2	1153	嘉伟羽绒服	件	10153.00	599.57	6087396.80	450.00	4568850.00	1518546.80	1518546.80
3										

图6-14 计提跌价处理单

2. 跌价准备制单

双击存货核算系统的“跌价准备→跌价准备制单”菜单，系统打开“生成凭证”窗口。单击“选择”，系统弹出“查询条件”窗口，单击“确定”，打开“选择单据”窗口，单击“全选”，再单击“确定”，系统自动关闭“选择单据”窗口返回“生成凭证”窗口。单击工具栏的“生成”按钮，系统打开“填制凭证”窗口并自动生成凭证。单击工具栏的“保存”按钮，保存该记账凭证。关闭该窗口。

借：资产减值损失　　2 849 846.80

　贷：存货跌价准备　　2 849 846.80

任务4　期末处理

一、月末结账

【实验资料】

2025年1月31日，对采购管理、销售管理、库存管理、存货核算、应收款管理、应付款管理以及总账等7个子系统进行月末结账。

【实验过程概览】

本业务的实验过程概览见表6-4。

表6-4　实验过程概览

序号	操作日期	操作员	系统	操作内容
1	2025-01-31	G01张宏亮	采购管理	采购管理系统月末结账
2	2025-01-31	X01刘晓洺	销售管理	销售管理系统月末结账
3	2025-01-31	C01李泽伟	库存管理	库存管理系统月末结账
4	2025-01-31	W02赵凯杰	存货核算	存货核算系统月末结账
5	2025-01-31	W02赵凯杰	应收款管理	应收款管理系统月末结账
6	2025-01-31	W02赵凯杰	应付款管理	应付款管理系统月末结账
7	2025-01-31	W01王钰茹	总账	总账系统月末结账

【实验过程】

月末结账

1. 采购管理系统月末结账

2025年1月31日，由张宏亮（G01）登录企业应用平台。依次双击“业务工作”页签中的“供应链→采购管理→月末结账”菜单，打开“结账”对话框，单击“结账”按钮，系统弹出“月末结账”对话框，提示是否关闭订单，单击“否”，完成月末结账。

2. 销售管理系统月末结账

2025年1月31日，由刘晓洺（X01）登录企业应用平台。依次双击“业务工作”页签中的“供应链→销售管理→月末结账”菜单，打开“结账”对话框，单击“结账”按钮，系统弹出“销售管理”对话框，提示是否关闭订单，单击“否”，完成月末结账。

3. 库存管理系统月末结账

2025年1月31日，由李泽伟（C01）登录企业应用平台。依次双击“业务工作”页签

中的“供应链→库存管理→月末结账”菜单，打开“结账”对话框，单击“结账”按钮，系统弹出“库存管理”对话框，提示“库存启用月份结账后将不能修改期初数据，是否继续结账?”，单击“是”，完成月末结账。

4. 存货核算系统月末结账

2025年1月31日，由赵凯杰（W02）登录企业应用平台。依次双击“业务工作”页签中的“供应链→存货核算→业务核算→期末处理”菜单，打开“期末处理-1月”对话框，单击“确定”按钮，系统提示“期末处理完毕!”对话框，单击“确定”。

双击存货核算系统的“业务核算→月末结账”菜单，打开“结账”对话框，单击“结账”，系统提示“月末结账完成!”

5. 应收款管理系统月末结账

依次双击“业务工作”页签中的“财务会计→应收款管理→期末处理→月末结账”菜单，打开“月末处理”对话框，双击1月份的“结账标志”栏，单击“下一步”，单击“完成”，系统提示“1月份结账成功”。

6. 应付款管理系统月末结账

依次双击“业务工作”页签中的“财务会计→应付款管理→期末处理→月末结账”菜单，打开“月末处理”对话框，双击1月份的“结账标志”栏，单击“下一步”，单击“完成”，系统提示“1月份结账成功”。

7. 总账系统月末结账

2025年1月31日，由贺青春（W03）登录U8企业应用平台，对所有凭证进行出纳签字。

2025年1月31日，由王钰茹（W01）登录U8企业应用平台，对所有凭证进行审核。

2025年1月31日，由赵凯杰（W02）登录U8企业应用平台，对所有凭证进行记账。

2025年1月31日，由王钰茹（W01）登录企业应用平台。依次双击“业务工作”页签中的“财务会计→总账→期末→结账”菜单，进行总账月末结账。结账前须完成记账凭证的出纳签字、审核、记账以及期间损益结转等工作。

二、账表查询

【实验资料】

查询2025年1月份嘉伟女风衣的存货明细账。

【实验过程概览】

本业务的实验过程概览见表6-5。

表6-5　实验过程概览

序号	操作日期	操作员	系统	操作内容
1	2025-01-31	W02赵凯杰	存货核算	账表查询

【实验过程】

账表查询

2025年1月31日，由赵凯杰（W02）登录企业应用平台。依次双击“业务工作”页签中的“供应链→存货核算→账表→明细账”菜单，打开“明细账查询”对话框，“仓库”选择“服装仓”，“商品编码”选择“1151”（嘉伟女风衣），单击“确定”，结果如图6-15所示。

明细账 ×

明细账

仓库：(01) 服装仓
商品：(1151)嘉伟女风衣 … 规格型号：
计量单位：件 存货代码：
最高存量： 最低存量： 安全库存量：

记账日期:	2025年		凭证号	摘要		收入			发出			结存		
	月	日		凭证摘要	收发类别	数量	单价	金额	数量	单价	金额	数量	单价	金额
				期初结存								16,000.00	498.00	7,968,000.00
2025-01-01	1	1	记 2	采购入库单	采购入库	1,000.00	518.00	518,000.00				17,000.00	499.18	8,486,000.00
2025-01-07	1	7	记 21	采购入库单	采购入库	250.00	518.00	129,500.00				17,250.00	499.45	8,615,500.00
2025-01-14	1	14	记 36	采购入库单	采购入库	100.00	450.00	45,000.00				17,350.00	499.16	8,660,500.00
2025-01-20	1	20	记 68	专用发票	销售出库				200.00	498.00	99,600.00	17,150.00	499.18	8,560,900.00
2025-01-20	1	20	记 68	专用发票	销售出库				300.00	498.00	149,400.00	16,850.00	499.20	8,411,500.00
2025-01-21	1	21	记 70	专用发票	销售出库				800.00	498.00	398,400.00	16,050.00	499.26	8,013,100.00
2025-01-23	1	23	记 83	专用发票	销售出库				-80.00	498.00	-39,840.00	16,130.00	499.25	8,052,940.00
2025-01-30	1	30	记 110	销售日报	销售出库				85.00	498.00	42,330.00	16,045.00	499.26	8,010,610.00
2025-01-31	1	31	记 130	专用发票	无法估计退货率				800.00	498.00	398,400.00	15,245.00	499.33	7,612,210.00
2025-01-31	1	31	记 137	其他出库单	盘亏出库				10.00	499.33	4,993.30	15,235.00	499.33	7,607,216.70
				1月合计		1,350.00		692,500.00	2,115.00		1,053,283.30	15,235.00	499.33	7,607,216.70
				本年累计		1,350.00		692,500.00	2,115.00		1,053,283.30			

图6-15　嘉伟女风衣存货明细账

【课程思政点睛】

【复习思考题】

1. 试比较内部调拨与销售调拨。
2. 简述转销已销商品跌价准备的信息化处理流程。
3. 试比较现金盘点、存货盘点及固定资产盘点的信息化处理流程。
4. 除内部调拨业务，还有哪些业务需使用特殊单据记账？
5. 简述存货核算系统中“期末处理”功能的重要作用。

参考文献

［1］罗姆尼，施泰因巴特，萨默斯，等．会计信息系统［M］．15版．北京：中国人民大学出版社，2022.

［2］陈旭．会计信息化［M］．北京：高等教育出版社，2018.

［3］艾文国，孙洁，张华，等．会计信息系统［M］．4版．北京：人民邮电出版社，2020.

［4］毛华扬，李帅，李圆蕊．会计信息系统原理与应用——基于用友新道 U8+V15.0 版［M］．2版．北京：中国人民大学出版社，2021.

［5］王海林．财务管理信息化［M］．3版．北京：电子工业出版社，2021.

［6］李吉梅，杜美杰．场景式企业财务业务综合实践教程（用友 ERP-U8 V10.1）［M］．北京：清华大学出版社，2016.

［7］甄阜铭，刘媛媛．会计信息系统——ERP 基础［M］．3版．大连：东北财经大学出版社，2024.

［8］梁毅炜，方倩，桂玉敏．会计信息系统实训——供应链篇（用友 U8 V10.1）［M］．2版．北京：电子工业出版社，2021.

［9］杜素音．用友 ERP 供应链管理系统实训教程（U8 V10.1 版）［M］．北京：清华大学出版社，2018.

［10］黄辉．会计信息系统实务教程：业财一体化视角（用友 ERP-U8 V10.0 版）［M］．大连：东北财经大学出版社，2021.

［11］袁凤林．会计信息化应用教程［M］．2版．大连：东北财经大学出版社，2024.

［12］宋红尔．会计信息化——财务篇（用友 ERP-U8 V10.1 版）［M］．4版．大连：东北财经大学出版社，20224.

［13］宋红尔．会计信息化综合实训（用友 ERP-U8 V10.1 版）［M］．2版．大连：东北财经大学出版社，2022.

［14］中国注册会计师协会．会计［M］．北京：中国财政经济出版社，2024.

［15］中国注册会计师协会．税法［M］．北京：中国财政经济出版社，2024.

［16］戴德明，林钢，赵西卜．财务会计学［M］．14版．北京：中国人民大学出版社，2024.

［17］万寿义，任月君．成本会计［M］．6版．大连：东北财经大学出版社，2022.

［18］王红云．税法［M］．11版．北京：中国人民大学出版社，2023.

［19］杨定泉，王进朝．会计信息系统［M］．2版．北京：清华大学出版社，2020.

［20］沈清文．会计电算化［M］．北京：清华大学出版社，2019.

［21］洑建红，胡梨花．业财一体化应用——用友 ERP-U8 V10.1（微课版）［M］．3版．北京：人民邮电出版社，2023.

［22］王新玲．用友 U8（V10.1）财务业务一体化应用［M］．3版．北京：人民邮电出版社，2022.

［23］宫兆辉，叶怡雄．会计信息系统实验教程［M］．北京：经济科学出版社，2021.

［24］崔红，袁建华．会计信息系统［M］．北京：清华大学出版社，2019.

［25］王新玲．用友ERP供应链管理系统实验教程（U8 V10.1）［M］．3版．北京：清华大学出版社，2023.

［26］李吉梅，李康．场景式企业供应链应用高级教程（用友ERP-U8 V10.1）［M］．北京：清华大学出版社，2016.

［27］张莉莉，武刚．企业财务业务一体化实训教程（用友U8 V10.1）［M］．北京：清华大学出版社，2019.

［28］牛永芹，曹芳林，宋士显．ERP供应链管理系统实训教程［M］．5版．北京：高等教育出版社，2023.

［29］张瑞君，殷建红，蒋砚章．会计信息系统——基于用友新道U8+V15.0［M］．9版．北京：中国人民大学出版社，2021.

［30］李爱红，许捷．会计信息系统应用（用友U8 V10.1版）［M］．3版．北京：高等教育出版社，2022.

［31］王珠强．会计信息化——用友ERP-U8 V10.1版（微课版）［M］．3版．北京：人民邮电出版社，2021.

［32］王忠孝，饶艳超，陈强兵．业财一体信息系统应用（基于用友Yon BIP）［M］．北京：高等教育出版社，2024.